Wanderhandbuch Nepal

Wir danken folgenden Personen, die uns freundlicherweise beim *Wanderhandbuch Nepal* unterstützt haben:

Titelbild:
Sonia Berto (Blick von Lobuje auf den Nuptse)

Ferner:
Greg Alford, Glen Beanland, James Lyon, Ralph Roob, Kalyan Singh, Paul Steel, Tony Wheeler.

Landkarten und Stadtpläne:
Greg Herriman, Ann Jeffree

Hinweis:
Die Leser sind herzlich eingeladen, Farbfotos, Dias oder Schwarz-Weiß-Fotos einzusenden. Finden diese dann in der nächsten Auflage vom *Wanderhandbuch Nepal* Verwendung, erhält die Einsenderin oder der Einsender ein Freiexemplar der neuen Ausgabe. Für eingesandte Fotos u.ä. kann keine Haftung übernommen werden.

STAN ARMINGTON

Wanderhandbuch Nepal

VERLAG GISELA E. WALTHER
BREMEN

Copyright ©:
Verlag Gisela E. Walther, Bremen
1. Auflage 1993

Titel der englischsprachigen Originalausgabe:
Trekking in the Nepal Himalaya by Stan Armington,
erschienen im Verlag Lonely Planet Publications, Hawthorn, Victoria 3122, Australien
Copyright © Stan Armington und Lonely Planet Publications

Übersetzung:
Felicitas Menz

Deutsche Bearbeitung:
Udo Schwark

Satz und Druck: Schintz Druck, Bremen
Printed in Germany

Gedruckt auf umweltfreundlich hergestelltem Papier

ISBN 3-923550-33-2

INHALTSVERZEICHNIS

GELEITWORT VON JOHN HUNT

Eine Reise in abgelegene Gegenden von Nepal bietet heute mehr als nur das Erlebnis einer phantastischen Berglandschaft. Hier haben Sie Gelegenheit, mit einem oder zwei Schritten zurück in die Vergangenheit zu gelangen und Menschen kennenzulernen, die wie unsere Vorfahren vor vielen Jahrhunderten frei von den sozialen, wirtschaftlichen und politischen Problemen leben, die die entwickelten Länder bedrängen. Das Leben eines nepalischen Bauern dreht sich um seine Heimat, seine Felder und vor allem um seine Familie und seine Nachbarn in dem kleinen Dorf, in dem er hoch oben an einem Hang des Himalaja wohnt. Hier ist eine Gemeinschaft noch frei von Konkurrenzstreben. Man erlebt zudem menschliches Glück trotz – oder wegen – des Fehlens der Annehmlichkeiten unserer modernen Zivilisation.

Das Leben in Nepal wird sich ändern, aber es geziemt sich für Besucher aus weiter entwickelten Ländern zu versuchen, die Werte und Tugenden des Lebens im ländlichen Nepal zu verstehen und sie zu respektieren. Die Nepali können uns viel darüber lehren, wie man leben sollte.

John Hunt

John Hunt leitete 1953 die Expedition zum Everest, bei der es Sir Edmund Hillary und Sherpa Tensing Norgay gelang, das erste Mal den Gipfel zu besteigen.

GELEITWORT VON JOHN HUNT

VORWORT

Der Himalaja, der „Wohnsitz des Schnees", erstreckt sich von Assam im Osten Indiens in Richtung Westen bis nach Afghanistan. Dieses Gebirge ist die höchste und jüngste Bergkette auf der Erde. Sie ist die Heimat alter religiöser und kultureller Traditionen und einer erstaunlichen Völkervielfalt. Nirgends ist diese Vielfalt deutlicher und die Kultur variantenreicher und komplexer als in Nepal. Dieses Buch konzentriert sich auf Bergwanderungen in Nepal und vermittelt andere Erfahrungen, als man sie z. B. in den Himalaja-Regionen Indiens, Pakistans und Chinas kennenlernen kann – selbst wenn die Traditionen vergleichbar sein mögen.

Eine Wanderung in Nepal ist ein besonderer und ein lohnender Urlaub in den Bergen. Verlieren Sie dies nicht aus den Augen, wenn Sie in diesem Buch auch auf die Probleme aufmerksam gemacht werden, die sich Ihnen stellen können, oder auf die Formalitäten, die vor einer Wanderung zu erledigen sind. Dies alles klingt schlimmer, als es ist.

Wer auf eigene Faust unterwegs ist, sollte daran denken, daß man sich weit entfernt von jeder Zivilisation befindet, wie man sie kennt (dazu gehören auch die medizinische Versorgung sowie moderne Kommunikations- und Verkehrs-mittel), wieviele Hotels oder andere Annehmlichkeiten es sonst auch vor Ort geben mag. Es ist nur klug, die gleichen Vorsichtsmaßnahmen zu treffen, die man auch für eine längere Wanderung in der Heimat ergreifen würde, und einen einfachen Erste-Hilfe-Kasten mitzunehmen. Häufig wird es niemand anderen als Ihre eigenen Freunde geben, die Ihnen helfen können, wenn Sie erkranken oder verletzt werden. Das Kapitel zum Thema Gesundheit von Dr. Shlim soll Ihnen helfen, sich auf mögliche Probleme vorzubereiten.

Der Tourismus ist der wichtigste Wirtschaftszweig Nepals und eine der bedeutendsten Einnahmequellen für Devisen, die für die weitere wirtschaftliche Entwicklung des Landes notwendig sind. Die Regierung ermutigt zu einem Besuch des Landes, da Touristen hier Geld ausgeben. Die Menschen in den Bergen erwarten ebenfalls, ein wenig an jedem Besucher zu verdienen. Selbst die ärmsten Träger in den Bergen kaufen gelegentlich eine Tasse Tee in den Gasthäusern der Dörfer oder etwas Reis von den Einheimischen. Ich habe deshalb einige Vorschläge aufgeführt, wie man eine Trekking-Tour organisieren kann, damit sie sowohl der Wirtschaft Nepals dient als auch kein allzu großes Loch in die eigene Kasse reißt, und dies mit einem Minimum an Aufwand.

Die Informationen in diesem Buch beruhen auf meinen eigenen Erfahrungen beim Bergwandern und bei der Führung und Organisation von derartigen Trekking-Touren sowie Erlebnissen im alltäglichen Leben in Nepal seit 1970. Natürlich sind hier zahlreiche meiner persönlichen Ansichten eingeflossen, insbesondere über die Ausrüstung zum Bergwandern und das Zusammentreffen von Angehörigen verschiedener Kulturen. Wer selbst viel gewandert ist, wird sicher seine eigenen Ansichten und Vorlieben hinsichtlich der Ausrüstung sowie darüber entwickelt haben, welche Bekleidung für ein solches Vorhaben bequem ist. Lesen Sie am besten meine Vorschläge und treffen Sie dann Ihre eigene Entscheidung.

Das *Wanderhandbuch Nepal* wird von Menschen mit unterschiedlichem Charakter und Temperament gelesen und benutzt. Vergessen Sie daher bitte nicht, daß nicht jeder ist wie Sie selbst und daß es viele Möglichkeiten gibt, eine Bergwanderung in Nepal anzugehen. Wer eine Pauschalreise gebucht hat, mag keinen Nutzen darin sehen, über die Vorteile zu diskutieren, die darin bestehen, einen eigenen Schlafsack mitzunehmen. Wanderer mit wenig Geld werden dagegen diese Diskussion nützlich finden, es jedoch für grotesk halten, daß jemand 75 US $ pro Tag oder mehr für eine Trekking-Tour in Nepal bezahlt.

Dabei gibt es gute Gründe für beide Haltungen (und noch viele mehr dazwischen). In Nepal werden Sie bei Ihren Wanderungen sicherlich auch auf die „andere Hälfte" treffen. Dieses Buch versteht sich daher als Einführung in die verschiedenen Ansichten und Möglichkeiten für Bergwanderungen im nepalischen Teil des Himalaja.

Ich habe versucht, Predigten über das Verhalten beim Trekken zu vermeiden. Es ist eigentlich selbstverständlich, daß Bergwanderer in Nepal für Essen und Getränke bezahlen, Fäkalien vergraben und den Verbrauch an Feuerholz so gering wie möglich halten, die Bräuche und Vorstellungen der Einheimischen respektieren und sich bemühen, freundlich auf Nepal zuzugehen. Einige Wanderer tun dies dennoch nicht, und es ist unwahrscheinlich, daß irgendetwas, was ich schreibe, daran auch nur das Geringste ändern wird. In wenigen Fällen mag man Sie in einer Unterkunft übervorteilen, ausnehmen, Ihnen Essen oder Unterkunft verweigern oder Sie beschimpfen. Schmuddelige Hotels, Campingplätze und Latrinen mögen Sie an häufig benutzten Wanderrouten anekeln. Wenn dies der Fall ist, dann hat aber eine andere Person (möglicherweise ein Gast, der hier in der Nacht vorher wohnte) dazu beigetragen. Sie haben die Wahl, die Dinge zur Eskalation zu treiben oder Ihren Teil dazu beizutragen, daß Nepal auch für die nach Ihnen Folgenden eine Reise wert ist.

WARUM IN NEPAL BERGWANDERN?

So wie Frankfurt nicht repräsentativ für ganz Deutschland ist, so ist Kathmandu nicht gleichbedeutend mit ganz Nepal. Wer die Zeit und die Energie hat, in den Bergen zu wandern, sollte die Gelegenheit nicht versäumen, Kathmandu zu verlassen und die phantastische Schönheit und die einzigartige Kultur Nepals auch außerhalb der Hauptstadt kennenzulernen. Glücklicherweise sind bis heute nur einige wenige Straßen geöffnet, die tief in die Berge verlaufen, so daß die einzige Möglichkeit, um die abgelegensten Regionen des Königreiches zu besuchen, auch der langsamste und komplizierteste ist – das Wandern. Dies erfordert mehr Zeit und Mühe als andere Möglichkeiten der Fortbewegung, aber die Belohnung ist auch weit größer. Anstelle eine Autobahn entlangzurasen, um die nächste „Sehenswürdigkeit" zu besichtigen, führt jeder Schritt zu einem neuen und faszinierenden Aussichtspunkt. Sie werden den Tag eher als Ganzes erleben und weniger als Summe einiger Höhepunkte, die durch Beton oder Asphalt miteinander verbunden sind. Für Romantiker folgt jeder Schritt der Spur von Hillary, Tenzing, Herzog und der anderen Erforscher des Himalaja. Wer weder die Geduld noch die physische Kraft hat, die Bergwelt Nepals zu Fuß kennenzuler-

nen, dem stehen Flugzeuge und Hubschrauber zur Verfügung. Sie sind allerdings ein teurer und nur unzureichender Ersatz.

Die Bergwanderungen in Nepal führen Sie durch ein Land, das die Phantasie von Bergsteigern und Forschern mehr als 100 Jahre lang gefesselt hat. Dabei werden Sie in abgelegenen Bergdörfern auf Menschen treffen, deren Lebensweise sich seit Generationen nicht geändert hat. Die meisten Bewohner dort trauen den Fremden. Nepal ist nämlich eines der ganz wenigen Länder der Welt, die nie unter Fremdherrschaft standen.

Viele der Werte, die in der Heimat mit einer Wanderung in Verbindung gebracht werden, haben in Nepal keine Bedeutung. Einsamkeit ist traditionell ein wichtiges Element von Wanderungen durch die Wildnis, aber in Nepal ist es so gut wie unmöglich, sich völlig von anderen Menschen zu entfernen, wenn man von kurzen Zeiträumen und extremen Höhen absieht. Die Belange der Umwelt müssen daher hier die Auswirkungen auf die ländliche Bevölkerung sowie die wirtschaftliche Bedeutung des Tourismus auf die Einheimischen einschließen. Selbst die üblichen Gegebenheiten in Nationalparks mußten abgewandelt werden, da sich wichtige Bevölkerungszentren mitten im Sagarmatha- (Everest-) und im Langtang-Nationalpark befinden.

Bergwandern bedeutet nicht Bergsteigen. Während die Besteigung eines Berges im Himalaja auf den Einen Anziehungskraft ausübt, mag für den Anderen dieses Ziel keine Bedeutung haben, um sich statt dessen lieber an einer Wanderung zu erfreuen. In diesem Buch bezieht sich der Begriff „Bergwandern" immer auf Wanderungen auf Wegen.

Während Ihrer Wanderungen werden Sie die große Vielfalt Nepals zu Gesicht bekommen. In den Dörfern sind viele verschiedene ethnische Gruppen und Kulturen zu finden. Die Landschaft reicht von tropischem Dschungel bis zu nur 150 km entfernten hohen Gletschern. Vom Beginn jeder Wanderung an zeichnen die Gipfel des Himalaja einen Höhepunkt vor. Wenn man sich mit einem Flugzeug aus der Ferne Kathmandu nähert, erscheinen diese Gipfel zunächst wie kleine Wolken am Horizont. Dann aber werden die Berge deutlicher und scheinen, wenn die Entfernung geringer wird und man schließlich am Flughafen Tribhuvan in Kathmandu landet, unmögliche Höhen zu erreichen.

Im Verlauf von Trekking-Touren verschwinden die Gipfel des Himalaja hinter der kontinuierlich bergigen Landschaft, dominieren jedoch bei jedem Paß den nördlichen Horizont. Annapurna, Manaslu, Langtang, Gauri, Shankar und Everest werden dann zu vertrauten Namen. Schließlich, nach Wochen, erreicht man den Fuß der Berge selbst und ist beeindruckt von den erstaunliche Höhen, von denen gigantische Lawinen in scheinbar langsamen Bewegungen heruntertaumeln, überragt von ihrer Umgebung. Ihr Bild vom Himalaja wird sich ändern, wenn Sie sich von den Gipfeln, die nur wegen ihrer Höhe berühmt sind, den weit malerischeren Bergen zuwenden, von denen Sie wahrscheinlich noch nie gehört haben, dem Kantega, dem Ama Dablam, dem Machhapuchhare und dem Khumbakama.

Die Schönheit und Anziehungskraft des Himalaja in Nepal ergibt sich nicht nur aus den Bergen selbst, sondern auch aus ihrer Umgebung. Nepal ist ein Land der freundlichen Menschen, der malerischen Dörfer und einer großen Vielfalt an Kulturen und Traditionen mit vielen Attributen, die wir in unserer Jagd nach Entwicklung und Fortschritt im Westen schon verloren haben.

IST DIESES BUCH NOCH AKTUELL?

Überall, wo Menschen zusammenleben, herrschen Wandel und Bewegung, insbesondere dort, wo die „Zivilisation" das Zusammenleben bestimmt. Die ständige Veränderung hat auch Nepal erfaßt. Deshalb sind unseren Bemühungen, dieses Buch so genau wie möglich zu gestalten, Grenzen gesetzt. Denn laufend verändern sich Daten und Fakten, die zwar auf den ersten Blick als Details erscheinen, für den geplanten Reiseverlauf aber doch von großer Bedeutung sind.

Daher möchten wir Sie bitten, uns Veränderungen, die Sie vor oder während Ihrer Reise durch Nepal bemerken, mitzuteilen. Das werden in erster Linie gestiegene Preise, können aber auch Naturereignisse und Baudenkmäler sein, die in diesem Buch unerwähnt blieben, sowie Einrichtungen, die nicht mehr bestehen oder für Reisende an Wert verloren haben, und Situationen, die insbesondere von weiblichen Reisenden Aufmerksamkeit erfordern. In jedem Fall sind wir für Ihren Hinweis dankbar.

Unser Interesse liegt außerdem bei den Landkarten. Wir waren bemüht, sie so genau wie möglich zu halten. Dennoch können Sie bei ihrem Gebrauch auf Ungenauigkeiten stoßen oder bestimmte Angaben vermissen; dann sind Ihre Ergänzungen für uns von großer Bedeutung. Dies gilt auch für den Fall, daß Ihrer Meinung nach weitere Karten in das Buch aufgenommen werden sollten, worum wir dann bei der folgenden Auflage bemüht sein werden.

Ihre Briefe aus Nepal sind uns sehr willkommen, auch Ihre persönlichen Eindrücke und Erlebnisse. Sie können uns auch Fotografien und Dias senden; soll-

ten wir für sie Verwendung finden, werden wir Sie benachrichtigen. Sie helfen uns sehr, wenn Sie Ihre Angaben genau und ausführlich niederschreiben. Tun Sie dies am besten gleich vor Ort, denn schon bei der Aufzeichnung erinnern Sie sich unter der Flut von Eindrücken nur noch ungenau. Am einfachsten verfahren Sie, wenn Sie sich alles sofort in Ihrem *Wanderhandbuch Nepal* notieren und uns später eine Zusammenfassung zusenden.

Da dieses Buch so oft wie möglich überarbeitet und neu aufgelegt wird, kommen Ihre Beiträge in kurzer Zeit vielen Reisenden wieder zugute. Denn so, wie dieses Buch Ihnen – hoffentlich – eine Hilfe war, soll es auch weiterhin eine Unterstützung für die Individualreisenden sein, die zu annehmbaren Preisen reisen und über ihr Gastland über das Übliche hinaus Aufschluß gewinnen möchten.

Wenn Sie Wesentliches zur Ergänzung beitragen, werden Sie von der Neuauflage, in der Sie namentlich genannt sein werden, ein Freiexemplar erhalten.

Ihre Briefe richten Sie bitte an:

Verlag Gisela E. Walther
Oppenheimerstr. 26
D–2800 Bremen 44

WIR WÜNSCHEN IHNEN EINE GUTE REISE UND EINE GESUNDE HEIMKEHR!

VORWORT

EINFÜHRUNG

GESCHICHTE

Das heutige Nepal bestand früher aus einer Reihe von feudalen Prinzenstaaten, die sich zwischen dem Indien der Moguln und Tibet drängten. Sie können noch heute die Paläste der einstigen Herrscher sehen, wenn Sie durch Nepal wandern und z. B. nach Sinja, unweit von Jumla, nach Lamjung in der Nähe von Dumre, nach Lo Montang, nach Gorkha und natürlich ins Kathmandu-Tal kommen. Viele dieser kleinen Reiche hatten nur wenig oder gar keinen Kontakt mit Kathmandu.

Die frühe Geschichte des Kathmandu-Tales, die vom 3. bis zum 13. Jahrhundert durch die Licchivi-Dynastie und vom 13. bis zum 18. Jahrhundert durch die Malla-Herrscher gekennzeichnet war, hatte nur wenig Auswirkungen auf die abgelegenen Bergregionen.

Im Jahre 1769 gelang es Prithvi Narayan Shah, dem Herrscher des Gorkha-Hauses, die verschiedenen Herrschaftsbereiche zu einigen und die jetzigen Grenzen für Nepal festzulegen. Er war zudem der Begründer der Shah-Dynastie. Der heutige König von Nepal, Birendra Bir Bikram Shah Dev, ist ein direkter Abkömmling von Prithvi Narayan Shah.

Die Rana-Premierminister: Im Jahre 1846 tat sich der Premierminister Jung Bahadur Rana mit der damaligen Regentin zusammen, um die Herrschaft über das Land zu erlangen. Er lud alle politischen und militärischen Führungskräfte zu einem Fest ein und tötete sie in einem Massaker, das als Massaker von Kot in die nepalische Geschichte eingegangen ist. Der Ort dieses furchtbaren Geschehens, der Kot, steht unweit vom Hanuman Dhoka am Durbar-Platz noch immer. Nach diesem fürchterlichen Ereignis entschied Jung Bahadur, daß der Posten des Premierministers erblich sei, und traf Maßnahmen, um sicherzustellen, daß der Titel an einen jüngeren Bruder des Herrschers übergeht, falls dieser keinen für das Amt geeigneten Sohn hinterließe. Die Ranas nahmen nun den Titel Maharadscha an und herrschten 104 Jahre über das Land. Jung Bahadur besuchte auch England und Frankreich und wurde dort mit allen Ehren für ein Staatsoberhaupt empfangen.

Obwohl Jung Bahadur es ablehnte, europäische Bräuche zu übernehmen, die zu seinem hinduistischen Glauben im Widerspruch standen, war er von der europäischen Architektur fasziniert. Der

15

im Überfluß vorhandene Stuck im neo-klassischen Palast in Kathmandu wurde durch seine Reisen inspiriert.

Die Maharadschas hielten Nepal in der Isolation und erlaubten kaum einem Fremden den Besuch des Landes. Nachdem sie einen grausamen Krieg gegen Indien verloren, mußten sie allerdings den größten Teil ihres Territoriums abtreten, der heute den Norden der indischen Staaten Kaschmir, Himachal Pradesh, West-Bengalen, Bihar und Uttar Pradesh bildet. Sie duldeten zudem einen britischen „Residenten" in Nepal, der jedoch das Kathmandu-Tal nicht verlassen durfte.

Wiedereinsetzung der Monarchie: Im Jahre 1950 floh König Tribhuvan mit Hilfe von Angehörigen der indischen Botschaft in Kathmandu nach Indien. Aber bald wurde der Shah-König durch eine mit Waffen geführte Revolution des Volkes unter der Führung der Kongreß-Partei Nepals wieder eingesetzt. Daraufhin veranlaßte König Tribhuvan politische Reformen und wurde bis zur Revolution von 1990 in Nepal als „Vater der Demokratie" betrachtet.

Während einer Zeit vieler politischen Streitereien stieg die Anzahl der Parteien auf über 60. Das nahm König Mahendra, der Sohn von König Tribhuvan, im Jahre 1960 zum Anlaß für einen blutigen Palast-Coup, nach dem er auch eine neue Verfassung verkündete. Er warf alle Führer der alten Regierung ins Gefängnis, verbot die politischen Parteien und führte ein parteiloses *Panchayat*, ein System mit fünf Räten, ein, das nur

dem Monarchen gegenüber verantwortlich war.

Das neue System wurde als „parteilose Panchayat-Demokratie" beschrieben und ließ die direkte Wahl von lokalen Führern sowie von Repräsentanten im *Rastrya Panchayat*, der Nationalversammlung, zu. Auch wenn der Ministerrat nach der Verfassung aus Mitgliedern des *Rastrya Panchayat* bestehen sollte, behielt sich der König das Recht vor, eine bestimmte Anzahl an Mitgliedern der gesetzgebenden Versammlung zu ernennen. In Wirklichkeit behielt er damit die Macht in seinen Händen.

König Birendra bestieg den Thron im Jahre 1971. Nach einer längeren Zeit mit politischen Unruhen erklärte er, daß in einem Referendum entschieden werden solle, ob ein Mehrparteiensystem eingeführt werde oder das alte *Panchayat*-System mit „angemessenen Reformen" beibehalten bleibe. Im Jahre 1980 wurde das *Panchayat*-System in einer Volksabstimmung mit einer knappen Mehrheit gebilligt und später als der Wille des Volkes bezeichnet.

Die Revolution von 1990: Nepal, ein Land ohne Zugang zum Meer, hängt von seinem Nachbarn Indien ab, und zwar in zweifacher Hinsicht. Dies gilt sowohl für den Absatz der meisten produzierten Güter als auch für den Zugang zum Meer. Als im März 1989 der Vertrag über Handel und Transit zwischen Nepal und Indien auslief, verhinderten es Stolz und Protokoll, daß die beiden Länder sich auf irgendeine Form der Vertragsverlängerung einigen konnten. Die Angelegenheit wurde zudem noch dadurch erschwert, daß Nepal kurz zuvor in China Hunderte von Lastwagenladungen Militärgüter gekauft hatte. Indien reduzierte daraufhin die Zahl der Grenzübergänge nach Nepal auf das durch internationales Recht vorgeschriebene Minimum, hob die Zölle auf Waren aus Nepal an und beschränkte die Ausfuhr von Erdölprodukten in das Nachbarland. Die Wirtschaft und die Lebensqualität in Nepal erlebten daraufhin einen Niedergang, was dazu führte, daß es zu erheblicher Unzufriedenheit im Volk wegen der Unfähigkeit der Regierung kam, die Frage zu lösen.

Die Unruhen erreichten im Frühjahr 1990 ihren Höhepunkt, als Vertreter von verbotenen Parteien das *Panchayat*-System aufgrund der herrschenden Korruption, der Menschenrechtsverletzungen und der Inkompetenz der Herrschenden scharf kritisierten. Die verschiedenen Oppositionsgruppen vereinigten sich daraufhin zu einem Bündnis und forderten die Wiederherstellung der Demokratie in Nepal unter der Führung von Ganesh Man Singh, des neuen „Vaters der Demokratie". Die Regierung antwortete mit Gewalt, die von der Verhaftung von Oppositionellen bis zu öffentlichen Schlägen und Erschießungen reichte. Nach dem Rücktritt von mehreren Ministern zwang die Lage den König zur Umbildung des Kabinetts und zur Abgabe des Versprechens, daß die Klagen geprüft und angemessene Änderungen durchgeführt würden.

Das Volk war jedoch nicht besänftigt. In einer spektakulären Demonstration der Einheit gingen am 6. April 1990 mehr als 200.000 Menschen auf die Straßen von Kathmandu und sangen Slogans für die Demokratie. Nachdem die Polizei den überwiegenden Teil des Tages Zurückhaltung geübt hatte, griff sie die Demonstranten schließlich doch an, erst mit Bambusstäben, dann mit Schußwaffen. Hunderte von Menschen wurden getötet oder verwundet. Die Armee übernahm daraufhin die Kontrolle über die Stadt. Während einer strengen Ausgangssperre am Wochenende verhandelte der König mit den Oppositionsführern und verkündete dann am späten Nachmittag des 8. April die Aufhebung des Verbots der politischen Parteien. Am nächsten Tag brach förmlich das ganze Land in Freude aus. Wer sich am Jahrestag dieses Ereignisses in Kathmandu aufhält, wird wahrscheinlich Zeuge von Festlichkeiten großen Umfangs wie auch von Zeremonien, mit denen der Märtyrer der Revolution gedacht wird.

Dem nach der Revolution ernannten Übergangsrat der Minister gehörten auch Führer von verschiedenen politischen Parteien an, von denen viele als politische Gefangene eine Zeit im Gefängnis verbracht hatten. Die Reformen sind jedoch noch weit davon entfernt, abgeschlossen zu sein, und es sind auch schon Anzeichen von Spannungen innerhalb des Systems zu erkennen. Die meisten Nepali sind jedoch optimistisch, was die Zukunft ihres Landes betrifft.

TIBET

INDIEN
(UTTAR PRADESH)

• Simikot

7050 m
Saipal

• Suadi
• Baitadi

Rara Lake

Karnali River

6883 m
Kanjiroba

Jumla

• Dandeldhura

• Mustang

• Jogbura

• Dillikot

DOLPO

Muktinath •

Mahendranagar •

8167 m
Dhaulagiri ▲

Jomsom

Mabhanguwa •

Surkhet

▲ 8091 m
Annapurna I

Tatopani •

Telpani •

Dhorpatan

Ghorapani •

Saliyan •

Jeibang •

Pokhara •

Kusma •

Kali Gandaki River

Tulsipur •

Nepalgunj •

Namai •

Tansen •

Nanpara •

Butwal •

Bhagwanpur •

Bhairawa •
Sunauli

Lumbini •

Nautanwa •

INDIEN
(UTTAR PRADESH)

NEPAL

0   50   100 km

Gorakhpur •

Govt of India statement – 'The external boundaries
of India are neither correct or authenticated.'

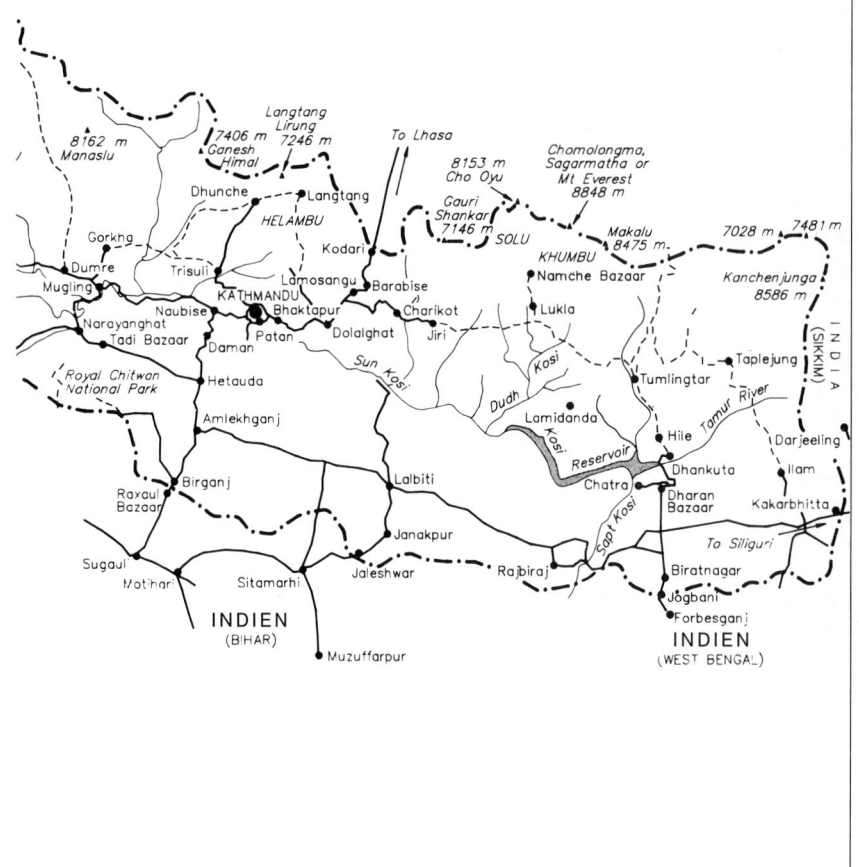

Eine der wichtigsten Leistungen der neuen Regierung ist die Wiederherstellung besserer Beziehungen zu Indien. Es besteht die Hoffnung, daß die Einfuhr indischer Waren, insbesondere von Brennstoff, und der Export nepalischer Güter nach Indien Nepals Wirtschaft Auftrieb geben werden.

GESCHICHTE DER BERGWANDERUNGEN IN NEPAL

Der erste Trekker in Nepal war Bill Tilman, der – auf welchem Wege auch immer – 1949 vom Maharadscha eine Erlaubnis für den Besuch verschiedener Gebiete erhalten hatte, darunter auch für den Kali Gandaki, Helambu und den Everest. Seine Erfahrungen beschrieb er in dem Buch *Nepal Himalaya*. Ebenfalls zu den frühen Besuchern des Landes gehörte Maurice Herzog, der im Jahre 1950 eine französische Expedition auf den Annapurna leitete.

Als König Tribhuvan Indien besuchte, traf er auch mit Boris Lissannivich, einem russischen Ballettänzer, zusammen, der in Kalkutta einen Club führte. Boris überzeugt den König davon, daß viele Menschen gern Nepal besuchen und für ihre Erfahrung auch bezahlen würden. Bald darauf flogen einige reiche Ladies von Patna mit einer Maschine des Typs Dakota von Indian Airlines zum Flughafen Gaucher (Kuhweide) in Kathmandu. Boris gewährte ihnen in seinem neuen Besitz, dem Hotel Royal, Unterkunft. Die Frauen waren von Boris und dem exotischen Königreich Nepal angetan. Dies war die Geburt des Tourismus in Nepal. Das Hotel Royal und die Yak & Yeti Bar entwickelten sich in den Jahren von 1950 bis 1971, als das Hotel geschlossen wurde, zum Treffpunkt der Bergsteiger.

Der Vater des Bergwanderns in Nepal ist Colonel James O. M. Roberts, der Tilman bei seiner ersten Bergwanderung begleitete und mehrere Jahre im Zusammenhang mit der britischen Residenz in Nepal verbracht hatte. 1965 nahm er eine Gruppe von Damen mit auf den Kali Gandaki und gründete Mountain Travel, die erste der bald auf der ganzen Welt wie Pilze aus dem Boden schießenden Agenturen für Abenteuerreisen.

DAS LAND

Nepal ist ein kleines Land ohne Zugang zum Meer von etwa 800 km Länge und ca. 200 km Breite. Auf dem 200 km breiten Streifen ändert sich die Landschaft von den Gletschern an der tibetischen Grenze bis zu den Dschungeln des Terai, das nur knapp 150 m über dem Meeresspiegel liegt. Das Land steigt nicht langsam von der Ebene aus an, sondern es erheben sich mehrere Bergketten in ost-westlicher Richtung, die schließlich im höchsten Gebirge der Welt, dem Himalaja, gipfeln. Hinter dem Himalaja liegt das 5.000 m hohe Plateau von Tibet. Trotz der Höhe des Himalaja handelt es sich nicht um eine Kontinentalgrenze. Mehrere Flüsse fließen von Tibet durch die Berge und Hügel von Nepal und münden schließlich in Indien im Ganges. Zahlreiche andere Flüsse nehmen ihren Weg von den Gletschern des nepalischen Himalaja in Richtung Süden. Sie haben das Land in nord-südlicher und ost-westlicher Richtung mit großen Schluchten durchzogen. Daraus entstand eine Reihe von kontinuierlichen Gebirgen, die teils unglaublich steil abfallen.

Trotz der steilen Hänge des Landes wird auf den Tausenden von alten Terrassen, die an den Bergen angelegt wurden, in großem Umfang Landwirtschaft betrieben. Der Druck des Bevölkerungswachstums zwingt die Menschen dazu, selbst kaum nutzbare Gebiete zu bestellen. Das hat zu einer zunehmenden Erosion sowie zu Überflutungen und Erdrutschen geführt. Große Systeme aus Gräben und Kanälen sorgen für die notwendige Bewässerung der Felder. Die Häuser werden in der Nähe der Felder im Besitz der Familie erbaut, so daß sich ein typisches nepalisches Dorf über ein großes Gebiet erstreckt. Das bergige Terrain führt dazu, daß häufig Höhenunterschiede von mehr als

100 m zwischen dem am niedrigsten und dem am höchsten gelegenen Haus eines Dorfes bestehen.

Die Geographen teilen das Land grob in drei Regionen: in das Terai, in die Vorgebirge und in den Himalaja.

TERAI

Das Terai ist die südlichste Region Nepals und eine Verlängerung der Ganges-Ebene in Indien. Bis zum Jahre 1950 handelte es sich um einen malariaverseuchten Dschungel, der vorwiegend von Nashörnern, Tigern, Leoparden, Wildschweinen und Rotwild bevölkert war. Inzwischen ist die Malaria unter Kontrolle gebracht worden, was zur Folge hatte, daß sich Landwirtschaft und Industrie im Terai angesiedelt haben. Mittlerweile lebt ca. 45 % der Gesamtbevölkerung Nepals in dieser Region. Gleichzeitig stellt das Terai den Großteil der landwirtschaftlich nutzbaren Fläche. Hier liegen die großen Städte Nepalganj, Birganj, Janakpur und Biratnagar, aber der überwiegende Teil dieses Gebietes ist von kleinen Dörfern übersät. Das sind meistens Ansammlungen von 40 oder 50 Häusern in der Mitte eines großen Gebietes mit kultiviertem Land.

Unmittelbar nördlich vom Terai erhebt sich die erste bedeutende Bergkette, die sich von Osten nach Westen zieht. Das sind das Siwalik- und das Mahabharat-Gebirge. In einigen Gegenden dieser Region gibt es nur einzelne Bauernhöfe, in anderen wiederum bedeutendere Dörfer wie Ilam, Dhankuta und Surkhet.

EINFÜHRUNG

DIE VORGEBIRGE

Der mittlere Teil, bei dem es sich um ein nur 60 km breites Band handelt, ist die am dichtesten besiedelte Region Nepals. Hier ist die Heimat der alten nepalischen Völker. In diesen Vorgebirgen liegen Kathmandu, Patan, Bhadgaon, Pokhara, Gorkha und Jumla. Kathmandu entstand im größten Tal des Königreiches. Nach der Legende handelte es sich einst um einen riesigen See. Im Gegensatz zum Kathmandu-Tal und zum Pokhara-Tal besteht der Rest dieser Region aus steilen Bergen.

HIMALAJA

Der Himalaja und seine Ausläufer bilden nur einen kleinen Teil des Königreiches an der nördlichen Grenze. Die unwirtliche Region weist die geringste Bevölkerungsdichte in ganz Nepal auf. Hier leben weniger als 10 % der Nepali. Die meisten Dörfer liegen auf 3.000–4.000 m Höhe, auch wenn Sommersiedlungen noch bis auf 5.000 m Höhe zu finden sind. Die Winter sind kalt, aber die warme Sonne läßt es an den meisten Tagen doch ganz angenehm werden. Aufgrund der kurzen Jahreszeit, in der hier Pflanzen wachsen können, sind die eingebrachten Ernten gewöhnlich klein und bestehen in erster Linie aus Kartoffeln, Gerste und einigen wenigen Gemüsesorten. Die wichtigsten Wirtschaftszweige sind der Handel sowie die Schaf-, Rinder- und Yakhaltung. Solu Khumbu, das in dieser Region liegt, ist das Zentrum der Sherpa-Kultur. Einen bedeutenden Einfluß auf die Wirtschaft dieses Gebietes haben auch Bergsteigerexpeditionen und Trekking-Touren.

VON OSTEN NACH WESTEN

Von Osten nach Westen läßt sich das Königreich, wenn man von den politischen Grenzen absieht, nur weniger klar unterteilen. Nepal besteht aus 14 Zonen, von denen sich einige durch das ganze Land vom Terai bis zur tibetischen Grenze ziehen.

Der wichtigste Unterschied zwischen dem östlichen und dem westlichen Nepal ist der geringere Einfluß des Monsuns im Westen. Im Osten ist das Klima feuchter und eignet sich daher ideal für den Tee-Anbau. Die klimatischen Bedingungen entsprechen jenen in Darjeeling in Indien. Im äußersten Westen ist das Klima dagegen relativ trocken, und dies selbst während der Monsunzeit.

Darüber hinaus sind für die Unterteilung von Osten nach Westen die großen Flüsse bestimmend, die sich ihren Weg durch die tiefen Schluchten in Richtung Süden suchen. Sie begrenzen häufig die Reisemöglichkeiten von Osten nach Westen, da Brücken während der Monsunzeit nicht selten weggeschwemmt werden. Aus diesem Grund verlaufen die wichtigsten Handelsrouten von Süden nach Norden, d. h. von den indischen Grenzstädten zu den nepalischen Bergdörfern.

STRASSEN

Von Kathmandu führen schmale Bergstraßen in Richtung Norden nach China sowie in Richtung Süden nach Indien und verbinden das Kathmandu-Tal mit der Außenwelt. Es besteht jedoch ein ausgedehntes Straßenbauprogramm, was dazu führt, daß überall umfangreiche Bauarbeiten durchgeführt werden. Eine neue Straße unweit der indischen Grenze, die sich vom Osten nach Westen zieht, ist fast fertiggestellt. Viele Straßen reichen zudem heute bereits über lange Entfernungen bis in die Berge.

Zu den Straßen, deren Bau geplant ist, gehört auch eine Verbindung von Surkhet nach Jumla im Westen von Nepal und weiter nach Mugu und Humla. Diese bisher abgeschlossene Region soll in Kürze für Touristen geöffnet werden. Die westliche Straße soll bald die Möglichkeit bieten, die Grenze zu den Gebieten mit dem Mansorovar-See und dem Kailash in Tibet zu überqueren.

Eine weitere Straße, die bisher nur auf dem Reißbrett existiert, soll in ost-westlicher Richtung in die mittleren Berge verlaufen und Dipayal und Silgadi im äußersten Westen mit Jajakot und Musikot verbinden. Sie soll sich dann weiter nach Beni und nach Pokhara ziehen. Der östliche Teil der Route soll von Jiri in Richtung Süden nach Ramechhap und dann weiter nach Osten bis Okhaldunga führen. Eine Abzweigung ist von hier nach Salleri in der Nähe von Phaphlu und eine andere in Richtung Osten nach Bhojpur und Taplejung vorgesehen. Die Trekking-Möglichkeiten, die durch diese Straße geschaffen werden, sind unendlich.

Wenn Sie in der Region des Annapurna Bergwanderungen unternehmen, werden Sie die zur Zeit noch im Bau befindliche Straße zwischen Pokhara und dem Kali Gandaki-Tal überqueren. Die Planung sieht vor, daß die von China finanzierte Straße den ganzen Weg bis nach Lo Montang in Mustang und weiter bis nach Tibet führen soll. Je nach Standpunkt ist dies ein Grund für oder gegen eine Wanderung nach Jomsom.

Beim Tribhuvan Rajpath handelt es sich um die älteste Straße nach Kathmandu. Sie ist schon fast überflüssig. Überwiegend wird diese ost-westlich verlaufende Straße und eine Straße am Narayani von Mugling nach Narayanghat genutzt, um nach Kathmandu zu reisen. Wo die Straßen enden und nicht mehr weitergeführt werden können, beginnt ein System von Pfaden, die die steilen Hänge Nepals emporführen.

KLIMA

In Nepal werden vier Jahreszeiten unterschieden. Der Frühling von März bis Mai ist warm und staubig, wobei einzelne Regenschauer auftreten. Im Sommer, d. h. in der Monsunzeit, werden die Berge saftig grün. Der Herbst, der von September bis November dauert, ist durch kühles Wetter bei klarem Himmel gekennzeichnet. Er gilt als die Hauptsaison für Bergwanderungen. Im

EINFÜHRUNG

Winter, d. h. von Dezember bis Februar, ist es nachts kalt. Am frühen Morgen kann es dann nebelig sein, wobei in den Bergen gelegentlich Schnee fällt.

Da Nepal relativ weit südlich liegt (auf dem gleichen Breitengrad wie Miami und Kairo), ist es in den niedrigen Lagen wärmer. Hier sind die Winter wesentlich milder. Das gilt auch für Kathmandu auf 1.400 m Höhe. Schnee fällt in Gegenden unter 2.000 m Höhe nur selten.

In der Bucht von Bengalen beherrscht der Monsun die Jahreszeiten und sorgt von Mitte Juni bis Mitte September für eine Regenzeit, in der es heiß ist und fast täglich regnet. Es handelt sich jedoch um einen „rücksichtsvollen" Regen, der seine Aktivität fast nur auf die Nacht beschränkt. Während dieser Jahreszeit ist das Bergwandern schwierig und unbequem. Dann verstecken Wolken im allgemeinen die Berge und sind die Wanderwege schlammig und mit Blutegeln verseucht. Üblicherweise regnet es aber nicht länger als ein oder zwei Tage während der gesamten Herbstsaison zwischen Mitte Oktober und Mitte Dezember. Während des Winters und des Frühjahres mag es etwa eine Woche Regen geben und gelegentlich Gewitter. Im Himalaja herrscht ein eigenes, örtlich begrenztes Wetter, das sich auf Entfernungen von nur wenigen Kilometern erheblich unterscheiden kann. Trotz der Versicherung von Radio Nepal, daß Wetter werde „im Königreich vorwiegend gut sein", sollten Sie nachmittags mit Wolken rechnen und auf gelegentliche Regenfälle vorbereitet sein.

Die meisten Niederschläge fallen in der Zeit des Sommermonsuns. In den Höhenlagen und auf den Wegen in den Hochgebirgen liegt im Winter weniger Schnee. Der Everest selbst ist während der Trekking-Saison ein schwarzer Fels und nur im Sommer schneebedeckt. Es gibt allerdings immer Ausnahmen von dieser Regel, so daß Sie auf Extreme vorbereitet sein sollten. Schneestürme in den Monaten Dezember und Januar können es schwierig werden lassen, einen Paß zu Beginn des Frühlings zu überqueren, und Lawinengefahr bedeuten, insbesondere dann, wenn man sich dem Annapurna-Nationalpark nähert.

In Kathmandu sind die Frühlings- und Herbsttage angenehm und die Abende kühl, so daß man zu späterer Stunde eine leichte Jacke oder einen Pullover benötigt. Der Winter in Kathmandu bringt kalte, nebelige Morgen und klare Abende mit sich, aber angenehme Tagestemperaturen und strahlenden Sonnenschein an den meisten Tagen, nachdem der Morgennebel sich gehoben hat. Es schneit niemals in Kathmandu, auch wenn im Januar und im Februar Nachtfrost herrschen kann. Am heißesten ist es hier im Mai, kurz bevor die Regenzeit beginnt.

WIRTSCHAFT

Sieht man von einigen Orten mit Industriebetrieben ab, bestimmt die Agrikultur die Wirtschaft des Landes. In den Bergregionen haben die Menschen jedes nutzbare Stück Land bebaut und nur die Hänge ausgenommen, die so steil und felsig sind, daß man nicht einmal die kleinste Terrasse anlegen könnte.

DIE NEPALI

Die 19 Millionen Einwohner Nepals weisen ein alarmierendes Wachstum auf. Von ihnen leben nur 800.000 im Kathmandu-Tal, während die Mehrheit im Terai und in kleinen Bergdörfern ansässig ist.

BEVÖLKERUNGSDICHTE

Trekking in Nepal ist keine Wanderung in der Wildnis. Die meisten Menschen siedeln in diesem Land in winzigen Dörfern, die die Berge bedecken. Selbst in den höchsten Regionen drängen sich noch kleine Siedlungen aus Steinhäusern und Yak-Weiden auf dem winzigsten ebenen Platz. Die größte Faszination bei einer Wanderung in Nepal ist die Möglichkeit, das Leben in den Dörfern kennenzulernen und daran teilzunehmen. Die Menschen leben wirklich von diesem Land und brauchen daneben nur einige wenige in Fabriken produzierte Gegenstände wie Seife, Kerosin, Papier und Streichhölzer, die alle in Bambuskörben von barfüßigen Trägern hierhergebracht werden.

Für die meisten Menschen aus dem Westen ist es schwierig, dies zu verstehen, bevor sie das Königreich besucht haben. Unsere Vorstellung von einem Gebiet ohne Straßen ist stark durch die Bilder von Gegenden beeinflußt, in denen wir zu Hause wandern – echte Wildnis, im allgemeinen als Naturpark oder Wald geschützt. In den Gegenden Nepals ohne Straßen gibt es bis zu einer Höhe von 4.000 m nur wenig Wildnis. Zugleich liegt die durchschnittliche Bevölkerungsdichte in diesem Land bei 122 Einwohnern pro km^2. Aber nur ca. 17% der Fläche Nepals ist als kultivierbar zu bezeichnen. Wenn man sich dies vor Augen hält und alle jene bergigen Gebiete unberücksichtigt läßt, die ein menschliches Leben nicht zulassen, steigt die Bevölkerungsdichte auf unglaubliche 709 Menschen pro km^2 des kultivierbaren Landes oder sogar noch mehr. Die ländlichen Siedlungen variieren dabei stark, aber die meisten Dörfer umfassen ca. 15 bis 75 Häuser bei einer Bevölkerungszahl von zwischen 200 und 1.000 Menschen und erstrecken sich über mehrere Quadratkilometer. Die in den Bergen lebenden Nepali schmälern die Freude am Trekking nicht, sondern machen die Wanderungen eher noch schöner, und dies insbesondere durch ihre Gastfreundschaft und ihre faszinierende Kultur, die eine Wanderung in Nepal zu einem besonderen Erlebnis werden lassen. So etwas findet man in der Welt nicht noch einmal.

BEVÖLKERUNGSGRUPPEN

Anthropologen teilen die Nepali in ca. 50 verschiedene ethnische Gruppen. Dies ist ein angemessener Begriff, um die verschiedenen Stämme, Clans, Kasten und Rassen näher zu kennzeichnen. Dabei hat jede ethnische Gruppe ihre eigene Kultur und Tradition, deren Angehörigen stolz auf ihr Erbe sind. Sie geraten nicht in Verlegenheit, wenn sie jemand nach ihrer ethnischen Herkunft (*Jaat* oder *Thar* in Nepal) fragt. Häufig ist es aber auch gar nicht notwendig zu fragen, da viele Menschen den Namen ihrer ethnischen Volksgruppe, ihrer Kaste oder ihres Clans als Zunamen benutzen.

Während einige Bevölkerungsgruppen nur in bestimmten Regionen Nepals beheimatet sind, haben sich andere über das ganze Land verteilt. Nepal war in der Geschichte eine Nation der Händler, die bei den Geschäftsbeziehungen

zwischen Indien und Tibet vermittelten, so daß es auf eine Vergangenheit des ausgedehnten Handels und der Besiedlung blickt.

Im Kastensystem finden sich zahlreiche „Berufskasten". Auch Angehörige dieser Gruppen haben sich über das ganze Land verbreitet. Dazu gehören die Töpfer (*Kumahli*), Fleischer (*Kasain*), Schmiede (*Kami*), Schneider (*Damai*), Schuster (*Sarki*), Goldschmiede (*Sunar*), Kleiderwäscher (*Dhobi*) und andere, die früher mit ihrem Gewerbe durch Nepal gezogen sind.

Angehörige zahlreicher ethnischer Gruppen verfügen über eine eigene Sprache, aber fast jeder ist auch des Nepali mächtig, der im ganzen Land verbreiteten Sprache.

Aufgrund des Bevölkerungswachstums sind viele Bewohner der Gebirge und sogar des Himalaja in niedrigere Lagen und in das Terai abgewandert, um ihre Lebensbedingungen zu verbessern. Die folgende regionale Einteilung ist aus diesem Grund ein wenig künstlich, repräsentiert jedoch das traditionelle Gebiet der jeweiligen Gruppen.

ETHNISCHE GRUPPEN, DIE IN GANZ NEPAL ZU FINDEN SIND

Brahmanen: Die Brahmanen (in Nepali *Bahun*) stellen die traditionelle Priesterkaste der Hindus. Ihre erste Sprache ist das Nepali. Sie leben vorwiegend in den mittleren Gebirgen und im Terai. Viele Brahmanen sind einflußreiche Geschäftsleute, Landbesitzer, Geldverleiher und Beamte. Sie sind sehr darauf bedacht, daß in ihrem Lebensbereich

EINFÜHRUNG

keine *Jutho* eintritt, eine rituelle Verschmutzung ihrer Häuser oder ihrer Nahrung. Bitten Sie daher immer um Erlaubnis, bevor Sie das Haus eines Brahmanen betreten, und setzen Sie nie den Fuß in die Küche eines Brahmanen. Sie trinken traditionell auch keinen Alkohol.

Chhetri: Zur zweiten bedeutenden Hindu-Kaste gehören die Chhetri. In den Dörfern sind sie Bauern, aber sie sind auch als hervorragende Soldaten bekannt. Zu den Chhetri gehören auch die Ranas und die Herrscherfamilie von Nepal, die Shahs. Bei den Thakuri handelt es sich um eine Gruppe der Chhetri, die von den Rajputen in Indien abstammt und den höchsten sozialen, politischen und rituellen Status innehat.

Newar: Die Newar waren die ersten Siedler im Kathmandu-Tal. Bis heute sind sie vor allem dort in Kathmandu, Patan, Bhaktapur, Kirtipur und in den kleinen Städten zu finden. Die Newar blicken auf ein reiches kulturelles Erbe zurück und sind fähige Künstler. Ein großer Teil der traditionellen Kunst aus Nepal wird von den Newar gefertigt. Sie hängen teils dem buddhistischen und teils dem hinduistischen Glauben an. In den Bergen trifft man Newar häufig als Beamte sowie als Kaufleute.

Musalman: Die moslemische Bevölkerung Nepals wird als Musalman bezeichnet. Sie leben im Kathmandu-Tal, dem östlichen Terai sowie in den westlichen Berggebieten und sind aus Indien, vorwiegend aus Kaschmir und Ladakh, eingewandert. Die Musalman sind traditionell Händler und dominieren den Handel mit Kunstgewerbe, Andenken, Schuhen und Armreifen.

Tibeter: Die Tibeter haben sich in erster Linie in Kathmandu, in Bodhnath und in Jawlakhel sowie an den Grenzen der Himalaja-Region angesiedelt. Häufig werden Sie mit dem abschätzigen Begriff *Bhotia* bezeichnet. Zu dieser Gruppe gehören sowohl die in der jüngeren Vergangenheit eingewanderten Tibeter als auch jene, die schon lange in Nepal ansässig sind. Dazu werden die Sherpa, die Einwohner von Dolpo, aber auch andere Bevölkerungsgruppen gerechnet, die bereits vor so langer Zeit nach Nepal kamen, daß sie inzwischen eine eigene Tradition und eine eigene Kultur entwickelt haben. Bedeutende tibetische Ansiedlungen findet man in den Bergen in Solu Khumbu, Jumla, Dolpo, Hile und Pokhara.

DIE BEWOHNER DER MITTLEREN GEBIRGE

Tamang: Auf Tamang trifft man heute bei fast jeder längeren Wanderung. Früher handelte es sich um eine der bedeutendsten ethnischen Gruppen in den Bergen. Die Tamang glauben, daß sie ursprünglich aus Tibet kamen, sprechen untereinander ein tibeto-birmanisches Idiom und praktizieren eine Form des tibetischen Buddhismus. Daher sind auch buddhistische Tempel in zahlreichen ihrer Dörfern zu finden.

Die Tamang leben im allgemeinen in den etwas höheren Lagen als ihre hinduistischen Nachbarn. Häufig gibt es jedoch Überlappungen. Die Frauen tragen goldenen Schmuck in ihren Nasen und die Männer traditionell den *Bakkhu*, eine ärmellose Jacke. Die rauhen, weiß-schwarzen Decken, die man in den Häusern in den Bergen und in den Geschäften in Kathmandu sehen kann, werden übrigens von den Tamang gefertigt.

Rai: Wie die Tamang und die Sherpa sprechen auch die Rai ein ihnen eigenes tibeto-birmanisches Idiom. Sie sind vorwiegend mongolischer Abstammung. Die Kultur der Rai ist sehr ungewöhnlich. Sie praktizieren einen alte Religion, die weder als Buddhismus

Rai-Frau

noch als Hinduismus bezeichnet werden kann, wenn auch ein relativ starker hinduistischer Einfluß erkennbar ist. Die Rai besitzen sehr charakteristische mongolische Züge, die es leicht machen, sie zu erkennen.

Einige Dörfer der Rai sind extrem groß und umfassen 200 bis 300 Haushalte. Typischerweise erstrecken sie sich über einen Hang, wobei Pfade in alle Richtungen führen. Den richtigen Weg zu finden, ist in diesen Ansiedlungen immer eine Herausforderung.

Die Rai sind sehr unabhängig und individualistisch. Die etwa 200.000 Angehörigen dieser Volksgruppe in den östlichen Bergen sprechen wenigstens 15 verschiedene Sprachen, die, auch wenn sie eng miteinander in Verbindung stehen, für den jeweils anderen doch nicht verständlich sind. Wenn sich Rai aus verschiedenen Gegenden treffen, müssen sie bei der Verständigung auf das Nepali zurückgreifen.

Rai (wie auch Limbu, Magar und Gurung) gehören zu den ethnischen Gruppen, die einen großen Teil der Soldaten in den bekannten Gurkha-Regimentern in den britischen und indischen Armeen stellen.

Ungewöhnlich für Besucher aus dem Westen ist in den von den Rai bewohnten Regionen auch der Einfluß der *Dhami*, der Schamanen. Das ist eine Mischung aus Wahrsagern, spirituellen Medien und Medizinmännern. Gelegentlich sieht man die Schamanen in den Dörfern, aber häufiger findet man sie an abgelegenen Wegen, in elegante *Regalia* gekleidet und mit einem Kopfschmuck aus Fasanenfedern verziert. Der rhythmische Klang der Trommeln, die ein *Dhami* auf Wanderungen fortdauernd schlägt, wirft sein Echo weit durch die Berge. Die meisten Rai leben zwischen dem Dudh Kosi und dem Arun-Tal. Man trifft sie auf dem Weg zum Everest und auf der Wanderung von Khumbu nach Dharan.

Limbu: Die Rai und die Limbu sind zusammen als Kiranti bekannt. Bei den Kiranti handelt es sich um die älteste Bevölkerungsgruppe der östlichen Gebirge Nepals, die hier seit wenigstens 2.000 Jahren siedelt. Schon in alten Hindu-Epen wie dem *Mahabharata* sind die kriegerischen Kiranti des östlichen Himalaja erwähnt. Vom 7. Jahrhundert n. Chr. an war das Arun-Tal der Schauplatz heftiger Kämpfe zwischen Kriegsherren aus Tibet und Assam. Die Kiranti traten erst im Jahre 1774 dem Gurkhali-Königreich bei.

Viele Limbu haben den Beinamen Subba angenommen. Zahlreiche Männer dieser Volksgruppe dienen entweder in den Gurkha-Regimentern oder in der nepalischen Armee. Die Limbu sind auch die Erfinder des *Tongba*, eines lekkeren, aber auch sehr starken Hirsebiers, das durch einen großen Bambushalm geschlürft wird. Sie hängen einer Religion an, die eine Mischung aus Buddhismus und Schamanentum darstellt, und haben ihre eigenen *Dhami*. Die meisten Limbu wohnen in der Region östlich des Arun. Während der gesamten Wanderung zum Kanchenjun-

ga befindet man sich im Siedlungsgebiet der Limbu.

Gurung: Die Gurung dienen ebenfalls häufig in der nepalischen Armee sowie in den Gurkha-Regimentern der britischen und der indischen Armee oder arbeiten bei der nepalischen Polizei. Es ist nicht ungewöhnlich, auf einer Wanderung ehemalige Soldaten zu treffen, die in Malaysia, Singapur, Hongkong oder Großbritannien gedient haben. Die Geschichten ihrer Abenteuer, erzählt in ausgezeichnetem Englisch mit britischem Akzent, sind am Rand einer Wanderung ein faszinierender Gesprächsstoff. In den meisten Gurung-Dörfern bilden der Sold oder die Pensionen der Militärangehörigen eine bedeutende Einkommensquelle. Darüber hinaus werden Viehzucht, insbesondere Schafzucht, sowie Ackerbau betrieben. Zu den landwirtschaftlichen Erzeugnissen gehören Reis, Weizen, Mais, Hirse und Kartoffeln. Zu den hochgelegenen Weiden, auch im Annapurna-Nationalpark, gelangt man über die Pfade, die von den Schafhirten der Gurung angelegt wurden.

Die Gurung weisen mongolische Züge auf. Die Männer dieser Volksgruppe sind leicht an ihrer traditionellen Kleidung zu erkennen, einem kurzen Rock aus weißem Baumwollmaterial oder häufig einem Schal, der um die Taille geschlungen und mit einem breiten Gürtel gehalten wird. In der Region Ghandruk unweit des Annapurna-Naturschutzgebietes konstruieren sich die Männer der Gurung einen Rucksack aus einem Stück derben Baumwollstoffes, das um die Schultern geschlungen wird.

Die Beerdigungszeremonien und Tänze der Gurung (letztere werden beim geringsten Anlaß aufgeführt) sind besonders exotisch. Häufig ist es möglich, derartigen Veranstaltungen der Gurung beizuwohnen, wenn man in ihrem Siedlungsgebiet wandert. Ein älterer, Englisch sprechender früherer Gurkha-Soldat wird Ihnen dann wahrscheinlich die Rituale erklären und Sie mit langen, verwickelten Geschichten aus seiner Teilnahme am Ersten oder Zweiten Weltkrieg in Frankreich, Deutschland, Italien oder Nordafrika unterhalten. Sie werden Gurung in der Region um den Annapurna finden, wie auch in den wichtigsten Siedlungen im Osten, darunter Rumjatar, südlich von Jiri.

Magar: Die Magar siedeln in ganz Nepal, leben jedoch im allgemeinen südlich ihrer Nachbarn aus der Volksgruppe der Gurung. Traditionell handelt es sich um Bauern und Steinmetze, aber viele Magar dienen auch als Soldaten in den Gurkha-Regimentern und in der nepalischen Armee. Unter den Magar gibt es sowohl Hinduisten als auch Buddhisten. Die hinduistischen Magar praktizieren denselben Glauben wie die Chhetri. Ihre Priester sind Brahmanen. Die Frauen der Magar tragen häufig Halsketten mit indischen Silbermünzen. Auf Magar kann man während der meisten Wanderungen in ganz Nepal treffen. Sie sind häufig auch in Dörfern, in denen andere ethnische Gruppen überwiegen, vertreten.

Sunwar: Eine der vorherrschenden ethnischen Gruppen in der Region östlich von Kathmandu sind die Sunwar. Sie siedeln insbesondere in den Dörfern Ramcchhap, Charikot und Okhaldunga. Die Frauen tragen Goldschmuck in Nase und Ohren, und die Männer dienen häufig in der nepalischen Armee. Sie leben in weiß gekalkten Häusern mit schwarzen Fensterrahmen. Die Sunwar beten zu ihren eigenen Göttern, kennen jedoch ebenfalls Brahmanen als Priester. Bei Trekking-Touren zum Everest kommt man auf der Fahrt von Lamosangu nach Jiri durch ein Siedlungsgebiet der Sunwar.

Jirel: Eine kleine Untergruppe der Sunwar, die in Jiri und in der Umgebung des Ortes lebt, ist unter dem Namen Jirel bekannt. Anders als den Sunwar dienen ihnen buddhistischen Lamas als Priester.

Thakali: Die Thakali stammen ursprünglich aus dem Tal des Kali Gandaki (Thak Khola). Sie sind jedoch, je nachdem, wie es die Geschäfte erforderten, auch in andere Gebiete abgewandert. Traditionell sind sie ausgezeichnete Geschäftsleute und Hoteliers. Sie haben Hotels, Herbergen und andere Unternehmen in ganz Nepal eröffnet. Ihre Religion ist eine Mischung aus Buddhismus, Hinduismus und alten schamanischen und animistischen Kulten, sie nehmen jedoch selbst in Anspruch, eher Hindus als Buddhisten zu sein. Trotz des lange währenden Handels mit Tibet stammen die Thakali nicht aus diesem Land. Sie stehen mit den Tamang, den Gurung und den Magar in Verbindung.

VOLKSGRUPPEN IM GEBIET DES HIMALAJA

Sherpa: Bei den Sherpa handelt es sich um die berühmteste ethnische Gruppe in Nepal, die allerdings nur einen winzigen Bruchteil der Gesamtbevölkerung ausmacht und in einer kleinen, unwirtlichen Region des Königreiches beheimatet ist. Die Sherpa gelangten zu Ruhm, nachdem einige von ihnen von dem Team, das im Jahre 1921 eine Expedition zum Everest unternahm, als Bergführer und Träger angestellt worden waren. Die Expedition begann in Darjeeling (Indien) und führte dann nach Tibet. Da viele Sherpa in Darjeeling lebten, war es nicht notwendig, in das „verbotene"Nepal zu reisen, um sie dort anzuheuern.

Das Einkommen der Sherpa ist in hohem Maß vom Tourismus abhängig geworden. Deshalb haben auch viele Angehörige dieser Volksgruppe den westlichen Geschmack und die westlichen Werte angenommen. Der westliche Einfluß hat die Löhne und die Kosten in den Gebieten, in denen die Sherpa siedeln, höher und nicht verhandlungsfähig werden lassen. Das hat den Sherpa bei vielen Trekkern auf eigene Faust den Ruf eingebracht, auf geschäftlicher Ebene eher geldgierige und schwierige Partner zu sein. Wenn man sich jedoch erst einmal über Preis und Leistungen einig geworden ist oder wenn eine Trekking-Agentur oder ein Geschäft darüber verhandelt hat, wird man die Sherpa vielleicht als nett und hilfsbereit kennenlernen. In von Sherpa geführten Hotels gelten übrigens Festpreise, so daß man dort gar nicht erst versuchen sollte, zu feilschen.

Sherpa nennen ihre Kinder häufig nach dem Wochentag, an dem sie geboren wurden. Sonntag heißt Nima, dem Dawa, Mingma, Lakpa, Phurba, Passang und Pemba folgen. Häufig wird dem Namen der Zusatz „Ang" vorgestellt, was soviel wie junior bedeutet. So hieße der Kurzname für Ang Nima nur Nima und nicht etwa Ang.

Manang: Manang, die Region im Norden des Annapurna, ist die Heimat der Bevölkerungsgruppe mit dem gleichen Namen. Ein Erlaß von König Rana Bahadur Shah aus dem Jahre 1784 gewährte ihnen besondere Handelsprivilegien, die noch heute gelten. Dazu gehören u. a. der Besitz eines Reisepasses und eine Erlaubnis für Importe und Exporte, die der Allgemeinheit in Nepal nicht zugänglich sind. Der Handel, der vor langer Zeit mit der Ausfuhr von lebenden Hunden, Ziegen, Schafhäuten, Yak-Schwänzen, Kräutern und Moschus begonnen hatte, expandierte zum Import von umfangreichen Mengen an elektronischen Geräten, Kameras, Seide, Kleidung, Edelsteinen und anderen hochwertigen Gütern im Austausch gegen Gold, Silber, Türkis und andere Waren aus Manang.

EINFÜHRUNG

Das Handelsgebiet der Manang erstreckt sich über ganz Südostasien und reicht bis nach Korea. Es ist nicht ungewöhnlich, große Gruppen von Manang nach Bangkok, Singapur oder Hongkong fliegen zu sehen. Die Manang nennen sich selbst Nye-Shang, aber viele von ihnen lassen in ihren Reisepaß und in anderen Dokumenten auch den Zunamen Gurung eintragen, auch wenn sie näher mit den Tibetern verwandt sind als mit den Gurung.

Einwohner von Dolpo: Die Isolation von Dolpo, dem abgelegenen Gebiet nördlich des Dhaulagiri, hat die Einwohner zu einer der unterentwickeltsten, jedoch auch malerischsten ethnischen Gruppen im Königreich werden lassen. Die Dolpo sind Händler, die sich auf den Austausch von Schafen, Yaks und Salz zwischen Nepal und Tibet spezialisiert haben. Sie siedeln in der Region Dolpo, insbesondere in den Dörfern Tarap und Ringmo. Die Volksgruppe steht in dem Ruf, ständig etwas zu unternehmen. Hier ist besonders das Spinnen von Wolle mit der Hand während des Gehens zu nennen.

Lo-Pa: Die Lo-Pa leben in der sagenumwobenen Region Mustang. Sie konkurrieren mit den Thakali auf dem Gebiet des Handels mit Salz und Wolle sowie der Yak-, Esel-, Muli- und Schafhaltung und sind eng mit Tibet verbunden. Die Region stand einst unter der Herrschaft des Raja von Mustang. Diese Stellung ist seit dem Jahre 1952 jedoch nur noch ein Ehrentitel. Der Raja hat nun nur noch den Rang eines Oberstleutnants in der nepalischen Armee.

Baragaunle: Der oberer Kali Gandaki, darunter auch Kagbeni und Muktinath, ist die traditionelle Heimat der Baragaunle – der Menschen der „zwölf Dörfer". Sie sind tibetischer Herkunft und praktizieren eine Art des tibetischen Buddhismus, der durch alte animistische und Bon-po-Rituale aus der Zeit vor dem Buddhismus beeinflußt wurde. Die elegant gekleideten Frauen, die Sie in der Nähe von Muktinath sehen, gehören zu dieser ethnischen Gruppe.

DIE VOLKSGRUPPEN IM TERAI

Tharu: Die größte und wahrscheinlich älteste ethnische Gruppe, die im Terai siedelt, sind die Tharu. Heute handelt es sich überwiegend um friedliche Bauern. Einst lebten sie in kleinen, einstöckigen Strohhütten im Dschungel, was ihnen den Ruf einbrachte, gegen die Malaria immun zu sein. Sie hängen einer eigenen Stammesreligion an, die auf dem Hinduismus basiert. Die Frauen der Tharu besitzen eine besondere Ehre, die eine große Rolle in der Gesellschaft spielt. Siedlungen der Tharu findet man in Biratnagar, Nepalgunj und im Chitwan-Nationalpark.

Dhanwar, Majhi und Darai: Diese drei miteinander verwandten Volksgruppen siedeln in den Flußtälern des Terai und gehören zu den ärmsten ethnischen Gruppen und denen mit dem niedrigsten Bildungsstand in ganz Nepal. Traditionell leben die Majhi vom Fischfang und verdienen sich ihren Unterhalt als Fährmänner auf den Einbäumen, mit denen man im ganzen Land Flüsse überqueren kann.

Weitere Gruppen: Die Satar, Dhangar, Rajbansi, Koche und Taipuri sind ebenfalls im Terai beheimatet. Es ist allerdings unwahrscheinlich, daß Sie Angehörige dieser Volksgruppen auf Ihren Wanderungen kennenlernen werden.

SHERPA-FÜHRER, GURKHAS UND SAHIBS

Diese drei Gruppen, die sich jedoch nicht unter ethnischen Gesichtspunkten zusammenfassen lassen, sind in Nepal besonders deutlich erkennbar. Man wird sie sicherlich auf allen Wanderungen treffen.

Sherpa-Führer: Seit der ersten Everest-Expedition im Jahre 1921 waren es Sherpa, die Teilnehmer an Trekking-Touren und Bergsteigerexpeditionen begleiteten. Ihre Leistungen in hohen Lagen und ihre selbstlose Hingabe an ihre Aufgaben beeindruckten die Mitglieder der frühen Expeditionen. Später wurde die Tradition, als Träger in großen Höhen Sherpa zu wählen, weitergeführt. Sie wurden meistens in Darjeeling oder durch eine Benachrichtigung angeheuert, die ihre Freunde oder Verwandten in die Region Solu Khumbu in Nepal sandten, wo die meisten Sherpa leben.

Diese Praxis dauert bis zum heutigen Tag an. Trekking-Organisationen stellen Sherpa entweder auf Dauer oder nur für eine Bergtour ein. Der Schwerpunkt hat sich jedoch von Darjeeling nach Kathmandu und in die Region Solu Khumbu verlagert, da dieses Gebiet für Ausländer geöffnet wurde.

Es ist verwirrend, die Rolle eines Sherpa bei einer Expedition oder einer Trekking-Tour zu beschreiben, da mit dem Wort Sherpa sowohl eine ethnische Gruppe als auch bestimmte Tätigkeiten bei einer Bergtour bezeichnet werden. Allerdings müssen einheimische Teilnehmer an Trekking-Touren und Bergsteigerexpeditionen in Nepal nicht zwangsläufig Angehörige der Volksgruppe der Sherpa sein.

Im allgemeinen verfügen Sherpa über ausreichende Erfahrungen im Abschluß von Geschäften sowie in der Verständigung mit Personen aus der westlichen Welt und sprechen ein wenig Englisch. Die Aufgabe der Sherpa umfaßt verschiedene Tätigkeiten, nämlich als *Sirdar*, Koch, Küchenjunge, Führer oder Träger in großen Höhen. Der Sherpa-Führer auf einer Bergtour oder Expedition ist der *Sirdar*. Er ist verantwortlich für die gesamten Einkäufe und für die Auswahl der Träger. Im Tiefland übernimmt er die Aufgabe des Führers und fragt die Einheimischen nach dem Weg, falls dies notwendig ist, um die beste Route ausfindig zu machen. Die Köche und Küchenjungen bringen erstaunliche Gerichte am Wegesrand zustande, wobei der Begriff „Küchenjunge" für einen Beikoch oder eine Küchenhilfe verwendet wird. Das können jedoch Frauen und Männer jeden Alters sein.

Ein Sherpa muß aber nicht unbedingt ein guter Bergsteiger sein. Auch wenn die Sherpa in der Nähe der Gipfel des Himalaja leben, setzten sie doch früher üblicherweise nicht den Fuß darauf, wenn es nicht gerade darum ging, einen hohen Paß auf Handelsrouten zu überqueren. Das hat sich geändert, als die Sherpa von den Briten den Sport des Bergsteigens kennenlernten. Viele Sherpa sind seitdem in großen Höhen als Träger bei Bergexpeditionen eingesetzt worden und trugen schwere Ladungen auf den Wegen, die von fähigen Bergsteigern angelegt wurden. Die Schule der Nepal Mountaineering Association in Manang bietet nun sogar eine Ausbildung für bergsteigende Sherpa an. Wer einen erfahrenen Sherpa mit einer Bergsteigerausbildung sucht, sollte sich vergewissern, ob er an einem Kurs an dieser Schule teilgenommen hat.

Sherpa sind nicht die einzigen, die in höchsten Lagen bergsteigen. Sambhu Tamang, der im Jahre 1973 mit einer italienischen Expedition den Gipfel des Everest erklomm, war der erste Nepali, der nicht der ethnischen Gruppe der Sherpa angehörte und den Gipfel eines der wichtigsten Berge des Himalaja bezwang. Inzwischen haben auch zahlreiche Nepali vieler anderer ethnischer Gruppen hohe Berge im ganzen Land bestiegen.

Den Trägern obliegt der Transport von Lasten. Ihre Aufgabe endet, sobald sie das Lager erreicht haben. Wenn die Gruppe erst einmal im Lager angekommen ist, beginnt die Arbeit der Sherpa.

Ein Träger kann Angehöriger einer beliebigen ethnischen Gruppe sein. Viele Rai, Tamang und Magar verbringen fast ihr ganzen Leben auf dem Pfaden in den Bergen als Träger. Sie transportieren nicht nur Lasten für Trekker, sondern auch Waren zu den abgelegenen Bergdörfern.

Gurkha: Die Nepali, die in der britischen oder in der indischen Armee dienten oder dienen, nennt man Gurkha. Der Name leitet sich von Gorkha ab, einer alten Stadt, aus der König Prithvi Narayan Shah, der Gründer von Nepal, stammte. In der britischen Armee wurden als Gurkha alle Nepali zusammengefaßt. Dort nannte man die nepalische Sprache auch Gurkhali.

Früher gab es in der britischen Armee zehn Gurkha-Schützenregimenter. Als jedoch Indien im Jahre 1947 seine Unabhängigkeit erlangte, erhielt es sechs der Regimenter, so daß Großbritannien vier blieben. Die Briten unterhalten in Pokhara und unweit von Jawlakhel in Kathmandu noch immer Rekrutierungszentren. Die meisten Gurkha sind Rai, Limbu, Gurung und Magar zu ungefähr gleichen Teilen, auch wenn diese Regimenter Mitglieder anderer ethnischer Gruppen ebenfalls akzeptieren.

Sahibs: Die Nepali in den Bergen nennen Männer aus dem Westen oder Japan häufig *Sahib*. Eine westliche Frau ist eine *Memsahib*, ein Träger ein *Coolie*. Diese Begriffe sind nicht mehr so abfällig gemeint, wie dies zur Zeit der britischen Rajs der Fall war. In einer besonderen Verdrehung ist ein Trekker auf eigene Faust zu einem „Tourist" geworden und wird als Teilnehmer an einer organisierten Tour „Member" genannt.

KULTUR

Die Nepali sind traditionell herzliche und freundliche Menschen, die Ausländern mit einer Mischung aus Neugier und Respekt begegnen. Bei ihnen ist „Namaste" (Hallo, wie geht es Ihnen?) ein allumfassender Gruß. Die meisten Nepali sprechen zwar kein Deutsch, zumindest aber ein wenig Englisch, auch wenn Lächeln und Gesten Sprachbarrieren ebenso gut überwinden helfen können.

Fragen Sie immer zweimal, wenn Sie Auskünfte einholen oder sich nach dem Weg erkundigen möchten. Ein Nepali haßt es, nein sagen zu müssen, und wird Ihnen eine individuelle Version anbieten, ganz gleich, ob er die Antwort weiß oder nicht. Dabei ist keinesfalls die Intention vorhanden, Sie bewußt in die Irre zu leiten. Viel mehr liegt einem Nepali daran, Sie mit einer Antwort glücklich zu machen.

Beim Trekken haben Sie die Gelegenheit, Sherpa und Angehörige anderer ethnischer Gruppen in Nepal kennenzulernen. Der kulturelle Hintergrund dieser Menschen ist völlig anders als der, der einem in Europa vertraut ist. Bergwanderungen sind ein faszinierendes kulturelles Erlebnis, aber am lohnendsten, wenn man einige Konzessionen an die Bräuche und Gewohnheiten in Nepal macht.

Nepal ist ein vorwiegend hinduistisches Land, auch wenn die Sherpa und die meisten anderen Bewohner der hohen Bergregionen Buddhisten sind. In Kathmandu wird man Ihnen daher den Zutritt zu einem hinduistischen Tempel verwehren, wenn Sie Lederschuhe oder einen Ledergürtel tragen. Es gibt andere Tempel, zu denen andersgläubige Besucher gar keinen Zutritt erhalten. Für buddhistische Tempel gelten im allgemeinen weniger strenge Regelungen. Sie sollten jedoch trotzdem immer um Erlaubnis fragen und Ihre Schuhe ausziehen, bevor Sie einen Tempel betreten. Dabei muß man beachten, daß Fotografien von religiösen Festen, Friedhöfen oder Innenräumen der Tempel verboten sind.

Während einer Wanderung werden sich zahlreiche Gelegenheiten bieten, die einheimische Bevölkerung zu fotografieren. Einige Menschen haben jedoch dagegen etwas. Fragen Sie daher ausnahmslos, bevor Sie eine Frau aufnehmen. Es gibt immer Fälle, in denen sich jemand scheut. Dann kann ein Lächeln oder ein Scherz helfen. Unterlassen Sie aber auch die Verwendung eines Teleobjektivs, wenn es jemand ablehnt, fotografiert zu werden. Bezahlen Sie jedoch nicht für das Fotografieren. Einige Menschen haben übrigens Angst, eine

Kamera könnte ihre „Seele stehlen", aber häufig ist das Übermaß an Fotografen das Problem. Viele Fotografien von Menschen aus Nepal, insbesondere von Sherpa, wurden in Büchern, Magazinen und Broschüren veröffentlicht. Die Sherpa, insbesondere die Frauen, haben daher Angst, daß ein Foto von ihnen in großen Mengen produziert und schließlich verbrannt, weggeworfen oder sogar als Toilettenpapier verwendet wird. Dies ist der Hauptgrund, aus dem sie es ablehnen, fotografiert zu werden. Und das ist durchaus legitim.

Die Kultur der Nepali ist weit älter und in vielen Dingen weit feiner als unsere eigene, aber Nepal ist kein Museum. Man besucht vielmehr ein Land, das sehr vital ist und in dem viele Menschen komfortabler und oft glücklicher leben als wir. Je mehr Sie zuhören und beobachten, desto mehr werden Sie lernen und desto mehr Menschen werden Sie akzeptieren. Wenn Sie die Nepali in den Bergen etwas lehren wollen, dann bringen Sie ihnen etwas Englisch bei. Englisch ist der Schlüssel nach oben, was die Beschäftigung oder ein Geschäft mit Ausländern anbelangt. Es ist das eine Element unserer Kultur, das jeder haben möchte – unsere Sprache. Wenn Sie sich auf einer Wanderung mit einem Sherpa oder einem Träger auf Englisch unterhalten können, dann kann dies ein guter Beginn für eine dauernde Freundschaft werden.

Nun folgen einige wenige Ratschläge und Bitten, deren Befolgung Ihrer Wanderung zugute kommt.

Verschmutzen Sie Ihre Umwelt nicht. Werfen Sie Papier, Verpackungen von Filmen und andere Abfälle nicht einfach weg.

Benutzen Sie, wann immer möglich, die vorhandenen Toiletten (*Charpi*), in welchem Zustand sie sich auch befinden mögen.

Verbrennen Sie benutztes Toilettenpapier und vergraben Sie Ihre Notdurft. Geben Sie den Kindern in den Dörfern keine Luftballons, Süßigkeiten oder Geld, da dies sie zum Betteln ermutigt. Die Trekker sind für die ständigen Rufe der Kinder nach *Mithai* (Süßigkeiten), *Paisaa* (Geld) und *Boom Boom* (Luftballon) verantwortlich. Wanderer mit guten Absichten dachten, sie leisteten etwas Gutes, als sie Schreibstifte für die Schule verteilten, so daß kluge Kinder jetzt nach Kugelschreibern fragen.

Verleiten Sie die Menschen nicht zum Diebstahl, indem Sie Kameras, Uhren oder andere Wertsachen in der Unterkunft oder im Lager herumliegen lassen. Deponieren Sie Ihre persönlichen Sachen in Ihrem Zimmer oder in Ihrem Zelt. Dazu gehört es auch, nachts keine Wäsche auf der Leine zu lassen.

Verzichten Sie auf Lagerfeuer, da Holz in Nepal heilig und zudem äußerst knapp ist.

Berühren Sie keine Eßutensilien oder Nahrungsmittel, die von den Einheimischen verwendet werden. Den meisten Hindus ist es nicht möglich, Eßwaren zu sich zu nehmen, die von andersgläubigen Ausländern berührt wurden. Das Problem gilt jedoch nicht für die Sherpa.

Werfen Sie im Haus nie etwas ins Feuer, ganz gleich, ob es sich um das Haus eines Buddhisten oder eines Hindus handelt. In den meisten Kulturen lebt der Hausgott im Herd.

Nacktheit ist völlig inakzeptabel, und kurze Hosen sind unerwünscht.

Die öffentliche Zurschaustellung von Zuneigung ist verpönt.

Die meisten Nepali essen mit ihren Händen. Daher wird man auch Ihnen oftmals Messer, Gabel oder Löffel nicht anbieten. Ein Löffel ist jedoch auf Wunsch erhältlich. Die Nepali benutzen übrigens nur ihre rechte Hand zum Essen. Wer mit der Hand ißt, muß diese vorher und nachher waschen. In allen Restaurants ist zu diesem Zweck ein Krug mit Wasser vorhanden.

Die Nepali steigen nicht über die Füße oder Beine eines anderen, wenn diese im Weg stehen. Wer mit ausgestreckten Beinen in einem Türeingang oder Wanderweg liegt, sollte sie einziehen, wenn jemand vorbeigehen möchte. Gleichermaßen sollten Sie nicht über die Beine eines Nepali steigen.

Der Ehrenplatz im Haus eines Sherpa ist der Sitzplatz, der sich am nächsten am Feuer befindet. Falls man Sie nicht ausdrücklich dazu auffordert, sollten Sie sich dort nicht niederlassen.

DAS LEBEN IN DEN BERGEN

Die meisten nepalischen Familien, die auf dem Land leben, versorgen sich weitgehend mit Nahrung, die sie selbst erzeugen. Mögliche Überschüsse werden in den wenigen Orten verkauft, z. B. in Kathmandu und Pokhara, die keine rein landwirtschaftliche Wirtschaft besitzen. Im Gegenzug decken sich Dorfbewohner dort mit Waren ein, insbesondere mit Gütern, die sie nicht selbst produzieren können. Dazu gehören Zucker, Seife, Zigaretten, Tee, Salz, Kleidung und Schmuck.

In ganz Nepal spielt dieser Güteraustausch eine bedeutende Rolle, insbesondere beim Handel zwischen den abgelegenen Dörfern und den Städten mit einer größeren Bevölkerung sowie Industrieansiedlungen. In den Berggebieten ohne Straßen werden die Waren von Trägern in Bambuskörben transportiert, die mit Hilfe eines Stirnbandes gehalten werden. Die Träger übernachten während der vielen Tage, die der Weg in Anspruch nimmt, entweder am Pfad und ernähren sich von dem Proviant, den sie mitgenommen haben, oder zahlen für Verpflegung und Unterkunft in Häusern am Wegesrand. Von Zeit zu Zeit trifft man zwar auf *Bhattis* (Teehäuser) am Weg, in denen die Träger jedoch selten für mehr als für eine gelegentliche Tasse Tee einkehren. Die Preise in den *Bhattis* sind sehr viele höher als die Kosten, die man aufwenden muß, um bei einer Familie, die bereits gekocht hat, mitzuessen. Häufig sind die Träger in Gruppen unterwegs und kochen selbst, wobei sie den Proviant mitnehmen.

Den zweiten wichtigen Faktor beim Warentransport bildet der Strom von Menschen aus den Regionen mit dem wärmeren Klima im Terai und den kälteren Himalaja-Gebieten. Teils ist dieser Strom von Menschen auf eine jahreszeitlich bedingte Wanderbewegung zurückzuführen, aber viele Menschen sind auch ständig aufgrund des zunehmenden Bevölkerungsdrucks in den Bergen in Bewegung. Die Nepali reisen zudem ausgiebig in Zusammenhang mit Hochzeiten, Begräbnissen, Festen sowie Schul- oder Verwaltungs- und Militärangelegenheiten.

Verschiedene der Hunderte von Festen, die jährlich in Nepal stattfinden, erfordern von den Einheimischen, daß sie die Häuser ihrer Verwandten besuchen. Von besonderer Bedeutung ist in diesem Zusammenhang das Dasain-Fest im Oktober, während dessen Tausende von Nepali mit unterschiedlichem wirtschaftlichen oder sozialen Hintergrund die größeren Städte verlassen, um in die Bergdörfer zu reisen, wobei die Art und Weise dem Stand angemessen ist. Die Unterkünfte auf der Reise können dabei Lager am Wegesrand sein, die denen der Träger vergleichbar sind. Andererseits kann es sich jedoch auch um eine Reise mit vollständigem Dienstpersonal handeln. Es ist sicher selten, aber immer noch möglich, Träger zu sehen, die eine Frau in einem Stuhl oder Korb tragen.

Männer, die in den Bergdörfern geboren wurden und in den Gurkha-Einheiten der britischen oder indischen Armee dienen, kommen zum Urlaub zurück oder wenn Sie in Pension gehen. Häufig folgt ihnen ein ganzes Regiment an Trägern, die das transportieren, was bei den Aufenthalten in Singapur, Hongkong, Brunei oder Großbritannien erworben wurde.

So existiert eine große Bandbreite an Reisearten auf den Wegen Nepals. Je nach Transportmittel und wirtschaftlicher Bedeutung tragen die Reisenden zur Wirtschaft der meisten Dörfer bei, sei es durch den Kauf von Nahrungsmitteln, den Kauf von anderem Bedarf, die Inanspruchnahme von Dienstleistungen oder durch das Anheuern von Trägern für einige Tage. Die Dorfbewohner an den wichtigen Wegen beziehen dies bereits in ihre Planung ein und

Inneres eines Sherpa-Hauses

hängen davon ab. Sie sind in dieser Hinsicht den Besitzern unserer Cafés, Gaststätten, Hotels und Tankstellen vergleichbar, die sich auf Straßenbenutzer aller Art verlassen.

Ein anderes Phänomen in den Bergen ist der ständige persönliche Kontakt mit anderen Menschen, denn eine Wegbeschilderung besteht nicht. Man findet auch nur wenige Hotelschilder und unterwegs keine Karten. So muß der Reisende, wie scheu er auch immer sein mag, ständig nach der Richtung oder danach fragen, wo man Proviant oder andere Dinge finden könnte. Man ist zudem darauf angewiesen, nach Informationen über mögliche Unterkünfte zu fragen, wie weit es bis zum nächsten Dorf ist usw. Viele Menschen aus dem Westen haben diese Fähigkeit, wie es scheint, verloren und verlassen sich auf die Isolation durch ein Auto, um eine Trennlinie zum Fremden zu schaffen. In Europa muß man nur selten jemanden nach etwas fragen, da Straßenschilder und Landkarten im Übermaß vorhanden sind. Die Landschaft, durch die man reist, wird häufig nur durch ein Autofenster betrachtet.

Da die Nepali ständig sprechen und sich gegenseitig wichtige Informationen geben, entwickelt sich die Unterhaltung häufig zu einem langen Austausch von purem Geschwätz oder nutzlosen Informationen. Beim Trek-king hört man ständig die bekannten Fragen in Englisch „Wie spät ist es?" oder „Wohin gehen Sie?". Ein Nepali mit Englischkenntnissen kann gut und gerne eine oder zwei Stunden damit zubringen, darüber zu diskutieren, wie die Bedingungen auf dem Weg sind, wo er gewesen ist, wie die Politik steht, wie das Wetter, die Erntebedingungen sowie der Reispreis im Nachbardorf sind, wer gerade geheiratet hat (oder wer noch ledig ist) oder wer kürzlich verstarb – all dies mit einem völlig Fremden, den er wahrscheinlich nie wieder sieht. Dies ist ein wichtiger Teil des Lebens in den Bergen, da es dort keine Telefone, Zeitungen, Fernsehgeräte und nur wenige Radios gibt. Die meisten Neuigkeiten bringen daher die Reisenden mit. Es ist sicher aufregender, die Erfahrungen aus erster Hand zu hören als in einer Nachrichtensendung im Radio. Sobald eine Familie die Pflanzen für die jeweilige Jahreszeit gesetzt hat, ist nicht mehr viel zu tun, wenn man von den alltäglichen Tätigkeiten wie dem Saubermachen des Hauses, dem Kochen und der Versorgung der Kinder absieht, bis es Zeit für die Ernte ist. Neben der wirtschaftlichen Bedeutung der Reisenden leisten sie noch einen bedeutenden Beitrag zur Unterhaltung, sind eine Informationsquelle und erlauben einen Blick in eine neue und andere Welt.

RELIGION

In Nepal haben Hinduismus und Buddhismus eine komplexe Mischung gebildet, in der häufig nicht mehr zwischen den beiden Religionen unterschieden werden kann. Buddha selbst ist zwar in Nepal geboren worden, aber der Buddhismus erreichte das Land erst 250 Jahre später. Man sagt, er sei durch den großen indischen Eroberer Ashoka, einen überzeugten Buddhisten, hierhergebracht worden. Später gab der Buddhismus den Weg für den Hinduismus frei. Vom 8. Jahrhundert an kam jedoch auch der tantrische Buddhismus, der in Tibet praktiziert wird, über den Himalaja nach Nepal. Heute ist der Buddhismus vor allem die Religion der Menschen im hohen Himalaja, also bei den Sherpa sowie den Tibetern, die sich in Nepal niedergelassen haben. Mehrere andere ethnische Gruppen, z. B. die Tamang und die Gurung in den mittleren Bergen und die Newar im Kathmandu-Tal, hängen teils dem Buddhismus und teils dem Hinduismus an.

Offiziell ist Nepal ein hinduistisches Land. In der Praxis ist die Religion jedoch eine fremdartige Mischung aus Glaubensvorstellungen des Hinduismus und des tantrischen Buddhismus mit einem ganzen Pantheon von tantrischen Gottheiten, die zu den Göttern der Hindus hinzugefügt wurden und in vielen Fällen mit ihnen eine untrennbare Einheit bilden. So wurde Avalokitesvara, der erste Bodhisattva der buddhistischen Zeit, zu Lokesvara, einer Manifestation des Hindu-Gottes Schiva, und trat dann als Machhendranath, einem der beliebtesten Götter des Kathmandu-Tals, auf. Ist er nun Hindu oder Buddhist? Keiner kann dies sagen.

Die überwiegende Mehrheit der Bevölkerung besteht aus Hindus. Die Buddhisten vervollständigen lediglich das Bild. In Nepal leben zudem einige kleine Gruppen von Moslems und wenige Christen. Die Moslems findet man vor allem in der Nähe der Grenze zu Indien und in abgelegenen, isolierten Dörfern. Einige ethnische Gruppen, wie z. B. die Tharu und die Rai, haben ihre eigene Religion und beten die Sonne, den Mond oder die Bäume an, auch wenn ihre Riten viele hinduistische und buddhistische Einflüsse aufweisen.

HINDUISMUS

Außer in Nepal ist der Hinduismus nur noch in Indien, auf der indonesischen Insel Bali und den Inseln Mauritius sowie möglicherweise Fidschi vorherrschend. Dabei ist er, wenn man die Zahl seiner Anhänger betrachtet, die größte Religion Asiens und zugleich eine der ältesten noch vorhandenen Religionen, deren Wurzeln bis 1.000 Jahre vor Chr. zurückreicht.

Schiva, Parvati und Ganesch

Die Zivilisation im Indus-Tal entwickelte eine Religion, die zum Hinduismus in vielen Punkten eine nahe Beziehung erkennen läßt. Später wurde sie auf dem Subkontinent durch die Verbindung mit religiösen Praktiken der einfallenden Drawiden und der Arier im Norden von Indien um das Jahr 1500 v. Chr. weiterentwickelt. Um 1000 v. Chr. entstanden die vedischen Schriften und gaben diesem Glauben den ersten losen Rahmen.

Der Hinduismus kennt heute eine Reihe von heiligen Büchern, von denen die vier *Veden*, das göttliche Wissen, als die wichtigsten gelten. Sie bilden die Grundlage der hinduistischen Philosophie. Die *Upanischaden*, die Teil der *Veden* sind, befassen sich mit der metaphysischen Natur des Universums und der

Seele. Beim *Mahabharata* handelt es sich um ein Epos, das in über 220.000 Zeilen die Schlachten zwischen den Kauravas und den Pandavas beschreibt. Es enthält die Geschichte von Rama und ist wahrscheinlich die Grundlage für das berühmteste hinduistische Epos, das *Ramayana*. Im *Bhagavad Gita*, einer berühmten Episode aus dem *Mahabharata*, wird davon berichtet, wie Krishna Arjuna seine Philosophie darlegt.

Der Hinduismus geht davon aus, daß alle Menschen eine Reihe von Wiedergeburten (Reinkarnationen) durchmachen müssen, die schließlich zum *Moksha*, der geistigen Erlösung, führen, der Befreiung aus dem Zyklus der Wiedergeburten. Mit jeder Wiedergeburt kann man sich dem *Moksha* nähern oder sich von ihm entfernen. Der entscheidende Faktor ist das *Karma*, das Gesetz von Ursache und Wirkung. Schlechte Verhaltensweisen im Leben führen zu einem schlechten *Karma*, dem wiederum eine Wiedergeburt auf einer niedrigeren Stufe folgt. Wessen Taten und Verhalten dagegen gut waren, wird auf einem höheren Niveau wiedergeboren und gelangt damit einen Schritt näher an die Befreiung von der Wiedergeburt. Das *Dharma* ist das Naturgesetz, das im Hinduismus die totale soziale, ethische und geistige Harmonie im Leben regelt. Es gibt drei Kategorien des *Dharma*, von denen die erste die ewige Harmonie ist, die das gesamte Universum einschließt. Die zweite Kategorie bildet das *Dharma*, das die Kasten und die Beziehungen zwischen den Kasten bestimmt, und beim dritten *Dharma* handelt es sich um den Moralkodex, dem der Einzelne folgen sollte.

Die Religion der Hindus weist drei grundlegende Bestandteile auf. Das sind das *Puja* (Gebet), die Verbrennung der Toten und die Regeln für das Kastensystem. Dabei gibt es vier Hauptkasten, nämlich die der Brahmanen (Priesterkaste), die der Chhetri, die Kaste der Soldaten und Gouverneure, die der Vaisyas (Kaste der Händler und Bauern) sowie die der Sudras, die Kaste der Hindus, die untergeordnete Arbeiten verrichten oder Handwerker sind. Diese vier Kasten sind noch weiter unterteilt, wenn auch in Nepal nicht in dem Ausmaß wie in Indien. Außerhalb der Kasten stehen die Harijans, die Unberührbaren und Angehörigen der niedrigsten kastenlosen Klasse, von denen die gemeinsten Arbeiten und degradierende Aufgaben verrichtet werden. Menschen aus dem Westen und Andersgläubige in Nepal stehen außerhalb des Kastensystems und sind aus diesem Grund unsauber. Ihnen ist der Zutritt zu den Tempeln der Hindus im allgemeinen verboten. Eßwaren, die von Personen aus dem Westen berührt oder auf den Teller eines Hindus gelegt wurden, gelten als unrein und müssen weggeworfen werden. Im Westen hat man vor allem deshalb Schwierigkeiten mit dem Hinduismus, weil er einen weiten Pantheon an Gottheiten kennt. Man kann sich diese Götter jedoch einfach als eine bildliche Darstellung der vielen Attribute eines einzigen Gottes vorstellen. Der eine, allgegenwärtige

Gott tritt im allgemeinen in drei Gestaltungen auf. Dabei ist Brahma der Erschaffer, Wischnu der Bewahrer und Schiva der Zerstörer und Wiederhersteller. Alle drei Götter werden im allgemeinen mit vier Armen dargestellt, Brahma zudem noch mit vier Köpfen. Jedem Gott ist ein Tier zugeordnet, das als sein „Fahrzeug" bezeichnet wird, auf dem er reitet, aber auch eine „Gemahlin", der gewisse Attribute und Fähigkeiten zugeschrieben werden. Im allgemeinen kann man jeden Gott auch nach bestimmten Symbolen bestimmen. Sie können häufig einen Gott an seinem „Fahrzeug" oder an den Symbolen erkennen. Die meisten Tempel sind einem der Götter gewidmet, aber die meisten Hindus bekennen sich entweder als Vaishnaviten (Anhänger Wischnus) oder Shaiviten (Anhänger Schivas). Eine Vielfalt von niedrigeren Göttern und Gottheiten füllt zudem die Szene. Außerdem gilt im Hinduismus die Kuh als heilig.

Der Hinduismus ist keine Religion mit missionarischem Charakter, da man zu ihm nicht übertreten kann. Man wird als Hindu geboren oder nicht. Man kann daher nie ein Hindu werden. Gleichfalls ist es nicht möglich, die Kaste zu wechseln. Man wird in sie hineingeboren und bleibt in ihr bis zum Tod. Trotz allem übt der Hinduismus eine große Anziehungskraft auf viele Menschen aus dem Westen aus, was auch die Ursache dafür ist, daß zahlreiche „Export"-Gurus aus Indien so erfolgreich sind. Da Bekehrung und Konvertierung kein Teil der hinduistischen Tradition sind, wurden sie in Nepal durch Gesetz verboten. Missionare und Evangelisten können daher in diesem Land keinen Einfluß ausüben.

Ein Guru ist im Hinduismus weniger ein Lehrer als vielmehr ein geistiger Führer, also jemand, der durch sein Beispiel oder einfach durch seine Gegenwart anzeigt, welchem Pfad man folgen soll. Bei der geistigen Suche benötigt man immer einen Guru. Ein Sadhu ist dagegen ein Individuum auf der geistigen Suche. Er ist leicht zu erkennen, da er im allgemeinen halbnackt herumwandert, in Staub gehüllt und mit ungeschnittenem Haar und Bart. Sadhus hängen überwiegend Schiva an und tragen daher im allgemeinen sein Symbol, den Dreizack.

Sadhus sind häufig Menschen, die entschieden haben, daß ihre Geschäfte und ihr Familienleben ihren natürlichen Abschluß gefunden hätten und daß es an der Zeit sei, alles aufzugeben, um sich auf die spirituelle Suche zu begeben. Wenn Sie einen Sadhu treffen, mag er früher ein Postbeamter aus einem Dorf oder ein erfolgreicher Geschäftsmann gewesen sein. Sadhus schrecken auch nicht vor verschiedenen Arten der Selbstverstümmelung zurück und wandern über den ganzen Subkontinent, wobei sie gelegentlich bei bedeutenden Wallfahrten und anderen religiösen Versammlungen zusammenkommen. Zu den bedeutenden Pilgerorten der Sadhus gehören Pashupatinath im Kathmandu-Tal und die heiligen Stätten von Gosainkund und Muktinath. Viele Hindus, die wie Sad-

hus aussehen, sind allerdings auch nur gewöhnliche Bettler und glauben, so leichter an Almosen zu kommen, während andere völlig aufrichtig in ihrer geistigen Suche sind.

BUDDHISMUS

Der Buddhismus ist im strengen Sinne keine Religion, da im Zentrum des Glaubens kein Gott steht, sondern ein philosophisches System und ein Moralkodex. Er entstand im nördlichen Indien um das Jahr 500 v. Chr., als Siddhartha Gautama, der als Prinz geboren worden war, erleuchtet wurde. Gautama Buddha war nach dem Glauben der Buddhisten aber nicht der erste Bud-

Buddha

43

dha, sondern der vierte. Er soll auch nicht der letzte „Erleuchtete" gewesen sein. Die Buddhisten glauben, daß die Erleuchtung das Ziel jeden Wesens sei, so daß schließlich alle Menschen den Zustand eines Buddha erreichen werden.

Buddha schrieb nie seine *Dharma* oder Lehren nieder. Vielleicht war dies der Grund dafür, daß es heute zwei große Zweige des Buddhismus gibt. Der Theravada- oder Hinayana-Buddhismus, der Buddhismus der Älteren bzw. des „kleinen Fahrzeugs", geht davon aus, daß der Pfad zum Nirwana, dem letzten Ziel aller Buddhisten, ein individueller sei. Dagegen besagt der Mahayana-Buddhismus, die Schule des „großen Fahrzeugs", daß der Glaube seiner Anhänger schließlich groß genug sein wird, um die gesamte Menschheit einzuschließen und sie zur Erlösung zu führen. Einigen erscheint die weniger strenge und weniger asketische Mahayana-Schule eine „sanfte Wahl". Heute wird sie vorwiegend in Vietnam, Japan und China praktiziert, während die Hinayana-Schule in Sri Lanka, Burma (Myanmar) und Thailand sowie bei den buddhistischen Newar im Kathmandu-Tal verbreitet ist. Es gibt noch andere, teils sehr esoterische Arten des Buddhismus, darunter den tantrischen Buddhismus aus Tibet, der auch in den Himalaja-Gebieten von Nepal verbreitet ist. Der tibetische Buddhismus wurde von den alten, animistischen Bon-po-Traditionen beeinflußt. In sehr geringem Ausmaß ist der Bon-po noch in Nepal zu finden, insbesondere in Dolpo.

Buddha wandte sich vom materiellen Leben ab, um zur Erleuchtung zu gelangen, aber anders als die übrigen Propheten hielt er das Fasten nicht für einen Weg, der zur Erkenntnis führt. Er entwickelte die Theorie von einem Mittelweg mit einer Mäßigung in allem. Buddha lehrte, daß alle Lebewesen leiden, daß das Leiden aber aus unseren leiblichen Wünschen und der Illusion resultiere, sie seien wichtig. Durch die Befolgung des „Acht-Falten-Pfades" werden diese Wünsche nach dem Glauben der Buddhisten ausgelöscht und der Zustand des Nirwana erreicht, in dem sie erloschen sind und wir frei von ihrem Trug sind. Dieser Prozeß erfordere es, eine Reihe von Wiedergeburten zu erleben, bis man schließlich am Ziel ankomme und keine weiteren Wiedergeburten und Leiden in dieser Welt mehr notwendig seien. Der Pfad, der die Menschen durch diesen Zyklus leite, sei das *Karma*, bei dem es sich jedoch nicht einfach um das Schicksal handele. *Karma* ist ein Gesetz von Ursache und Wirkung. Die Taten in einen Leben bestimmen danach die Rolle, die man im nächsten Leben spielen müsse.

Nachdem der Buddhismus von dem großen Eroberer Ashoka angenommen wurde, hat er sich in Indien schnell verbreitet. Da sich dessen Imperium über einen großen Teil des Subkontinents erstreckte, wurde der Buddhismus weitergetragen. Später jedoch begann seine Bedeutung in Indien abzunehmen, denn er hatte niemals Halt bei den großen Massen der Bevölkerung gefunden. Als der Hinduismus erneut erstarkte, wurde der Buddhismus nach und nach von den älteren Religionen absorbiert. Der Buddhismus ist gegenüber Andersgläubigen toleranter als der Hinduismus. Andersgläubige sind in den meisten buddhistischen Tempeln und bei den meisten Zeremonien willkommen. In Kathmandu und in den Bergen gibt es sogar buddhistische Tempel, in denen Besuchern aus dem Westen geistige Übungen und Ratschläge angeboten werden. Der Buddhismus verbietet allerdings jede Form der Tötung und steht damit im Gegensatz zum Hinduismus, bei dem zur Beruhigung der Göttin Kali Tieropfer gefordert werden.

SPRACHE

Nepali ist die Umgangssprache des Landes und wird von fast allen Landesbewohnern verstanden. Die Newar, Tamang, Rai, Sherpa und viele andere ethnische Gruppen bedienen sich zudem noch eigener Idiome, die sie untereinander sprechen, verwenden jedoch im Kontakt mit Außenstehenden ebenfalls Nepali. Nepali ist zudem die erste Sprache der Brahmanen, Chhetri und Thakur – der höchsten Kasten im Land. Es gehört zur indo-arischen Sprachfamilie und gilt als eine Ableitung aus dem Sanskrit. Heute ist es am nächsten mit dem Kumaoni verwandt, das in einer Region im nordwestlichen Indien gesprochen wird. Große Parallelen bestehen auch zwischen dem Nepali und dem Hindi, der offiziellen Sprache Indiens, die dieselben Wurzeln aufweist. Zudem sind über das Hindi zahlreiche persische Worte in das Nepali eingeflossen.

Es ist nicht schwierig, sich einige Kenntnisse in Nepali anzueignen. Die können jedoch die Freude am Wandern wesentlich erhöhen. Die Nepali sind nicht kleinlich, was ihre Sprache betrifft, und erkennen die Mühe an, die man auf sich nimmt, um sie zu lernen. Sie werden feststellen, daß ein wenig Nepali Sie weit bringen kann.

Da im Nepali wie im Hindi die Devanagari-Schrift verwendet wird, müssen die Worte für Deutsche in die lateinische Schrift transkribiert werden. Dafür gibt es zahlreiche Möglichkeiten, so daß die Übertragung nicht immer einheitlich ist. Der Einfachheit halber wurde allerdings an die Stelle von a-„aa" gesetzt.

Eine gute und praktische Einführung in die Sprache bietet übrigens der „Kauderwelsch-Sprechführer" *Nepali für Globetrotter* (Rump-Verlag, Bielefeld).

Aussprache: Vokale werden wie folgt ausgesprochen:

a	wie das deutsche a vor einem doppelten Konsonanten, z. B. in Watt
aa	langes a, wie z. B. in kahl
e	ähnlich unserem ä
i	wie in Mist, nur etwas länger
o	wie in Korb
u	wie in Bus
ai	wie im Deutschen

Bei den Konsonanten bildet eine Schwierigkeit in der Aussprache des Nepali das h. Es verschwindet fast beim Sprechen, insbesondere dann, wenn es einem anderen Konsonanten folgt. Bitten Sie daher mal einen Nepali, die Worte *Dhungaa* (Stein) und *Dungaa* (Boot) auszusprechen. Wahrscheinlich werden Sie keinen Unterschied hören, wie auch bei den Worten *Ghari* (Armbanduhr) und *Gaari* (Auto). Für westliche Ohren klingt *mahango* (teuer) wie Mango, aber ein Nepali wird den H-Laut sprechen und hören. In der in diesem Buch verwendeten Transliteration steht ch für tsch und chh für eine Kombination aus tsch und h. Der Buchstabe r wird gerollt und fast wie dr ausgesprochen. In einigen Transliterationssystemen wird daher das r durch d oder dr ersetzt. Warum wird diese Sprache nicht so geschrieben, wie sie gesprochen klingt? Das liegt daran, daß jeder dieser Laute in der Devanagari-Schrift, die für das Nepali verwendet wird, ein unterschiedlicher Buchstabe ist. Das Nepali umfaßt zudem unterschiedliche Buchstaben und Laute im Vergleich zu westlichen Sprachen, auch wenn sie für unsere Ohren gleich klingen mögen. So verfügt es z. B. über mehr Vokale als das Deutsche. Lateinische Buchstaben müssen daher kombiniert werden, um diese Laute wiederzugeben.

Grammatik: Im Nepali steht das Verb am Satzende. Grammatikalisch entsprechen Aussagesätze Fragesätzen. Die Unterscheidung wird dabei durch die Betonung getroffen. So heißt z. B. *Thik*

chha? (wobei die Stimme sich am Ende hebt) Geht es Ihnen gut?, während man *Thik chha!* mit Ja, mir geht es gut! übersetzen kann.

Grüße und Höflichkeitsformeln

Hallo, auf Wiedersehen	*Namaste*
danke	*dhanyabaad* (nicht häufig verwendet)
Wohin gehen Sie?	*Tapain kahan jaane?*
Wie heißen Sie?	*Tapainko naam ke ho?*
Mein Name ist ...	*Mero naam ... ho.*
Wie geht es Ihnen?	*Tapailai kasto chha?*
Mir geht es gut.	*Sanchai chha.*
Was ist das?	*Yo ke ho?*
Es ist kalt heute.	*Aaja jaaro chha.*
Es regnet.	*Paani parchha.*
Das ist in Ordnung.	*Thik chha.*
Ich weiß.	*Thaahaa chha.*
Ich weiß nicht.	*Thaahaa chhaina.*

Trekking

Haus	*Ghar*
Geschäft	*Pasal*
Latrine	*Charpi*
steil bergauf	*ukaalo*
steil bergab	*oraalo*
links	*baayaan*
rechts	*daahine*
geradeaus	*sidha*
müde	*thaakyo*
kalt (Wetter)	*jaaro*
warm (Wetter)	*garam*

Dieser Fluß ist kalt.	*Yo kholaa chiso chha.*		Kann man jetzt etwas zu essen (Reis)	
Welcher Weg führt nach ...?	*Kun baato ... jaanchha?*		bekommen?	*Aile bhaat chha?*
Ist der Pfad steil?	*Baato ukaalo chha?*		Das ist genug.	*Pugchha*
Wo ist mein Zelt?	*Mero tent kahaan chha?*		Ist das Essen gut?	*Khaana mitho chha?*
Wie heißt dieses Dorf?	*Yo gaaunko naam ke ho?*			
Wo ist ein Laden?	*Pasal kahaan chha?*			

Einige nützliche Worte

glücklich	*khushi*
genug	*pugyo*
ja (es ist ...)	*ho*
nein (es ist nicht ...)	*hoina*

Essen

Einkehrstube	*Bhatti*
Bier (einheimisch)	*Chang* oder *Jaanr*
Whisky (einheimisch)	*Rakshi*
Tee	*Chiyaa*
Wasser	*Paani*
heißes Wasser	*taato paani*
kaltes Wasser	*chiso paani*
gekochtes Wasser	*umaleko paani*
Fleisch	*Maasu*
Hühnchenfleisch	*Kukhoroko maasu*
Brot	*Roti*
Ei	*Phul*
Essen	*Khaanaa*
Gemüse	*Saag*
gekochtes Gemüse	*Tarkaari*
Reis (gekocht), auch Essen allgemein	*Bhaat*
heiß	*taato*
scharf	*piro*
lecker	*mitho*
Bitte geben Sie mir eine Tasse Tee.	*Ek cup chiyaa dinuhos.*

dies	*yo*
das	*tyo*
meines	*mero*
Ihres	*timro*
seines/ihres	*unko*
teuer	*mahango*
billig	*sasto*
groß	*thulo*
klein	*sano*
gut	*ramro*
nicht gut	*naraamro*
vielleicht	*hola*
sauber	*saaph* oder *saphaa*
schmutzig	*mailo*
schwer	*gahrungo*
hier	*yahaan*
dort	*tyahaan*
wo	*kahaan*
welcher/e/s	*kun*

Familie

Mutter	*Aamaa*
Vater	*Baabu*
Sohn	*Chhoro*
Tochter	*Chhori*
älterer Bruder	*Daai*

EINFÜHRUNG

jüngerer Bruder	*Bhaai*
ältere Schwester	*Didi*
jüngere Schwester	*Bahini*
Freund	*Saathi*

Tiere

Kuh	*Gaai*
Hund	*Kukur*
Pferd	*Ghoraa*
Schwein	*Sungur*
Vogel	*Charo*
Huhn	*Kukhoro*
Wasserbüffel	*Bhainsi*
männliches Yak	*Yak*
weibliches Yak	*Nak*

Landwirtschaftliche Erzeugnisse

Gerste	*Jau*
Buchweizen	*Paapad*
Kopfsalat	*Banda Kobi*
Blumenkohl	*Kauli* oder *Phul Kobi*
Chili	*Khorsaani*
Mais	*Makai*
Linsen	*Dhal*
Hirse	*Kodo*
Senf	*Tori*
Hafer	*Jau*
Kartoffeln	*Aalu*
Radieschen/ Rettich	*Mula*
Feldreis	*Dhaan*
geschälter Reis	*Chaamal*
gekochter Reis	*Bhaat*
Spinat	*Saag*
Sojabohnen	*Baatamaas*
Tabak	*Surti*
Rüben	*Gyante Mula*
Weizen	*Gahun*
Yams	*Sutaani*

Landschaftliche Bezeichnungen

Berg	*Daanda*
Schneegebirge	*Himal*
Hügel/Berg	*Lekh*
Ebene	*Terai*
Landeplatz/ Anleger	*Ghat*
Hochalm	*Kharka*
Berghütte	*Goth*
Fluß	*Kholaa*
großer Fluß	*Kosi*
kleiner Bach	*Naalaa*
Fluß (in Hindi)	*Nadi*
See	*Kund, Pokhari, Taal*
Pfad	*Baato*
Bergpaß	*Bahnjyang* (nepalisch), *La* (tibetisch), *Laagna* (in West-Nepal)

Tempel und Dörfer

Dorf	*Gaon*
Rastplatz	*Chautaara*
buddhistisches Monument	*Chorten*
bogenförmiger Chorten	*Kani*
tibetisch-buddhistischer Tempel	*Gompa*
Hindu-Tempel	*Mandir*
Mauer oder Steine, in die Gebete gemeißelt wurden	*Mani*

Zeit

Tag	*Din*
Morgen	*Bihaana*
Nacht	*Raat*

heute	*aaja*	10	*das*
gestern	*hijo*	11	*eghaara*
morgen	*bholi*	12	*baahra*
übermorgen	*parsi*	13	*tehra*
gelegentlich	*bholi-parsi*	14	*chaudha*
Wie spät ist es		15	*pandhra*
(jetzt)?	*(Aile) kati bajyo?*	16	*sohra*
Fünf Uhr	*Paanch bajyo*	17	*satra*
		18	*athaara*
Zahlen		19	*unnaais*
1	*ek*	20	*bis*
2	*dui*	25	*pachchis*
3	*tin*	30	*tis*
4	*chaar*	40	*chaalis*
5	*paanch*	50	*pachaas*
6	*chha* (einige	60	*saathi*
	sprechen es	70	*sattari*
	auch *chhe* aus)	80	*ashi*
7	*saat*	90	*nabbe*
8	*aath*	100	*ek say*
9	*nau*	1.000	*ek hajaar*

PRAKTISCHE HINWEISE

EINREISEBESTMMUNGEN

Nepals Einreisebestimmungen sind komplex und bereiten einige Mühen. Wer länger als einen Monat in Nepal bleiben möchte, muß sich nämlich sein Visum in Kathmandu verlängern lassen. Für Trekking-Touren ist zudem eine Genehmigung der Ausländerbehörde erforderlich, in der die Zeit und die Route der Wanderung festgelegt werden.

Bei der Ankunft in Kathmandu mit einem Flugzeug ist ein Visum für 30 Tage erhältlich. Dafür muß man ein Antragsformular ausfüllen und theoretisch auch ein Foto beilegen. Außerdem sind als Gebühr 20 US $ oder der entsprechende Betrag in englischen Pfund in bar zu zahlen.

Die maximale Aufenthaltsdauer, die mit einem Touristenvisum bewilligt werden kann, beträgt drei Monate. In einigen Fällen kann sie jedoch auf vier Monate ausgedehnt werden. Die größte Schwierigkeit beim Erhalt einer Verlängerung der Aufenthaltserlaubnis ist die geforderte Quittung über den Umtausch von mindestens 20 US $ in nepalische Rupien bei einer Bank für jeden

Tag, für den das Visum verlängert werden soll.

Wer sich länger als einen Monat in Nepal aufgehalten hat, muß mindestens einen Monat im Ausland verbringen, bevor er wieder einreisen kann. Falls Ihnen die besondere, viermonatige Aufenthaltserlaubnis gewährt worden ist, erhalten Sie möglicherweise einen Stempel in den Reisepaß, der besagt, daß Sie in den nächsten 6 oder 12 Monaten nicht mehr nach Nepal einreisen dürfen. Im allgemeinen sieht die Praxis so aus, daß man so lange außerhalb des Landes verbringen muß, wie man es besucht hat, und daß die Gesamtaufenthaltsdauer im Land für Personen im Besitz eines Touristenvisums jährlich sechs Monate nicht übersteigen darf. Bleiben Sie nicht länger in Nepal, als es Ihnen Ihr Visum erlaubt. Die Beamten am Flughafen verweigern häufig Personen, deren Visum abgelaufen ist, zunächst die Erlaubnis, an Bord einer Maschine zu gehen, auch wenn es sich nur um einen Tag handelt. Außerdem wird, wenn man seine Aufenthaltserlaubnis um bis zu 2 Tage überzogen hat, eine Strafe von 15 US $ verhängt.

Die nepalischen Botschaften und Konsulate stellen Visa für einen Aufenthalt von einem Monat aus. Der Preis dafür beträgt in Deutschland 38 DM, sonst ca. 20 US $ in der jeweiligen Landeswährung. Sie können zwar nach Nepal zunächst auch ohne ein Visum einreisen, die Ausstellung vor Ort nimmt jedoch einige Zeit in Anspruch. Wer auf dem Landweg einreist, spart Zeit, wenn er bereits beim Grenzübertritt im Besitz eines Visums ist. Es ist jedoch auch möglich, ein Visum an der Grenze zu erhalten. Visa für Nepal sind vom Tag der Ausstellung an drei Monate lang gültig. Beantragen Sie es deshalb nicht zu früh, denn sonst ist es schon nicht mehr gültig, wenn Sie mit einem Flugzeug in Kathmandu oder an einem der Grenzübergänge auf dem Landweg ankommen.

Botschaften und Konsulate: Nepal unterhält im deutschsprachigen Raum und in seinen Nachbarländern folgende diplomatische Vertretungen:

China
    Norbulingka Road 13, Lhasa, Tibet
    (Tel. 2 28 80)
Deutschland
    1000 Berlin, Uhlandstraße 171,
    Tel. (030) 8 81 40 49
    5300 Bonn 2, Im Hag 15,
    Tel. (02 28) 34 30 97
    6000 Frankfurt/M. 60, Flinschstraße 63, Tel. (069) 4 08 71
    8000 München 21, Landsberger
    Straße 191, Tel. (089) 5 70 44 06
Indien
    Barakhamba Road, New Delhi
    110001 (Tel. 3 32 99 69 und
    3 32 73 61)
    10 Woodlands, Sterndale Road, Alipore, Kalkutta 700027 (Tel. 45 20 24
    und 45 24 93)
Schweiz
    8030 Zürich, Asylstraße 81,
    Tel. (01) 47 59 93
Thailand
    189 Soi 71, Sukhumvit Road, Bangkok (Tel. 3 91 72 40)

Visaverlängerungen und Trekking-Genehmigungen: Visa werden nur von der zentralen Ausländerbehörde in Kathmandu, unweit des Königspalastes in der Tridevi Marg und am Anfang von Thamel, verlängert (Tel. 41 85 73). Dort sind auch die Trekking-Genehmigungen erhältlich. In diesem Büro werden sonntags bis donnerstags von 10.00 bis 14.00 Uhr und freitags von 10.00 bis 12.00 Uhr Anträge entgegengenommen. Visaverlängerungen und Trekking-Genehmigungen werden gelegentlich noch am Tag der Antragstellung ausgestellt, in der Saison müssen Sie jedoch mit bis zur drei Arbeitstagen für eine Verlängerung der Aufenthaltsgenehmigung rechnen. In den Spitzenzeiten sind die Schlangen lang und die Formalitäten langwierig.

Auf großen Schildern am Eingang zur Ausländerbehörde sind die neuesten Regelungen und Vorschriften beschrieben. Trekking-Organisationen und Reisebüros können bei der Prozedur einer Visumverlängerung behilflich sein und Ihnen Zeit und die Mühe des Schlangestehens ersparen.

Für jede Visumverlängerung oder Trekking-Genehmigung sind die Vorlage des Reisepasses sowie von Geld, Fotos, einem Antragsformular und der Bankbelege für den Geldumtausch erforderlich. Legen Sie sich diese Unterlagen zurecht, bevor Sie sich in die Schlange einreihen. Es gibt zwar auch einige Fotoläden in der Nähe der Ausländerbehörde, in denen Paßbilder aufgenommen werden, aber deren Polaroid-Fotos sind teuer. Wer im voraus plant, dem stehen zahlreiche preiswerte Fotografen zur Verfügung, bei denen man einen Tag auf ein Paßfoto warten muß. In Kathmandu kann man gut und günstig seinen Vorrat an Paßfotos auch für künftige Reisen aufstocken. Es gibt zudem eine Bank in der Ausländerbehörde, so daß man hier Gelegenheit hat, falls erforderlich, die Umtauschbelege zu vervollständigen.

Weitere Einzelheiten über Genehmigungen für Bergwanderungen finden Sie im Abschnitt über Trekking-Informationen.

Verlängerungen der Aufenthaltserlaubnis um eine Woche und Trekking-Genehmigungen für bis zu zwei Wochen werden auch in Pokhara ausgestellt.

Erlaubnis zur Wiedereinreise: Wer von Nepal nach Indien oder Tibet reist und innerhalb von einer Woche oder von zwei Wochen nach Kathmandu zurückkehren möchte, benötigt eine Erlaubnis zur Wiedereinreise, bevor er das Land verläßt. Vergessen Sie dies nicht, da Sie sich sonst mindestens einen Monat außerhalb von Nepal aufhalten müssen.

Visagebühren: Die Ausstellung eines Visums kostet 20 US $. Den gleichen Betrag muß man für eine Erlaubnis zur Wiedereinreise bezahlen. Für eine Visumverlängerung werden 5 US $ berechnet.

Visumverlängerungen sind, anders als früher, auch bei Vorlage einer Trekking-Genehmigung nicht mehr kostenlos. Außerdem wird verlangt, daß die Trekking-Genehmigung bei den Polizeiposten an der Wanderroute abgestempelt werden. Es ist ratsam, diese Genehmigung von irgendeinem Beamten, auf den man trifft, unterschreiben zu lassen, um damit bestätigen zu können, daß man sich auf einer Wanderung befunden hat. Das gilt vor allem, falls man eine zweite Wanderung plant oder beabsichtigt, eine weitere Visumverlängerung zu beantragen.

ZOLLBESTIMMUNGEN

Einreise: Die Zollformalitäten in Nepal gehören zu den sorgfältigsten auf der ganzen Welt. Die Zollbeamten am Flughafen von Kathmandu öffnen bei der Einreise die meisten Taschen und Koffer und prüfen sie. Wer Verdacht erweckt, muß sogar mit einer Körperkontrolle rechnen.

Zollfrei dürfen 200 Zigaretten, 20 Zigarren und eine Flasche Spirituosen eingeführt werden. In der Ankunftshalle des Flughafens in Kathmandu befindet sich ein Geschäft mit zollfreien Waren. Dinge des persönlichen Bedarfs, darunter auch eine Trekking-Ausrüstung, können ebenfalls zollfrei eingeführt werden. Größere Mengen an Filmen, 16 mm-Filmausrüstungen, Schußwaffen oder Nahrungsmittel und Ausrüstung für Bergsteigerexpeditionen sind allerdings Sonderregelungen unterworfen.

Die Einfuhr von Gold nach Nepal und die Ausfuhr von Gold aus Nepal sind verboten. Ein großer Teil der Aktivitäten der Zollbeamten dient daher der Suche nach Gold. Einige Gegenstände, die offensichtlich dem Eigengebrauch von Touristen dienen, wie Videokameras und tragbare Computer, können zwar mitgebracht werden, aber die Zollbeamten tragen die Einzelheiten der Ausrüstung in den Reisepaß ein, um sicherzustellen, daß solche Sachen auch wieder ausgeführt werden. Für andere sogenannte Luxusgüter wie Video- und Fernsehgeräte ist eine Importgenehmigung notwendig. Derartige Gegenstände werden beschlagnahmt und bis zur Ausreise unter Zollverschluß gehalten. Ausländer dürfen nach Nepal kein nepalisches Geld einführen, und nur Bürgern Nepals und Indiens ist es gestattet, indisches Geld mit nach Nepal nehmen. Für das Mitbringen von Devisen gelten keinerlei Beschränkungen, seien es Bargeld oder Reiseschecks. Bei der Ausreise darf jedoch verständlicherweise nicht mehr Geld ausgeführt werden, als bei der Einreise angegeben wurde. Geldbeträge von über 2.000 US $ sind übrigens bei der Einreise zu deklarieren.

Ausreise: Auch bei der Ausreise wird das Gepäck kontrolliert, denn die Ausfuhr von Antiquitäten aus Nepal ist ebenfalls verboten. Gegenstände, die alt aussehen, müssen bei der Ausreise mit einem Zertifikat der Abteilung für Archäologie versehen sein. Ebenfalls verboten ist die Ausfuhr von Gold, Silber, Edelsteinen sowie wilden Tieren und ihrer Haut, sei sie verarbeitet oder in ihrem Naturzustand belassen.

Warnung: Mit dem Schmuggel von Gold, Drogen und ausländischen Währungen nach oder aus Nepal kann viel Geld verdient werden. Möglicherweise kommen Nepali in Kathmandu oder im Ausland auf Sie zu, um Ihnen Geld, kostenlose Flugtickets oder andere Anreize anzubieten, damit Sie Waren ins Land oder außer Landes bringen. Die Strafen sind jedoch hart, Spitzel überall und die Gefängnisse in Nepal schrecklich. Vergessen Sie es!

REISEVERSICHERUNG

Trekking-Organisationen und Reisebüros bieten verschiedene Reiseversicherungen an. Der Umfang des Versicherungsschutzes ist von Gesellschaft zu Gesellschaft unterschiedlich, fast immer besteht jedoch Versicherungsschutz gegen den Verlust von Gepäck, für die Kosten bei Krankheit und durch Unfall bedingte Verletzungen. Bei den meisten Policen ist zudem die Erstattung von Stornierungsgebühren und anderen Kosten eingeschlossen, die auftreten, wenn man die Buchung aufgrund einer eigenen Krankheit oder der Krankheit bzw. des Todes von Familienmitgliedern annullieren muß. Es lohnt sich wahrscheinlich, diesen preiswerten Schutz in Anspruch zu nehmen, insbesondere dann, wenn man mit einem Flugschein reisen will, der lange im voraus gekauft werden muß und nicht zurückgegeben werden kann.

Versicherungsschutz sollte auch für die Kosten bei einem Rücktransport in einem Hubschrauber und für andere Notdienste in Nepal bestehen. Stellen Sie ferner sicher, daß Kosten, die durch Bergsteigen oder Alpinismus entstan-

den sind, nicht ausgeschlossen werden, denn sonst können nach der Rückkehr von einer Reise nach Nepal Schwierigkeiten bei der Durchsetzung von Forderungen gegenüber der Versicherung auftreten. Auch wenn Sie derartige Unternehmungen nicht planen, können Sie wahrscheinlich niemanden, der bei einer Versicherungsgesellschaft im Flachland arbeitet, davon überzeugen, daß eine Reise nach Nepal nicht gleichbedeutend mit Bergsteigen oder Alpinismus sein muß. Es ist ferner sinnvoll zu prüfen, ob die Versicherung die Kosten für einen möglicherweise notwendigen Hubschrauber-Transport abdeckt. Wenn Sie eine Gepäckversicherung abgeschlossen haben und einen Verlust erleiden, müssen Sie dafür einen Nachweis beibringen, wenn Sie den Antrag auf Erstattung stellen. Wer ein gesundheitliches Problem hat, sollte zudem sämtliche Rechnungen aufbewahren und ein Attest über seine Krankheit beibringen. Wem etwas abhanden kommt, das von der Versicherung abgedeckt wird, muß einen Polizeibericht erstellen lassen, wie weit entfernt die nächste Wache auch immer sein mag. Keine Versicherungsgesellschaft kommt einer Erstattungsforderung ohne die entsprechenden Nachweise nach. Die Polizeiposten in Nepal erstellen bei bedeutenderen Diebstählen einen entsprechenden Bericht und sind mit den üblichen Formalitäten vertraut.

In Nepal selbst kann übrigens keine Reiseversicherung mehr abgeschlossen werden, so daß dies vor der Einreise erledigt werden muß.

Krankentransport mit einem Hubschrauber: Wer in Nepal in den Bergen verletzt wurde oder erkrankte und auf dem Landweg nicht transportfähig ist, wird mit einem Rettungshubschrauber oder einem gecharterten Flugzeug von einem abgelegenen Flugplatz nur dann ausgeflogen, wenn er in der Lage ist nachzuweisen, daß er den Flug auch bezahlen kann. Die Kosten für einen Rettungsflug von einem Ort in 4.000 m Höhe unweit des Everest kostet mit einem Hubschrauber mehr als 1.500 US $. Mit Hubschraubern wurde bereits die Leben von mehreren Personen gerettet, die Nepal dann verlassen haben, ohne die Rechnung für den Rettungsflug zu bezahlen. Die nepalische Armee, die diese Flüge unternimmt, lehnt es deshalb seit einiger Zeit ab, einen Hubschrauber für einem Rettungsflug starten zu lassen, bevor sie nicht das Geld in der Hand hat. Alle Trekking-Organisatoren in Kathmandu haben eine Vereinbarung geschlossen, die die Zahlung der Rettungseinsätze garantiert. Sie fordern allerdings später das Geld für den Transport von den jeweiligen Personen zurück.

GELD

Die Nepal Rastra Bank (Staatsbank von Nepal) setzt den Wert der nepalischen Rupie (Rs) gegenüber einem Währungskorb sowie die Wechselkurse im Verhältnis zu anderen Währungen fest. Radio Nepal, Nepal Television, nepalische und englische Zeitungen geben den aktuellen Wechselkurs allmorgendlich bekannt.

Eine Rupie besteht aus 100 Paisa (p). In den Bergen rechnen Ladenbesitzer allerdings häufig in Einheiten von 50 Paisa, die Mohar genannt werden. Dann entsprechen beispielsweise 3 Mohar 1,50 Rs. In Kathmandu wird praktisch alles auf eine ganze Rupie aufgerundet. Geld kann man in Banken und Wechselstuben tauschen, die dafür eine Genehmigung der Nepal Rastra Bank besitzen. Die Hotels in Kathmandu und Pokhara sind ebenfalls befugt, ausländische Währungen zu wechseln. Die Wechselkurse entsprechen in etwa denen der Banken. Wer Geld tauscht, sollte sicherstellen, daß er einen Beleg mit dem Stempel der Bank oder des Hotels erhält. Ein solcher Beleg wird allerdings nicht überall gern ausgegeben. Der Beleg ist jedoch als Nachweis für die Vorschrift wichtig, daß pro Tag 20 US $ getauscht werden müssen. Bestehen Sie daher auf einem derartigen Nachweis.

Währungen und Kreditkarten: Als Besucher kann man Devisen als Bargeld oder Reiseschecks mit nach Nepal nehmen. Sowohl American Express als auch Visa unterhalten Büros in Kathmandu, in denen die Schecks eingelöst werden können. US-Dollar werden im allgemeinen am leichtesten akzeptiert. Die Banken nehmen zudem gern Pfund Sterling, australische Dollar und die meisten europäischen Währungen an, auch wenn es beim Tausch von skandinavischem Geld gelegentlich zu Problemen kommen kann.
Kreditkarten gewinnen in Kathmandu langsam ebenfalls an Bedeutung, sind

jedoch in den Bergen wertlos. Wer im Besitz einer Kreditkarte von American Express ist, kann mit einem persönlichen Scheck im American-Express-Büro Reiseschecks in US-Dollar erhalten. Die Nepal Grindlays Bank gibt mit einer Visa-Karte nepalische Rupien oder Reiseschecks in US-Dollar heraus. Die Nepal Arab Bank bietet diese Dienstleistungen für Inhaber von Mastercard-Kreditkarten an.

In Nepal werden die Preise für Hotelzimmer und Tickets für Flüge in das Ausland in US-Dollar berechnet und müssen möglicherweise auch in Devisen bezahlt werden. Flugtickets für Inlandsflüge sind in ausländischen Währungen bar oder mit Reisescheck zu kaufen. Royal Nepal Airlines akzeptiert dafür allerdings keine Kreditkarten. Wer plant, am Ende einer Wanderung von Lukla, Pokhara oder Jomsom nach Kathmandu zurückzufliegen, sollte sicherstellen, daß er genug ausländisches Geld besitzt, um das Ticket in Devisen bezahlen zu können, oder es im voraus kaufen. Auf Wanderungen sollten Sie zudem genug Bargeld bei sich führen, um ein Flugticket bezahlen zu können, falls Sie in einem Notfall ein solches benötigen.

Wer auf eigene Faust wandert, ist gut beraten, auch genug Geld in Rupien mitzunehmen, um alle Ausgaben unterwegs begleichen zu können. Es ist im allgemeinen nicht möglich, ausländische Währungen oder Reiseschecks außerhalb von Kathmandu und Pokhara gegen Rupien einzuwechseln.

REISEKOSTEN

Wer während einer Wanderung in Hotels übernachtet, muß mit ca. 100–150 Rs pro Tag für die Verpflegung und mit 20–40 Rs pro Tag für die Unterkunft rechnen. Bei Wanderungen in Höhen von mehr als 3.500 m sind es 50 % bis 60 % mehr. Falls Sie planen, Träger, Sherpa und alles, was sonst dazu gehört, anzuheuern, müssen Sie mit 40 bis 60 US $ pro Tag rechnen.

Es empfiehlt sich, auf einer Wanderung Geld in Noten von 1 Rs bis 100 Rs mitzunehmen. Es gibt zwar auch Noten über 500 Rs und über 1.000 Rs, aber es ist in den Bergen häufig schwierig, diese zu wechseln. Wer große Noten bei sich hat, kann sie in den Banken in Namche, Chame, Jomsom und Pokhara in kleinere Scheine wechseln. Sollten Sie in besonders abgelegene Gegenden wandern, z. B. am Fluß Arun oder im äußersten Westen von Nepal, dann nehmen Sie am besten einen gewissen Vorrat an Scheinen über 1 Rs, 5 Rs und 10 Rs mit. Dies ist jedoch auf den etwas häufiger benutzten Wegen nicht notwendig. Sie sollten sich übrigens glücklich schätzen, daß heute in ganz Nepal Papiergeld akzeptiert wird. Die Mitglieder der Everest-Expedition im Jahre 1953 mußte den gesamten Bedarf an Geld in Münzen mit sich führen. Allein dafür wurden 30 Träger benötigt.

TRINKGELD

Kellner erwarten in den kleineren Restaurants ein Trinkgeld von 5 Rs bis 10 Rs und in den Hotels einen Betrag zwischen 5 und 10 % der Rechnung. Hoteljungen und Dienstmädchen sind über ca. 10 Rs glücklich. Trekking- und Bergführer erwarten erheblich mehr. Taxifahrer rechnen nicht unbedingt mit einem Trinkgeld, es ist jedoch nicht schlecht, bei ihnen den Betrag aufzurunden.

In den Trekker-Unterkünften, die im allgemeinen vom Besitzer selbst geführt werden, muß man kein Trinkgeld geben, es wird jedoch sicher auch nicht abgelehnt. Sherpa und Träger auf Gruppentouren erwarten am Ende der Wanderung ein großzügiges Trinkgeld, das sogenannte Bakschisch. Es ist schwierig, hierfür Ratschläge zu geben, aber zwischen 10 und 40 % des Gesamtlohnes sind die Regel.

REISEZEITEN

Vermeiden Sie es, bei einer Trekking-Tour in den Monsun zu kommen. Die meisten Trekker machen sich daher im Herbst auf den Weg. In den Bergen wird es dann zwar nachts sehr kalt, aber die kräftige Sonne sorgt für angenehme Tagestemperaturen – mittags bis zu 20 Grad C. Nachts sind es auf einer Höhe zwischen 1.000 und 3.500 m etwa 5 Grad C. Wenn man eine Höhe von 3.500 m überschreitet, reicht die Skala von 20 Grad C am Tag bis –10 Grad C in der Nacht. Morgens ist es im allgemeinen klar, während nachmittags Wolken aufziehen, die nachts wieder abziehen und einen fantastischen Sternenhimmel sehen lassen. Während des Winters liegen die Temperaturen ca. 10 Grad C niedriger.

In der touristischen Hochsaison in den Monaten Oktober und November sind die Flugzeuge und die Hotels ausgebucht und die Wege von Wanderern überlaufen. Im frühen Dezember sind es deutlich weniger, obwohl auch diese Zeit für Trekking-Touren gut geeignet ist. Um Weihnachten herum ist es zwar kalt, aber dann gibt es in Japan und Australien längere Ferien. Dann bevölkern Besucher aus diesen Ländern die Hotels und überwiegen in den Flugzeugen. Der Februar ist noch immer kalt, es wird jedoch langsam wärmer bis hin zur Frühlings-Wandersaison von März bis April. Die Hitze des Monats Mai läßt keinen Spaß am Wandern mehr aufkommen, wenn man von den sehr hohen Lagen absieht. Die Monsunzeit ist gut geeignet, um Kathmandu zu besu-chen, aber es kommen dann nur wenige Trekker ins Land. Eine Trekking-Tour im Monsun ist lohnend, wenn man gewillt ist, sich mit dem Regen, Pfützen, glitschigen Pfaden und einem lausigen Blick auf die Berge anzufreunden.

WAS MAN MITNEHMEN SOLLTE

Ich messe der Auswahl der Ausrüstung für eine Wanderung nicht wenig Bedeutung zu, aber wer bereit ist, sich mit rauhen Bedingungen zu arrangieren und die 4000 m-Grenze nicht überschreitet, kann sich im Prinzip auch mit minimalem Gepäck auf den Weg machen. Die Auswahl der eigenen Ausrüstung kann vielleicht wie ein großes Problem erscheinen, es handelt sich jedoch um keine komplexe oder schwierige Angelegenheit. Die Vorbereitung einer Trekking-Tour ist nicht komplizierter als eine Rucksackwanderung über ein Wochenende, vielleicht sogar einfacher. Man muß sich nämlich keine Gedanken über den Proviant oder Kochutensilien machen. Es ist auch kein Zelt zu verstauen oder sonst viel, was schwer ist und Platz wegnimmt.

Ich habe schon Leute gesehen, die mit so gut wie gar nichts auf dem Rücken gewandert sind – nur mit einem Pullover oder einem Sweat Shirt. Wenn das Wetter gut ist, die Hotels nicht voll sind und man keine gesundheitlichen Probleme hat, dann kann dies gehen. Die Berge sind jedoch nicht immer freundlich, und vielleicht finden Sie ohne jegliche Ausrüstung auch einmal kein warmes Bett oder kein Zimmer in einem Hotel. Wenn Sie völlig ohne eigene

Ausrüstung losgehen, sind Sie zudem ganz auf sich selbst gestellt. Nur wenige Menschen, seien es Einheimische oder andere Trekker, werden Ihnen ein Kleidungsstück oder einen Schlafsack geben, um Ihnen zu helfen, wenn Sie in Schwierigkeiten geraten sind.

Wenn Sie auch zu Hause viel bei kaltem Wetter wandern, besitzen Sie wahrscheinlich bereits den größten Teil der Ausrüstung, die für eine Trekking-Tour in Nepal erforderlich ist. Eine Bergwanderung in Nepal ist aber auch eine gute Möglichkeit, Kleidung, die außer Mode oder abgetragen ist, endgültig zu zerstören. Eine lange Wanderung von ca. fünf Wochen entspricht bei einigen Kleidungsstücken ihrer gesamten Lebensdauer. Sie können Reparaturen jedoch bei den Schneidereien in den Dörfern durchführen lassen, in denen im allgemeinen mit von Hand betriebenen Nähmaschinen gearbeitet wird.

Wer meinen Ratschlägen zur Ausrüstung folgt, kann viele schöne Stunden verbringen. Die Planung der Tour, die Auswahl der Ausrüstung, das Packen und das Umpacken bieten eine angenehme Möglichkeit, einen sonst langweiligen Abend zu verbringen. Es wird Ihre Freunde beeindrucken, wenn die im Hochsommer Daunenjacken in Ihrem Wohnzimmer verstreut vorfinden. Wer nicht zu viel Zeit hat, kann wahrscheinlich die meisten Dinge bei einem einzigen Besuch eines Ausrüstungsgeschäfts zusammenbekommen.

Es ist nützlich, die gesamte Ausrüstung, insbesondere Schuhe und Socken, komplett zu haben, bevor man zu Hause abreist. Einige Ausrüstungsgegenstände von sehr guter Qualität sind jedoch auch in Nepal erhältlich (vgl. Abschnitt über Einkäufe in Kathmandu), und dies zu niedrigeren Preisen als sonst üblich. Man sollte sich jedoch nicht darauf verlassen, Wanderstiefel oder Laufschuhe in der passenden Größe zu bekommen. Auch Socken sind nur schwer zu finden. Davon abgesehen können Sie Ihre Kleidung jedoch innerhalb von zwei bis drei Tagen vollständig in Nepal kaufen. Wer allerdings an einer schon vorher organisierten Wanderung teilnimmt, trifft seine Vorbereitungen besser vor der Abreise, da er sonst möglicherweise die Nacht vor dem Beginn der Tour damit zubringen muß, sich in Kathmandu auf die Suche nach einem bestimmten Teil zu begeben.

Ausrüstungsliste: Die folgende Ausrüstungsliste beruht auf den Erfahrungen vieler Trekker. Auch ich benutze sie bei den Vorbereitungen für Trekking-Touren, um sicher zu sein, daß ich kein wichtiges Teil vergesse. Jedes einzelne Teil ist nützlich, die meisten davon, insbesondere auf längeren Trekking-Touren, sind sogar notwendig. Viele Gegenstände können Sie jedoch dann weglassen, wenn Sie nicht länger als 3 Wochen wandern oder nicht höher als bis auf 4.000 m klettern wollen. Die gesamte Ausrüstung (ohne Schlafsack) paßt übrigens in einen Tagesrucksack und wiegt weniger als 15 kg.

Einige Kleidungsstücke benötigen Sie auf bestimmten Wanderungen nicht.

Möglicherweise haben Sie Glück und wandern in einer Warm-Wetter-Periode, so daß Sie nie eine Daunenweste benötigen. Dies sind jedoch Ausnahmefälle, so daß es wichtig ist, auf beide Extreme vorbereitet zu sein. Wenn Sie die Ausrüstungsliste lesen, sollten Sie prüfen, ob die darin enthaltenen Gegenstände für Sie auf einer bestimmten Tour notwendig sind oder nicht. Gehen Sie nicht zu einem Ausrüstungsgeschäft und kaufen alles, was Sie auf der Liste finden. Für mich und viele andere Trekker mag diese Liste zutreffend sein, vielleicht entscheiden Sie sich jedoch dafür, weniger mitzunehmen.

Schuhwerk
Wanderstiefel oder Laufschuhe
Hausschuhe oder Gummisandalen
Socken – Nylon-Thermal
lange Strümpfe für Kniebundhosen *
leichte Strümpfe aus Baumwolle für Kniebundhosen *
Daunenstiefel (nicht unbedingt notwendig) *

Kleidung
mit Daunen oder Kunststoff gefütterte Jacke
Wollhemd, Pullover oder Acrylfaser-Jacke
Wanderhose oder Wanderrock
Regenumhang oder Regenschirm
Sonnenhut
Unterwäsche
Schwimmzeug (kein Muß)
Baumwoll- oder Cordhose (kein Muß)
T-Shirts oder Blusen aus Baumwolle
dauengefütterte Hose oder Ski-Hose *

Nylon-Windjacke *
Nylon-Windhose *
Kniebundhose *
lange Unterhosen *
Wollmütze oder Kapuzenmütze *
Handschuhe *
Gamaschen *

Weitere Ausrüstungsgegenstände
Rucksack
Schlafsack
Wasserflasche
Taschenlampe, Batterien und Glühbirnen

Verschiedenes
Toilettenartikel
Toilettenpapier
Streichhölzer
Sonnenschutzmittel (Lichtschutzfaktor 15 oder höher)
Handtuch
Seife für Handwäsche
Erste-Hilfe-Kasten sowie Medikamente
Erfrischungstücher
Nähzeug
ein kleines Messer
ein Halstuch
Schutz- oder Sonnenbrille *
Sonnenschutzstift für die Lippen *

Zusätzliche Ausrüstung je nach Bedarf
Kamera und Objektive
Ausrüstung zum Reinigen der Objektive
etwa 20 Filme
Höhenmesser *
Thermometer *
Kompaß *

EINFÜHRUNG

Die mit einem Stern (*) gekennzeichneten Gegenstände sind nur notwendig, wenn man eine Bergwanderung in höheren Lagen unternehmen will.

Wer einen Träger bei sich hat, benötigt nur einen großen Matchbeutel mit einem Schloß sowie mehrere Stofftaschen. Ein kleiner Rucksack oder Koffer für die Aufbewahrung von Sachen, die man auf einer Wanderung nicht benötigt, ist ebenfalls nützlich.

Schuhwerk: Gutes Schuhwerk ist von allen Gegenständen, die man mitbringt, am wichtigsten. Die Wahl der Schuhe hängt von der Länge der geplanten Wanderungen ab und davon, ob man im Schnee wandern wird oder nicht. Tennis- oder Laufschuhe sind gut zum Trekken, selbst bei längeren Wanderungen, jedoch nicht im Schnee. Wanderstiefel schützen jedoch die Gelenke und haben steifere Sohlen. Wer die meisten vorherigen Wanderungen in Wanderstiefeln unternommen hat, für den ist leichteres, weicheres Schuhwerk wahrscheinlich unbequem. Die Wanderwege sind häufig felsig und uneben. Wenn die Sohlen Ihrer Schuhe dünn und weich sind, dann können die Felsen Druckstellen an den Füßen verursachen, wodurch das Gehen schmerzhaft wird. Es gibt verschiedene leichte Wanderschuhe, die wie Laufschuhe hergestellt wurden, aber steifere Sohlen haben und sowohl als hohe als auch als flache Schuhe erhältlich sind.

Wo Schnee liegt (überall oberhalb von 4.000 m möglich), können Wanderstiefel zur absoluten Notwendigkeit werden. Wer mit Trägern unterwegs ist, kann sich den Luxus von zwei Paar Schuhen leisten, die er von Zeit zu Zeit wechselt. Wer alles allein trägt, entscheidet sich wahrscheinlich für das eine oder das andere Paar.

Sie sollten die Schuhe, die Sie tragen möchten, bei verschiedenen Wanderungen ausprobiert haben (insbesondere bergauf und bergab), bevor Sie nach Nepal fahren. Achten Sie dabei darauf, daß sie den Zehen genug Spielraum bieten. Es gibt in Nepal viele lange und steile Abstiege, auf denen zu kurze Schuhe die Zehen einquetschen können (was dann zum Verlust der Zehnägel führt).

Abends, nach Ankunft am Ziel des Tages, sind Tennisschuhe bequem. Sie können auch bei einer Wanderung als Notbehelf dienlich sein. Gummisandalen bilden bei warmem Wetter ebenfalls eine angenehme Abwechslung. Sie können solches Schuhwerk in Kathmandu und an den meisten Wegen kaufen. Ich habe bei Trekking-Touren immer ein Paar in meinem Rucksack bei mir. Sie heißen in Nepal *Chhapals*. Die Sandalen trage ich beim Mittagessen und in den Pausen und lege meine Schuhe und Socken dann zum Trocknen in die Sonne. Ich bin mir sicher, daß mir dadurch viel Ärger mit den Füßen erspart geblieben ist.

Gute Socken sind in Kathmandu mehr als teuer. Bringen Sie aus diesem Grund am besten welche von zu Hause mit. In Kathmandu und in Namche Bazaar sind nur dicke, kratzige tibetische Wollsocken erhältlich.

Mit Thermal-Ski-Socken, einer Mischung aus Nylon und Wolle, treffen Sie die beste Wahl. Halten Sie aber auch nach den neuen Polypropylen-Wandersocken Ausschau. Bei langen Wanderungen werden Sie Ihre Socken mehrmals waschen müssen. Dann trocknen reine Wollsocken nur langsam. Socken aus Wolle und Nylon sind in der Sonne in wenigen Stunden trocken – häufig schon nach einer einzigen Mittagspause. Die meisten Menschen können sie zudem ohne dünnere Untersocken tragen. Bei dicken Wollsocken sind jedoch im allgemeinen dünne Baumwollsocken darunter notwendig. Versuchen Sie es mit einem Paar auf Ihrer nächsten Wanderung zu Hause und beurteilen Sie dann, ob Sie dünnere Untersocken benötigen. Drei Paar sollten genug sein, wenn Sie sich nicht scheuen, sie unterwegs auch mal zu waschen.

Wer Kniebundhosen mitnimmt, benötigt ein Paar lange Wollstrümpfe und zwei Paar dünne Baumwoll- oder Nylonsocken zum Darunterziehen. Bei den meisten Trekking-Touren verbringt man nicht so viel Zeit in so hohen Lagen, daß man mehr als ein Paar lange Wollstrümpfe benötigt.

Für Bergwanderungen in hohen Lagen halten viele Leute Daunenstiefel für überflüssiges Gepäck, aber es ist großartig, sie zur Verfügung zu haben, zumal sie nicht sehr schwer sind. Wenn sie eine dicke Sohle haben, am besten mit Ensolite-Isolation, dann können sie in hohen Lagen auch als Hausschuhe dienen. Daunenstiefel machen auch kalte Nächte ein wenig wärmer. Irgendwie scheinen die Füße dies mehr als andere Körperteile zu spüren. Die Stiefel sind zudem gut für Mitternachtsspaziergänge in die kalte Außenwelt geeignet.

Kleidung: Daunenkleidung hat den Vorteil, leicht zu sein und sich zusammenpressen zu lassen. Man kann sie beim Packen auf kleinem Raum zusammendrücken und erst zum Tragen ausrollen. Für Bergwanderungen in Nepal sollten Sie eine gute Jacke mitnehmen. Die meisten normalen Skijacken sind dafür nicht warm genug. Und der überwiegende Teil der sogenannten Expeditions-Parka ist zu dick und zu sperrig. Das Geheimnis einer guten Jacke liegt darin, daß sie auch bei den kältesten zu erwartenden Temperaturen warm genug, aber auch immer noch angenehm zu tragen ist, wenn es wärmer wird. Nehmen Sie aber nicht sowohl eine dicke als auch eine dünne Daunenjacke mit. Wählen Sie eine, die beiden Erfordernissen gerecht wird. Wenn Ihre Jacke eine Kapuze hat, können Sie sich zudem eine Wollmütze sparen.

Eine Daunenjacke kann bei einer Wanderung mehrere Aufgaben erfüllen. Sie wird nachts zum Kissen und kann zudem zerbrechliche Gegenstände in ihrem Matchbeutel oder Rucksack schützen. Möglicherweise werden Sie Daunenkleidung nicht beim Wandern tragen, da es selbst auf 5.000 m Höhe selten so kalt wird. Die meisten Wanderer lassen ihre Daunensachen auf niedrigeren Lagen in ihrem Matchsack und benutzen sie nur abends. In höheren Lagen sollten Sie Ihre Jacke aber lieber mit sich tragen und bei Pausen oder zum Mittagessen anziehen.

Kunstfaserjacken, die mit Polargard, Thinsulate oder Fibrefill gefüttert sind, bilden einen guten Ersatz für Daunen und sind weit weniger teuer. Solche Jacken kann man in Kathmandu, Pokhara und Namche Bazaar auch mieten.

Es ist besser, zwei Schichten dünne Kleidung zu tragen als eine einzige Schicht dicke Kleidung. Ein oder zwei leichte Pullover oder Hemden sind daher besser als eine dicke Wolljacke. Die meiste Zeit über werden Sie morgens nur die leichte Jacke benötigen und sich dieser beim Wandern entledigen. Ein langärmeliges Hemd oder ein Pullover genügen. Ein Hemd hat den Vorteil, daß man es vorn öffnen kann, ohne daß man anhalten muß, um die Jacke usw. wieder anzuziehen.

Pile-Jacken und Pullover aus Acryl gibt es in einer ganzen Bandbreite von Arten und Qualitäten. Helly Hansen in Norwegen und Patagonia in Kalifornien sind die beiden größten Hersteller von Pile-Jacken. Sie sind leicht, warm (selbst wenn sie naß sind) und leicht zu reinigen. Sie sind ein wenig billiger und sehr viel leichter als Wollkleidung und trocknen viel schneller. Es ist im allgemeinen möglich, Pile-Jacken in Kathmandu zu mieten. Tibetische Wollpullover werden auch in Kathmandu verkauft, sie sind jedoch sehr sperrig und kratzig.

Bei Trekking-Touren in Nepal wird es häufig heiß und feucht, insbesondere dann, wenn der Weg steil und der Wind ruhig sind. Dann ziehen sich lange Hosen an den Knien hoch und sind warm. Bei Wanderungen in niedrigeren Lagen gehen die Sherpa daher im allgemeinen zu Shorts über. Das ist eine gute Idee. Bei den Shorts kann es sich entweder um abgeschnittene lange Hosen oder um elegante Bermuda-Shorts mit großen Taschen handeln. Das gilt jedoch nur für Männer. Knappe Shorts sind für Frauen in ganz Nepal kulturell nicht akzeptabel.

Dorfbewohner können vom Anblick einer Frau in Shorts schockiert werden, so daß es besser ist, auf einen Rock zurückzugreifen. Viele Frauen, die auf Wanderungen Röcke getragen haben, sind begeistert davon. Einer der offensichtlichsten Gründe dafür ist, daß man sich damit während der Wanderung viel einfacher erleichtern kann. Es gibt nämlich lange Strecken, auf denen man nur wenig Möglichkeiten hat, außer Sichtweite zu gelangen. Dann löst ein Rock dieses Problem. Röcke sind zudem nützlich, wenn der einzige Platz, an dem man sich waschen kann, mit Wanderern, Dorfbewohnern und Trägern überfüllt ist. Ein Wickelrock kann im Zelt zudem schnell an- und ausgezogen werden. Lange „Großmutterröcke" sind nicht praktisch, da man auch viel durch Schlamm waten muß.

Es besteht in Nepal wirklich keine Möglichkeit, bei einer Wanderung im Regen trocken zu bleiben. Ein Regenumhang – häufig mit Kapuze – ist dafür eine gute Lösung. Da es wahrscheinlich warm ist, selbst wenn es regnet, bietet ein Regenumhang noch einen guten Luftaustausch. Die Kondensation in einer wasserdichten Jacke kann jedoch dazu führen, daß man darin nasser wird, als wenn man im Regen stände. Ein billiger Plastikumhang ist häufig genauso gut wie ein teurerer aus beschichtetem Nylon. Zudem ist er völlig wasserdicht und für einen Bruchteil des Preises erhältlich. Nylonumhänge werden auch in Kathmandu hergestellt.

Der praktischste Weg, sich trocken zu halten, ist ein Regenschirm. Er bildet einen ausgezeichneten Ersatz für einen Regenumhang (wenn man von windigem Wetter absieht). Ein Regenschirm kann auch als Sonnenschutz, als Wanderstock, als Sichtschutz für eine Not-Toilette und zur Abwehr von Hunden dienen. Regenschirme mit Bambusgriffen sind in Kathmandu für etwa 2 US $ erhältlich. Sie sind jedoch sperrig und lassen, wenn sie naß werden, schwarze Farbe über ihre Träger strömen. Zusammenklappbare Schirme sind ein idealer Kompromiß, auch wenn sie nicht als Wanderstock dienen können. Importierte Regenschirme sind in mehreren Geschäften in der New Road und im Supermarkt in Kathmandu erhältlich. Ein Regenschirm ist zwar in den Monaten Oktober, April und Mai auf Wanderungen notwendig, sonst aber nicht unbedingt.

Eine Kopfbedeckung, die die Sonne von Ihrem Kopf fernhält, ist wichtig, das Design jedoch nicht von Bedeutung. Natürlich bietet ein Hut mit einer breiteren Krempe mehr Schutz. Befestigen Sie den Hut am besten mit einem Band unter Ihrem Kinn, so daß er nicht von einem Windstoß davongetragen

werden kann. Im Nepal Cap House im Einkaufszentrum am Anfang von Thamel finden Sie eine erstaunliche Auswahl an Hüten.

Fast niemand geht in Nepal oder Indien unbekleidet schwimmen. Sie werden die Sherpa, die Träger und das gesamte Dorf schockieren, wenn Sie im Adamskostüm in einen Fluß, in einen Bach oder in eine heiße Quelle tauchen, selbst wenn Sie sich nur waschen wollen. Es gibt viele Stellen, an denen man schwimmen kann, auch wenn das Wasser meistens schon unglaublich kalt ist – wenn man vom Fluß Arun im östlichen Nepal absieht, an dem es einige schöne Möglichkeiten zum Schwimmen gibt. Heiße Quellen (heiß im wörtlichen Sinne) sprudeln in Manang und in Tatopani auf der Wanderung nach Jomsom aus der Erde. Wenn Sie in Nepal schwimmen oder baden wollen, dann bringen Sie Schwimmzeug mit. Sie können aber auch in Shorts und Hemd schwimmen und diese dann anschließend tragen, bis sie trocken sind.

Kleidung für große Höhen: Viele Geschäfte führen keine daunengefütterten Hosen, aber die leisten bei Touren in Gegenden über 4.000 m wirklich gute Dienste. Man wandert aber nicht in Daunenhosen. Ziehen Sie die über ihre Wandershorts oder unter Ihren Rock, wenn Sie für die Nacht Halt machen. Einige dieser Isolierhosen haben Schnallen oder einen Reißverschluß an der Innenseite der Hosenbeine, so daß daraus bei einem Not-Biwak ein halber Schlafsack wird. Zudem erlaubt dies das An- und Ausziehen, ohne sich der Stiefel entledigen zu müssen. Als halber Schlafsack dienen diese Hosen zusätzlich zur Isolierung eines richtigen Schlafsacks, wenn die Nächte besonders kalt werden. Häufig werden Sie gegen 15.00 Uhr im Lager oder in der Unterkunft ankommen und vor 18.00 Uhr nicht essen. Bis zu diesem Zeitpunkt sitzt man rund drei Stunden herum, falls man sich nicht entschließt, die Gegend zu erkunden. Nur selten hat man die Gelegenheit, sich in der Nähe eines Feuers warmzuhalten. Das gilt selbst für Hotels. Bei kaltem Wetter lassen Daunenhosen diese Stunden sehr viel angenehmer werden. Ski-Aufwärmhosen sind ein guter Ersatz. Sie sind wesentlich billiger und in allen Skigeschäften erhältlich. Daunenhosen und gelegentlich Ski-Aufwärmhosen können in Trekking-Geschäften in Kathmandu und Namche gemietet werden.

Starker Wind ist in den meisten Gegenden, in die Trekking-Touren führen, selten. Eine Windjacke leistet jedoch bei leichtem Wind, leichtem Regen und Nieselregen gute Dienste, wenn ein Regenumhang oder ein Regenschirm wirklich noch nicht notwendig ist. Wenn Sie eine Windjacke mitnehmen, dann vergewissern Sie sich, daß sie atmungsaktiv ist, denn sonst kann der Schweiß nicht verdampfen und führt zur Nässe von innen. Eine Windjacke gehört eher zur Notausrüstung. Bei starkem Wind ist sie zwar notwendig, aber sonst werden Sie eine solche Jacke möglicherweise nicht anziehen.

Viele Wanderer nutzen häufig Nylon-Windhosen. Da die Temperaturen tagsüber oft auf bis zu 30 Grad C steigen, ziehen die meisten Leute es vor, in Shorts zu wandern. Morgens ist es jedoch noch sehr frisch. Windhosen sind dann die beste Lösung. Tragen Sie die Hose über Ihren Shorts oder unter Ihrem Rock, wenn Sie aufbrechen, und ziehen Sie sie dann aus, wenn es wärmer wird. Die meisten dieser Windhosen sind so gearbeitet, daß man sie an- und ausziehen kann, ohne sich zuvor der Schuhe entledigen zu müssen. Sie können anstelle von Windhosen oder daunengefütterten Hosen auch Ski-Aufwärmhosen oder selbst Jogginghosen mitnehmen. Diese sind weit billiger und kaum weniger vielseitig und bequem.

Die wichtigste Regel bei der Auswahl der Ausrüstung für Wanderungen ist die Notwendigkeit, daß jedes Stück mindestens zwei Zwecken dienlich sein sollte. Der große Vorteil von Kniebundhosen ist es, daß sie mit langen Wollstrümpfen kombiniert sowohl als Shorts als auch als lange Hose verwendet werden können, je nachdem, ob die Strümpfe aufgerollt werden oder nicht. Wer in höheren Lagen unterwegs ist, wird sicher einige Tage „wirklich in den Bergen" sein. Hier kann das Wetter schnell und gelegentlich dramatisch umschlagen. Auch wenn es häufig warm ist, können Wolken aufziehen und kann es sehr schnell kalt und windig werden. Dann ist man, wenn man Shorts trägt, schlecht dran. Wer Kniebundhosen wählt, kann die Strümpfe an kalten Morgenden, bevor die Sonne aufgeht (zwischen hohen Gipfeln ist dies gegen 10 Uhr der Fall), hochgezogen tragen. Wenn die Bewegung und die Sonne Sie aufwärmen, können Sie die Strümpfe bis zu den Knöcheln herabrollen. Aufgrund dieser Vielseitigkeit sind Kniebundhosen praktischer als lange Hosen. Sie sind auch in Kathmandu erhältlich, können aber im allgemeinen nur gekauft und nicht gemietet werden.

Lange Unterwäsche bildet eine nützliche Erweiterung der Ausrüstung. Ein langes Unterhemd und eine lange Unterhose eignen sich als guter warmer Schlafanzug und sind auch bei ungeplanten Spaziergängen in tiefer Nacht außerhalb des Zeltes oder der Unterkunft praktisch. Wenn das Wetter nicht äußerst schrecklich ist, benötigen Sie lange Unterwäsche bei Wanderungen während des Tages nicht. Sie können aber auch nur lange Unterhosen mitbringen und ein Wollhemd als Oberteil für einen Schlafanzug nutzen. Baumwollunterwäsche ist akzeptabel, auch wenn Wolle viel wärmer ist. Wenn Ihnen die Wolle zu kratzig ist, bildet Unterwäsche aus einem Gemisch aus Wolle und Baumwolle einen ausgezeichneten Kompromiß.

Eine Kapuzenmütze ist ideal, da sie als warme Wollmütze dienen, gleichzeitig jedoch auch heruntergerollt werden kann, um den größten Teil des Gesichts und des Nackens zu bedecken. Möglicherweise tragen Sie die Mütze sogar in kalten Nächten im Bett. Da ein großer Teil der Körperwärme über den Kopf verlorengeht, hilft eine warme Kopfbedeckung den ganzen Körper wärmer zu halten.

Warme Ski-Handschuhe sind bei Wanderungen durchaus angebracht. Vielleicht nehmen Sie aber auch zusätzlich noch ein Paar Wollhandschuhe für den Fall mit, daß Ihr erstes Paar naß wird. Wer in hohen Lagen wandert, in denen Schnee fallen kann und die Möglichkeit besteht, etwas außerhalb der Wege klettern zu müssen, dem kann ein Paar hoher Gamaschen helfen, die Stiefel und Strümpfe bei rauhen Bedingungen sauberer und trockener zu halten.

Weitere Ausrüstungsgegenstände: Ihr Rucksack sollte einen leichten Innenrahmen, um den Stoff zu stützen, und ein gepolstertes Taillenband besitzen, um ihn daran zu hindern, hin- und herzurutschen sowie etwas Gewicht von den Schultern zu verlagern. Es gibt viele gute Gründe, sich für einen kleinen Rucksack zu entscheiden. Er bewahrt Sie z. B. davor, während des Tages zu viel mit sich herumzuschleppen. Er kann zudem bei Flügen gut als Handgepäck transportiert werden. Ein kleiner Rucksack paßt zudem nachts ins Zelt, ohne zu stören, und behindert nicht, wenn man in Häusern und Tempeln durch niedrige Türen gehen muß.

Wer plant, einen Träger anzuheuern, benötigt einen größeren Rucksack. Dieser kann entweder mit einem Gestell ausgestattet oder ein großer Expeditionsrucksack sein, auch wenn ein weicher Rucksack häufig vielseitiger ist. Wer seinen eigenen Rucksack einem Träger übergibt, sollte damit rechnen, daß er in einen Bambuskorb, den sogenannten *Dolo*, gepreßt und mit einem Stirnband getragen wird. Eine große Anzahl an Rucksäcken kann man in Kathmandu auch mieten.

Ein Schlafsack gehört zu den Dingen, die Sie besser von zu Hause mitbringen. Schlafsäcke sind zwar in Kathmandu auch zur Miete erhältlich, aber die Reinigungsmethoden in Nepal sind recht ungewöhnlich, wobei die Qualität der Füllung leidet. Die Wahl zwischen einem sauberen Schlafsack (alt und verschlissen), einem schmutzigen Schlafsack (aber warm) oder einem neuen Schlafsack (teuer) ist üblich. Die meisten Schlafsäcke, die man in Kathmandu erhalten kann, sind Expeditionsschlafsäcke in Mumienform, die für weniger als 2 US $ pro Tag vermietet werden. Von November bis März ist es selbst im Tiefland so kalt, daß ein warmer Schlafsack wichtig ist. Er ist zudem in Höhen von über 3.300 m in jeder Jahreszeit unverzichtbar.

Da man auf Trekking-Touren in Nepal nur behandeltes oder abgekochtes Wasser trinken kann, ist man gut beraten, eine Plastikwasserflasche für einen Liter Inhalt mitzunehmen, die nicht ausläuft. Tagsüber bildet sie die einzige völlig sichere Quelle, kaltes Trinkwasser zu sich zu nehmen. Wer Jod verwendet, sollte die Flasche an einem Bach oder an einer Wasserstelle füllen und dann das Jod dazugeben, um so eine halbe Stunde später über sauberes, kaltes Trinkwasser zu verfügen.

Nachts können Sie die Flasche mit abgekochtem Wasser füllen und sie zudem in kalten Nächten als Wärmflasche benutzen – sehr luxuriös. Bis zum Morgen ist das Wasser kalt und hat für den Gebrauch am Tag die richtige Temperatur. Viele Teilnehmer an Trekking-Touren benötigen ca. zwei Liter Wasser pro Tag. Wer dazu gehört, sollte sich überlegen, eine Flasche für zwei Liter Inhalt mitzunehmen. Gute Wasserflaschen sind in Kathmandu gelegentlich nur schwer zu finden. Immer vorhanden sind jedoch schlechte (nicht ganz dichte) indische Plastikflaschen oder leere Mineralwasserflaschen, die aber nur als Notbehelf dienen können.

Auch eine Taschenlampe sollte man nicht vergessen. Allerdings ist für eine Bergwanderung in Nepal fast jede Taschenlampe gut genug. Eine Stirnlampe ist im allgemeinen nicht notwendig. Wer eine Taschenlampe mit Batterien vom Typ D mitnimmt, erhält in fast jedem Dorf in den Bergen Ersatzbatterien. Größere Batterien funktionieren in der Kälte übrigens besser als kleine Batterien vom Typ AA, sind jedoch natürlich auch schwerer. In Nepal sind indische und chinesische sowie exotische Taschenlampen erhältlich, die von Expeditionsteilnehmern zurückgelassen wurden.

Wer Trekking-Touren mit Trägern unternimmt, sollte seine Ausrüstung mit einem Matchbeutel schützen. Mehrere Unternehmen stellen gute solche Beutel mit einem Reißverschluß an der Seite her, der den Zugriff zum Inhalt erleichtert. Bei einem solchen Beutel sollten Sie nicht sparen. Nehmen Sie einen mit langer Lebensdauer und einem haltbaren Reißverschluß. Ein Matchbeutel von ca. 35 cm Durchmesser und 75 cm Länge ist groß genug, um Ihre Ausrüstung zu transportieren. Er überschreitet zudem wahrscheinlich nicht die Gewichtsgrenze für Träger und bei Inlandsflügen (normalerweise 15 kg). Matchbeutel aus Armeebeständen sind preiswerter, aber unpraktisch, da sie nur an einem Ende geöffnet werden können, auch wenn sie keinen Reißverschluß enthalten, der klemmen oder kaputtgehen kann.

Wer Träger anheuert, dem wird der größte Teil des Gepäcks abgenommen. Während des Tages trägt man dann selbst nur seine Kamera, Wasserflasche, Zusatzkleidung und eine kleine Erste-Hilfe-Ausrüstung in seinem Rucksack. Überladen Sie Ihren Rucksack nicht, insbesondere nicht am ersten Tag der Wanderung.

Es ist unmöglich zu beschreiben, wie Ihr Matchbeutel nach einem Monat Wandern aussehen wird. Um herauszufinden, wie er behandelt wurde, kann man einen Matchbeutel mit der Ausrüstung füllen, ihn in den zweiten Stock eines Gebäudes tragen und aus einem Fenster werfen. Wenn man ihn dann aufgehoben, den Inhalt durchgeschüttelt sowie den Beutel in den Dreck geworfen hat und einige Male darauf herumgetrampelt ist, bekommt man ein gutes Bild von seinem Endzustand. Wenn es regnet, wird Ihr Matchbeutel naß werden. Denn bei Regen lassen die Träger ihre Lasten draußen vor den Lä-

den, während sie sich selbst drinnen trocknen. Sie sollten Ihren Beutel deshalb so packen, daß wichtige Dinge auch bei Regengüssen trocken bleiben. Ein wasserdichter Matchbeutel und wasserdichte Nylon- oder Plastiktaschen im Beutel sind daher notwendig. Verwenden Sie ein kleines Vorhängeschloß, das durch den Reißverschluß paßt und an einem Ring, den man auf den Beutel näht, befestigt wird. So schützen Sie Ihre Tasche auf dem Flug nach und von Nepal und auf Wanderungen vor Langfingern. Zudem können auf diese Weise Kinder, neugierige Dorfbewohner und Ihre Träger davon abgehalten werden, die Tasche zu öffnen und etwas daraus zu entnehmen, von dem sie glauben, daß Sie es nicht vermissen werden. Matchbeutel sind in Kathmandu nur schwer zu kaufen oder zu mieten.

Vor Beginn einer Wanderung sollten Sie Ihre Stadtkleidung und andere Gegenstände in Ihrem Hotel in Kathmandu oder sonstwo in dem dafür vorgesehenen Raum deponieren. Bringen Sie dafür einen kleinen Koffer oder eine Tasche mit einem Schloß mit.

Es ist unwahrscheinlich, daß Sie einen völlig wasserdichten Matchbeutel oder einen ebensolchen Rucksack finden werden. Ein beschichteter Nylon-Stoffbeutel hilft, Teile Ihrer Ausrüstung abzutrennen, und trägt dazu bei, Ordnung in das tägliche Chaos in Ihrem Zelt oder Ihrer Unterkunft zu bringen. Stoffsäcke bieten zudem zusätzlichen Schutz vor Regen. Falls Sie einen Stoffbeutel mit einer Kordel zum Zuziehen mitnehmen, dann können Klemmen dazu beitragen, viel Frustration beim Lösen von Knoten zu ersparen, die in Eile am Morgen gemacht wurden. Sie können auch Plastiktüten in die Stoffsäcke stecken, um den Inhalt in der Regenzeit besser vor Nässe zu schützen. Die gleißende Reflektion von Schnee macht eine gute Schutzbrille oder Sonnenbrille mit Seitenschutz unbedingt notwendig. In großer Höhe ist eine derartige Brille unerläßlich, so daß Sie eine zweite als Ersatz bei sich haben sollten. Eine einfache Sonnenbrille kann als Ersatz dienen, wenn Sie an den Seiten einen Schutz anbringen. Die Gläser sollten so dunkel sein wie möglich. Auf 5.000 m Höhe kann die Intensität sowohl der sichtbaren als auch der unsichtbaren Strahlen die ungeschützten Augen schädigen. Bewahren Sie Ihre Schutzbrille in einem Metallgehäuse auf, da sie selbst im Rucksack schnell zerbrechen kann.

Da die Sonne zur Wanderzeit im Herbst niedrig steht, ist für die meisten Menschen Sonnenbrand keine große Gefahr. Im April und im Mai können jedoch in hohen Lagen schwere Sonnenbrände auftreten. Verwenden Sie dann ein Sonnenschutzmittel mit hohem Lichtschutzfaktor. Menschen mit empfindlicher Haut benötigen sogar einen völligen Sonnenschutz wie Zinkoxid-Salbe. Hüten Sie sich auch vor der Gefahr des hellen Schnees in hohen Lagen. Auch dafür benötigen Sie ein gutes Sonnenschutzmittel. Sonnenschutzmittel sind in Nepal allerdings nur schwer zu finden.

Um Ihre Lippen in großen Höhen zu schützen, sollten Sie einen Sonnenblocker wie Labiosan verwenden.

Verschiedenes: Über Seife, Schere usw. gibt es nicht viel zu sagen, aber einige wenige zusätzliche Dinge können hilfreich sein. Wer zu zweit unterwegs ist, sollte sich mit seinem Partner oder seiner Partnerin absprechen und so viel Gewicht und Platz sparen.

Seife zum Wäschewaschen in Stücken ist in Kathmandu sowie an den meisten Wanderwegen erhältlich. Damit ersparen Sie sich das Auslaufen eines flüssigen Waschmittels oder Pulvers im Rucksack.

Erfrischungstücher leisten gute Dienste, um sich kurz vor dem Essen die Hände zu reinigen. Durch häufiges Waschen der Hände können Sie übrigens viele gesundheitliche Probleme vermeiden.

Eine Schere am Taschenmesser ist ebenfalls nützlich. Nehmen Sie zudem Nähzeug und einige Sicherheitsnadeln mit, die vielen Zwecken dienen können. Achten Sie ferner darauf, daß alle Medikamente und Toilettenartikel in Plastikflaschen mit Schraubverschluß verpackt sind. Wenn das nicht der Fall ist, empfiehlt es sich, noch einmal den Abschnitt über das Packen weiter oben in diesem Buch zu lesen.

Das sichtbarste Zeichen der westlichen Kultur in den Bergen von Nepal ist die Unmenge von Toilettenpapier, die jeden Lagerplatz „ziert". Bringen Sie daher ein Feuerzeug oder Streichhölzer mit, um gebrauchtes Papier zu verbrennen.

Vielleicht nehmen Sie aber auch eine kleine Schaufel oder eine Kelle mit, um ein Loch für eine Toilette zu graben, wenn Sie in den Wald gehen und es keine richtige Toilette in der Gegend gibt. Die Liste mit den Ausrüstungsgegenständen enthält auch einige Sachen, die man vielleicht mit auf seine Bergwanderung nehmen möchte. Sie sollten sich aber nicht für alles entscheiden, weil dann Ihr Rucksack überlastet wird.

Die Bandbreite bei den Kameras, die nach Nepal mitgebracht werden, reicht von winzigen Kleinbildapparaten bis zu schweren Hasselblads. Auch wenn die meisten Trekker einen Fotoapparat im Gepäck haben, ist eine Wanderung ohne einen solchen gleichermaßen schön. Eine Bergwanderung ist lang und staubig. Stellen Sie daher sicher, daß Sie unterwegs Objektivdeckel, Reinigungstücher und eine kleine Bürste bei sich haben, um die Kamera und die Objektive so häufig wie möglich reinigen zu können.

Drei Objektive, ein Weitwinkelobjektiv (28 oder 35 mm), ein Standardobjektiv (50 oder 55 mm) und ein Teleobjektiv (135 oder 200 mm) sind nützlich, wenn Sie alle Möglichkeiten zum Fotografieren auf Ihrer Wanderung nutzen möchten. Objektive sind jedoch schwer. Da Sie die wahrscheinlich Tag für Tag in Ihrem Rucksack mit sich herumschleppen müssen, sollten Sie darüber nachdenken, ob Sie nicht vielleicht Ihre Fotoausrüstung beschränken. Ein Teleobjektiv (oder Zoomobjektiv) ist im allgemeinen nützlicher als ein Weitwinkelobjektiv, da ein solches Objektiv es Ihnen erlaubt, entferntere Berge und auch scheue Menschen aufzunehmen. Bringen Sie daneben unbedingt einen Polfilter mit. Überlasten Sie sich aber nicht mit einer schweren Fotoausrüstung. Eine ostentative Zurschaustellung von teurem Material lädt zudem schnell Diebe ein. Versichern Sie außerdem Ihre Fotoausrüstung.

WAS MAN SICH IN KATHMANDU BESORGEN KANN

Was Sie zusätzlich zu Ihrer Kleidung noch mitnehmen, hängt von Ihrem Trekking-Stil und – wenn Sie an einer organisierten Tour teilnehmen – davon ab, was die Agentur bereitstellt.

Wer direkt nach Nepal fliegt, kann die gesamte Ausrüstung, einschließlich Bekleidung, von zu Hause mitbringen. Wer Nepal jedoch im Verlauf einer längeren Reise durch Asien besucht, muß vielleicht noch einige Dinge kaufen oder in Kathmandu mieten. Wer plant, Proviant und Kochgeschirr auf eine Wanderung mitzunehmen, sollte sich die ebenfalls in Kathmandu besorgen.

Ausrüstungsgeschäfte: Die besten Trekking-Ausrüster befinden sich in Thamel und in Basantapur (Freak Street). Sie haben sich auf die Vermietung von Ausrüstungsgegenständen spezialisiert, verkaufen jedoch auch fast alles andere. Da Nepals Zoll die Einfuhr von Bergwander- oder Bergsteigerausrüstung in großen Mengen nicht erlaubt, wurden die meisten Gegenstände für diese Zwecke, die in Kathmandu erhältlich sind, von Expeditionen ins Land gebracht, so daß fast alles, was in den Geschäften angeboten wird, aus zweiter Hand stammt. Neue Gegenstände wurden ebenfalls von Expeditionen mitgebracht, nur lediglich nicht benutzt. Eine weitere Quelle für Trekking-Material sind Bergwanderer, die Ihre Schlafsäcke und anderen Ausrüstungsgegenstände gegen die Kälte verkaufen, bevor sie wärmere Gegenden Südostasiens bereisen.

Da die Ausrüstung in derart zufälliger Weise ins Land kommt, findet man in Kathmandu vor allem entweder qualitativ hochwertige Bergsteigerausstattung oder abgenutzte Reisekleidung. Für Trekking-Touren benötigt man aber eigentlich ein Mittelding. Ein Daunen-Parka, der für den Everest angemessen ist, muß nicht gleichzeitig sehr praktisch für eine Wanderung nach Tatopani sein, und ein Schlafsack, der bereits einen Monat an den Stränden von Goa benutzt wurde, ist nicht ideal für das Basislager am Everest. Es gibt in Kathmandu zudem weder einen verläßlichen Vorrat an irgendeinem bestimmten Ausrüstungsgegenstand noch ein komplettes Angebot in allen Größen. Um zu finden, was man benötigt, muß man eine ganze Zeit von Geschäft zu Geschäft gehen, nach der richtigen Größe Ausschau halten und Qualität sowie Preis vergleichen.

Kochgeschirr: Wer für eine Trekking-Tour eine komplette Mannschaft angeheuert hat, benötigt eine transportable Küche. Dafür sind Töpfe und Pfannen, Teller und Bestecke im Basar von Kathmandu erhältlich. Wer dies alles kauft, sollte darauf achten, daß der Koch nicht mehr ersteht, als er benötigt, nur weil es ihm gefällt. Eine kerosinbetriebene Laterne ist ein nützliches, aber auch mit Problemen verbundenes zusätzliches Stück der Küchenausrüstung. Sie hilft den Tag zu verlängern, das Frühstück früher zuzubereiten und später zu Abend zu essen.

Das Nationalparkgesetz verbietet die Benutzung von Brennholz in allen Nationalparks in den Bergen. Wer mit einem Koch unterwegs ist und in einem Nationalpark wandert, sollte sich daher einen Kocher besorgen. Indische Kerosinkocher sind allerdings teuer und nicht unproblematisch, so daß Sie sich möglicherweise dafür entscheiden, während Ihrer Wanderung in einem Nationalpark in Unterkünften zu essen. Theoretisch sollen Mitarbeiter am Eingang zu einem der Nationalparks kontrollieren, ob Sie einen Kocher und Kerosin bei sich haben, wenn Sie mit der Gruppe unterwegs sind.

Auch im Annapurna-Naturschutzgebiet muß Kerosin verwendet werden. Kerosin erhalten Sie in Chhomrong am Eingang zum Annapurna-Naturschutzgebiet. Hier können auch Kocher und große Kanister gemietet werden.

Mieten von Ausrüstungsgegenständen:
Es ist möglich, in Kathmandu alles, was man für eine Wanderung benötigt, zu mieten – angefangen von der Kleidung bis hin zu Schlafsäcken, Zelten und Kochtöpfen. Wanderstiefel in großen Größen sind jedoch häufig nur schwer

zu finden, wie auch Gaspatronen, gefriergetrocknete Lebensmittel (gelegentlich) sowie gute Socken und Strümpfe. Davon abgesehen erhalten Sie in Kathmandu Ihren gesamten Bedarf – wenn auch vielleicht erst, wenn Sie sich zwei bis drei Tage umgesehen haben.

Wer plant, seine Ausrüstung zu mieten, muß wissen, daß in allen Geschäften die Hinterlegung von Pfand gefordert wird, um sicherzustellen, daß die Ausrüstung in gutem Zustand wieder zurückgebracht wird. Das kann zu Komplikationen führen, wenn man dafür kein Geld umtauschen möchte. Man kann zwar auch unterzeichnete Reiseschecks oder seinen Reisepaß im Geschäft hinterlegen, aber dies ist keine gute Idee. US-Dollar in bar können das Problem lösen. Es empfiehlt sich also, einen gewissen Betrag in US-Dollar mitzunehmen, wenn man eine Ausrüstung für eine Trekking-Tour mieten will. Ein Führer, der den Geschäftsinhaber kennt, kann gelegentlich persönlich dafür garantieren, daß die Ausrüstung zurückgegeben wird, was dann die Hinterlegung eines Pfandes erspart. Wenn Sie Ausrüstungsgegenstände gemietet haben, dann prüfen Sie die Rechnung und die Quittung, bevor Sie das Geschäft verlassen.

Einige Trekking-Organisatoren vermieten auch Zelte, Schlafsäcke, Matratzen und Kochtöpfe. Wer einen Führer der gleichen Organisation anheuert, benötigt im allgemeinen keine Garantie, da dieser dafür bürgt. Falls Sie einen Koch anstellen, lohnt es sich, über den Trek-king-Organisator auch die notwendigen Küchengegenstände zu mieten. Eine neue Ausstattung zum Kochen kostet nämlich von 300 Rs pro Person an aufwärts und ist am Ende einer Trekking-Tour nur schwer wieder zu verkaufen. Eine begrenzte Auswahl an Kochgeschirr ist in Pokhara, Lukla, Namche Bazaar und in einigen privaten Haushalten in der Everest-Region erhältlich. In Namche Bazaar gibt es übrigens ebenfalls fantastische Geschäfte für Trekking-Bedarf, da die Teilnehmer an vielen Expeditionen hier Ihre Ausrüstung verkaufen. Wer in der Gegend um den Annapurna wandert, benötigt nur für zwei bis drei Tage eine Ausstattung für alpine Lagen, wenn er den Paß überquert. In Manang und Muktinath besteht ebenfalls Bedarf, so daß üblicherweise einige Geschäftsleute auf beiden Seiten des Thorung La anbieten, was Bergwanderer suchen, ohne daß man zu lange warten muß. An anderen Orten finden Sie wahrscheinlich – wenn Sie kein ganz großes Glück haben (z. B. wenn eine Expedition von einer Bergbesteigung zurückkommt) – keine Trekking-Ausrüstung.

Kosten: Die folgende Tabelle enthält die Kosten, die bei Drucklegung für die Miete und den Kauf von Ausrüstungsgegenständen für Trekking-Touren galten. Sie sollten allerdings damit rechnen, in der Hochsaison mehr bezahlen zu müssen. In der Monsunzeit liegen die Preise dagegen möglicherweise niedriger.

	Mietpreis pro Tag in Rs	Kaufpreis in Rs
Handschuhe oder Fäustlinge	2- 5	150- 600
Schlafsack mit Daunenfüllung	30-50	3000-5000
mit Kunstfaserfüllung	20-30	2000-4000
Parka mit Daunenfüllung	7-15	1000-2500
mit Kunstfaserfüllung	5-10	1000-1600
Matchbeutel*	3- 5	150- 300
Wasserflasche	2	100- 150
Taschenlampe (neu)		20- 30
Hut mit Krempe		25- 50
Wollhut/Mütze		50- 90
Sonnenbrille oder Schutzbrille	2	150- 300
Socken (dick, aus Wolle)		50- 150
Pullover		100- 250
Regenumhang	4- 5	400- 600
Regenschirm		50- 200

* Matchbeutel sind in Kathmandu nur schwer zu bekommen.

ÖFFNUNGSZEITEN UND FEIERTAGE

Das arbeitsfreie Wochenende fällt in Nepal auf den Samstag. Gearbeitet wird normalerweise sonntags bis freitags, in vielen Büros freitags allerdings nur bis zum Mittag. Die meisten Büros werden um 10.00 Uhr geöffnet und um 17.00 Uhr (im Winter, wenn die Tage kürzer sind, um 16.00 Uhr) geschlossen. Geschäfte sind im allgemeinen von 9.30 bis 19.30 oder 20.00 Uhr geöffnet. Banken, Büros und die meisten Einkaufszentren sind samstags und an den meisten Festtagen und religiösen Feiertagen geschlossen.

Pünktlichkeit ist keine nepalische Tugend. Wer jedoch mit einer Behörde oder einer Person aus dem diplomatischen Dienst zu tun hat, sollte versuchen, nicht mit mehr als fünf bis zehn Minuten Verspätung einzutreffen.

KULTURELLE EREIGNISSE

Es heißt, in Nepal gebe es mehr Feste als Tage im Jahr. Die meisten nepalischen Feste werden zu Hause gefeiert, so daß für Besucher häufig nur wenig zu sehen oder zu fotografieren ist. Feste lassen Wanderungen komplizierter werden, da die Behörden dann geschlossen sind und man keine Genehmigung erhält. Die Träger verschwinden aus einem solchen Anlaß nicht selten nach Hause, wobei sie gelegentlich Trekker sogar mit ihrem Gepäck am Wegesrand stehen lassen.

Die Feste richten sich nach dem nepalischen Kalender, wobei sich die Mondphase im Vergleich zum gregorianischen (westlichen) Kalender um bis zu einem Monat verschieben kann. Die nepalischen Monate überschneiden sich zudem mit den westlichen. Der jährliche Festzyklus sieht in Nepal wie folgt aus:

Baisakh (April-Mai): Der Jahresbeginn (Naya Barsa) fällt in Nepal immer in die Mitte des Monats April. Die Einwohner von Bhaktapur feiern an diesem Tag das Bisket Jatra (Fest des Todes des Schlangendämonen). Dann werden zwei Wagen kreuz und quer durch die engen Gassen der Stadt gezogen. Außerdem beginnt ein gewaltiges Tauziehen. Die Gewinner dürfen die Wagen dann an ihren Standort ziehen. In der Mitte der Stadt wird von angetrunkenen Feiernden auch ein riesiger Lingam errichtet.

Der Muttertag (Mata Tirtha Aunsi) ist der Tag, an dem die Kinder ihren Müttern Geschenke, Geld und Süßigkeiten überreichen und im wörtlichen Sinn in ihr Gesicht schauen. Wer keine Mutter mehr hat, unternimmt eine rituelle Pilgerfahrt nach Mata Tirtha Aunsi in der Nähe von Thankot.

Das Fest des roten Machhindra (Rato Machhindra Nath Jatra, auch Bhota Jatra, das Fest der Vest, genannt) wird kurz vor dem Beginn der Monsunzeit veranstaltet. Das genaue Datum legen Astrologen fest. Diesen Tag feiern sowohl Hindus als auch Buddhisten. Das Abbild von Machhindra wird dann von dem Dorf Bungmati bis nach Pulchowk gebracht und auf einem riesigen, schwankenden Wagen durch die Gas-sen von Patan bis nach Jawalakhel gefahren. An einem auserwählten Tag steigen der König und die Königin von Nepal mit ihren Spitzenbeamten und gefolgt von Tausenden von Gläubigen auf den Jawalakhel, um einen Schimmer vom juwelenbesetzten Bhoto zu erblicken, den Machhindra seit Jahrhunderten bewacht.

Das wichtigste Fest zur Feier des vollen Mondes von Buddhas Geburt (Buddha Jayanti) findet in Lumbini, dem Geburtsort von Buddha, statt. Vergleichbare Feste werden auch in Swayambhunath und Bodhnath begangen. Aus diesem Anlaß sind Prozessionen zu sehen, bei denen ein Bild von Buddha herumgetragen wird. Die ganze Nacht über glimmen Butterlampen und leuchten elektrische Lichter, um Buddhas Geburtstag zu feiern.

Shrawan (Juli-August): In der „Nacht des Zauberers" (Ghanta Karna oder Ghatemangai) stellen Straßenkinder Barrikaden in der ganzen Stadt auf und erbitten von motorisierten Personen, von Fahrradfahrern und sogar von Fußgängern eine Spende. Später am Tag wird eine Scheinbeerdigung veranstaltet, der ein Fest folgt. Dafür werden aus Bambusstangen und Bambusblättern gefertigte Puppen, die den Teufel darstellen, an jeder Kreuzung der Stadt errichtet.

Am Tag des Schlangengottes (Nag Panchami) werden die Brahmanen von allen Haushalten bezahlt, um das Haus zu säubern, indem sie es mit einem Bild von Nag über dem Eingang versehen. Außerdem werden *Puja* verrichtet und Gaben aus Milch und Honig für den Schlangengott bereitgestellt. Die Nag will man durch Gebete beruhigen und glaubt, dadurch ihren Schutz und ihren Segen zu erhalten.

Der Vatertag (Gokarna Aunsi) entspricht dem Muttertag. An ihm werden die Väter von ihren Kindern mit Süßigkeiten, Geld und Geschenken bedacht. Auch ihnen sieht man dabei ins Gesicht. Wer keinen Vater mehr besitzt, geht zum Fluß Bagmati in Gokarna, um rituell zu baden und den Segen der Seele seines Vaters zu erhalten.

Das Fest des heiligen Fadens (Janai Purnima) ist auch unter dem Namen Raksha Bhandhan bekannt und wird am Vollmondtag im August gefeiert. Männer der höheren Hindu-Kasten wechseln dann den heiligen Faden aus, den sie um ihre Brust tragen. In den Gebirgen von Nepal gehen die Gläubigen an diesem Tag zu den Shiva-Tempeln oben in Bergen, wobei in jedem Dorf ein Medizinmann (*Jhankri*) die Gruppe anführt.

Während des Festes der heiligen Kuh (Gai Jatra) verkleiden sich die Kinder und die Erwachsenen als Kühe und ziehen durch die Straßen der Städte, um die Seelen von vor kurzem verstorbenen Verwandten zu ehren. Es ist auch der Tag, an dem es den Zeitungen erlaubt ist, jeden und alles anzuklagen.

Bhadra (August–September): Der Geburtstag von Krishna (Krishna Jayanti) wird mit einem riesigen Fest am Steintempel Krishnas am Durbar-Platz von Patan gefeiert. Die Gläubigen rezitie-

ren dort die ganze Nacht über Hymnen und religiöse Lieder. Der König und die Königin von Nepal erweisen dem Gott Krishna am Krishna Mandir ihren Respekt.

Am Fastentag für Ehefrauen (Tij Brata) fasten alle nepalischen Ehefrauen von Sonnenaufgang bis Mitternacht, um sicherzustellen, daß ihren Ehemännern Glück und ein langes Leben gewährt wird. Mit schwerem Schmuck geschmückte Frauen tragen rote Saris und steigen hinauf nach Pashupatinath, um den Tag mit Tanzen und Singen vergehen zu lassen. Farbenprächtig gekleidete Frauen aus den Bergdörfern wandern zu diesem Fest nach Kathmandu.

Das Fest des Königs der Götter (Indra Jatra) wird acht Tage lang am Durbar-Platz von Kathmandu gefeiert. Der Zweck dieses Festes ist es, den Gott Indra um Regenschauer nach der Monsunzeit zu bitten, die für die Reisernte notwendig sind. Es ist der Tag, an dem die lebende Göttin von Kathmandu, die Kumari, über eine farbenprächtige Zeremonie wacht, der der König und die Königin sowie hohe Beamte und ausländische Diplomaten beiwohnen.

Kartik (Oktober–November): Das zehntägige Dasain-Fest (Durga Puja), mit dem der Triumph Durgas über das Schlechte gefeiert wird, ist das größte nepalische Fest. Daran nehmen Angehörige aller Religionen und Kasten teil. Die Menschen besuchen ihre Familienangehörigen, um sich zusammen über den Sieg der Göttin Durga zu freuen. Die Banken und die Behörden sind dann geschlossen. Das Leben fast im gesamten Land kommt während dieser Zeit zum Stillstand. Es ist schwierig, während des Dasain-Festes eine Wanderung zu unternehmen, da dann die Busse und Flugzeuge restlos ausgebucht und zudem auch keine Träger vorhanden sind.

Während des Festes des Lichts (Tihar, auch Diwali genannt), das für die Göttin Laxmi veranstaltet wird, ehren die Menschen die Göttin des Wohlstandes. Dann werden die Häuser neu gestrichen, Hunderte von Öllampen und Kerzen angezündet und Feuerwerkskörper rücksichtslos in die Straßen geworfen. Die meisten Häuser füllen sich mit Männern, die die Nacht verspielen. Die Göttin des Wohlstandes segnet Spieler, die sie glücklich gemacht haben.

Poush (Dezember–Januar): Das Fest zu Ehren des weißen Machhindra (Seto Machhindranath Snan) ist die in Kathmandu gefeierte Form des Festes für den roten Machhindra von Patan. Der Wagen mit dem Abbild von Machhindra wird am Durbar Marg gebaut und dann zum Ratna-Park gezogen. An einem von Astrologen ausgewählten Tag sitzt die lebende Göttin einer Feier vor, bei der Machhindra von Priestern gebadet wird.

Magh (Januar–Februar): Der erste Tag im nepalischen Monat Magh (Maghey Sankranti) bildet das Ende des Winters. Es handelt sich um ein wichtiges Fest im ganzen Land. Am Sankhamul Ghat in Patan nehmen Gläubige dann rituel-

le Bäder im Bagmati, und dies, obwohl es sich um einen der kältesten Tage des Jahres handelt.

Falgun (Februar–März): Ein zweiwöchiges Fest der trunkenen Feiernden (Losar) erinnert an die tibetische Neujahrsfeier im Februar. Auch wenn es sich um ein rein buddhistisches Fest handelt, nehmen Hindus (wie die Tamang), die beiden Religionen anhängen, daran teil. Die Sherpa befinden sich dann häufig zwei Wochen lang in einem Zustand der apathischen Benommenheit, so daß es schwierig wird, in dieser Zeit Bergwanderungen zu organisieren.

In der heiligen Nacht, die dem Gott Shiva gewidmet ist (Shiva Ratri), pilgern Tausenden von Hindus hoch nach Pashupatinath, dem heiligsten Hindu-Tempel in der Welt und nach hinduistischem Glauben dem Sitz des Gottes Shiva. Dann werden Feuer angezündet, um den Segen Shivas zu erhalten. Dafür wird alles Holz, das nicht festgenagelt ist, von Straßenkindern gestohlen, die die ganze Nacht damit zubringen, an den Ehrenfeuern für Shiva zu sitzen. Das nepalische Fest des Wasserspritzens (Holi) ist eine vergnügliche Angelegenheit, bei der die Menschen sich gegenseitig mit Eimern voller scharlachroter Flüssigkeit übergießen und rotes Puder auf ihre Gesichter auftragen. Heute verwenden junge Leute dafür Acrylfarbe und Abwasser, um sich zu vergnügen. Haschisch-Kuchen und *Bhaang* (ein Canabis-Getränk) dürfen an diesem Tag legal verkauft werden.

Chaitra (März–April): Die nepalische Armee veranstaltet am „Tag des Pferderennens" (Ghoda Jatra) auf dem Paradeplatz Tundikhel in Kathmandu eine Vorführung, um ihre Fähigkeiten im Kriegführen und in Akrobatik sowie Motorrad-Kunststücke und Pferderennen zu zeigen. Der Legende nach laufen die Pferde, um die Teufel zu zertrampeln, die aus dem Erdboden kommen könnten, um Verwüstung zu stiften.

Am Balaju Jatra halten Tausende von Pilgern am Swayambhunath-Tempel Nachtwache. Am folgenden Tag wandern sie zu den 22 Wasserstellen am Balaju, um dort ein rituelles Bad zu nehmen.

POST

Das Hauptpostamt von Kathmandu befindet sich in der Sundhara. Es ist sonntags bis freitags von 10.00 bis 17.00 Uhr geöffnet.

Im Auslandspostamt (Foreign Post Office) neben dem Hauptpostamt besteht die Möglichkeit, Auslandspakete aufzugeben und abzuholen. Pakete, die nach Nepal gesandt werden, müssen jedoch zunächst zollamtlich abgefertigt werden. Das kann eine mühsame, komplizierte und enttäuschende Prozedur sein. Sorgen Sie deshalb dafür, daß niemand Ihnen ein Paket nach Nepal schickt, und denken Sie lieber zweimal nach, bevor Sie selbst vom Ausland etwas an einen Nepali versenden, das die Größe eines Briefumschlages übersteigt. Auch in den Bergen von Nepal ist die Post vertreten. Postämter und

Briefkästen findet man selbst in vielen abgelegenen Dörfern. Es kann lustig sein, Postkarten und Briefe von diesen Orten aus zu versenden. Sie sollten allerdings nicht enttäuscht sein, wenn sie Ihren Adressaten nicht erreichen.

Post versenden: Wie in ganz Asien, sollten Sie auch in Nepal Ihre Sendungen immer selbst zum Postamt bringen oder jemanden damit beauftragen, um sicherzustellen, daß die Briefe oder Postkarten abgestempelt werden. Auf dem Postamt von Kathmandu kann es chaotisch zugehen. Wenn Sie nicht gerade postlagernd Briefe abholen wollen, ist es besser, jemanden dorthin zu schikken. Die meisten besseren Hotels bieten diesen Service an. Im Pilgrim Book Shop in Thamel zahlt man für diese Dienstleistung ebenfalls einen durchaus vernünftigen Preis.

Der einzige praktische Weg, Briefe und Postkarten nach Nepal zu senden, ist es, sie per Luftpost aufzugeben. Normale Briefe benötigen mit einem Schiff über Kalkutta Monate. Der Postdienst nach und von Nepal ist nicht besonders zuverlässig. Versenden Sie daher niemals Schecks per Post. Wenn jemand Ihnen Geld zukommen lassen möchte, sollte dies über eine Bank erledigt werden.

Post erhalten: Im Hauptpostamt postlagernde Sendungen werden nach Vorlage des Reisepasses ausgegeben. Zuverlässiger gelangt Post an die Adresse von Firmen, die ein Postfach besitzen. Viele Botschaften nehmen ebenfalls Postsendungen für Staatsbürger ihres Landes

an. American Express unterhält ein Büro in Kathmandu, an das für Kunden dieser Organisation (Inhaber einer Kreditkarte von American Express oder von Reiseschecks dieser Organisation) ebenfalls Briefe postlagernd adressiert werden können.

TELEFON, TELEFAX, TELEX UND TELEGRAMM

Auslandsgespräche, Telexe und Telegramme werden über das Zentrale Telegrafenamt abgewickelt, das ca. zwei Blocks südlich vom Hauptpostamt liegt. Der Schalter für Auslandsgespräche und Telegramme ist rund um die Uhr geöffnet. Hotels vermitteln gegen eine Gebühr ebenfalls Gespräche ins Ausland und versenden Telexe.

Sabha-Doot, ein Büro im oberen Stockwerk eines Hauses in der Nähe des Restaurants KC's, wird von den Besitzern des Kathmandu Guest House geführt und bietet eine ganze Reihe von Dienstleistungen wie Telex, Fax, Fotokopiermöglichkeiten und die Vermittlung von Telefongesprächen 24 Stunden am Tag an.

Nepal besitzt ein neues und hochentwickeltes internationales Kommunikationssystem und ist von fast allen Orten, die an das internationale Telefonnetz angeschlossen sind, problemlos direkt zu erreichen. Die Ländervorwahl lautet 977, für Telexverbindungen 891. Bei Gesprächen von Nepal ins Ausland sind zunächst 00 und dann die Vorwahl für das jeweilige Land zu wählen.

Telefaxgeräte haben in Nepal praktisch die Telexgeräte verdrängt. Die meisten Hotels, Reiseunternehmen und Trekking-Organisatoren verfügen mittlerweile über ein Telefaxgerät.

Es gibt in Nepal nur wenige öffentliche Telefonzellen, aber die meisten kleinen Geschäfte erlauben die Benutzung ihres Telefons für ein oder zwei Rupien. Direkte Telefonverbindungen bestehen innerhalb von Nepal nach Pokhara und zu den meisten Städten im Terai. In den Bergen gibt es keine Telefonverbindungen, aber mit Geduld besteht die Möglichkeit, Inlandstelegramme zu versenden.

ZEIT

Ganz Nepal liegt in nur einer einzigen Zeitzone. Sie ist der Mitteleuropäischen Zeit (MEZ) um 4 Stunden und 45 Minuten voraus. Wenn es in Kathmandu 12.00 Uhr mittags ist, stehen die Zeiger der Uhren in Deutschland, Österreich und in der Schweiz außer in der Sommerzeit auf 7.15 Uhr.

Bei Flügen und Fahrten nach Tibet ändert sich die Zeit beim Grenzübertritt erheblich, da dort die Peking-Zeit gilt. Bei der Überquerung der Grenze können Sie Ihre Uhr im Winter um 2 Stunden und 15 Minuten und im Sommer um 3 Stunden und 15 Minuten vorstellen.

Während des Winters sind die Tage in Nepal kurz. Dann geht die Sonne gegen 6.00 Uhr auf und bereits gegen 18.00 Uhr wieder unter. In Nepal gibt es keine Sommerzeit. Im März sind die Tage jedoch ca. 2 Stunden länger, so daß Sie zwischen 5.00 und 19.00 Uhr wandern können.

STROM

Offiziell beträgt die Stromspannung in Nepal 220 Volt (50 Hertz). Die Schwankungen sind jedoch erheblich, so daß sie einen Stabilisator benötigen, um empfindliche Geräte zu schützen.

MASSE UND GEWICHTE

Nepal hat das metrische System angenommen, auch wenn die Ladeninhaber in den Bergen häufig noch alte Gewichts- und Maßeinheiten verwenden. Dabei bilden 8 *Maanas* ein *Paathi*, ein Volumen, das ca. $4^1/_2$ Litern entspricht. Die alte Gewichtseinheit ist der *Dharni*, der ca. 2,4 kg entspricht und in 12 *Pau* geteilt wird. Häufig richtet sich das Maß allerdings danach, welches Gefäß am praktischsten ist. Kerosin und Speiseöl werden im allgemeinen in Flaschen verkauft – in Bierflaschen mit 650 ml Fassungsvermögen. Unter einem *Tin* versteht man üblicherweise eine Senföl-Dose mit 10 Litern Fassungsvermögen, aber ich habe auch schon Sherpa gesehen, die von einen Ladenbesitzer aus der Fassung gebracht wurden, weil der eine Konservendose verwendete, die ca. 5 Kartoffeln faßte.

Beim Rechnen und bei Gesprächen über Zahlen werden häufig die Worte *Lakh* (100.000) und *Crore* (10 Millionen) verwendet. Sie werden häufig sehen, daß Zahlen in diesem System wiedergegeben werden, wobei beispielsweise 1.02.00.000 einem *Crore* und zwei *Lakh* entspricht.

MEDIEN

Zeitungen und Zeitschriften: Täglich erscheint in englischer Sprache der *Rising Nepal*. Es gibt in Nepal aber auch noch zahlreiche andere Tages- und Wochenzeitungen sowohl in Englisch als auch in Nepali. Seit der Revolution von 1990 mißt der Premierminister der völligen Pressefreiheit großes Gewicht bei. Daher sind in den Zeitungen neuerdings auch richtige Informationen zu lesen. Die Zeitschrift *Nepal Traveller* wird monatlich als Magazin herausgegeben und kostenlos an alle Fluggäste bei der Ankunft am Flughafen verteilt. Sie enthält einen ausgezeichneten Stadtplan von Kathmandu, eine Beschreibung der bevorstehenden Feste und gute allgemeine Ratschläge für Trekking-Touren.

Radio und Fernsehen: Radio Nepal sendet von 6.00 Uhr morgens bis 23.00 Uhr auf Kurzwelle, um auch die entlegenen Bergregionen zu erreichen. Zu empfangen ist Radio Nepal in Kathmandu auf den Frequenzen 5005, 7165 und 792 kHz und in Pokhara auf der Frequenz 684 kHz. Um 8.00 und um 20.00 Uhr werden die Nachrichten in englischer Sprache gesendet. Während der Saison folgt ihnen ein Wetterbericht für Bergsteiger.

Selbst ohne eigenes Radio sollten Sie keine Probleme haben, Radio Nepal in den Bergen zu hören. Als Geste der Großzügigkeit versuchen die meisten Nepali mit einem Radio, das ganze Dorf damit zu unterhalten, und stellen es auf volle Lautstärke.

Nepal Television sendet Fernsehprogramme in Kathmandu, Pokhara und mehreren Städten im Terai. Im Jahre 1985 wurde Nepal zu einem der letzten Länder in der Welt, in die das Fernsehen gelangte. Nachrichten können Sie im Fernsehen um 21.40 Uhr in englischer Sprache sehen.

GEFAHREN UND ÄRGERNISSE
Persönliche Sicherheit und Diebstähle: Im Jahre 1974 schrieb ich: „In Nepal muß man praktisch keine Angst vor Dieben, Räubern oder den anderen Schrecken der modernen Zivilisation haben." Leider hat sich dies geändert. Es lohnt sich, gegenüber Ihren Begleitern Vorsicht walten zu lassen – seien es andere Wanderer oder Träger –, sowie auf Ihre Sachen zu achten, insbesondere beim Zelten. Es gibt zahlreiche Berichte von Trekkern über den Diebstahl von Gegenständen aus Zelten und Hotelzimmern, und dies sogar in den abgelegensten Dörfern. Es fanden inzwischen auch Gewaltverbrechen statt, ein Phänomen, das bis vor einiger Zeit in Nepal so gut wie unbekannt war.

Wenigstens eine Räuberbande zieht sogar herum und beobachtet Trekker, um denen zu folgen, die Wertgegenstände zur Schau stellen oder erkennbar große Geldbeträge mit sich führen. Die meisten Diebstähle betreffen Gegenstände, die auch wir als wertvoll bezeichnen würden, wenn man vielleicht von Stiefeln absieht. Stiefel stehen bei Dieben oben auf der Liste der begehrten Güter (neben Geld und Fotoapparaten). Lassen Sie Ihre Stiefel daher nicht in der Nähe des Zelteingangs oder vor dem Hotelzimmer stehen. Am meisten wird in Naudanda, Ghandruk, Dhampus und Hyangja auf der Strecke zum Annapurna gestohlen. Ebenfalls nicht ungefährlich ist Seopuri am Beginn der Route nach Helambu. Es lohnt sich jedoch, überall vorsichtig zu sein. Besondere Vorsicht ist geboten, wenn man sich nur zwei oder drei Tage von einer Straße entfernt befindet, auf der Busse verkehren und die eine schnelle Fluchtmöglichkeit bietet.

Die Botschaft der USA in Kathmandu hat dazu folgende Hinweise veröffentlicht:

„Auch wenn die Nepali im allgemeinen freundlich sind und keine Bedrohung für Trekker darstellen, ist die Zahl der Gewaltverbrechen gegen Trekker in den letzten Jahren leider gestiegen. Kriminalität, deren Ausmaß im Vergleich mit westlichen Maßstäben immer noch niedrig ist, kommt auch auf Wanderrouten vor. Personen aus dem Westen sind bereits Opfer von Mord und Körperverletzung geworden. Alle Opfer sind entweder allein oder zu zweit unterwegs gewesen. Das Motiv scheint im allgemeinen Raub gewesen zu sein, selbst wenn der Besitz von einigen der Opfer im Verhältnis zum amerikanischen Standard sehr gering war. Um dazu beizutragen, Ihre Wanderung zum Gelingen zu bringen und das Risiko von unschönen Zwischenfällen zu verkleinern, empfiehlt Ihnen die Botschaft folgende Vorsichtsmaßnahmen:

Lassen Sie sich bei der Konsularabteilung registrieren und geben Sie dort Ihre Wanderpläne und die Termine an.

Wandern Sie nicht allein. Wenn Sie ohne Begleitung nach Nepal gekommen sind, dann schließen Sie sich mit anderen Personen aus dem Westen zusammen, die den gleichen Weg nehmen

wollen. Nehmen Sie einen Träger oder einen Führer. Es wirkt vielleicht nobel, seinen Rucksack selbst zu tragen, aber es ist gefährlich. Sie leisten damit zudem Nepal keinen Dienst, da Sie auf diese Weise nicht viel zur Volkswirtschaft des Landes beitragen.

Heuern Sie Ihre Träger und Führer über eine angesehene Trekking-Agentur, über Freunde oder über die Botschaft an, so daß man Ihren Weg nachverfolgen kann, wenn Sie Probleme haben sollten. Nehmen Sie keinen Träger oder Führer einfach von der Straße, wie freundlich dieser auch erscheinen mag.

Stellen Sie Ihr Bargeld und Ihren Besitz nicht ostentativ zur Schau. Deponieren Sie alle Wertsachen in Kathmandu in Ihrem Hotel oder in Ihrer sonstigen Unterkunft. Bestehen Sie darauf, daß man Ihnen über die deponierten Gegenstände im Hotel oder in der Unterkunft eine Quittung ausstellt.

Wenn möglich, schlagen Sie Ihr Zelt nachts in der Nähe von anderen Trekkern auf. Gehen Sie nach Einbruch der Dunkelheit auch nicht allein spazieren. Lassen Sie Ihren Reisepaß nicht als Pfand für eine gemietete Trekking-Ausrüstung zurück. Möglicherweise benötigen Sie ihn bei einem Notfall.

Achten Sie darauf, daß Sie bei allen Polizeiposten oder Behörden für Ausländer am Weg registriert sind, und nehmen Sie nur die Route, für die Sie eine Genehmigung erhalten haben.

Wer sich auf dem Weg einem Problem gegenübergestellt sieht, sollte dies der nächstgelegenen Polizeiwache oder der nächsten Ausländerbehörde mitteilen. Bei der Rückkehr nach Kathmandu ist jedes nicht gelöste Problem der betroffenen Trekking-Agentur oder dem Hotel wie auch der Polizei und dem Ministerium für Tourismus mitzuteilen. Die Botschaft empfiehlt, nachts in Nepal nicht mit einem Bus zu fahren. Es wurde bereits von ernsten Problemen berichtet, da in der letzten Zeit Banditen nachts Busse angehalten haben."

Trotz dieser Warnung werden Sie bemerken, daß die meisten Nepali freundlich, hilfsbereit und ehrlich sind. Es ist jedoch notwendig, daß Sie zu Ihrer eigenen Sicherheit mit gut ausgewählten Gefährten wandern – entweder einem anderen Trekker aus dem Westen oder einem Führer. Die Wahrscheinlichkeit, ausgeraubt zu werden, ist immer noch gering, aber ein verstauchter Knöchel, eine schwächende Krankheit oder ein anderer Unglücksfall können immer auftreten. Es ist nur ein Zeichen des gesunden Menschenverstandes, wenn man in den Bergen nie allein unterwegs ist.

FILMEN UND FOTOGRAFIEREN

Filme sind in Kathmandu erhältlich, jedoch relativ teuer. Zudem besteht die Möglichkeit, daß sie bereits durch eine Röntgenkontrolle am Flughafen geschädigt wurden, bevor sie nach Nepal gelangten. Vergewissern Sie sich, ob Sie genug Filme bei sich haben. Auf einer zwei- bis dreiwöchigen Wanderung sind 20 Filme mit je 36 Bildern nicht zu viel. In Nepal unterliegt das kommerzielle Filmen Beschränkungen. Wer plant, einen 16 mm-Film zu drehen, benötigt mit Sicherheit die Hilfe einer Trekking-Agentur in Kathmandu. Dagegen unterliegen Aufnahmen mit Schmalfilmkameras (8 mm) und Videokameras keinen Beschränkungen.

Inzwischen gibt es auch in Kathmandu eine ganze Reihe von Labors, in denen Farbfilme entwickelt werden können. Lotus Studio, Das Photo, Nepal Photo und Photo Concern sind zuverlässig. Hier können Sie auch Farbnegativ- und Diafilme entwickeln lassen. Abzüge von Farbfilmen sind in Kathmandu ebenfalls zu vernünftigen Preisen erhältlich.

Photo Concern in der New Road ist die beste Adresse für Reparaturen von Kameras. Sie können in vielen Fotogeschäften auch gebrauchte Kameras kaufen. Einige Fotoapparate überraschend hoher Qualität werden in den Regalen zu günstigen Preisen angeboten. Wenn Sie sich fragen, woher sie stammen, dann lesen Sie noch einmal den Abschnitt über Diebstähle.

Videokassetten für VHS-Rekorder sind in mehreren Geschäften in der New Road zu finden, aber es ist schwer, Videokassetten für andere Systeme zu bekommen. Fast unmöglich ist es, in Nepal Videokameras zu mieten.

UNTERKUNFT

KATHMANDU

Die Bandbreite der Unterkünfte in Kathmandu reicht von luxuriös bis niederschmetternd. Hilfreich ist der Reservierungsschalter, den die Hotelvereinigung von Nepal am Flughafen unterhält. Es warten aber auch Kundenschlepper von kleinen Hotels auf jedes ankommende Flugzeug, die den Passagieren einen kostenlosen Transfer zum jeweiligen Haus anbieten. In der unteren Kategorie sind die Preise hoch. Bei organisierten Trekking-Touren mit einer Gruppe ist im Preis möglicherweise bereits die Unterbringung in einem teureren Hotel eingeschlossen. Die Hotels sind während der Trekking-Saison gut gebucht, so daß Sie ein wenig herumschauen müssen oder sich an die Kundenschlepper am Flughafen halten können, wenn Sie ohne Reservierung in Kathmandu ankommen.

Die preiswerten Hotels in Kathmandu liegen vorwiegend in der Gegend von Thamel. Zu ihnen gehören auch das berühmte Kathmandu Guest House und die weniger bekannten, aber vergleichbaren Hotels Tibet Guest House, Star, Garuda, Ghakti und Potala Guest House. Die Übernachtungskosten liegen dort bei 5 US $. Bei der Wahl des Hotels sollten Sie auf mögliche Störungen durch den Straßenlärm achten. Die nepalischen Fahrer verwenden nämlich ihre Hupen häufiger als die Bremsen, so daß Zimmer, die zur Straße hin liegen, kaum akzeptabel sind.

Ecotel Nepal bietet einen Buchungsservice für preiswerte Hotels in Thamel an. Sie erreichen das Büro unter den Telefonnummern 41 44 32, 41 66 50 und 41 73 08. Die Telefaxnummer lautet (977)-1-4-1 19 33, die Telexnummer 2766 ECOTEL NP.

Einfache Hotels: Zu den einfachen Unterkünften in Kathmandu mit Übernachtungspreisen von 10–20 US $ gehören unter anderem:
Hotel Nook, Kantipath (Tel. 2 13 67)
Hotel Blue Diamond, Jyatha
(Tel. 22 63 92 und 22 63 20)
Hotel Manaslu, Lazimpat (Tel. 41 34 70)
Hotel Tara Gaon, Bodhnath
Hotel Gauri Shanker Sallaghari, Thamel
Hotel Vajra Bjeshwori, Swyambhju
(Tel. 22 47 19 und 22 45 45)
Hotel Marshyandi, Thamel
(Tel. 41 21 29 und 41 41 05)
Hotel Ambassador, Lazimpat
(Tel. 41 44 32 und 41 04 32)

Mittelklassehotels: Schon deutlich mehr Komfort bieten die folgenden Mittelklassehotels, in denen man für eine Übernachtung zwischen 30 und 60 US $ bezahlen muß:

Hotel Yellow Pagoda, Kantipath
(Tel. 22 03 38 und 22 03 37, Telex 2268
PAGODA NP)
Hotel Blue Star, Tripureshwore,
(Tel. 21 14 73 und 21 14 72, Telex 2322
BLUSTR NP)
Hotel Woodlands, Durbar Marg
(Tel. 22 26 83 und 22 01 23)

Spitzenhotels: Noch eine Klasse besser
sind die nachfolgenden Hotels mit
einem Übernachtungspreis von 70–
100 US $:
Hotel Malla, Leknath Marg
(Tel. 41 83 85, Telex 2238 MALLA)
Hotel Shangri La, Lazimpat
(Tel. 4 12 99, Telex 2276 HOSANG NP)
Hotel Narayani, Pulchowk (Tel. 52 14 42
und 52 17 11)
Hotel Shanker, Lazimpat (Tel. 41 01 54
und 41 01 53, Telex 2230 SANKER NP)
Hotel Kathmandu, Maharjganj
(Tel. 41 21 03 und 41 30 82, Telex 2256
HOKAT NP)
Hotel Sherpa, Durbar Marg
(Tel. 22 88 98 und 22 25 85, Telex 2223
NEPCOM NP)

Luxushotels: In den allerbesten Hotels
des Landes werden mehr als 100 US $
für eine Übernachtung berechnet. Dazu
gehören:
Hotel Yak & Yeti, Durbar Marg
(Tel. 41 39 99, Telex 2237 YKNYTI NP)
Hotel Soaltee Oberoi, Tahachal
(Tel. 21 42 11 und 21 12 11, Telex 2203
SOALTE NP)
Hotel Everest International, Naya Ba-
neshwore (Tel. 22 06 14 und 22 05 67, Te-
lex 260 HOTEVS NP)

Hotel de l'Annapurna, Durbar Marg
(Tel. 22 17 11, Telex 2205 AAPU NP)

UNTERKÜNFTE IN DEN BERGEN
Herbergen (*Bhattis*) gibt es in den Bergen bereits seit Jahrhunderten. Bei
einem *Bhatti* handelt es sich im allgemeinen um ein Holz- oder sogar Bam-
busgebäude am Weg, wobei das größere Haus des Besitzers üblicherweise ein
Stück entfernt liegt. Meistens gibt es einen einfachen Lehmofen mit einem
Topf Milch und einem Topf heißen Wassers, um Tee zu kochen. Im Hinterzim-
mer bieten ein oder zwei Krüge *Chang*
oder *Rakshi* den Dorfälteren oder Gästen, die die Nacht bleiben, eine kleine
alkoholische Abwechslung. Wo noch
nicht viele Trekker unterwegs sind, bilden diese relativ primitiven Einrichtungen die einzigen „Hotels“. Mit dem Ansteigen der Zahl der Wanderer in Nepal
und der ein wenig zunehmenden Fi-
nanzkraft der nepalischen Reisenden
hat sich die touristische Infrastruktur
verbessert. Die winzigen Herbergen haben sich an den wichtigsten Wanderrouten zu einem ausgedehnten Netz von
Hotels entwickelt. Die meisten Hotels
in den Bergen werden als Familienbe-
triebe geführt, deren Betrieb man im
Wohnzimmer abwickelt. Einige bieten
abgetrennte Bereiche für die Gäste,
aber bei den meisten ißt und schläft die
Familie noch im selben Haus und häufig im selben Raum, den sie den Gästen
anbietet.
Erst seit Mitte der siebziger Jahre sind
Trekker eine wichtige Einkommensquelle in den Bergen geworden, so daß

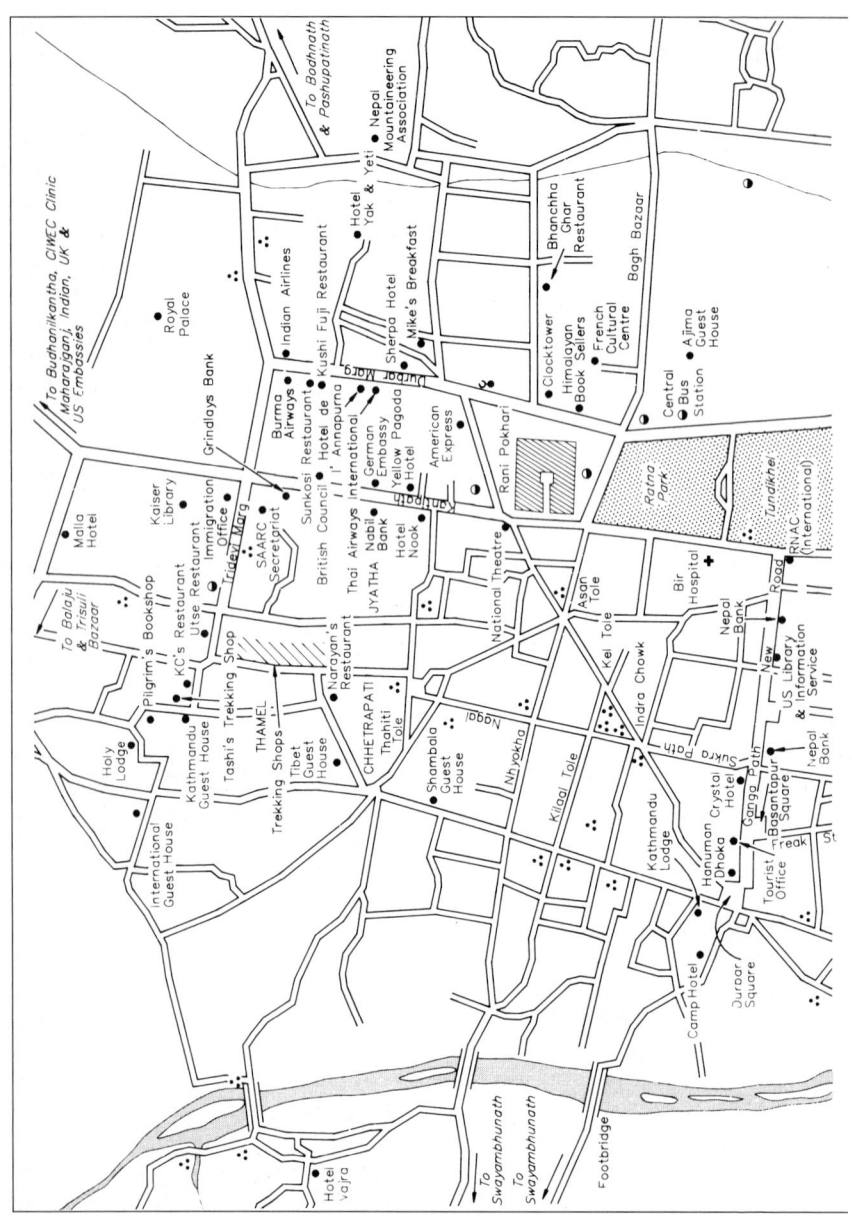

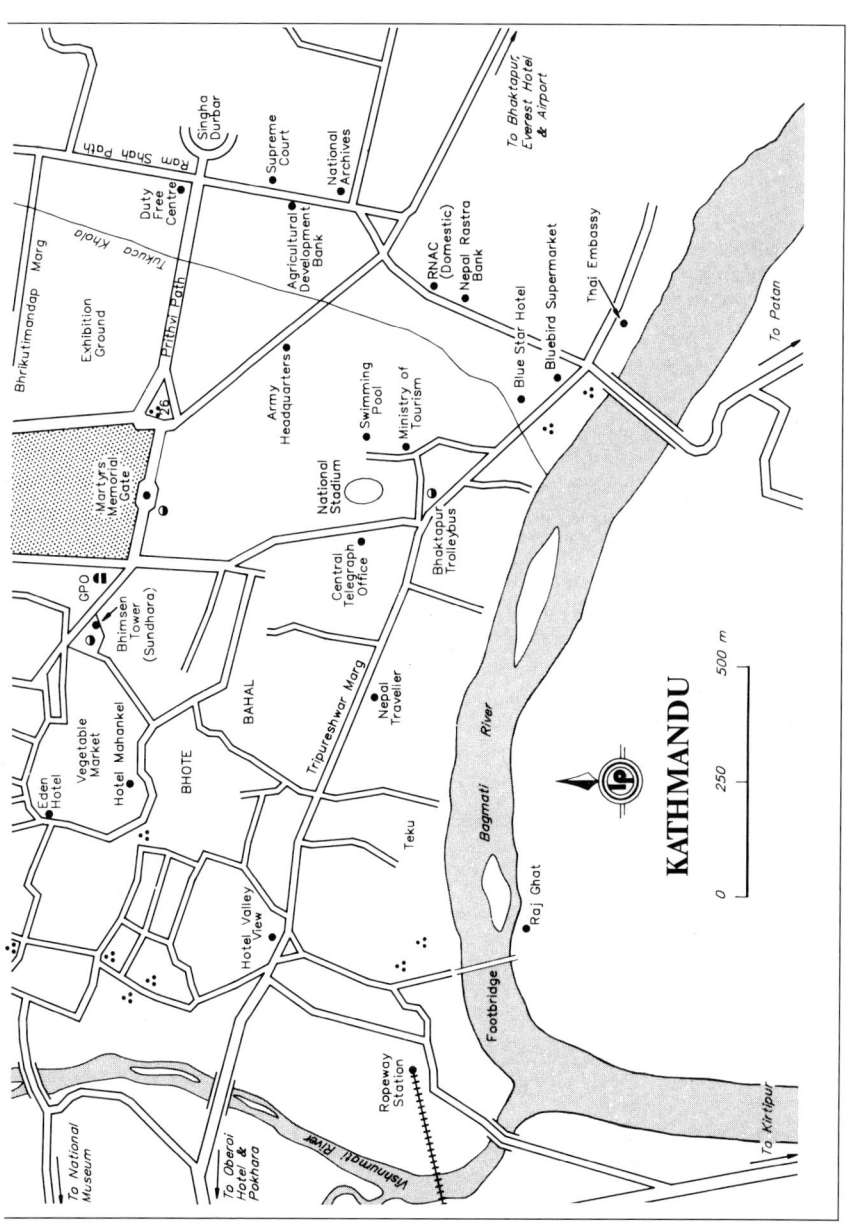

KATHMANDU

die meisten Hotels, die sich auf diese Gäste eingestellt haben, erst nach 1979 oder 1980 eröffnet wurden. Einige von ihnen sind mit Hilfe von staatlichen Krediten gebaut worden und relativ groß. Zu verschiedenen Herbergen auf der Trekking-Tour nach Jomsom gehören auch Straßencafés, in denen man essen und sich dabei an der Sonne erfreuen kann. Diese Häuser sind bei Wanderern beliebt und weisen Schilder in Englisch auf. In einigen Hotels werden auch Zimmer vermietet, meistens steht jedoch nur ein Schlafsaal oder das gemeinsam mit der Familie genutzte Wohnzimmer zur Verfügung.

Häufig ist der Hausherr nicht anwesend, sondern auf Geschäftsreisen oder arbeitet als Träger oder Bergführer. Im allgemeinen führen daher die Ehefrauen das Hotel, gelegentlich jedoch auch die Kinder. Das Essen und die Bedienung können recht seltsam werden, wenn ein sechs oder acht Jahre altes Kind versucht, sich um die Gäste zu kümmern. In abgelegenen Gegenden, die nur selten von Wanderern besucht werden, mag es sich bei einem „Hotel" auch nur um ein Ergebnis der Fantasie des Eigentümers handeln, wenn man dort das Essen und die Unterkunft mit der Familie teilt.

Der wichtigste Grund, um eine Unterkunft in den Bergen zu führen, ist das Ziel, am Ort produzierte Nahrungsmittel, Arbeit oder Holz in Bargeld zu verwandeln. Auch in den Bergregionen von Nepal orientiert sich das Leben zunehmend am Bargeld. Es gibt allerdings nur wenige Möglichkeiten, um solches zu verdienen, und dazu gehört die Eröffnung eines Hotels. Es erlaubt den Menschen, zu Hause zu bleiben und sich um das Haus, die Kinder, das Vieh sowie die Ernte zu kümmern. Die Preise in den meisten Quartieren in den Bergen sind aus diesem Grund sehr niedrig. Die große Konkurrenz und das Fehlen einer Alternative, um zu Bargeld zu kommen, halten die Preise schon lächerlich gering. Es ist sicher nicht profitabel, eine Tasse Tee mit Zucker für eine Rupie (ca. 0,03 US $) zu verkaufen, wenn der Zucker pro Kilogramm 8 Rs und 250 g Tee 18 Rs kosten und es einen ganzen Tag dauert, um eine Ladung Feuerholz zu sammeln. In den wichtigsten Trekking-Gebieten gibt es nun eine Tendenz zur Standardisierung der Preise für das Essen und die Unterkunft, so daß man innerhalb eines Dorfes in den meisten Unterkünften für eine Übernachtung den gleichen Betrag zahlt.

ESSEN

DIE NEPALISCHE KÜCHE

Dhal Bhaat, Reis (*Bhaat*) mit einer Suppe aus Linsen (*Dhal*), die darüber gegossen wird, ist das am weitesten verbreitete Gericht in Nepal. Die Menschen in den Bergen leben in erster Linie von

Dhal Bhaat und einer dicken Paste namens *Dhindo*. Dabei handelt es sich um grob gemahlenen Mais oder Hirse, häufig mit etwas Chili gewürzt. Im Norden nennen die Menschen dieses Gericht *Tsampa* und stellen es aus geröstetem und gemahlenem Roggen her. Die Sherpa und andere Bewohner der Himalaja-Region mischen *Tsampa* häufig mit gebuttertem und gesalzenem tibetischen Tee.

Die Nahrung der Einheimischen enthält nur selten Fleisch oder Eier, so daß *Dhal* die wichtigste Quelle von Protein ist. *Roti* (ungesäuertes Brot) und *Chappati* ergänzen häufig eine Mahlzeit oder dienen als Ersatz für Reis. Andere Zutaten können ein Essen noch vervollständigen, wobei im allgemeinen ein Curry aus Kartoffeln oder einem anderen Gemüse erhältlich ist.

VERPFLEGUNG AUF BERGWANDERUNGEN

Auch wenn in einigen Quartieren in den Bergen fantastische Gerichte serviert werden, besteht das Essen in den üblichen Unterkünften aus *Dhal Bhaat* und in höheren Lagen aus Kartoffeln. Für den Gaumen von Besuchern aus dem Westen ist es eine langweilige Aussicht, einen Monat lang zweimal täglich *Dhal Bhaat* essen zu müssen. Auf den wichtigsten Wanderrouten variiert der Standard der Hotels von einfach bis luxuriös. Dort sind sogar Bier, Cola sowie andere alkoholfreie Getränke, allerdings zu hohen Preisen, erhältlich. Die Speisekarten sind häufig attraktiv, wenn auch die Gerichte teuer sind. Zu oft allerdings entsprechen sie nicht der Realität, sondern entspringen der Fantasie des Besitzers oder seinen Wunschvorstellungen. Was immer auch ein Hotelbesitzer verkünden mag, die Auswahl beschränkt sich doch meistens auf Reis, *Dhal*, Kartoffeln, Pfannkuchen und Fertignudeln. Vor 30 Jahren beobachtete Tilman, daß man in Nepal von Erzeugnissen aus dem Land leben könne, das Essen sich jedoch nicht für kulinarische Genüsse eigne. Dies hat sich nicht geändert. In Kathmandu, einer Stadt mit einer halben Million Einwohnern, benötigt man einen großen Ideenreichtum, um für die Vielfalt der Küche zu sorgen, die man erwartet, wenn man aus dem Westen kommt. In den abgelegenen Regionen ist es jedoch fast unmöglich, diese Vielfalt kennenzulernen, wenn man nicht eigenen Proviant mitbringt. Die meisten Besucher können sich an die nepalische Ernährung gewöhnen, es empfiehlt sich jedoch, es bereits einige Tage lang zu Hause zu versuchen, um zu wissen, was einen erwartet. Gekochter Reis mit einem dicken Schlag Erbsensuppe ist die größte Annäherung an *Dhal Bhaat*. Dieses Experiment mag dazu beitragen, Sie davon zu überzeugen, daß es gar nicht schlecht ist, die letzten Ecken Ihres Rucksacks mit Gewürzen, Imbissen und anderen guten Sachen für eine Wanderung zu füllen.

RESTAURANTS IN KATHMANDU

Trekker messen ihrem Magen große Bedeutung zu. Die Restaurants in Kathmandu haben sich darauf eingestellt und bieten einige der vielfältigsten

Speisekarten in ganz Asien. In Thamel können Sie es im KC's versuchen, einem Restaurant für Gäste mit kleinem Geldbeutel. Italienische Speisen werden im Dolce Vita geboten und thailändische Gerichte im Him Thai. Es gibt noch zahlreiche andere Restaurants und Cafés, insbesondere in Thamel, in denen Gerichte zu Preisen zwischen 50 und 100 Rs angeboten werden. Montags ist im Mike's Breakfast hinter dem Hotel Sherpa „Pizza-Nacht". *Dhal Bhaat* wird an den Straßenecken-Restaurants serviert, aber zur Sicherheit sollten Sie ins Sun Kosi, ins Bhancha Ghar oder in den Nanglo Pub gehen, wenn Sie nepalisch essen möchten.

Wer beabsichtigt, sich etwas tiefer in Unkosten zu stürzen, hat dazu in den Hotels Gelegenheit, in denen gute indische, chinesische oder europäische Küche geboten wird. Das indische Essen im Gahr E Kabab im Hotel Annapurna und im Far Pavilions im Everest International ist jedoch teuer. Billiger sind die indischen Gerichte in der Kebab Corner des Hotels Gautam. Das Mountain City im Malla führt Spezialitäten aus Sichuan, und der Chimney Room im Hotel Yak & Yeti bildet die letzte Inkarnation des legendären Restaurants von Boris.

GETRÄNKE

Alkoholfreie Getränke und in Flaschen abgefülltes Wasser: In Nepal können Sie alle Arten der üblichen, international bekannten alkoholfreien Getränke erhalten. Sie werden in Flaschen und nicht in Dosen verkauft. Da das Fla-schenpfand teurer ist als das Getränk, müssen Sie die Flasche zurücklassen, wenn Sie eine Cola an einem der Stände am Weg kaufen. Sogenanntes Mineralwasser ist in ganz Nepal erhältlich. Die Plastikflaschen können im Notfall sogar als Wasserflaschen auf einer Wanderung dienen.

Alkoholische Getränke: Für ein kleines Land verfügt Nepal über eine blühende Bierproduktion. Die einheimischen Marken wie Star, Golden Eagle, Iceberg und Leo werden in Flaschen mit 650 ml Inhalt abgefüllt. Biere der Marken Tuborg und San Miguel werden in Nepal ebenfalls gebraut. Sie sind in Dosen erhältlich und können auf Wanderungen mitgenommen werden.

Trotz der traditionellen Abstinenz der Brahmanen wird in Nepal viel Alkohol konsumiert. Die einheimischen Getränke sind *Chang* und *Rakshi*, die recht lecker und stark sein können. Daneben gibt es jedoch noch zahlreiche Spirituosen, wie man sie auch in Europa kennt. Der bekannte Kukhri-Rum ist ein schönes Getränk nach einer Wanderung in kalten Nächten. Die Firma Snow Lands macht für ihren Gin damit Reklame, daß er in London, Glasgow und Kathmandu hergestellt wird.

Getränke auf Wanderungen: Trinken Sie unterwegs nirgendwo Leitungswasser oder Wasser aus Bächen. Gehen Sie statt dessen zu alkoholfreien Getränken, in Flaschen abgefülltem Wasser oder selbst gereinigtem Wasser über. Es kann schwierig sein, auf einer Wanderung abgekochtes Wasser zu erhalten. Wenn Sie einen Herbergsbesitzer fragen, ob das Wasser abgekocht ist, wird er dies versichern, selbst wenn es gerade erst aus dem Fluß geholt wurde. Dieses Beispiel illustriert einige für uns unübliche Charakteristika der nepalischen Kultur und Persönlichkeit. Die meisten Menschen in den Bergen verstehen gar nicht, daß es Bakterien gibt. Sie akzeptieren gutmütig den Wunsch von Europäern, daß ihr Trinkwasser abgekocht wird, aber nur wenige verstehen jedoch, warum sie das wünschen. Ein anderes Faktum ist, daß die Nepali anderen gern einen Gefallen erweisen und es nicht mögen, irgendeine Frage negativ beantworten zu müssen. So lautet die Antwort fast immer „Ja", insbesondere dann, wenn es darum geht, ob das Wasser abgekocht ist. In Unterkünften an Trekking-Routen wird kein Wasser abgekocht, da dies Brennstoff verbraucht sowie Platz auf dem Herd wegnimmt – und weil man dies nicht zusätzlich berechnen kann.

Es gibt zwei einfache Lösungen, die garantieren, daß das Trinkwasser sicher ist: Guter Tee muß mit kochendem Wasser zubereitet werden. Tee ist deshalb immer mit abgekochtem Wasser aufgebrüht. Die Behandlung von Wasser mit Jod löst das Problem ebenfalls, ohne daß der rare Brennstoff benötigt wird. Einzelheiten dazu können Sie dem Abschnitt über die Gesundheit und Erste Hilfe entnehmen.

Wer sich dafür entscheidet, *Chang* und *Rakshi* zu probieren, sollte daran denken, daß *Chang* aus Wasser zubereitet wird, das unmittelbar aus einem Fluß stammt und nicht abgekocht wurde.

EINKÄUFE

Bringen Sie genug Geld mit, um entweder Andenken, unglaublich günstige andere Sachen oder Kunstwerke zu erstehen, die Ihnen vielleicht ins Auge fallen. In Kathmandu werden z. B. tibetische Teppiche (90–150 US $) sowie Wollpullover und Wolljacken (5–25 US $) angeboten. Einige echte Kunstwerke aus Tibet (ab 20 US $) und Halbedelsteine (15–25 US $) sind ebenfalls erhältlich. Auch auf einer Wanderung werden Sie möglicherweise auf Gegenstände aus Tibet (wie Gebetsmühlen, Thankas, Butterlampen und Glocken) oder auf Haushaltsgegenstände der Sherpa (*Chang*-Flaschen, Stiefel, Schürzen, Teppiche und Tassen) zu Preisen von einem bis über hundert US-Dollar stoßen.

Tibetischer Schmuck, Statuen und Kunsthandwerk werden aus traditionellen und geschichtlichen Gründen in Nepal überwiegend von Angehörigen der Newar gefertigt. Man kann häufig moderne Reproduktionen tibetischer Antiquitäten sehen, die so authentisch sind wie Antiquitäten, die aus Tibet nach Nepal geschmuggelt wurden. Wer plant, einen großen Kauf zu tätigen, sollte sich zuerst an einen Importeur in seinem Heimatland wenden, um sich ein Bild von den Preisen zu machen. Dabei sollten Sie vor allem die Qualität beachten, so daß Sie über eine Grundlage verfügen, um Angebote in Nepal vergleichen zu können. Viele Stücke, die aus Indien und Nepal exportiert werden, sind zu Hause aufgrund der Mengenrabatte billiger als im Einzelhandel in Kathmandu. Die Preise für tibetische Teppiche z. B., die in Nepal geknüpft und nach Deutschland, Österreich oder der Schweiz ausgeführt wurden, liegen dort niedriger, als sie wären, wenn man selbst einen in Nepal erwirbt und ihn auf eigene Kosten nach Hause schickt. Sparen kann man in Kathmandu beim Kauf von Paßfotos, von Bergsteigerausrüstungen, von wollenen Socken und von Baumwollkleidung. Man kann zudem günstig T-Shirts erstehen, die mit einem aus einer Reihe von Standardmustern oder mit einem von Ihnen selbst gewählten Design bestickt sind.

TREKKING-INFORMATIONEN

ÜBER DAS TREKKING

In Nepal gibt es aus zwei Gründen zahlreiche Möglichkeiten, eine Bergwanderung zu organisieren. Erstens ist sowohl unqualifizierte als auch qualifizierte Arbeitskraft im Vergleich zu jener im Westen billiger, so daß die Kosten für den Transport von Waren sowie für Führer und Hilfspersonal bei Trekking-Touren niedrig liegen. Zweitens findet man fast überall Verpflegung und Unterkunft, da selbst die abgelegensten Gegenden für Bergwanderungen in der Mehrheit besiedelt sind.

Ich habe die vielen Möglichkeiten, in Nepal Trekking-Touren zu unternehmen, in vier Kategorien gegliedert: in Rucksackwanderungen, in Teehaus-Wanderungen, in selbst organisierte Wanderungen und in organisierte Wanderungen. Dabei gibt es zahlreiche Überschneidungen, da viele Charakteristika der einen Methode auch schon für die nächste Kategorie zutreffen können. Eine Rucksackwanderung mit einigen Übernachtungen in Hotels weist schon viele Züge einer Teehaus-Wanderung auf. Eine Teehaus-Wanderung mit Trägern grenzt schon an eine selbst organisierten Wanderung. Und eine Wanderung auf eigene Faust, bei der man z. B. die Unterstützung einer Trekking-Agentur in Nepal in Anspruch nimmt, ist einer organisierten Wanderung ähnlich.

Rucksackwanderungen: Rucksackwanderungen mit leichtem Gepäck, einem Kocher, gefriergetrocknetem Proviant und einem Zelt eignen sich nicht für Nepal. In den Bergdörfern sind genügend Lebensmittel erhältlich, so daß nicht sehr sinnvoll ist, völlig autark seinen Weg zu gehen. Das gilt für ganz Nepal mit Ausnahme der höchsten Berge und des äußersten Westens in der Nähe von Jumla, wo Nahrungsmittel knapp sind. Rucksackwanderer verletzen in Nepal zwei Grundregeln. Da sie autark sind, tragen sie nicht zur Wirtschaft in den Dörfern bei. Sie müssen zudem so viele Arbeiten für ihre Versorgung und Unterkunft erledigen, daß ihnen nicht genug Zeit und Energie für Unterhaltungen mit Dorfbewohnern bleibt.

In höheren Lagen wird Rucksackwandern jedoch der Situation gerecht. Je nach Terrain und Wetterverhältnissen findet man Dörfer bis zu 4.000 m Höhe. Darüber gibt es jedoch, wenn man von einigen touristisch erschlossenen Gebieten wie dem Annapurna-Nationalpark und dem Everest absieht, kaum noch Übernachtungsmöglichkeiten. Es ist zudem schwierig, Träger zu finden, die bei Bergwanderungen in Kälte und Schnee dafür geeignete eigene Kleidung und eigene Schuhe tragen. Wer plant, diese Regionen zu besuchen, möchte vielleicht hier seinen Wanderstil ändern und mit Rucksack- oder Bergsteigerausrüstung zu den hohen Pässen oder dem Fuß eines abgelegenen Gletschers gelangen.

Eine gute Lösung bei Rucksackwanderungen in Nepal ist es, überflüssige Ausrüstung so weit wie möglich in einem zeitweiligen „Basislager" in der Obhut eines Hotels oder eines vertrauenswürdigen Sherpa zurückzulassen. Sie können dann einige Tage mit reduziertem Gepäck und Proviant auf eigene Faust allein unterwegs sein. So verbinden Sie das Beste aus beiden Welten: ei-

ne bereichernde kulturelle Erfahrung, die dem Standard und den Traditionen des Landes entspricht, und eine Bergtour in der Wildnis der hohen Gipfel.

Teehaus-Wanderungen: Das nepalische Wort *Bhatti* läßt sich gut mit „Teehaus" übersetzen. Es wäre ein wenig übertrieben, einige dieser Dorfgasthäuser als Hotels zu bezeichnen, aber die Nepali verwenden im Englischen das Wort „Hotel" für ein Restaurant oder Gasthaus. Da der Begriff „Hotel" deshalb bereits besetzt ist, wird mit dem Wort „Lodge" (Unterkunft) ein Hotel oder ein anderes Quartier für Übernachtungen bezeichnet. Daher erhält man in Nepal in einem „Hotel" etwas zu Essen, aber möglicherweise kein Bett für eine Übernachtung, wohl aber in einer „Lodge". Viele Wirte kennzeichnen ihre Häuser als „Hotel & Lodge", um zu verdeutlichen, was sie anbieten. Im folgenden können Sie die Begriffe „Teehaus" und „Hotel" bzw. „Unterkunft" und „Lodge" austauschen, da in den meisten Fällen sowohl Unterkunft als auch Verpflegung angeboten werden.

Der größten Beliebtheit erfreuen sich in Nepal sowohl bei Besuchern aus dem Ausland als auch bei den Einheimischen Wanderungen von Teehaus zu Teehaus. Am einfachsten finden Sie eine Unterkunft an den Wanderrouten in der Region Khumbu (Everest), im Gebiet von Langtang und in der gesamten Region Annapurna. In diesen Gegenden können Sie mit einer minimalen Ausrüstung wandern und sich im Hinblick auf Unterkunft und Verpflegung auf die Teehäuser verlassen. Wer auf diese Weise unterwegs ist, kann mit ca. 3–10 US $ pro Tag rechnen, und zwar je nachdem, wo er sich befindet und wie einfach er leben und essen kann. In höheren Lagen und in sehr abgelegenen Gebieten wird es allerdings wesentlich teurer, so zu trekken.

In den meisten Gasthäusern in Thakali (an der Route von Pokhara nach Jomsom) werden auch Übernachtungsmöglichkeiten angeboten – im allgemeinen mit einer baumwollgefüllten Steppdekke. Gelegentlich wird diese noch durch die Gesellschaft von Läusen und anderen Bettgenossen bereichert. Bringen Sie daher ein eigenes Laken oder einen eigenen Schlafsack mit, um ein wenig Schutz gegen solches Ungeziefer zu erhalten. Während der Trekking-Hochsaison von Oktober bis November sowie im März und April mag es schwierig werden, auf der Route nach Jomsom jede Nacht eine Unterkunft zu finden. Man kann auch nicht wie selbstverständlich damit rechnen, eine Übernachtungsmöglichkeit in den Unterkünften an der Trekking-Route zum Everest oder in der Gegend des Annapurna zu erhalten, so daß Sie dorthin einen Schlafsack mitnehmen sollten.

Auch wenn viele Unterkünfte in den Bergen relativ komfortabel sind, handelt es sich bei einigen um schmutzige, häufig mit Rauch gefüllte Quartiere. Kamine sind selten, so daß sich ein Zimmer im 2. Stock in eine inakzeptable Räucherkammer verwandeln kann, sobald jemand in der darunterliegenden Küche das Herdfeuer anfacht. Oft ist es möglich, auf der Veranda zu übernachten, wobei dann allerdings das Gepäck weniger sicher ist. Die häufigste Klage von Trekkern, die sich auf einheimische Unterkünfte verlassen, gilt aber Zimmern, die Räucherkammern gleichen.

Wer sich selbst um eine Unterkunft und Verpflegung in Gasthäusern kümmert, kann selbst sein Tempo bestimmen und seinen eigenen Zeitplan festlegen. Man hat die Möglichkeit, schneller oder langsamer als andere zu wandern und Abstecher zu unternehmen, zu denen man in einer größeren Gruppe keine Gelegenheit hat. Wer auf eigene Faust unterwegs ist, kann einen Tag damit zubringen, die Berge, die Blumen oder die Menschen zu fotografieren, oder auch nur einfach einen Tag faulenzen. Die Unterkünfte an Trekking-Routen sind ganz besondere Treffpunkte für Wanderer aus aller Herren Länder in einer einzigartigen Situation, in der sich sowohl Sie als auch Ihr Gegenüber in einer fremden Welt befinden. Bei Bergwanderungen von Teehaus zu Teehaus ist man ungebunden (im Rahmen der Trekking-Genehmigung), was Änderungen der Route anbetrifft und das Programm neu zu gestalten, um andere, abgelegene Ort zu besuchen, von denen man erst während der Wanderung erfährt. Bei Wanderungen auf eigene Faust hat man Gelegenheit zu sehen, wie die Menschen in Nepal in den Bergen leben, arbeiten und essen, und eignet sich möglicherweise zumindest Grundkenntnisse des Nepali an.

Auf der anderen Seite ist man in jedem Fall von den Gegebenheiten in den

Dörfern und in jenen Gegenden abhängig, in denen sich zahlreiche Wanderer aufhalten. Aus diesem Grund muß man gezwungenermaßen in den dichter bewohnten Gegenden und auf bekannteren Strecken bleiben. So müssen Sie vielleicht Ihre Pläne ändern, um ein bestimmtes Lokal zum Mittagessen oder zum Abendessen zu erreichen. Es kann auch eine Mahlzeit ausfallen, weil das Lokal, auf das Sie gezählt haben, geschlossen ist. Einige Päckchen Kekse in Ihrem Rucksack sind eine gute Versicherung gegen derartige unerfreuliche Überraschungen.

Die meisten wichtigen Wanderrouten werden von zahlreichen Hotels gesäumt, aber hier halten sich auch viele Wanderer auf. Dann kann es geschehen, daß das Essen bereits ausgegangen ist, wenn man zu spät kommt und bereits viele anderer Trekker eingekehrt waren. Es kann zudem notwendig werden, das geplante Tagesziel zu ändern, wenn man im Gasthaus sehr lange auf ein bestelltes Essen warten mußte. Im allgemeinen macht man diese Entdeckung erst, wenn man bereits etwa eine Stunde gewartet hat. Es ist ratsam, auf Derartiges gefaßt und vorbereitet zu sein.

Wer von den beliebten Routen abweicht, sollte damit rechnen, von Zeit zu Zeit für sich selbst sorgen zu müssen. Falls Sie jedoch mit Proviant, Kocher sowie Kochtopf und sogar einem Zelt für Übernachtungen unterwegs sind, haben Sie sich bereits sehr einer komplexeren Form des Trekking angenähert, bei der sich allerdings andere Probleme ergeben.

Selbst organisierte Trekking-Touren: Eine dritte Möglichkeit ist es, Sherpa und Träger anzuheuern sowie Proviant und Ausrüstung selbst zusammenzustellen und sich auf eine Wanderung mit all dem Komfort und den Annehmlichkeiten einer organisierten Tour zu begeben. Bei einem solchen Unternehmen können Sie im Zelt schlafen, während Träger sich um Ihre Ausrüstung kümmern und Sherpa das Lager aufschlagen, kochen und das Essen servieren. Sie selbst brauchen dann nur einen Rucksack mit einer Wasserflasche, Ihre Kamera und Ihre Jacke zu tragen.

Trekker, die sich für diese Art des Wanderns entscheiden, insbesondere mit einer kleinen Gruppe von Freunden, erleben häufig eine interessante, bereichernde und schöne Zeit. Sie können einige oder alle dafür notwendigen Vorbereitungen auch durch einen Trekking-Veranstalter in Nepal treffen lassen, müssen allerdings möglicherweise ein wenig suchen, bis Sie eine Agentur finden, die Ihre Vorstellungen verwirklicht. Einige Trekking-Agenturen in Nepal vermieten zudem die entsprechende Ausrüstung, während bei anderen nur Sherpa und Träger vermittelt werden und wieder andere nur die Gesamtorganisation einer Tour übernehmen.

Wer möchte, daß bereits alles im voraus geregelt wird, kann sich per Post oder Telefax mit einer nepalischen Trekking-Agentur in Verbindung setzen. Mehr als 100 Trekking-Unternehmen sind in Kathmandu tätig, die Bergwanderungen gegen eine Gebühr organisieren und für Sherpa, Träger und, wenn notwendig, auch für die Ausrüstung sorgen. Falls Sie keine genaue Vorstellung davon haben, was Sie möchten, erfordert dies allerdings eine Menge Korrespondenz, damit Sie entscheiden können, was Sie benötigen und wie Ihre Route aussehen soll, und damit Ihr Programm sowie der Preis so ausgehandelt werden kann, daß er für beide Seiten akzeptabel ist. Da die Post in beiden Richtungen bis zu drei Wochen nach und von Europa benötigt, sollte die Korrespondenz genau geführt werden und man sich vergewissern, daß das Trekking-Unternehmen exakt verstanden hat, wer welche Ausrüstungsgegenstände bereitzustellen hat. Es ist sehr störend, in der ersten Nacht feststellen zu müssen, daß jemand die Schlafsäcke vergessen hat.

Eine Lösung, um solche Erfahrungen zu vermeiden, wäre es, nach Nepal zu fahren und innerhalb von einer oder zwei Stunden in direkten Verhandlungen mit dem Trekking-Organisator diese Punkte festzulegen. Sie sollten jedoch darauf vorbereitet sein, rund eine Woche (mit Glück etwas weniger) in Kathmandu mit der Klärung dieser Fragen verbringen zu müssen. Eine Alternative zu endlosen Briefwechseln mit einer Trekking-Organisation in Nepal ist es auch, die Dienste der Agentur eines nepalischen Trekking-Veranstalters im Heimatland in Anspruch zu nehmen. Eine solche Agentur sollte aber jemanden zur Hand haben, der Sie mit den notwendigen Informationen versorgen kann und regelmäßig mit Nepal in Verbindung steht. Wenn man sich an eine Agentur wendet, muß man deren Leistungen im allgemeinen auch bezahlen. Damit nähert man sich aber auch schon der Form einer organisierten Trekking-Tour.

Organisierte Trekking-Touren: Unternehmen, die sich auf Trekking-Touren spezialisiert haben (sowohl Einzelreisen als auch Gruppenreisen) organisieren diese auch von Deutschland, Österreich und der Schweiz aus. Jeder der Veranstalter in diesen Ländern arbeitet mit einer Trekking-Organisation in Nepal zusammen. Einige Veranstalter verfügen sogar über das Exklusivrecht der Vertretung eines nepalischen Unternehmens in ihrem Land. Die Namen und Adressen von mehreren der wichtigsten Veranstalter von Trekking-Touren sind im Abschnitt über die Anreise aufgeführt.

Eine übliche Bedingung für eine organisierte Trekking-Tour lautet, daß die Gruppe sich an die festgelegte Route halten muß, daß also in Grenzen ein Zeitplan einzuhalten ist. Das bedeutet den Verzicht auf Abstecher und den vorher nicht geplanten Besuch von Festen. Es kann aber auch geschehen, daß jemand, der unterwegs krank wird, möglicherweise trotzdem mit den anderen weiterwandern muß. Denkbar ist ferner, daß Sie als Teilnehmer an einer organisierten Trekking-Tour nicht einverstanden sind, wenn der Führer das Programm aufgrund des Wetters oder aus gesundheitlichen Gründen sowie politischen oder logistischen Gegebenheiten ändert.

Tibetischer Gompa

Sie werden mit Personen wandern, die Sie vorher nie gesehen haben. Auch wenn sich hierbei vielleicht einige gute Beziehungen entwickeln, können doch Mitglieder zu der Gruppe gehören, die Sie lieber nie getroffen hätten. Für nicht wenige Menschen schließt diese Perspektive bereits die Teilnahme an einer Gruppenwanderung aus. Der größte Nachteil ist jedoch wahrscheinlich der Preis. Organisierte Wanderungen kosten im allgemeinen mindestens 100 US $ pro Person und Tag. Andererseits bedeutet die vorherige Festlegung des Ziels und des Wanderplans, daß sich die Teilnehmer bereits im voraus darauf eingestellt, ihre eigene Ausrüstung bereitgestellt sowie eine klare Vorstellung über den Plan und das Terrain haben. Es empfiehlt sich, die Prospekte und das sonstige Informationsmaterial eines Veranstalters von Trekking-Touren in Nepal daraufhin durchzulesen, um herauszufinden, ob davon wahrscheinlich jene Leute angesprochen werden, mit denen Sie gern zusammen wandern würden.

Die meisten organisierten Trekking-Touren zielen auf Teilnehmer ab, denen die Zeit (in gewissen Grenzen) wichtiger ist als das Geld. Für viele von ihnen ist das größte Problem an einer Bergwanderung die Zeit, die man für die Planung benötigt. Diese Personen sind gewillt, mehr zu bezahlen, um zu vermeiden, eine Woche Ihrer begrenzten Ferien damit verbringen zu müssen, in Kathmandu die Vorbereitungen für eine Trekking-Tour zu treffen oder auf einen Platz im Flugzeug zu warten. Ein Trekking-Unternehmen versucht im allgemeinen, so viele Tage, wie in einer gewissen Zeitspanne möglich ist, in den Bergen zu verplanen. Zudem kümmern sich diese Unternehmen um die Reservierung von Zimmern und von Inlandsflügen bereits lange im voraus. Theoretisch erspart man sich diese Mühe so ebenfalls.

Da die Teilnehmer an einer organisierten Trekking-Tour ihre eigene Verpflegung auf der gesamten Wanderung mitführen, ist ein abwechslungsreicher Speiseplan möglich. Dazu können Dosengerichte aus Kathmandu ebenso gehören wie importierte Nahrungsmittel, die von Expeditionsteilnehmern mitgebracht wurden oder aus anderen exotischen Quellen stammen. Ein fähiger Koch bei einer organisierten Trekking-Tour ist durchaus in der Lage, eine unendliche Vielfalt an leckeren Gerichten im westlichen Stil zuzubereiten. Was solche Köche häufig in einer Stunde auf einem Kerosin-Kocher zustande bringen, kann die Kollegen in vielen westlichen Restaurants vor Scham zum Verstummen bringen.

Bei Gruppenwanderungen werden Zelte für die Teilnehmer mitgeführt. Das bedeutet, daß die ihre eigenen Sachen ohne Furcht vor Diebstahl ausbreiten können, und möglicherweise auch, daß sie eine ruhige Nacht verbringen. Zudem gibt ein Zelt jedem Teilnehmer die Freiheit, ins Bett zu gehen, wann er es möchte. Man kann sich dafür direkt nach dem Essen entscheiden oder noch den Mondaufgang betrachten, während man über die Erlebnisse des Tages diskutiert.

Geld- und Personalprobleme trüben eine organisierte Bergwanderung in Nepal nur selten. Der *Sirdar* ist für die kleineren Einkäufe am Weg verantwortlich und stellt sicher, daß jeden Tag die vorgesehene Zahl an Trägern vorhanden ist. Wer daran nicht besonders interessiert oder nicht sehr aufmerksam ist, mag gar nicht merken, wie diese Dinge vonstatten gehen.

Eine organisierte Trekking-Tour in einer Gruppe folgt der Tradition und der Routine, die Trekker und Bergsteiger in Nepal in mehr als 50 Jahren erworben haben. Die Teilnehmer können zu großen Teilen auf den Spuren bleiben, die bereits in vielen Büchern beschrieben wurden, was sonst kaum der Fall wäre. Wessen Interesse für den Himalaja durch derartige Bücher geweckt wurde, hat noch immer die Möglichkeit, auf diese großartige Art zu wandern. Es gibt viele Gründe, warum diese Expeditionen trotz all der Schwierigkeiten und der Kosten immer noch beliebt sind. Es ist insgesamt erleichternd, sich von allen Problemen im Zusammenhang mit der Organisation einer Bergwanderung befreit zu sehen und sich unbeschwert ausschließlich dem Land und den Menschen widmen zu können, die Bergsteiger und Bergwanderer schon seit Jahrhunderten hierher gezogen haben.

Bergwanderungen und Bergbesteigungen: Ganz gleich, ob Sie Ihre Bergwanderung an einer Straße beginnen oder auf einem abgelegenen Flugplatz landen, Ihre Trekking-Tour wird zu großen Teilen in den mittleren Gebirgen stattfinden, also auf einer Höhe zwischen 500 und 3.000 Metern. In dieser Region gibt es gute Wege durch die Dörfer und über die Bergpässe. Selbst in höheren Lagen findet man noch temporäre Siedlungen, die während des Sommers von Hirten genutzt werden, auch wenn die Pfade hier nicht mehr so deutlich auszumachen sind. Im allgemeinen kann man jeden Wanderweg problemlos ohne Hilfe von Seilen oder einer Bergsteigerausrüstung benutzen. Auch Schnee ist selten. Nur auf einigen hohen Pässen mag es notwendig sein, eine Sicherheitslinie für Ihre Gefährten oder Träger zu bilden, wenn tiefer Schnee liegt. Trotz allem werden auf Trekking-Touren alpine Techniken so gut wie nie angewandt. Jeder, der schon zuvor ausgiebig in den Bergen gewandert ist, besitzt alle notwendigen Fähigkeiten für eine ausgedehnte Bergwanderung in Nepal. Auch wenn einige Trekking-Routen in die Nähe von Gletschern führen und selbst den Fuß von ihnen überqueren, erlauben sie doch kaum die Erfüllung irgendwelcher Bergsteiger-Ambitionen. Nepals Gesetz über die Bergregionen erlaubt Trekkern das Erklimmen von 18 ausgewiesenen Gipfeln mit einem Minimum an bürokratischem Aufwand. Dennoch müssen dafür vorher noch einige Formalitäten erledigt werden. Viele Organisationen bieten sogenannte Bergsteiger-Treks an, bei denen die Besteigung eines dieser Gipfel eingeschlossen ist. Aber einige Berge sind unter idealen Bedingungen auch für Individual-Wanderer erreichbar. Wenn die Umstände günstig sind, kann eine Bergbesteigung in Kathmandu organisiert werden. Der Aufstieg auf einen der schwierigeren Gipfel sollte jedoch gut im voraus geplant werden. Das Kapitel über das Bergsteigen am Schluß dieses Buches enthält hierzu nähere Einzelheiten.

Körperliche Anstrengungen: Eine Bergwanderung in Nepal erfordert durch die Länge und die fast schon unglaublichen Höhenunterschiede eine große körperliche Leistung. Während der ca. 300 km zum und vom Basislager des Everest z. B. müssen bei zahlreichen steilen Auf- und Abstiegen insgesamt 9.000 m Höhenunterschied bewältigt werden. Auf den meisten Trekking-Routen sind es bei einer Strecke von ca. 15 km täglich weniger als 800 m, auch wenn ein Höhenunterschied von 1.200 m für manche Tage durchaus typisch ist. Man kann sich jedoch viel Zeit lassen, um einen solchen Höhenunterschied an einem Tag zu bewältigen, so daß die physische Belastung zwar groß sein kann, aber doch nicht zur Erschöpfung führt, denn längere Pausen sind möglich.

Das wahrscheinlich einzige körperliche Problem, das eine Wanderung unmöglich machen kann, sind Schwierigkeiten mit den Knien auf Wegen, die bergab führen. In Nepal sind diese lang, steil und kontinuierlich. Es gibt kaum eine ebene Strecke im gesamten Land. Erfahrene Wanderer, die häufig 15 km pro Tag mit einem Rucksack zurücklegen, werden angenehm überrascht sein, wie einfach es sich mit leichtem Gepäck wandert, wenn man sich nicht um das Essen kümmern muß.

Vorherige Erfahrungen im Wandern und im Zelten sind jedoch hilfreich bei der Planung einer Trekking-Tour in Nepal. Die erste Nacht einer einmonatigen Wanderung ist zu spät, um festzustellen, daß man nicht gern in einem Schlafsack schläft. Bergsteiger-Erfahrung ist dagegen nicht notwendig, aber man sollte gern zu Fuß unterwegs sein.

VORBEREITUNGEN IN NEPAL

Trekking-Genehmigungen: Visa für Nepal gelten nur für das Kathmandu-Tal, für Pokhara und für den Chitwan-Nationalpark im Terai. Für alle anderen Regionen benötigt man eine Trekking-Genehmigung. Diese Genehmigung enthält die Orte, die man besuchen darf, und die erlaubte Dauer der Wanderung. Vor langer Zeit kostete die Erlaubnis eine Rupie und bestand in erster Linie aus einer Übersetzung des Reisepasses ins Nepali. Inzwischen sind die Gebühren gestiegen, wobei auf dem Papier kein Wort Nepali mehr zu finden ist und die Ausstellung der Trekking-Genehmigung sich zu einer blühenden Wirtschaft entwickelt hat. Theoretisch kann man seinen Reisepaß während einer Wanderung im Hotelsafe deponieren, da die Trekking-Genehmigung in ganz Nepal als ausreichendes Dokument gilt.

Trekking-Genehmigungen werden von der Ausländerbehörde ausgestellt. Die Prozedur ist jener bei einer Visumverlängerung vergleichbar und erfordert eine lange Wartezeit in einer Schlange. Es gibt allerdings vorgedruckte Antragsformulare für Trekking-Genehmigungen in verschiedenen Farben, so daß Sie nur „Everest", „Annapurna", „Kanchenjunga" oder „Langtang" auf dem Antrag angeben müssen, wenn Sie in einem dieser Gebiete wandern möchten. Achten Sie darauf, ob Sie das richtige Formular ausgefüllt haben, da Sie, wenn die Farbe nicht stimmt, zurückgeschickt werden und sich erneut in die Schlange einreihen müssen. Wenn das Formular ausgefüllt ist, man in der Schlange gewartet, alle notwendigen Dokumente vorgelegt und die Gebühren bezahlt hat, erhält man die Anweisung, nach 17.00 Uhr wiederzukommen, sich wiederum anzustellen und die Genehmigung abzuholen.

Auf den vorgedruckten Formularen wird die Erlaubnis erteilt, alle möglichen Wanderrouten in der betreffenden Region zu benutzen. Wenn man ein weniger übliches Ziel anstrebt, sollte man auf dem Formular eine umfassende Liste mit den Namen der Dörfer oder Bezirke, die man besuchen möchte, eintragen. Falls es sich um einen unbekannten Ort handelt, bitten Sie am besten die Beamten, den Namen korrekt auf Ihrer Genehmigung einzutragen, da nur die Büros in Kathmandu und Pokhara Änderungen vornehmen können.

Es ist nicht mehr wie früher nötig, ein Trekking-Unternehmen damit zu beauftragen, sich um die Genehmigung zu kümmern, auch wenn diese eine solche im allgemeinen schneller erhalten. Genehmigungen für Wanderungen zum Kanchenjunga werden allerdings ausschließlich für organisierte Trekking-Touren mit Gruppen ausgestellt. Andere Regionen sind auch für Trekker zugänglich, die auf eigene Faust wandern wollen.

Auf eine Trekking-Genehmigung kann man nicht verzichten, denn es gibt auf allen Routen zahlreiche Polizeiposten. Wer hier nicht die notwendigen Dokumente vorweisen kann, hat mit endlosem Ärger zu rechnen. Forstbeamte am Eingang zu den Nationalparks und der Kontrollposten zum Schutzgebiet Annapurna (ACAP) in Chhomrong prüfen die Papiere ebenfalls sorgfältig und erheben zudem Gebühren für den Eintritt.

Eine Trekking-Genehmigung für die ohne Einschränkungen zugänglichen Gebiete Nepals kostet pro Woche 5 US $ und für die Gegenden mit Aufenthaltsbeschränkungen, also die Regionen, in denen nur Gruppen mit einem Begleiter Bergwanderungen unternehmen dürfen, 10 US $ pro Woche. Ist der Zeitraum der geplanten Trekking-Tour vom Visum nicht abgedeckt, muß – anders als früher – vorher eine Visumverlängerung beantragt werden. Zusätzlich gilt die Vorschrift, daß pro Tag einer Trekking-Tour 20 US $ umgetauscht und die Bankbelege über das Wechseln eines entsprechenden Betrages mit dem Antrag auf Ausstellung einer Trekking-Genehmigung abgegeben werden müssen. Die Trekking-Dauer in Nepal darf innerhalb eines Jahres 90 Tage nicht überschreiten.

Eintrittsgebühren: Die Wanderwege in der Region Annapurna verlaufen auch durch das Gebiet des ACAP. Hierfür wird eine einmalige Zahlung von 200 Rs erhoben, die bereits bei der Ausstellung der Trekking-Genehmigung eingezogen werden. Die Genehmigung ist dann mit einem Stempel versehen, der als Quittung gilt.

Sperrgebiete: Zahlreiche Regionen in Nepal waren bis vor kurzem für Ausländer nicht zugänglich. Viele Wanderungen, die auf der Karte möglich erscheinen, führten durch Sperrzonen, für die keine Trekking-Genehmigungen erhältlich waren. Für Ausländer gesperrt waren Mustang (nördlich von Kagbeni), Dolpo (nördlich vom Phoksumdo-See), Humla, Walunchung Gola, Rolwaling und die Route zum Nangpa La in Khumbu. Das hat sich nun insoweit geändert, als auch in diesen Gebieten nun organisierte Trekking-Touren von Gruppen unter Begleitung eines Polizisten möglich sind. Bei der Planung einer Wanderung auf eigene Faust sollten Sie aber weiterhin akzeptieren, daß diese Gebiete verschlossen sind, und nicht auf Änderungen in letzter Minute hoffen. Es gibt nämlich auch hier zahlreiche Polizeiposten in den Bergen, von denen Personen zurückgeschickt werden, wenn sie versuchen, in den betreffenden Gebieten zu wandern, ohne Teilnehmer an einer organisierten Trekking-Tour mit Begleiter zu sein.

Die Gründe für die Sperrung verschiedener Regionen sind zahlreich. In einigen Fällen handelt es sich um ein Erbe aus der Zeit, als die Grenze mit China weniger stabil als heute war. Auch Gruppen von Umweltschützern, insbesondere die Naturschutzgesellschaft von Nepal, üben Druck auf die Regierung aus, einige Ort aus ökologischen Gründen für Besucher zu sperren, um so einen kulturellen und ökologischen Verfall zu verhindern. Da Trekker Hilfe benötigen, wenn Notsituationen auftreten (Unfälle, Krankheit oder Diebstahl), sperrt die Regierung verschiedene Gebiete, in denen sie sich nicht in der Lage sieht, hier den Schutz für Wanderer in solchen Situationen zu gewährleisten. Daneben gibt es noch politische Gründe. So war z. B. die Route nach Jomsom in den siebziger Jahren gesperrt, da hier eine größere Militäroperation mit ausländischer Unterstützung stattfand, um die Khampa in Tibet zu unterstützen.

Es gibt zahlreiche Faktoren, die bei der Sperrung oder Öffnung von Teilen Nepals eine Rolle spielen. Seit kürzerem ist allerdings eine Liberalisierung der Beschränkungen beim Trekking und beim Bergsteigen zu beobachten, denn der Druck, mehr Gebiete für diesen Zweck zu öffnen, ist beachtlich. Es gibt zwar ständig das Gerücht, daß Mustang bald freigegeben werde. Dieses Gerücht kursiert nun jedoch bereits seit mehr als 15 Jahren.

Eine Freigabe der Wanderroute um den Manaslu könnte aber jederzeit möglich sein. Es empfiehlt sich, vor der Planung einer ungewöhnlichen Route Kontakt mit einer Trekking-Agentur oder der Ausländerbehörde aufzunehmen. Sie können jedoch nicht davon ausgehen, daß neue Regelungen auch die in diesem Buch geschriebenen Routen betreffen.

Trekking-Organisationen: Neben normalen Reisebüros sind in Nepal noch besondere Trekking-Agenturen vertreten, die über eine gesonderte Lizenz verfügen. In der Theorie organisieren sie Bergwanderungen und kümmern sich nicht um Flugscheine oder Fahrkarten für andere Verkehrsmittel. Dies ist die Aufgabe der Reisebüros, die sich wiederum nicht mit der Anstellung von Sherpa und Trägern sowie dem Kauf von Proviant für Bergwanderungen beschäftigen. In der Praxis bieten jedoch beide Arten alle genannten Dienstleistungen an, die für Reisen und Trekking notwendig sind.

Es gibt in Nepal mehr als 100 Trekking-Agenturen. Die Bandbreite reicht von großen Unternehmen, die mit bedeutenden Veranstaltern von Trekking-Touren in Übersee zusammenarbeiten, bis zu Kleinbetrieben, die eine einzige Familie ernähren. Im folgenden finden Sie eine Liste von Organisationen, die sich in der Vergangenheit als zuverlässig erwiesen haben und wahrscheinlich auf einen Brief oder ein Telefax aus dem Ausland antworten. In der Liste sind die größten und besten Unternehmen enthalten, die über Mitarbeiter verfügen und mit denen Sie korrespondieren können, aber auch einige kleinere Büros, die sich einen guten Namen gemacht haben.

Eine komplette Aufstellung aller Trekking-Organisationen in Nepal ist beim Fremdenverkehrsamt (Department of Tourism) und bei der Vereinigung der Trekking-Agenturen von Nepal (Trekking Agents Association of Nepal – TAAN –, PO Box 3612, Kantipath, Kathmandu) erhältlich.

Bei einem Spaziergang durch die Basare von Kathmandu werden Sie viele Büros von Trekking-Veranstaltern sehen, die nicht in der Liste der TAAN enthalten sind. Ein großer Teil von ihnen ist dennoch zuverlässig und es wert, mit ihnen ins Geschäft zu kommen, wenn man erst einmal vor Ort ist. Einige geben auch per Post oder Telefax Auskunft.

Sie können von den Trekking-Veranstaltern zahlreiche Ratschläge erhalten, sollten jedoch nicht vergessen, daß die Unternehmen vor allem ihre Dienstleistungen verkaufen möchten. Sie werden willkommener sein und besser informiert werden, wenn Sie ein Unternehmen ausgewählt haben und von dem dann Ihre Wanderung planen oder ein Ticket ausstellen lassen und, falls nötig, Ihre Ausrüstung mieten.

Adventure Nepal Trekking
  Tridevi Marg, Thamel, PO Box 915, Kathmandu (Tel. 41 25 08, Fax 977-1-22 20 26)

Ama Dablam Trekking
  Lazimpat, PO Box 3035, Kathmandu (Tel. 41 02 19, 41 53 72 und 41 53 73, Telex 2460 AMDBTRK, Fax 977-1-22 20 26)

Annapurna Mountaineering & Trekking
  Durbar Marg, PO Box 795, Kathmandu (Tel. 22 29 99, Telex 2204 YETI)

Asian Trekking
  Tridevi Marg, Thamel, PO Box 3022, Kathmandu (Tel. 41 28 21, Telex 2276 HOSANG, Fax 977-1-41 18 78)

Guides for All Seasons
  Gharidhara, PO Box 3776, Kathmandu (Tel. 4 15 84, 41 90 35 und 41 60 47, Telex 2558 NEPEX)

Great Himalayan Adventure
  Kantipath, PO Box 1033, Kathmandu (Tel. 2 16 44, Fax 977-1-41 96 14)

International Trekkers
  Narayanhity Marg, PO Box 1033, Kathmandu (Tel. 41 85 61, 41 85 94 und 41 29 42, Telex 2353 INTREK)

Journeys Mountaineering & Trekking
  Kantipath, PO Box 2034, Kathmandu (Tel. 22 59 69 und 22 66 39, Telex 2375 PEACE, Fax 977-1-22 65 67)

Lama Excursions
  Durbar Marg, PO Box 2485, Kathmandu (Tel. 22 01 86 und 22 67 06, Telex 2237 LAMEX, Fax 977-1-22 72 92)

Lamjung Trekking & Expeditions
  Kantipath, PO Box 1436, Kathmandu (Tel. 22'05 98, 52 29 46 und 52 10 57, Telex 2291 PACMOV, Fax 977-1-22 68 20)

Malla Treks
  Leknath Marg, PO Box 787, Kathmandu (Tel. 41 83 98 und 41 83 89,

Telex 2238 MALLA NP, Fax 977-1-41 83 82)

Mountain Travel Nepal
PO Box 170, Kathmandu (Tel. 41 45 08 und 41 15 62, Telex 2216 TIGTOP, Fax 977-1-41 91 26)

Natraj Trekkings
Kantipath, PO Box 495, Kathmandu (Tel. 22 66 44, Telex 2270 NATRAJ, Fax 977-1-22 73 72)

Nepal Himal Treks
Baluwatar, PO Box 4528, Kathmandu (Tel. 41 97 96, Telex 2244 AT-TOUR)

Nepal Treks & Natural History Expeditions
Gangapath, PO Box 459, Kathmandu (Tel. 21 25 11, 22 45 36 und 22 29 85, Telex 2239 KTT, Fax 977-1-22 51 31)

Overseas Adventure Trekking
Thamel, PO Box 1017, Kathmandu (Tel. 41 10 45, Telex 2258 NEPEX)

Rover Treks & Expeditions
Naxal, Nag Pokhari, PO Box 1081, Kathmandu (Tel. 41 26 67, Telex 2321 BASS)

Sherpa Co-operative Trekking
Durbar Marg, PO Box 1338, Kathmandu (Tel. 22 30 58, Telex 2558 NEPEX)

Sherpa Society
Chabahil, Chuchepati, PO Box 1566, Kathmandu (Tel. 47 03 61, Telex 2731 SSTREK, Fax 977-1-47 01 53)

Sherpa Trekking Service
Kamaladi, PO Box 500, Kathmandu (Tel. 22 04 23 und 22 24 89, Telex 2419 STS)

Trans Himalayan Trekking
Durbar Marg, PO Box 283, Kathmandu (Tel. 22 48 54 und 22 38 71, Telex 2233 THT, Fax 977-1-22 72 89)

Treks & Expedition Service
Kamal Pokhari, PO Box 3057, Kathmandu (Tel. 41 22 31 und 41 08 95, Fax 977-1-41 00 39)

Venture Treks & Expeditions
Kantipath, PO Box 3968, Kathmandu (Tel. 22 15 85 und 22 57 80, Telex 2495 METCON, Fax 977-1-22 01 78)

Yangrima Trekking & Mountaineering
Kantipath, PO Box 2952, Kathmandu (Tel. 22 76 27 und 22 56 08, Telex 2474 SUMTRA, Fax 977-1-22 76 28)

Yeti Mountaineering & Trekking
Ramshah Path, PO Box 1034, Kathmandu (Tel. 41 08 99, Telex 2268 PAGODA)

Himalayan Rescue Association: Die beste Quelle für kostenlosen Rat und kostenlose Informationen über Wandermöglichkeiten ist die Himalayan Rescue Association, die gemeinsam mit dem Kathmandu Environmental Education Project ein Büro neben der Ausländerbehörde unterhält. Sonntags bis freitags von 11.00 bis 17.00 Uhr ist hier ein ehrenamtlicher Mitarbeiter im Dienst. Im Büro wird ein Buch mit den aktuellsten Informationen über Wandermöglichkeiten geführt und Auskunft über Ausrüstung und Gesundheitsvorsorge auf Trekking-Touren geboten.

Die HRA wurde im Jahre 1973 gegründet. Sie unterhält Hilfsposten mit ehrenamtlichen Ärzten in Pheriche am

Everest-Trek und in Manang, am Wanderweg zum Annapurna. Die Hilfsposten bieten ihre Dienste gegen Bezahlung an, um damit die Betriebskosten und die Entlohnung der nepalischen Mitarbeiter sicherstellen zu können, aber davon abgesehen handelt es sich um eine von ehrenamtlichen Mitarbeitern getragene Einrichtung. Die HRA hält sich durch Spendengelder, Mitgliedsbeiträge und den Verkauf von T-Shirts und Aufnähern am Leben. Die Organisation verdient Ihre Unterstützung.

Nepal Mountaineering Association: Das Büro der NMA befindet sich in der Hatisar, und zwar hinter dem Hotel Yak & Yeti und unweit der Brotfabrik Krishna. Dort werden alle Genehmigungen für die Besteigung von Gipfeln ausgestellt und die Berichte der Expeditionsteilnehmer nach ihrer Rückkehr gesammelt.

Trekking Agents Association of Nepal: Das Büro der TAAN liegt neben dem Hotel Yellow Pagoda (Tel. 22 58 75 und 22 33 52). Hier können Sie eine aktuelle Liste mit den Trekking-Organisationen und möglicherweise auch Auskunft über Änderungen der Trekking-Bestimmungen erhalten.

Fremdenverkehrsamt: Das Fremdenverkehrsamt in der New Road, unweit der Basantapur, gibt staatliche Publikationen heraus und bietet einen Informationsschalter. Die meisten Nepali, die immer in Kathmandu gelebt haben,

sind nicht sehr gut über das Leben in den Bergen unterrichtet, so daß Sie hier wahrscheinlich keine ausführlicheren Informationen über Trekking-Touren erhalten werden.

Verpflegung auf Trekking-Touren: Es ist möglich, sich unterwegs bei der Verpflegung ausschließlich auf die Hotels zu verlassen und keinerlei Proviant mitzunehmen. In den meisten Trekking-Hotels werden Dosengerichte, Schokolade, Kekse, Toilettenpapier und andere notwendige Dinge zum Kauf angeboten. Sie sollten aber dennoch einige Leckereien für den Notfall einstecken oder um dem auf die Dauer langweiligen *Dhal Bhaat* entfliehen zu können.

In Kathmandu führen zahlreiche Lebensmittelgeschäfte in Thamel und Asan Tole eine große Auswahl an Waren. Der Supermarkt Bluebird unterhält Filialen im Hotel Blue Star und in der Lazimpat, während das Fresh House in der Nähe der Joche Tole (unweit der Freak Street) gelegen ist. In beiden geht man entlang von offenen Regalreihen, in denen ein vielfältiges Angebot an indischen und anderen importierten Nahrungsmitteln, Fleisch in Dosen sowie Fisch, Gewürze und Süßigkeiten liegen. Hier finden Sie auch eine Reihe importierter Erzeugnisse des medizinischen Bedarfs und nützliche Chemikalien, wie Kaliumpermanganat, das zur Sterilisierung von Gemüse dient, oder Lugol's Solution, um Trinkwasser zu reinigen. Sie können häufig auch Getränke in Pulverform kaufen, z. B. Tang, um mit Jod behandeltes Trinkwasser schmackhafter machen. Verschiedene verpackte Lebensmittel aus Nepal, die zur Vielfalt der Mahlzeiten beitragen können, werden ebenfalls angeboten. Auch zwei Marken Müsli und Granola sowie eine große Vielfalt an Keksen unterschiedlicher Firmen sind erhältlich. Yak-Käse wird in einigen Geschäften in Thamel sowie in dem Milchproduktegeschäft in der Nähe des Hotels Malla angeboten. Die Pumpernickel-Bäckerei in Thamel führt Naturkornbrot, das sich auf einer Wanderung viele Tage hält. Im Pilgrims Book House erhält man auch eine Reihe von Kräutertees, die eine Abwechslung vom koffeinhaltigen Tee und Kaffee erlauben. Echte Erdnußbutter wird Amerikaner erfreuen. Die sollten Sie jedoch vorsichtig transportieren, da sie im Rucksack schnell auslaufen kann.

Wer eine Trekking-Tour mit Koch und Trägern plant, wird vor allem Dosengerichte, Reis und andere Grundnahrungsmittel mitnehmen. Alle guten Trekking-Köche können je nach Anzahl der Teilnehmer, des Ziels der Wanderung und der Dauer ziemlich genau sagen, was sie benötigen. Lebensmittel-Großhändler, die ihre Waren von winzigen Geschäften in der Asan Tole und der Lazimpat aus verkaufen, besorgen Ihnen innerhalb von wenigen Stunden erstaunliche Mengen an Lebensmitteln.

Anheuern von Bergführern und Trägern: Auf den Wegen zum Everest, nach Langtang und zum Annapurna benötigt man keinen Führer, da diese Strecken weithin bekannt sind. Ein guter Führer kann jedoch trotzdem die Wanderung erleichtern (und häufig verbilligen), indem er für Sie verhandelt. Ein Führer wird Ihnen zudem wahrscheinlich Orte von Interesse und Abkürzungen zeigen, die Sie sonst vielleicht übersehen hätten. Es gibt natürlich auch schlechte Führer, die nur dazu beitragen, daß die Trekking-Tour schwieriger wird und die Kosten sich erheblich erhöhen. Wer mit einem Sherpa nach Khumbu wandert, kann fast immer mit dem zusätzlichen Vorteil rechnen, in das Haus des Führers eingeladen zu werden, wo man einen Einblick in die Kultur der Sherpa erhalten kann. Sie und Ihr Führer werden dort fast immer den Abend betrunken beenden. In den abgelegenen Gegenden gibt es jedoch nur wenige Schilder, die Hotels als solche ausweisen, so daß man von Haus zu Haus gehen und fragen muß, um Unterkunft und Verpflegung zu erhalten. Ein Führer kann in solchen Situationen unentbehrlich sein.

Die Gesellschaft ist in Nepal ausgeprägt strukturiert – ein Phänomen, das noch auf das Kastensystem zurückgeht. Diese Struktur führt dazu, daß die Menschen sehr klare Vorstellungen besitzen, die seit der Geburt anerzogen wurden und festlegen, welche Arbeit sie verrichten und welche nicht. Wer sich für einen Trekking-Führer hält, wird es ablehnen, eine Last zu tragen. Träger wiederum lehnen es häufig ab, Tätigkeiten, die das Zelten betreffen, oder anderes zu erledigen, wenn sie nicht die

Hoffnung hegen, in der Rangordnung aufsteigen zu können. Wenn ein Träger sich bereiterklärt, eine zusätzliche Arbeit zu verrichten, dann mag der Führer dem Träger davon abraten oder ihn gar davon abhalten, um den eigenen Status zu wahren. Die ideale Kombination aus Führer und Träger ist eine Seltenheit, auch wenn einige wenige davon existieren. Wer Glück hat und einen solchen findet, kann möglicherweise mit nur einem einzigen bezahlten Begleiter wandern.

Es mag sinnvoll erscheinen, nur einen einzigen Träger anzuheuern oder mehrere Träger und keinen Führer. Dies ist im allgemeinen auch einfach zu realisieren, aber es ist nicht immer einfach, auf einer solchen Wanderung die Kontrolle zu behalten. Obwohl die meisten Träger zuverlässig sind, verfügen sie doch nur über eine geringe Bildung im westlichen Sinne. Sie tendieren dazu, abergläubisch zu sein, und fürchten sich leicht, sind unsicher und werden leicht krank. Ein Träger mag beschließen, daß er nun weit genug gegangen und es Zeit sei, nach Hause zurückzukehren. Dann verschwindet er vielleicht einfach. Hat jedoch ein Sherpa die Träger für eine Bergwanderung angeheuert, dann ist er dafür verantwortlich, daß das geleistet wird, wofür bezahlt werden soll. So gelingt es Ihnen möglicherweise, einen Sherpa davon zu überzeugen, selbst eine Ladung zu tragen, bis ein anderer Träger gefunden ist. Sherpa tragen jedoch nicht gern Lasten, so daß Sie sicher sein können, daß bald ein anderer Träger gefunden ist. Wer selbst einen

Träger angeheuert hat, muß entweder am Wegesrand sitzen bleiben, bis ein Ersatz gefunden ist, oder das schwere Gepäck auf den eigenen Rücken laden. Trekking-Touren mit nur einem Träger sind kompliziert, da man sich ständig vergewissern muß, wo er sich befindet, um auf seine Sachen aufzupassen, wenn man nicht auf den Dienst eines Trägers zurückgreifen kann, dessen Zuverlässigkeit bereits bewiesen wurde. Aber selbst dann besteht keine hundertprozentige Garantie. Ich hatte z. B. selbst einmal einen Träger, der bereits auf zwei Wanderungen dabei war und dann auf der dritten Tour mit zwei Matchbeuteln voller Ausrüstung verschwand.

Führer für Bergwanderungen kann man über die Trekking-Organisationen, über Ausrüstungsgeschäfte oder auf Empfehlung von anderen Trekkern anheuern. Ausrüstungsgeschäfte sind bereitwilliger zu helfen, wenn man ihnen ein Entgelt dafür anbietet oder die Ausrüstung bei ihnen mietet. In vielen Restaurants und Hotels, insbesondere in der Umgebung von Thamel in Kathmandu und in Pokhara, kann man sich auch der Schwarzen Bretter bedienen. Erkundigen nach Führern, Trägern und Begleitern können Sie sich ferner im Büro der Himalayan Rescue Association.

Häufig kann man Sherpa zudem vor der Ausländerbehörde und in den Momo- und Raksho-Läden in Asan Tole finden. Wer einen Führer direkt anheuert, hat entweder Glück oder Pech. Dabei kann man einen ausgezeichneten

Küchenjunge der Sherpa

Im Oktober, November, März und April ist beim Trekken Hochsaison. Jeder Sherpa, der in diesen Monaten noch frei ist, mag zu Zweifeln Anlaß geben. In den übrigen Monaten ist es häufig möglich, ausgezeichnete Kräfte zu finden.

Gelegentlich kann man Sherpa und Träger auch in Lukla und Pokhara anheuern. Wenn man von den Monaten Oktober und Anfang November absieht, so ist es nicht allzu unrealistisch, nach Lukla zu fliegen und zu versuchen, dort eine Wanderung ohne jedwede Vorbereitungen zu organisieren. In Jomsom oder Langtang besteht diese Möglichkeit jedoch nicht.

Ein guter Führer kann auch das Aussuchen der Träger übernehmen. Die Sache wird dabei sehr erleichtert, wenn Sie dem Führer sagen, wohin Sie wandern möchten und wieviel Sie bereit sind zu zahlen. Danach sollten Sie ihm eine Tasse Tee anbieten und ihm alle Verhandlungen überlassen. Auf einer langen Wanderung wird ein erfahrener Führer einige Trägern schon vorzeitig entlassen, da die Teilnehmer an der Wanderung sich langsam durch die Trägerladungen voller Nahrungsmittel essen. Er wird zudem Träger durch andere ersetzen, wenn sie nervös werden, weil die Entfernung nach Hause zu groß wird.

Es ist schwierig geworden, genau zu sagen, wie hoch der Lohn für einen Träger oder Führer sein sollte. Politischer und sozialer Druck in Nepal haben dazu geführt, daß gelegentlich astronomische Preise verlangt werden. Gewerkschafts-

Führer finden oder jemanden, der endlos Probleme verursacht. Wenn Sie auf einen Sherpa gestoßen sind, wird er versuchen, Sie von seinen Fähigkeiten zu überzeugen, indem der Zeugnisse und Briefe von Kunden (die immer zufrieden waren) vorweist. Es ist übrigens nicht wahrscheinlich, daß Sie auf jemanden treffen, dessen einziges Ziel es ist, Sie zu bestehlen, aber derartige Personen existieren und bieten Ihre Dienste als Führer an. Alle Botschaften in Nepal raten, sich entweder an einen anerkannten Vermittler zu wenden oder die Referenzen sorgfältig zu prüfen, bevor man zusagt.

vertreter arbeiten daran, das Los vieler Menschen, die als Personal bei Wanderungen arbeiten, durch die Einführung von Mindestlöhnen und andere Maßnahmen zu verbessern. Viele Führer und Träger können sich jedoch gerade selbst mit ihrer Arbeit unterhalten und nehmen weit weniger als den vorgeschriebenen Tarif. Erkundigen Sie sich am besten bei der HRA, der TAAN oder einer Trekking-Agentur nach den neuesten Richtlinien.

Der Lohn für einen Träger wird wahrscheinlich zwischen 80 und 120 Rs pro Tag liegen. Die Nachfrage bei anderen Trekkern oder Expeditionen kann die Preise jedoch in die Höhe treiben. Der Bau von Straßen in den Bergen läßt ebenfalls die Trägerlöhne steigen, wenn der Weg durch ein Dorf führt. Die Träger zahlen normalerweise für ihre Verpflegung auf der Wanderung selbst, so daß Sie üblicherweise keinen Proviant für diese mitnehmen müssen. Daher sind Sie aber auch gezwungen, wenn Sie die Träger nicht verpflegen, immer in der Nähe eines Dorfes zu übernachten, damit sie sich versorgen können. Traditionell bezieht ein Führer einen niedrigeren Lohn als ein Träger (zwischen 70 und 100 Rs pro Tag), erhält jedoch zusätzlich Unterkunft und Verpflegung. Wenn Sie mit einem Führer in Herbergen wohnen, werden Sie erstaunt sein, wieviel der winzige Führer auf Ihre Kosten essen und trinken kann. Setzen Sie daher der Spesenrechnung eine Grenze oder zahlen Sie ihm einen festen Betrag für die Verpflegung pro Tag aus. Letzterer muß jedoch in höheren Lagen steigen, da dort die Verpflegung teurer ist. Wer wirklich auf den Pfennig achten muß, kann immer etwas Proviant mitnehmen und selbst kochen, auch wenn er einen Führer mitnimmt. Dies bedeutet jedoch auch, daß man einen Träger anheuern muß, um die Lebensmittel und die Kochtöpfe zu transportieren, da die Tradition auch vorschreibt, daß ein Führer nichts trägt. Dann kann sich Ihre Wanderung aber auch plötzlich in einen Do-it-yourself-Trek mit allem dazugehörigen bürokratischen Ärger verwandeln.

Ein wichtiger Punkt bei der Anstellung von Trägern ist die Bereitstellung von warmer Kleidung und Ausrüstung bei kaltem Wetter und Schnee. Wer in Gebiete mit Schnee wandert, muß für Schutzbrillen, Schuhe, Schutz und Kleidung sorgen, denn Träger lassen sich nicht einfach verbrauchen und dann wegwerfen. Bringen Sie auch Plastikplanen mit (in Kathmandu erhältlich), damit die Träger sich und Ihr Gepäck vor Regen schützen können.

In Khumbu ist die Bekleidung im allgemeinen kein Problem, da Sie wahrscheinlich Sherpa oder Sherpani (Frauen) anheuern werden, die Ihre eigenen Schuhe und Kleidung mitbringen. Fragen Sie jedoch vorsichtshalber nach. Am wahrscheinlichsten treten Probleme mit den Trägern bei der Überquerung des Thorung La auf, des Passes zwischen Manang und Muktinath. Von beiden Richtungen aus beginnt der Weg im tropischen Flachland, so daß die Träger, die man hier mitnimmt, fast ausschließlich aus dieser Gegend kommen. Wenn man den Schnee erreicht, kehren die Träger aus dem Flachland, die keine Ausrüstung gegen Kälte besitzen, zurück oder machen verrückterweise ohne eigene warme Kleidung und Schuhe weiter, was zu Frostbeulen, Schneeblindheit oder sogar zum Tod führen kann. Träger sind in Manang oder Muktinath kaum zu finden, so daß es sich wirklich lohnt, die zusätzliche Ausgabe einzuplanen und die notwendige Ausstattung für die Träger in Kathmandu zu kaufen, wenn man die Paßüberquerung plant. Gelegentlich ist, was man benötigt, auch in Manang erhältlich. Sie sollten zudem einen nächtlichen Schutz für die Träger mit sich führen. Er wird für ein bis zwei Nächte benötigt, in denen sonst keiner zur Verfügung steht.

Wenn Sie Bekleidung für die Träger bereitstellen, sollten Sie deutlich machen, ob sie nur geliehen ist oder es sich um ein Geschenk handelt. Allerdings wird es sehr schwierig sein, einmal ausgegebene Gegenstände wieder zurückzubekommen, wenn man nicht sehr entschlossen oder dickhäutig ist. Die Träger und Sherpa haben eine besondere Art, Ausländer dazu zu bringen, sich schuldig und kleinlich zu fühlen, wenn sie die Rückgabe von Ausrüstungsgegenständen verlangen.

Ein wichtiger Rat lautet, sich selbst in die Rolle eines Arbeitgebers zu versetzen, wenn man mit Trägern oder einem Führer wandert. Das bedeutet, daß Sie sich möglicherweise mit Personalproblemen wie der medizinischen Versorgung, der Versicherung, Streiks, der Forderung nach Freizeit, der Erhöhung der Löhne und allen anderen Aspekten des Daseins eines Chefs beschäftigen müssen. Seien Sie so vorsichtig wie möglich bei der Auswahl Ihrer Leute und stellen Sie von Anfang an die Forderungen und Grenzen klar. Nach alledem sollten Sie sich selbst auf einiges Feilschen vorbereiten – es ist kaum zu vermeiden.

Trägerversicherung: Die Trekking-Gesetze schreiben vor, daß jeder Trekker die Sherpa und Träger für 25.000 Rs (ca. 1.000 US $ für den Fall eines Unfalltodes) versichern muß. Nur wenige Trekker kommen dieser Vorschrift nach, so daß Sie eine Versicherungsgesellschaft wahrscheinlich überraschen werden, wenn Sie sich diesbezüglich an sie wenden. Es gibt kein System, mit dem nachgeprüft wird, ob eine Versicherung abgeschlossen wurde. Mit Sicherheit werden Sie jedoch große Probleme bekommen, wenn ein Unfall geschieht und kein Versicherungsnachweis vorgewiesen werden kann. Wer plant, einen der für Trekker zugelassenen Gipfel zu erklimmen, ist verpflichtet, jeden Nepali, der weiter als bis zum Basislager mitkommt, zu versichern. Dabei wird das Bestehen einer Versicherung auch geprüft.

Trekking-Unternehmen bieten Versicherungen für das gesamte Personal bei einer Trekking-Tour an. Auch bei Oriental Insurance Co und Rashtriya Bima Sansthan in Kathmandu kann man Sherpa und Träger für die geforderte Summe zum Preis von ca. 8 US $ pro

Person versichern. Diese Gesellschaften stellen zu einem höheren Preis auch die obligatorische Versicherung für Sherpa bei Bergbesteigungen.

AUF DER WANDERUNG

Unterkunft: Wenn Sie abends in einer Unterkunft ankommen, sollten Sie mit dem Wirt eine Übereinkunft über die Kosten der Übernachtung treffen. Schauen Sie sich um, stellen Sie fest, welche Ausstattung das Haus bietet, und legen Sie die Kosten für Mahlzeiten fest. In einigen Herbergen verzichtet man auf die Übernachtungskosten, wenn man im selben Haus ißt. In anderen Herbergen kann sich der Preis auf nur 5 Rs pro Tag belaufen. Im Durchschnitt liegt er jedoch bei 10 Rs und in besseren Häusern bei 20 oder 50 Rs. Es gibt in den Bergen auch einige richtige Hotels. Sie wurden vor allem mit staatlichen Krediten gebaut. Einige derartige Häuser finden Sie in Lukla und Jomsom. Sie sind vorwiegend für Besucher bestimmt, die des Trekkens müde sind. Zu Zeiten starker Nachfrage, z. B. vor zusätzlichen Flügen aus Lukla oder wenn der Schnee auf dem Paß in Manang oder Muktinath zu einem Überhang an Trekkern geführt hat, nehmen die Herbergsbesitzer, was sie erhalten können. Dann wird es aber auch schwierig und teuer, überhaupt eine Unterkunft zu finden. Meistens jedoch zahlt man zwischen 10 und 20 Rs und hat nicht allzu viele Probleme, ein Dach über dem Kopf zu erhalten.

Im allgemeinen schreibt der Wirt alles auf, was gegessen und getrunken wurde, und kassiert am Morgen den Gesamtbetrag. Es empfiehlt sich, darüber selbst ebenfalls Buch zu führen, da sich bei viel Betrieb auf Ihrer Rechnung schnell Beträge einfinden können, die auf dem Verzehr anderer Trekker beruhen. Viele Unterkünfte verfügen über eine Speise- und Getränkekarte, auf denen alle Preise angegeben sind, auch die Kosten für eine Übernachtung. Dabei ist es selten möglich zu handeln. Die Preise auf der Karte sind üblicherweise fest und fair. Seltsamerweise läßt es sich, wie es scheint, am besten in den besseren Hotels feilschen, also in Häusern der Preisklasse ab 10 US $ pro Tag, die einen großen Teil des Geschäftes an kleinere und billigere Häuser abtreten mußten.

Normalerweise dauert die Zubereitung eines Essens, wenn es sich nicht um *Dhal Bhaat* oder einen anderen Eintopf handelt, der bereits fertig ist, ein bis zwei Stunden. Sie sollten daher bereits kurz nach der Ankunft Ihre Bestellung aufgeben und den gewünschten Zeitpunkt des Essens nennen. In den Bergen findet man aber auch einige vornehmere Schnellrestaurants. Die besten davon liegen in Namche, Lukla und am Kali Gandaki. Wer hier einkehrt, kann damit rechnen, ein westliches Gericht in einer exotischen Variante zu erhalten. Häufiger hat man jedoch nur die Wahl zwischen *Dhal Bhaat* mit Gemüse (*Tarkari*), das zwischen 20 und 40 Rs kostet, und *Dhal Bhaat* mit Fleisch (*Maasu*), für das man zwischen 20 und 30 Rs oder mehr bezahlen muß. Eier (*Phul* oder *Andaa*) kosten – wenn vorhanden – zwischen 2 und 6 Rs pro Stück.

Im überwiegenden Teil der Unterkünfte wird eine große Auswahl an alkoholfreien Getränken in Flaschen, Bier und in Flaschen abgefülltes Wasser angeboten. Auch Tee und Kaffee mit Milch und sehr viel Zucker werden zubereitet. Wer schwarzen Tee oder Kaffee möchte, sollte dies ausdrücklich bestellen. Viele Hotels können auch mit exotischen Getränken aufwarten, die aus Rum, einheimischem *Rakshi* und Früchten gemischt werden.

Die meisten Nepali frühstücken nach dem Aufstehen nicht, sondern trinken zunächst nur Tee mit Milch. Gegen 10.00 Uhr wird dann aber ein umfangreiches, spätes Frühstück bestehend aus Reis und Gemüse eingenommen. Wer in einer Herberge wohnt, richtet sich am besten nach diesem Rhythmus, da er wahrscheinlich sonst erst spät aufbrechen kann. In den besseren Häusern kann man im allgemeinen morgens etwas bestellen, ohne allzu lange warten zu müssen. Besser ist es jedoch, das bereits am Abend vorher zu organisieren. Sie können zudem Zeit am Morgen sparen, wenn Sie Getreideflocken oder Müsli zum Frühstück mitnehmen. *Chiuraa* (gestampfter Reis), der vor Ort erhältlich ist, bildet einen weniger leckeren, aber zufriedenstellenden Ersatz. Sie sollten auf diese Weise in der Lage sein, einige Stunden mit Tee und Keksen im Magen zu wandern, bevor Sie gegen 9.00 oder 10.00 Uhr an einem Ort ankommen, an dem bereits *Dhal Bhaat* zubereitet wurde.

Wer gegen 12.00 oder 13.00 Uhr zu Mittag essen möchte, wird so gut wie sicher eine oder zwei Stunden warten müssen, in denen der Koch in einer Unterkunft am Weg speziell für ausländische Besucher Reis kocht. Je nach Ihrem Zustand und Ihrer Kondition mag dies eine angenehme oder unerwünschte Pause bedeuten. Wer lange warten muß, sollte es akzeptieren und die Zeit für eine Rast nutzen, anstelle zu versuchen, die Zubereitung des Essens in der Küche voranzutreiben. Eine Unterkunft mit Restaurant kann richtig chaotisch werden, wenn 20 Personen 20 verschiedene Gerichte in einem Dutzend verschiedener Sprachen bestellen. So etwas bringt selbst einen westlichen Koch zur Weißglut, der mit Bestell-Bons arbeitet und alles Notwendige zur Verfügung hat. In einem kleinen Lokal, in dem der Wirt alles über einem einzigen Holzfeuer mit einer begrenzten Anzahl von Töpfen zubereitet, kann es zum Chaos werden. Wer sich an den einheimischen Zeitplan mit einem Tee-Frühstück und einem Brunch um 10.00 Uhr anpassen kann, vermeidet mittags lange Wartezeiten auf ein Essen. Wem dies nicht möglich ist, der kann immer noch eine Menge Zeit sparen, wenn er sich mit anderen Trekkern abspricht und die Zahl der bestellten Gerichte auf zwei bis drei beschränkt.

In den Gasthäusern an den bedeutenden Trekking-Routen können Sie sich verhalten wie in jedem kleinen Lokal anderswo auch. In abgelegeneren Gebieten, in denen diese Lokale in erster Linie von Einheimischen leben, sollten

Sie versuchen, sich den Bräuchen der Ortsansässigen anzupassen. Wichtig ist dabei, sich aus der Küche fernzuhalten. In höheren Lagen werden Essen und Trinken teurer. Im Tiefland zahlt man für einen Tee eine Rupie und an Orten, die drei oder mehr Tage von einer Straße entfernt sind, 2 Rs. Mit 3 bzw. 4 Rs müssen Sie jedoch rechnen, wenn Sie zu den hochgelegenen Siedlungen wie Lobuje und dem Basislager am Annapurna gelangen. Wenn das Essen und die Getränke teuer sind, verleitet dies dazu, weniger zu essen und zu trinken. Dieser Versuchung müssen Sie widerstehen, da eine der wichtigen Vorbeugemaßnahmen gegen die Höhenkrankheit eine große Flüssigkeitsaufnahme ist. Wer wenig ißt, wird schwach und anfällig für Unterkühlung.

In den Lokalen in hohen Lagen werden nur selten auch richtige Zimmer vermietet. Im allgemeinen gibt es dort Schlafsäle mit riesigen Betten, in denen zwischen 10 und 20 Personen häufig in zwei Reihen schlafen. Die Höhe führt häufig dazu, daß man sich nicht wohl fühlt, nicht schlafen kann sowie mürrisch und komisch wird. In den Hotels kann es dann viel Ärger über das Öffnen und Schließen von Türen in der Nacht geben. Ohropax sind für solche Situationen eine gute Investition. Wenn man guten Schlaf und Privatsphäre schätzt, sollte man sich überlegen, ob man nicht besser ein eigenes Zelt mitbringt.

Während der Trekking-Saison findet täglich ein Ansturm auf die Unterkünfte statt. Es ist sicher nicht unbedingt sehr angenehm, seine Ferien damit zu verbringen, mit anderen Trekkern einen Wettlauf um einen guten Platz oder ein Zimmer im besten Quartier im nächsten Dorf zu veranstalten. In der Everest-Region kann dies aufgrund der Höhenunterschiede und der Möglichkeit, höhenkrank zu werden, sogar gefährlich sein. Wer merkt, daß er nach dem gleichen Zeitplan wie eine ganze Gruppe anderer Trekker unterwegs ist, sollte sich einen halben Tag Pause gönnen und versuchen, einen Tag hinter den übrigen Bergwanderern zu bleiben. Gaststätten, in denen man traditionell zu Mittag ißt, sind häufig am Abend leer und Hotels, die nachts überfüllt sind, können zur Mittagszeit förmlich verlassen sein.

Wer mit einem Führer unterwegs ist, für den sieht die Suche nach einer Unterkunft anders aus. Theoretisch sollte ein Führer gebildeter als ein Träger und zudem fähig sein, ohne Probleme eine preiswerte Wanderung zu organisieren. Dies kann auch Ausdruck in der Kunst finden, mit so wenig Arbeit wie möglich so viel Geld wie möglich zu verdienen. Wer einen verantwortungsbewußten Führer angeheuert hat, bittet diesen am besten darum, alles zu organisieren, so daß man selbst morgens nur die Rechnung zu bezahlen braucht. Gelegentlich wird ein Führer Ihnen dann aber auch die Rechnung für mehrere Gläser *Chang*, zusätzliche Verpflegung und Verluste im Kartenspiel der letzten Nacht überlassen. In solchen Fällen ist es am besten, sich mit dem Führer auf einen täglichen Betrag für seine Spesen zu einigen. Jeder zahlt dann für Essen und Unterkunft getrennt. Der Betrag sollte sich dabei auf 40–60 Rs pro Tag belaufen. Wenn Sie zudem noch 20 Rs pro Tag für Getränke und Zigaretten veranschlagen, machen Sie einem Führer ein großzügiges Angebot.

Wenn ein Quartier gleichzeitig als Haus der Familie dient, und zwar ganz gleich, ob es auf einem Schild als „Hotel" angepriesen wird oder nicht, kann es schwierig werden, Schlaf zu finden, bevor nicht der gesamte Haushalt zur Ruhe gekommen ist. Trekker, die den ganzen Tag gewandert sind und sich verausgabt haben, benötigen mehr Schlaf als normalerweise zu Hause, häufig bis zu 10 oder 11 Stunden pro Tag. Dorfbewohner, die sich am Tag nicht erschöpfen, mögen mit 6–8 Stunden auskommen. Daraus entsteht leicht ein Konflikt. Der Konflikt kann zudem eskalieren, wenn die unvermeidliche Alkohol- und Kartenrunde eine Tür neben oder – noch schlimmer – in Ihrem Schlafzimmer stattfindet. Ein weiteres Hindernis beim Einschlafen sind die allgegenwärtigen Sendungen von Radio Nepal, die erst gegen 23.00 Uhr beendet werden.

In den besonders abgelegenen Gebieten, in denen es keine offiziellen Hotels gibt, finden Wanderer häufig in Privathäusern Unterkunft und Verpflegung. Sie werden möglicherweise auch in einem Privathaus übernachten, wenn Ihr Führer Freunde in einem bestimmten Dorf hat, wenn jemand gerade eine neue Unterkunft eröffnet oder wenn Sie nicht mehr bis zum nächsten richtigen Hotel gelangen. Auch wenn es Ihnen erscheinen mag, als würden Sie wie Gäste behandelt, wird der Hausherr immer erwarten, daß Sie für Unterkunft und Verpflegung bezahlen. Die Preise sind in derartigen Situationen flexibel. Der Besitzer des Hauses wird jedoch am Morgen Ihres Aufbruchs im allgemeinen einen fairen Vorschlag unterbreiten, aber man ist meistens scheu, so daß Sie fragen müssen, wieviel der Hausherr berechnen möchte.

In einem Privathaus müssen Sie möglicherweise abwarten, bis alle anderen sich zum Schlafen entschlossen haben, bevor Sie Ihren Schlafsack ausrollen können. Vergewissern Sie sich vorsorglich auch, wo die Toilette ist – wenn vorhanden. Werfen Sie in Privathäusern zudem keinen Abfall in das Küchenfeuer. Wenn eine religiöse Statue oder ein Altar im Haus vorhanden ist, dann legen Sie sich zum Schlafen so, daß Ihre Füße nicht in diese Richtung weisen.

Führer und Träger auf Trekking-Touren: Wer mit Trägern unterwegs ist, muß sich damit abfinden, daß das Tempo durch die Träger vermindert wird. Sie transportieren 30 kg bergauf und bergab und können nicht so schnell gehen, wie es einem Trekker mit einem leichten Rucksack möglich ist. Das Wetter, die Steigung, Krankheit und Feste können einen Zeitplan ebenfalls ändern. Hüten Sie sich insbesondere davor, in der Zeit des Dasain-Festes im Oktober zu wandern, wenn es so gut wie unmöglich ist, Träger zu finden, oder diese ohne Vorwarnung einfach verschwinden.

Sie werden auf einer Trekking-Tour wahrscheinlich nur selten einen Streik erleben, jedoch möglicherweise feststellen, daß sich die abendliche Diskussion über das Ziel des nächsten Tages in eine schwierige Verhandlung verwandelt hat. Auf den häufig genutzten Wanderrouten gibt es Halteplätze, mit denen die Träger vertraut sind. Dann ist es schwierig, dieses Schema zu ändern. Auf einer Tour war ich vor einiger Zeit einmal sehr zufrieden, daß ich zur Mittagszeit des dritten Tage bereits drei „Trägertage" zurückgelegt hatte, und wollte nach dem Mittagessen noch ein gutes Stück bewältigen. Ein verlegener *Sirdar* informierte mich daraufhin, daß der Ort für die Mittagspause auch unser Lager für die Nacht bilden würde. Er erklärte mir, daß es nach den üblichen Regeln drei volle Tage dauern würde, bis man diese Strecke zurückgelegt habe. Wie lange wir wirklich benötigt hätten, sei unbedeutend. Weder Worte noch Geld konnten die Träger dazu veranlassen, vor dem nächsten Tag weiterzugehen, an dem wir dann, wie im Programm vorgesehen, am frühen Morgen aufbrachen.

Tagesverlauf bei einer Gruppenwanderung: Der Tag bei einer Gruppenwanderung beginnt um 6.00 Uhr mit dem Ruf „Tea, Sir". Dann wird bald eine Tasse Tee oder Kaffee durch den Zelteingang sichtbar. Nachdem die Teilnehmer ihren Tee oder Kaffee getrunken, oder wie ich manchmal, über das ganze Zelt verteilt haben, packen sie ihre Ausrüstung zusammen und tauchen zu einem leichten Frühstück mit Darjeeling-Tee, Kaffee, Porridge und Eiern oder Pfannkuchen auf. Während sie essen, bauen die Sherpa die Zelte ab und packen die Ladungen für die Träger. Die ganze Gruppe macht sich dann im allgemeinen gegen 7.00 Uhr auf den Weg. Der frühe Aufbruch hat den Vorteil, daß man im Laufe des kühlen Morgens den größten Teil der Tagesstrecke zurücklegen kann. Selbst bei Gruppenwanderungen finden viele Trekker noch eine Möglichkeit, überwiegend allein zu gehen. Das liegt daran, daß die Träger langsamer sind und die Sherpa, insbesondere die für die Küche Verantwortlichen, vornweg rasen, um bereits das Essen vorzubereiten, bevor die Teilnehmer an einer Gruppenwanderung ankommen. Eine Wanderung bietet aber auch viel Zerstreuung. So ist es nicht ungewöhnlich, Sherpa und Trekker in Läden oder *Bhattis* zu finden. Gelegentlich mag sich eine ganze Gruppe dazu entschließen, eine Pause einzulegen, um einem Fest oder einem anderen besonderen Ereignis am Weg beizuwohnen. An einem geeigneten Ort wird gegen 11.00 Uhr ein ein- bis zweistündiger Stop zum Mittagessen eingelegt. Dazu gehören der unabdingbare Tee, ein Teller Reis, Kartoffeln oder Nudeln und etwas frisches oder in Dosen konserviertes Fleisch sowie Gemüse der Saison.
Die Nachmittagswanderung ist kürzer und endet meistens bereits gegen 15.00 Uhr, wenn man im allgemeinen eine Runde macht, um festzustellen, daß die Zelte auf einem Feld in der Nähe eines Dorfes bereits aufgeschlagen wurden.

Die Küchen-Crew bereitet wiederum Tee und Kaffee kurz nach der Ankunft im Lager zu. Dann folgen ein oder zwei Stunden, um die Blasen zu versorgen, zu lesen, die Ausrüstung umzupacken oder zu sortieren, zu waschen oder vor dem Abendessen die Umgebung zu erkunden.

Üblicherweise führen Trekking-Gruppen westlichen Proviant mit, wobei es, wenn auch nicht täglich, sehr häufig Hühner-, Ziegen-, Schaf- oder Rindfleisch gibt. Kühe sind in Regionen mit hinduistischem Einfluß heilig, so daß an Ort und Stelle kein Rindfleisch erhältlich ist. Der Koch bringt durch den Ersatz von Reis durch Kartoffeln, Nudeln oder anderes Vielfalt in die Küche. Das Essen ist im allgemeinen lecker und reichlich, vielleicht jedoch nach zwei Wochen etwas langweilig. Die Gerichte werden zudem die Phantasie des Kochs auf die Probe stellen, der es hier mit Nahrungsmitteln zu tun hat, die er aus eigenem Antrieb nie verwenden würde. Die meisten Trekker fühlen sich bei dieser Kost gesund und fit, da das Essen frisch und natürlich ist und keine Konservierungsstoffe enthält.

Die Sonne geht während der Trekking-Saison gegen 6.00 Uhr auf und um 18.00 Uhr unter. Danach bleibt Zeit, bei Kerzenlicht zu lesen oder in der Dunkelheit zusammenzusitzen und sich zu unterhalten. Um Feuerholz zu sparen, wird jedoch nie ein Lagerfeuer entzündet. Die meisten Trekker schlafen gegen 20.00 oder 21.00 Uhr ein.

Tagesverlauf bei einer organisierten Trekking-Tour: Auf organisierten Bergwanderungen ist ein *Sirdar* nur für das Essen, die Ausrüstung, Geld und die Ausführung der Anweisungen verantwortlich, die er von der Trekking-Organisation erhalten hat. Wie sorgfältig auch alles arrangiert worden und wie erfahren ein Sherpa auch ist, es wird immer einige Komplikationen geben. Eine organisierte Trekking-Tour ist nach einem festen Plan ausgearbeitet worden, nach dem die Sherpa damit rechnen, an einem bestimmten Ort zu einer bestimmten Zeit anzukommen. Wer krank oder langsam ist und dies dem Sherpa nicht zu verstehen gibt, muß vielleicht feststellen, daß das Lager und das Abendessen weit entfernt auf ihn warten. Wenn Ihnen so etwas als Teilnehmer an einer organisierten Trekking-Tour passiert, dann sorgen Sie dafür, daß der Sherpa solche Probleme oder andere Wünsche erfährt.

Die meisten Sherpa sind wirklich professionell. Sie werden sich große Mühe geben, den Teilnehmern entgegenzukommen, wenn sie verstehen, was die möchten. Wer nicht der täglichen vorgesehenen Routine folgen will, sollte dies am Anfang der Trekking-Tour entscheiden. Wenn diese Routine erst einmal zur Gewohnheit geworden ist, läßt sie sich nur noch schwer ändern.

Wenn Sie an einer organisierten Trekking-Tour teilnehmen, bringen Sie sich vielleicht auch etwas eigenen Proviant mit, etwa einen Leckerbissen, den Sie sich für große Höhen oder besondere Situationen aufbewahren möchten.

Wer so etwas dem Koch bereits am Anfang der Tour übergibt, findet es wahrscheinlich (trotz anderer Anweisungen) in den Gerichten der ersten Tagen verarbeitet oder, schlimmer noch, den Sherpa vorgesetzt wieder. Besondere Lebensmittel sollten Sie daher in Ihrem eigenen Gepäck mitführen, um derartige Fehler zu vermeiden.

Trekking-Routen: Es ist nicht einfach, sich in den Bergen völlig zu verlaufen, aber es kann gelegentlich eine Herausforderung sein, einem bestimmten Wanderweg zu folgen, insbesondere dann, wenn man dies in einem großen Dorf versucht. Wer sich auf einer der bedeutendsten Wanderrouten aufhält, kann meistens Einheimische um Rat fragen. Kinder, die schreiend in eine bestimmte Richtung zeigen, versuchen aber auch manchmal, Trekker in die Irre zu führen. Achten Sie auf die Fußspuren von anderen Trekkern und Pfeile, die von Führern von Wandergruppen zur Kennzeichnung des Weges angebracht wurden. Es lohnt sich immer, mit Einheimischen zu sprechen und sie nach dem richtigen Weg fragen, der Sie zu Ihrem nächsten Ziel bringen soll, aber auch nach dem Zustand, der Sie auf dieser Strecke erwartet.
Wer in seltener besuchten Gebieten unterwegs ist, muß sich an die dort Ansässigen wenden. Dann sollten Sie Ihre Frage aber so formulieren, daß die Antwort zwangsläufig der Hinweis in eine bestimmte Richtung sein muß. *Kun baato Namche Bazaar jaanchha?* (Welcher Weg führt nach Namche Bazaar?)

ist im allgemeinen die richtige Art und Weise. Wer selbst auf einen Weg weist und dann fragt, ob dies der richtige sei, muß damit rechnen, daß die Antwort immer „ja" lautet, da die Nepali jeden erfreuen möchten. Fragen Sie immer nach dem nächsten Dorf in der gewünschten Richtung. Die Menschen, die in der Nähe von Jiri wohnen, haben vielleicht keine Vorstellung davon, wo Namche Bazaar liegt, kennen jedoch den Weg nach Shivalaya, dem nächsten Dorf.
In besonders abgelegenen Gegenden sollten Sie sich auf Verwirrung bei den Ansichten über die Richtung und die Zeit gefaßt machen. Ich habe es erlebt, daß eine Frage nach dem Weg zu einer heftigen Diskussion von 10 und mehr Personen geführt hat, die verschiedene Meinungen über die beste Route und über die für die Strecke benötigte Zeit hatten.

Kontrollposten der Polizei: Es gibt im ganzen Land verstreut Polizeiposten. Auch wenn die Bestimmungen über das Trekken nicht unbedingt vorschreiben, daß man jeden Polizeiposten auf der Route aufsuchen muß, scheinen einige Polizisten der Ansicht zu sein, daß dies der Fall ist. Als allgemeine Regel gilt, daß es ratsam ist, sich an die dortigen Beamten zu wenden, wenn ein Schild oder eine Schranke auf dem Weg zu sehen ist. Die Formalitäten beschränken sich im allgemeinen auf die Registrierung des Namens in einer Liste. In einigen Orten kann es sich jedoch auch um eine umständliche Prozedur handeln, bei der verschiedene Formulare auszufüllen und Eintragungen auf Ihrer Trekking-Genehmigung vorzunehmen sind. In den Nationalparks sehen häufig Armeeposten wie Polizeiposten aus. Hier wird die Quittung über die Zahlung der Eintrittsgebühr geprüft.

SOZIALE GESICHTSPUNKTE UND UMWELTASPEKTE

Ausländer aus der Sicht der Einheimischen: Auch wenn Nepal seit 1950 für Ausländer zugänglich ist, gibt es einige Orte im Königreich, die weder von Trekkern noch von Fotografen, Expeditionen und Entwicklungshelfern je besucht wurden. Ausländer, insbesondere hellhäutige Menschen aus dem Westen, sind in Nepal leicht zu erkennen. Die Nepali machen sich ihr Bild von ihnen nach dem Verhalten der Vorgänger, so daß sich mit jedem weiteren Besucher ein Stereotyp entwickelt.

Leider ist es das Bild von wohlhabenden Menschen mit einer überlegenen Kultur, das Ausländer gern von ihrer Heimat vermitteln. Es wird verstärkt durch das Verteilen von Luftballons, Süßigkeiten und Stiften an nepalische Kinder. Das Bild hat sich jedoch auf einer viel weitreichenderen Ebene entwickelt.

Bergsteigerexpeditionen haben scheinbar unbegrenzte Summen an Geld für Träger, Sherpa und Ausrüstung ausgegeben, darunter auch in großem Maße für gute Kleidung und Ausrüstung der Sherpa bei Wanderungen in höhere Lagen. Am Schluß einer Expedition werden überschüssige Nahrungsmittel und Teile der Ausrüstung verschenkt, weil man sonst alles wieder einpacken und mit nach Hause nehmen müßte. Dieses Verhalten wird häufig durch Stiftungen und andere große Organisationen begünstigt und ist nicht unbedingt den Mitgliedern von Expeditionen selbst anzulasten. Es führt aber dazu, daß viele Nepali mit einiger Berechtigung glauben, daß Personen aus dem Westen über unglaubliche Mengen an Geld verfügen und alles, was sie erübrigen können, einfach jenen geben, die am lautesten danach schreien.

Ein interessantes Nebenprodukt dieses Phänomens bildet die Vielfalt an gebrauchter Bergsteigerkleidung, die man früher zu Spottpreisen in Kathmandu finden konnte. Dies war möglich, weil niemand in Nepal dafür jemals etwas bezahlt hatte. Ein Nepali erhielt ein oder mehrere Bekleidungsstücke als Geschenk oder für ein geringes Entgelt und verkaufte sie dann meistbietend weiter. Heute entsprechen die Preise jenen im Westen oder liegen noch darüber. Clevere Ladenbesitzer haben sich inzwischen bereits Kataloge von Ausrüstungsunternehmen angesehen und bestimmen ihre Preise nach denen für neue Sachen im Einzelhandel der Heimatländer von Touristen.

Die Sherpa und andere Nepali, die mit Trekkern und Teilnehmern an Bergexpeditionen Kontakt haben, sind sich des Preises für ein Flugticket von Europa nach Nepal durchaus bewußt. Für Menschen in einem Land, in dem das jährliche Pro-Kopf-Einkommen umgerechnet 170 US $ beträgt, ist der Gegenwert von 2.000 DM ein astronomischer Betrag. Wie klein auch immer die Reisekasse eines ausländischen Besuchers sein mag, er hatte immerhin die Möglichkeit, nach Nepal zu gelangen. Die Nepali wissen dies und sind nicht bereit zu akzeptieren, daß sich jemand über Geldmangel beklagt, der gemessen an ihren Verhältnissen bereits drei Jahresgehälter und damit genug Geld, um drei große Häuser zu bauen, allein für die Anreise nach Nepal ausgegeben hat. Es ist unmöglich, einem Nepali in den Bergen die tatsächliche wirtschaftliche Situation eines Besuchers aus Europa zu erklären.

Viele Trekker und Expeditionsmitglieder haben in der Vergangenheit den Sherpa beachtliche Trinkgelder gegeben. Berichte von 100 US $ sind keine Seltenheit. Vergleichen Sie einmal ein Trinkgeld von 40 US $ für eine sechstägige Wanderung mit dem Verdienst von 10 US $. Derartige Trinkgelder lassen die Löhne steigen, was zu höheren Forderungen an die nächsten Trekker und die nächsten Expeditionen führt. Sie tragen zudem zum ungesunden Bild von den reichen, großzügigen und verrückten Weißen bei. Dies macht es für Individualreisende mit wenig Geld schwer, einem Nepali verständlich zu machen, daß er keine maßlosen Löhne, Trinkgelder oder riesige Mengen an Verpflegung auf einer Wanderung bezahlen kann.

Gutmeinende Besucher reagieren häufig übertrieben bei der Ausrüstung Ihres Personals bei Trekking-Touren und sorgen für astronomische Mengen an Kleidung usw. Das ist sicher freundlich und großzügig, denn die Träger benötigen in der Tat warme Schuhe, Kleidung und Schneebrillen, wenn eine Wanderung durch die Berge führt. Viele Trekker tun jedoch des Guten zuviel, was zur Folge hat, daß Träger immer häufiger schöne und neue Kleidung fordern. Die legen sie dann in unbenutztem Zustand weg, um sie später zu verkaufen. Auf der Trekking-Tour verwenden sie häufig weiterhin ihre alten Wolldecken, um sich warmzuhalten. Träger benötigen Schutz und Sorge, aber viele Trekker gehen weit darüber hinaus. Das hat zu einer unvernünftigen Erwartungshaltung bei vielen Trägern geführt und macht es schwierig und teuer, sie anzuheuern, insbesondere in der Annapurna-Region.

Durch ausländische Hilfsorganisationen wurden in Nepal Schulen, Krankenhäuser, Straßen sowie Projekte zur Strom- und zur Wasserversorgung finanziert. Die Infrastruktur wird ebenfalls zu großen Teilen von Organisationen aus der westlichen Welt verbessert, auch wenn es im allgemeinen Bemühungen gibt, zudem lokale Arbeitskraft und Geld aus Nepal für solche Vorhaben zu verwenden. Nepal benötigt diese Projekte, die einen großen Dienst leisten, aber die Art der Finanzierung trägt dazu bei, das Vorurteil zu stärken, bei Ausländern handele es sich um Menschen mit viel Geld, von dem man etwas abbekommen könne, wenn man es nur klug genug angeht.

Viele Trekker fühlen sich mit den Dorfbewohnern und den Sherpa, die sie kennengelernt haben, sehr verbunden. Zahlreiche von ihnen haben die Schulausbildung einheimischer Kinder unterstützt oder sogar Nepali eine Fahrt ins Ausland ermöglicht. Diese Praxis ist sicher gut gemeint und freundlich, ermutigt jedoch die Bewohner Nepals, bei ihren Kontakten mit Menschen aus dem Westen nur noch einen derartigen Vorteil zu suchen. Die Botschaft der USA in Kathmandu hat bereits eine Information mit dem Titel „Wenn Sie Ihren Sherpa mit nach Amerika nehmen möchten" herausgegeben, in der einige Prozeduren in dieser Hinsicht und die Fallstricke aufgezeigt werden.

Das Problem beschränkt sich nicht nur auf die Berge und die Handlungen einiger gedankenloser Einzelpersonen. Viele Nationen sind darauf aus, einen Fuß in einem, wie sie meinen, strategisch wichtigen Teil der Welt zu behalten. Sie geben daher riesige Summen für Hilfsprogramme in Nepal aus, um ihre Position zu stärken. Derartige Entwicklungshilfeprojekte würden nicht weiter zu einem schiefen Bild von den Weißen beitragen (und ohne Zweifel besser wirken), wenn dabei nicht auch Personen aus dem Westen großzügig unterstützt würden, die für solche Projekte arbeiten. Viele Ausländer leben in Kathmandu und in anderen Orten in Nepal wie in ihren Heimatländern. Das heißt, sie essen Nahrungsmittel, die auf Kosten ihrer Staaten eingeflogen wurden, und werden von mehr Bediensteten umringt, als sie zu Hause bezahlen könnten.

Die meisten Ausländer bringen ein erstaunliches Aufgebot an Fotoapparaten und Zubehör, Kassettenrekordern und anderen technischen Spielereien nach Nepal mit, die selbst für westliche Verhältnisse teuer sind. Es ist um so überraschender, als viele von ihnen auf diese Dinge kaum achtgeben. Eine erstaunliche Anzahl von Trekkern vergißt ihre Kamera an einem Felsen oder verschenkt ihre Uhr am Ende der Wanderung. Nicht nur, daß Weiße diese Gegenstände kaufen können, prägt das Bild von ihnen, sondern auch, daß sie nicht darauf achten. Vergleichen Sie diese Verhaltensweisen einmal mit einem Träger, der 60 kg auf seinen Rücken lädt, um etwas mehr Geld zu verdienen, oder mit einem Küchenjungen mit den wieder und wieder geflickten Jeans, Schuhen und dem ärmlichen Rucksack. Solche Besucher aus dem Westen sind den Nepali ein gewohnter Anblick. Möglicherweise werden sie ihnen auch Attribute wie Ernsthaftigkeit, Lustigkeit oder Spaß zubilligen, das wichtigste aber bleibt der Reichtum. Viele Nepali sehen ihre persönliche Pflicht darin, ausländische Besucher um einen Teil ihres Geldes zu erleichtern. Sie versuchen dies, indem sie an den Sinn der Ausländer für Fairness appellieren, oder durch Tricks, Erpressung (z. B. durch einen Trägerstreik in einer abgelegenen Gegend), durch Cleverness oder sogar durch Diebstahl. Touristen in Nepal haftet das Bild von achtlosem Reichtum an. Ganz gleich, was Sie auch selbst tun mögen, um es zu ändern, es ist sehr hilfreich, sich dies vor Augen zu halten, um das Verhalten der Einheimischen auf einer Trekking-Tour in Nepal zu verstehen.

Umweltschutz: Die Bevölkerung Nepals wächst rasant. In den 16 Jahren seit der ersten Auflage dieses Buches ist die Einwohnerzahl von 12 auf 19,5 Millionen gestiegen. Das Tempo der Entwicklung nimmt aber sogar noch zu. Während der 11 Jahre von 1978 bis 1989 erhöhte sich die Anzahl der Fahrzeuge von nur 7.500 auf 60.000, von denen etwa die Hälfte im Kathmandu-Tal im Einsatz ist. Es gibt heute tatsächlich schon Verkehrsstaus in Kathmandu, und der unablässige Lärm und die Umweltverschmutzung durch die Kraftfahrzeuge sind bei der Ankunft sofort zu spüren. Die Tage, an denen man vom Kathmandu-Tal aus bei klarem, blauem Himmel einen guten Blick auf die Berge hat, sind selten geworden. Heute sehen Sie den Smog bereits beim Anflug auf Kathmandu.

In den Bergen hat sich das Bevölkerungswachstum auf viele Arten ausgewirkt. Vor 10 Jahren wurden Proteste gegen Abfälle laut, die Trekker und Teilnehmer an Expeditionen auf der Everest-Route hinterließen. Dies war jedoch kein wichtiges Thema im Vergleich mit den sanitären Problemen, der Überweidung, der Abholzung, den Erdrutschen und der unkontrollierten Zunahme der Hotels für Wanderer, mit denen sich Nepal jetzt konfrontiert sieht.

In den Bergen existiert zwar immer noch kein organisiertes System der Müllbeseitigung, aber viele der Bergbewohner der Region erhalten mehr und mehr Güter aus Kathmandu. Ein Blick auf die Berge von abgetragenen Schuhen und zerbrochenem Spielzeug in den Straßen von Namche zeigt Ihnen, daß Müll nicht nur ein Problem der Trekker ist. Die Berge von Abfall und Exkrementen in Ghorapani und an der Route zum Annapurna-Naturschutzgebiet sowie die rücksichtslose Abholzung von Rhododendron-Wäldern zwischen Ghorapani und Ghandruk, um noch mehr Hotels bauen zu können, wurden jedoch von Trekkern verursacht. Der Schutz, der für einen Nationalpark gefordert ist, kann jedoch zu noch größerem Druck in diese Richtung führen. Man benötigt mehr als 100 bewaffnete Soldaten, um dafür Sorge zu tragen, daß den Regelungen für den Sagarmatha-Nationalpark Geltung verschafft wird, in dessen Gebiet weniger als 2.500 Menschen leben.

Es ist naiv zu glauben, daß die Erhaltung des ökologischen Gleichgewichts des Himalaja in einer unberührten Region möglich sei. Um dieses Ziel zu realisieren, wäre es notwendig, ganze Dörfer umzusiedeln, wie dies am Rara-See und im Chitwan-Nationalpark geschehen ist.

Der wichtigste Grund für die Zerstörung der Wälder in der Himalaja-Region liegt in dem Druck der wachsenden Bevölkerung, die auf die Vegetation als Nahrungsmittel, Futtermittel, Brennstoff oder Schutz angewiesen ist. Das Fehlen von Straßen und anderer Infrastruktur zusammen mit dem Fehlen jedweder Vorkommen von anderen Brennstoffen erlaubt keine einfache Alternative. Ca. 70 % der gesamten Energieproduktion Nepals wird heute noch durch Brennholz gedeckt. Das unvermeidliche Resultat der weiteren Zerstörung der Wälder ist eine zunehmende Erosion und ein umfangreicher Verlust von Mutterboden.

Am dramatischsten wird das Schlagen ganzer Wälder an den riesigen Erdrutschen deutlich, die Felder, Häuser und gelegentlich ganze Dörfer fortreißen. Wenn Sie nach Nepal fliegen oder in Nepal wandern, dann können Sie mit Leichtigkeit viele derartige Beispiele für solche Erdrutsche sehen. Eine Lösung wäre die massive Wiederaufforstung, aber für die Bergbevölkerung ist sie zu teuer und nicht lohnend, da die Pflanzungen zunächst durch Zäune geschützt müßten, um Rinder und Ziegen abzuhalten. Zäune sind teuer, zumal der finanzielle Nutzen erst nach langer Zeit sichtbar ist.

Touristen, insbesondere Trekker, tragen zu dem Problem noch bei. In einem typischen Hotel werden pro Tag zwischen drei und acht Ladungen Feuerholz (zu je 25 kg) verbrannt. Hinzu kommt, daß eine große Wandergruppe zwischen drei und fünf Ladungen pro Tag verbrauchen kann. Die Regelungen für die Nationalparks, die es verbieten, Feuerholz zu verwenden, treffen nicht auf die Hotels zu. Eine Ausnahme bildet das Annapurna-Naturschutzgebiet, in dem es allen Personen verboten ist, Holz zu verfeuern. Dieses Hintertürchen erlaubt es einzelnen Wanderern und den

Trägern bei Gruppenwanderungen, die Beschränkungen für den Brennstoffverbrauch zu umgehen. Mehr als 10.000 Trekker besuchen die Everest-Region jährlich, und 25.000 sind es in den Gebieten von Jomsom und im Annapurna-Naturschutzgebiet. Über die Hälfte der Wanderer nutzt die Unterkünfte.

Jeder sollte den Bergbewohnern das Recht einräumen, nicht nur in ihren traditionellen Häusern zu wohnen, sondern auch ihren Lebensstandard zu verbessern. Ihr Lebensstil mag malerisch erscheinen, aber es handelt sich um eine Form des Lebens, die an der Grenze zum Überleben liegt und die durch zahlreiche Methoden der Erschließung verbessert werden könnte. Trekker können zu einer derartigen Entwicklung beitragen, indem sie nicht nur Bargeld mitbringen, sondern auch mit gutem Beispiel vorangehen. Lösungen für Energieprobleme, wie z. B. Wasserkraftwerke, Biogas-Generatoren, Nutzung der Solarenergie und Einfuhr von fossilen Brennstoffen wie Öl usw., erfordern Zeit und kosten Geld.

Die Entwicklung und die Einführung solcher Lösungen des Energieproblems werden die Erfahrung des Wanderns ändern und mit Sicherheit die Kosten für das Trekken steigern. Versuche in dieser Richtung sollten unterstützt werden, selbst wenn dadurch der Preis für eine Bergwanderung steigt. Es ist teurer, in einem Hotel zu essen, das einen neuen, energiesparenden Holzherd oder einen Kerosinherd und eine saubere Latrine besitzt, und es ist teurer, mit einer Gruppe zu wandern, die kein

Feuerholz verwendet. Es handelt sich dabei jedoch um eine direkte, wirtschaftliche Ermutigung, die Hilfe bedeutet und der Bergbevölkerung etwas vermitteln kann.

Die Wirte sind sich bewußt geworden, daß saubere Hotels und Toiletten sowie mit Solarenergie geheizte Zimmer mehr Gäste anziehen. Teilnehmer an Trekking-Touren sollten Häuser unterstützen, die zum Umweltschutz beitragen, so daß der Wirt die Mittel erhält, um auf diese Weise fortzufahren. Das System der Hotels in den Bergen sollte nicht in der Weise bestehen, daß nur versucht wird, aus Feuerholz Bargeld zu gewinnen, sondern darin, allen Dorfbewohnern die Notwendigkeit und den Nutzen einer Verringerung der Abhängigkeit von den Wäldern zu demonstrieren.

Ein guter Beginn wäre z. B., das Angebot zu verschmähen, heiß zu duschen. Sie können sich zudem mit anderen Trekkern absprechen und versuchen, zur selben Zeit das gleiche Gericht zu bestellen, so daß der Hotelkoch alles gleichzeitig garen kann, ohne das Feuer den ganzen Tag über brennen lassen zu müssen. Man hat auch die Möglichkeit, Wasser mit Jod aufzubereiten, anstelle es abzukochen. Der Prozeß des Energiesparens wird allerdings Zeit und Mühe kosten, da alte Gewohnheiten nur schwer zu ändern sind, nicht nur bei den Einheimischen.

Selbst in Kathmandu und Pokhara, wo Alternativen problemlos verfügbar sind, wird in viele Haushalten, Hotels und Restaurants auf Holz zum Kochen zurückgegriffen. Hunderte, vielleicht Tausende von Holzladungen werden in die Städte gebracht, nicht nur von Trägern, sondern auch auf riesigen Lastwagen.

Wer sich für die aktuellen Entwicklungen bei den Anstrengungen Nepals zum Schutz der Umwelt interessiert, sollte die alle zwei Monate erscheinende Zeitschrift *Himal* abonnieren, die in Kathmandu herausgegeben wird. Ein Jahresabonnement kostet 32 US $ und kann bei der folgenden Adresse bestellt werden:

Himal, PO Box 42, Lalipur, Nepal.

BENUTZUNG DIESES BUCHES

Der Lehrer kann nur den Weg weisen,
die Mittel, um das Ziel zu erreichen,
sind von Pilger zu Pilger unterschiedlich.

Dieses Zitat ist einer der „eleganten tibetischen Aussprüche", die Nagarjuna, dem indischen Mystiker, der im 2. Jahrhundert n. Chr. lebte, zugeschrieben werden. Nach anderen Quellen soll der oberste Lama des Sakya-Klosters in Tibet die Worte im Jahre 1270 geäußert haben.

MÖGLICHKEITEN UND INTENTIONEN

In diesem Buch habe ich die bekanntesten Trekking-Routen in Nepal beschrieben, um Ihnen einen Einblick in die Art der Landschaft und der Kultur zu ermöglichen, die Sie auf den verschiedenen Routen kennenlernen werden. Das *Wanderhandbuch Nepal* soll zudem dabei hilfreich sein, das Gebiet, das Sie besuchen wollen, auszuwählen, da in diesem Buch auch auf den Schwierigkeitsgrad der Routen und die Dauer, die für bestimmte Wege benötigt werden, hingewiesen wird.

Ich habe versucht, eine allgemeine Einführung in die Lage des Landes und seinen kulturellen Hintergrund zu geben. Es handelt sich jedoch nicht um eine Anleitung, auf eigene Faust zu wandern. Wer nicht in nepalischer Begleitung unterwegs ist, muß kontinuierlich Einheimische und andere Trekker nach dem richtigen Weg fragen. Sonst wird der Führer wahrscheinlich auf der Wanderung andere Personen befragen. Was für Besucher des Landes eine bedeutende Wanderroute ist, wird aller Wahrscheinlichkeit nach für Dorfbewohner nur ein Pfad vom Haus von Ram zum Haus von Bir Bahadur und weiter zum Haus von Dawa sein. In unserem Verständnis setzt sich aus all diesen Teilstrecken ein Wanderweg zusammen, der zu einem Ziel führt, das Dorfbewohner vielleicht niemals besuchen werden.

Die meisten Wanderrouten führen entweder in ost-westliche Richtung oder in die hohen Bergregionen. Die Einheimischen folgen ihnen nicht oft, da fast alle Handelswege von Süden nach Norden verlaufen und sie die hohen Lagen meiden. Es gibt kaum etwas Frustrierenderes, als durch Gebirge zu wandern und nach dem richtigen Weg zu suchen. Es ist unmöglich, wie detailliert auch die Beschreibung sein mag, jeden bedeutenderen Weg zu erwähnen. Zudem ändern sich die Weg aus zahlreichen Gründen. Die folgenden Beschreibungen zeigen auf, was Sie erwarten mag, wenn Sie den kürzesten Weg nehmen. Man kann sich jedoch allzu schnell verirren, wenn man durch Nepal wandert und dabei nur dieses (oder ein anderes) Buch als Führer verwendet. Entwickeln Sie besser die Fähigkeit, Menschen anzusprechen und zu fragen.

So wie es nicht möglich ist, jede Kreuzung zu beschreiben, so ist es auch unmöglich, auf jede mögliche Wanderung in Nepal hinzuweisen. Sie finden in diesem Buch aber die wichtigsten Routen sowie einige Abstecher oder Ausweichmöglichkeiten, um es zu umgehen, den gleichen Weg wieder zurückgehen zu müssen, den man für den Hinweg benutzt hat. Sie sollten sich Letzteres jedoch ernsthaft überlegen. Häufig bieten sich, wenn man einen Weg zum zweiten Mal geht, Ausblicke und Einblicke, die man beim ersten Mal gar nicht bemerkt hat.

Wer das erste Mal in Nepal wandert, wird wahrscheinlich eine der in diesem Buch beschriebenen Routen wählen. Sie sind nicht nur am bekanntesten, sondern es sind auch die schönsten Strecken. Es gibt gute Gründe, sich für die berühmten Trekking-Touren zum Everest sowie nach Jomsom und andere bekannte Routen zu entscheiden. An den meisten der von mir beschriebenen

Wege finden Sie Hotels oder andere Unterkünfte, in denen man übernachten kann. Zudem sind die Wanderwege relativ gut erkennbar. Eine Ausnahme bilden die Wege im westlichen Nepal, die Route von Khumbu nach Dhankuta, der Lamidanda-Trek und die Strecke von Barahbise nach Jiri.

Sie mögen versuchen, in einer Gegend zu wandern, in der sich nicht zu viele Touristen aufhalten, da Sie Geschichten und Artikel über die „Autobahn" zum Everest gelesen haben. Wenn Sie diesen Geschichten glauben, sollten Sie die in ihren Kontext stellen. Selbst im Jahre 1989, dem Jahre der „überfüllten Wanderwege", zählte man in der Region des Everest 10.000 Trekker in einer Zeit von acht Monaten. Weit mehr Menschen übernachten an einem einzigen Tag am Wochenende auf einem durchschnittlichen Camping-Platz in einem der Nationalparks der USA.

Ganz gleich, wo Sie wandern, es wird immer Einheimische geben, die in diesem Gebiet leben oder unterwegs sind. In Nepal werden Sie nicht viel Gelegenheit haben, in abgelegene oder unberührte Regionen zu gelangen, wenn Sie nicht bereit sind, einen Gipfel des Himalaja zu besteigen.

ROUTENBESCHREIBUNGEN

In diesem Buch werden die folgenden Wanderstrecken beschrieben:

Everest-Gebiet
Von Jiri zum Basislager des Everest
Wanderung nach Gokyo
Wanderung nach Thami
Fluchtroute nach Lamidanda
Von Barahbise nach Jiri

Annapurna-Gebiet
Jomsom-Trek
Annapurna-Schutzgebiet
Um den Annapurna
Der königliche Trek

Langtang und Helambu
Langtang-Trek
Über den Ganja La
Rundwanderung durch Helambu
Gosainkund

Ost-Nepal
Von Solu Khumbu nach Dhankuta
Kanchenjunga-Trek
Zum Basislager im Norden des Kanchenjunga
Zum Basislager im Süden des Kanchenjunga

West-Nepal
Von Jumla zum Rara-See
Von Jumla nach Dolpo
Zum Phoksumdo-See
Nach Do und Tarap
Von Pokhara nach Dunai

Weitere Ziele
In jedem Abschnitt finden Sie eine kurze Einführung, in der einige der wichtigsten alternativen Wanderrouten in der jeweiligen Region beschrieben werden. Zwar gibt es viele Wege in Nepal, die über hohe Pässe führen, aber ich habe nur zwei von ihnen beschrieben: über den Ganja La und über den Thorung La. Hierbei sind Gefahren wie Stein-

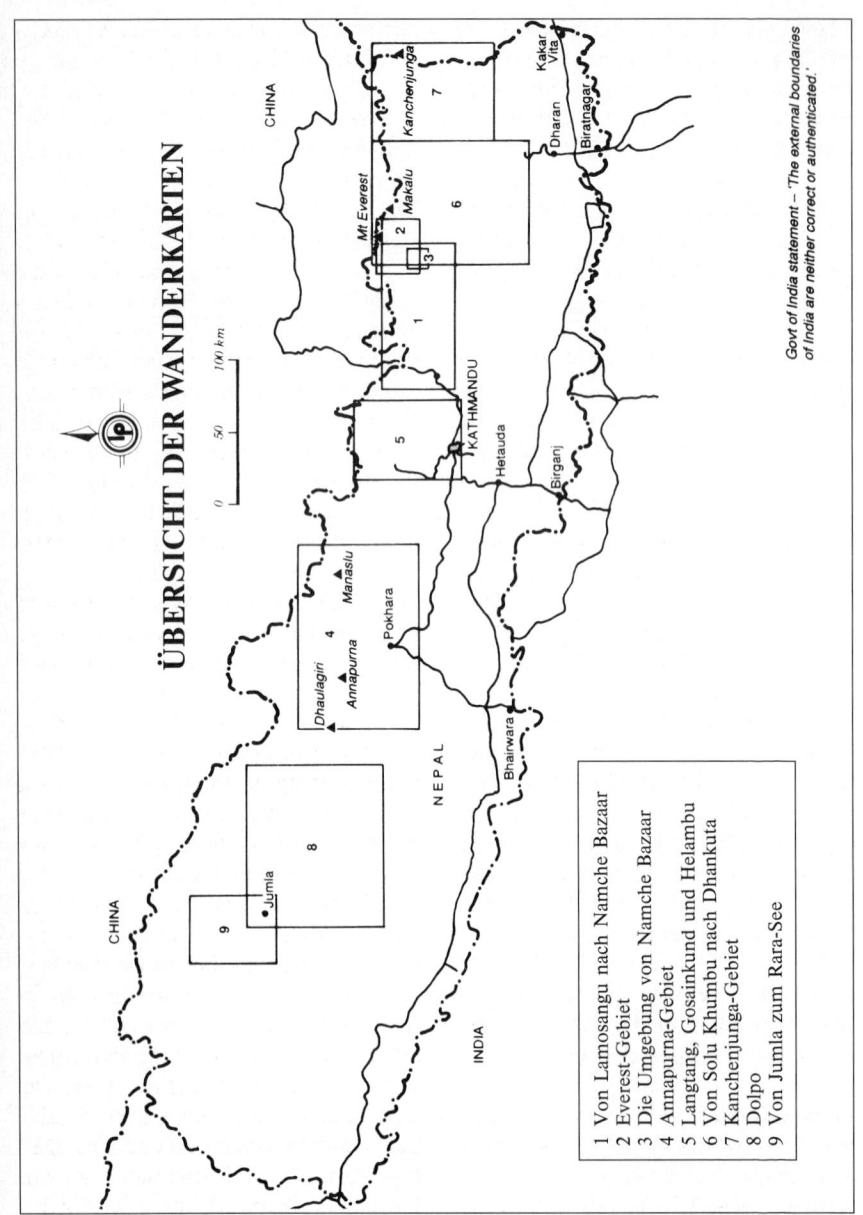

ÜBERSICHT DER WANDERKARTEN

1 Von Lamosangu nach Namche Bazaar
2 Everest-Gebiet
3 Die Umgebung von Namche Bazaar
4 Annapurna-Gebiet
5 Langtang, Gosainkund und Helambu
6 Von Solu Khumbu nach Dhankuta
7 Kanchenjunga-Gebiet
8 Dolpo
9 Von Jumla zum Rara-See

Govt of India statement – 'The external boundaries
of India are neither correct or authenticated.'

schlag, Lawinen und die hohe Lage zu berücksichtigen. Alle Angehörigen einer Wandergruppe, auch die Sherpa und die Träger, müssen über eine gute Ausrüstung verfügen, bevor sie diese Routen in Angriff nehmen. Die Möglichkeit von Schneefällen steigt von Dezember bis April an. Schnee auf einem Paß kann Sie zwingen, den Rückweg anzutreten.

TÄGLICHE ETAPPEN EINER WANDERUNG

Ich habe die Beschreibung der Routen in Tagesetappen unterteilt. Das soll dabei helfen, sie lesbarer zu gestalten und schnell abschätzen zu können, wieviele Tage jede Wanderung erfordert. Die vorgeschlagenen Übernachtungsorte entsprechen denen, die von Trekkern am häufigsten gewählt werden. Überall an den genannten Plätzen ist Holz, Wasser, Verpflegung für die Träger (sowie üblicherweise *Chang* für die Sherpa) und Raum für vier bis fünf Zelte vorhanden. Zudem besteht die Möglichkeit, dort Unterkunft und Verpflegung zu finden, falls Sie sich auf das verlassen wollen, was Einheimische anbieten.

Wenn Sie auf den genannten Routen unterwegs sind, sei es als Teilnehmer an einer organisierten Gruppenwanderung oder allein, legen Sie möglicherweise in Orten eine Übernachtung ein, die hier nicht vermerkt sind. Das ist nicht weiter schlimm. Es handelt sich bei den vorgeschlagenen Tagesetappen nicht um einen festen Plan, der es notwendig macht, z. B. an einem Dienstag

in Namche Bazaar zu sein. Vielmehr werden Ihre Kondition, die Erkrankung eines Teilnehmers an der Wanderung an einem bestimmten Tag, das Wetter, die Wegverhältnisse, die Absprachen mit den Trägern usw. den Ort für Übernachtungen bestimmen, vielleicht aber auch, ob Sie einen Platz interessanter oder schöner finden als das von mir beschriebene Dorf. Die Träger können das Tempo einer Wanderung erheblich beeinflussen, da die schweren Lasten sie langsam werden lassen. Sie sollten sich die Freiheit nehmen, so langsam oder so schnell zu wandern, wie Sie es möchten. Sie haben Ferien, so daß man Zeitpläne und Programme nicht zu ernst nehmen sollte, wenn es nicht notwendig ist.

Es ist einfach, die Zahl der in diesem Buch vorgeschlagenen Tage für eine bestimmte Strecke zu erhöhen. Vielleicht können Sie die Wanderzeit auch um einen oder zwei Tage verkürzen, wenn Sie von Sonnenaufgang bis Sonnenuntergang unterwegs sind, aber da es sich bei einer Wanderung um eine kontinuierliche Erfahrung handelt und nicht nur um die Bewältigung einer Strecke bis zum nächsten Ziel, ist es nur wenig sinnvoll, das Tempo derart zu erhöhen, daß man noch bis zu einem Ort gelangt, der möglicherweise nicht so fesselnd ist wie jener, an dem Sie sich gerade befinden. In hohen Lagen sollten Sie nicht versuchen, schneller zu sein, als hier vorgeschlagen, da sich der Zeitplan daran ausrichtet, das Auftreten von Höhenkrankheit zu verhindern. Sie können jede Wanderung durch Abstecher, Ruhetage und die Erkundung von interessant erscheinenden Dörfern fast unendlich ausdehnen.

ZEITEN UND ENTFERNUNGEN

Die Routenbeschreibungen enthalten keine voraussichtliche Wanderzeit. Jeder Trekker mit relativ guter Kondition kann die vorgeschlagenen Tagesetappen in einem Tag zurücklegen. Die Etappen werden zudem im allgemeinen mit der Zunahme der Wanderdauer auch schwieriger, da man – wie ich selbst auch – nach und nach eine bessere Kondition erhält. Auch die Träger können die Tagesetappen in einem Tag zurücklegen und werden den vorgeschlagenen Plan akzeptieren.

Ich habe versucht, die Wanderzeiten zu notieren, aber es ist mühsam, jeden Stopp zu verzeichnen, wann man wandert und wann man eine Pause einlegt. Wenn ich die Zeiten verglichen habe, die ich auf ein und demselben Weg bei zwei Wanderungen benötigt habe, so waren unglaublich Unterschiede festzustellen. Das muß von Faktoren abhängig gewesen sein, die ich nicht verzeichnet habe, so wie z. B. meiner Stimmung, der physischen Kondition, den Wegverhältnissen, der Anzahl der Menschen und Rinder auf dem Pfad, der Zahl der Fotos, die ich auf dem Weg aufgenommen habe, und dem Wetter. Aufgrund dieser großen Bandbreite bei den Wanderzeiten habe ich nicht versucht, eine ungefähre Richtzeit für andere Wanderer anzugeben. An den meisten Tagen geht man ca. fünf bis acht Stunden.

Wer wirklich wissen muß, wielange er auf den einzelnen Etappen unterwegs ist, fragt am besten die Menschen auf dem Weg. Die Nepali in den Bergen verwenden eine Einheit zur Entfernungsmessung, die *Kos* heißt. Ein *Kos* entspricht der Strecke, die ein Mensch in einer Stunde zurücklegen kann. Auf die Frage *Namche Bazaar kati Kos laagchha?* sollten Sie die ungefähre Anzahl der Stunden erfahren, die Sie nach Namche Bazaar benötigen. Das gilt auch für die Frage *Namche Bazaar kati gantaa laagchha?* (Wieviele Stunden sind es bis nach Namche Bazaar).

Es ist jedoch lohnender und bereitet mehr Spaß, mit anderen Menschen zu sprechen, als kontinuierlich in ein Buch zu schauen und die darin enthaltenen Angaben mit der Uhr zu vergleichen.

Eine weitere Einflußgröße bei Bergwanderungen in Nepal, die sich nur schwer einschätzen läßt, ist die Entfernung. Es ist einfach, Entfernungen nach einer Land- oder Wanderkarte zu beurteilen, aber eine gedruckte Karte ist nur zweidimensional. Bei all den Steigungen und Gefällstrecken, den Windungen und Kurven eines Wanderweges werden die Angaben auf einer Karte wirklich bedeutungslos. Bei der Erstellung eines Führers für den Glacier-Nationalpark in den USA schob ein Freund einmal ein Fahrrad mit einem Kilometerzähler über jeden Weg im Park, um die Entfernungen genau messen zu können. Aber ich habe weder den notwendigen Ehrgeiz noch die Geduld für ein solches Vorhaben in

Nepal und glaube, daß dadurch zudem viel Spaß an einer Wanderung verlorenginge. Sie sollten eine andere Perspektive des Wanderns erlangen, indem Sie diskutieren, wieviele Tage Sie für eine bestimmte Strecke einkalkulieren möchten, und nicht, wieviele Kilometer Sie zurücklegen wollen. Die meisten Tagesetappen, die Sie hier verzeichnet finden, sind nach Höhe und Beschaffenheit des Terrains 10 bis 20 km lang.

WANDERKARTEN

Die Land- und Wanderkarten in diesem Buch basieren auf den besten erhältlichen Karten der jeweiligen Region. Sie sind, wie alles andere, recht genau, aber nicht perfekt. Damit sie besser lesbar sind, habe ich die meisten Dörfer und Kennzeichen, die nicht in den Routenbeschreibungen enthalten sind, weggelassen. In einigen Fällen sind deshalb selbst größere Dörfer und Berge von den Karten verschwunden. Ich habe zudem auf Höhenangaben in den Karten verzichtet, da diese im Text enthalten sind.

Anstelle von Höhenlinien finden Sie nur Bergkämme eingezeichnet, d. h. Linien, die den höchsten Punkt eines Bergkammes markieren. Wenn der Weg eine dieser braunen Linien überquert, müssen Sie bergauf gehen. Wenn der Weg dagegen von einer derartigen Linie zu einem Fluß führt, geht es bergab. Die Karte zeigt die Berggipfel in ihrer tatsächlichen Lage, während es bei Dörfern kleine Ungenauigkeiten geben mag. Das ist auf die Größe der Dörfer zurückzuführen. Wo liegt der Mittelpunkt eines Dorfes, das von einem bis zum anderen Ende 3 km lang ist und das über keinen Dorfplatz und kein Zentrum verfügt? Die Wanderwege und die Straßen folgen grundsätzlich der Richtung, die auf den Karten verzeichnet ist. Natürlich kann eine Karte dieser Größe jedoch nicht alle kleinen Windungen und Schlängelungen dokumentieren.

TREKKING-QUERSCHNITT

In den Trekking-Querschnitten werden die Höhenunterschiede bei den wichtigsten Wanderrouten dargestellt. Sie lassen sich relativ gut skizzieren. Die horizontale Achse stellt hierbei die Tage während der Wanderung dar, so daß man sich ein Bild vom jeweiligen Steigungswinkel machen kann. Die meisten der höchsten und tiefsten Punkte werden für jeweils einen Tag angegeben. Wenn also an einem einzigen Tag viele Steigungen und Gefällstrecken zu bewältigen sind, ist das in den Querschnitten nicht zu erkennen. Die Tagesangaben am unteren Ende beziehen sich auf die Tage im Text. Eine horizontale Linie steht dabei für einen Ruhetag. Wenn Sie die Wanderungen bei einem Blick auf diese Karten vergleichen, sollten Sie auf die Anzahl der Steigungen und nicht auf die Höhe achten. Die vertikale Skala ist auf jeder Tabelle unterschiedlich. Am abschreckendsten ist sicher die Karte von der Schleife um den Rara-See in West-Nepal, da hier täglich mehrere Bergkämme überquert werden müssen.

Alle Darstellungen erinnern jedoch an Haifisch-Zähne, da die Wanderwege in Nepal immer von einem Bergkamm zu einem Flußtal und wieder hoch zu einem Bergkamm führen.

HÖHENMESSUNG

Die Höhen, die in den Routenbeschreibungen angegeben sind, basieren auf meinen eigenen Messungen mit einem Höhenmesser und auf Angaben in den besten zur Verfügung stehenden Karten. Die meisten genannten Höhen stimmen mit den Angaben in den Karten vom Ground Survey of India aus dem Jahre 1960 überein, wenn man von den Fällen absieht, in denen diese offensichtlich falsch sind. Dies ist, was das westliche Nepal betrifft, häufiger der Fall. Die Serie der Schneider-Karten basiert ebenfalls auf den Karten des Ground Survey of India, ist jedoch bei den Höhenangaben noch genauer, so daß ich, soweit vom Gebiet her möglich, diese Karten verwendet habe. Wenn man von den genauen Höhenangaben absieht, die ich von den Schneider-Karten übernahm, habe ich alle anderen Höhenangaben auf die nächsten 10 Meter abgerundet. Die Angaben über die Höhe der Gipfel entsprechen denen, die in den offiziellen Informationen des Staates Nepal verzeichnet sind.

Diese Unsicherheiten bei den genauen Höhen werden sicher nicht zu Problemen auf einer Wanderung führen. Der wichtigste Grund, der es notwendig macht, eine Höhe zu kennen, ist die Frage, ob es bergab oder bergauf geht und ob es sich um einen langen Aufstieg oder Abstieg handelt. Die Höhenangaben in diesem Buch reichen für diesen Zweck völlig. Das Problem von präzisen Höhenangaben wird sogar noch komplizierter durch die Tatsache, daß viele Dörfer sich über große Flächen erstrecken. Wie soll die korrekte Lage eines Dorfes wie z. B. Bung bezeichnet werden, das sich über einen Höhenunterschied von ca. 500 m an einem Hang entlangzieht?

VERÄNDERUNGEN

In den achtziger Jahren wurden nach Jiri, Gorkha, Dhankuta und am Ufer des Narayani entlang von Mugling nach Narayanghat neue Straßen gebaut. Auch der Bau einer Verbindung zwischen Dumre und Besi Sahar (am Anfang der Wanderroute um den Annapurna) geht langsam voran. Es bestehen sogar Pläne, diese Straße bis nach Chame zu verlängern. Die Straße von Trisuli Bazaar nach Dhunche verkürzt heute die Route nach Langtang um mehrere Tage, und die neue Verlängerung der Straße nach Somdang öffnet einen großen Teil des Ganesh Himal für Wanderer. Der Trek nach Jomsom beginnt jetzt mit einer Fahrt, die an der alten Trekking-Route über Hyangja, Suikhet und Naudanda vorbeiführt. In der Nähe von Birethanti ändert die Straße allerdings ihre Richtung und führt südwärts und westwärts nach Baglung. Es bestehen jedoch auch Pläne zum Ausbau der Verbindung nach Norden den Kali Gandaki hoch bis nach Jomsom und Mustang. Eine weitere Straße soll dem Arun flußaufwärts folgen und den Bau von mehreren Dämmen erleichtern. Die Straße, die sich durch das Indrawati-Tal hoch nach Helambu zieht, ist nun endlich repariert worden und wieder für den Verkehr geöffnet.

Der Bau von Straßen hat jede wichtige Wanderroute, die in diesem Buch beschrieben wird, im Vergleich zu der letzten Auflage um zwei bis vier Tage verkürzt. Die meisten sind jetzt sogar zwischen fünf und acht Tagen kürzer als in der Ausgabe von 1980 angegeben.

Die Straßen ändern auch die Bedeutung von Dörfern. Lamosangu z. B. war zwischen den Jahren 1970 und 1981 ein wichtiger Ort, da hier die Straße endete. Diese Bedeutung verlor er an Jiri und damit auch Teile seiner Infrastruktur. Das gleiche Schicksal wird wahrscheinlich auch Dumre treffen, wenn ein relativ umfangreicher Busverkehr den Marsyandi hinauf beginnt. Die Straßen bringen aber auch einen Anstieg der Diebstähle mit sich. Solange keine Straßen zu einem Dorf bestehen, muß jeder zu Fuß gehen, worüber sich niemand beklagt. Kein Nepali, der sich selbst achtet, wird jedoch zu Fuß gehen, wenn er die Alternative hat, mit einem Bus zu fahren. Die Busfahrpreise auf den neuen Straßen sind jedoch hoch. Das führt zu einer neuen Nachfrage nach Bargeld. Für viele ist die einzige Quelle, um an Bargeld zu gelangen, ein Diebstahl. Die Straßen bieten zudem schnelle Fluchtwege. Sie sollten daher Ihr Eigentum besonders sorgsam im Auge behalten, wenn Sie

sich nur wenige Tage Fußweg von einer Straße entfernt aufhalten.

Der Bau von Straßen und Brücken schreitet auch in den Bergen in rasendem Tempo voran. Die Regierung von Nepal und ausländische Hilfsorganisationen haben zahlreiche Wege wieder instandgesetzt oder ausgebaut. Auf der Route zum Everest hat ein neuer Weg die Wanderung sogar erheblich verändert. Sie führt nun an einigen Dörfern vorbei und dafür durch andere Dörfer, die auf dem alten Wanderweg nicht erreicht wurden. Die Schweizer planen zudem eine ganze Reihe von neuen Brücken in den Bergen. Im übrigen sind Erdrutsche und Flutschäden häufiger geworden, da die Dorfbewohner die Wälder abholzen und der Mutterboden weggeschwemmt wird. Dieses Phänomen kann zu drastischen Änderungen von Wanderrouten führen, da manchmal ganze Dörfer verschwinden und teils große Umwege um die vom Erdrutsch betroffenen Gebiete notwendig sind.

Die Errichtung von kleinen Unterkünften für Trekker und die Umwandlung von Privathäusern in Quartiere für Bergwanderer gehen in einem noch schnelleren Tempo vor sich. Auf den wichtigsten Wanderrouten schießen fast jede Woche neue Unterkünfte aus dem Boden. Sie verschwinden jedoch wieder, wenn die Wirte genug von der Arbeit haben oder entdecken, daß die Kosten höher als die Einnahmen sind. Da der Wettbewerb um die Rupien der Trekker intensiv ist, senken Wirte nicht selten ihre Preise, was zur Folge haben kann, daß sich einige Quartiere kaum noch bezahlt machen. Zudem wird dahingehend Druck ausgeübt, daß in den Unterkünften für Trekker der Umgang mit Brennstoff und die sanitären Verhältnisse verbessert werden, insbesondere die Toiletten, so daß sich die Zahl der Unterkünfte und ihre Lage wahrscheinlich schon in nicht allzu langer Zeit ändern werden.

Ich habe zahlreiche Quartiere an den Trekking-Routen mit Namen genannt. Wenn Sie danach Ausschau halten, finden Sie möglicherweise an der betreffenden Stelle ein Haus mit einem anderen Namen. Das ist darauf zurückzuführen, daß es in Nepal ein merkwürdiges System den Wirten ermöglicht, Steuern zu sparen, wenn sie den Namen ihres jeweiligen Hotels ändern. Häufig wird z. B. aus einem Hotel Namaste ein Hotel New Namaste, aber gelegentlich ist der neue Name auch nicht so ähnlich.

Eine Wanderroute ändert sich auch mit der Jahreszeit. Die hier beschriebenen Wege sind in der Wandersaison zwischen Oktober und Mai begehbar, auch wenn einige der hohen Pässe, insbesondere in Dolpo, nur im Oktober und im November und dann erst wieder im Mai geöffnet sind. Wer während der Monsunzeit unterwegs ist, mag feststellen, daß die Wanderwege keinerlei Ähnlichkeit mit den Beschreibungen in diesem Buch haben. Die Brücken sind dann möglicherweise weggeschwemmt und die Wege überflutet. Anfang Oktober und im April und Mai wächst zudem Reis auf vielen Terrassen an den meisten Trekking-Routen. Zahlreiche im November und Dezember vorhandene Campingplätze stehen in der Zeit des Reisanbaus unter Wasser. Die Unterkünfte in den hohen Lagen, insbesondere in Gorak Shep, im Annapurna-Schutzgebiet und an der Route von Ghorapani nach Ghandruk, werden außerdem in den kältesten Monaten (von Dezember bis Februar) und in der Regenzeit geschlossen.

ORTSBEZEICHNUNGEN UND GEOGRAPHISCHE BEGRIFFE

Die Beschreibungen der Routen enthalten zahlreiche Ortsnamen und geographische Bezeichnungen, die nicht mit den Namen in anderen Karten der gleichen Gegenden übereinstimmen. Diese Unterschiedlichkeit tritt auf, da es keine allgemein akzeptierte Form der Transkription für nepalische und tibetische Namen ins Deutsche und andere europäische Sprachen gibt. Verschiedene Sprachwissenschaftler werden den gleichen Ortsnamen in unterschiedlicher Weise buchstabieren. Um die Sache noch zu erschweren, kann ein und derselbe Ort, Berg usw. verschiedene Namen haben. Der Everest z. B. ist auch als Sagarmatha (Nepali), Chomolungma (Sherpa) und Qomolangma Feng (Chinesisch) bekannt. Das gilt auch für zahlreiche Dorfnamen.

Vor mehreren Jahren hat die nepalische Regierung eine Kommission gebildet, die die Aufgabe hatte, neue nepalische Namen für 31 Berggipfel sowie 3 touristischen Orte festzulegen, die zuvor nur unter ihren englischen Bezeichnungen bekannt waren. Ich habe diese neuen Namen verwendet, aber auch die alten englischen Namen erwähnt, um Verwirrungen zu vermeiden.

Hinzu kommt, daß viele Karten aus der Zeit vor 1960 auf unsicheren Grundlagen basieren, so daß die darin angegebenen Dorfnamen nur selten mit der Wirklichkeit übereinstimmen. Das gilt vor allem für die Karten des US Army Map Service, die nepalische Kartographen gezeichnet und als Trekking-Karten in Kathmandu verteilt haben.

Nach geographischen Grundsätzen befindet sich auf Landkarten die linke Seite eines Flusses oder Gletschers auf der linken Seite, wenn man bergab in die Richtung der Strömung geht. Diese Regelung verwirrt mich häufig, wenn man einem Fluß bergauf folgt, denn die „linke" Seite befindet sich dann rechts. Glücklicherweise verlaufen die meisten Flüsse im Himalaja entweder von Norden nach Süden oder von Osten nach Westen, so daß ich versucht habe, diese „saubere" Definition zu umgehen, indem ich bei der Bezeichnung des jeweiligen Ufers die Himmelsrichtung angegeben habe.

In den Routenbeschreibungen habe ich viele Namen und Bezeichnungen übersetzt. Um jedoch zu viele Wiederholungen zu vermeiden, finden Sie häufig auch nepalische und tibetische Worte. Dazu gehören z. B. die Namen der ethnischen Gruppen, die die Bergregionen Nepals besiedeln. Es handelt sich um die Tamang, die Chhetri, die Brahmanen, die Rai, die Sherpa, die Gunung, die Limbu, die Newar und die Magar.

Sie werden während Ihrer Wanderung in den Bergen von Nepal auch auf verschiedene buddhistische Monumente stoßen. Bei einem *Mani* handelt es sich um einen einzelnen Stein oder eine Steinwand, in die das tibetisch-buddhistische Gebet *Om Mani Padme Hum* gemeißelt ist. Als *Chorten* wird ein rundes Steinmonument bezeichnet, während ein *Kaani* ein Bogen über einen Weg ist, der im allgemeinen an der Innenseite mit Gemälden verziert ist. Ein tibetisch-buddhistischer Tempel heißt *Gompa*. Ein *Chautara* ist ein steinerner Rastplatz unter einem Baum und bietet üblicherweise eine Plattform zum Abstellen der Lasten von Trägern.

Flüsse heißen in der Ordnung ihrer zunehmenden Größe *Kosi, Kholi, Naalaa* und gelegentlich auch *Nadi* und *Naad*. Ein Bergpaß wird im Tibetischen und in der Sprache der Sherpa als *La* und im Nepali als *Daanda* oder *Lekh* bezeichnet. Seen werden als *Taal* oder *Pokhari* und ein Bergkamm als *Daanda* oder *Lekh* bezeichnet. Bei einer Hochalm handelt es sich um eine *Kharka*, auf der im Sommer die Hirten in einem Schutz namens *Goth* übernachten. Die Ebene in Nepal unweit der indischen Grenze trägt den Namen Terai, während ein einheimisches alkoholisches Gebräu als *Chang* oder *Rakshi* erhältlich ist.

Wenn ich mich in dem Text im Zusammenhang mit Wanderungen auf Gipfel bezogen habe, dann handelt es sich um jene 18, deren Besteigung durch Trekker nach der Stellung eines einfachen Antrages sowie der Bezahlung einer Gebühr an die nepalische Bergsteigervereinigung legal möglich ist.

Die vielen Wörter mit zweimal a sehen sehr fremd aus. Aus diesem Grund habe ich einige häufig auftretende Begriffe wie *Tal, Danda, Mani, Kani, Nala, Lagna* in verkürzter Form wiedergegeben.

GESUNDHEIT UND ERSTE HILFE

Die Informationen in diesem Kapitel über die Gesundheit und Erste Hilfe sind von Dr. David R. Shlim, dem ärztlichen Direktor der CIWEC-Klinik und dem medizinischen Direktor der Himalayan Rescue Association, erarbeitet und zusammengestellt worden.

Bei der Rückkehr von einer Reise nach Nepal muß man im allgemeinen mit zwei Fragen rechnen: „Haben Sie eine schöne Zeit verlebt?" und „Waren Sie krank?". Die Antwort auf beide Fragen lautet wahrscheinlich „Ja", aber nur ein sehr kleiner Teil der Besucher des Landes wird so krank, daß deshalb die Reisepläne erheblich geändert werden müssen. In diesem Kapitel habe ich die Vorbereitungen beschrieben, die bereits zu Hause getroffen werden können, sowie einige Ratschläge für eine Erste-Hilfe-Ausrüstung sowie für die Vorsorge und Behandlung von Gesundheitsproblemen aufgeführt, mit denen man in Nepal am ehesten konfrontiert wird.

VORBEREITUNGEN VOR DER ABREISE

Konditionstraining: Natürlich werden Sie um so mehr Freude an einer Bergwanderung haben, je besser Sie in Form sind. Sie müssen kein Athlet mit olympischen Qualitäten sein, sollten jedoch über eine gute Kondition für die Aktivitäten verfügen, die Sie unternehmen wollen, also für lange Bergwanderungen.

Konditionstraining, insbesondere das Wandern bergauf und bergab, ist die beste Art, um sich auf Trekking-Touren in Nepal vorzubereiten. Wenn möglich, sollten Sie für Ihre Trainingsgänge die gleichen Schuhe benutzen, die Sie auch in Nepal tragen werden. Das gibt Ihnen die Möglichkeit herauszufinden, ob Ihre Socken bequem sind und ob Tennis- oder Laufschuhe Ihren Füßen bei langen Wanderungen genug Halt geben.

Jogging hilft, ist jedoch keine richtige Vorbereitung, wenn Sie nicht in bergigem Gelände laufen. Gewichtheben kann dabei behilflich sein, Beinmuskeln für erbarmungslose Aufstiege zu stärken, die auf einigen Wanderungen zu bewältigen sind.

Es ist aber nicht nur die allgemeine Kondition, die von Bedeutung ist. Sie müssen auch versuchen, Ihre Gelenke zu stärken, insbesondere Ihre Knie, um mit dem kontinuierlichen Auf und Ab der Wege fertig werden zu können. Der einzige Weg, dies zu tun, ist es, bereits zu Hause bergauf und bergab zu wandern. Fahrradfahren stärkt die Oberschenkel, bewirkt jedoch nicht die Stärkung der Beine für die stoßende Belastung, der sie ausgesetzt werden.

Wer einen hohen Berg erklimmt, um sich an die Höhe zu gewöhnen, dem wird die physische Kondition sicher helfen, sie kann jedoch nicht garantieren, daß nicht in der Höhe trotzdem gesundheitliche Probleme auftreten werden.

Auch wenn eine Bergwanderung keine sehr große Belastung zu einem bestimmten Zeitpunkt bedeutet, insbesondere dann, wenn ein Sherpa oder Träger schon in fast beschämender Weise am Ziel der Tagesetappe wartet, ist eine Trekking-Tour in Nepal eine lange, vielleicht die längste Zeit, die Sie je in der freien Natur verbracht haben, selbst wenn Sie in Unterkünften entlang der Route übernachten. Das kontinuierliche Auf und Ab kann eine entspannende Erfahrung, aber auch ein Alptraum sein. Vergewissern Sie sich daher, ob Sie wirklich gern wandern und gewillt sind, sich dem Reglement des täglichen Wanderns zu unterwerfen. Wer auf eigene Faust wandert, kann immer noch eine Pause an einem Ort, der ihm wirklich gefällt, einlegen, wer jedoch mit einer Gruppe unterwegs ist, muß weiterwandern, auch wenn er sich vielleicht nicht danach fühlt.

Ärztliche Untersuchung: Der schlechteste Zeitpunkt, um zu entdecken, daß Sie ein gesundheitliches Problem haben, ist während einer Trekking-Tour. Die meisten Trekking-Organisationen händigen daher den Interessenten an einer Bergwanderung ein Formular aus, das dem Hausarzt eine Vorstellung von den wichtigsten potentiellen gesundheitlichen Schwierigkeiten auf einer Bergwanderung vermittelt. Wenn Sie eine Trekking-Tour unternehmen wollen, sollten Sie sicherstellen, daß Ihr Arzt oder Ihre Ärztin die Untersuchung etwas genauer durchführt als eine Routine-Untersuchung für eine Lebensversicherung. Es ist wichtig, Abnormalitäten, chronische Krankheiten oder spezielle Medikamente in das Formular einzutragen. Das hilft, ein Problem schneller zu identifizieren, wenn Symptome auf der Wanderung auftreten. Wer auf eigene Faust unterwegs ist, sollte eine kurze Zusammenfassung seiner Gesundheitsgeschichte mit sich führen und darauf auch spezielle Probleme oder Allergien vermerken. Bei einem Unfall oder einer Krankheit in einer abgelegenen Region kann dies hilfreich sein.

Eine Routine-Untersuchung ist wahrscheinlich nicht als Mittel gegen Erkrankungen geeignet, die junge, gesunde Menschen auf einer Wanderung erleiden können, aber sie lohnt den Zeitaufwand, um kleine, nagende Wehwehchen oder unerklärliche, immer wieder auftretende Schmerzen zu untersuchen, bevor man sich auf den Weg macht, denn so etwas kann sich unter den Anstrengungen der Reise nach Nepal verstärken.

So können z. B. Hämorrhoiden merklich ernster werden, wenn Durchfall oder Verstopfung auftritt. Die meisten Zahnprobleme, die sich entwickeln könnten, lassen sich durch einen vorherigen Besuch beim Zahnarzt vermeiden. Dies ist besonders zu empfehlen, da es schwierig ist, in Nepal einen guten Zahnarzt zu finden. Wiederholte Blasenentzündungen bei Frauen, Ohren-, Augen- oder Magenerkrankungen wie Gastritis und Magengeschwüre, ein chronischer Husten oder Atembeschwerden sowie insbesondere chronische Muskelschmerzen sollten vor einer langen Reise nach Asien mit Wanderungen auf abgelegenem, schwierigem Terrain untersucht und behandelt werden.

Ältere Personen: Personen über 40 Jahre machen sich häufig über große Höhen und potentielle Schwierigkeiten mit ihrem Herzen Sorgen. Es gibt aber keine gesicherten Erkenntnisse, die die These stützen, daß Höhenlagen Herzkrankheiten auftreten lassen, die vorher nicht zu erwarten waren. Wenn ein erster Herzanfall jedoch in einem abgelegenen Dorf auf 4.200 m Höhe und zwei Wochen Weg von einem Krankenhaus entfernt auftritt, läßt dies sicher ohne Zweifel die Sorge wachsen und macht eine Behandlung schwierig. Eine ältere Person, die regelmäßig auf schwierigem Terrain wandert oder joggt, hat nach heutigem Wissen keinen Grund zu glauben, daß das Risiko

in höheren Lagen steigen wird. Wenn man sich vergewissern möchte, ob man körperlich fit ist, weil man im täglichen Leben nicht sehr aktiv ist, kann man sich durch ein EKG unter Belastungen kurz vor dem Antritt der Reise seinen Herzschlag und seine Erschöpfung in einer kontrollierten Situation messen lassen und eine etwaige Überbelastung aufdecken.

IMPFUNGEN UND ANDERE VORSORGEMASSNAHMEN

Für die Einreise nach Nepal gelten offiziell keine Impfvorschriften. Trotzdem sollten Sie versuchen, sich vor einigen der ernsten Infektionskrankheiten zu schützen, die durch eine Impfung oder eine andere Vorsorgemaßnahme verhindert werden können.

Es ist häufig zu hören, daß man einen Arzt aufsuchen sollte, um sich Rat über notwendige Impfungen für eine Reise nach Asien zu holen. Für einen normalen Arzt ist es doch sehr schwer, genau und aktuell über gesundheitliche Gefahren bei Reisen nach Asien informiert zu sein. Deshalb ist es besser, sich in einem Tropenkrankenhaus oder bei einem Tropenmediziner zu informieren. Aber auch die Gesundheitsämter werden von der Weltgesundheitsorganisation laufend über gesundheitliche Gefahren in tropischen Ländern unterrichtet und können daher zuverlässig Rat geben.

Cholera: Eine Cholera-Impfung ist für die Einreise in mehrere Länder Asiens noch immer notwendig, insbesondere

EINFÜHRUNG

nach Indien. Die Internationalen Impf-
pässe werden dort zwar nicht routine-
mäßig geprüft, können jedoch stichpro-
benweise verlangt werden. Bei einer
Konferenz der Weltgesundheitsorganisation im April 1988 hat diese zwar
empfohlen, daß alle Staaten eine Cholera-Impfung als Einreisebedingung fallen lassen, aber einzelne Länder benötigen länger, um ihre Regelungen zu ändern. Die Impfung schützt auch nicht in
jedem Fall vor einer Erkrankung an
Cholera und ruft häufig erhebliche Reaktionen hervor. Die Gefahr, sich auf einer Reise nach Nepal mit Cholera zu in-
fizieren, ist jedoch gering. In einer Studie für Bürger der USA bei Reisen ins
Ausland wurde ein Risiko von weniger
als 1 : 10.000 errechnet. Die Wahrscheinlichkeit, daß in Nepal ein Besucher an Cholera erkrankt, ist gleich
Null. Das Dilemma ist jedoch, solange
die Impfvorschrift gilt, die Frage, ob
man sich impfen lassen oder das Risiko
auf sich nehmen soll, an der Grenze angehalten und zurückgesandt zu werden
oder sich dann vor Ort mit einer möglicherweise nicht sterilen Nadel impfen
zu lassen.

Infektiöse Gelbsucht (Hepatitis): Das
Immunserum Globulin (Gamma-
Globulin) ist kein Impfstoff gegen in-
fektiöse Gelbsucht, aber ein fertiger Ab-
wehrstoff. Auch wenn anderenorts die
Debatte über die Wirksamkeit von
Gamma-Globulin anhält, insbesonde-
re dort, wo Ärzte keine Erfahrung mit
infektiöser Gelbsucht haben, ist diese
Diskussion in Kathmandu nicht zu hö-

ren. Die Wirksamkeit der Abwehrkräfte
gegen infektiöse Gelbsucht liegt bei
fast 100 %. Wir empfehlen eine Dosis
von einem Kubikzentimeter für jeden
Monat Aufenthalt sowie einen Kubikzentimeter zusätzlich. Das ergibt für
einen Monat 2 Kubikzentimeter, für
2 Monate 3 Kubikzentimeter, für
3 Monate 4 Kubikzentimeter und für
4 Monate 5 Kubikzentimeter. Nach
4 Monaten sollte man sich erneut mit
Gamma-Globulin impfen lassen.
Der Anstieg der Fälle von Immun-
schwäche (AIDS) in der Welt hat einige
Reisende dazu gebracht, auf Gamma-
Globulin aus Angst vor einer Infizierung mit AIDS zu verzichten. Diese
Angst ist unbegründet. Gamma-Globulin kann als zu 100 % frei von AIDS-Er-
regern bezeichnet werden.
Das Risiko einer Infektion bei Reisen in
Asien ist hoch und nimmt mit der Dauer einer Reise eher zu als ab. Trekker
mußten aufgrund einer Erkrankung an
infektiöser Gelbsucht auf einer Wanderung gelegentlich bereits ausgeflogen
werden. Zwei Touristen starben bis heute in Nepal an schwerer Gelbsucht. Sie
wären vielleicht noch am Leben, wenn
sie sich mit Gamma-Globulin hätten
impfen lassen.
Diese Vorsorge ist möglicherweise die
wichtigste aller hier aufgeführten Impfungen, um Ihre Gesundheit zu schützen und ein Gelingen Ihrer Reise zu
sichern.

Malaria: Bisher wurde noch kein Impfstoff gegen Malaria entwickelt. Für
Gebiete mit nicht resistenten Malaria-

135

erregern wird als Prophylaxe Chloro-quin-Phosphat (Aralen) oder Chloro-quin-Sulphat (Nivaquin) mit einer wöchentlichen Dosis von 500 mg empfohlen, während Chloroquin und Proguanil (Paludrin, 200 mg pro Tag) für Gebiete auf dem indischen Subkontinent ratsam sind, in denen gegen Falciparum resistente Malariaerreger verbreitet sind. In Südostasien ist Malaria vor allem in ländlichen Gebieten verbreitet, aber hier ist die Resistenz der Erreger gegen Medikamente auch besonders hoch. Die Ansichten über die beste Malaria-Prophylaxe in Südostasien ändern sich, so daß es ratsam ist, eine Klinik für Tropenkrankheiten aufzusuchen und sich dort zu erkundigen, wenn man beabsichtigt, in diese Regionen zu fahren. Die Malaria ist in Nepal in der Tiefebene unweit der indischen Grenze verbreitet (dem Terai), auch wenn das Risiko einer Infektion bei einem kurzen Aufenthalt sehr gering ist. Im übrigen Teil des Landes, d. h. auch auf allen wichtigeren Bergwanderrouten, besteht keine Ansteckungsgefahr. Ich habe niemals jemanden getroffen, der sich während einer Wandertour in Nepal mit Malaria infiziert hat, es sind mir jedoch mehrere Fälle bekannt geworden, in denen Personen der Urlaub durch Gegenreaktionen gegen Malaria-Medikamente ruiniert wurde, die nicht unbedingt notwendig gewesen wären.

Hirnhautentzündung (Meningitis): Im Frühjahr 1983 trat im Kathmandu eine Epidemie der Hirnhautentzündung auf. In den folgenden zwei Jahren wurden sechs Ausländer mit dieser Krankheit infiziert, von denen zwei daran starben. Im März 1985 riefen die Gesundheitsämter in den USA alle Personen, die nach Nepal reisen wollten, auf, sich gegen die Hirnhautentzündung impfen zu lassen. Seither wurden bei Besuchern Nepals nur noch sporadisch Fälle von Meningitis gemeldet. Der Rat, sich gegen die Hirnhautentzündung impfen zu lassen, ist allerdings immer noch zu hören. Die Impfung verursacht keine ernsten Nebenwirkungen, ist nicht schmerzhaft und bietet mit einer einzigen Spritze einen mindestens dreijährigen Schutz. Anders als die meisten übrigen durch Impfungen vermeidbaren Krankheiten kann die Hirnhautentzündung ohne ärztliche Hilfe schnell zum Tode führen. Eine Impfung gegen Hirnhautentzündung lohnt sich aber auch bei Reisen nach Indien. Sie sollten sich gegen diese Krankheit bereits vor der Abreise zu Hause impfen lassen, können dies aber auch noch in der CIWEC-Klinik in Kathmandu nachholen, wo dafür 15 US $ erhoben werden.

Kinderlähmung (Polio): Die heutige Generation hat keine Angst mehr vor Kinderlähmung, weil Impfungen die Krankheit in Europa selten gemacht haben. Aber die Zahl der Erkrankten steigt wieder an, weil einige Eltern aus irrationalen Gründen mehr Angst vor der Impfung als vor der Krankheit haben. In Asien dagegen ist Kinderlähmung noch nicht völlig ausgerottet.

Eine Wiederholungsimpfung ist deshalb bei Reisen nach Nepal zu empfehlen. Wer bereits in der Kindheit geimpft wurde, benötigt als Erwachsener nur noch eine Wiederholungsimpfung, um für sein Leben geschützt zu sein. Wer dagegen in der Kindheit nicht gegen Kinderlähmung immunisiert worden ist, sollte sich vor einer Reise nach Asien dagegen impfen lassen. Wer nie gegen Kinderlähmung geimpft wurde, sollte als Erwachsener nicht die Schluckimpfung wählen. Diese eignet sich besser als Wiederholungsimpfung.

Tollwut: Bei dem modernen Impfstoff gegen die Tollwut handelt es sich heute um eine in hohem Maß gereinigte Substanz mit hoher Wirksamkeit und geringen Nebenwirkungen. Die Tollwut ist eine schwere Gehirnkrankheit, die durch einen Virus verursacht wird, den infizierte Tiere, in der Hauptsache Hunde und in Nepal gelegentlich auch Affen, durch Bisse übertragen. Wenn die Symptome erst einmal eindeutig sind, ist der Krankheitsverlauf immer tödlich. Deshalb müssen Sie alles versuchen, den Ausbruch der Krankheit nach einem Biß zu verhindern.

Heutzutage werden zwei Impfmethoden angewendet. Bei der vorbeugenden Impfung erhält man drei Injektionen innerhalb eines Monats. Diese Injektionen stärken das Immunsystem gegen die Krankheit, so daß im Falle eines Bisses nur zwei Wiederholungsimpfungen im Abstand von drei Tagen verabreicht werden brauchen. Wer sich nicht vorsorglich gegen Tollwut hat impfen lassen, benötigt nach einem Biß die volle Dosis. Sie besteht aus fünf Injektionen im Laufe eines Monats sowie einer Injektion von Tollwut-Antikörpern mit Immun-Globulin. Immun-Globulin ist allerdings häufig nur schwer zu bekommen (in Nepal ausschließlich in der CIWEC-Klinik) und sehr teuer (je nach Körpergewicht zwischen 350 und 650 US $ für eine Injektion).

Nach einer jüngeren Studie, die in Nepal durchgeführt wurde, wird von jeweils 6.000 Besuchern des Landes nur einer von einem möglicherweise infizierten Tier gebissen. Wer nur für einen oder zwei Monate nach Nepal kommt, benötigt meiner Ansicht nach nicht unbedingt eine vorherige Teilimmunisierung. Wer jedoch drei Monate oder länger durch Asien und dabei auch durch abgelegene Gebiete reist, in denen Impfstoff gegen Tollwut nur schwer erhältlich ist (und Immun-Globulin gar nicht), sollte sich vielleicht besser für eine vorherige Schutzimpfung entscheiden. Ist diese einmal durchgeführt worden, muß alle zwei bis drei Jahre eine Auffrischungsimpfung vorgenommen werden. Denken Sie daran, daß trotz allem nach dem Biß eines tollwütigen Tieres noch eine Behandlung notwendig ist, selbst wenn Sie sich vorher haben impfen lassen.

Pocken: Dank der weltweit unternommenen Anstrengungen zur Ausrottung der Pocken gibt es diese Seuche nicht mehr. Aus diesem Grund ist eine Impfung weder erforderlich noch möglich.

Wundstarrkrampf (Tetanus) und Diphtherie: Die meisten Menschen aus westlichen Ländern sind in ihrer Kindheit gegen diese Krankheiten geimpft worden. Die Erreger von Wundstarrkrampf und Diphtherie sind weltweit verbreitet, so daß eine Reise nach Übersee ein guter Anlaß ist, seine Impfung aufzufrischen. Das gilt, wenn die letzte Wiederholungsimpfung bereits mehr als 10 Jahre zurückliegt.

Typhus: Typhus ist in Nepal weit verbreitet. In einer Studie ist die CIWEC-Klinik zu dem Ergebnis gelangt, daß eine normale Impfung zu 95 % Schutz gegen Typhus und zu 70 % Schutz gegen Paratyphus gewährt. Die neue Schluckimpfung hat allerdings bei Reisenden keine gute Schutzwirkung bewiesen, so daß ich sie bei einem Besuch Nepals nicht empfehlen kann. Es soll aber bald ein dritter Impfstoff in Kapselform mit einer höheren Wirksamkeit sowie weniger Nebenwirkungen als bei der alten Impfung durch eine Injektion erhältlich sein. Die Wirkung bei Auslandsreisen muß sich jedoch erst noch erweisen.

ERSTE-HILFE-KASTEN

Die Frage, was man bei Wanderungen mitnehmen soll, um erste Hilfe leisten zu können, ist so verbreitet geworden, daß ich eine relativ detaillierte Liste des Inhalts eines geeigneten Erste-Hilfe-Kastens zusammengestellt habe. Da Sie bei Bergwanderungen in Nepal in Gegenden gelangen, in denen medizinische Hilfe ein bis zwei Wochen entfernt sein kann, enthält sie alle Dinge, die man normalerweise benötigt, um auftretenden Problemen bei Wanderungen zu begegnen. Die Liste soll Ihnen helfen, die Ausrüstung und die Medikamente für Ihren Erste-Hilfe-Kasten zusammenzustellen. Sie ist auf eine Gruppe von vier Personen ausgerichtet, die ca. zwei Wochen unterwegs sind. Sie sollten die Mengen an Medikamenten usw. je nach Ihren persönlichen Gegebenheiten ausrichten.

Die Medikamente sind vorwiegend unter dem Namen ihrer chemischen Bestandteile aufgeführt, einige Kombinationspräparate mit zahlreichen Elementen aber unter den bekanntesten Markennamen. Vergleichbare Medikamente sind immer akzeptabel. Fast alle hier genannten Präparate sind rezeptfrei in den Apotheken in Kathmandu erhältlich. Die meisten kosten dort, bis auf einige Ausnahmen, weit weniger als in Europa. Bereits von zu Hause mitbringen sollten Sie Zäpfchen, die in Nepal nicht erhältlich sind, sowie Verbandmaterial und Bandagen, deren Qualität in Nepal schlecht ist.

Einige Erläuterungen zu jedem Medikament, das hier aufgeführt ist (und einige weitere), mit Einzelheiten über den Gebrauch, die Dosierung und die wichtigsten Nebenwirkungen finden Sie im Abschnitt über die Verwendung von Medikamenten an späterer Stelle in diesem Kapitel.

Wenn ein Arzt oder eine Ärztin Sie auf der Wanderung begleitet, sind möglicherweise auch kompliziertere Materialen wie Katheter, Luftschläuche, injizierbare Medikamente und Spritzen sowie eine Ausrüstung zum Nähen von Wunden vorhanden. Derartiges kann nützlich sein, wenn jemand in der Gruppe damit umgehen kann. Für den Erste-Hilfe-Kasten ist folgendes zu empfehlen:

1 Thermometer
1 Schere
1 Pinzette
1 Tape-Verband (25 mm selbsthaftend oder zum Überkleben)
1 Nähnadel
10 Päckchen Gaze (100 x 100 mm)
1 großer, steriler Verband
2 gerollte Baumwollverbände (100 mm)
1 gerollte Bandage (75 mm)
1 Dreieckstuch für Armschlingen
1 Flasche Antiseptikum (Piodin)
1 gerollte Bandage (100 mm)
1 Paket Pflaster,
ergänzend vielleicht auch noch
1 Arm- und Beinschiene (100 x 450 mm)
5 Sicherheitsnadeln
Stift und Papier.

Als Medikamente empfehle ich für die Reiseapotheke
30 Acetamenophen mit je 500 mg (Paracetamol)
15 Acetazolamid (250 mg)
20 Actifed
40 Amoxicillin (250 mg)
20 Antacid-Tabletten
30 Acetamenophen mit Kodein (30 mg)
oder
60 Kodein (15 mg)
10 Bisacodyl (10 mg)

40 Cephalexin (250 mg)
1 Tube Clotrimazol-Creme (1 %)
10 Dexamenthason (4 mg)
10 Diphenhydramin (50 mg)
40 Erythromycin bei Allergie gegen Penicillin (250 mg)
1 Tube Hydrocortison-Creme (1 %)
20 Lomotil oder Imodium
14 Vaginal-Tabletten Mycostatin
10 Nifedipin (10 mg)
24 Norfloxacin (400 mg) oder Ciprofloxacin (500 mg)
12 Halspastillen (Strepsils)
12 Tinidazol (500 mg)
Promethazin-Zäpfchen (50 mg)
1 Flasche Sulamyd-Augentropen (10 %),
wahlweise zum Injizieren
Promethazin (50 mg/1 cc)
Meperidin (50 mg/1 cc)
Adrenalin (1 : 1000)
Spritzen und Nadeln
alkoholgetränkte Tupfer

HYGIENE AUF WANDERUNGEN

Auch wenn es unglaublich klingt, die Keime, die Durchfall erregen, werden in der Hauptsache dadurch übertragen, daß man die Fäkalien einer anderen Person über das Trinkwasser aufnimmt. Einer der wichtigsten medizinischen Fortschritte in den westlichen Ländern war es, eine sichere Methode zu entwikkeln, Fäkalien aus dem Trinkwasser fernzuhalten. Dieses Problem wurde jedoch in Nepal noch nicht gelöst, so daß Wasser grundsätzlich als potentiell infiziert betrachtet werden muß. Auch wenn die Meinungen über die beste Methode der Reinigung von Wasser unter allen Bedingungen unterschiedlich sind, folgen nun einige Ratschläge.

Alle fäkalen Pathogene (Krankheitserreger) werden durch das Abkochen abgetötet. Die empfohlene Mindestdauer des Kochens variiert zwischen 5 und 20 Minuten, je nachdem, welchem Fachmann man folgt. Nach einer Empfehlung der Wilderness Medical Society in den USA genügt es bereits, Wasser zum Kochen zu bringen, um alle potentiellen Krankheitserreger selbst in hohen Lagen abzutöten. Eine Alternative zum Kochen bildet der Zusatz von Chemikalien, um die Pathogene zu töten. Dabei sind Jod- und Chlor-Präparate gleichermaßen wirksam, jedoch ist Jod in der Praxis etwas zuverlässiger.

Jodbehandlung von Trinkwasser: Es gibt drei praktische Möglichkeiten, um Jod auf einer Reise mitzunehmen: als Tabletten, als Lösung (Lugol's) oder als Jodkristalle.

Die Tabletten sind in Nepal nicht erhältlich und können zudem in nur sechs Monaten noch in der Originalverpakkung verderben. Wer ein neues Döschen dieser Tabletten findet, besitzt damit eine praktische Möglichkeit der Wasserreinigung, die zudem nicht viel wiegt. Ein Döschen enthält 50 Tabletten. Das reicht zur Reinigung von 50 l Wasser.

Lugol's ist als Lösung ein Jodkonzentrat auf Wasserbasis. Acht Tropfen pro Liter genügen, um relativ sauberes Trinkwasser zu erhalten. Es ist in Kathmandu in vielen Apotheken, insbesondere in den größeren in der New Road, erhältlich.

Bei der Verwendung von Jodkristallen sind 4 oder 5 Gramm davon in eine Glasflasche mit 30 ml Inhalt zu geben (keine Plastikflasche, da diese von Jod angegriffen wird). Solche Jodkristalle sind auch in einigen Apotheken von Kathmandu erhältlich. Diese kleine Menge reicht aus, um schon fast unendlich viel Wasser zu reinigen. Füllen Sie die Flasche mit Wasser und warten Sie 30 Minuten. Die konzentrierte Lösung, die Sie dann erhalten, nicht aber die Kristalle, werden dann dem Trinkwasser zugefügt. Fügen Sie diesem zwischen 15 und 30 Kubikzentimeter der Jodlösung zu und warten Sie 30 Minuten, bevor Sie das Wasser trinken. Wenn Sie die Glasflasche dann erneut füllen, ist das Wasser nach 30 Minuten wiederum trinkbar. Achten Sie aber darauf, daß Sie kein Jodkristall zu sich nehmen, da dies tödliche Folgen haben kann.

Im allgemeinen können Sie davon ausgehen, daß Sie immer weniger Jod benötigen, je wärmer das Wasser ist und je sauberer es aussieht. Wer den Jodgeschmack nicht mag, kann die Menge des Jods etwas reduzieren, dafür jedoch die Wirkungsdauer erhöhen. Es ist dann genauso sauber, schmeckt jedoch besser. Eine grobe Regel lautet, daß bei einer Verringerung der Jodmenge um die Hälfte die Wartezeit zu verdoppeln ist. Es gibt übrigens bisher keine Beweise dafür, daß der Gebrauch von Jod zur Aufbereitung von Trinkwasser schädlich ist, auch über einen längeren Zeitraum nicht.

Filtrierung von Wasser: Filtergeräte für die Aufbereitung von Trinkwasser sind in den letzten Jahren immer beliebter geworden. Es wird allerdings noch darüber diskutiert, ob Filter Bakterien, die Durchfall oder Gelbsucht (Hepatitis) erregen, abhalten können. Einige Wissenschaftler sagen, die Viren würden sich an größeren Partikeln festhalten und so durch Filter ausgesondert werden. Tatsächlich sind die Viren jedoch kleiner als das kleinste Loch in jedem kommerziellen Filter. Die Filter können allerdings teuer sein (bis zu 180 US $ und mehr), denn es ist einer vom Typ Micron 0,2 notwendig, um schädliche Bakterien zu entfernen. Ein Filter dieser Größe sondert auch Amöben und Giardia-Zysten aus, die wesentlich größer sind. Ein Filter kann aber auch Partikel fernhalten, die die Wirkung des Jods erschweren, und bietet so die Möglichkeit, eine geringere Joddosis zu verwenden. Einige Filter umfassen zudem Pentajodin-Harz, wobei das Wasser beim Filtern mit Jod versetzt wird. Dabei scheint es sich um eine angemessene Lösung zu handeln, solange der Filter nicht alt oder rissig ist.

Weitere Vorsichtsmaßnahmen: Leider genügt die Behandlung von Wasser nicht, um auszuschließen, daß man Fäkalien einer anderen Person zu sich nimmt. In ganz Nepal wird sehr wenig von Abwasserleitungen Gebrauch gemacht, um menschliche Ausscheidungen zu beseitigen. Aus diesem Grund sind Fäkalien überall in der Umwelt gegenwärtig und finden den Weg ins Essen. Die Infizierung von Nahrung durch menschliche Hände bleibt die Hauptquelle der Verseuchung. Auch Gemüse und Obst können durch die Erde, auf der sie gedeihen, und durch die Hände, durch die sie gehen, verseucht werden. Deshalb sollte die Grundregel lauten, kein Gemüse zu sich zu nehmen, das nicht geschält werden kann oder nicht frisch gekocht ist, wenn man sich nicht der Methode sicher ist, mit der es gesäubert wurde. In vielen Restaurants in Kathmandu wird heute das Gemüse in akzeptabler Weise gesäubert, um es gefahrlos genießen zu können. Sollten Sie sich jedoch nicht sicher sein, essen Sie es besser nicht. Der einheimische *Chang*, ein fermentiertes Gebräu aus Mais, Reis oder Hirse, wird übrigens mit unbehandeltem Wasser aufgefüllt und bildet daher für viele Besucher Nepals beim Trinken eine Ansteckungsquelle. Das Trinken von *Chang* ist jedoch so an die einheimischen Sitten gebunden, daß viele Touristen förmlich dazu gezwungen werden, ihre Bedenken beiseite zu schieben, um einen großzügigen Gastgeber nicht zu brüskieren.

Waschen Sie auch Ihre Hände häufig. Dies kann ebenfalls Infektionen verhindern. Die winzigen Mengen an verschmutztem Wasser, die an Tellern und Gläsern haften, sind wahrscheinlich keine Gefahr, die dafür sorgt, daß Sie krank werden. Im allgemeinen ist die Wahrscheinlichkeit, infiziert zu werden, auch von der Menge des verseuchten

Wassers, das man zu sich genommen hat, abhängig. Versuchen Sie ferner Speisen zu meiden, die bereits am Morgen gekocht und dann wieder aufgewärmt wurden (und dies vielleicht nicht richtig), wenn Sie Ihre Bestellung aufgegeben haben (z. B. Lasagne und Schmorgerichte). Hierbei kann es während des Tages zu einem Anwachsen der Bakterienmenge gekommen sein. Sie sollten immer Ihr Bestes tun, um mögliche Infektionsquellen zu meiden, sich jedoch auch nicht auf Gebieten verrückt machen lassen, auf denen Sie keine Kontrolle ausüben können.

Eine Sache, die kontrolliert werden kann, ist die Beseitigung von Toilettenpapier. Die Mengen an rosarotem und weißem Toilettenpapier auf beliebten Trekking-Routen sind ekelerregend und nehmen jedes Jahr zu. Es gibt drei akzeptable Möglichkeiten, mit Toilettenpapier umzugehen. Man kann es in einem kleinem Plastiksack mitnehmen, um es später zu beseitigen. Außerdem kann man es vergraben (z. B. mit Hilfe einer kleinen Plastikschaufel, die in vielen Rucksackgeschäften erhältlich ist) oder auf der Stelle verbrennen. Dafür nimmt man am besten Streichhölzer oder ein Feuerzeug mit dem Toilettenpapier mit. Um es besser verbrennen zu können, sollte es offen hingelegt werden. Es ist schwerer, von Urin durchtränktes Toilettenpapier zu verbrennen. Dennoch ist es nicht zu entschuldigen, wenn Toilettenpapier offen an einem Wanderweg liegengelassen wird.

GESUNDHEITLICHE PROBLEME UND IHRE BEHANDLUNG

Durchfall: Vor Durchfall scheinen die meisten Touristen, die das erste Mal nach Asien reisen, die größte Angst zu haben. Das Auftreten von Durchfall bei Besuchern, die nach Nepal gekommen sind, wurde noch nicht statistisch erfaßt, aber wer lange genug im Land bleibt, wird sicher nicht verschont werden. Reisende auf organisierten Wanderungen, bei denen die Zubereitung des Essens kontrolliert werden kann, kommen vielleicht nach Hause zurück, ohne krank geworden zu sein. Da man in Nepal leicht Durchfall bekommen kann, ist es wichtig zu wissen, worauf er zurückzuführen ist und was man dagegen unternehmen sollte. Die meisten Fälle von akutem Durchfall sind bei richtiger Behandlung problemlos zu stoppen.

Fast alle Durchfallerkrankungen bei Ausländern in Nepal gehen auf das Essen von verseuchten Nahrungsmitteln oder das Trinken von unsauberem Wasser zurück. Sie sollten daher darauf achten, was und wo Sie essen, und niemals unbehandeltes Wasser trinken. Bei einer längeren Reise kann man aber auch eine gewisse Immunität gegen Durchfallerkrankungen, wie sie für Besucher des Landes typisch sind, erlangen. Es scheint jedoch, das ein großer Teil dieser Immunität wieder verlorengeht, wenn man für längere Zeit in die Heimat zurückgekehrt war.

Das Verdauungssystem eines normalen Menschen beherbergt Milliarden von Mikroorganismen der verschiedensten Typen. Diese leben im allgemeinen in

Harmonie untereinander und mit dem Gastgeber. Der Körper produziert dann eine gewisse Menge an festem Stuhl, der den Unterleib ohne Schwierigkeiten verläßt. Wenn gewisse andere Organismen nun versehentlich aufgenommen werden, können sie das Verdauungssystem stören, indem entweder ein Gift produziert wird oder indem die Darmwände angegriffen werden. Der Darm reagiert auf das Gift mit einer zusätzlichen Produktion von Flüssigkeit, die zum Durchfall führt. Auf den Angriff der fremden Organismen selbst reagiert er mit krampfartigen Schmerzen und vermehrtem dünnen Stuhl. Die Bekämpfung der Fremdkörper im Verdauungssystem durch körpereigene Kräfte ist bemerkenswert erfolgreich. Fast alle durch Viren oder Bakterien bedingte Durchfälle bei vorhergehender Gesundheit beschränken sich auf sich selbst, was bedeutet, daß der Darm sich auch ohne Medikamente kuriert. In Fällen von bakteriellen Infektionen verkürzt die Gabe von Antibiotika allerdings die Dauer der Krankheit erheblich. Mehrere andere Parasiten, insbesondere Giardia und einige Amöbenarten, sind allerdings für den Körper ein schwereres Problem, was dazu führt, daß eine Infektion, wenn sie nicht behandelt wird, mehrere Monate lang andauern kann.

Der Flüssigkeitsverlust bei Durchfällen oder bei einem Erbrechen kann zur Dehydration führen, die in ihrer leichten Form zu mäßiger Schwäche, in ihrer mittleren Form zu Schwindelanfällen sowie Müdigkeit und in ihrer schweren Form zu der Unfähigkeit aufzustehen oder zur Ohnmacht führt. Sie sollten immer daran denken, mehr als gewöhnlich zu trinken, wenn Sie an Durchfall erkrankt sind. Das gilt insbesondere, wenn Sie sich übergeben müssen, wenn Sie Fieber haben oder wenn hohe Temperaturen herrschen. Jede Art von Flüssigkeit (außer Alkohol) ist zunächst recht, aber Dehydrationslösungen (in Nepal wird Jeevan Jal hergestellt) werden vom Darm schneller aufgenommen. Viele Leute glauben übrigens, daß eine leichtere Magenverstimmung durch Fasten behoben werden könne. Es ist jedoch wissenschaftlich nicht bewiesen, daß Fasten oder eine besondere Diät einen Durchfall verkürzt. Ein Durchfall verstärkt jedoch den normalen Reflex, mit dem sich der Darm zusammenzieht, wenn Nahrung in den Magen gelangt. Das kann das Gefühl verursachen, daß sich der Durchfall verschlimmere, wenn man etwas ißt. Eine allgemeine Regel bei Durchfall lautet, zu essen, wenn man hungrig ist, sich jedoch nicht dazu zu zwingen.

Dieser Abschnitt soll dazu beitragen, sich bei Durchfallerkrankungen selbst helfen zu können, wenn Sie sich fernab jeder medizinischen Versorgung aufhalten. Stuhluntersuchungen können nützlich sein, um den Grund des Durchfalls zu erkennen, aber einige Labors in Nepal sind nicht sehr zuverlässig. Sie tendieren dazu, eine Amöbenruhr zu diagnostizieren, selbst wenn eine solche nicht vorhanden ist. Das kann zu einer Behandlung mit falschen Medikamenten und einem längeren Krankheitsverlauf als notwendig führen. Wer sich in Kathmandu aufhält, hat die Möglichkeit, bei einem Arztbesuch und einem Stuhltest in einer vertrauenswürdigen Klinik ein zuverlässiges Ergebnis und die richtige Behandlung zu erhalten.

Die CIWEC-Klinik hat 9 Jahre lang Untersuchungen der Durchfallerkrankungen von Besuchern aus dem Ausland durchgeführt. Dabei haben wir herausgefunden, daß in fast allen Fällen eine von drei verschiedenen Ursachen zugrunde liegt. Bei 85 % der Erkrankungen sind Bakterien der Verursacher, bei 14 % Giardiasis und nur in 1 % der Fälle eine Amöbenruhr.

Bakterienbedingter Durchfall: Diese verbreitete Krankheit ist durch einen abrupten Beginn gekennzeichnet, der häufig in der Mitte der Nacht einsetzt. Davon Betroffene leiden unter Unterleibskrämpfen, dünnen und häufigen Stuhlgängen sowie gelegentlich Übelkeit, Erbrechen und Fieber. Dann kann auch Blut im Stuhl zu sehen sein, was jedoch kein Alarmzeichen ist. Erbrechen und Fieber dauern im allgemeinen nicht länger als 24 Stunden, der Durchfall jedoch manchmal länger. Die Infektion kann ohne Behandlung nach einigen Tagen vorübergehen, allerdings auch zwei Wochen oder je nach Fall länger anhalten.

In Nepal scheinen bakteriell bedingte Durchfälle ernster zu sein und länger anzudauern als in anderen Entwicklungsländern. Die meisten daran Er-

krankten wollen den Verlauf so weit wie möglich mit Medikamenten abkürzen. Wir haben festgestellt, daß eine Behandlung mit Antibiotika sehr erfolgreich ist und damit die Symptome nach ein bis zwei Tagen behoben werden. Studien haben ergeben, daß die prophylaktische Einnahme von Antibiotika bei Reisen in Entwicklungsländer eine Erkrankung an Durchfall häufig verhindern kann. Es wurde jedoch noch nicht genau ermittelt, wie hier das Verhältnis zwischen Nutzen und Gefahren ist. Doxycyclin, die erste Tablette, die erprobt wurde, ist relativ teuer und kann bei leerem Magen Übelkeit und eine höhere Empfindlichkeit der Haut gegenüber der Sonne verursachen, woraus ein schmerzhafter Ausschlag resultieren kann. Dieses Medikament bietet dennoch einen erheblichen Schutz gegen einige Arten der bakteriell bedingten Durchfälle. Keine bis heute veröffentlichte Studie belegt jedoch, ob der Schutz für einige Monate verlängert werden kann oder wie die negativen Wirkungen der Einnahme von hohen Dosen von Antibiotika über einen längeren Zeitraum aussehen. Andere Antibiotika wurden in der gleichen Weise erprobt und erwiesen sich ebenfalls als wirkungsvoll. Einige nicht antibiotische Präparate wie Bishmuth-Subsalicalat (Pepto-Bismol) zeigten sich bei der Verhütung von bakteriell verursachtem Durchfall ebenfalls für einen kürzeren Zeitraum als wirksam.

Wissenschaftler, die besorgt darüber waren, daß derartig viele Reisende über einen längeren Zeitraum täglich Antibiotika einnehmen, testeten die Wirkung solcher Präparate, wenn sie beim ersten Auftreten eines Symptoms genommen werden, aber nicht davor. Sie stellten fest, daß dies die Zeit, in der ein Patient mit Durchfall zu kämpfen hat, erheblich verkürzt. Diese Methode hat deutliche Vorteile gegenüber der kontinuierlichen Einnahme von Medikamenten auf einer Reise.

Die Studien bezogen sich auf Menschen, die erst eine kurze Zeit in einem neuen Land waren. In den ersten ein bis zwei Wochen eines Aufenthalts in einem Entwicklungsland ist das abrupte Einsetzen eines Durchfalls fast immer ein Hinweis auf bakterielle Ursachen. Es kann dann auf diese Vermutung hin eine Behandlung erfolgen. Wenn eine Person aber bereits mehrere Wochen oder mehrere Monate in einem Risikogebiet auf Reisen ist, besteht die Möglichkeit, daß der Durchfall auf andere Organismen zurückzuführen ist. Dann muß die Behandlung gründlicher überdacht werden.

Im allgemeinen unterscheidet sich der bakteriell begründete Durchfall durch sein plötzliches Einsetzen von dem, der durch protozoale Parasiten (Amöben oder Giardia) verursacht wird. Bei Letzteren entwickelt sich das Krankheitsbild langsamer. Es dauert häufig erst einige Tage, bis man feststellt, daß der leichte Durchfall anhält. In Nepal wurden in der Vergangenheit am häufigsten Trimethoprim-Sulfamethoxasole (Bactrim) gegen bakteriell bedingten Durchfall eingesetzt. Unsere Studien haben allerdings ergeben, daß heute zwischen 10 und 50 % der Bakterien gegen dieses Medikament resistent sind. Zur Zeit verwenden wir entweder Norfloxacin oder Ciprofloxacin. Norfloxacin wird in einer Dosierung von 400 mg im Abstand von 12 Stunden über drei Tage verabreicht, Ciprofloxacin in einer Dosis von 500 mg alle 12 Stunden drei Tage lang. Eines dieser Antibiotika sollte sich in Ihrem Erste-Hilfe-Kasten befinden, wenn Sie fernab von medizinischer Hilfe unterwegs sind.

Giardiasis: Organismen wie die Giardia werden von Touristen für die wichtigsten Erreger von Durchfall gehalten. Dies entspricht jedoch nicht den Tatsachen. Sie können allerdings zu einer chronischen, relativ leichten Durchfallerkrankung führen. Bei den Erregern handelt es sich um Einzeller (Protozoen), die den oberen Darmbereich gleich unterhalb des Magens befallen. Sie haben eine ovale Form und setzen sich mit einer Art Schwanz dort fest. Wenn sie sich dafür entscheiden, einen neuen Gastgeber zu suchen, scheiden sie zu ihrem Schutz um sich herum einen starken Panzer aus und werden zu einer nicht aktiven Zyste. Diese Zyste kann in Bergbächen oder Staub überleben wie auch in der Magensäure des nächsten Wirtes, der sie aufnimmt. Die Zysten im Wasser können jedoch durch Abkochen oder Jod getötet werden.

In einem menschlichen Körper angelangt, verursachen diese Parasiten erst nach ein bis zwei Wochen die ersten Symptome und nicht schon nach der nächsten Mahlzeit. Im oberen Unterleibsbereich treten Unwohlsein, „Strudel im Verdauungssystem", faulig riechende Blähungen und Aufstoßen sowie ein abklingender und wieder einsetzender Durchfall auf. Dabei handelt es sich um die wichtigsten Kennzeichen der von den Einzellern verursachten Krankheit. Häufig leiden die Betroffenen Wochen oder Monate unter diesen Symptomen, bis sie einen Arzt aufsuchen, da das Krankheitsbild nicht jeden Tag gleichermaßen ausgeprägt ist und sie hoffen, es werde abklingen. Gelegentlich beschränken sich die Symptome auf ein bis drei dringende, dünne Stuhlgänge am Morgen ohne weitere Zeichen während des übrigen Tages und der Nacht, was sich Tag für Tag wiederholt. Da der Organismus im oberen Teil des Verdauungssystem lebt, ist er nicht unbedingt auch im Stuhl festzustellen. Besteht Verdacht auf eine Infektion und keine Möglichkeit, den Stuhl untersuchen zu lassen, oder fällt das Ergebnis negativ aus, ist es häufig sinnvoll, sich selbst trotzdem zu behandeln. War Ihre Vermutung richtig, dann verschwinden die Symptome oft schnell. In Nepal wird gegen Giardiasis vor allem Tinidazol (Markenname Tiniba) eingesetzt. Dann wird eine einmalige Einnahme von 2 g verordnet (4 Tabletten mit je 500 mg). Die einfache Dosis zeigt bei einer Giardiasis-Infektion zu 95 % Wirksamkeit. Dabei können ein schlechter Geschmack im Mund, Kopfschmerzen, der Verlust des Appetits und Übelkeit auftreten. Das Medikament darf allerdings nie mit Alkohol eingenommen werden. Die Nebenwirkungen halten aber selten länger als einen Tag an.

Amöbenruhr: Die Amöbenruhr ruft bei den meisten Asienreisenden Angst hervor, selbst wenn diese Infektion mit Amöben bei Ausländern sehr selten ist. Amöben sind Protozoen, die im Dickdarm leben. Davon gibt es viele verschiedene Arten, aber nur einige wenige rufen Beschwerden hervor. Gelegentlich können Amöben durch den Blutkreislauf in die Leber gelangen und einen ernsten Abszeß hervorrufen, der durch Fieber und Schmerzen in der Leber gekennzeichnet ist. Infektionen mit Amöben gehen mit einem relativ schwachen Durchfall sowie vagen Schmerzen im Unterleibsbereich einher. Der Durchfall hält einige Tage an, dann geht es dem Betroffenen besser, aber gelegentlich bleibt er auch einen Tag ohne Stuhlgang, um anschließend erneut an Durchfall zu leiden. Dieser Zyklus kann sich über Wochen oder Monate hinziehen. Bei lange andauernden Infektionen können auch Gewichtsverlust und chronische Müdigkeit Begleiterscheinungen sein.

Es kann, wenn auch selten, bei einer Amöbeninfektion auch zu einem blutigen Stuhlgang kommen. Dann handelt es sich um die Ruhr, die gefährlich ist. Bei einem Auftreten derartiger Symptome sollte man am besten sofort mit der Behandlung beginnen, auch wenn es sich möglicherweise um eine Verwechslung mit einer der bakteriell bedingten Durchfallerkrankungen handelt, wie sie häufiger vorkommt.

Die Behandlung von Amöbeninfektionen erfolgt ebenfalls mit Tinidazol. Dabei werden an drei aufeinanderfolgenden Tagen zwei Gramm als Tagesdosis eingenommen. Idealerweise sollte den drei Tagen, an denen Tinidazol eingenommen wird, eine zehntägige Einnahme von dreimal täglich jeweils 500 mg Furamid (Diloxanide Furoate) folgen, um die Erreger völlig aus dem Organismus zu entfernen. Furamid weist keine bemerkenswerten Nebenwirkungen auf und verträgt sich auch mit Alkohol. Es ist sehr unwahrscheinlich, daß Sie das Medikament auf einer Trekking-Tour benötigen, so daß Sie es nicht in Ihren Erste-Hilfe-Kasten aufzunehmen brauchen. Falls notwendig, ist es bei der Rückkehr nach Kathmandu oder Pokhara erhältlich.

Andere Verstimmungen des Verdauungssystems: Es gibt noch andere Arten von akuten Verstimmungen des Verdauungssystems, die nicht mit Antibiotika behandelt werden können. Glücklicherweise gehen sie nach einer gewissen Zeit allesamt von selbst vorüber.

Eine davon ist die Lebensmittelvergiftung. Einige Bakterien produzieren nämlich, wenn sie in Nahrungsmittel gelangen, die ihrem Wachstum förderlich sind, sehr starke Gifte. Wer derart verseuchte Nahrung zu sich genommen hat, wird innerhalb von 4-8 Stunden sehr krank. Anzeichen sind das plötzliche Auftreten von Übelkeit, Erbrechen, Fieber und ein sehr häufiger, wässriger Durchfall. Glücklicherweise befinden sich die meisten Betroffenen bereits auf dem Weg der Besserung, wenn sie in der Lage sind, ihr Zimmer zu verlassen und Hilfe zu suchen, d. h. innerhalb von 12 bis 24 Stunden. In diesen Fällen reagiert der Körper auf das Gift und nicht auf die Keime selbst, so daß Antibiotika nicht notwendig sind. Der einzige Weg der Behandlung besteht darin, soviel wie möglich zu trinken, um einem zu großen Flüssigkeitsverlust vorzubeugen. Hält der Durchfall an, nachdem das Fieber und das Erbrechen abgeklungen sind, handelt es sich wahrscheinlich um eine bakterielle Infektion (siehe vorhergehende Abschnitte).

Eine bakterielle Magen-Darm-Entzündung ist auf Viren zurückzuführen. Das sind die kleinsten aller Keime, die am schwersten medikamentös zu bekämpfen sind. Verschiedene davon verursachen Durchfall. In einigen Teilen der Welt sind sie ein verbreiteter Grund für den typischen Durchfall, der Besucher in jenen Gebieten trifft. In Nepal rufen Viren jedoch nur 2 % des Reisedurchfalls hervor, und dies vor allem in den kälteren Monaten. Aus diesem Grund ist es ein Fehler zu glauben, daß die meisten Durchfälle auf Virusinfektionen zurückzuführen sind. Viren verursachen Durchfallerkrankungen von einem Tag bis mehreren Tagen Dauer. Gelegentlich tritt dabei starke Übelkeit auf.

Würmer sind Darmparasiten, die niemals Durchfälle verursachen und nur selten der Grund für andere Symptome sind. Sie können gelegentlich mit einem leichten Unwohlsein im Unterleibsbereich in Verbindung gebracht werden. Es dauert ca. sieben Wochen, bis sich ein einmal eingenistetes Wurmei zu einem erwachsenen Wurm entwickelt hat. Würmer sind also für kurze Reisen kein Risikofaktor. Studien haben ergeben, daß ca. 95 % der Nepali mit Würmern infizierte Fäkalien ausscheiden. Trotz dieser übermächtigen Zahl sind Wurminfektionen in Nepal bei ausländischen Besuchern relativ selten. Selbst bei Entwicklungshelfern, die für zwei Jahre in abgelegenen Dörfern stationiert sind, beläuft sich die Quote der Wurminfektionen auf weniger als 5 %. Ob es notwendig ist, am Ende einer Asienreise ein Wurmmittel zu nehmen, ist schwer zu sagen. Die Wurmmittel sind jedoch fast frei von Nebenwirkungen, so daß es keine weltbewegende Entscheidung ist, wenn man sicher sein möchte, daß man keine Würmer mit nach Hause bringt. Die Behandlung erfolgt mit Mebendazol (in Nepal Wormin). Man nimmt drei Tage lang zweimal täglich eine Tablette.

Im Jahre 1987 wurde in Nepal im Rahmen einer Studie der CIWEC-Klinik erstmals Cryptosporidium gefunden. Dieser Organismus war in etwa 6 % der Stuhlproben enthalten. Weitere Forschungen haben jedoch ergeben, daß Cryptosporidium bei den Patienten der CIWEC-Klinik nur selten zu Durchfall geführt hat. Es kann jedoch einen abrupt einsetzenden Durchfall hervorrufen, der zwischen einigen Tagen und einigen Wochen andauert. Zur Zeit gibt es dagegen keine antibiotische Behandlung, die problemlos erhältlich wäre. Der Organismus wird bei Routine-Untersuchungen der Labors nicht entdeckt, da er nur durch ein spezielles Färbemittel sichtbar gemacht werden kann. Wenn wir ihn gefunden haben, waren die Patienten meistens erleichtert, zumindest eine Diagnose zu haben und zu wissen, daß die Krankheit schließlich von selbst vorübergeht.

Höhenkrankheit: Ein Ausspruch in der Himalayan Rescue Association lautet, daß „der Himalaja dort anfängt, wo andere Bergketten aufhören". Damit wird auf die Tatsache angespielt, daß man sich selbst, wenn man auf 5.500 m Höhe wandert, noch immer am Fuß der meisten Berge aufhält. Der Aufenthalt in derartigen Höhen über Tage oder Wochen erfordert vom Körper allerdings eine gewisse Anpassung. Dieser Prozeß wird Akklimatisierung genannt. Wer zu schnell in ein hoch gelegenes Gebiet kommt, kann die Höhenkrankheit erleiden.

In den frühen siebziger Jahren, als das Bergwandern in Nepal gerade erst beliebt wurde, erlebten viele Gruppen einen Schock, wenn eines ihrer Mitglieder, wie es schien, an einer Grippe oder einer Brustkorbinfektion erkrankte. Die Betroffenen starben jedoch dann innerhalb von ein bis zwei Tagen. Allein in der Everest-Region fanden damals jährlich zwischen 5 und 10 Personen pro Jahr bei insgesamt nur 500 Trekkern pro Jahr auf diese Weise den Tod. In den letzten 10 Jahren hat es unter den Touristen nur noch einen Todesfall pro Jahr durch die Höhenkrankheit gegeben, obwohl sich deren Zahl vervielfacht hat und jetzt fast 50.000 Menschen jährlich in den Bergen Nepals wandern.

Im Herbst 1989 starben jedoch zwei japanische Mitglieder einer Trekking-Gruppe im Gokya-Tal an akuter Höhenkrankheit. Bei vielen der Trekker in Nepal handelt es sich heutzutage nicht um erfahrene Bergwanderer. Sie sind sich häufig nicht des Risikos bewußt, das sie eingehen, wenn sie in einer abgelegenen Gegend und in großer Höhe eine Bergwanderung unternehmen. In einer Zeit, in der bekannt ist, was man tun muß, um dem Tod durch Höhenkrankheit vorzubeugen, ist es schrecklich tragisch zu sehen, daß noch immer Trekker in Nepal auf diese Weise ihr Leben verlieren. Wer den einfachen Ratschlägen in diesem Abschnitt folgt, sollte sich keine Sorgen machen, an Höhenkrankheit zu sterben.

Die Höhenkrankheit ist das Ergebnis einer fehlenden Anpassung des Körpers an größere Höhen. Zwischen den Zellen des Körpers konzentriert sich Flüssigkeit und kommt schließlich an den Stellen zusammen, an denen sie den größten Schaden anrichtet – in der Lunge und im Gehirn. Wenn die Flüssigkeit in die Lungen gerät, bekommt der Betroffene beim Gehen schneller keine Luft und schließlich auch bei den Rasten nicht mehr. Dann setzt ein Husten ein, anfangs trocken und unregelmäßig, bis er schließlich schwerer wird, seine ernstere Form erreicht und mit pinkfarbenem Auswurf einhergeht. Die Person erstickt schließlich an diesem Auswurf, wenn sie nicht in eine niedriger gelegene Region gebracht wird. Das Syndrom wird als höhenbedingtes Lungenödem bezeichnet. Wenn die Flüssigkeit sich im Gehirn ansammelt, leidet das Opfer an Kopfschmerzen, Appetitverlust, Übelkeit und gelegentlich auch an Erbrechen. Wird der Aufstieg fortgesetzt, folgen Probleme mit dem Gleichgewicht und der Koordinierung. Schließlich ist die kranke Person unfähig, sich aufzurichten, und fällt in Koma. Falls sie nicht in eine niedrigere Lage gebracht wird, ist der Tod unausweichlich. Dieses Syndrom wird als höhenbedingte Gehirnüberwässerung bezeichnet. Beide Krankheiten können einzeln oder kombiniert auftreten.

Das Wissen um diese Syndrome hat einige Trekker auf ihren Wanderungen schon übertrieben ängstlich werden lassen. Das Fortschreiten der Symptome geht im allgemeinen relativ langsam vor sich, jedoch – wenn man die Warnzeichen nicht beachtet – stetig vonstatten. Insgesamt sind es rund 24 bis 48 Stunden oder auch mehr. Das Einsetzen der ersten Anzeichen, insbesondere Kopfschmerzen und Atemlosigkeit, sollte Sie warnen, daß die Grenzen Ihrer Akklimatisierung erreicht sind. Sie dürfen dann nicht weiter in noch höhere Lagen wandern, bis die Symptome verschwunden sind, meistens nach einer Pause von ein bis zwei Tagen. Wenn Sie den Aufstieg fortsetzen, werden die Anzeichen der Höhenkrankheit unabwendbar schlimmer. Falls innerhalb von 24 bis 48 Stunden noch immer

Symptome vorhanden sind oder sich Ihr Zustand sogar stetig verschlechtert hat, sollten Sie wenigstens in die Region zurückwandern, in der Sie sich zuletzt wohl gefühlt haben, oder noch weiter bergab. Wer vor seinem Abstieg bereits so krank war, daß ihm jemand behilflich sein mußte, um in eine niedrigere Lage zu gelangen, sollte auf der gleichen Wanderung nicht noch einmal versuchen, die Höhe zu erreichen, auf der er erkrankte.

Die Höhenkrankheit kann ab ca. 1.800 m auftreten. Häufiger jedoch und ernster ist das Syndrom in Lagen, die noch darüber liegen. Im allgemeinen sollten Sie täglich auf Wanderungen in Lagen zwischen 3.000 und 4.000 m nicht mehr als durchschnittlich 300 m Höhenunterschied gewinnen. Anstatt nur kurze Strecken zurückzulegen, legen die meisten Bergwanderer eine Pause von einem Tag ein. Sie wandern z. B. an einem Tag von 3.700 m auf 4.300 m Höhe, um dann einen Tag für die Akklimatisierung vorzusehen. Kein Plan kann jedoch garantieren, daß man nicht doch von der Höhenkrankheit getroffen wird.

Wer sich dafür entschieden hat, an einer organisierten Wanderung teilzunehmen, muß sich an einen festgelegten Zeitplan anpassen. Falls dann der vorgegebene Zeitraum für den Betroffenen nicht ausreicht, um sich zu akklimatisieren, ist man häufig gezwungen zurückzubleiben. Trekker, die ihre Tour selbst organisieren, haben den Vorteil, eine eintägige Pause einlegen zu können, wenn sie sich nicht wohl fühlen. Viele Trekker

sind allerdings sehr zielorientiert und lassen sich durch ihren Ehrgeiz dazu verleiten, auftretende Anzeichen der Höhenkrankheit zu ignorieren. Im Laufe der Jahre kamen zu mir Patienten mit Höhenkrankheit, die diese auf Auswirkungen der Sonne, Flüssigkeitsverlust, das Stoßen des Kopfes an einer niedrigen Tür, das Schlafen in einem rauchigen Teehaus, Nebenwirkungen von Medikamenten, Bronchitis, Grippe, ja schließlich auf alles andere außer der Höhenkrankheit zurückführten. Keiner der von ihnen genannten Gründe kann zum Tod führen, die Höhenkrankheit jedoch kann tödlich enden.

Wer sich auf einer bestimmten Höhe krank fühlt und sich der Ursachen nicht sicher ist, sollte davon ausgehen, daß es Symptome der Höhenkrankheit sind, und dementsprechend handeln. Eine falsche Einschätzung kann sonst ernste Konsequenzen haben. Die Hilfsposten der Himalayan Rescue Association in Pheriche und Manang können Ihnen mit Rat zur Seite stehen, wer jedoch auf sich allein gestellt ist, sollte vorsichtig sein. Bei allen Todesfällen in den letzten Jahren handelte es sich um Menschen, die darauf bestanden, trotz der deutlichen Symptome weiterzuwandern, die man bereits als Zeichen der Höhenkrankheit erkennen konnte. Die Krankheit trifft selten einen Trekker ohne Vorwarnung. Entspannen Sie sich auf der Wanderung, genießen Sie die Trekking-Tour, wenn es Ihnen gut geht, und stellen Sie sich darauf ein, einen Tag für eine zusätzliche Pause zu opfern, wenn dies nicht der Fall ist. Behalten Sie die folgenden drei grundlegenden Regeln im Gedächtnis, um den Tod an Höhenkrankheit zu vermeiden: Lernen Sie die frühen Symptome der Höhenkrankheit auswendig und bei sich selbst erkennen.

Wenn sich Zeichen einer akuten Höhenkrankheit bei Ihnen zeigen, steigen Sie nie noch ein Stück bergauf, um auf einer noch höheren Lage zu schlafen. Wandern Sie zurück auf eine niedrigere Lage, wenn die Symptome auf gleicher Höhe nicht zurückgehen.

Das Wandern in größeren Höhen sollte keinerlei Gefährdung mit sich bringen. Das ist auch der Fall, wenn Sie auf Ihren Körper und auf das Verhalten Ihrer Freunde achten und sich Zeit nehmen, um sich der extremen Höhe anzupassen, die man leicht durch die vielen noch höheren Gipfel der Umgebung vergessen kann. Die Tatsache, daß heute jährlich 5.000 und nicht nur 500 Touristen zum Kala Pattar trekken, macht die Höhe nicht ungefährlicher.

Die Behandlung der Höhenkrankheit besteht darin, bei leichten Symptomen den weiteren Aufstieg zu unterbrechen und bei schwereren Symptomen die Höhe zu verlassen und in eine niedrigere Region zurückzuwandern. Ein Abstieg bedeutet immer eine Verbesserung des Zustandes und sollte in ernsten Fällen nie aufgeschoben werden, um zunächst andere Arten der Therapie zu versuchen.

Drei Medikamente haben sich bei der Behandlung einer akuten Höhenkrankheit als nützliche Heilmittel gezeigt. Acetazolamid (Diamox) kann leichte Symptome der Höhenkrankheit verhindern, wenn es vor dem Aufstieg genommen wird. Die Himalayan Rescue Association empfiehlt es jedoch nicht als routinemäßige Prophylaxe im Himalaja, da Trekking-Touren häufig Monate andauern und die meisten Bergwanderer kein Medikament benötigen. Es ist bei der Behandlung von Kopfschmerzen und Übelkeit, die mit einer leichten Höhenkrankheit in Verbindung gebracht werden, nützlich und kann zudem hilfreich sein, wenn der Schlaf durch unregelmäßige Atmung oder Atemlosigkeit gestört wird, wie dies in hohen Lagen häufiger der Fall ist. Ich empfehle, Diamox mitzunehmen und es bei leichten Symptomen zu verwenden, jedoch prophylaktisch nur dann, wenn Sie bereits bei einer bestimmten Höhe Erfahrungen mit der Höhenkrankheit haben sammeln müssen. Die übliche Dosis beträgt 250 mg, und zwar alle 12 Stunden, wenn nötig. Jüngere Untersuchungen haben ergeben, daß 125 mg (eine halbe Tablette) alle 12 Stunden genauso wirksam sind, wobei dann weniger Nebenwirkungen auftreten. Ein leichtes Kribbeln in den Händen und Füßen nach der Einnahme von Diamox ist häufig und kein Grund, die Behandlung abzubrechen. Einige Menschen befürchten übrigens, daß Diamox die Symptome einer Höhenkrankheit nur kaschiere. Diese Furcht ist jedoch unbegründet. Wer sich nach der Einnahme von Diamox besser fühlt, dem geht es besser. Ist dies nicht der Fall, sollte der Abstieg beginnen.

Dexamenthason (Decadron) ist eine starke steroide Droge, die die Symptome von höhenbedingter Gehirnüberwässerung durch eine unbekannte Wirkungsweise verbessert, ohne jedoch zur Akklimatisierung beizutragen. Sie ist im Notfall von Bedeutung, sollte jedoch niemals zur Vorbeugung eingenommen werden. Der Zustand von Menschen mit starken Kopfschmerzen und Verlust des Gleichgewichts kann damit so weit verbessert werden, daß ein Abstieg in der Nacht oder der Abtransport auf einer Tragbahre vermieden werden und sie selbst gehen können. Wer dieses Medikament eingenommen hat, darf auf keinen Fall weiter in noch höhere Lagen wandern und dabei die Einnahme dieses Medikamentes fortsetzen. Kann das Mittel innerhalb von 24 Stunden abgesetzt werden, ohne daß erneut gesundheitliche Schwierigkeiten auftreten, ist es möglich, den Aufstieg fortzusetzen.

Nifedipin wurde ursprünglich zur Behandlung von Herzerkrankungen und hohem Blutdruck eingesetzt. Es bewirkt jedoch auch ein Sinken des Drucks in den Blutgefäßen der Lunge, was zu einer erheblichen Verbesserung des durch die Höhenkrankheit verursachten Lungenödems führt. Aus diesem Grund sollte Nifedipin bei Bergwanderungen in Nepal einen Platz im Erste-Hilfe-Kasten erhalten. Der Kapselinhalt ist flüssig. Die erste Dosis kann eingenommen werden, indem man ein Loch in die Kapsel bohrt oder beißt und den Kapselinhalt unter die Zunge fließen läßt. Die Behandlung wird durch die Einnahme einer Kapsel mit 10 mg nach einer Stunde und dann nach jeweils 8 Stunden fortgesetzt. Während der Einnahme des Präparates sollte der Aufstieg unterbrochen werden.

Eine abgewandelte Form des ältesten Mittels gegen die Höhenkrankheit, des Abstiegs, ist eine tragbare, aufblasbare Druckkammer, die Igor Gamow erfunden hat und deshalb den Namen Gamow-Tasche trägt. Er verkaufte seine Idee an die DuPont Corporation in den USA, die die Tasche jetzt für ca. 2.500 US $ pro Stück anbietet. Sie wird seit 1988 bei den Hilfsposten der Himalayan Rescue Association in Pheriche und Manang verwendet.

Die Tasche mißt ca. 60 cm im Durchmesser und ist aufgeblasen ca. 2,5 Meter lang. Man öffnet sie durch einen starken, luftdichten Reißverschluß. Zum Aufpumpen wird ein üblicher Blasebalg, der mit dem Fuß bedient wird, verwendet. Zwei Druckventile öffnen sich automatisch, wenn der Druck innen eine bestimmte Stärke übersteigt. Der Anstieg des Drucks simuliert wirkungsvoll einen Abstieg und läßt den Sauerstoffgehalt, der bei jedem Atemzug aufgenommen wird, ansteigen. Die ideale Behandlungsdauer bei verschiedenen Schweregraden der Höhenkrankheit wurde bisher noch nicht festgestellt. Nach den Ergebnissen unserer begonnen Arbeit mit der Kammer und nach Berichten, die wir aus aller Welt erhalten haben, scheint bei schwachen bis mittleren Symptomen von akuter Höhenkrankheit eine einstündige Behandlung bereits sehr wirkungsvoll zu sein. Diese Verbesserung kann auch anhalten, nachdem der Betroffene die Kammer verläßt.

Schwere Fälle von Höhenkrankheit zeigen in der Kammer ebenfalls Verbesserungen, der Zustand scheint sich jedoch nach dem Verlassen der Druckkammer wieder zu verschlechtern, was eine Wiederholung oder eine längere Behandlungsdauer (vier bis sechs Stunden) erfordert. Der Blasebalg muß dabei acht- bis zehnmal pro Minute bedient werden, um die Kammer aufgeblasen zu halten sowie neuen Sauerstoff in die Kammer und Kohlendioxid aus der Kammer zu pumpen. Dabei wird ein Druck von 50 kg benötigt, um den Blasebalg zu bedienen, wenn die Kammer aufgeblasen ist. Deshalb sind einige schmächtige Nepali nicht schwer genug, um beim Pumpen zu helfen.

Die Gamow-Tasche mag Sauerstoff als letzte Möglichkeit zur Behandlung der akuten Höhenkrankheit ersetzen. Sie ist jedoch nicht absolut sicher, denn die Sicherheitsventile können zusammenklappen und die Tasche kann ein Loch bekommen. Außerdem sollte man sich ihrer nicht bedienen, um das durch die Höhenkrankheit in Frage gestellte Tempo bei Aufstiegen zu steigern. Anders als eine Sauerstoffflasche kann die Tasche nicht leer werden und hat den besonderen Vorteil, daß so viele Menschen über einen längeren Zeitraum behandelt werden können, wie erforderlich ist, jedenfalls so lange, wie genügend gesunde und starke Männer zum Pumpen zur Stelle sind.

Frostbeulen: Frostbeulen sind auf vielen Trekking-Wegen an den meisten Tagen kein großes Problem. In den Monaten Oktober bis April können jedoch Stürme auftreten, die Schnee von einem Meter Höhe oder mehr auf die hochgelegenen Pässe treiben. Die beiden beliebtesten Routen zum Kala Pattar und um den Annapurna herum führen auf Lagen von mehr als 5.000 m. Die Kombination von Höhe und Schnee kann hier bei unachtsamen oder unvorbereiteten Trekkern leicht Frostbeulen hervorrufen.

Auf dem Annapurna-Rundweg wandert man überwiegend auf niedrigen bis mittleren Lagen und einfachen Wegen. Aus diesem Grund ist die Versuchung groß, entweder Laufschuhe oder leichte Kleidung und lederne Wanderstiefel zu tragen. Die schweren Wanderstiefel, die man benötigt, um den Thorung La im Schnee zu überqueren, scheinen eine zu große Last zu sein, um sie für die ein bis zwei Tage zu schleppen, in denen sie vielleicht benötigt werden. Fällt jedoch Schnee auf dem Paß und versucht man ihn dann mit leichtem Schuhwerk zu überqueren, können Frostbeulen das Ergebnis sein. Die Höhe spielt dabei eine trügerische Rolle. Sie läßt das Gewebe durch den Mangel an für den Schutz der Hautzellen notwendigem Sauerstoff anfälliger für Verletzungen durch Kälte werden. Viele Betroffene erzählten mir, sie seien sehr erstaunt gewesen, als sie Frostbeulen feststellten, da sie bereits in anderen Gegenden gewandert seien, in denen es ihnen weit kälter vorgekommen sei, ohne daß dies Folgen gehabt habe.

Was sind Frostbeulen? Es handelt sich um eine Verletzung, die durch das Frieren des Hautzellgewebes entsteht. Die Zirkulation des warmen Blutes in den Gliedern kann im allgemeinen diese davor bewahren, bei Kälte zu erfrieren, wenn sie ausreichend geschützt sind. Werden die Hände oder Füße nicht genug gewärmt, fühlen sie sich erst kalt an, dann taub und erfrieren schließlich. Bei extremer Kälte genügt es, daß mit einer Hand ein Stück Metall berührt wird, um eine Erfrierung hervorzurufen. Im Himalaja werden jedoch im allgemeinen nacheinander die Phasen der Kältegefühls in den Gliedern, der Taubheit und schließlich der Erfrierung durchlaufen.

Maßnahmen zur Vorbeugung werden notwendig, wenn die Hände taub geworden sind und man anhalten muß, um sie zu wärmen. Wenn die Glieder erst einmal taub sind, kann man nämlich nicht mehr beurteilen, wann sie anfangen zu erfrieren, da man es nicht mehr spürt. Um taube Füße aufzuwärmen, muß man aufhören zu wandern und versuchen, einen windstillen Ort aufzusuchen, sowie es vermeiden, direkt auf dem Schnee zu sitzen. Ziehen Sie dann die Schuhe aus und halten Sie die Füße an den Unterleib einer anderen Person oder unter Ihre Arme. Häufig schmerzt es, wenn das Gefühl zurückkehrt, was eine Weile dauert. Ziehen Sie ferner trockene Strümpfe an, falls Ihre Strümpfe naß geworden sind. Seien Sie auch darauf vorbereitet, sofort anzuhalten, wenn Ihre Füße taub werden, und sie zu wärmen. Ist Ihr ganzer Körper ausgekühlt, sollten Sie mehr anziehen, eine Kopfbedeckung aufsetzen, aus dem Wind herausgehen und, wenn möglich, etwas Heißes trinken.

Wer nicht genügend aufpaßt, wird feststellen, daß die Haut an Fingern und Zehen erfroren ist. Die Finger und Zehen selbst fühlen sich dann taub, hart und wachsig an und sehen weißlich aus. Der einzige akzeptable Weg, erfrorene Glieder aufzuwärmen, ist es, dies schnell zu tun, was nicht einfach ist, solange man keine Öfen und großen Töpfe mit sich führt. Dabei muß genug Wasser erwärmt werden, um die Glieder darin zu baden. Es sollte eine Temperatur von 34 bis 37 Grad C aufweisen. Das betroffene Glied wird dann in das Wasser getaucht, bis es sich erwärmt hat und die Blutzirkulation zurückkehrt. Das ist im allgemeinen sehr schmerzhaft. Es können sich Blasen bilden, und der Fuß muß vor weiteren Belastungen geschont werden.

Meistens (d. h. in allen Fällen, die ich bis jetzt beobachtet habe) wurde eine Frostbeule nicht bemerkt, bevor der Betroffene nicht das nächste Ziel erreicht hatte und der Fuß während des Abstiegs bereits wieder erwärmt wurde. Beim Ausziehen des Schuhs wurden dann eine oder mehrere Frostbeulen sichtbar. Bei Unglücksfällen, beispielsweise dann, wenn man sich auf einem Paß verirrt und ein oder zwei Nächte draußen verbracht hat, können die Zehen blauschwarz und runzelig werden, ohne daß Frostbeulen auftreten. Dabei handelt es sich um ein Zeichen dafür, daß die Glieder erfroren, wieder getaut und erneut erfroren sind, so daß weitgehenderer Schaden entstanden ist.

Es gibt keine allgemein akzeptierte Behandlung von Frostbeulen. Heildrogen zur Reduzierung der Entzündung oder Wiederherstellung der Durchblutung mögen die Schäden, nachdem bereits Erfrierungen aufgetreten sind, mindern, aber der wichtigste Aspekt einer Behandlung ist es, weiteres Aussetzen der Kälte zu verhindern und Infektionen vorzubeugen. Es ist nicht notwendig, sofort mit der Einnahme von Antibiotika zu beginnen. Falls Frostbeulen oder offene Wunden auftreten, sollte der betroffene Bereich steril ausgewaschen und abgedeckt werden. Sind nur tiefe Frostbeulen vorhanden, über denen sich harte oder schwarz gewordene Haut befindet, dann mag es nicht notwendig sein, diese abzudecken. Man sollte dann nicht mehr zu Fuß gehen oder dies so weit wie möglich einschränken. Es kann notwendig sein, mit einem Pferd, Yak oder Hubschrauber abtransportiert zu werden, je nachdem, wie schwer die Erfrierungen sind.

Jedes Jahr erkrankt in Nepal nur eine Handvoll Menschen an Frostbeulen, aber wie die Höhenkrankheit können sie verhindert werden. Selbst relativ unbedeutende Frostbeulen bedeuten das Ende einer Reise und die Rückkehr nach Hause, da der Heilungsprozeß mehrere Monate in Anspruch nehmen kann. Wer in Höhen über 4.000 m unterwegs ist, sollte auf Wanderungen im Schnee vorbereitet sein.

Fieber: Fieber bedeutet eine Erhöhung der Körpertemperatur über die Normaltemperatur, die üblicherweise 37 Grad C beträgt. Fieber weist fast immer auf eine Infektion hin. Es läßt an sich noch keine Schlußfolgerung auf die Ursache zu, aber die Entwicklung der begleitenden Symptome und der bisherige Verlauf der Reise machen es häufig gut möglich, begründete Vermutungen darüber anzustellen, selbst wenn man sich in einer abgelegenen Gegend ohne ärztliche Versorgung befindet. Einige fieberige Erkrankungen gehen ohne Behandlung vorüber (z. B. Grippe), während andere eine Behandlung erfordern (z. B. Typhus). Die Ursache für ein Fieber herauszufinden ist vor allem deshalb notwendig, um entscheiden zu können, ob eine spezielle Behandlung notwendig ist oder nicht und ob die Wanderung aufgegeben werden sollte. Gehen spezifische Symptome mit dem Fieber einher, kann man die Ursache im allgemeinen erkennen. Wenn ein Durchfall beginnt und Fieber einsetzt, liegt wahrscheinlich ein bakteriell bedingter Durchfall vor. Wenn aus der Nase dicker oder gefärbter Ausfluß kommt und die Nebenhöhlen und Stirnhöhlen schmerzen und dabei Fieber auftritt, handelt es sich wahrscheinlich um eine Nebenhöhlenentzündung. Fieber bei gleichzeitigem schweren Husten läßt auf eine Bronchitis oder eine Lungenentzündung schließen. Ein großer Abszeß auf der Haut kann ebenfalls Fieber verursachen.

Gelegentlich tritt Fieber nur von einem allgemeinen Gefühl des Unwohlseins sowie Kopfschmerzen, Müdigkeit, Appetitverlust oder Übelkeit begleitet auf. Während der ersten Tage einer solchen Krankheit ist es schwierig, sich ein Bild von der Ursache zu machen. Wir haben jedoch festgestellt, daß in Nepal fünf Krankheiten die Hauptursache für Fieber, Kopfschmerzen und Unwohlsein sind. Wer sorgfältig nachvollzieht, was er in den letzten Tagen unternommen hat und die wichtigsten Aspekte des Fiebers und der Kopfschmerzen definiert, kann häufig eine zutreffende Diagnose stellen.

Eine dieser fünf Krankheiten ist das virale Syndrom. Dabei setzen die Umstände beim Reisen und Wandern in Nepal den Körper viel mehr Viren aus als zu Hause. Grippeviren und andere Viruserkrankungen können durch Tröpfcheninfektionen übertragen werden, was bedeutet, daß Ansteckungsgefahr z. B. in Flugzeugen, Bussen und überfüllten Restaurants besteht. Die Krankheit beginnt im allgemeinen mit dem plötzlichen Einsetzen von häufig sehr hohem Fieber (40 Grad C) am ersten Tag. Oft treten Kopfschmerzen auf, insbesondere dann, wenn der Kopf zu plötzlich bewegt wird oder man zu hart auftritt. Die Symptome dauern zwei bis vier Tage an und gehen ohne besondere Behandlung vorüber. Im allgemeinen erfolgt das Ende abrupt, wobei das Fieber und die Kopfschmerzen genauso lange andauern wie die Krankheit. Die wichtigsten Hinweise auf eine Viruserkrankung sind das plötzliche Einsetzen der Symptome, die charakteristische Empfindlichkeit des Kopfes bei Bewegungen und die Tatsache, daß alles dann vorbei ist, wenn man beginnt, sich darüber zu sorgen, daß keine Besserung eintritt.

Auch Typhus und Paratyphus werden durch Bakterien hervorgerufen. Die beiden Krankheiten verlaufen identisch und entstehen dadurch, daß Bakterien in den Stuhl des Infizierten gelangt sind. In Nepal gibt es eine sehr hohe Quote an Erkrankten unter der einheimischen Bevölkerung. Sie sollten dieselben Vorsichtsmaßnahmen zur Vermeidung von Typhus ergreifen wie gegen bakteriell bedingte Durchfälle. Eine Impfung gegen Typhus und Paratyphus gewährt bei Reisen nach Nepal nach einer Studie der CIWEC-Klinik zu 90 % Schutz.

Die Krankheit beginnt mit langsam einsetzendem Fieber, Kopfschmerzen und Müdigkeit. In den ersten Tagen ist das Fieber meistens schwach, wobei nur schwer zu sagen ist, ob man wirklich krank wird oder nicht. Nach drei bis vier Tagen steigt die Temperatur auf 40 Grad C oder noch darüber an. Dann wird auch die Müdigkeit sehr groß. Bei einigen Betroffenen sind die Symptome auch nur schwächer ausgeprägt. Die Kopfschmerzen sind typisch dumpf und nicht von Bewegungen des Kopfes beeinflußt. Es können Appetitverlust, Übelkeit und sogar Erbrechen auftreten. Die Gedanken werden eher trüb, was ein typisches Anzeichen der Krankheit ist. In jedem Fall fühlt sich der Betroffene nach vier bis fünf Tagen sehr schwach, bewegt sich nur noch langsam und möchte nichts mehr essen. Das langsame Einsetzen der Typhus-Erkrankung unterscheidet sie von Virusinfektionen, wie auch der dumpfe Kopfschmerz und die Tatsache, daß es dem Infizierten beginnt immer schlechter zu gehen, wenn bei der Virusinfektion die Besserung einsetzen sollte.

Typhus und Paratyphus sind eine der Ursachen von langanhaltendem Fieber, die behandelt werden können. Falls der Verdacht auf eine Infektion besteht, sollte die Behandlung noch auf der Trekking-Tour begonnen werden, da die Person ohne diese bis zu einen Monat krank bleiben wird und Komplikationen folgen können. Bei Erwachsenen werden im allgemeinen 10 Tage lang alle 12 Stunden jeweils 500 mg Ciprofloxacin verabreicht. Es kann auch 10 Tage lang viermal täglich jeweils 500 mg Chloramphenicol eingenommen werden, obwohl dieses Medikament möglicherweise zahlreiche Nebenwirkungen verursacht. Trimethoprim-Sulfamethoxasol (Bactrim) kann ebenfalls wirksam sein, erwies sich jedoch bei der Anwendung in der CIWEC-Klinik nicht als immer zuverlässig.

Bei Kindern unter 18 Jahren gibt man hohe Dosen von Amoxicillin (50 mg pro kg und Tag, aufgeteilt in drei Dosen). Das bedeutet bei 40 kg Gewicht 2.000 mg pro Tag in drei Dosen zu je 667 mg alle 8 Stunden.

Der Erfolg der Behandlung zeigt sich im allgemeinen langsam, jedoch stetig, wobei das Fieber noch zwei bis fünf Tage anhält. Man kann sagen, die Behandlung schlägt an, wenn der Patient sich von Tag zu Tag ein wenig besser fühlt und das Fieber langsam zurückgeht. Da die infizierte Person die Krankheit nur über ihre Fäkalien weitergeben kann, muß sie nicht von einer Gruppe isoliert werden. Allerdings sind die Müdigkeit und das Unwohlsein fast immer derartig stark, daß die Wanderung abgebrochen werden muß.

Infektiöse Gelbsucht (Hepatitis A) ist eine Virusinfektion der Leber, die durch die Aufnahme von durch Fäkalien einer infizierten Person verseuchte Nahrungsmittel oder von Wasser übertragen wird. Es gibt drei Hauptviren, die in Nepal eine Gelbsucht verursachen. Das sind die Erreger der Hepatitis A, der Hepatitis B und einer über den Darm übertragenen Hepatitis, bei der es sich weder um die Hepatitis A noch um die Hepatitis B handelt. In einer Untersuchung der CIWEC-Klinik stellte man fest, daß allen Fällen einer Gelbsucht bei Touristen der Virus A zugrunde lag. Einer Infektion mit dieser Art von Gelbsucht kann fast sicher mit einer Gamma-Globulin-Impfung alle vier Monate vorgebeugt werden, wenn man nach Nepal reist (siehe hierzu den Abschnitt über Impfungen und Prophylaxe). Wer Gamma-Globulin bekommen hat und an Fieber, Kopfschmerzen und Übelkeit erkrankt, kann praktisch eine Gelbsucht ausschließen.

Die Inkubationszeit von infektiöser Gelbsucht beträgt im allgemeinen vier Wochen. Kürzere Zeiträume sind zwar bereits vorgekommen, jedoch selten. Wer also erst zwei Wochen in Nepal ist, kann kaum an Gelbsucht erkrankt sein. Wer dagegen bereits mehrere Monate unterwegs ist und sich nicht mit Gamma-Globulin hat impfen lassen, ist vielleicht mit Hepatitis A infiziert. Eine Hepatitis A beginnt mit relativ langsam einsetzendem Fieber, Kopfschmerzen, Übelkeit und Appetitverlust. Die Übelkeit und der Appetitverlust sind häufig ausgeprägter als bei anderen Krankheiten. Die Kopfschmerzen sind etwas leichter und dumpf. Die Symptome halten vier bis fünf Tage an. Zu diesem Zeitpunkt färbt sich der Urin dunkel, und das Weiße der Augen erscheint gelb, was auch der Grund für die Bezeichnung dieser Krankheit ist. Das Fieber endet, aber jetzt sind Übelkeit, Müdigkeit und Appetitverlust die wichtigsten Symptome und können wochenlang oder sogar monatelang anhalten. Eine spezifische Behandlung, um den Krankheitsverlauf abzukürzen, gibt es nicht. Eine Bergwanderung in Nepal ist allerdings bei diesen Symptomen beendet (und im allgemeinen auch die gesamte Ferienzeit). Der Betroffene sollte möglichst viel trinken (jedoch keinen Alkohol), um einer Dehydration vorzubeugen, und essen, was er möchte, um einen starken Gewichtsverlust zu verhindern. Positiv an einer infektiösen Gelbsucht ist eine lebenslange Immunität gegen die Krankheit, wenn man sie einmal durchgemacht hat.

Eine Erkrankung an Hepatitis ist wahrscheinlich, wenn man sich bereits mindestens einen Monat in Asien aufgehalten hat, sich nicht mit Gamma-Globulin hat impfen lassen, das Fieber und die Übelkeit sowie der Appetitverlust relativ langsam einsetzten und das Fieber abrupt absinkt, sobald die gelbliche Verfärbung des Urins und der Augäpfel auftritt.

Malaria: Malaria wird durch einen einzelligen Parasiten verursacht, der durch eine bestimmte Mückenart von einem Menschen auf den anderen übertragen wird. Es gibt vier Arten der Malaria, von denen zwei, die Malaria falciparum und die Malaria vivax, jedoch 90 % aller Krankheitsfälle auf der Welt verursachen. Auf dem asiatischen Subkontinent ist die Malaria vivax am weitesten verbreitet. Bei der Malaria falciparum handelt es sich um den Typ, der gegen Chloroquin und einige andere Medikamente immun geworden ist. Malaria kann in den meisten Fällen durch die Einnahme eines Medikamentes zur Vorbeugung vermieden werden (vgl. den Abschnitt über Impfungen und andere Vorsorgemaßnahmen).

Die Malaria kündigt sich durch Fieber und Kopfschmerzen zusammen mit Muskelschmerzen und dem Gefühl an, einen Schüttelfrost zu haben. Die Symptome bleiben ein bis zwei Tage bestehen und verschwinden dann wieder. Dann fühlt sich der Betroffene möglicherweise wieder recht wohl. Nach weiteren ein bis zwei Tagen kommen die Symptome jedoch wieder zurück. Gelegentlich zeigt sich die Malaria aber auch als ein stetiges Fieber, das ohne Pause mehrere Tage lang anhält. Das erste, was Sie versuchen sollten, wenn Sie feststellen wollen, ob jemand an Malaria erkrankt ist oder nicht, ist zu prüfen, ob eine Ansteckung möglich war. Hat die betreffende Person sich nicht in einem Gebiet mit Malaria aufgehalten, ist eine Erkrankung daran ausgeschlossen. Die Inkubationszeit beträgt im allgemeinen mindestens zwei Wochen, kann sich jedoch auch über mehrere Monate bzw. im Fall der Malaria vivax auch über ein Jahr oder mehr erstrecken. Sie sollten also Ihre Fragen auf einen gewissen Zeitraum in der Vergangenheit ausdehnen (vielleicht war der Kranke ein Jahr zuvor in Afrika).

Falls der Betroffene Nordindien ohne Malaria-Prophylaxe besucht hat, ist eine Ansteckung nicht unwahrscheinlich. Hier handelt es sich vorwiegend um die Malaria vivax. Im südlichen Teil Nepals (dem Terai) ist Malaria noch verbreitet, sehr selten werden dort jedoch Touristen infiziert. Jedes Jahr werden insgesamt bei Touristen in ganz Nepal nur etwa ein halbes Dutzend Fälle gemeldet. Besucher Nepals, die aus abgelegenen Gebieten Indonesiens, Malaysias oder Thailands einreisen, bilden ein theoretisches Risiko, auch für die Malaria falciparum, aber bisher sind Fälle von eingeschleppten Infektionen aus diesen Gebieten fast nie festgestellt worden.

Hat eine Person ein bis zwei Tage lang Fieber, ist sie dann einen Tag fieberfrei und steigt die Körpertemperatur danach erneut an, kann Malaria vermutet und eine Behandlung begonnen werden. Bei der Malaria vivax handelt es sich jedoch nicht um eine so schwere oder gar todbringende Krankheit wie bei der Malaria falciparum, so daß die Notwendigkeit einer sofortigen Be-

handlung geringer ist. In den letzten sieben Jahren ist uns bei Touristen in Nepal nur ein einziger Fall einer Erkrankung an Malaria falciparum bekannt geworden.

Behandelt wird die Malaria vivax mit Chloroquin-Phosphat oder Chloroquin-Sulphat: zu Beginn mit 1.000 mg, 6 Stunden später mit 500 mg, nach 24 Stunden wiederum mit 500 mg und 48 Stunden später mit weiteren 500 mg. Im allgemeinen tritt sofort eine Besserung ein, so daß unterwegs die Trekking-Tour fortgesetzt werden kann, wenn das Fieber absinkt und die Körpertemperatur nicht mehr steigt. Wenn Sie glauben, daß ein Fieber auf Malaria zurückzuführen ist, es dann mit Chloroquin behandeln und dies Erfolg zu haben scheint, sollten Sie eine Nachbehandlung folgen lassen, sobald eine ärztliche Versorgung möglich wird. Dann ist eine zweiwöchige Behandlung mit Primaquin zu empfehlen, um die Leber von den Parasiten vollständig zu reinigen.

Hinweise auf eine Malaria können eine vorherige Reise in ein Epidemie-Gebiet ohne Prophylaxe sein (oder in ein Gebiet mit Malaria falciparum, deren Erreger gegen Chloroquin möglicherweise bereits resistent sind), Fieber, Kopfschmerzen und Schüttelfrost, die für einen oder zwei Tage zurückgehen, so daß sich die betreffende Person zwischen den einzelnen Krankheitsperioden merklich besser fühlt. Anhaltendes Fieber kann ebenfalls auftreten. Zur endgültigen Diagnose kann allerdings eine Blutuntersuchung notwendig werden. Wer sich in einem Gebiet befindet, in dem eine Blutuntersuchung durchgeführt werden kann, sollte diese Möglichkeit auf jeden Fall nutzen, bevor eine Behandlung begonnen wird.

Dengue-Fieber: Dengue-Fieber wird durch einen Virus hervorgerufen, der von einer Mücke übertragen wird, die urbane Gebiete bevorzugt. Die Krankheit tritt im nördlichen Indien als Epidemie auf, insbesondere im Dreieck Delhi-Agra-Jaipur, aber auch in Thailand. Im Herbst herrscht das höchste Risiko für eine Infektion. Das Dengue-Fieber ist in Nepal nicht verbreitet. In allen bisher verzeichneten Fällen hatten sich die an Dengue-Fieber Erkrankten in Indien oder Thailand angesteckt. Die Inkubationszeit beträgt zwischen 5 und 10 Tagen. Wenn die erkrankte Person sich also in den letzten 10 Tagen nicht in einem Gebiet mit Dengue-Fieber aufgehalten hat, kann es sich nicht um diese Krankheit handeln. Ein Transit-Aufenthalt in Delhi oder Bangkok bedeutet jedoch schon ein Risiko.

Die Anzeichen der Krankheit sind sehr typisch, so daß in den meisten Fällen eine sichere Diagnose möglich ist. Die Erkrankung setzt sehr abrupt mit hohem Fieber am ersten Tag ein. Kopfschmerzen sind fast immer vorhanden, besonders hinter den Augen, wobei Bewegungen der Augen die Schmerzen verstärken. Muskelschmerzen und Rückenschmerzen sind deutlicher ausgeprägt als bei den anderen hier beschriebenen Krankheiten. Übelkeit und Erbrechen können ebenfalls auftreten. Auch ein charakteristischer Ausschlag ist fast immer vorhanden, jedoch nicht augenfällig, so daß man danach suchen muß. Es handelt sich um eine kontinuierliche schwache Rötung der Haut am Rumpf, die an einen leichten Sonnenbrand erinnert. Wenn Sie Ihre Hand einige Sekunden lang flach gegen den Bauch oder den Rücken des Patienten halten und dann wieder fortnehmen, verliert die Haut die Färbung und läßt noch einige Sekunden lang den Abdruck der Hand erkennen. Dieser Effekt dauert auf der gesunden Haut höchstens eine halbe Sekunde an.

Eine Behandlung dieser Krankheit ist nicht möglich, aber die Diagnose verhindert eine falsche Behandlung, wie sie für andere Krankheiten angebracht wäre, und hilft, nicht in Panik zu verfallen. Das Fieber dauert zwischen drei und sechs Tagen an und geht dann – wie auch die anderen Symptome – plötzlich zurück. Die Person fühlt sich noch weitere ein bis zwei Wochen schwach, einige Betroffene erholen sich jedoch auch recht schnell.

Eine Infektion mit Dengue-Fieber kann vermutet werden, wenn der Betroffene in den letzten 5 bis 10 Tagen in ein Gebiet gereist ist, in dem die Krankheit aufgetreten ist, und wenn die Symptome wie Kopfschmerzen hinter den Augen, starke Muskelschmerzen und der charakteristische Ausschlag plötzlich einsetzen.

Geschlechtskrankheiten: Mehrere Krankheiten werden durch sexuelle Kontakte mit einem infizierten Partner oder einer infizierten Partnerin übertragen. Wie zu Hause ist eine Verhinderung nur durch Abstinenz möglich, auch wenn die Verwendung eines Kondoms hilfreich ist. Beim Reisen ist es wahrscheinlicher, daß man mit einem neuen Partner oder einer neuen Partnerin eine sexuelle Verbindung eingeht, so daß die Notwendigkeit von Safer Sex nicht vergessen werden sollte. Sowohl Einheimische als auch neue Bekanntschaften können Überträger von Geschlechtskrankheiten, aber auch von AIDS sein.

Ich habe viele Touristen behandelt, die nach sexuellen Kontakten mit Prostituierten in Asien an Gonorrhö (Tripper) oder Entzündungen der Lymphknotengewebe (Chlamydia urethritis) erkrankt waren, und ich habe auch Frauen gesehen, die nach der zufälligen Bekanntschaft eines anderen Touristen beim Geschlechtsverkehr mit genitalem Bläschenausschlag (Herpes) infiziert wurden. Die Aussicht, auf diese Weise AIDS zu bekommen, gibt Anlaß zu ernster Sorge. Wenn Sie als Mann mit einer neuen Partnerin sexuelle Kontakte aufnehmen, sollten Sie immer ein Kondom verwenden.

Außer durch Übertragung beim Geschlechtsverkehr ist eine Infektion mit AIDS auch über infizierte Spritzen und bei Bluttransfusionen möglich. Versuchen Sie aus diesem Grund bei jeder Injektion auf neuen, noch verpackten Spritzen zu bestehen. Sie sind notfalls in einer Apotheke erhältlich. Die Untersuchung von Blutkonserven auf den AIDS-Virus ist inzwischen auch in vielen asiatischen Ländern eingeführt worden, kann jedoch im Notfall nicht immer durchgeführt werden. Versuchen Sie daher Bluttransfusionen zu vermeiden, solange es nicht unbedingt lebensnotwendig ist. Wenn Transfusionen unerläßlich sind, sollten Sie einen Freund oder eine Freundin oder eine Ihnen bekannte Person mit der passenden Blutgruppe bitten, für Sie Blut zur Verfügung zu stellen.

Weitere Krankheiten: Selbst wenn alles gut verläuft, bedeuten Reisen eine Anstrengung. Streß kann Ihren Körper anfälliger für Krankheiten machen, insbesondere für neue Arten von Viren, denen er das erste Mal ausgesetzt ist. Die verschiedenen Zeitzonen, Zug- und Busfahrten sowie Flüge, die eine ganze Nacht andauern, die tropische Hitze und die Kälte des Himalaja, der Lärm und der Staub und der Kultur-Schock, das alles kombiniert, zwingt gelegentlich selbst die abgehärtetsten Globetrotter in die Knie. Die meisten Krankheiten dieser Art sind kurzlebig, unbedeutend und treten in der Erinnerung an eine längere Reise kaum noch in Erscheinung, selbst wenn sie den Betroffenen bei ihrem Auftreten katastrophal vorkommen mögen. Auf kürzeren Reisen können sie bei knappen Zeitplänen zu Problemen führen. Gelegentliche Erkrankungen können jedoch, wenn man reist, kaum verhindert werden. Es bleibt nur zu versuchen, sich möglicher Streß-Situationen bewußt zu sein und sie so weit wie möglich zu reduzieren.

Infektionen der oberen Atmungswege, die durch Viren verursacht wurden, stellen ca. 20 % der Gründe für einen Besuch der CIWEC-Klinik dar und nehmen nach Durchfällen (30 %) den zweiten Platz ein. Erkältungen führen häufig dazu, daß sich der Betroffene miserabel fühlt, was zur Verschiebung von Wanderungen oder Busfahrten führt. Die einzige Behandlung in den ersten Tagen ist eine Linderung der Symptome. Viele Erkältungskrankheiten in Nepal verursachen entweder akute Ohrinfektionen, Nebenhöhlenentzündungen oder Bronchitis, die wiederum eine Behandlung mit Antibiotika erfordern. Wenn Ihre Erkältung nicht besser, sondern immer schlimmer wird, sollten Sie einen Arzt oder eine Ärztin aufsuchen oder – falls Sie sich auf einer Wanderung befinden – überlegen, ob Sie Antibiotika einzunehmen (siehe hierzu auch Abschnitt über den Erste-Hilfe-Kasten).

Hautkrankheiten sind bei Besuchern Nepals ebenfalls sehr verbreitet. Ein diffuser Ausschlag, der den größten Teil des Körpers bedeckt, mag auf eine Allergie gegen Medikamente schließen lassen, da man auf Reisen häufig zum ersten Mal ein neues Medikament einnimmt, beispielsweise zur Malaria-Prophylaxe. Ein runder Fleck, der in der Mitte heller wird und sich an den Rändern ausbreitet, deutet im allgemeinen auf eine Pilzinfektion hin und kann mit einer Creme gegen Pilze behandelt werden. Diese Flecken können auch in der Leistengegend und an den Achseln auftreten. Schmerzhafte rote Schwellungen, die möglicherweise platzen und Eiter freisetzen, gehen auf Hautinfektionen mit Staphylokokken zurück. Hier sind Antibiotika notwendig. Dieser Typ der Hautinfektion kann über Wochen von einem zum anderen Ort wandern, wenn er nicht behandelt wird. Sehr kleine, juckende rote Punkte, die gelegentlich in Gruppen oder in schmalen Streifen auftreten, deuten auf eine Infektion mit einer winzigen Hautmilbe hin, die die Krätze erzeugt. Diese Krankheit, die bei Reisenden relativ verbreitet ist, wird mit einer Creme behandelt, wobei der gesamte Körper eingerieben wird und das Mittel einen Tag lang auf der Haut verbleibt.

Gesundheitliche Probleme von Frauen: Es ist nicht sicher, daß Frauen bei Reisen nach Asien dem erhöhten Risiko ausgesetzt sind, an Scheideninfektionen zu erkranken. Eine solche Infektion kann jedoch sehr unangenehm sein oder eine Frau möglicherweise sogar in Angst versetzen, wenn sie nie vorher daran erkrankt war oder keine Behandlung durchgeführt wird. Die Pilzinfektion ist am verbreitetsten und kann durch die Verwendung von oral eingenommenen Antibiotika auftreten. Die Symptome sind Jucken in der Scheide, das bis zu Brennen führt und immer unangenehmer wird. Häufig wird es von einem stärkeren Ausfluß begleitet. Eine Reihe von Duschen der Scheide und andere Behandlungsmaßnahmen können anschlagen, das sicherste Mittel sind jedoch Anti-Pilz-Tabletten wie Mycostatin, die sieben Tage lang morgens und abends eingeführt werden. Sollten die Symptome nicht sofort zurückgehen, liegt eine andere vaginale Infektion vor. Dann sollten Sie versuchen, einen Arzt aufzusuchen.

Bei einigen Frauen setzt auf Reisen die Regelblutung aus oder wird unregelmäßig. Es ist nicht bekannt, welche Ursache diese Störung hat, sie scheint jedoch keinerlei Anlaß zur Sorge zu geben.

Die Entscheidung, bei einer Schwangerschaft in Nepal eine Bergwanderung zu unternehmen, sollte nicht leichtfertig getroffen werden. Es ist nur wenig über die Auswirkungen der Höhe auf die Entwicklung des Fötus bekannt, aber fast alle Fachleute raten bei einer Schwangerschaft von Reisen in Lagen von über 3.650 m Höhe ab. Zudem besteht das Risiko, bei Krankheit keine Medikamente zur Behandlung der Symptome oder der Krankheit selbst einnehmen zu können. Auch wenn nicht bewiesen ist, daß Reisen das Risiko einer Fehlgeburt erhöhen, sollte dennoch daran gedacht werden, das ein Fünftel aller Schwangerschaften mit einer Fehlgeburt endet. Eine solche kann mit starken Blutungen oder anderen Komplikationen einhergehen, die eine sofortige Behandlung notwendig machen.

Selbst bei einer normal verlaufenden Schwangerschaft kann es in den ersten drei Monaten zu Übelkeit und Müdigkeit kommen. Möglicherweise besteht eine Abneigung gegen bestimmte Nahrungsmittel oder Heißhunger, der in Nepal mit *Dhal Bhaat* nicht unbedingt

gestillt werden kann. In den folgenden drei Monaten verbessert sich fast immer der Allgemeinzustand der werdenden Mutter, aber die Müdigkeit kann bestehen bleiben. In den letzten drei Monaten macht die Größe des Babies Wanderungen beschwerlicher, und es besteht die Gefahr von Komplikationen nach Zwischenfällen, die sonst vielleicht nur harmlos gewesen wären.

Die meisten Impfungen sind auch bei einer bestehenden Schwangerschaft möglich, bei einigen davon sind die Auswirkungen auf Schwangere und ungeborene Kinder jedoch nicht bekannt. Chloroquin kann auch während einer Schwangerschaft eingenommen werden, Mefloquin jedoch ganz sicher nicht.

DER GEBRAUCH VON MEDIKAMENTEN

Alle Medikamente sind grundsätzlich schädlich. Sie sollten im Idealfall nur nach Rücksprache mit einem Arzt oder einer Ärztin eingenommen werden. Falls Sie eines der hier aufgeführten Medikamente ohne ärztlichen Rat einnehmen, weil Sie sich in einer abgelegenen Gegend mit einem dringenden Problem konfrontiert sehen, sollten Sie sich der allgemeinen Vorsichtsmaßnahmen bei der Einnahme von Medikamenten bewußt sein, sich an die spezifischen Informationen halten, die im folgenden für jedes Medikament angegeben sind, sowie die Anweisungen des Herstellers auf dem Beipackzettel beachten.

EINFÜHRUNG

Dieser Abschnitt gibt Ihnen über einige Medikamente Auskunft, die nicht bereits in dem Abschnitt über den Erste-Hilfe-Kasten genannt sind. Die Wahrscheinlichkeit, eines dieser Mittel auf einer Bergwanderung in Nepal zu benötigen, ist klein, wer jedoch vor oder nach der Trekking-Tour mehrere Monate in Asien verbringt, muß möglicherweise auf sie zurückgreifen.

Einige der Präparate haben selten, jedoch wenn, dann schwere Nebenwirkungen (z. B. Penizillin), während bei anderen häufig leichte Nebenwirkungen auftreten (z. B. Tiniba). Bei der Entscheidung, ein Medikament zu nehmen, müssen Risiko und Nutzen abgewogen werden. Die hier aufgeführten Mittel sind im allgemeinen ungefährlich, wenn keine Allergie dagegen besteht. Wer bereits allergische Reaktionen auf eines der genannten Medikamente gezeigt hat, sollte die Liste entsprechend korrigieren.

Ganz allgemein kann man zwei Arten von Medikamenten unterscheiden: solche, die die Symptome der Krankheit lindern, jedoch nicht die Ursache (symptomatische), und solche, die die Ursache beheben und damit auch die Symptome (therapeutische). Symptomatische Medikamente können bei Bedarf eingenommen werden, während therapeutische Heilmittel zur Behandlung einer Krankheit verwendet werden sollten. Die folgende Liste gibt einen Überblick über die Art des jeweiligen Arzneimittels, die übliche Dosis und die möglichen Nebenwirkungen.

Die Bezeichnungen von Heilmitteln können verwirrend sein. Einige sind am besten unter ihrem Markennamen, andere unter dem Namen ihrer Inhaltsstoffe bekannt. Ich habe mich dafür entschieden, überwiegend den Namen, der den Inhalt kennzeichnet, anzugeben, und nur bei einigen Ausnahmen den Markennamen gewählt, wenn dieser sehr bekannt ist. Die Inhaltsstoffe dieser Medikamente finden Sie dann in Klammern.

Es gibt nur wenige kleine Kinder, die mit ihren Eltern in Nepal Bergwanderungen unternehmen. Wer mit Kindern unterwegs ist, sollte am besten einen Arzt oder eine Ärztin fragen, welche flüssigen Präparate dann in den Erste-Hilfe-Kasten gehören und welche Dosierungen angemessen sind.

Acetamenophen (symptomatisch): für die Linderung leichter Schmerzen und hilfreich zur Senkung von Fieber; Nebenwirkungen: keine; Dosierung: zwei Tabletten nach Bedarf alle vier Stunden.

Acetamenophen (325 mg) mit Kodein (30 mg): symptomatisches Mittel, das den Schmerzen und Fieber lindernden Effekt von Acetamenophen mit der narkotischen Wirkung von Kodein kombiniert und sich zur Behandlung von schwereren Schmerzen eignet. Kodein ist zudem ein wirksames Hustenmittel. Kodein-Tabletten können auch getrennt eingenommen werden, wenn die Kombination nicht erhältlich ist. Nebenwirkungen: Übelkeit, Erbrechen, Magenschmerzen, Ausschlag, Ruhigstellung des Patienten, Verstopfung;

Dosierung: zwei Tabletten nach Bedarf alle vier Stunden.

Acetazolamid (Diamox): ein leichtes therapeutisches Diuretikum, das den Säurewert des Blutes steigert und die Atmung bei großen Höhen verbessert, geeignet bei der Behandlung von leichten Symptomen der Höhenkrankheit, nicht aber bei bestehender Allergie gegen Sulfonamide; Nebenwirkungen: häufig Kribbeln in den Fingern und Zehen, was nicht bedeutet, daß das Medikament abgesetzt werden muß; Dosierung: alle 12 Stunden 125 bis 250 mg.

Actifed (Triprolidin HCL mit Pseudoephedrin HCL): ein symptomatisches Mittel zur Linderung der Symptome bei Erkältungen, Nebenhöhleninfekten und Infektionen des inneren Ohres; Nebenwirkungen: Zittern; Dosierung: eine Tablette nach Bedarf alle 8 Stunden.

Adrenalin (Epinephrin): ein symptomatisches und therapeutisches Medikament, das bei der Behandlung von schweren, lebensbedrohenden allergischen Reaktionen injizierbar ist; Nebenwirkungen: hoher Pulsschlag, Nervosität; Dosierung: bei Erwachsenen eine subkutane Injektion von 0,5 Kubikzentimeter, die bei Bedarf eine Stunde später wiederholt werden kann, bei Kindern 0,01 Kubikzentimeter pro kg Körpergewicht, wobei die Dosis die für Erwachsene nicht übersteigen darf.

Amoxicillin (therapeutisch): Antibiotikum zur Behandlung von Infektionen des Mittelohrs, von Nebenhöhlenentzündungen, Bronchitis, Lungenentzündung sowie Blasenentzündung. Es ist mit dem Penizillin verwandt und darf nicht an Patienten verabreicht werden, bei denen eine Penizillin-Allergie besteht. Nebenwirkungen: Ausschlag, Durchfall; Dosierung: alle 8 Stunden 250 mg, bei schweren Infektionen alle 8 Stunden 500 mg. Die übliche Behandlungsdauer liegt zwischen 7 und 10 Tagen.

Antacid-Tabletten (symptomatisch und therapeutisch): für die Behandlung von brennenden Magenschmerzen, die auf eine Gastritis oder ein Magengeschwür zurückzuführen sind; Nebenwirkungen: im allgemeinen keine; Dosierung: nach Bedarf 2 bis 3 Tabletten stündlich.

Bisacodyl (Dulcolax): ein therapeutisches, relativ starkes Abführmittel, um einer Verstopfung abzuhelfen; Nebenwirkungen: Unterleibskrämpfe, Durchfall; Dosierung: eine oder zwei Tabletten am Abend sowie 12 Stunden später noch einmal, wenn noch keine Wirkung erkennbar wurde.

Cephalexin (therapeutisch): ein Antibiotikum, das insbesondere gegen Hautinfektionen durch Staphylokokken verabreicht wird, die gegen andere Medikamente resistent sein können. Es ist mit dem Penizillin verwandt und darf bei bestehender Penizillin-Allergie nicht eingenommen werden. Es kann auch zur Behandlung von Ohrinfekten, Nebenhöhlenentzündungen, Bronchitis oder Blaseninfektionen verwendet werden. Nebenwirkungen: selten sind schwere allergische Reaktionen und Ausschlag zu verzeichnen; Dosierung: 7 bis 10 Tage lang alle 6 Stunden 250 mg, bei schweren Infektionen alle 6 Stunden 500 mg.

Ciprofloxacin (therapeutisch): ein wirkungsvolles Antibiotikum zur Behandlung von bakteriell verursachtem Durchfall und Typhus. Es eignet sich auch zur Behandlung von Blaseninfektionen. Auch wenn es bei Infektionen des Atmungssystems und der Haut empfohlen wird, zeigt es hier Schwächen. Nebenwirkungen: Übelkeit und Erbrechen; Dosierung: bei Durchfall drei Tage lang alle 12 Stunden 500 mg, bei Blasen- und Harnleiterinfektionen sieben Tage lang, bei Typhus 10 Tage lang.

Clotimazol-Creme (therapeutisch): ein Mittel bei Pilzbefall. Pilzinfektionen sind am häufigsten im Bereich der Lenden und unter den Achseln zu verzeichnen, können jedoch auch als isolierte Flecken sichtbar an allen anderen Stellen auftreten; Nebenwirkungen: mögliche allergische Reaktionen; Dosierung: auf die befallene Hautstelle drei- bis viermal täglich auftragen, bis der Ausschlag nicht mehr zu sehen ist.

Dexamenthason (Decradon): symptomatisches Medikament bei der Behandlung von schwerer Höhenkrankheit, insbesondere bei durch Höhe hervorgerufener Gehirnüberwässerung. Das Mittel kann helfen, Zeit zu gewinnen, wenn ein Abstieg nicht sofort möglich ist. Es sollte jedoch nicht eingenommen werden, um einen weiteren Aufstieg zu ermöglichen (vgl. Abschnitt über die Höhenkrankheit). Nebenwirkungen: Euphorie, Depression bei Absetzen; Dosierung: alle 6 Stunden 4 mg.

Diphenhydramin (symptomatisch): zur Linderung von schwerem Juckreiz bei allergischen Reaktionen; kann auch als leichtes Beruhigungsmittel bei Schlafstörungen eingesetzt werden; Nebenwirkungen: beruhigende Wirkung; Dosierung: alle 6 Stunden nach Bedarf 50 mg.

Erythromycin (therapeutisch): ein Antibiotikum für die Behandlung von Hautinfektionen, Bronchitis sowie Verdacht auf Halsentzündung und eine Alternative zu Cephalexin bei Personen mit Penizillin-Allergie; Nebenwirkungen: Unterleibsschmerzen, Übelkeit, Ausschlag; Dosierung: 7 bis 10 Tage lang alle 6 Stunden 250 mg.

Hydrocortison-Salbe (1 %): eine symptomatische Hautsalbe zur Linderung des Juckreizes bei Insektenstichen und anderen Ausschlägen; Nebenwirkungen: im allgemeinen keine, wenn die Anwendungsdauer einen Monat nicht überschreitet; Dosierung: Auftragen auf die betroffenen Hautstellen.

Rehydrationslösung (in Nepal Jeevan Jal): ein ausgewogenes elektrolytisches Puder (symptomatisch und therapeutisch), das mit abgekochtem Wasser gemischt wird, um die Salz- und Flüssigkeitsverluste bei Erbrechen und Durchfall auszugleichen; Nebenwirkungen: keine; Dosierung: sollte jedem gegeben werden, der möglicherweise unter Dehydration leidet.

Lomotil (Diphenoxylat mit Atropin-Sulphat): ein symptomatisches, aus einem Narkotikum gewonnenes Medikament, das den Darm lähmt, um die Symptome eines Durchfalls zu lindern.

Sollte nicht zufällig eingesetzt werden. Imodium (Ioperamid) wird in der gleichen Dosierung verwendet. Dosierung: zwei Tabletten zum Beginn, dann jeweils eine nach dünnem Stuhlgang bis zur Besserung und schließlich zur Stabilisierung eine alle 4 bis 6 Stunden. Eine Dosis von 8 Tabletten in 24 Stunden sollte nicht überschritten werden. Nebenwirkungen: Die Lähmung des Darms kann zur Verschlimmerung von Infektionen führen und die Erkrankung verlängern. Sollte nicht verwendet werden, wenn der Patient an Fieber oder blutigem Stuhl leidet.

Meperidin (symptomatisch): ein wirkungsvolles narkotisches Schmerzmittel zur Injektion bei starken Schmerzen; Nebenwirkungen: flache Atmung, Übelkeit und Erbrechen, Ausschlag, Schwindelgefühl, Benommenheit; Dosierung: alle drei bis vier Stunden nach Bedarf 5 bis 75 mg intramuskulär.

Mycostatin-Tabletten (therapeutisch): zur Behandlung von vaginalen Pilzinfektionen. Die Krankheit kann sich recht schnell entwickeln und ist sehr unangenehm, aber leicht zu behandeln. Derartige Infektionen können der Einnahme von Antibiotika folgen. Nebenwirkungen: im allgemeinen keine; Dosierung: sieben Tage lang morgens und abends eine Tablette.

Nifedipin (therapeutisch): zur Behandlung des Lungenödems aufgrund von Höhenkrankheit. Wirkt insbesondere in der Lunge und ist bei anderen Formen der Höhenkrankheit zur Behandlung nicht geeignet. Es kann auch in den ersten Tagen nach dem Auftreten von Frostbeulen eingenommen werden. Zeigt eine sehr gute Verbesserung der Blutzirkulation bei Personen, die am Rayanudschen Syndrom leiden. Nebenwirkungen: Schwindel, Röte, Kopfschmerzen; Dosierung: alle 8 Stunden 10 mg.

Norfloxacin (therapeutisch): ein sehr gutes Mittel zur Behandlung von bakteriell bedingtem Durchfall, das sich ebenfalls sehr gut bei der Bekämpfung von Infektionen der Blase und der Harnwege eignet, jedoch nicht zur Behandlung von Typhus eingesetzt werden sollte; Nebenwirkungen: Übelkeit, Erbrechen; Dosierung: bei Durchfall drei Tage lang alle 12 Stunden 400 mg, bei Infekten der Harnwege alle 12 Stunden 400 mg.

Promethazin-Zäpfchen (symptomatisch): ein Mittel zur symptomatischen Behandlung von Übelkeit und Erbrechen, um der Dehydration vorzubeugen. Die Zäpfchen werden rektal eingeführt und sind dann praktisch, wenn wegen Erbrechens keine Medikamente oral eingenommen werden können. Nebenwirkungen: Ruhigstellung; Dosierung: nach Bedarf alle acht Stunden ein Zäpfchen.

Promethazin (symptomatisch): injizierbares Mittel gegen Erbrechen, das wie Zäpfchen verwendet wird, wenn keine Medikamente oral eingenommen werden können; Dosierung: alle 6 Stunden nach Bedarf 25 bis 50 mg intramuskulär.

Sulamyd-Augentropfen (10 %): eine antibiotische Lösung zur Behandlung von bakteriell bedingter Bindehautentzündung (Augeninfektion).

Halstabletten (in Nepal Strepsils): symptomatisches Mittel zur Schmerzlinderung bei Halsentzündungen; Nebenwirkungen: keine; Dosierung: Lutschen einer Pastille halbstündlich nach Bedarf.

Tinidazol (in Nepal Tiniba): ein therapeutisches Antibiotikum zur Behandlung der Darmparasiten Giardia und Amöben; Nebenwirkungen: vorhersehbare Übelkeit, Kopfschmerzen, metallischer Geschmack auf der Zunge, Schwäche. Darf nicht mit Alkohol eingenommen werden. Dosierung: bei Giardiasis einmal zwei Gramm, bei Amöbenruhr drei Tage lang täglich zwei Gramm.

BEHANDLUNG VON EINHEIMISCHEN IN DEN BERGEN

Fast alle Trekker werden einmal in die Situation geraten, in der man sie fragt, ob sie einem kranken Nepali helfen können. Der potentielle Patient mag nur an Kopfschmerzen oder aber an einer schweren Verbrennung leiden, an der er aller Wahrscheinlichkeit nach sterben wird. Das moralische Dilemma, dem sich Trekker in einer solchen Situation gegenübergestellt sehen, kann noch bis lange nach der Trekking-Tour in der Erinnerung haften bleiben. Es gibt keine einfache Lösung, aber ich möchte Ihnen einige Ratschläge geben, die Sie zum Nachdenken anregen sollen, bevor Sie mit einem derartigen Problem konfrontiert werden.

Die nepalische Regierung versucht, auch in den abgelegenen Gebieten Gesundheitsstationen einzurichten und zu unterhalten. Dies hat jedoch bisher noch keine medizinische Versorgung der Mehrheit der Bevölkerung bewirken können. Die Menschen haben häufig ihre eigenen Heiler, Überzeugungen und Methoden bei der Behandlung von Krankheiten. Wenn diese sich als unwirksam erweisen, aber auch aus wachsender Neugier, wenden sich die Einheimischen an Trekker, und zwar ganz gleich, ob es sich dabei um Ärzte handelt oder nicht. In vielen Gegenden sind keinerlei Vorstellungen von der westlichen Medizin vorhanden. Das Wissen, das bei uns zu Hause selbstverständlich ist, z. B. daß eine Beziehung zwischen Keimen und Infektionen besteht, ist in vielen Dörfern Nepals nicht vorhanden. Eine Tablette kann als Art Magie angesehen werden, bei der die Form, Größe und Farbe häufig mehr Bedeutung haben als der Versuch zu erklären, daß die Tablette Keime tötet.

Aus diesem Grund sind einige Versuche von Einheimischen, sich von Weißen medizinisch behandeln zu lassen, auf dem Wunsch begründet, sich der westlichen Form der Magie anzunähern. Dies hat zu einer Art des Bettelns um medizinische Versorgung geführt, wobei nicht sicher ist, ob die jeweilige Person zur betreffenden Zeit wirklich krank ist. Unter diesen Umständen ist es fair und ratsam zu sagen, daß man keine Medikamente bei sich habe. Sonst würden Tabletten zu einem späteren Zeitpunkt wahllos ausgegeben und können möglicherweise jemandem Schaden zufügen.

Ein Dilemma auf anderem Niveau stellen die Einheimischen dar, die wirklich unter einem gesundheitlichen Problem leiden. Wenn man die Krankheit klar erkennen kann und weiß, welche Behandlung wirksam ist, sowie einen Weg findet, dies den betreffenden Personen zu erklären, gibt es keinen Grund, von einer Behandlung abzusehen, die den Erkrankten Erleichterung verschaffen kann. Sollten Sie nicht wissen, was vorliegt, oder nicht sicher sein, welche Behandlung angebracht ist, richten Sie jedoch möglicherweise mehr Schaden als Nutzen an. Eine falsche Behandlung kann Dorfbewohner zudem davon abbringen, in der Zukunft Hilfe durch die westliche Medizin zu suchen.

Die Tatsache, daß Sie durch abgelegene Dörfer wandern, bedeutet nicht, daß Sie sofort alle andauernden Probleme dieser Regionen beseitigen können. Das Gefühl des Mitleids und der Wunsch zu helfen sind verständlich, aber wenn Sie sehen, daß Sie wirklich nichts beitragen können, das zu einer Besserung führt, sollten Sie sich nicht gezwungen fühlen, etwas unternehmen zu müssen. Die Tatsache, daß es größere Völker in der Welt gibt, deren Angehörige keinen Krankenwagen rufen und bei schwerer Krankheit nicht sofort in ein Krankenhaus gebracht werden können, ist eine Realität, die viele unvorbereitete Trekker aus dem Westen hart trifft. Die Entdeckung dieses Gefühls und die darauf folgenden Reaktionen sind ein Grund, der für eine solche Wanderung spricht.

Insgesamt bleibt das Problem schwierig zu lösen. Versuchen Sie sich dessen bewußt zu sein und wenden Sie sich, wann immer dies möglich ist, an eine einheimische Gesundheitseinrichtung (das Kunde Hospital in Khumbu ist ein gutes Beispiel). Wenn dies nicht geht, versuchen Sie zu erkennen, ob Sie wirklich helfen können, und verwirklichen Sie dies dann, wenn es Ihnen möglich ist. Wer sich nicht sicher ist, sollte seine Sorge ausdrücken, jedoch sagen, daß er nichts zur Verbesserung beitragen könne. Die Nepali akzeptieren dies im allgemeinen auf höfliche Weise.

NOTFÄLLE

Wer von Kathmandu aus zwei Wochen in die Berge wandert, ist zwei Wochen zu Fuß von Kathmandu entfernt. Diese Tatsache beeindruckt die meisten Trekker erst, wenn sie auf einer Wanderung erkranken oder verletzt werden und nach Kathmandu zurückkehren wollen. Funkgeräte sind in Nepal nicht zahlreich vorhanden und nur in großen Abständen zu finden. Und Straßen werden erst jetzt langsam auch in die Berggebiete gebaut. Die Himalayan Rescue Association unterhält Krankenhäuser mit ärztlicher Betreuung in Pheriche unweit des Everest und in Manang am Annapurna-Rundweg. Daneben gibt es noch einige andere Gesundheitseinrichtungen. Im allgemeinen sind Sie jedoch auf sich selbst angewiesen, sobald Sie in die Berge gelangen. Im folgenden finden Sie einige Hinweise, um sich danach richten zu können.

Wenn Sie erkranken oder verletzt werden, sollten Sie nicht in Panik verfallen. Falls dies bei einer anderen Person der Fall ist, dann nehmen Sie sich etwas

Zeit, um sie zu beruhigen. Scheinbar gebrochene Knochen sind vielleicht nur Prellungen, und jemand, der benommen ist, wacht vielleicht auf und ist nach ein bis zwei Stunden wieder ganz gesund. Wenn es sich um schweren Durchfall handelt, sollten Sie den Ratschlägen im Abschnitt über Durchfälle folgen. Falls ein schwerer Fall der akuten Höhenkrankheit vorliegt, ist der Betroffene in eine niedrigere Region zu bringen, aber warten Sie nicht auf Hilfe. Handelt es sich um eine schwere, jedoch nicht zu diagnostizierende Krankheit, sind die Möglichkeiten abzuwägen. In den meisten Gegenden Nepals gibt es eine Tierart, die beim Transport eines Kranken oder Verletzten eingesetzt werden kann. Im Westen des Landes sind Ponies verbreitet, in den höheren Bergen üblicherweise Yaks. Wie außergewöhnlich dies auch scheinen mag, viele Nepali sind gewillt und in der Lage, Ausländer auf ihrem Rücken über lange Entfernungen zu tragen. Eine Australierin, die ihr Bein brach, als sie in Poon Hill oberhalb von Ghorapani auf dem Eis ausrutschte, wurde drei Tage lang von mehreren Trägern transportiert und brach auch später noch in Tränen der Rührung aus, als sie erzählte, wie liebenswert und vorsichtig die Männer gewesen waren und welche Sorge sie noch um die Kranke zeigten, als sie selbst mit einer 60 kg schweren Last strauchelten.

In einigen Fällen kann entweder die Schwere der Verletzungen oder die Notwendigkeit einer schnellen Versorgung einen Krankentransport auf dem Land-

weg unmöglich machen. Dann ist es am besten zu versuchen, zu einem der Flugplätze zu gelangen, die regelmäßig von Flugzeugen der Typen Twin Otter oder Pilatus Porter angeflogen werden. Im allgemeinen kann bei Verhandlungen Platz für einen ernsthaft verletzten oder erkrankten Trekker gefunden werden oder ein Charterflug organisiert werden. Die Flughafenbediensteten werden jedoch relativ ungehalten gegenüber gesunden Trekkern, die durch unerwartete Schwierigkeiten bei Bergwanderungen demoralisiert worden sind und hoffen, so ihre Tour abkürzen zu können. Wenn es keinen Flugplatz in der Nähe gibt oder wenn Sie wissen, daß nur einmal pro Woche ein Flugzeug fliegt und dies gerade gestern war, dann ist die einzige Alternative ein Rettungsflug mit einem Hubschrauber. Bevor Sie sich dafür entscheiden, sollten Sie sich aber über die im folgenden beschriebenen Regelungen für Rettungsflüge im klaren sein.

Der Einsatz der Hubschrauber für Rettungsflüge wird über die VIP-Abteilung im Flughafen Tribhuvan (Tel. 41 46 70) gesteuert. Wenn keine Hubschrauber frei sind, sorgt die Royal Nepal Army für Ersatz. Zur Verfügung stehen sechs kleine Hubschrauber vom Typ Alouette Chopper und drei große Pumas. Für die meisten Rettungsflüge wird eine Alouette eingesetzt. Der Preis für einen Rettungsflug mit diesem Hubschraubertyp liegt bei 600 US $ pro Stunde Flugzeit. Ein normaler Rettungseinsatz kostet daher zwischen 1.200 und 2.000 US $. Der Betrag ist bereits zu zahlen, wenn ein Rettungsflug angefordert wurde und der Hubschrauber zum Abflug aus Kathmandu bereit ist, und zwar unabhängig davon, ob der Rettungsflug erfolgreich verläuft oder die Besatzung des Hubschraubers den Verletzten oder die Verletzte nicht gefunden hat.

Die Hubschrauber verlassen Kathmandu also erst, wenn jemand in Kathmandu den Betrag im voraus bezahlt hat. In der Praxis ist dies im allgemeinen die Organisation, von der die Trekking-Tour organisiert wurde, oder die Botschaft des Heimatlandes. Je nach den Regelungen für das jeweilige Land müssen gelegentlich die Eltern oder die Familie des Betroffenen im Heimatland kontaktiert werden, um eine Bezahlung sicherzustellen, bevor die Botschaft das Geld auslegt. Wer sich nach der Ankunft in Kathmandu bei der Botschaft seines Heimatlandes registrieren läßt, kann übrigens einen Rettungsflug sehr beschleunigen.

Im allgemeinen dauert es einen Tag, bis ein Rettungsflug organisiert ist, auch wenn die Hubschrauber von Fall zu Fall je nach Wetter noch am selbem Tag starten können. Meistens wird der Hubschrauber, wenn er am Nachmittag angefordert wird, am frühen Morgen des nächsten Tages starten. Wenn man davon ausgeht, daß in den meisten Fällen wenigstens ein Tag vergeht, bevor jemand bis zu einer Funkstation gewandert ist oder von einem Flugplatz aus die Übermittlung einer Nachricht möglich war, muß man also einen oder zwei Tage von dem Zeitpunkt aus einkalkulieren, an dem die Entscheidung für einen Rettungsflug getroffen wurde. Nur selten kommt es vor, daß ein Hubschrauber aufgrund von technischen Schwierigkeiten oder vorrangigen Verpflichtungen für einen Rettungsflug nicht eingesetzt werden kann oder weil die Nachricht wegen eines religiösen Festes nicht übermittelt werden konnte.

Bei der Teilnahme an Rettungseinsätzen von Hubschraubern habe ich mich mit einigen Schwierigkeiten vertraut gemacht. Einer der wichtigsten Fallstricke ist der Rettungsruf selbst. Geben Sie dabei Einzelheiten an! Versuchen Sie den Zustand des Patienten und den Grad des Notfalls einzuschätzen. Wenn beispielsweise Frostbeulen aufgetreten sind und jemand deshalb nicht gehen kann, aber sonst gesund ist, dann sagen Sie dies. Auf der Grundlage Ihres Rettungsrufes entscheiden der Pilot und die Ärzte, ob sie trotz schlechten Wetters starten oder besser bis zum nächsten Morgen warten. Die Piloten der Armee erhalten für Rettungsflüge keinen zusätzlichen Sold und sind trotzdem häufig gezwungen, ungewöhnliche Risiken auf sich zu nehmen, um eine Rettung durchzuführen. Gefährden Sie daher nicht das Leben anderer sinnlos mit unnötigen Flügen oder unzureichenden Informationen.

Da die Ortsbezeichnungen in Nepal verwirrend sind, können sie bei Rettungsrufen gelegentlich falsch angegeben werden. Verwenden Sie daher besser den Namen des Bezirks als den eines Dorfes, um so die Besatzung eines Rettungshubschraubers nicht dazu zu zwingen, lange, gelegentlich nutzlose Anstrengen zu unternehmen, um jemanden zu finden. Wenn einmal ein Rettungsruf durchgegeben wurde, bleiben Sie wenigstens ein bis zwei Tage am Ort oder machen Sie in der Nachricht deutlich, wo und wie Sie weitergehen werden, wenn kein Rettungshubschrauber eingesetzt werden kann. Wenn Sie den Hubschrauber sichten, sollten Sie alle Mühe daran setzten, Zeichen zu geben, damit der Pilot Sie sieht. Es ist nämlich sehr schwierig, Menschen von einem Hubschrauber aus zu erkennen, der 140 km pro Stunde fliegt, wenn man nicht weiß, wo man suchen soll. Versuchen Sie einen Felsen ausfindig zu machen, der groß genug ist, damit darauf ein Hubschrauber sicher landen kann. Markieren Sie jedoch die Mitte nicht mit Kleidern, da diese hochfliegen und die Rotoren bei der Landung beschädigen können. Wenn Sie einen Hubschrauber nicht gerufen haben, dann winken Sie auch nicht, wenn Sie einen sehen. Wir sind schon häufig unter Gefahren gelandet, nur um anschließend feststellen zu müssen, daß Personen uns nur freundlich hatten zuwinken wollen, aber nichts mit einem Notfall zu tun hatten.

Bei meiner Arbeit im Hilfsposten Pheriche unweit vom Everest war der Anblick eines Rettungshubschraubers in einer hoffnungslosen Situation das Schönste, was man sich vorstellen konnte. Wenn Sie jemals in Nepal gerettet wurden, dann danken Sie den Piloten und den Ärzten, die häufig ihr Leben auf's Spiel setzen, um Sie aus einer Notsituation zu befreien. Wenn es Alternativen zu einer solchen Rettung gibt, sollten Sie nicht das Leben anderer gefährden. In den letzten Jahren wurde das ein beunruhigender Trend, weil zunehmend der Versuch unternommen wurde, einen Rettungshubschrauber anzufordern, nur weil jemand des Wanderns müde geworden war oder festgestellt hatte, daß er nicht gern wandert. Tragen Sie zu dieser Entwicklung nichts bei, denn gelegentlich sind Hubschrauber für echte Notfälle unverzichtbar.

Die Hubschrauber sind übrigens nicht in der Lage, in Regionen über 5.500 m zu landen. Man kann also zur Zeit nicht damit rechnen, beim Trekken oder Bergsteigen in diesen Höhen mit einem Hubschrauber gerettet zu werden.

ANREISE

FLUG VON EUROPA
Linienflüge: Direktflüge mit Linienmaschinen nach Kathmandu werden aus dem deutschsprachigen Raum nur von Frankfurt mit Lufthansa und Royal Nepal Airlines angeboten. Beim Abflug von anderen Flughäfen muß man unterwegs umsteigen. Ein normaler Flug-

schein ohne Einschränkungen (gültig ein Jahr) für einen Flug von Frankfurt nach Kathmandu und zurück kostet rund 5.000 DM. Mit einem solchen Flugschein kann man auf der Strecke nach und von Nepal beliebig viele Zwischenaufenthalte einlegen, beispielsweise in der Türkei und in Indien.

Billiger wird ein Flugschein zum „Holiday-Tarif", der allerdings nur für Direktflüge von Frankfurt nach Kathmandu ohne Flugunterbrechung gilt. Je nach Saison zahlt man dann zwischen 2.300 und 2.500 DM (Hin- und Rückflug). Den Rückflug darf man jedoch frühestens 14 Tage und spätestens 3 Monate nach der Ankunft antreten.

Buchen kann man diese Flüge in den Büros der jeweiligen Fluggesellschaft und in allen IATA-Reisebüros.

Billigflüge: Daneben gibt es aber auch noch einige Billigflüge mit Liniengesellschaften. So kann man beispielsweise von Frankfurt mit Biman, der Fluggesellschaft von Bangladesch, über Dhaka nach Kathmandu fliegen. Dieser Flug kostet hin und zurück je nach Saison zwischen 1.350 und 1.450 DM. Das Tikket ist ein ganzes Jahr gültig.

Auch die russische Aeroflot fliegt zum Discountpreis nach Nepal, und zwar von Berlin, Hamburg, Düsseldorf, Frankfurt, München, Zürich und Wien über Moskau. Wenn man sich dieser Fluggesellschaft anvertrauen will, muß man mit einem Preis von rund 1.600 DM für Hin- und Rückflug rechnen (Ticketgültigkeit ein Jahr).

Etwas teurer ist ein Flug mit Pakistan International Airlines von Frankfurt über Karachi nach Kathmandu, für den man je nach Saison etwa 1.700 bis 1.800 DM bezahlen muß. Für diesen Flugpreis darf man sich mindestens 14 Tage und längstens 3 Monate in Nepal aufhalten.

Über Delhi kommt ebenfalls günstiger als zu den offiziellen Tarifen nach Kathmandu. Wenn man mit Air India von Frankfurt nach Delhi und von dort mit Royal Nepal Airlines weiter nach Nepal fliegt, zahlt man für einen Hin- und Rückflug je nach Saison 2.000 – 2.500 DM und kann sich für den Rückflug mindestens 14 Tage und längstens drei Monate Zeit lassen. Will man bis zu 6 Monate in Nepal bleiben, kommen 150 DM Zuschlag hinzu.

Alle diese Flüge kann man allerdings nicht bei der jeweiligen Fluggesellschaft und auch nicht in jedem Reisebüro buchen. Die Flugscheine sind jedoch zu günstigen Preisen bei unserer Schwesterfirma Walther-Weltreisen Udo Schwark in Bonn (Hirschberger Straße 30, D-5300 Bonn 1) erhältlich. Dort sind in einer Datenbank Zehntausende von Flugmöglichkeiten mit allen Einzelheiten (Saisonzeiten, Gültigkeit der Flugscheine, Flugtage usw.) gespeichert, aus der Sie gegen einen großen, frankierten Rückumschlag eine aktuelle Preisliste für alle Flüge nach Nepal anfordern und sich daraus die für Sie passende Verbindung heraussuchen können.

In der Schweiz wendet man sich wegen eines preiswerten Fluges nach Nepal

EINFÜHRUNG

am besten an den Globetrotter Travel Service, Rennweg 35, CH-8001 Zürich, Tel. (01) 2 11 77 80 (weitere Büros in Baden, Basel, Bern, Luzern, St. Gallen und Winterthur), und in Österreich an den Reiseladen, Dominikanerbastei 4, A-1010 Wien, Tel. (01) 5 13 89 36–0.

Charterflüge: Außer Linienflügen zu offiziellen Tarifen und Billigflügen mit Linienmaschinen gibt es im Winterhalbjahr von Anfang November bis Ende April jedes Jahres auch Charterflüge mit LTU-Flugzeugen von Düsseldorf und München nach Kathmandu. Man findet diese Verbindungen in den Prospekten von Reiseveranstaltern unter der Bezeichnung „Campingflüge", weil Charterflüge im Gegensatz zu Linienflügen nur zusammen mit einer Unterkunft am Zielort angeboten werden dürfen. Das kann nach den Buchstaben des Gesetzes auch ein Zelt sein, unabhängig davon, ob man es in Anspruch nimmt oder nicht. Allerdings schwanken die Preise für Campingflüge beträchtlich je nach Saison, sind jedoch meistens günstiger als Linienflüge.

Auch Campingflüge kann man bei Walther-Weltreisen Udo Schwark in Bonn buchen und dafür gegen einen großen, frankierten Rückumschlag eine aktuelle Preisliste anfordern.

FLUG VON ASIATISCHEN LÄNDERN

Die günstigsten Verbindungen nach Kathmandu führen über Bangkok, Hongkong und Singapur. Auf den Strecken von diesen Städten nach Nepal gibt es ermäßigte Tarife für Inklusive Tours (IT). Im Oktober, November, April und Anfang Mai sind die Flüge von und nach Bangkok allerdings im allgemeinen stark gebucht. Es lohnt sich jedoch gelegentlich, am Flughafen auf einen Standby-Platz nach Kathmandu zu warten.

Von Indien aus sind die Preise für Flüge nach Nepal hoch, die Flüge häufig ausgebucht und die Reservierungsabwicklung chaotisch. Die einzigen Ermäßigungen werden an Studenten gewährt. Flugverbindungen bestehen von Delhi, Kalkutta, Patna und Varanasi nach Kathmandu.

Nach und von Kathmandu bestehen aber auch noch einige andere interessante Flugverbindungen. China Southwest Airlines, Mitglied der Gruppe Civil Aviation Administration of China (CAAC), bietet samstags Flüge von Lhasa nach Kathmandu an. Dieser einstündige Flug kostet 190 US $ und ist von April bis Dezember geplant. Sie können auch von Paro in Buthan mit Druk Air oder von Yangon (früher Rangoon, Burma) und Dhaka (Bangladesch) nach Kathmandu fliegen.

ORGANISIERTE TREKKING-TOUREN

Wer eine Bergwanderung durch ein Trekking-Unternehmen im Heimatland organisieren läßt, sollte entweder einen Gruppenflug buchen oder einen vorgebuchten Platz zu einem hoffentlich günstigen Preis erhalten. Im Oktober, Anfang November und Ende Dezember sind dies vielleicht die einzigen Plätze, die in den Maschinen nach Nepal zur Verfügung stehen.

Trekking-Agenturen: Ich habe den Begriff Trekking-Agentur verwendet, um das Unternehmen, das Reisebüro oder den individuellen Organisator zu kennzeichnen, die die Bergwanderung in Nepal organisiert. Wer auf eigene Faust unterwegs ist, ist sein eigener Trekking-Agent. Wer die Reise selbst organisiert, für den gelten viele der Vorbreitungen im voraus nicht, da er sich erst nach seiner Ankunft in Kathmandu darum kümmern kann.

Wer über eine Trekking-Agentur bucht, sollte sich bewußt sein, daß die verschiedenen Organisatoren von Bergwanderungen unterschiedliche Ausrüstungen und unterschiedliche Leistungen anbieten. Lesen Sie sich durch, welches Material Ihre Trekking-Agentur bereitstellt. Möglicherweise gehören dazu Materialien oder Leistungen, bei denen ich davon ausgegangen bin, daß Sie sich darum selbst kümmern müssen. Gleichfalls sollten Sie prüfen, daß Sie nicht etwas mitbringen müssen, das ich nicht erwähnt habe.

Es ist schwierig, eine aktuelle Liste aller Trekking-Agenturen in der ganzen Welt aufzustellen, da in jeder Saison neue Agenturen auftauchen (und andere verschwinden). Die folgende Liste umfaßt eine Reihe von etablierten Agenturen, die sich seit mehreren Jahren auf Trekking-Touren in Nepal spezialisiert haben, erhebt aber keinen Anspruch auf Vollständigkeit.

Die vielen Agenturen, die heute Trekking-Reisen anbieten, machen es schwer, ein Urteil über die Qualität der zu erwartenden Leistungen abzugeben. Von jeder Agentur sollten Sie jede beliebige zusätzliche Information über Nepal und Bergwanderungen bekommen. Die meisten verfügen über Mitarbeiter, die selbst schon Bergwanderungen in Nepal unternommen haben. Alle Agenturen bieten eine Reihe von Treks und verschiedene Termine an. Die meisten von ihnen nehmen auf Wunsch auch Buchungen des Flugtickets von und nach Nepal vor. Überwiegend wird auch gestattet, Ihre Wanderung und Ihre Flüge über ein Reisebüro am Wohnort zu buchen.

DEUTSCHLAND
DAV Summit Club
   Am Perlacher Forst 186,
   8000 München 90
Hauser Exkursionen
   Neuhauserstr. 1, 8000 München 2
Sporthaus Schuster
   Rosenstraße, 8000 München 2

SCHWEIZ
Arce Tour
   Bahnhofstr. 23, 6300 Zug
Artou
   8 Rue de Rive, 1204 Genf
Intertrek
   Nollisweid 16, 9050 Apenzell

AUSREISE
Flugbuchungen ab Kathmandu sind immer schwierig, insbesondere aber während der Trekking-Saison in Nepal.

EINFÜHRUNG

Sie müssen immer eine Bestätigungen der Buchung vornehmen, denn sonst wird die Reservierung von der Fluggesellschaft storniert. Dabei handelt es sich nicht um eine leere Drohung, sondern um häufige Realität. Bestätigen Sie Ihren Rückflug aus Nepal vor Beginn der Trekking-Tour. Ein wenig Planung kann ein Drama in letzter Minute am Flughafen verhindern. Alle Flüge von Kathmandu sind nämlich in der Zeit von Mitte Oktober bis Ende November sowie im Januar und im April ausgebucht. Wer zu Hause die Reservierung für den Rück- oder Weiterflug vorgenommen hat, sollte seine Buchung vor dem Beginn der Wanderung erledigen. Wer drei bis fünf Wochen vorher bucht, bekommt vielleicht noch einen Platz. Wer dagegen wartet, bis er von der Wanderung zurückkommt, um dann einen Platz zu buchen, wird sicherlich eine oder zwei Wochen auf einen Flug warten müssen. Wer von Lukla oder Jomsom mit einem Flugzeug nach Kathmandu zurückkehren und anschließend wieder nach Hause oder zu einem anderen Reiseziel fliegen will, sollte unbedingt vier bis fünf Tage Spielraum einkalkulieren.

Flughafengebühr: Die Flughafengebühr beim Abflug aus Nepal beträgt 600 Rs.

REISEN IN NEPAL

FLUG

Innerhalb von Nepal verkehren nur Maschinen der nationalen Fluggesellschaft Royal Nepal Airlines Corporation (RNAC). Für Inlandsflüge setzt RNAC 19 Passagierflugzeuge vom Typ Twin Otter und 6 Passagierflugzeuge vom Typ Pilatus Porter ein, die regelmäßig zu den höchsten, abgelegensten und wohl auch phantastischsten Flugplätzen der Welt fliegen. Beide Flugzeugtypen gehören zu der Gruppe der STOL- (Short Take Off & Landing) Flugzeuge, was sie in die Lage versetzt, auf kurzen Graspisten in Jomsom, Lukla, Dolpo, Shyangboche, Manang, Langtang und Taplejung zu starten und zu landen.

Der Anflug auf diese Landebahnen ist schwierig. Viele befinden sich an Berghängen, umgeben von hohen Gipfeln. Aus diesem Grund machen Wolken oder starke Winde eine Landung häufig unmöglich. Die klassische Bemerkung eines RNAC-Piloten beschreibt die Situation perfekt: „Wir fliegen in Nepal deshalb nicht durch Wolken, weil diese hier Felsen bergen". RNAC ist übrigens bekannt für Verspätungen und Annullierungen von Flügen in abgelegene Gebiete aufgrund der Wetterlage.

Wenn Sie Ihre Wanderung mit einem Flug von einem abgelegenen Flugplatz verbinden, dann werden Sie möglicherweise die Erfahrung einer Verspätung von mehreren Stunden oder, häufiger noch, von mehreren Tagen machen. Verspätungen sind der Preis, den man für den Zeitgewinn und die Annehmlichkeit von Flügen in Nepal zahlt. Nehmen Sie ein gutes Buch in Ihrem Handgepäck mit, um die unvermeidlichen Wartezeiten auf den Flugplätzen etwas angenehmer zu gestalten.

Buchungen: Vielleicht mag es Ihnen ein wenig albern vorkommen, wenn ich nun beschreibe, wie man in Nepal ein Flugticket kauft, aber bei RNAC gibt es derartig viele komplizierte und seltsame Regelungen, daß sich einige Sätze darüber lohnen.

In Kathmandu befindet sich das Buchungsbüro von RNAC für Inlandsflüge in der Thapathali, und zwar gegenüber vom Rotary Club und unweit des Hotels Blue Star. Am besten gehen Sie dorthin persönlich, da bei RNAC nur Plätze bestätigt werden, die bereits bezahlt wurden und für die ein Ticket bereits ausgestellt wurde. Die Tickets sind dabei in Devisen zu zahlen. Die RNAC akzeptiert keine Kreditkarten. Bringen Sie also Bargeld oder Reiseschecks mit – und abgezähltes Geld, wenn dies möglich ist. Wer bei einer Trekking-Agentur oder in einem Reisebüro einen Flug mit RNAC bucht, kann die Reservierung durch diese vornehmen lassen und auf diese Weise die Bezahlung ein wenig beschleunigen. Die Einheimischen bezahlen übrigens auf den meisten Strecken weniger als Ausländer. Lukla und Pokhara sind Inlandsflugziele, gelten jedoch als „touristische Ziele", für die die Buchungen von der Zentrale

kontrolliert werden. Wer dafür Tickets buchen möchte, muß sich an das Büro für internationale Flüge in der New Road und nicht an das für Inlandsflüge wenden.

Es gibt zahlreiche Hindernisse bei der Buchung von Inlandsflügen in Nepal, das häufigste Problem ist jedoch, daß „kein Platz mehr frei" ist. Trekking-Agenturen und Reisebüros reservieren nämlich für ihre Gruppen Plätze in den Maschinen nach Lukla, Jomsom und Pokhara bis zu zwei Jahre im voraus. Es findet allerdings ein umfangreicher Tauschhandel mit Plätzen zwischen den einheimischen Agenturen in Kathmandu statt, so daß es möglich sein kann, noch einen Platz zu erhalten, wenn man sich mit einem der Reisebüros oder einer der Trekking-Agenturen in Verbindung setzt. Es kann auch vorkommen, daß Plätze noch in letzter Minute auf mysteriöse Weise verfügbar werden, so daß sich die Fahrt zum RNAC-Büro auch noch lohnt, um eine kurzfristige Buchung zu versuchen.

Außerhalb von Kathmandu, in den Bergen, gibt es keine Computer oder Telexgeräte, mit denen Flugbuchungen vorgenommen werden könnten. Daher unterhält RNAC für die Flugplätze außerhalb von Kathmandu ein System mit handgeschriebenen Buchungslisten. Das Büro in Kathmandu ist übrigens nicht in der Lage, einen Flug zurück nach Kathmandu zu bestätigen, wenn die Buchungsliste erst einmal zu den abgelegenen Flugplätzen geschickt wurde. Hat die Liste Kathmandu bereits verlassen, können Bestätigungen nur noch an den jeweiligen Flugplätzen selbst vorgenommen werden. Vom Büro in Kathmandu werden die Buchungslisten im allgemeinen eine Woche vor den Flügen versandt, es gelten jedoch für die verschiedenen Ziele unterschiedliche Fristen.

Wer plant, ab Lukla zu fliegen, sollte seine Buchung zurück nach Kathmandu noch vor Beginn der Trekking-Tour bestätigen lassen. Dafür muß jedoch ein Ticket gekauft werden. Wenn der Flug annulliert wird oder Sie sich später entscheiden, Lukla zu Fuß zu verlassen, ist eine Erstattung des Flugpreises nur in Kathmandu möglich. Es kann jedoch von Nutzen sein, sich bereits in Kathmandu vorsorglich ein Ticket für den Rückflug von Lukla zu besorgen. Gelegentlich ist die Nachfrage nach Plätzen in Lukla so groß, daß für einige Zeit keine Tickets mehr verkauft werden.

Eine andere Besonderheit bei Flügen ab Lukla ist, daß sich RNAC bei einem Überhang an Passagieren durch annullierte Flüge häufig entscheidet, nur die mit bestätigter Reservierung zuzulassen. Die Mitarbeiter deklarieren dann Flugscheine mit „offener" und „angefragter" Reservierung für ungültig und zwingen deren Inhaber, nach Kathmandu zurückzuwandern oder zunächst ein neues Ticket zu kaufen.

Stornierungen: Bei Inlandsflügen wird für die Stornierung von Buchungen immer eine Gebühr erhoben. Wer anders, als ursprünglich geplant, nicht fliegt, sollte sicherstellen, daß die Stornierung einer Reservierung zeitgerecht erfolgt

ist und als Beweis auf dem Ticket vermerkt wird. Wenn eine Stornierung mehr als 24 Stunden vor dem Flug vorgenommen wird, sind 20 Rs Gebühr zu zahlen. Bei weniger als 24 Stunden vorher beträgt die Gebühr 30 % des Flugpreises. Wenn man trotz bestätigter Reservierung zum Abflug nicht erscheint und die Reservierung auch vorher nicht storniert hat, wird gar nichts erstattet. Ein interessantes Schlupfloch sind Flüge, die mehr als eine Stunde Verspätung haben. Dann wird, wenn man mit dem verspäteten Flugzeug nicht fliegt, keine Stornierungsgebühr erhoben.

Abfertigung: Wenn Sie endlich ein Ticket besitzen und der Flug bestätigt wurde, beginnt der Spaß erst richtig. Wer Glück hat, dessen Flug existiert, wenn er sich auf den Weg zum Flughafen macht, dessen Name steht noch immer auf der Passagierliste, dessen Gepäck wird angenommen und dessen Maschine startet und landet am vorgesehenen Ziel. Dies ist gelegentlich der Fall, häufig jedoch nicht. Schlechtes Wetter oder andere Komplikationen führen oft zu Verschiebungen oder Annullierungen von Flügen.

Die Abfertigung beginnt bei Inlandsflügen eine Stunde vor dem Abflug. Es ist ratsam, sich schon bei der Öffnung der Schalter anzustellen, und zwar für den Fall, daß es Probleme gibt. Am Morgen finden sich übrigens häufig Geschäftsleute der Sherpa am Flughafen ein und versuchen, Fracht nach Lukla und in andere abgelegenen Regionen zu senden. Die bieten Passagieren häufig an, bei der Abfertigung behilflich zu sein, um dann den Spielraum auszunutzen, der vielleicht noch besteht, wenn das Gewicht des Gepäcks unter der Höchstgrenze liegt. Es ist im allgemeinen unproblematisch, ein solches Angebot anzunehmen und sie ihren Handel versuchen zu lassen.

Wer eine umfangreiche Trekking-Ausrüstung mit sich führt, sollte versuchen, mit einem Begleiter zum Flughafen zu kommen, der diese später nachsenden kann, falls sie nicht in die Maschine geladen wird. Normalerweise sind auf Flügen nach Lukla 25 kg Gepäck gestattet, aber gelegentlich wird diese Grenze willkürlich gesenkt. Auf den anderen Inlandsflügen sind es nur 15 kg. Es kann übrigens auch vorkommen, daß Übergepäck aus Platznot nicht befördert werden kann, selbst wenn man dafür bezahlen möchte.

Sowohl das aufgegebene Gepäck als auch das Handgepäck durchlaufen in Kathmandu eine Sicherheitskontrolle. Achten Sie daher darauf, daß Ihr Taschenmesser im aufgegebenen Gepäck verstaut ist, so daß es von den Sicherheitsleuten nicht konfisziert werden kann. Theoretisch wird es Ihnen sonst zunächst abgenommen und nach der Ankunft wieder ausgehändigt, aber dies bedeutet zumindest eine weitere Verzögerung.

Absage von Flügen: Wenn Ihr Flug annulliert wird, beginnen Sie am besten vor vorn. Der Besitz eines bestätigten Platzes an Bord eines Maschine, deren Flug annulliert wurde, verhilft im allge-meinen nicht zu einem Vorrang beim nächsten Flug. In Lukla bedeutet das den Weg zurück ans Ende der Schlange, nachdem Sie bereits eine Bordkarte in der Hand hatten. Wer zu den Glücklichen gehört, deren Flugzeug kommt, geht an den anderen vorbei, die vielleicht schon eine Woche oder länger gewartet haben. In Kathmandu ist das etwas anders, denn dort unterhält RNAC ein komplexes Programm von „verspäteten Flügen", „außerplanmäßigen Flügen" und „Charterflügen". Sie können in Kathmandu also häufig bei Annullierung Ihres ursprünglichen Fluges einen Platz in einem anderen Flugzeug bekommen, wenn Sie gewillt sind, einige Zeit im Büro von RNAC zu verbringen. Aber dies entspricht fast schon einer Neubuchung. In solchen Situationen kann ein Trekking- oder Reisebüro hilfreich sein.

BUS

Der Kauf eines Busfahrscheines ist einfacher als die Buchung eines Flugtikkets. Auf allen Busstrecken verkehren mehrere Gesellschaften, so daß die Konkurrenz zu einer gewissen Effektivität zwingt. Die Regierung legt zwar die Fahrpreise fest, aber diese variieren dennoch je nach Klasse und Service. Die Nepali haben Busse übrigens für Nepali gebaut, die im Durchschnitt 175 groß und 65 schwer sind. Wer größer oder schwerer ist, sollte den Versuch unternehmen, einen der wenigen Sitze mit mehr Platz zu ergattern, so daß man seine Trekking-Tour nicht wie eine Sardine beginnt oder beendet.

Beim Kauf des Fahrscheins für eine Busfahrt wird ein Platz zugewiesen. Wer groß ist, sollte versuchen, einen Sitz vorn an der Tür zu bekommen. Sitzlisten sind allerdings selten, so daß keine Garantie besteht, daß die Sitzplätze auf der Liste auch mit denen im Bus übereinstimmen. Es lohnt sich übrigens, einen oder zwei Tage vor einer Fahrt zum Busbahnhof zu gehen und sich anzusehen, welche Sitze am meisten Platz bieten.

Eine Lösung ist ein Nachtbus. Diese fahren auf mehreren längeren Strecken und sind im allgemeinen etwas komfortabler als Schnellbusse. Halten Sie Ausschau nach Unternehmen, die Busse mit verstellbaren Sitzen einsetzen. Dabei handelt es sich um Sitze, die fast schon westliches Format haben und für die theoretisch nur so viele Fahrkarten verkauft werden, wie auch Sitze vorhanden sind. Zudem sollen diese Busse nicht an der Straße halten, um weitere Fahrgäste aufzunehmen. Wer gegen 6.00 Uhr zum Busbahnhof kommt, kann die Unterschiede zwischen den am Tag und den in der Nacht verkehrenden Bussen sehen.

Fernbusse fahren in Kathmandu von zwei Busbahnhöfen ab: vom Busbahnhof hinter der Electric Corporation unweit vom Bagh Bazaar (gleich gegenüber vom Ratna Park) und vom Sundhara, dem Gebiet in der Nähe des Hauptpostamtes. Fahrkarten kann man einen Tag im voraus an beiden Busbahnhöfen kaufen. An den Vorverkaufsstellen halten sich viele Fahrkartenverkäufer und Kundenschlepper auf.

Die meisten Unternehmen drucken ihre Fahrkarten ausschließlich in nepalischer Schrift. Fragen Sie deshalb unbedingt den Fahrkartenverkäufer nach der Übersetzung und bitten Sie ihn, Ihnen zu sagen, wo der Bus abfährt und wann. Wenn Sie Ihre Ausgaben kalkulieren, sollten Sie den Zuschlag für das Gepäck nicht vergessen. Große Gepäckstücke werden nämlich auf dem Dach der Busse befördert. Diese Gepäckstücke müssen Sie entweder über die Leiter am Ende des Busses selbst hochschleppen oder jemandem eine oder zwei Rupien geben, damit er dies für Sie erledigt. Der Preis für den Transport des Gepäcks wird häufig mit dem Fahrer ausgehandelt und ist bei Luxus- und Schnellbussen höher als bei normalen Bussen. Wer eine umfangreiche Ausrüstung mit sich führt, muß für das Gepäck möglicherweise mehr bezahlen als für seinen eigenen Platz.

Ein Schnellbus fährt alles andere als schnell, jedoch sicher noch schneller als ein Nahverkehrsbus. Die Nahverkehrsbusse benötigen bis zu ihrem Ziel häufig doppelt so lange (oder sogar noch länger) wie die Schnellbusse. Ein Schnellbus wiederum benötigt etwa doppelt so viel Zeit für eine Strecke wie ein Privatfahrzeug. Pokhara wird von zahlreichen Busunternehmen angefahren. Auf dieser Strecke werden neben Schnellbussen für Einheimische auch Schnellbusse für Ausländer eingesetzt. Student Travels, Memoire Travels, Arun Travels und Swiss Bus bieten übrigens komfortablere Sitze als ihre Konkurrenten an.

Anders als die Flugzeuge, bei denen der Start mit einem Minimum an Zeremonien vonstatten geht, ist die Abfahrt von Bussen in Nepal dramatisch. Hupen, das Aufheulen des Motors, Gepäck, das in letzter Minute verladen wird, und der Versuch, noch einige zusätzliche Fahrgäste zu ergattern, seien es Menschen, Hühner oder Ziegen, sorgen für ein riesiges Theater, das häufig zu Verzögerungen bei der Abfahrt führt. Bringen Sie sich am besten ein Buch mit.

Gelegentlich ist es möglich, auf dem Dach eines Busses mitzufahren, wenn er Kathmandu verlassen hat. Dies ist häufig, wenn es warm ist, ein schöner Platz, der zudem eine Alternative zu dem rauchgefüllten Innern eines Busses bietet. Das Dach ist aber, je nach den Umständen, bei Unfällen auch ein mehr oder weniger gefährlicher Aufenthaltsort. Busse haben die lästige Angewohnheit, umzukippen, steile Böschungen hinabzufahren oder frontal zusammenzuprallen. Dann ist ein Platz aber wahrscheinlich ohnehin so sicher oder so unsicher wie der andere.

Busse halten in Nepal aus den unterschiedlichsten Gründen – Pannen (meistens), Polizeikontrollen, Straßenzölle, Teepausen, Pausen zu den Mahlzeiten, Schwätzchen mit dem Fahrer, der einen Bus in der Gegenrichtung steuert. In Mugling, der Haltestelle zum Mittagessen an der Straße nach Pokhara, gibt es ein gut organisiertes Schnellrestaurant, in dem man *Dhal Bhaat* mit einem Fleischcurry erhält. Bei anderen Stops für Mahlzeiten kann es etwas rauh zugehen. Ein Busfahrer erhält übrigens eine kostenlose Mahlzeit, wenn er an einem bestimmten Restaurant hält. Halten Sie aus diesem Grund an der Straße Ausschau nach einem Lokal, das weniger überfüllt und vielleicht besser ist als jenes, das der Fahrer ausgewählt hat. In jedem Fall sollten Sie sich erst um das Essen kümmern, bevor Sie einen Spaziergang unternehmen. Wenn der Fahrer erst einmal beschließt weiterzufahren, stürzen alle sofort in den Bus.

MIETWAGEN

Es ist teuer, in Nepal ein Auto oder einen Land Rover zu mieten, um an den Ausgangspunkt einer Trekking-Tour zu gelangen, jedoch auch sehr viel komfortabler. Zudem kann das im Vergleich zu den öffentlichen Verkehrsmitteln viel Zeit sparen helfen.

Man kann als Besucher ein Auto in Nepal mieten, aber selbst Hertz und Avis stellen normalerweise einen Fahrer zur Verfügung – kostenlos. Der Verkehr kann nämlich chaotisch sein. Hinzu kommt, daß bei einem Unfall der Fahrer bis zur Klärung der Schuldfrage inhaftiert wird, so daß es keine gute Idee ist, sich in Nepal selbst ans Steuer zu setzen, wenn man nicht mit dem Land vertraut ist. Man muß nämlich Kühen, Hühnern, Kindern, Fahrrädern und Rikschas ausweichen, die plötzlich aus dem Nichts auftauchen. Der Verkehr sollte sich eigentlich auf der linken Seite einer Straße abspielen, aber dies ist nicht zu erkennen, wenn man die Fahrzeuge beobachtet.

Land Rover sowohl für kurze als auch für lange Strecken können vor dem Hotel Makalu in der Nähe der New Road gemietet werden. Die Preise sind mit dem Fahrer auszuhandeln.

TAXI

Die meisten Reisebüros können ein Taxi für eine längere Fahrt besorgen, aber man kann auch selbst mit den Fahrern der privaten Taxis verhandeln, die hinter Mike's Breakfast gleich an der Durbar Marg stehen.

NAHVERKEHRSMITTEL

Flughafenzubringer: Im allgemeinen stehen am Flughafen Taxis bereit, aber die Fahrpreise variieren je nach Nachfrage. Die Fahrer sollten den Zähler einstellen. Eine Fahrt bis zu einem Hotel in Thamel kostet normalerweise ca. 40 Rs. Wenn jedoch nur wenige Taxis zur Verfügung stehen, verdecken die Fahrer die Zähluhren mit einem schmutzigen Tuch und verlangen das Doppelte oder Dreifache des normalen Fahrpreises.

Bus: Es gibt blaue Isuzu- und Mitsubishi-Busse sowie private Minibusse, die auf verschiedenen Strecken im gesamten Tal verkehren. Während der Hauptverkehrszeiten erinnern sie an Sardinenbüchsen, aber zu den anderen Zeiten fährt man mit ihnen für 1 Rs oder 2 Rs relativ komfortabel.

Taxi: Taxis mit Zähluhr sind nicht teuer und während des Tages in Hülle und Fülle vorhanden. Nach 20.00 Uhr ist es jedoch relativ schwierig, ein Taxi zu bekommen. Von diesem Zeitpunkt an gelten auch die vom Fahrer verlangten Preise, die man akzeptieren kann oder auf das Taxi verzichten muß. Wer ohne Taxi am späten Abend dasteht, sollte es bei einem großen Hotel versuchen oder den Nachttaxi-Dienst unter der Telefonnummer 22 43 74 anrufen. Dreirädrige Scooter verkehren ebenfalls mit Zähluhr und sind geringfügig preiswerter als Fahrten mit Taxis. Eine Fahrt in diesen Vehikeln gleicht jedoch einem knochendurchschüttelnden Abenteuer.

Rikscha: In einigen Teilen der Stadt verkehren auch Rikschas. Eine Fahrt mit ihnen kann ganz lustig sein, aber Sie sollten unbedingt den Preis im voraus aushandeln.

Motorrad und Fahrrad: Es kostet 5 Rs pro Stunde bzw. 20 Rs pro Tag, ein chinesisches oder ein indisches Fahrrad ohne Gangschaltung zu mieten. Mountain Bikes sind in Thamel für 80 Rs bis 100 Rs pro Tag erhältlich. Wenn Sie mit einem Fahrrad unterwegs sind, dann hüten Sie sich vor Autos, vor allem vor Fahrzeugen, die ohne anzuhalten an einer roten Ampel nach links abbiegen.
Mit einem Führerschein können Sie für 60 Rs pro Stunde bzw. 300 Rs pro Tag auch ein Motorrad mieten.

Tempo: Es besteht ein billiges Verkehrsnetz mit Fahrzeugen, die auf festen Routen durch Kathmandu verkehren. Dabei handelt es sich um winzige indische Scooter, die sogenannten Tempos, die jedoch für Europäer, die im allgemeinen zu groß und zu schwer sind, um in ein solches Vehikel zu passen, nicht geeignet sind.

EVEREST-GEBIET

EINFÜHRUNG

Die Everest-Region (Solu Khumbu) ist nach dem Annapurna-Gebiet bei Bergwanderern in Nepal am beliebtesten. Wahrscheinlich wäre es sogar das beliebteste Ziel, wenn es nicht umständlicher wäre, dorthin zu gelangen als in das Annapurna-Gebiet. Man erreicht den Everest entweder nach 10 Tagen zu Fuß oder über einen Flug nach Lukla, einem abgelegenen Flugplatz mit notorisch unzuverlässigen Verbindungen. Solu Khumbu ist zu Recht so berühmt, nicht nur wegen der Nähe zum höchsten Berg der Welt (8.848 m), sondern auch wegen seiner Sherpa-Dörfer und Klöster. Das Hauptziel einer Trekking-Tour zum Everest ist das Basislager auf einer Höhe von 5.340 m. Man kann den Everest jedoch von hier aus nicht sehen, so daß die meisten Wanderer den Kala Pattar, einen bescheidenen Gipfel mit 5.545 m an der südlichen Seite des Pumori (7.161 m), erklimmen.

Neben dem Problem, hierherzugelangen, stellt sich die Gefahr, von der akuten Höhenkrankheit betroffen zu werden. Diese potentiell tödliche Krankheit tritt auf, wenn jemand zu schnell in eine sehr hoch gelegene Region gelangt. Lesen Sie daher in jedem Fall die Erläuterungen zur Höhenkrankheit in dem Kapitel über Gesundheit und Erste Hilfe, wenn Sie eine Bergwanderung zum Everest planen. Wer an den Symptomen der Höhenkrankheit leidet und nicht zum Basislager wandern kann, hat noch immer die Möglichkeit, lohnende Touren zu weniger ehrgeizigen Zielen wie Namche Bazaar, dem Verwaltungszentrum der Region Khumbu, nach Khumjung oder Thami, zwei typischen Sherpa-Dörfern, oder zum Kloster Tengpoche zu unternehmen. Von Tengpoche hat man einen ausgezeichneten Blick auf den Everest und seinen fast noch großartigeren Nachbarn, den Ama Dablam (6.856 m).

INFORMATIONEN

Es gibt fast schon zu viel Informationsmaterial über den Everest. Neben den Büchern, die im Literatur-Verzeichnis aufgeführt sind, stehen Ihnen mindestens weitere 100 Bücher und Tausende von Artikeln über die Sherpa und den Everest zur Verfügung. Ob Sie sich für das Bergsteigen, den Buddhismus, die Anthropologie oder die Umwelt interessieren, Sie finden wahrscheinlich Literatur über die Everest-Region, die sich auf diese Themen bezieht.

EVEREST-GEBIET

KARTEN

Es wurden auch unzählige Karten über das Everest-Gebiet angefertigt, und zwar detaillierter als von jedem anderen Gebiet Nepals. Viele der in Nepal gedruckten Karten sind in Kathmandu erhältlich. Aus der Serie der Schneider-Karten gibt es für diese Gegend:

Khumbu Himal
(Von Namche Bazaar zum Everest)
Shorong/Hinku
(Solu und das Hongu-Tal)
Dudh Kosi
(Von Lamidanda nach Lukla)
Tamba Kosi/Likhu Khola
(Von Jiri nach Junbesi)
Tolwaling Himal
Lepchi Kang

Eine Karte mit dem Titel *Mount Everest Region*, die in Großbritannien publiziert wurde, umfaßt in etwa dasselbe Gebiet wie die Karte, die Sie in diesem Buch im Abschnitt über den Everest-Trek finden. Die Karte aus England kann per Post bei der Royal Geographical Society, 1 Kensington Gore, London SW7, bestellt werden und kostet 5 Pfund.

In der November-Ausgabe 1988 der Zeitschrift *National Geographic* ist eine mit Hilfe von Computern hergestellte topographische Karte der Everest-Region im Maßstab 1:50.000 enthalten. Sie deckt zwar keine großen Teile der Trekking-Routen ab, ist jedoch ein faszinierendes Dokument für Studien des Gebietes. Diese Karte ist in den Buchhandlungen in Kathmandu erhältlich.

Das Blatt 45–2 (Mount Everest) des Army Map Service lohnt sich nicht anzuschaffen, da es zahlreiche bessere Karten gibt.

Ortsnamen: Karten und Routenbeschreibungen für die Region Everest sind aufgrund der unterschiedlichen Namen, die für dieselben Orte angegeben werden, häufig verwirrend. Die meisten Dörfer tragen Namen sowohl in der Sprache der Sherpa als auch in Nepali. Ich habe in diesem Buch die Bezeichnungen in Nepali angegeben, da man diese auf allen offiziellen Karten und in anderen Unterlagen wiederfindet. Die Sherpa-Namen für die Dörfer an den Routen sind dem gebräuchlicheren Namen in Nepali in Klammern angefügt.

FESTE

Neben den Feiern aus Anlaß des tibetischen Neujahrsfestes im Februar, dem Losar, werden noch zwei weitere einzigartige Feste veranstaltet, denen Sie vielleicht auf Ihrer Bergwanderung in der Region Solu Khumbu beiwohnen können.

Mani Rimdu: Dieses Fest wird in den Klöstern von Tengpoche, Thami und Chiwang gefeiert. Die Lamas tragen dann bei einer Reihe von rituellen Tänzen, die den Triumph des Buddhismus über den Bon, die alte animistische Religion von Tibet, zeigen, kompliziert gearbeitete Masken und Kostüme. Der erste Tag des Mani Rimdu wird mit Gebeten der Lamas im Hof des Klosters begangen. Am zweiten Tag werden dann die farbenprächtigen Lama-Tänze aufgeführt, bei denen Brokat-Talare und wunderschöne bemalte Pappmaché-Masken getragen werden. Hunderte von Einheimischen nehmen an der Vorführung teil. Das Fest bietet nicht nur etwas zu sehen, sondern ist gleichzeitig ein wichtiges soziales Ereignis. Neben ernsten und komplizierten Tänzen führen die Lamas auch zwei absurd komische Sequenzen auf, die das Ganze zu einem großartigen und lustigen Erlebnis werden lassen. Am letzten Abend des Mani Rimdu nehmen alle Einheimischen an den Tänzen der Sherpa teil, die die Nacht über andauern.

Die Feier des Mani Rimdu in Tengpoche fällt im allgemeinen auf den Vollmond im November oder Dezember. Daran nehmen zahlreiche Ausländer teil, so daß die Suche nach einem Hotelzimmer zu einer Lotterie wird. Selbst Platz für ein Zelt ist dann nur schwer zu finden. Auch die Preise klettern entsprechend der Nachfrage auf ein Niveau, das gerade noch akzeptiert wird. In den Klöstern wird im allgemeinen 10 Rs Eintritt und für das Mitbringen von Filmkameras ein Zuschlag erhoben.

In Thami findet das Mani Rimdu im Frühling, gegen Mitte Mai jedes Jahres, statt. Das Mani Rimdu in Thami ist ein wenig geistiger (im wörtlichen Sinn) als das Herbstfest in Tengpoche. Dann ist auch das Wetter wärmer. Außerdem ist der Rimpoche, ein wiedergeborener Lama, in Thami ein wenig liberaler als jener in Tengpoche.

Im Kloster Chiwang in der Region Solu wird das Mani Rimdu ebenfalls im Herbst gefeiert. Es fällt dort üblicherweise auf den gleichen Tag wie das Fest in Tengpoche. Das Kloster ist hoch auf einem Bergkamm gelegen und bietet einen schönen Blick über Phaphlu und Salleri.

Dumje: Dumje ist die Feier des Geburtstages des Guru Rimpoche. Es handelt sich um ein sechs Tage andauerndes Fest, das im Juni begangen wird, wenn sich nur wenige Touristen in Khumbu aufhalten. Ausgerichtet wird das Fest jeweils von acht Familien. Da es eine große finanzielle Belastung darstellt, fällt die Verantwortlichkeit jedes Jahr anderen Dorfbewohnern zu. Diese Feiern werden in Namche Bazaar, Khumjung und Thami veranstaltet.

UNTERKUNFT

Am Weg von Jiri zum Basislager des Everest gibt es Hotels verschiedener Kategorien, allerdings nicht in der Fülle, die in der Annapurna-Region zur Wahl steht. Häufig wandert man zwei bis drei Stunden, ohne auf irgendwelche Einrichtungen zu treffen, und muß an verschiedenen Tagen die Etappen nach der Möglichkeit, zur Nacht ein Dach über dem Kopf zu finden, ausrichten.

In Namche Bazaar und Lukla ist der Wettbewerb zwischen den Hotels groß. Einige sind sogar außergewöhnlich gut. In fast allen werden sowohl Quartiere in Schlafsälen als auch Zimmer angeboten. In den anderen Orten gehören die Häuser häufig entweder schon der gehobenen Kategorie an oder sind so einfach, daß Sie bis zum nächsten Dorf weitergehen müssen, um etwas Ihren Vorstellungen Entsprechendes zu finden.

Oberhalb von Namche Bazaar sind in den meisten Hotels nur noch Schlafsäle mit riesigen Betten vorhanden, in denen acht bis zehn Personen Platz finden. Ein verbreitetes Phänomen bei großer Höhe sind sehr seltsame Träume und sogar Alpträume. Diese sorgen für ein wenig Unterhaltung in einer überfüllten Unterkunft auf dem Weg zum Everest.

Während der Trekking-Saison füllen sich die Hotels schnell. Möglicherweise werden Sie in ein tägliches Wettrennen mit anderen Trekkern um die besten und gelegentlich einzigen Unterkünfte verwickelt. Dies kann in hohen Lagen gefährlich sein, da die Höhenkrankheit durch Überanstrengung und schnellen Aufstieg eintritt. Insbesondere in Pheriche und Lobuje müssen Sie ein wenig aggressiv sein, um sich bei dem Andrang durchzusetzen.

Das Hotel Everest View oberhalb von Namche Bazaar, ein japanisches Projekt, zielt auf wohlhabende Besucher ab. Das Hotel war von 1982 bis 1989 geschlossen, wurde jedoch vor kurzem renoviert und wiedereröffnet – und ist teuer. Alle 12 Zimmer sind mit eigenem Bad und westlichen Toiletten ausgestattet. Die Preise liegen bei 120 US $ für eine Übernachtung, wobei für die Verpflegung noch gesondert zu zahlen ist. Das Hotel bietet seinen Gästen allerdings eine Flugverbindung zum Flugplatz Shyangboche an.

Bei den Sherpa Guide Lodges handelt es sich um eine Kette von Unterkünften im Stil von europäischen Berghütten. Eine Reihe von 11 Hütten deckt zwischen Jiri und Namche Bazaar alle notwendigen Übernachtungen ab. Hier besteht die Möglichkeit, sich für eine komplett organisierte Tour mit vorher gebuchter Unterkunft in Zimmern zu entscheiden, oder selbst Reservierungen vorzunehmen und sich so einen Platz für jede Nacht zu sichern. Die Übernachtungen in den Hütten müssen im voraus gebucht werden. Seien Sie nicht erstaunt, wenn Sie ohne Reservierung abgewiesen werden.

AN- UND WEITERREISE

Man kann zum Ausgangspunkt einer Trekking-Tour in der Everest-Region entweder fliegen oder wandern. Wer den Flug nach Lukla wählt, versäumt die unter historischen und kulturellen Gesichtspunkten faszinierende Route, der die Everest-Expeditionen in den fünfziger und sechziger Jahren gefolgt sind, wobei sich der Weg in den letzten 35 Jahren allerdings stark verändert hat.

Ausgangspunkte: Ausgangspunkt für Wanderungen zum Everest-Gebiet ist Jiri. Von dort, 188 km von Kathmandu entfernt, sollten Sie ca. 10 Tage einkalkulieren. Wer sich die Zeit nimmt, seine Wanderung in Jiri zu beginnen, dem wird dies helfen, sich zu akklimatisieren. Zudem können Sie auf diese Weise das Basislager besuchen oder auf den Kala Pattar steigen. Danach haben Sie die Wahl, von Lukla zurückzufliegen oder auf einem anderen Weg nach Kathmandu zurückzuwandern. Direktbusse nach Jiri fahren vom Busbahnhof Ratna Park in Kathmandu ab. Es verkehren wenigstens zwei Busse täglich, die gegen 6.00 Uhr morgens abfahren. Die Busse nach Jiri sind allerdings in einem schlechten Zustand, überfüllt und langsam. Wer das nötige Kleingeld besitzt und eine Gruppe mit fünf oder sechs Personen zusammenstellen kann, mietet vielleicht lieber einen Landrover für diese Strecke.

Barabhise, 5 km hinter Lamosangu und 85 km von Kathmandu entfernt, eignet sich ebenfalls als Ausgangspunkt für eine ausgedehnte Wanderung zum Everest-Gebiet. Schnellbusse verkehren von Kathmandu nach Barabhise nicht, so daß Sie auf die angsteinjagenden Nahverkehrsbusse angewiesen sind, die 5 bis 6 Stunden für die Strecke benötigen, aber mit 25 Rs billig sind. Mit einem Taxi oder einen Privatwagen ist man in $2^{1}/_{2}$ Stunden am Ziel.

Auch Dharan und Dhankuta, zwei Dörfer im Südosten von Nepal, können als Start- oder Endpunkt für eine Everest-Tour gewählt werden. Einzelheiten über den Weg zu diesen beiden Orten finden Sie im Kapitel über Ost-Nepal.

Flugplätze: Wer sich dafür entscheidet, zu einem der Flugplätze in der Nähe des Everest zu fliegen, sollte nicht mit der Möglichkeit einer Stippvisite im Basislager rechnen, da die Zeit zur Akklimatisierung dafür nicht ausreichend ist. Wer nach Lukla fliegt, sollte sich mindestens acht bis neun Tage Zeit lassen, bevor er die Region um das Basislager erreicht. Sie können vom Basislager ohne Probleme in vier bis fünf Tagen wieder in Lukla sein. Wer sicher zum Basislager und wieder zurück möchte, sollte also ein absolutes Minimum von zwei Wochen einkalkulieren. Eine genaue Planung ist schwierig, da die Maschinen nach Lukla häufig nicht wie vorgesehen starten. Kalkulieren Sie daher einige Tage mehr für den Flug nach und von Lukla ein.

Lukla, auf 2.800 m gelegen, wird mit einem Flugzeug vom Typ Twin Otter angeflogen, einer Maschine, die normalerweise 19 Passagiere aufnehmen kann, auf dieser Strecke aufgrund der Höhe jedoch nur 14 bis 15 Passagiere. Wer wirklich nur über ein begrenztes Maß an Zeit verfügt, kann nach Lukla fliegen und innerhalb von nur sechs Tagen Namche Bazaar und Tengpoche besuchen – wenn weder Verspätungen noch Ähnliches den Plan durchkreuzen.

Lukla ist einzigartig. Ein Team unter der Leitung von Hillary baute den Flugplatz im Jahre 1965. Er sollte in Notfällen zum Transport von Verletzten dienen. Die RNAC baute die Startbahn im Jahre 1977 weiter aus, der 1983 noch ein Kontrollturm hinzugefügt wurde. Heute ist Lukla der Flugplatz mit dem zweithöchsten Verkehrsaufkommen in ganz Nepal. Der Anflug ist nur nach Sicht möglich, denn Instrumente oder irgendwelche Hilfsmittel für die Navigation gibt es hier nicht. Bei Wolken landet daher kein Flugzeug – gelegentlich Tage lang nicht, wenn über einen längeren Zeitraum schlechtes Wetter herrscht.

Die Flugplanung ist kompliziert, da nur 60 % der Trekker, die in der Everest-Region wandern, nach Lukla fliegen, aber 96 % von ihnen zurück nach Kathmandu das Flugzeug wählen. An einem Berghang gelegen, ist die Graslandebahn auf einer Neigung angelegt worden, bei der zwischen dem Anfang und dem Ende ca. 60 m Höhenunterschied bestehen. Dadurch werden langsame Flugzeuge in eine Neigung versetzt, was verhindert, daß sie an den Berggipfeln zerschellen, die sich am östlichen Ende der 450 m langen Landebahn erheben.

RNAC erzwingt in Lukla häufig die Anwendung einer Regelung, die besagt, daß nur Tickets von Passagieren mit bestätigter Reservierung gültig sind. Dann werden „offene" oder „angefragte" Tikkets abgelehnt. Wer plant, ab Lukla zu fliegen, sollte ein Datum wählen, die Reservierung in Kathmandu bestätigen lassen und sich den Flugschein in Kathmandu ausstellen lassen.

Der winzige Flugplatz Shyangboche wird von der einmotorigen Pilatus Porter angeflogen, die fünf bis sechs Personen Platz bietet. Shyangboche liegt oberhalb von Namche Bazaar auf einer Höhe von 3.565 m. Dieser Flugplatz wird von den Gästen des Hotels Everest View sowie für gelegentliche Charterflüge benutzt.

RNAC hat die Flüge für das Hotel Everest View nach Shyangboche vertraglich geregelt. Um einen Platz nach Shyangboche buchen zu können, müssen Sie sich an das Büro von Trans Himalayan Tour und vom Hotel Everest View an der Durbar Marg in Kathmandu (Tel. 22 48 54 und 22 38 71) oder direkt an das Hotel Everest View oberhalb von Khumjung wenden. Ein einfacher Flug kostet 160 US $, ein Hin- und Rückflug 290 US $, wobei das zulässige Höchstgewicht des Gepäcks 5 kg beträgt. Für Übergepäck werden 2 US $ pro kg erhoben.

Von Lukla nach Phaphlu (2.364 m) benötigt man vier Tage und nach Namche Bazaar sechs Tage. Wer einige Tage übrig hat, mag dies für eine realistische Alternative zu den Flügen zur und aus der Everest-Region halten. Der Flugplatz von Phaphlu wurde im Jahre 1986 ausgebaut. Jetzt können auch hier Maschinen vom Typ Twin Otter (19 Passagiere) starten und landen. Nur wenige Touristengruppen nutzen den Flugplatz, so daß man hier eine gute Chance hat, noch in letzter Minute einen Platz in einem Flugzeug zu bekommen.

Der Flugplatz von Lamidanda liegt fünf Tage zu Fuß südlich von Lukla. Er bildet als Start- oder Endpunkt einer Everest-Tour eine kaum bekannte Alternative. Von Lamidanda bestehen Flugverbindungen nach Kathmandu und Biratnagar. Von Biratnagar kann man einen Bus oder ein anderes Flugzeug nach Kathmandu nehmen.

Biratnagar liegt im Terai, südöstlich von Lukla. Über den Knotenpunkt Biratnagar fliegt RNAC mehrere Ziele in Ost-Nepal an. Von hier aus gelangt man nach Lukla, Lamidanda, Tumlingtar, Taplejung und zu anderen Orten in der Region. Da in Biratnagar kein Morgennebel herrscht, sind dort die Flugverbindungen am frühen Morgen regelmäßiger als in Kathmandu. So ist die Verbindung Biratnagar-Lukla häufig zuverlässiger als jene von Kathmandu nach Lukla. Man muß allerdings für diese Zuverlässigkeit auch teuer bezahlen. Es gibt nämlich keine Tickets für durchgehende Flüge über Biratnagar, so daß man für einen Flug nach Kathmandu mit Stop in Biratnagar stolze 143 US $ ausgeben muß. Es besteht allerdings eine Nachtbusverbindung zwischen Biratnagar und Kathmandu, so daß Sie auf diese Weise Geld sparen können, wenn Sie sich für einen Flug über Biratnagar entscheiden.

Flugpreise: Die Flugpreise betragen für einen einfachen Flug:

Kathmandu-Lukla	83 US $
Kathmandu-Phaphlu	77 US $
Biratnagar-Lukla	66 US $
Kathmandu-Biratnagar	77 US $
Kathmandu-Lamidanda	66 US $
Biratnagar-Lamidanda	50 US $
Kathmandu-Shyangboche (Charterflug)	160 US $

Flugverspätungen: RNAC kündigt drei bis vier Flüge täglich nach Lukla an, aber im allgemeinen sind es entweder mehr oder weniger, da Annullierungen, Sonderflüge, Charterflüge und verspätete Flüge zu berücksichtigen sind.

Wenn Flüge annulliert werden, müssen jene, die nach Kathmandu wollen, warten. Bald bildet sich ein Überhang von Passagieren, alle davon überzeugt, daß sie mit der nächsten verfügbaren Maschine starten werden. Die Situation wird häufig grotesk, bietet jedoch Gelegenheit, geduldig zu werden und mit Trekkern aus aller Welt in Kontakt zu kommen, während man gemeinsam wartet. Die Geschichten von der Überfüllung der Everest-Region werden dann tatsächlich wahr. In der Vergangenheit haben manchmal schon 350 oder mehr Menschen hier gewartet – insbesondere Ende Oktober und Anfang November. Das Problem löst sich jedoch im allgemeinen innerhalb einer Woche von selbst. Es ist aber wichtig, sich bei Flügen ab Lukla auf eine längere Verspätung vorzubereiten. Allerdings ist auch möglich, daß die Maschine planmäßig fliegt.

Einige Horrorgeschichten und Witze über Lukla finden Sie im Abschnitt mit der Beschreibung des Treks nach Lamidanda, wie auch einige Vorschläge, um sich für den Fall vorzubereiten, daß man hier festsitzt.

Flüge nach Shyangboche sind teuer, bieten jedoch einen Notausgang aus der Region Khumbu. Die Hotelgäste haben allerdings Vorrang bei den Flügen, so daß es gelegentlich möglich (wenn auch teuer) ist, eine Nacht im Hotel Everest View zu verbringen und damit an die erste Stelle in der Warteliste für Flüge von Shyangboche zu gelangen.

VON JIRI ZUM BASISLAGER DES EVEREST

Dieser zweite Abschnitt einer Tour zum Everest bedeutet eine 21tägige Wanderung von Jiri zum Basislager. Die Wanderung, die ich beschreibe, endet mit dem Rückflug von Lukla nach Kathmandu. Wer nach Lukla fliegt, sollte bei der Beschreibung des 8. Tages beginnen und die erste Nacht in Phakding zubringen. Dann sollten Sie jedoch in Namche Bazaar oder Tengpoche unbedingt einen Tag rasten, um sich zu akklimatisieren. Wenn Sie weiter bis nach Dhankuta wandern, anstelle ab Lukla zurückzufliegen, können Sie eine sehr schöne 32tägige Bergwanderung unternehmen. Die Beschreibung dieser Route befindet sich im Kapitel über Ost-Nepal.

Auf dem Everest-Trek ist ein erschreckendes Maß an Auf- und Abstiegen zu bewältigen. Ein Blick auf die Karte zeigt Ihnen, warum das so ist. Alle Flüsse in diesem Teil des Landes fließen nämlich von den Himalaja-Gletschern aus nach Süden, während die Trekking-Route nach Osten führt. Aus diesem Grund steigt der Weg an einem Bergkamm hoch, der zwei Flüsse teilt, fällt dann zu einem Fluß ab und steigt wieder auf den nächsten Kamm an. Auch wenn die Tour auf einer Höhe von 1.860 m beginnt, wird der Dudh Kosi am sechsten Tag auf nur 1.500 m Höhe überquert – und dies nach langen Strecken des Wanderns bergauf. Wer die Gesamtlänge der Steigungen zusammenzählt, wird für die Strecke von Jiri bis zum Basislager des Everest auf ca. 9.000 m kommen. Die Straße nach Jiri bedeutet übrigens im Vergleich zum alten Weg von Lamosangu aus eine Ersparnis von ca. 4.000 m Weg bergauf.

DIE STRASSE NACH JIRI

Mit einem Bus benötigt man einen vollen Tag, um die 188 km von Kathmandu nach Jiri zurückzulegen. Der Bau von Straßen ist seit der ersten Everest-Expedition in Nepal charakteristisch für diese Route. Im Jahre 1953 war die britische Everest-Expedition von Bhadgaon im Kathmandu-Tal aus aufgebrochen. Im Jahre 1963 konnte die amerikanische Everest-Expedition sich von Banepa auf den Weg machen und sparte so einen Tag ein. Die von den Chinesen erbaute Straße nach Kodari ermöglichte es, den Trek seit dem Jahre 1967 in Dolalghat und seit dem Jahre 1970 in Lamosangu zu beginnen. Die Straße nach Jiri erreichte Kirantichhap im Jahre 1980, und im Jahre 1984 wurde es schließlich möglich, ganz bis nach Jiri zu fahren. Es ist im Gespräch, die Straße noch weiter auszubauen, vielleicht bis nach Phaphlu oder sogar nach Namche Bazaar, aber dies ist z. Z. nur ein

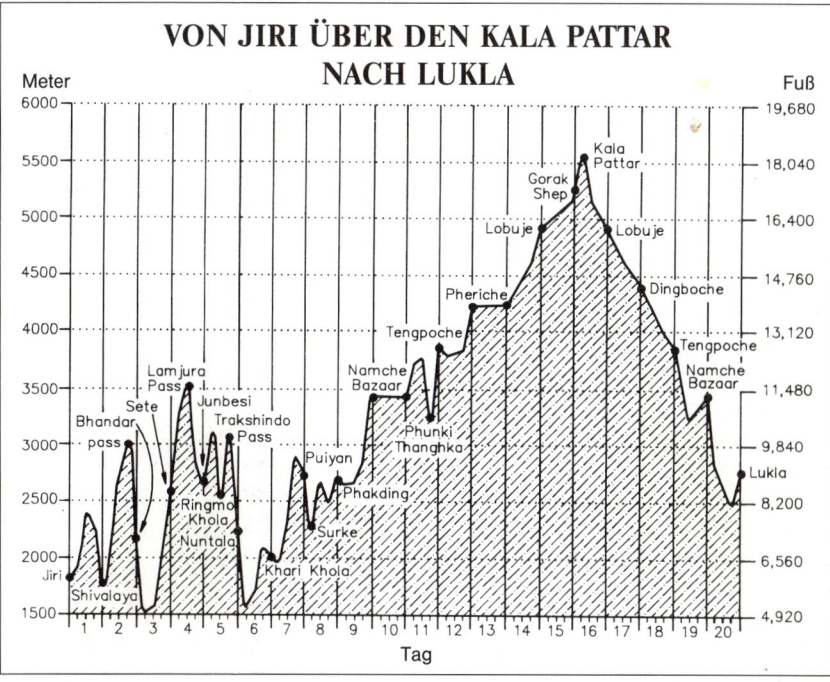

VON JIRI ÜBER DEN KALA PATTAR NACH LUKLA

Meter / Fuß

Tag

Traum, für dessen Realisierung noch keine konkreten Pläne existieren.

Erbaut wurde die Straße nach Jiri von der Swiss Association for Technical Assistance (SATA) im Rahmen eines integrierten Entwicklungsprojektes für die Berge, eines umfassenden Programms zur Entwicklung der Landwirtschaft in dieser Region. Beim Bau der Straße wurden vorwiegend Arbeiter anstelle von Maschinen eingesetzt. Dies sollte sich durch die Beschäftigung von Hunderten von Einheimischen positiv auf die wirtschaftliche Lage auswirken. Eine direkte Folge dieser Form des Straßenbaus sind gestiegene Löhne für Träger und eine Knappheit an Trägern.

1. TAG: VON KATHMANDU NACH JIRI

Der erste Teil der Fahrt führt über den Arniko Rajmarg, die Landstraße nach Kodari, die China mit Nepal verbindet. Sie folgt der chinesischen O-Bus-Linie bis nach Bhaktapur, dann an den rauchenden Ziegelfabriken vorbei, verläßt schließlich das Kathmandu-Tal und läßt die alten Newar-Städte Banepa und Dhulikhel hinter sich.

Bei klarem Wetter hat man hinter Dhulikhel einen ausgezeichneten Panorama-Blick auf den östlichen Himalaja, den Langtang Lirung, den Dorje Lakpa und den Manaslu.

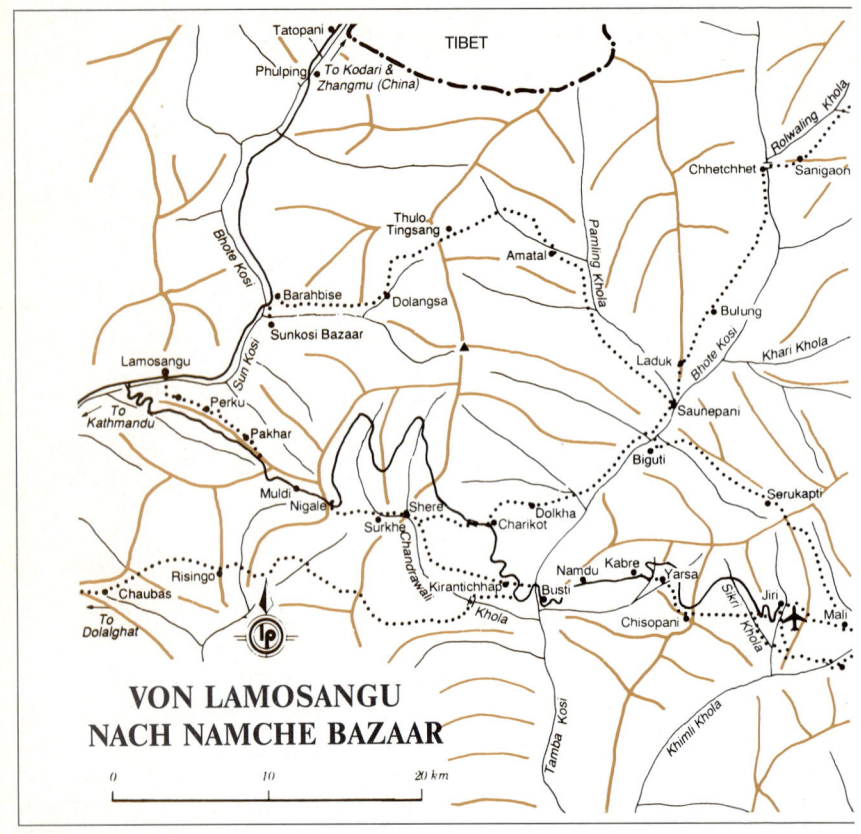

VON LAMOSANGU
NACH NAMCHE BAZAAR

Die Straße führt hinab nach Panchkal, dem Ausgangspunkt für die Trekking-Tour nach Helambu, und folgt dann dem Ufer des Indrawati, bis dieser in Dolalghat mit dem Sun Kosi zusammenfließt. Hier überquert man 57 km von Kathmandu entfernt eine große Brücke. Der Sun Kosi (Goldfluß) ist einer der größten Flüsse Nepals. Es besteht die Möglichkeit, eine einwöchige Floßfahrt von Dolalghat den ganzen Weg bis zum Terai zu unternehmen.

Die Straße führt hinter Dolalghat über einen Bergkamm und folgt dann dem Sun Kosi in Richtung Norden nach Lamosangu, einem geschäftigen Marktort ca. 50 km südlich der tibetischen Grenze.

In der Nähe von Lamosangu wurde mit chinesischer Hilfe ein Wasserkraftwerk errichtet.

In Lamosangu überqueren die Busse den Sun Kosi, gelangen auf die von Schweizern erbaute Straße und nehmen den Weg bis zur Spitze des 2.500 m

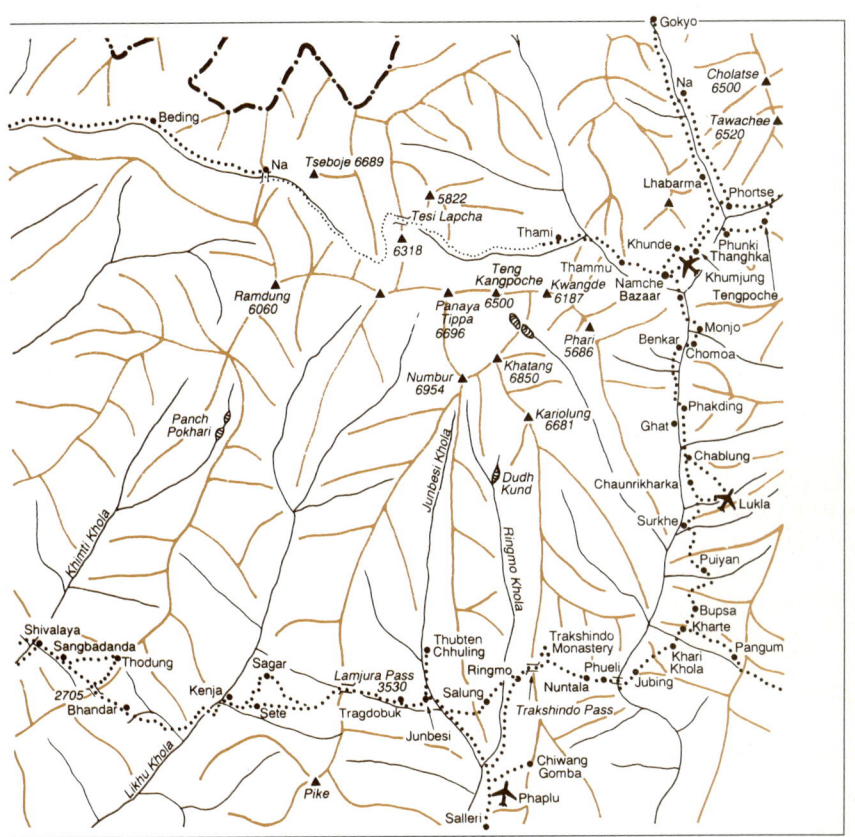

hohen Bergkammes, der die Wasserscheide zwischen dem Sun Kosi im Westen und dem Tamba Kosi im Osten bildet. Die Einwohner der Dörfer in dieser Region sind sowohl hinsichtlich ihrer ethnischen Abstammung als auch hinsichtlich ihrer Kastenzugehörigkeit verschiedenen Bevölkerungsgruppen zuzurechnen. Den größten Anteil haben die Chhetri und die Brahmanen, die das Nepali als erste Sprache sprechen, sowie die Tamang.

Hier beginnt eine neue Reihe von Kilometersteinen. Die Brücke liegt am km 0, Jiri bei km 110. Nach einigen anfänglichen Steigungen und Gefällstrecken führt die Straße aus dem Sun Kosi-Tal hinaus, biegt dann ostwärts ab und verläuft eine Schlucht hoch bis zum ersten Bergkamm. Die erste große Siedlung an der Straße ist Pakhar (1.980 m). Hierbei handelt es sich um ein vorwiegend von Tamang bewohntes Dorf, das auch ein schweizer Fahrzeugdepot und eine

Straßenmeisterei beherbergt. In Nepal gibt es nur geringe Erzvorkommen, aber in der Umgebung von Pakhar finden sich wirtschaftlich bedeutende Mengen an Magnesit, einem Mineral, das bei der Herstellung von Schamotte verwendet wird. Die Nepal Orind Magnesite Corporation unterhält hier eine Mine und plant den Export von Magnesit nach Indien und anderen Ländern über ein Förderband, das von hier bis Lamosangu verlaufen soll. Hinter Pakhar steigt die Straße auf dem Bergkamm entlang bis zum Paß. Die Busfahrer halten oft in Muldi (3.540 m), um hier zum Tee oder Mittagessen in einem der *Bhattis* einzukehren.

Nach der Überquerung des Passes auf 2.440 m Höhe macht die Straße eine großen Bogen um den Anfang des Tals, um bei km 53 schließlich Charikot an der Abzweigung der Straße nach Dolkha zu erreichen. Dolkha ist ein großer Marktflecken mit einem vielfältigen Angebot und liegt einige Kilometer weiter nördlich. Hier beginnen die Wanderungen nach Rolwaling. Im Ort gibt es mehrere Hotels. Es lohnt sich vielleicht, hier eine Kleinigkeit zu essen, wenn die Wartezeiten besonders lang werden, weil die Polizei die Trekking-Genehmigungen kontrolliert und Angaben über alle ankommenden und abfahrenden Fahrzeuge sowie Ausländer aufschreibt. Auch wenn die Busse aufgrund von Pannen, Straßenproblemen oder der Bürokratie häufig Verspätung haben, muß man nur selten eine Nacht in einem Hotel an der Straße verbringen. Die Busse fahren auch nachts wei-

ter, wie spät es auch sein mag. Die Leitung des schweizer Projektes hat übrigens eine Broschüre mit dem Titel *Dolkha* herausgegeben, in der mehrere kurze Wanderungen und Ausflüge in die Umgebung von Charikot beschrieben sind.

Von Charikot führt die Straße bergab durch eine dicht besiedelte Region nach Kirantichhap auf 1.300 m Höhe, 64 km von Lamosangu entfernt, und von dort aus in Serpentinen hinab ins Tal des Tamba Kosi. Das ist ein fruchtbares Gebiet, in dem ein großer Teil des Landes in Terrassen für den bewässerten Reisanbau genutzt wird. Vor allem Brahmanen und Chhetri siedeln in dieser Region, aber hier leben auch Tamang und einige Newar. Nachdem man auf einer großen Stahlbrücke in 800 m Höhe den Fluß überquert hat, gelangt man nach einem steilen Anstieg nach Namdu. Alles, was Sie von der Straße aus von Namdu sehen können, ist die große Schule. Namdu und sein Nachbardorf Kabre sind groß und weitläufig. Wiederaufforstungen und landwirtschaftliche Projekte, die zum schweizer Entwicklungsplan gehören, werden in beiden Dörfern durchgeführt.

Der Weg zieht sich dann hinter Namdu weiter bergauf und an Mina Pokhari vorbei, einer der Stationen des Straßenbauprojektes. Hierbei handelt es sich um ein gutes Beispiel für das Phänomen, das sich beim Bau einer Straße zeigt. Bevor die SATA die Straße konzipierte, existierte Mina Pokhari kaum. Als aber mehrere Jahre lang die Straße hier endete, entwickelte sich Mina Pokhari zu einer plötzlich expandierenden Stadt. Als die Straße später Jiri erreichte, verlor Mina Pokhari wieder seine Bedeutung. Viele Dörfer haben solch einen Aufstieg und Fall erlebt – Dumre an der Straße nach Pokhara, Betrawati an der Straße nach Langtang sowie Pakhar und Kirantichhap an der Straße nach Jiri.

Die Straße erreicht schließlich die Spitze eines bewaldeten Bergkammes auf 2.500 m Höhe. Sie bleibt auf dieser Höhe und umrundet weiter im Wald bleibend den Anfang eines Tals oberhalb des Dorfes Thulo Chaur. Dann geht es bergab den Bergkamm oberhalb von Jiri entlang. Hier liegt Jiri Bazaar (2.100 m), wo es einige Hotels gibt und wöchentlich ein Samstagsmarkt stattfindet. Nach einem kurzen Stück bergab gelangt man zum eigentlichen Dorf Jiri (1.860 m) und damit bei einer Gruppe von Hotels unweit des schweizer Molkerei- und Landwirtschaftsprojektes zum Ende der Straße. Die Einwohner von Jiri und Umgebung sind Jirel, eine Untergruppe der Sunwar, deren Sprache mit der der Sherpa verwandt ist.

Bei der Planung der ersten Tage Ihrer Wanderung haben Sie mehrere Möglichkeiten zur Wahl. Wenn Sie dem in diesem Buch angegebenen Zeitplan folgen, können Sie am ersten Tag bis nach Thodung oder Bhandar – ein langer harter Tag – und am zweiten Tag bis nach Sete wandern. Wer mit Trägern unterwegs oder nicht gut in Form ist, hat allerdings vielleicht Schwierigkeiten, am ersten Tag Bhandar zu erreichen. Möglicherweise müssen Sie dann die erste Nacht in Shivalaya und die zweite in Bhandar verbringen. Was auch immer Sie planen, Sie sollten entweder in Sete oder in Sagar übernachten, um den langen Aufstieg zum Lamjura-Paß in zwei Etappen aufteilen zu können. Der Höhenunterschied vom Fluß bis zum Paß beträgt ca. 2.000 m – ein recht schwieriger Aufstieg, wenn man ihn in einem Tag zurücklegen will und nicht über eine schon außergewöhnlich gute Kondition verfügt.

2. TAG: VON JIRI NACH BHANDAR

Der Weg beginnt am Ende der Hauptstraße von Jiri. Er verläuft an einigen Häusern vorbei bergauf und biegt dann nach rechts und schräg zur Spitze des Bergkammes ab. Der erste Teil der Wanderung führt durch tiefen Wald, dann durch Felder, vorbei an den winzigen Siedlungen Bharkur und Ratmati und schließlich durch Weiden, wenn er sich dem Bergkamm nähert. In Chitre, kurz unterhalb des Kammes, gibt es ein *Bhatti*. Wenn man den höchsten Punkt überquert hat, beginnt der Pfad hinunter zum Tal des Khimti Khola abzufallen. Von Mali, einer dünn besiedelten Sherpa-Siedlung in 2240 m Höhe, führt der Weg an einen Bach hinab, den man auf einer kleinen Holzbrücke überquert, ins Haupttal. Hier gelangt man über eine Hängebrücke nach Shivalaya, einem kleinen Marktflecken und Polizeiposten auf 1.750 m Höhe. Verpflegung und Unterkunft sind hier mittelmäßig. Der Ort liegt noch so nahe bei Jiri, daß hier nur wenige Wanderer übernachten. Wenn man trotzdem in diesem Ort bleibt, kann man nachts vielleicht das Heulen der Schakale hören, die in den nahegelegenen Bergen leben.

Der alte Weg führt über Those (Maksin) und bietet eine Alternative zu der neueren, direkten Route. Um von Jiri nach Those zu gelangen, können Sie einem Pfad flußabwärts an der Ostseite des Jiri Khola folgen. Er führt bergauf, erst ein wenig in den Wald hinein, und fällt dann ab, um auf den alten Weg von Lamosangu zu treffen. Die Route führt weiter bergab zum Khimti Khola, vorbei an Kattike, und folgt dann dem Fluß stromaufwärts nach Those auf 1.750 m Höhe. Ein guter Campingplatz befindet sich direkt hinter der Hängebrücke aus Eisen, die sich über den Khimti Khola spannt. Im Dorf selbst gibt es auch mehrere Hotels. Hüten Sie sich jedoch davor, in einem dieser Quartiere ein Zimmer im zweiten Stock über der Küche zu nehmen.

Those ist ein hübscher Marktflecken mit Kopfsteinpflaster und weiß gekalkten Häusern. Einst der größte Markt am Weg von Lamosangu nach Namche Bazaar, hat sich die Bedeutung des Ortes erheblich verringert, seit die Straße nach Jiri fertiggestellt wurde. Viele der Geschäftsleute der Newar haben seitdem ihre Läden geschlossen oder ihre Hotels aufgegeben. Hier kann man übrigens verschiedene Gegenstände kaufen, die aus dem in der Nähe vorhandenen Erz mit geringem Eisengehalt gefertigt werden. Lampen in der Form eines Hahns sind ein typisches Erzeugnis.

Von Those führt der Pfad flußaufwärts nach Shivalaya, wo er auf die Straße trifft, die von Jiri kommt.

Von Shivalaya verläuft der Weg über einen Bach und vorbei an einigen Häusern, um dann steil zum nächsten Paß anzusteigen. Es ist ein 350 m langer Aufstieg bis zur Schule in Sangbadanda (2.150 m), wo es auch ein kleines *Bhatti* gibt. Mehrere Hotels bieten zwischen dem Ort und dem Paß Unterkunft, und weitere finden Sie am Paß selbst. An diesem Teil der Route sieht man die ersten Mauern mit Mani-Steinen am Weg. Das sind Steine, die mit der Inschrift „Om Mani Padme Hum", einem Gebet aus dem tibetischen Buddhismus, versehen wurden. Im allgemeinen wird das mit den Worten „Jubel dem Juwel im Lotos" übersetzt, jedoch ist die eigentliche Bedeutung weit komplexer und mysteriöser. Sie sollten wie die Buddhisten links an den Mauern vorbeigehen.

Wenn man Sangbadanda verläßt, führt der Pfad weniger steil an mehreren abgelegenen, jedoch großen und von Wohlstand zeugenden Häusern vorbei. Gleich oberhalb eines Hauses mit blauen Fenstern wurde eine Mani-Mauer errichtet, die an der Südseite einige einzigartige und gut erhaltene Steine umfaßt. Einer von ihnen wurde in dem Buch *Everest, the West Ridge* abgebildet. Um ihn zu finden, werfen Sie, wenn Sie nach links abgebogen sind, am besten einen kurzen Blick auf jede Mauer. Einen Tee-Laden findet man in Kosaribas (2.500 m). Danach verläuft der Pfad relativ eben und fällt sogar ein wenig ab,

wenn er zum Anfang der Schlucht gelangt.

Nachdem man einen Bach auf einer
Holzbrücke überquert hat, geht es steil
hinab durch einen Wald zu einem anderen Tee-Laden, dann über einen weiteren Bach – diesmal auf zwei Brettern –
und schließlich hoch zu einem Wald
mit Quittenbäumen. Auf dem Paß in
2.705 m Höhe sieht man eine eindrucksvolle Gruppe langer Mani-Mauern, die
darauf hinweisen, daß der Weg nun in
ein Gebiet führt, das von der tibetischen Kultur beherrscht wird. Hier hat
man einen ausgezeichneten Blick auf
das Tal des Likhul Khola und Bhandar
(Chyangma), eine große Sherpa-Siedlung, die weit unten in einem Tal liegt.
Sie haben die Möglichkeit, einen Abstecher nach Thodung zu unternehmen,
indem Sie vom Paß aus entweder in
nördliche Richtung 1¹/₄ Stunde bergauf wandern oder vom Hauptpfad aus
direkt hinter Sangbadanda die Abzweigung nehmen. In Thodung (3.090 m)
wurde von den Schweizern in den fünfziger Jahren die erste Käsefabrik Nepals errichtet. Heute wird sie von der
Nepal Dairy Development Corporation
betrieben. Die Belohnung für den langen, harten Aufstieg ist ein Fest mit Käse, Joghurt und Yak- (eigentlich Nak-)
Milch. Käse ist hier das ganze Jahr über
erhältlich, während andere, frische Molkereiprodukte nur im Herbst angeboten werden. Von Thodung aus können
Sie den Kamm hinunterwandern, bis
Sie auf den Hauptpfad an der Spitze des
Passes treffen, und dann weiter bis nach
Bhandar bergab gehen. Gutes Essen

und eine ganz ordentliche Unterkunft
sind in Thodung erhältlich, allerdings
nur, wenn man den Mut hat, den Ge-
schäftsführer in Gegenwart von mehreren riesigen tibetischen Doggen zu suchen.

Gleich hinter dem Paß kommt man zu
einem wichtigen Wegekreuz. Nach ein
oder zwei Minuten müssen Sie den
Pfad nach links nehmen, um nach
Bhandar zu gelangen. Wenn man immer geradeaus geht, bleibt man oben
auf dem Bergkamm und erreicht das
Dorf Roshi. Dieser Pfad führt zur Region Solu und überquert den Paß im Süden des Lamjura. Allerdings nehmen
nur wenige Ausländer diesen Weg.

Nach einem anfänglichen steilen Abstieg über Steintreppen erreicht der
Pfad die Außenbezirke des großen Dorfes Bhandar und führt langsam hinab
durch die Felder und Wiesen zu einem
Gompa und zwei eindrucksvollen *Chorten* auf 2.200 m Höhe. Bei einem *Chorten* handelt es sich wortwörtlich um einen Behälter für Opfergaben, der häufig
Reliquien enthält. Jedes seiner Elemente hat symbolische Bedeutung. Die qua-
dratische oder rechteckige Grundfläche
steht für die feste Erde. Auf der Grundfläche steht eine halbrunde Kuppel, die
das Wasser symbolisiert. Und auf der
Kuppel erhebt sich ein rechteckiger
Turm. Seine vier Seiten sind jeweils mit
einem Paar Augen bemalt, den alles se-
henden Augen von Buddha. Was als die
Nase erscheint, ist in Wirklichkeit das
Sanskrit-Zeichen für die Zahl eins, mit
der auf die Absolutheit von Buddha
hingewiesen wird. Über dem rechtecki-

gen Turm ist eine konische oder pyramidenförmige Turmspitze zu sehen, die für das Feuer steht und 13 stufenartige Teile aufweist. Sie symbolisieren die 13 Stufen, die dazu führen, ein Buddha zu werden. An der Spitze der 13 Stufen sind eine Verzierung, die wie ein Halbmond aussieht und die Luft symbolisiert, sowie eine vertikale Spitze angebracht, das Zeichen für den Äther oder das geheiligte Licht von Buddha. Die beiden *Chorten* in Bhandar werden häufig neu bemalt und sind gut erhalten. Der eine weist eine pyramidenförmige Turmspitze auf, der andere eine kreisförmige. Ein großer *Chorten* heißt übrigens *Stupa*. Stupas finden Sie in Bodhnath und Swayambhunath bei Kathmandu.

Unterhalb des *Gompa* befinden sich einige Hotels, während man einen ausgezeichneten Platz zum Zelten auf einer großen Weide ca. 15 Minuten Fußweg unterhalb des Dorfes findet. Mehrere Hotels stehen um den Dorfplatz von Bhandar herum, einige andere gleich unterhalb. Hier erlebt man auch eine Überraschung: Zum Hotel Shobha gehört auch eine Werkstatt für Radioreparaturen. Machen Sie bei Bedarf am Medical Hall Health Centre halt, um sich in letzter Minute mit noch fehlenden Medikamenten usw. zu versorgen.

3. TAG: VON BHANDAR NACH SAGAR

Von den Hotels in Bhandar führt der Pfad hinab zu den niedriger gelegenen Feldern des Dorfes und folgt zunächst einem kleinen Bach, den man dann auf einer überdachten Holzbrücke überquert. Nun geht es weiter bergab durch dichten Wald. Wenn man den Wald verläßt, fällt der Weg in eine steile Schlucht ab, vorbei an der Siedlung Baranda, um dann schließlich auf den bekannten Bach zu treffen, den man auf einer anderen überdachten Brücke bei Tharo Khola überquert. Hier befindet sich ein Hotel, aber essen kann man auch in Kenja, $1^{1}/_{2}$ Stunden entfernt. Der Pfad führt nun nach Norden, folgt dem Likhu Khola und überquert den Fluß auf einer Hängebrücke in 1.510 m Höhe. Die Brücke ersetzte eine alte Kettenbrücke, die unter 12 Trägern und ihren Lasten zusammenbrach, als die Ausrüstung und Verpflegung für die amerikanische Everest-Expedition im Jahre 1963 hinübertragen wollten. Überreste der alten Brücke kann man unmittelbar unterhalb der hohen Hängebrücke sehen.

Wenn Sie dem Pfad am Ostufer hoch nach Kenja folgen, können Sie die grauen Languren in den Wäldern sehen. Der Weg bleibt am Ostufer des Flusses, führt über eine Vorsprung sowie durch die Ansiedlungen Namang Gaon und schließlich über eine kleine Hängebrücke bei Kenja (1.580 m), einem kleinen Dorf, das von Newar und Magar bewohnt wird. Als ich im Jahre 1969 das erste Mal nach Kenja kam, war das nur ein einziger, schmuddeliger Laden. Heute finden Sie hier mehr als 15 Geschäfte, Restaurants und Hotels, geführt von Sherpa, die aus dem Dorf Kyama, einige Kilometer weiter nördlich, hierhergezogen sind. Das große

Sherpa Guest House bietet für mehr als 40 Personen Unterkunft. Sonntags wird in diesem Ort ein Markt abgehalten. Eine Spezialität in Kenja sind die an Ort und Stelle ausgeführten Näharbeiten, die entweder mit der Hand oder auf handbetriebenen Nähmaschinen erledigt werden.

Wenn man Kenja verläßt, steigt der Weg zum Beginn des hohen Lamjura-Bergkammes an. Der erste Teil des Aufstiegs ist sehr steil, aber dann wird es, wenn man mehr Höhe gewinnt, weniger anstrengend. Nach ca. 2 Stunden bergauf erreicht man ein großes Haus. Es handelt sich nicht um ein Hotel, aber Essen und Unterkunft sind dort gelegentlich dennoch erhältlich. Hier gibt es auch Wasser.

Das Haus steht an einem Wegekreuz. Die Abzweigung nach links bringt Sie nach Norden und den Berg hinauf nach Sagar (Chandra) auf 2.440 m Höhe, einem großen Sherpa-Dorf mit zweistökkigen Steinhäusern und einem alten *Gompa*. Es ist möglich, auf dem Hof der Schule zu zelten, einer Einrichtung des Himalayan Trust (unter dem Vorsitz von Sir Edmund Hillary). In Sagar gibt es keine richtigen Hotels, da es sich jedoch um ein Sherpa-Dorf handelt, nehmen viele Einwohner Gäste in ihrem Haus auf. Die Route verläuft nun ausschließlich im Siedlungsgebiet der Sherpa. Mit nur einer Ausnahme sind alle verbleibenden Dörfer bis hin nach Namche Bazaar von Sherpa bewohnt. Wer auf eigene Faust unterwegs ist, sollte die Abzweigung nach rechts nehmen. Dieser Weg führt nach Sete (2.575 m),

einer kleinen ehemaligen Klosteranlage mit drei ebenfalls kleinen Hotels und einem neuen Platz zum Zelten. Insbesondere während des Frühlings herrscht in Sete allerdings Wasserknappheit.

4. TAG: VON SAGAR NACH JUNBESI

Von Sagar oder Sete aus ist es ein langer, aber relativ allmählicher Aufstieg bis zum 3.530 m hoch gelegenen Lamjura-Paß, auch wenn gelegentlich steile Steigungen vorkommen. Die Landschaft ist malerisch und vielfältig. Hier befindet man sich in einem der wenigen Teilabschnitte der Wanderung, in dem es keine Dörfer gibt. Man geht durch schönen, feuchten Bergwald mit riesigen, knorrigen und moosbedeckten Rhododendren, Magnolien sowie Ahorn- und Birkenwäldern. Hier liegt häufig Schnee auf dem Weg, und zudem ist es morgens für die Jahreszeit ungewöhnlich frostig. Sehr selten blockiert Schnee den Paß für einige Tage, aber im allgemeinen ist die Überquerung problemlos.

Im Frühling erwacht der Bergkamm mit dem blühenden Rhododendron zu neuem Leben, wenn weiße, rosarote und rote Blüten den gesamten Berghang bedecken. Die Blütezeit verläuft in einem einige hundert Meter breiten Band, das sich mit zunehmendem Frühlingswetter nach oben schiebt. Die ersten Blüten sind in den niedrigeren Lagen Mitte Februar zu sehen und schließlich Mitte bis Ende April oben am Paß. Diese Tage sind auch für Vogelliebhaber sehr interessant, denn in Nepal sind mehr als 800 Vogelarten beheimatet, von denen zahlreiche der farbenprächtigsten in dieser Region zu sehen sind. Dazu gehören Fliegenfänger, Meisen, Spottdrosseln und viele andere.

Der Pfad von Sagar stößt bei einer kleinen Siedlung mit drei Häusern und zwei kleinen Teichen auf jenen von Sete. Der Kiefernwald geht nun in Rhododendron über. Es geht weiter bergauf bis nach Goyem, einem Ort mit fünf Hotels auf 3.300 m Höhe. Auch wenn Goyem nur zwei Stunden von Sagar oder Sete entfernt liegt, ist es besser, hier einen Stop zum Mittagessen einzulegen, da das nächste Hotel, das in Frage käme, sich in Tragdobuk, d. h. in wenigstens 3 Stunden Entfernung, befindet. Auf der anderen Seite des Passes gibt es allerdings noch ein kleines *Bhatti*, und zwar ca. 30 Minuten unterhalb des Passes. Der Pfad führt steil den Bergkamm hoch und erreicht schließlich eine Mani-Mauer. Hier verläßt er den Kamm und zieht sich – häufig schlammig oder von Eis oder Schnee bedeckt – bis zum Paß.

Tief im Wald mit großen Silberbirken kommt man an drei *Kharkas* vorbei, die jeweils aus einem oder zwei *Goths* und einer Mani-Mauer bestehen. Die Hirten nutzen sie im Frühling und im Sommer, lassen sie jedoch von Oktober bis Juni leerstehen. Die Häuser haben allerdings keine Dächer, so daß sie nicht als Wetterschutz verwendet werden können. Überquert man den Paß mittags oder am frühen Nachmittag, ist es hier möglicherweise wolkig, kalt und windig. Der Paß läßt keinen Blick auf Gipfel des Himalaja zu, auch wenn man Schimmer der schneebedeckten Bergspitzen auf dem Weg nach oben erkennen kann. Wer am frühen Morgen aufgebrochen ist, wird zweifelsohne sehen, wie Flugzeuge den Paß auf dem Weg nach Lukla überqueren. Sie fliegen dabei so dicht über dem Kamm, daß man ihre Räder fast mit der Hand berühren kann.

Der Paß ist der höchste Punkt auf der Route zwischen Jiri und Namche Bazaar. Er wird von einem Gewirr von Steinen, Zweigen und Gebetsfahnen markiert, die von frommen Wanderern aufgestellt wurden. Auf der Ostseite des Passes fällt der Weg auf ca. 400 m durch duftenden Tannen- und Schierlingswälder bis zu einem Bach und einem kleinen Hotel steil ab. Der Pfad führt dann durch offenes Grasland und allmählich abwärts durch Felder und Weiden, auf denen Pferde grasen, bis zu der kleinen Ansiedlung Tragdobuk (2.860 m). Hier bieten Hotels Unterkunft. Sie sind jedoch im allgemeinen samstags geschlossen, wenn die Besitzer zum Markt in Salleri, ca. drei Stunden zu Fuß weiter südlich, gehen. Der Pfad steigt von Tragdobuk auf einem riesigen Felsen am Eingang des Tals an und weiter über den Bergkamm zu einem Aussichtspunkt, von dem aus man einen guten Blick über Junbesi (Jun) hat, ein phantastisches Sherpa-Dorf inmitten schöner Umgebung auf 2.675 m Höhe. Der Numbur (6.959 m), der in der Sprache der Sherpa Shorong Yul Lha (Gott des Solu) heißt, thront über einem großen, grünen Tal oberhalb von Junbesi.

Dieses Dorf ist am nördlichen Ende der Sherpa-Region unter dem Namen Solu (Shorong) bekannt. Im allgemeinen sind die Sherpa von Solu wirtschaftlich besser gestellt als ihre Verwandten in Khumbu, da das fruchtbare Tal tiefer liegt und deshalb eine große Bandbreite an Pflanzen angebaut werden kann. In den letzten Jahren hat die Anstellung bei Expeditionen und Trekking-Touren erheblich zur Verbesserung der Situation der Sherpa in Solu und Khumbu beigetragen.

Kurz unterhalb des Bergkammes steht an einem Wegekreuz ein Schild, auf dem übersetzt folgendes steht:

„Das große Gebäude vor Ihnen ist ein Kloster mit dem Namen Serlo. Alle sind herzlich willkommen einzutreten. Wir sprechen etwas Englisch und können Ihnen (echten!) Fruchtsaft anbieten. Möglicherweise finden Sie daran Gefallen, die Statuen zu betrachten und einige Fotos aufzunehmen, oder haben einige Fragen, über die Dinge, die wir hier tun. Verpflegung und Unterkunft sind ebenfalls erhältlich."

Wer das Kloster nicht besuchen möchte, sollte auf dem Hauptpfad bleiben und dann langsam nach Junbesi hinabsteigen. Dabei sollte man auf der linken Seite eines riesigen Mani-Steines bleiben und das Dorf in der Nähe eines kleinen Hotels betreten. Es gibt eine Fülle von Hotels in Junbesi, so daß es sich lohnt, ein wenig herumzufragen, bevor Sie ein Zimmer mieten. Mehrere Unterkünfte bieten sogar heiße Duschen und andere Annehmlichkeiten. Trekking-Gruppen zelten in allgemeinen auf dem Platz unterhalb des Dorfes am Ufer des Flusses, da der Direktor das Zelten auf dem Schulhof nicht gestattet. Die Schule von Junbesi gehört übrigens zu den größten und aktivsten der Hillary-Schulen.

Die Region in der Nähe von Junbesi lohnt wirklich eine genauere Erkundung. Ein Tag, den man hier verbringt, bietet viele Alternativen. Nördlich von Junbesi, ca. zwei Stunden entfernt, liegt das Dorf Phugmochhe (3.100 m), wo sich ein Zentrum für traditionelle Kunst befindet. Auf dem Weg nach Phugmochhe ermöglicht ein kurzer Umweg den Besuch von Thubten Chhuling, eines riesigen Klosters des tibetischen Buddhismus. Das ist etwa $1^{1}/_{2}$ Stunden von Junbesi entfernt.

Der Weg nach Thubten Chhuling beginnt vor dem *Gompa* von Junbesi und folgt dem Junbesi Khola zunächst flußaufwärts, dann über eine Brücke, um schließlich zum Kloster auf 3.000 m Höhe anzusteigen. Der zentrale *Gompa* ist groß und eindrucksvoll. Häufig singen hier mehr als 450 Mönche drinnen wie draußen. Hier wird von jedem Besucher, seien es Ausländer oder Sherpa, eine Gabe erwartet. Allerdings gibt es im Kloster weder Unterkunft noch Verpflegung. Am Berghang liegen die kleinen Zellen, in denen die Mönche und Nonnen leben. Bei denen sind Sie möglicherweise nicht willkommen, da sie an ausgedehnten Meditationen teilnehmen. Das Kloster wurde Ende der sechziger Jahre von Tushi Rimpoche gegründet, der mit zahlreichen Mönchen des Klosters Rongbuk aus Tibet nach Nepal kam. Insgesamt ist das hier eine große, aktive und eindrucksvolle religiöse Gemeinschaft.

Um wieder auf den Hauptweg zu gelangen, ohne zurück nach Junbesi zu gehen, können Sie einem Yak-Pfad folgen, der von Thubten Chhuling zum Lapcha La (3.475 m) führt, einem Paß, der durch einen großen *Chorten* und zahlreiche Gebetsfahnen gekennzeichnet ist. Die Schneider-Karte enthält diesen Pfad nicht, während in ihr Thubten Chhuling als Mopung eingezeichnet ist. Der Weg ist steil, ermüdend und verwirrend, so daß fast schon ein Führer notwendig ist. Vom Kloster geht es weiter bergauf über einen Bach und steil zum Bergkamm hoch. Wenn man sich diesem nähert, beginnt ein Gewirr von Pfaden, Sie sollten sich jedoch im allgemeinen in Richtung Südosten und bergauf halten. Vom Lapcha La führt ein Hirtenpfad steil zum Ringmo Khola hinunter, der an den Höfen und Feldern von mehreren Häusern vorbeiführt. Man benötigt ca. 3 Stunden, um von Thubten Chhuling nach Ringmo zu gelangen.

5. TAG: VON JUNBESI NACH NUNTALA

Unterhalb von Junbesi überquert man den Junbesi Khola auf einer Holzbrücke in 2.640 m Höhe. Gleich hinter der Brücke kommt man zu einem Wegekreuz. Der rechte Pfad führt nach Phaphlu hinunter, wo es ein vom Himalayan Trust betriebenes Krankenhaus

sowie eine Start- und Landebahn für kleine Flugzeuge gibt. Südlich von Phaphlu ist Salleri gelegen, das Verwaltungszentrum des Bezirks Solu Khumbu. Die Route nach Khumbu führt über den linken Pfad bergauf. Nachdem man auf den Bergkamm auf ca. 3.080 m Höhe gewandert ist, hat man einen ausgezeichneten Blick auf den Everest, den Chamlang (7.317 m) und den Makalu (8.463 m). Dies ist der erste Blick auf den Everest, bei dem der Gipfel von seinen Nachbarn in den Schatten gestellt zu werden scheint. Der Weg zieht sich weiter nach Norden, durch Salung (2.980 m), wo es einige Hotels gibt, bis zum Ringmo Khola auf 2.650 m Höhe. Der Fluß bietet eine der letzten Möglichkeiten, Kleidung zu waschen und zu baden, denn der nächste Fluß, der Dudh Kosi, ist selbst für die Entschlossensten zu kalt.

Vom Ringmo Khola bringt Sie der Weg hinunter nach Ringmo, wo Dorje Passang, ein einfallsreicher (und sehr geduldiger) Sherpa, erfolgreich einen großen Obstgarten mit Apfel-, Pfirsich- und Aprikosenbäumen angelegt hat. Die Ernte ist so reich geworden, daß viele Früchte zu verschiedenen Erzeugnissen weiterverarbeitet werden – darunter zu ausgezeichnetem Apfel-Rakshi, zu Apfel-Cidre, zu getrockneten Äpfeln und sogar zu Apfel-Pickles. Das alles ist zu vernünftigen Preisen im Apple House erhältlich. Bei Ringmo trifft der Pfad auf die „Straße" von Okhaldunga nach Namche Bazaar, die mit der Unterstützung von mehreren Hilfsorganisationen in den Jahren 1980 bis 1984 wieder aufgebaut wurde. Von hier nach Namche haben einheimische Arbeiter den Pfad erweitert und geebnet sowie viele Brücken repariert. Die Hilfsorganisationen haben für die Arbeit in Nahrungsmitteln und nicht in bar bezahlt. Das Ergebnis wird wahrscheinlich nie eine befahrbare Straße sein, aber man kann nun mit Freunden auf dem breiten Weg nebeneinander gehen. Zudem werden viele steile Auf- und Abstiege vermieden, die die alte Route charakterisiert hatten.

Gleich hinter Ringmo führt der Weg an zwei Mani-Mauern vorbei. Die zweite Mauer versteckt eine weitere unerwartete Gelegenheit, sich zu verirren. Gehen Sie zur linken Seite der Mani-Mauer, wenden Sie dann in Gegenrichtung und gehen Sie nun bergauf. Der Pfad geradeaus führt in Richtung Norden durch nicht besiedeltes Land (nicht ein einziges Haus), um schließlich nach fünf Tagen Ghat im Khumbu-Tal zu erreichen. Das ist keine praktische Trekking-Route. Auf diesem Weg starben mehrere Träger einer Schweizer Everest-Expedition im Jahre 1952. Wenn Sie dem richtigen Pfad folgen, ist es von Ringmo bis zum durch einen großen, weißen *Chorten* gekennzeichneten Trakshindo-Paß (3.071 m) ein kurzer Aufstieg. Ein kleines Stück oberhalb von Ringmo zeigt ein Schild den 15minütigen Weg zur Käsefabrik von Trakshindo an. Sie ist einen Besuch wert. Hier ist Käse ist das ganze Jahr über erhältlich und kostete bei den Vorarbeiten zu diesem Buch 75 Rs pro Kilogramm. Frische Molkereiprodukte wie Joghurt (*Dahi*) und Milch (*Dudh*) kann man jedoch nur im Sommer und zu Beginn des Herbstes kaufen. Essen und übernachten kann man sowohl in der Käsefabrik als auch in drei winzigen Hotels.

Einige Minuten hinter dem Paß, an der Ostseite, führt der Pfad an dem einsamen Kloster Trakshindo vorbei, einem großartigen Beispiel für die Klosterarchitektur der Sherpa. Dieses Kloster ist das eindruckvollste Bauwerk auf der gesamten Trekking-Tour. Auch hier kann man in zwei Hotels außerhalb des Klostergeländes übernachten. Der Pfad führt dann durch einen Nadel- und Rhododendronwald, der zahlreichen Vögeln eine Heimat bietet. Am Wegesrand stößt man auf einige wenige Hütten für Hirten, aber man wandert fast nur durch dichten Wald. Kurz bevor man Nuntala (Manidingma) auf 2.320 m Höhe erreicht, führt der Pfad auf Holzbrücken über mehrere malerische Bäche. Hier befindet sich auch ein von einer Steinmauer umgebener Komplex mit zahlreichen Hotels, deren Qualität von mittelmäßig bis schlecht reicht. Sie finden dort auch einen kleinen Laden. Das größte Hotel in Nuntala ist die Sherpa Guide Lodge, in der Gäste nur auf Voranmeldung aufgenommen werden.

6. TAG: VON NUNTALA NACH KHARI KHOLA

Von Nuntala geht es bergab zum Dudh Kosi (Milchfluß), dem größten Fluß, auf den man seit dem Sun Kosi trifft. Der überwiegende Teil des Weges ist „begradigt", gelegentlich führt er jedoch auch über in Terrassen angelegte Felder oder Höfe von Häusern und fällt dann steil durch den Wald zu einem *Chataara* mit Blick auf den Fluß ab. Von hier gelangt man über einen felsigen Pfad nach ca. 100 m zu einer Hängebrücke, die den Dudh Kosi auf 1.500 m Höhe überquert. Der Weg, der bisher in östliche Richtung verlaufen war, zieht sich nun in Richtung Norden das Tal des Dudh Kosi hinauf. Seitdem die alte Brücke bei einer Flut im Jahre 1985 zerstört wurde, muß man den Pfad auf der östlichen Seite des Flusses benutzen, der nicht sehr gut begehbar ist und über Geröll führt, das von der Flut angeschwemmt wurde. Nehmen Sie sich vor den Brennesseln in acht. Die Einheimischen nutzen sie als Rinderfutter, als Gemüse (sie pflücken sie mit Bambusschnüren) sowie zur Fertigung von rauher Kleidung. Die Brennesseln lösen einen schmerzhaften Ausschlag aus, wenn man sie berührt. Am Ende der Brücke müssen Sie nach links abbiegen und durch Gersten-, Weizen- und Maisfelder zu dem großen, weitläufigen Dorf Jubing (Dorakbuk) auf 1.680 m klettern. Die Dorfbewohner gehören der Volksgruppe der Rai an. Halten Sie nach den Zeichen der Rai-Kultur in dieser Gegend Ausschau – den Girlanden aus Ringelblumen, die zur Zierde der Brücke über den Dudh Kosi dienen, und den traditionellen Bambusrohren anstelle von Plastikschläuchen zur Wasserversorgung des Dorfes.

Der Weg verläuft unterhalb des Dorfes. Das Hotel Amar und das Postamt sind am nördlichen Ende des Dorfes in 1.800 m Höhe gelegen. Hinter Jubing führt ein kurzer Weg durch ein Seitental und dann steil über einen Vorsprung. Von diesem Bergkamm aus kann man Khari Khola (Khati Thenga) weit unten auf ca. 2.070 m Höhe sehen. Es handelt sich um ein Dorf, das vorwiegend von Sherpa bewohnt ist, in dem jedoch auch eine kleine Minderheit der Magar lebt. Wenn Sie ein Stück auf einem sandigen Weg bergab wandern, folgt ein schöner Spaziergang über den Hauptbasar von Khari Khola. Im Ort befinden sich mehrere Hotel. Davon gehören die Quiet View Lodge und die River View Lodge der oberen Kategorie an, während es sich beim Milan, Annapurna, Sagarmatha und Mayalu weitestgehend um Privathäuser handelt, in denen man die Unterkunft mit dem Besitzer teilt. Hinter dem Dorf auf der anderen Seite der Brücke ist ein Platz zum Zelten. Auf dem Schulhof ist das Zelten nicht gestattet.

Sie können einen Tag einsparen, wenn sie am gleichen Tag noch nach Bupsa, dann am folgenden Tag nach Ghat und am nächsten Tag bis nach Namche wandern. Dies ist möglich, weil der neue Pfad mehrere steile Aufstiege umgeht. Wer mit Trägern unterwegs ist, wird wahrscheinlich Schwierigkeiten bekommen, den Plan zu ändern, da nach der Tradition die Lagerplätze wie beschrieben festgelegt sind.

7. TAG: VON KHARI KHOLA NACH PULYAN

Von Khari Khola aus können Sie einen weißen *Chorten* auf dem Bergkamm in

Der Gott Khumbila und das Dorf Khumjung

Bupsa sehen. Der Pfad führt vom Dorf aus bergab und über eine Hängebrücke in der Nähe von zwei Wassermühlen auf ca. 2.010 m Höhe über den Khari Khola. Dann geht es steil hinauf nach Bupsa (Bumshing) auf 2.300 m Höhe. Auf halbem Weg zum Bergkamm hoch gibt es ein Hotel, drei weitere auf dem Bergkamm und zwei andere ca. 10 bis 15 Minuten weiter am Weg. Der *Gompa* von Bupsa wurde übrigens renoviert und kann, da üblicherweise ein Lama erreichbar ist, besichtigt werden.

Der Weg führt stetig, aber sanft durch von Affen bewohnten Wald hinauf. Die Schlucht des Dudh Kosi ist hier extrem steil, so daß man die ganze Zeit über den Fluß tausend Meter tiefer sehen kann. Der Pfad zieht sich hoch zu einer Kluft im Felsen und dann zu einer anderen Schlucht, bis er den Kamm auf ca. 2.900 m erreicht, von dem aus man Puiyan (Chitok), eine Sherpa-Siedlung mit etwa 10 Häusern, sehen kann, die von Wald umgeben auf ca. 2.730 m Höhe liegt. Ein großer Teil des Waldes wurde in den siebziger Jahren abgeholzt, um Holzkohle herzustellen, die von vielen Hotels und Dorfbewohnern in der Region Khumbu als Brennstoff verwendet wurde, bevor man Kerosin problemlos erhalten konnte.

Vom Kamm muß der Pfad fast genau in östliche Richtung verlaufen, da er tief in die Schlucht des Puiyan Khola hinunterführt. Dieser Teil des Weges ist völlig neu und an vielen Stellen schmal und ungeschützt, insbesondere dort, wo er aus einer steilen Felswand geschlagen wurde. An einem Punkt kommt man zu einer Ansammlung von Holzstämmen und Sträuchern, die ein falsches Gefühl von Sicherheit geben, da der Pfad eine Felswand über einem Abgrund überquert. Nachdem man ein weites, rutschiges Gebiet überquert hat, geht es über eine Steintreppe hinauf und auf Holzbrücken über zwei Bäche. Alle Brücken, die während der Instandsetzungsarbeiten des Weges errichtet wurden, waren nach den Konstruktionsplänen identisch, auch wenn viele Geländer inzwischen entfernt und als Feuerholz verbrannt wurden. Ein großer, überhängender Felsen bildet eine Höhle, die von Trägern als Schutz genutzt wird. Einige Minuten hinter der Höhle kommt man zu einem kleinen, aus Steinen erbauten Hotel und zu einem Campingplatz. Der Hotelbesitzer, Pasang Phuttar, ist häufig nicht anwesend, so daß es sich empfiehlt, bis zum Holiday Inn, dem letzten Haus des Dorfes, ca. 15 Minuten weiter, zu wandern.

Ein alter Pfad führt direkt von Khari Khola nach Surkhe und umgeht den langen Aufstieg durch Puiyan, aber er ist ziemlich verfallen und birgt die Gefahr von Steinschlag. Auf dieser Strecke gibt es zudem weder Verpflegung noch Unterkunft. Sie wird nicht einmal von Einheimischen genutzt. Über die Zukunft dieses Weges liegen unterschiedliche Berichte vor. Einige sagen, er werde aufgegeben, während andere behaupten, er werde demnächst verbessert werden. Die Diskussion darüber ist aber schon so lange, wie ich denken kann, im Gange.

8. TAG: VON PULYAN NACH PHAKDING

Der Pfad zieht sich hinter Puiyan ca. eine Stunde lang zu einem Bergkamm in 2.800 m Höhe hoch und dann weiter bis zu einem anderen Bergkamm. Von hier aus können Sie den Flugplatz in Lukla leicht an der Vielzahl der umliegenden großen Hotels erkennen. Möglicherweise sind auch die Überreste von ein oder zwei Flugzeugen zu erkennen, die hier bei einer Bruchlandung zerstört wurden. Der Weg führt nun hinunter nach Surkhe (Buwa) auf 2.293 m Höhe, das an einem kleinen Nebenflüßchen des Dudh Kosi liegt. Er verläuft oberhalb des Dorfes entlang und umkreist es wie eine Umgehungsstraße. In der Nähe der Brücke gibt es einige Tee-Läden, aber diese sind vorwiegend das Ziel von einheimischen Trägern, die auf dem Weg zum Markt in Namche sind. Ein Trekker-Hotel liegt ein kleines Stück abseits des Weges, und zwar gleich dort, wenn man das Dorf betritt. Meiden Sie Surkhe und die umliegenden Dörfer am Freitag- und Samstagabend. Die Träger auf dem Weg zum Markt in Namche brechen nämlich beim ersten Licht auf, und das kann bei Vollmond bereits gegen 2 Uhr morgens sein, was eine Unruhe im ganzen Hotel zur Folge hat.

Von Surkhe aus steigt der Pfad ca. 15 Minuten bis zur Kreuzung an, wo eine Steintreppe nach rechts weiterführt. Dieser Weg bringt Sie nach Lukla und bedeutet ca. eine Stunde steilen Anstieg, um den Flugplatz zu erreichen. Es ist nicht notwendig, diesen Weg nach Lukla zu nehmen, wenn Sie nicht gerade eine Reservierung für den Rückflug vornehmen möchten. Aber dann wird Ihr Name im allgemeinen ohnehin nur ans Ende einer Warteliste gesetzt. Der Pfad nach Khumbu zieht sich in nördliche Richtung die steile Schlucht hoch auf einer Route, die eine einheimische Firma aus dem Fels geschlagen hat. Man gelangt über den größeren Bach, der aus Lukla kommt, und wandert dann über einige wackelige Steinstufen vorbei an mehreren Höhlen steil bergauf zu einem weiteren Bach, an dem ein kleines *Bhatti* steht. Von hier aus ist es noch ein kurzes Stück den Berg hinauf durch ein Wirrwarr von Felsblöcken zu einer Reihe von Mani-Mauern und weiter zu zwei leuchtend gestrichenen Häusern am Anfang von Mushe (Nangbug). An diesem Teil des Pfades sind weitere Mani-Steine und Mani-Mauern zu sehen. Mushe geht ohne erkennbare Grenze in Chaunrikharka (Dungde) über, einem Dorf in 2.680 m Höhe.

Die Region zwischen Khari Khola und Jorsale wird Pharak genannt. Die Sherpa in diesem Gebiet unterscheiden sich hinsichtlich ihrer Traditionen etwas von ihren Nachbarn in Solu und Khumbu. Ihnen stehen aufgrund des milderen Klimas im Tal des Dudh Kosi bessere Möglichkeiten für die Landwirtschaft zur Verfügung. Die Bewohner von Pharak bringen im Sommer große Ernten an *Com* (Mais) und Kartoffeln ein. Im Winter bauen sie Weizen, Rüben, Blumenkohl und Kohl an. Sie halten zudem Kreuzungen aus Kühen und Yaks wie auch Schafe und Ziegen.

Das wichtigste Hotel in Chaunrikharka, ein hölzernes Gebäude, liegt auf der rechten Seite des Pfades, gleich hinter dem kurzen, steilen Aufstieg von Mushe aus. Das Haus direkt vor dem Stein-Kani oberhalb des Pfades im Norden des Hotels (das wenig von einem Hotel hat) bietet ebenfalls Verpflegung und Unterkunft. Eine Art Laden erreichen Sie, wenn Sie ein kleines Stück weitergehen und dann in der Nähe des ersten größeren *Chorten* um die Ecke biegen. Man wandert noch an drei weiteren *Chorten* und einigen großartigen Mani-Mauern vorbei und gelangt dann über die Felder nach Chablung (Lomdza).

Hier trifft man auf den Weg von Lukla, wobei sich der Charakter der Wanderung schlagartig ändert. Wenn Flüge möglich sind, kommen täglich 75 bis 100 Trekker nach Lukla. Wer von Jiri aus gewandert ist, wird sofort jene erkennen, die gerade aus dem Flugzeug gestiegen sind, denn die sind noch sauberer als man selbst und riechen noch nicht so. Aber auch die Hotels sind nun größer, zahlreicher, stärker überfüllt und von hier an auch teuer. Im Herbst 1990 waren zwischen Chablung und Namche Bazaar mindestens 20 Hotels im Bau. In Chablung führt der Weg über einen Bach, vorbei an einigen Hotels und dann in Richtung Norden durch ein kurzes Waldstück. Schließlich verläuft er steil zum Kusum Kangru Khola hinab, den man auf einer Holzbrücke überquert. In der Nähe der Brücke liegt ein Hotel. Am Anfang des Tales erhebt sich der Kusum Kangru mit 6.367 m Höhe.

Sicher werden Sie bald die ersten Yaks sehen, die wundervollen zotteligen Tiere, die auf den Wegen nicht selten eine schwerfällige Straßensperre bilden. Wahrscheinlich werden Sie meistens Dzopchuks begegnen, männlichen Tieren einer Kreuzung aus Yaks und Kühen, aber das Wort Yak ist einfacher zu behalten und auszusprechen. Auch wenn Yaks in niedrigeren Lagen unbequeme Tiere sind, nutzen die Sherpa sie zwischen Lukla und dem Basislager am Everest zum Transport von Trekking-Ausrüstungen. Sie sind relativ zahm und lassen sich gut unter Kontrolle halten. Sie sollten sich jedoch trotzdem vor den Hörnern der Yaks und außer Kontrolle geratenen Tieren hüten, die einen steilen Berg hinunterrasen. Yaks sind Nutztiere für die verschiedensten Zwecke. Sie dienen als Lastenträger, aber Ihre Wolle wird auch zu Decken und Tauen verarbeitet, der Dung wird als Brennstoff verwendet, und die Milch ist von hoher Qualität. Da es sich um eine dem Rind verwandte Gattung handelt, ist ihre Schlachtung in Nepal verboten. „Fällt" jedoch eines der Tiere einmal vom Weg, nimmt das leckere Fleisch als Yak-Steaks und Yak-Burger seinen Weg in die Hotels in ganz Khumbu.

Hinter der Brücke über den Kusum Kangru geht es ein wenig bergauf, dann um einen Bergkamm herum nach Ghat (Lhawa) auf 2.500 m Höhe, gelegen am Ufer des Dudh Kosi. Ein Teil des Dorfes und große Strecken des alten Pfades wurden vor einiger Zeit von Fluten weggespült. Jetzt zieht sich ein neuer Weg durch das Dorf zur Lama Lodge. Hier kann man auf den Feldern Menschen auf seltsamen Plattformen schlafen sehen, die sich dort aufhalten, um Bären von der Ernte zu vertreiben. Wenn man den Bergkamm überquert und dann ein Stück oberhalb des Flusses weitergeht, vorbei an einigen verstreuten Häusern und dann eine steile Steintreppe hinab, erreicht man eine Unterkunft und einen Campingplatz. Von dort aus führt der Pfad wieder hoch zur Namaste Lodge, dem ersten Hotel in Phakding. Hier findet man auf beiden Seiten des Flusses in 2.800 m Höhe zahlreiche Hotels.

Im September 1977 stürzte eine Lawine vom Ama Dablam in einen See nicht weit unterhalb des Gipfels. Sie löste eine Wasserwelle von 10 m Höhe aus, die den Dudh Kosi hinunterraste und große Teile des Pfades, sieben Brücken und einen Teil des Dorfes Jorsale wegschwemmte, wobei drei Dorfbewohner den Tod fanden. Das Drama wiederholte sich im Jahre 1985, als oberhalb vom Thami ein Gletschersee brach. Die Wege werden zur Zeit repariert und verbessert, so daß sich Teilstücke der Wanderung zwischen diesem Punkt und Jorsale von der jetzt folgenden Beschreibung unterscheiden werden. 1990 begann sich in der Nähe von Chhukung, oberhalb von Dingboche, ein weiterer Gletschersee zu bilden. Wenn die Moräne, hinter der der See entsteht, bricht, wird hier eine weitere Flut entstehen, so daß Sie auch bei diesem Teil der Wanderroute auf häufige Änderungen eingestellt sein sollten.

In Phakding werden die ersten Zeichen der Verwüstung sichtbar. Derzeit führt eine lange hölzerne Auslegerbrücke gleich hinter dem Dorf (2.650 m) über den Fluß. Eine neue Hängebrücke soll südlich von Phakding gebaut werden, aber von dieser Brücke führt der Pfad steil über einen Bergkamm. Wenn Sie die alte Brücke wählen, müssen Sie keinen steilen Aufstieg hinter sich bringen. Bei Phakding wird seit mehr als acht Jahren das Khumbu Alpine Camp gebaut. Sie haben hier die Möglichkeit, in einem relativ komfortablen Hotel für ca. 10 US $ pro Tag zu übernachten.

9. TAG: VON PHAKDING NACH NAMCHE BAZAAR

Ein Teil von Phakding liegt oberhalb des Khumbu Alpine Camp. Im oberen Phakding finden Sie mehrere *Bhattis* und einen Zeltplatz für Gruppen. Vom Ort aus führt die Wanderung weiter nach Norden durch das Tal des Dudh Kosi, wobei der Weg ca. 100 m oberhalb des Westufers des Flusses verläuft. Eine Holzbrücke bringt Sie über einen kleinen Bach, an dessen gegenüberliegendem Ufer ein winziges Hotel steht. Nehmen Sie die Route, die steil den Berg hochführt, und nicht den alten, ebenen Pfad, der nach rechts abbiegt. Sie verläuft durch Felder und an einigen Hotels sowie an einem Wasserfall vorbei nach Benkar, gelegen auf 2.700 m Höhe. Hier gibt es mehrere Hotels direkt hinter dem riesigen Mani-Stein in der Mitte des Weges. Hinter Benkar gelangt man auf einer weiteren Holzbrücke über den Fluß. Es ist ein schöner Weg am Fluß entlang und dann hoch zu dem Dorf Chomoa, in dem ein landwirtschaftliches Projekt begonnen wurde, das das Hotel Everest View sowie die Hatago Lodge versorgen soll, ein Werk des lustigen, alten Mr. Hagayuki, der hier seit fast 10 Jahre ohne Visum lebt und eine der farbigsten Figuren der vielen Originale Nepals ist. An diesem Teil des Pfades wechseln sich Dörfer mit großartigen Wäldern – Rhododendren und Magnolien sowie riesige Tannen – ab. Sowohl zu Beginn des Herbstes als auch im späten Frühling lassen die Blumen diesen Teil des Weges zu einer schönen Wanderung werden. An den Felsen oberhalb des Flusses sind nicht selten der Moschushirsch und der Himalaja-Tahr zu sehen. Wer sich ruhig an das Ufer des Dudh Kosi setzt, bekommt vielleicht auch die Wasserratten zu sehen, die in der schnellen Strömung schwimmen. Als ich das erste Mal davon hörte, glaubte ich, es handele sich um eine Geschichte wie die Legende vom Yeti, aber die Tiere hier leben tatsächlich, aber auch weiter stromaufwärts in Richtung Thami.

Vom Hotel in Chomoa führt der Pfad ein Stück weiter bergauf zu einem weiteren Hotel (in Khumbu finden Sie mehr als 100 Gasthäuser und Hotels) sowie einem Campingplatz, um dann steil zu einem großen Tal unterhalb des Thamserku abzufallen. Man überquert einen Bach und wandert dann aus dem Tal hinaus nach Monjo. Das Hotel Monjo (das früher auf einem Schild Monjo Sheraton genannt wurde) liegt ein klei-nes Stück bergauf am nördlichen Ende der Siedlung, die nur aus drei oder vier Häusern besteht. Hinter dem Hotel geht es wiederum steil einen felsigen Pfad hinab bis zu einem großen Bauernhof.

Hier beginnt der Sagarmatha- (Everest-) Nationalpark. Am Eingang wird von jedem Trekker ein Entgelt in Höhe von 250 Rs (ca. 8 US $) verlangt. Die Regeln für den Parkbesuch sind auf der Eintrittskarte vermerkt:

„Kinder unter 12 Jahren zahlen die Hälfte. Die Eintrittskarte ist nicht auf andere Personen übertragbar und nur für einen Besuch gültig. Sie betreten den Park auf eigenes Risiko. Die Regierung seiner Majestät haftet nicht für Schäden, Verluste, Verletzungen oder Tod. Trekking ist eine akzeptable Belastung, aber bitte unterlassen Sie es, den Park zu verschmutzen (bitte halten Sie ihn sauber), etwas aus dem Park mitzunehmen, die Tiere zu stören, Waffen und andere Explosivstoffe mit sich zu führen, einen Berg ohne dafür gültige Genehmigung zu besteigen und heilige Berge jedweder Höhe zu besteigen. Bitte bleiben Sie immer auf den Hauptwegen und sorgen Sie für Ihren Brennstoffbedarf, bevor Sie den Park betreten. Es ist verboten, Brennholz von Einheimischen zu kaufen oder Brennmaterial aus dem Wald zu entnehmen. Dies gilt auch für Ihre Führer, Köche und Träger.

Die Mitarbeiter im Park sind aufgerufen, jede Person festzuhalten, die die Parkregeln verletzt hat, und ihre Sachen zu durchsuchen.

Weitere Informationen erhalten Sie bei einem Besuch der Parkverwaltung und von den Angestellten der Parkverwaltung.

Die Familie der Nationalparkverwaltung wünscht Ihnen eine angenehme Tour."

Der Grad, mit dem diese Regeln durchgesetzt werden, ist unterschiedlich. Das gilt vor allem für das Feuerholz. Es ist gelegentlich schwierig, Kerosin zu bekommen, um es als Brennstoff zu verwenden, und fast unmöglich, Petroleum oder Gas zu erhalten. Kerosin ist gelegentlich in Namche auf dem Samstagsmarkt in 16-Liter-Dosen erhältlich, die von Trägern über die Straße, die von Okhaldunga nach Süden führt, herangeschafft wurden. Die Preise sind frei für Verhandlungen und hängen vom Angebot und der Nachfrage ab. Geringere Mengen sind in den Läden in Namche aber auch die ganze Woche über erhältlich. Wer plant, Kerosin zu verwenden, sollte einen Filter mitbringen. Schmutz und Wasser kann den Herd schädigen, und beides ist im überwiegenden Teil des vor Ort erhältlichen Kerosins vorhanden. Trekker, die auf eigene Faust wandern, essen möglicherweise in Hotels und Häusern, in denen über Holzfeuer gekocht wird. Eigentlich müßten die Parkregeln auch den Hotels die Verwendung von Brennholz verbieten.

Der General Store in Lukla unterhält vor der Yeti Lodge und unweit des Schalters von RNAC für die Abfertigung von Flugpassagieren ein Kerosin-Depot. Hier werden Kerosin verkauft und Herde, große Blechkanister, Later-

nen sowie Ersatzteile zum Kauf angeboten und vermietet. Eine kleinere Filiale befindet sich in Namche Bazar, aber das Geschäft in Lukla ist die wichtigste Quelle für Kerosin in Khumbu. Kerosin ist eine lästige Trägerladung. Es schwappt in den Behältern und bringt dadurch die Träger aus der Balance. Plastik- und Blechkanister sind zudem niemals ganz dicht und verursachen auf der Haut der Träger Verbrennungen und Reizungen. Zum Kerosin-Depot in Lukla wird der Brennstoff mit Flugzeugen und Hubschraubern gebracht, so daß die Aufrechterhaltung der Versorgung recht erfolgreich ist. Der Preis ist aufgrund der astronomischen Flugpreise allerdings hoch. Im Jahr 1990 betrug er in Lukla 32,50 Rs pro Liter und in der Filiale in Namche 35,50 Rs pro Liter, während der offizielle Preis in Kathmandu 8,50 Rs pro Liter betrug. Dieser Preis ist jedoch nicht übertrieben, da es zwischen 3 und 4 Rs pro Liter und Tag kostet, den Brennstoff von Jiri durch einen Träger nach Lukla oder Namche transportieren zu lassen. Wer mit einer Gruppe unterwegs ist, kommt nicht umhin, einen Abstecher nach Lukla zu unternehmen oder Sherpa damit zu beauftragen, Kerosin zu kaufen.

Den anderen Teil des Dudh Kosi-Tals führen zwei Routen hinauf. Am einfachsten ist es, hinter dem Eingang zum Nationalpark den Fluß zu überqueren und dann dem Westufer zu folgen. Nach einer kürzeren Wanderung flußaufwärts gelangt man dann nach Jorsale (Thumbug) auf 2.850 m Höhe. Dort liegen zusammen an der Hauptstraße mehrere Hotels. Im allgemeinen muß man sich den Weg vorbei an Kühen und ganzen Gruppen von Trägern suchen, die sich im Dorf aufhalten. Dann folgt die Route eine Zeitlang dem Fluß, führt erneut über den Dudh Kosi und steigt steil an, um in der Nähe der Brükke von Namche auf den anderen Pfad zu treffen.

Auf dem Weg nach Jorsale kommt man zu zwei Brücken, die weggespült werden könnten. Ein hochgelegener Pfad bleibt aber auf der Ostseite des Flusses und führt über einen Bergkamm oberhalb des Dudh Kosi. Vom Parkeingang aus sind es einige hundert Meter bergauf, dann ein steiler Weg bergab und dann ein weiterer steiler Aufstieg. Dabei wandert man nur durch Wald.

Beide Routen treffen sich an der Stelle, an der der Bhote Kosi vom Westen und der Dudh Kosi vom Osten kommend zusammenfließen. Dort gelangt man über eine neue Hängebrücke hoch über dem Fluß auf die andere Seite des Dudh Kosi. Nach einem langen Weg bergauf erreicht man einen Bergkamm und trifft auf die alte Route, die in den siebziger Jahren benutzt wurde. Am Wegekreuz befindet sich ein willkommener Tee-Laden. Er nennt sich Everest View, ist jedoch nicht mit dem japanischen Hotel Everest View in der Nähe von Khumjung zu verwechseln.

Von hier kann man den Everest, den Nuptse und den Lhotse sehen. Da im allgemeinen am Nachmittag Wolken den Himmel verhüllen, ist der Everest, wenn Sie dort ankommen, möglicherweise nicht sichtbar. Hinter dem Hotel führt der Pfad weniger steil, aber stetig an. Man wandert durch Wald zu einem weiteren kleinen Tee-Laden und zu einer Baumschule. Gleich hinter der Baumschule kommt man zu einer kleinen Quelle und zu einer Anlage, mit der Wasser zum Nationalpark und zu den Büros der Verwaltung des Nationalparks und der Armee auf dem Berg gepumpt wird. Dort, wo der Pfad sich in einem Bach verwandelt, nehmen Sie den rechten, oberen Weg, der Sie zur Hauptstraße von Namche bringt. Der linke Pfad führt zu den niedriger liegenden Weiden des Dorfes.

Das auf 3.440 m gelegene Namche Bazaar (Nauche) ist das Verwaltungszentrum der Region Khumbu. Hier gibt es zudem einen Kontrollposten der Polizei, die Zentrale des Sagarmatha-Nationalparks, eine Bank (in der man gelegentlich Geld wechseln kann), mehrere Läden, die alles Mögliche verkaufen, und eine zunehmende Zahl an Hotels und Restaurants. Sie finden sogar eine kleine Bäckerei und etliche Hotels mit heißen Duschen zwischen den mehreren hundert Häusern des wohlhabenden Dorfes. Man hat hier auch die Möglichkeit, den Vorrat an Verpflegung, Filmen, Postkarten und Andenken aufzustocken, und eine Trekking-Ausrüstung zu kaufen oder zu mieten.

Es ist wahrscheinlich kaum möglich, den aktuellen Stand bei den Hotels in Namche wiederzugeben. Wenn man die kleinen *Bhattis*, die vorwiegend von Einheimischen aufgesucht werden, und die Privathäuser, in denen Verpflegung und Unterkunft angeboten werden, nicht berücksichtigt, gibt es hier wenigstens 11 größere Hotels. Am beliebtesten ist das Lapka Dorje's Trekkers Inn, in dem Yak-Steaks zu Hunderten verkauft werden. Bei der Passang Kami's Khumbu Lodge handelt es sich um das größte Hotel. Hier können Sie für 60 Rs ein Zimmer mieten, darunter auch die „Suite", in der Jimmy Carter einmal geschlafen haben soll. Zimmer sind auch im Hotel Namche (auch Cooperative Hotel genannt) erhältlich, einem großen, niedrigen Bau in der Mitte der Stadt. Setzen Sie sich ruhig einmal in der Tawa Lodge in die Sonne und sehen Sie den Aktivitäten der Dorfbewohner zu, während Sie frisch gebackene Zimtrollen essen. Zum Namche Bazaar Guest House gehört auch ein Campingplatz. Hier sind freitags am Abend Dia-Vorführungen zu sehen. Ebenfalls recht beliebt sind das Thamserku, das Kala Pattar und das Hotel Sherpa, das nicht weit vom Anfang des Dorfes entfernt ist. Die Besitzer des Hotels Khumbila haben übrigens eine Schwester, die mit einem Japaner verheiratet ist, so daß dieses Haus ein wenig anspruchsvoller ist und Zimmer wie auch andere Annehmlichkeiten bietet. Hier befindet sich auch die Dorf-Disco.

Durch ein von der UNESCO finanziertes Projekt hat Namche im Oktober 1983 Stromversorgung erhalten. Der Strom wird von einem Wasserkraftwerk erzeugt, das unterhalb vom Ort erbaut wurde und die Strömung des kleinen Baches nutzt, der durch das Dorf führt. In jedem Haus stehen jetzt für die Beleuchtung zwei Glühbirnen mit jeweils 40 Watt zur Verfügung. Einige Hotels verfügen zudem über elektrische Öfen, die sie den ganzen Tag nutzen können. Die gesamten Leitungen verlaufen unterirdisch. Trotz technischer Probleme, die durch die Überlastung des Systems entstehen, funktioniert die Stromversorgung überraschend gut. Namche strahlt nun auch abends einen gewissen Charme aus. Die Lichter gehen allerdings um 22.00 Uhr aus. 125 Häuser sind an die Stromversorgung angeschlossen, darunter die Nationalparkverwaltung und die Behörden auf den Bergen und die Häuser von Chhorkung oberhalb von Namche. Vier Hotels in Namche verfügen sogar über Elektroherde. Die Stromversorgung des Ortes ist Teil des Versuches, andere Energie zu sparen und die Umweltschäden in Khumbu zu reduzieren. Die großen Gebiete, die oberhalb von Namche von Steinen umsäumt sind, gehören zu einer Baumschule, die dem gleichen Ziel dient.

In Namche können Sie zahlreiche Gegenstände einer Trekking-Ausrüstung mieten. Wer entdeckt, daß seine Jacke oder sein Schlafsack nicht warm genug ist, der kann hier so etwas mieten.

Es gibt übrigens drei konkurrierende Glockenschläge in Namche. Die Bank, die Polizei und die Armee lassen die Uhrzeit durch das Schlagen leerer Sauerstoffbehälter verkünden.

In der Geschichte waren die Sherpa Hirten und Händler. Namche Bazaar bildete daher eine wichtige Station für Händler, die Ladungen indischer Güter über den Namgpa La nach Tibet brachten. Auf dem Rückweg wurden Wolle, Yaks und Salz mitgeführt. Auf den kargen Feldern der Region Khumbu bauen die Sherpa zwar auch Gerste, Kartoffeln und etwas Gemüse an, aber ihre Wirtschaft hat sich immer auf den Handel gestützt. Wenn man durch Khumbu wandert, sieht man, wie die Frauen Kartoffeln aus tiefen Gruben holen, in denen sie die Erdäpfel lagern, um sie vor dem Frost zu schützen. Die Trekker haben es möglich gemacht, daß diese Menschen hier bleiben können, obwohl die von ihnen erzeugten Nahrungsmittel begrenzt sind.

Jeden Samstag wird in Namche ein wichtiger *Hat*, ein Markt, abgehalten. Aus der Tiefebene kommen dann Menschen nach Namche, um Mais, Reis, Eier, Gemüse und andere landwirtschaftliche Erzeugnisse, die in Khumbu nicht gedeihen, anzubieten. Während der Trekking-Saison schlachten die Fleischer im Durchschnitt zwei oder mehr Büffel pro Woche, so daß samstags und sonntags auch Fleisch erhältlich ist.

Die Träger bringen ihre Ladungen auf einer sechs bis zehn Tage andauernden Wanderung (die Büffel laufen selbst) aus den Dörfern nach Namche und verkaufen ihre Waren direkt. Es handelt sich um ein wichtiges soziales Ereignis wie auch um ein zentrales Geschehen für den Handel der Region. Die Sherpa aus den umliegenden Dörfern kommen dann nach Namche, um Lebensmittel einzukaufen und sich mit anderen zu treffen, so daß der Basar sich als ein überfülltes Spektakel mit Sherpa, einheimischen Staatsbediensteten, Trägern und Besuchern darstellt. Es ist ein Markt, auf dem alles in bar gezahlt wird und auf dem die Sherpa das Geld ausgeben, das sie bei Trekking-Touren oder Bergbesteigungen verdient haben. Der Markt beginnt am frühen Morgen und endet im allgemeinen gegen Mittag.

Die Sherpa, die gerne scherzen, erzählen den Rai und anderen Personen, die Waren zum Markt tragen, häufig, das Geld komme vom Everest. Deshalb ist es nicht ungewöhnlich, leichtgläubige Träger aus dem Tiefland zitternd vor Kälte eine Trekking-Gruppe zum Basislager des Everest begleiten zu sehen, in der Überzeugung, sie würden dort in den Besitz von Geld gelangen, das vom höchsten Berg der Erde herunterrolle.

10. TAG: AKKLIMATISIERUNG IN NAMCHE BAZAAR

Es ist wichtig, sich zu akklimatisieren, bevor man weiter in größere Höhen wandert. Dies ist der erste der beiden besonderen „Akklimatisierungstage", die jeder bei einer Trekking-Tour zum Everest einlegen sollte. Sie können den Tag damit verbringen, einen Ausflug nach Thami zu unternehmen, Khunde oder Khumjung zu besuchen oder sich auszuruhen und Namche Bazaar zu erkunden. In Namche befindet sich übrigens ein Polizeiposten, an dem Sie Ihre Trekking-Genehmigung vorweisen müssen. Dort unterzeichnen Polizeibeamte die Genehmigung und tra-

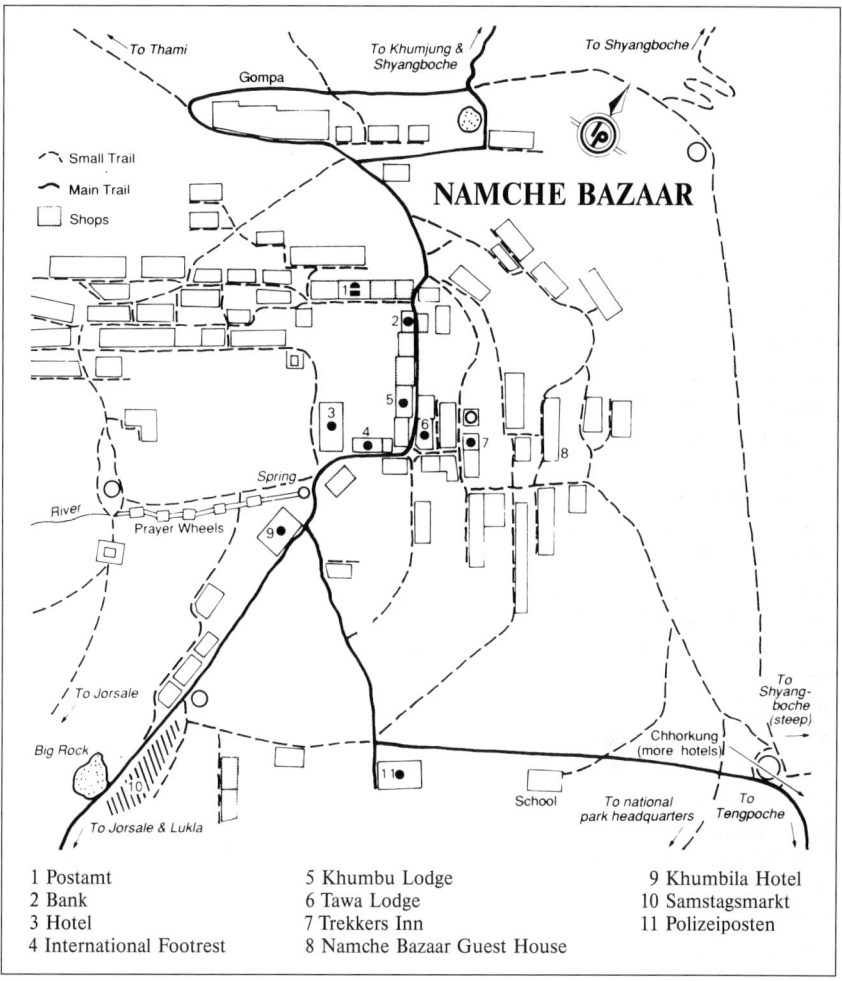

1 Postamt
2 Bank
3 Hotel
4 International Footrest

5 Khumbu Lodge
6 Tawa Lodge
7 Trekkers Inn
8 Namche Bazaar Guest House

9 Khumbila Hotel
10 Samstagsmarkt
11 Polizeiposten

gen die Einzelheiten in eine Liste ein. Gelegentlich ist ein Formular auszufüllen und häufig von den Trekkern die Eintragung in die Liste zu unterschreiben. Falls dies der Fall ist, müssen Sie persönlich zum Kontrollposten gehen, aber häufig genügt es, wenn ein Trek-king-Führer mit Ihrer Genehmigung die Formalitäten für Sie erledigt. Dafür sind sowohl die Trekking-Genehmigung als auch die Eintrittskarte für den Nationalpark mitzubringen.

Oberhalb des Kontrollpostens der Polizei, auf dem Berg gelegen, befindet sich die Verwaltung des Sagarmatha-Nationalparks. Das Besucherzentrum hier ist einen Besuch wert, denn in ihm wird eine Dokumentation über die Menschen, den Wald, die Tierwelt, das Bergsteigen und die Auswirkungen des Tourismus gezeigt.

Die Gegend oberhalb von Namche, aber unterhalb der Verwaltung des Nationalparks, heißt Chhorkung. Diese Ortschaft ist stark angewachsen und bietet heute ebenfalls mehrere Hotels und Zeltplätze.

Eine besondere Art von Besuchern des Everest bilden die Teilnehmer am Everest-Marathon, der jährlich Ende November stattfindet und der Route von Gorak Shep nach Tengpoche folgt, dann weiter nach Namche führt und eine Schleife nach Thammu zieht, bevor es zurück zum Ziel in Namche geht. Die Läufer legen die 43 km in respektablen $4^1/_2$ bis 5 Stunden zurück. Dabei muß allerdings berücksichtigt werden, daß sie einen langsamen Aufstieg wählen, um sich zu akklimatisieren.

11. TAG: VON NAMCHE BAZAAR NACH TENGPOCHE

Es besteht eine direkte Verbindung von Namche Bazaar bis nach Tengpoche, die in Chhorkung ihren Anfang nimmt. Eine etwas längere Route, die über Khumjung, dem größte Dorf in Khumbu, und seinen kleineren Nachbarn Khunde führt, bildet eine abwechslungsreichere Alternative. Von Namche Bazaar führt der Weg eine Stunde lang steil bergauf zur Start- und Landebahn Shyangboche (3.720 m), die von den Gästen des Hotels Everest View genutzt wird. Am frühen Morgen können Sie möglicherweise die sehenswerte Landung (oder den weniger spektakulären Start) einer Pilatus Porter in Shyangboche beobachten. Die teuren Plätze an Bord der Flugzeuge von hier nach Kathmandu sind gelegentlich auch kurzfristig zu buchen.

Es gibt zwar einige Tee-Läden in der Nähe des Flugplatzes, aber die Wasserversorgung ist ein Problem, so daß man hier nicht unbedingt übernachten sollte. Von der Start- und Landebahn sind es 20 Minuten zu Fuß bis zum Hotel, das einen ausgezeichneten Blick auf den Everest und den Ama Dablam bietet. Das Hotel war mehrere Jahre lang geschlossen, wurde jedoch 1990 renoviert. Hier kann man einen Kaffee oder Tee trinken, aber auch extravagant essen. Für ein Frühstück zahlt man 7 US$, während ein Mittagessen 10 US$ und ein Abendessen 18 US$ kosten. Für die Zimmer werden pro Tag 120 US$ berechnet, wobei für Sauerstoff oder einen Raum mit Druckausgleich ein Zuschlag erhoben wird. Gleich vor dem Tür des vornehmen Hotels befindet sich ein *Bhatti*, das preiswertere Verpflegung und Unterkunft bietet.

Ein Pfad führt vom Hotel nach Khumjung hinab (3.790 m). Sie können aber auch unmittelbar vom Flugplatz nach Khumjung gehen. Wer sich dafür entscheidet, muß zum *Chorten* auf dem Berg gehen und dann den Pfad hinunter durch den Wald nehmen. Morgens können Sie auch den Schulkindern folgen, die von Namche nach Khumjung gehen, das am Fuß des heiligen Berges Khumbila (5.861 m) liegt.

Der *Gompa* von Khumjung soll den Schädel eines Yeti, des legendären Schneemenschen, beherbergen. Sir Edmund Hillary, der Bürgermeister des Dorfes Khunjo Chumbi, Desmond Doig und Marlin Perkins brachten diesen Gegenstand im Jahre 1960 in die USA, um ihn von Wissenschaftlern untersuchen zu lassen. Diese kamen zu dem Ergebnis, die Kopfhaut stamme von einem Serow, einem Tier aus der Familie der Antilopen, aber die Legende vom Yeti ist nach wie vor weit verbreitet.

Ebenfalls in Khumjung wurde von Hillary eine Schule gegründet, die zahlreichen Kindern aus Khumbu eine ausgezeichnete Grundschulbildung ermöglicht. Im Jahre 1983 baute der Himalayan Trust die Schule aus, so daß sie jetzt auch einen High-School-Abschluß ermöglicht. Die Kinder der Sherpa müssen somit nicht länger ins Internat in Salleri gehen, das eine Woche entfernt liegt, um eine höherwertige Ausbildung abzuschließen. Von Khumjung ist es nur ein kurzer Umweg nach Khunde, dem Dorf, in dem das Khunde Hospital steht, das ebenfalls vom Himalayan Trust gebaut wurde und unterhalten wird.

Von Khumjung führt der Weg weiter durch das Tal, vorbei an malerischen Mani-Mauern und *Chorten*. Nach einem kurzen Stück bergab trifft man auf den Hauptweg von Namche Bazaar nach Tengpoche. Hinter einigen Mani-Steinen gelangt man zu einer weiteren Gruppe von Hotels. Die Siedlung, die von den Einheimischen Kenjoma (Sanasa) und von den Trekkern „Schlockmeister-Kreuzung" genannt wird, ist vorwiegend von Tibetern bewohnt. Hier gibt es immer eine große Anzahl von tibetischen (und in Kathmandu hergestellten) Souvenirs, die ausgestellt werden, um Trekker anzulocken. Wenn man etwas kaufen will, ist handeln zu empfehlen. Von dort geht es allmählich bergauf bis nach Teshinga und dann steil hoch nach Phunki Thanghka, einer kleinen Siedlung, in der am Ufer des Dudh Kosi (3.250 m) eine Reihe wassergetriebener Gebetsmühlen zu sehen ist.

In Khumjung bietet nur ein Hotel Unterkunft, während es in Khunde davon nicht ein einziges gibt. In Kenjoma stehen nur Verpflegung (und viel Schnaps), in Teshinga ein kleines Hotel und in Phunki Thanghka drei Hotels zur Verfügung.

Von Phunki Thangkha wandert man zuerst steil und dann allmählich bergauf durch Wald und um Mani-Steine herum, da der Weg dem Berghang hinauf bis zum Sattel folgt. Dort liegt das Kloster Tengpoche auf 3.870 m Höhe auf einer von Menschenhand geschaffenen Lichtung, umgeben von Zwergfichten und Rhododendron. Der Blick auf die Berge scheint morgens am schönsten zu sein und gehört zu Recht zu den schönsten der Welt. Der Kwangde (6.187 m), der Tawachee (6.542 m), der Everest (8.848 m), der Nuptse (7.855 m), der Lhotse (8.616 m), der Ama Dablam (6.856 m), der Kantega (6.779 m) und der Thamserku (6.608 m) bieten ein großartiges Panorama der Himalaja-Riesen.

Früher konnte man in der Nähe des Gästehauses des Klosters ein Schild mit folgender Aufschrift lesen:

„Ich freue mich, Sie in Tengpoche willkommen zu heißen. Dies ist das religiöse Zentrum des gesamten „Sherpa-Landes" und somit der gesamten Region Solu-Khumbu. Am äußeren Ende der Weiden, gegenüber vom Chomolungma (Everest) wurde ein sehr bescheidenes Rasthaus errichtet. Es wurde aus dem Mitteln erbaut, die von Freunden und Besuchern, die zu diesem heiligen und schönen Platz kamen, gespendet wurden. Vielleicht möchten Sie dazu beitragen, unsere knappen Mittel aufzustocken, um es komfortabler vorzufinden, wenn Sie wiederkommen, was wir hoffen. Jede Gabe wird dankend angenommen.

Während Sie in Tengpoche unser Gast sind, ganz gleich, ob Sie im Rasthaus wohnen oder im eigenen Zelt übernachten, möchte ich Sie bitten, die wenigen Regeln des Göttlichen Dharma zu beachten. Bitte töten Sie nicht und tragen Sie auch nicht zur Tötung irgendeiner lebenden Kreatur auf dem Gebiet dieses heiligen Platzes bei. Dazu gehört auch das Töten von Geflügel und Haustieren sowie das Jagen.

Bitte erinnern Sie sich daran, daß es sich um einen heiligen Ort handelt, der der Anbetung des Vollkommenen Einen gewidmet ist, und daß nichts innerhalb dieses heiligen Geländes unternommen werden sollte, das dazu führt, daß die hier in Demut und Ernsthaftigkeit Lebenden verletzt werden. Daß Ihr Weg in Frieden und Ihre Wanderung in Freude erfolgen möge und der Segen des Vollkommenen Einen immer mit Euch sei.

Nawang Tenzing Zang-Po
Der Wiedergeborene von Tengpoche"

Dieses Schild ist allerdings seit langem verschwunden und wurde durch ein elegant gearbeiteten Schild ersetzt, das Besuchern den Weg zu der mit neuseeländischer Unterstützung erbauten Tengpoche Trekkers Lodge weist, einem Teil des Entwicklungshilfeprojektes zugunsten des Sagarmatha-Nationalparks. Es ist somit nicht länger notwendig, auf die einfache Unterkunft zurückzugreifen, die die Lamas früher bereitstellten. Jetzt können Sie um einen Herd herum sitzen, in dem Holzkohle verbrennt (aus Puiyan, außerhalb des Nationalparks), sowie etwas in ein Gästebuch schreiben und dabei das Konzept mit der Lodge entweder loben oder verdammen.

Neben der Unterkunft des Nationalparks gibt es noch eine Reihe anderer Quartiere in Tengpoche. Das Hotel, das dem *Gompa* angeschlossen ist, gilt als das beliebteste. Es umfaßt zwei Schlafsäle und eine riesige Wohnküche, in der sich häufig sowohl Ausländer als auch Einheimische treffen. Hier herrscht eine gemütliche Atmosphäre wie in einer Skihütte. Das Haus ist einen Besuch wert, und sei es nur für eine Tasse Tee oder einen Rakshi. Die Namaste Lodge auf der gegenüberliegenden Seite des

Geländes ist preiswerter und ein wenig einfacher, aber Passang Thongdup ein sympathischer und hilfsbereiter Hotelier. Außerdem gibt es noch ein weiteres Hotel ohne Namen in der Nähe vom Namaste, das jedoch in erster Linie von Einheimischen benutzt wird. Für das Aufstellen eines Zeltes muß man in Tengpoche 5 Rs an die Mönche des *Gompa* entrichten. Täglich kommt ein Lama mit einem Buch an allen Zelten vorbei, um sicherzustellen, daß die Gebühr bezahlt wird. Dies ist eine der wenigen Einnahmequellen des Klosters, das zwischen 50 und 60 Mönche zählt, so daß es nicht vernünftig ist, sich über diese Gebühr zu ärgern. Mehrere Trekking-Organisationen geben dem Kloster übrigens jedes Jahr einen gewissen Geldbetrag und können als Gegenleistung ständig einige Zeltplätze nutzen. Die Lamas erlauben es aus diesem Grund nicht, wenn dort andere Trekker ihr Zelt aufschlagen wollen. Es gibt aber auch noch einen weiteren Campingplatz, und zwar in Devuche, ca. 20 Minuten von Tengpoche entfernt. Er ist eine Alternative, wenn der Platz in Tengpoche bereits bis an den Rand der Kapazität gefüllt ist.

Tengpoche (auf älteren Karten auch als Thyangboche bezeichnet, meistens jedoch als Tengpoche) wurde durch den Lama Gulu, einen Mönch aus Khumjung, nach den Instruktionen des Abtes vom Kloster Rongbuk gegründet. Der Haupttempel wurde 1919 fertiggestellt. Allerdings zerstörte ein Erdbeben den *Gompa* im Jahre 1933, bei dem auch der Lama Gulu den Tod fand. Der Tempel wurde Jahre später wieder aufgebaut. Dabei fand man die Überreste des Lamas und bestattete sie im *Gompa*. Am 19. Januar 1989 verwüstete ein Feuer das Kloster. Dabei konnten viele Stücke der umfangreichen Bücher- und Gemäldesammlung sowie religiöse Gegenstände gerettet werden, aber das gesamte Gebäude des *Gompa* wurde zerstört. Die Sherpa der Region Khumbu sammelten daraufhin gemeinsam mit internationalen Organisationen Geld (man schätzt 500.000 US $) für den Wiederaufbau des *Gompa*. Die Arbeiten wurden im April 1990 begonnen, und inzwischen erhebt sich ein eindrucksvolles Gebäude aus den Ruinen. Tengpoche ist das größte und aktivste Kloster in Khumbu, aber nicht das älteste. Die Sherpa glauben, daß der Buddhismus am Ende des 17. Jahrhunderts durch den Lama Sange Dorje, den fünften der wiedergeborenen Lamas des Klosters von Rong-Phu (Rongbuk) in Tibet, nach Khumbu in den Norden der Everest-Region gebracht wurde. Nach der Legende flog der Lama Sange Dorje über den Himalaja, landete auf den Felsen in Pangboche und Tengpoche und ließ dort Fußspuren zurück. Er soll auch für die Gründung der ersten *Gompa* in Khumbu, nämlich in Pangboche und Thami, gesorgt haben.

Die *Gompa* von Khumjung und Namche Bazaar sind jedoch älter. Hier handelte es sich aber nicht um Klöster. Die Priester waren verheiratete Lamas und gehörten keiner Klostergemeinschaft mit einer formellen Organisation und Disziplin an. Die ersten Klöster in Tengpoche und Thami (etwa zur selben Zeit errichtet) wurden als Vorposten der Nyingmapa- (Rotmützen-) Sekte aus dem Kloster von Rong-Phu in Tibet gegründet, indem junge Mönche zum Studium hierhergesandt wurden. Die Satzung von Tengpoche trägt das Siegel des Abtes von Rong-Phu. Ein Nonnenkloster wurde später in Devuche, gleich nördlich von Tengpoche, gegründet. Trakshindo wurde dagegen erst 1946 durch den Lama von Tengpoche eingerichtet.

Mit der Bibliothek und dem Kulturzentrum hinter dem *Gompa* will sich der Abt sowohl an die tibetischen Schüler als auch an die Trekker wenden. Er plant eine umfangreiche Bibliothek mit Werken über die Religion, Kultur und Geschichte in verschiedenen Sprachen. Das Schulgebäude hinter dem *Gompa* wurde bei dem Feuer ebenfalls schwer beschädigt. Während der Neubau nun in Arbeit ist, setzen 30 junge Mönche ihren Religionsunterricht in den Häusern der Lamas fort.

12. TAG: VON TENGPOCHE NACH PHERICHE

Von Tengpoche ist es ein kurzer und steiler Abstieg auf einem schlammigen Pfad bis nach Devuche. Er führt durch einen Mischwald aus Birken, Nadelhölzern und Rhododendren. Wegen des Jagdverbotes in Tengpoche können Sie hier häufig fast zahme Fasane, auch den nepalischen Nationalvogel, den Danphe- oder den Imperyan-Fasan, beobachten. Der farbenprächtige Vogel lebt nur in hohen Lagen. Zu erkennen ist er an seinem rötlichen Schwanz und dem strahlend blauen Rücken mit einem metallisch grünen Stich. Unter den Flügeln ist sein Gefieder strahlend weiß. In der Sonne schillert er förmlich. Ebenfalls in dieser Region verbreitet ist die Schneetaube, die in großen Schwärmen über die Dörfer Khumjung, Namche und Pangboche hereinbricht. Die Vögel, die Krähen ähneln und alles fressen, was man ihnen auch hinwerfen mag (ich habe einmal eine mit einem vollen Paket Kekse wegfliegen sehen, das sie gestohlen hatte), sind eine Plage und gelegentlich schwarz. Die Sherpa nennen sie *Gorak*. In der Nähe der Gorak-Schafe sieht man häufig tibetische Schneehühner, die vergnügt die Berge hinunterrasen. Hoch oben am Himmel können Sie vielleicht auch Habichte, Himalaja-Geier, Goldadler und Lämmergeier sehen, die getragen von den Aufwinden in den Bergen ihre Kreise ziehen. Am frühen Morgen und kurz vor der Abenddämmerung bekommt man zudem gelegentlich Moschushirsche zu Gesicht, insbesondere in den Wäldern unterhalb von Tengpoche. Sie springen wie Känguruhs.

In der Nähe des Bachs in Devuche finden Sie eine weitere Unterkunft. Die wenigen Häuser des Ortes und der *Gompa* liegen ein Stück weiter westlich zwischen den Bäumen, während das Nonnenkloster (das über Besucher nicht sehr erfreut ist) ein Stück den Berg hoch im Osten gelegen ist. Von Devuche führt der Weg vorbei an zahlreichen Mani-Mauern in einen tiefen Rhododendron-Wald. Sehen Sie hier einmal zu, wie die Blätter sich in der Kälte zusammenrollen und sich am Morgen öffnen, wenn die Sonne auf sie scheint. Nachdem man den Imja Khola auf einer Stahlbrücke überquert hat, die sich in angsterregender Höhe dort über den Fluß spannt, wo der durch eine Enge schießt, geht es bergauf vorbei an einigen großartigen Mani-Steinen nach Pangboche auf 3.860 m Höhe. Kurz vor dem Dorf kommt man zu zwei *Chorten*, einem *Kani* und einem Rasthaus. Gleich östlich davon befindet sich ein Denkmal, auf dem die Fußabdrücke des Lama Sange Dorje in Stein zu sehen sein sollen.

Pangboche ist die höchstgelegene, das ganze Jahr über bewohnte Siedlung im Tal. Der *Gompa* des Ortes gilt als der älteste in Khumbu und beherbergt Reliquien, bei denen es sich um den Schädel und die Hand eines Yeti handeln soll. Besucher können die Funde gegen ein kleines Entgelt besichtigen. Eigentlich setzt sich Pangboche aus zwei Dörfern zusammen, einem oberen und einem unteren. Auf dem Weg zum Basislager des Everest ist die tiefer gelegene Route vorzuziehen, auf dem Rückweg jedoch der oberere Weg. Dann empfiehlt sich auch ein Besuch des *Gompa*, 120 m oberhalb des unteren Dorfes. Im unteren Ort können Sie in drei Hotels übernachten, von denen jeweils eines an jedem Ende und eines in der Mitte liegt. Dort gibt es auch eine gute Auswahl an Gerichten zum Mittagessen.

Nach Pangboche läßt man die Baumgrenze hinter sich und gelangt zu den Almweiden. Überwiegend handelt es sich bei der Vegetation um Buschwacholder sowie Tundra- und Wildblumen, darunter auch Edelweiß. In Showma gibt es wieder einen Tee-Laden. Dann wandert man auf dem Weg hoch nach Orsho, das auf einem Felsvorsprung oberhalb des Flusses gelegen ist, vorbei an einer Reihe von Hirten-Goths. In Orsho befindet sich auch ein kleines Hotel. Hinter dem Ort teilt sich der Weg. Der niedrigere, unbedeutender aussehende Pfad führt nach Dingboche, während es links hoch nach Pheriche durch den Vorhof einiger Hirtenhütten, über eine Steinmauer und dann auf einen kleinen Bergkamm geht, bevor man den Weg hinunter zum Khumbu Khola nimmt und diesen über eine Holzbrücke überquert. Von der Brücke aus sind es ca. 10 Minuten – üblicherweise im Wind – bis zum auf 4.240 m gelegenen Pheriche. In Pheriche ist es stets windig, so daß die Temperaturen hier niedriger als in den meisten anderen Orten in Khumbu erscheinen. Sie sollten an diesem Tag unbedingt Ihre wärmsten Sachen anziehen.

Der Hilfsposten für Trekker in Pheriche wird von der Himalayan Rescue Association (HRA) und vom Tokyo Medical Collage getragen. Hier ist im allgemeinen während der Trekking-Saison ein westlicher Arzt im Dienst. Die Ärzte, die hier arbeiten, sind auf die Untersuchung und die Behandlung der Höhenkrankheit spezialisiert und versuchen, die Trekker über die Gefahren zu informieren, die es mit sich bringt, zu schnell in zu große Höhen zu gelangen. Die Ärzte halten jeden Tag Vorträge, im

EVEREST-GEBIET

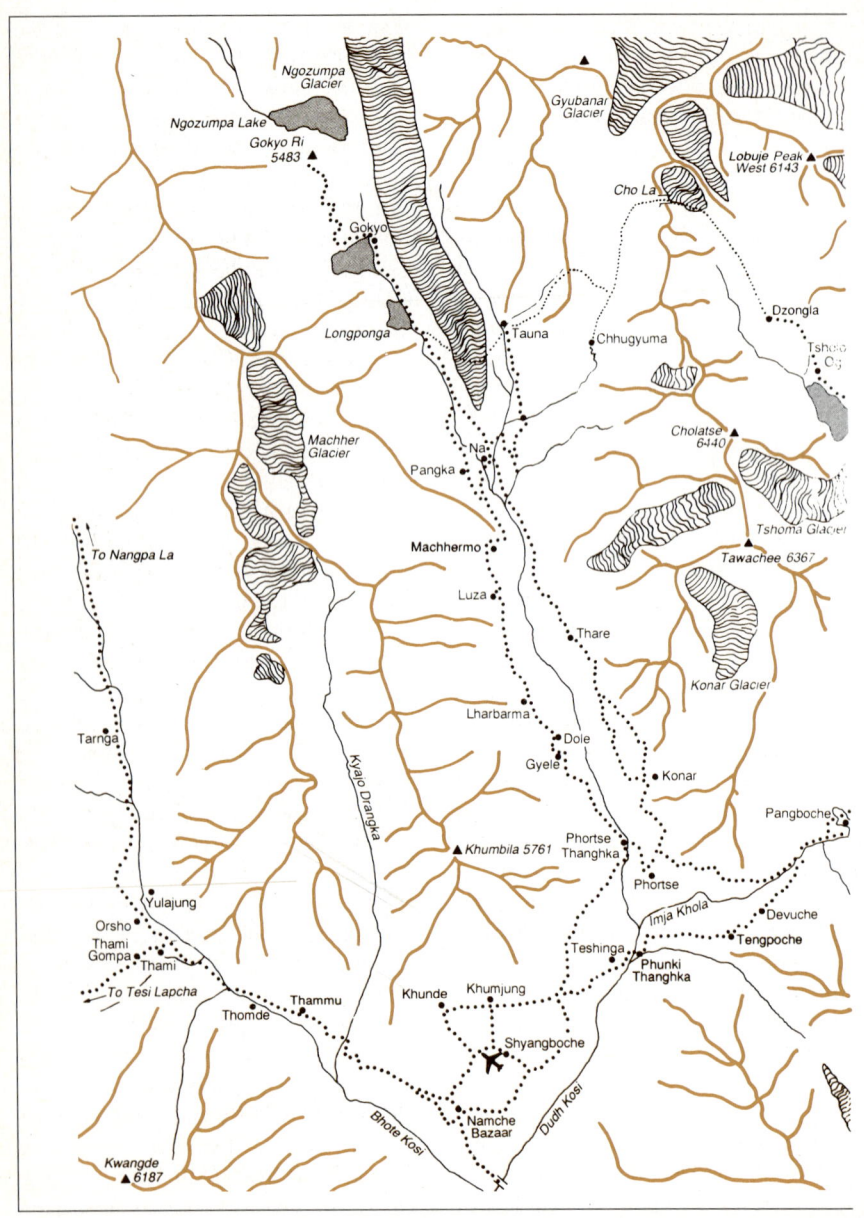

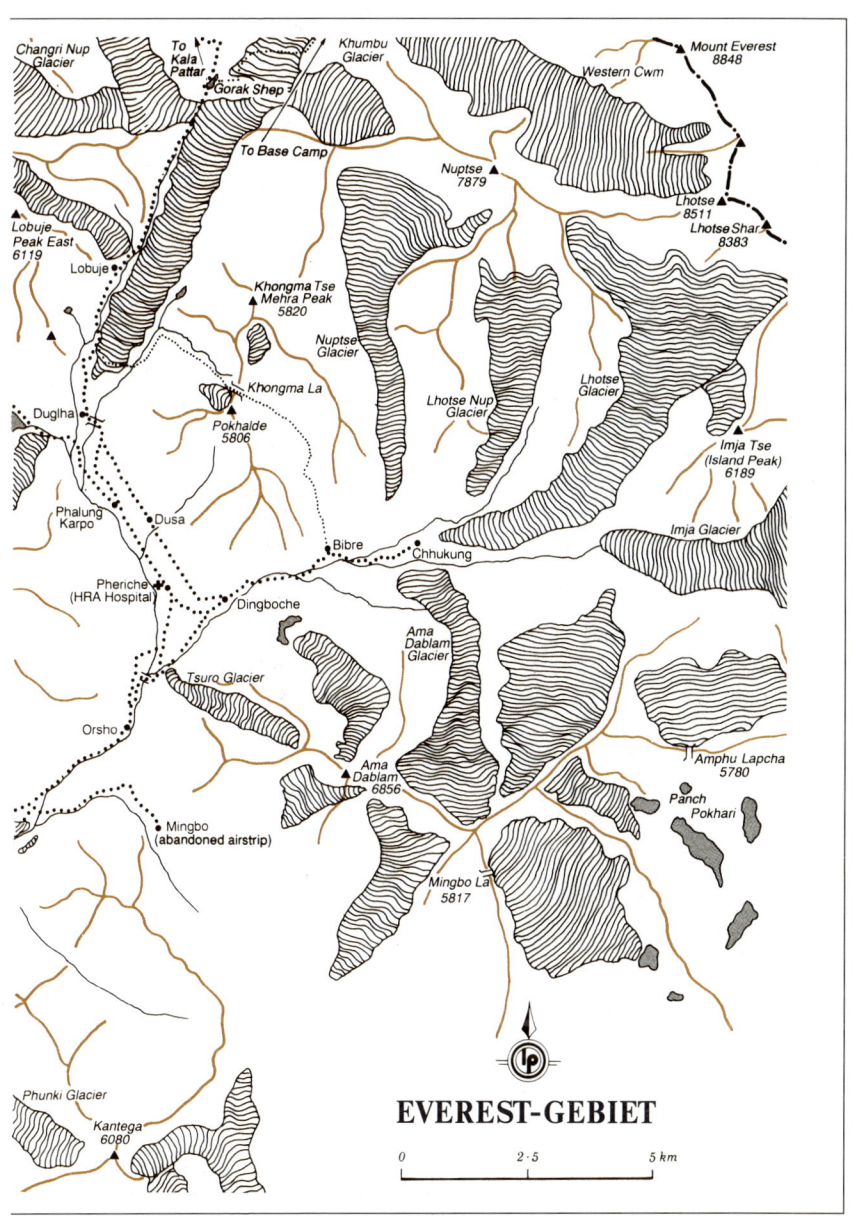

EVEREST-GEBIET

0   2·5   5 km

allgemeinen um 15.30 Uhr. Beim Hilfsposten werden zudem Bücher ausgeliehen sowie Aufkleber, T-Shirts und Mani-Steine verkauft, um Geld für den Unterhalt der Einrichtung zusammenzubekommen. Suchen Sie die Klinik auf, wenn Sie die geringsten Probleme mit der Höhe haben. Selbst die Ärzte sind ehrenamtlich tätig. Die HRA hat jedoch erhebliche Ausgaben, so daß für die Untersuchung und die Behandlung gezahlt werden muß.

Pheriche ist ein Labyrinth aus Mauern und Weiden. Hier gibt es fünf Hotels, darunter auch die National Park Lodge, die je nach ihren wechselnden Besitzern in der Vergangenheit geöffnet oder geschlossen war. Das größte Hotel am Ort ist das Himalayan Hotel von Nima Tsering, ein zweistöckiges Gebäude mit einem Blechdach. Bei den anderen Hotels handelt es sich um nur halbfeste Gebäude, die sich aus Grashütten mit einer Plane als Dach zu etwas festeren architektonischen Gebilden entwickelt haben und kontinuierlich wachsen.

Seien Sie vorsichtig, wenn Sie sich in diesen überfüllten Quartieren setzen, denn das bequem aussehende Kissen in der Ecke ist wahrscheinlich ein in Decken gehülltes Baby. Zum Snow View Hotel gehört auch ein Ausstattungsgeschäft für Bergsteiger. Hier findet man das übliche Sammelsurium aus neuen und gebrauchten Gegenständen für Bergsteiger, die zum Verkauf angeboten werden. Häufig gibt es auch eine merkwürdige Sammlung an Expeditions-Verpflegung wie bulgarischen Eintopf, russischen Borschtsch, jugoslawischen Heilbutt, französische Schnekken oder amerikanisches Granola Bar – je nachdem, welches Land als letztes bei einer Everest-Expedition vertreten war.

13. TAG: AKKLIMATISIERUNG IN PHERICHE

Der wichtigste Schlüssel zur Akklimatisierung ist ein langsamer Aufstieg. Aus diesem Grund ist es unbedingt notwendig, eine zusätzliche Nacht in Pheriche zu verbringen, um die Anpassung des Körpers an die große Höhe zu erleichtern. Dabei handelt es sich um den zweiten obligatorischen Akklimatisierungstag auf der Wanderung.

Sie haben viele Möglichkeiten, den Tag zu verbringen. Vielleicht möchten Sie einen Ruhetag einlegen und sich im Lager erholen oder aber einen anstrengenderen Ausflug unternehmen. Es ist nur eine kurze Wanderung zu dem kleinen *Gompa* Nangkartshang, der ca. 400 m oberhalb des Dorfes gelegen ist. Von diesem Aussichtspunkt haben Sie einen guten Blick auf den Osten des Makalu, den fünfthöchsten Berg der Welt. Ermüdender ist es, bergauf nach Dingboche und dann das Tal des Imja Khola hoch an Bibre vorbei nach Chhukung zu wandern, einer kleinen Sommersiedlung in 4.700 m Höhe. Der Blick von Chhukung und von den Orten weiter oben im Tal auf die Moränen zum Island Peak (6.189 m) ist phantastisch. Im Norden erhebt sich die großartige Südseite des Lhotse, während der Amphu Lapcha sowie die riesigen bogenförmigen Eiswände, die ihn flankieren, den Horizont im Süden dominieren.

Im Südwesten bietet die Ostseite des Ama Dablan einen ungewohnten Blick auf diesen großartigen Berg. Diese Wanderung gehört zu den Höhepunkten der Tour. Man gelangt schnell zurück in das Tal hinab nach Pheriche, um dort zu übernachten. Zu Mittag essen kann man in Chhukung und Dingboche, denn auch dort gibt es Hotels.

14. TAG: VON PHERICHE NACH LOBUJE

Der Weg führt nun das breite, langsam ansteigende Tal von Pheriche nach Phalang Karpo (4.340 m) hoch. Unterwegs muß man an vielen Stellen kleine Bäche auf Felsbrocken überqueren. Werfen Sie von Phalang Karpo aus einmal einen Blick zurück in das Tal, um zu sehen, wieviel Höhe Sie bereits gewonnen haben. Der Blick auf den Tawahee und den Cholatse (6.440 m) ist von diesem Teilstück des Pfades besonders interessant, da er durch ein Land führt, das von Yetis und Schneeleoparden bewohnt sein soll. Der Ama Dablam bietet von hier aus ein ganz anderes Bild als gewohnt und ist kaum zu erkennen. Der echte Gipfel des Kantega ist weit zur Linken neben dem bekannten Sattel zu sehen, den man bereits von Tengpoche aus erblickt. Hinter Phalang Karpo führt der Pfad steil hinauf zur Endmoräne des Khumbu-Gletschers und dann hinunter bis zu einem Bach, den man auf einer Brücke kurz vor dem Dorf Duglha (4.620 m) überquert. Einen Tee-Laden finden Sie in der Nähe des Baches und zwei weitere ein wenig höher gelegen.

Von Duglha aus zieht sich der Weg weiter nach oben zu einer Reihe von Gedenksteinen zur Erinnerung an die sechs Sherpa, die hier bei einer Lawine im Jahre 1970 während einer japanischen Expedition auf den Everest ums Leben kamen. Zu sehen sind aber auch noch mehrere andere Gedenksteine zur Erinnerung an Bergsteiger, die später ihr Leben verloren. Die Sammlung ist nun auf 18 Steine angewachsen. Die meisten Toten, derer hier gedacht wird, sind Sherpa. Die Wanderung führt nun ein wenig bergab und folgt der Westseite des Tals bis nach Lobuje, einem Sommerdorf auf 4.930 m Höhe, das auch einige Hotels zu bieten hat. Die Nationalpark-Berater aus Neuseeland bauten in Lobuje eine Unterkunft mit 24 Schlafplätzen, die auf vertraglicher Basis von Karma Sherpa geführt wird. Die Above the Clouds Lodge bietet 18 Betten, während es im Kala Pattar und im Sherpa einige mehr sind. Die Sherpa und die Träger, die Trekking-Gruppen begleiten, sorgen häufig dafür, daß die Hotels überfüllt sind, wenn sie dort einkehren, um einen Tee oder Rakshi (der in dieser Höhe dramatische Wirkungen zeigen kann) zu trinken.

In Lobuje ist alles teuer. Tee wird hier pro Tasse für 2 Rs und ein Drittel der Ladung Holz, wie sie im Tiefland angeboten wird, für 60 Rs verkauft. Wenn man mit einer Gruppe unterwegs ist, rasen die Sherpa voraus, um einen guten Zeltplatz zu ergattern und ein oder zwei Hirtenhütten als Küche verwenden zu können. Sie können sich fast immer darauf verlassen, Verpflegung und Unterkunft in Lobuje zu erhalten (auch wenn es voll sein kann), aber Sie benötigen mit Sicherheit einen warmen Schlafsack, da im allgemeinen kein Bettzeug vorhanden und die Anzahl der Matratzen begrenzt ist. Der Sonnenaufgang über den Nuptse ist von Lobuje aus betrachtet ein Bild, das man sicher nicht vergißt.

15. TAG: VON LOBUJE NACH GORAK SHEP

Der erste Teil des Weges von Lobuje folgt der Westseite des breiten Khumbu-Tals und steigt langsam durch die Wiesen neben der Gletschermoräne an. Eine pyramidenförmige italienische Forschungsstation, die an ein einfallendes Raumschiff erinnert, liegt in dem ersten Seitental hinter Lobuje. Leider können Sie die Anlage vom Pfad aus nicht sehen. Der Aufstieg wird nun steiler und härter, da er über mehrere Seitenmoränen führt, auch wenn der Pfad im allgemeinen gut erkennbar ist. An den Stellen, an denen sich ein richtiger Gletscher unter den Moränen befindet, ändert er sich allerdings konstant. Um die Route zu finden, muß man hier auf die Steinpyramiden achten, die als Markierungen dienen, und nach Spuren von Yak-Dung suchen, die ein sicheres Zeichen für den richtigen Weg sind.

Nach einer Kurve wird der konische Gipfel des Pumori (7.161 m) sichtbar. An den unteren Hängen des Berges erstreckt sich ein niedrigerer Kamm, der im Süden an einem kleinen Gipfel mit dem Namen Kala Pattar endet. Dieser „schwarze Felsen" ist 5.545 m hoch und bietet den besten Ausgangspunkt für einen Blick auf den Everest. Die Bezeichnung Kala Pattar kommt eigentlich aus dem Hindi. Der Legende nach soll der verstorbene Dawa Tanzing der Bergspitze zufällig diesen Namen gegeben haben, als er den ersten Ausländer, Jimmi Roberts, zum Gipfel begleitete. Und die beiden verständigten sich in Hindi, nicht in Nepali. Sie können den Kala Pattar leicht von Gorak Shep am Nachmittag oder am folgenden Morgen besteigen.

Der Weg führt ein kurzes Stück bergab zum sandigen, flachen Gebiet von Gorak Shep (5.160 m). Dies war das Basislager für die schweizer Everest-Expedition von 1952. Im Jahre 1953 gab die englische Expedition diesem Ort den Namen „See-Lager". In Gorak Shep gibt es einen kleinen See, der im allgemeinen zugefroren ist, und eine Reihe von Gedenksteinen für Bergsteiger, die während verschiedener Everest-Expeditionen ums Leben gekommen sind. Die beschrifteten Steine, die an Jake Breitenbach, der bei der amerikanischen Expedition 1963 sein Leben verlor, und an den indischen Botschafter H. Dayal, der während des Aufenthalts im Basislager nach der indischen Expedition im Jahre 1965 starb, sind im Nordosten des Sees zu sehen.

Gorak Shep ist leicht bis zum Mittagessen zu erreichen. Die meisten Wanderer verbringen den Rest des Tages damit, sich auszuruhen. Wer jedoch von der Höhe noch nicht ermüdet ist, kann nachmittags auf den Kala Pattar steigen oder zum Basislager gehen. In Gorak Shep finden Sie in der Nähe des Sees zwei Hirtenhütten. Sie sind jedoch klein und dreckig und sollten nur im Notfall als Schutz dienen. Der Yeti Tee Shop, der von der Sherpani Ang Lamu geführt wird, bietet einige wenige Betten in einem Haus mit einem einzigen Raum. In den kältesten Monaten, d. h. von Dezember bis Februar, schließt Ang Lamu häufig ihre Unterkunft und geht nach Khumjung zurück, so daß man sich am besten in Lobuje erkundigt, bevor man sich während des Winters auf diese Einrichtung verläßt. Es sollte möglich sein, hier von dieser Zeit abgesehen in der Trekking-Saison Unterkunft und Verpflegung zu erhalten. Die beste Lösung ist es jedoch, früh aufzubrechen und von Lobuje über Gorak Shep zum Kala Pattar und dann wieder zurück nach Lobuje zu wandern, um dort zu übernachten, so daß es nicht notwendig ist, in Gorak Shep zu bleiben.

16. TAG: VON GORAK SHEP NACH LOBUJE

Es ist unmöglich, jemandem zu erklären, wie schlecht man sich in großen Höhen fühlt, wenn man es nicht selbst erlebt hat. Die meisten Menschen verbringen sowohl in Gorak Shep als auch in Lobuje unangenehme, häufig schlaflose Nächte, und das trotz des zusätzlichen Tages für die Akklimatisierung. Nach dem Abstieg in das 300 m tiefer gelegene Lobuje oder, noch besser, nach Pheriche, bemerken die meisten

Menschen eine sofortige Verbesserung ihres Zustandes, so daß es sich nicht lohnt, eine weitere Nacht in 5.160 m Höhe zu verbringen.

Morgens ist es im allgemeinen glasklar, so daß der Aufstieg auf den Kala Pattar zu den Teilen der Wanderung gehört, die für vieles entschädigen. Es ist ein steiler Weg über die grasbewachsenen Hänge westlich von Gorak Shep bis zu einem Felsvorsprung am Fuß des Pumori. Selbst von diesem niedrigen Aussichtspunkt ist die gesamte Südseite des Everest sichtbar, aber auch der Lho La (der Paß zwischen Nepal und Tibet, von dem George Leigh Mallory im Jahre 1921 nach Nepal sah), der Chagtse (der Nordgipfel des Everest) sowie der überwiegende Teil der Westkamm-Route, die von Unsoeld und Hornbein im Jahre 1963 gewählt wurde. Wer mit den Berichten über die Expeditionen zur tibetischen Seite des Everest vertraut ist, kann den nördlichen Bergkamm und die erste und zweite Stufe erkennen – jene berühmten Hindernisse während der Versuche in den zwanziger und dreißiger Jahren, den Berg zu bezwingen. Wenn man weiter zur Spitze des Kala Pattar wandert, wird ein größerer Teil des Gipfels des Everest selbst sichtbar, und nach einem kurzen Weg vom Gipfel des Kala Pattar auf dem Bergkamm in Richtung Pumori hat man die Gelegenheit, einen ungestörten Blick bis hin zum South Col zu werfen.

Für den Weg zum Basislager und wieder zurück benötigt man ca. 6 Stunden, vielleicht auch mehr, wenn nicht eine Expedition vor Ihnen den sich ständig

Lama Sange Dorje und der Gompa von Tengpoche

ändernden Pfad in gutem Zustand gehalten hat. Der Wanderweg folgt dem Khumbu-Gletscher, teils auf der Moräne und teils auf dem Gletscher selbst. Er ist vor allem aufgrund des Blicks auf die 25 Meter langen Eiszacken faszinierend, die für die Himalaja-Gletscher kennzeichnend sind.

Das Basislager des Everest ist kein besonders interessantes Ziel. Teilnehmer mehrerer Expeditionen haben hier unterschiedliche Plätze ausgewählt, um vorübergehend ein Lager während ihres Aufstiegs auf den Berg zu errichten. Einige der Stellen für die Lager sind vom Geröll auf dem Gletscher in 5.360 m Höhe oder mehr zu erkennen. Der Ausflug zum Basislager ist zwar faszinierend, jedoch nicht mit dem Aufstieg auf den Kala Pattar zu vergleichen, da man auf dieser Wanderung den Everest selbst nicht sehen kann.

Es ist schwer, an einem einzigen Tag sowohl auf den Kala Pattar als auch zum Basislager zu wandern. Wer dies jedoch möchte, sollte den Nachmittag des Tages in Gorak Shep für die eine und den nächsten Morgen für die andere Wanderung wählen. Die Erschöpfung und die Lethargie, die durch die Höhe verursacht werden, begrenzen allerdings die Kräfte vieler Menschen, so daß sie notgedrungen darauf verzichten. Der Abstieg nach Lobuje ist dagegen einfach, erscheint allerdings wegen der zahlreichen Aufstiege von Gorak Shep unendlich. In der folgenden Nacht schläft man allerdings dort sehr viel besser als in der zuvor.

17. TAG: VON LOBUJE NACH DINGBOCHE

Auf dem Weg nach Dingboche folgt man zuerst seinen eigenen Spuren zurück bis nach Duglha und geht dann von der Brücke aus gerade den Berg hinauf bis zu einem höher gelegenen Pfad, der hoch über der Talsohle verläuft, vorbei an Yak-Weiden in Dusa bis zu einem *Chorten* am oberen Ende des Imja-Tals. Von hier aus hat man einen großartigen Blick. Leicht ist der Island Peak zu erkennen, dessen Name eine treffende Beschreibung ist. Bei dem in der Höhe des Passes zur Rechten vom Island Peak sichtbaren grünlich-grauen Gipfel handelt es sich um den Makalu. Vom *Chorten* führt der Weg hinab zum auf 4.360 m Höhe gelegenen Dingboche, wobei man dem Pfad folgt, der in Richtung Osten das Tal durchquert. Die Hochweiden dieser Region werden gelegentlich als „Sommerdörfer" bezeichnet. Sherpa aus dem tiefer gelegenen Tal besitzen kleine Steinhütten in den höheren Regionen, in denen sie im Sommer wohnen, wenn die Yaks auf den umliegenden Weiden grasen. Einige Nutzpflanzen, insbesondere Gerste, werden auf gleichermaßen hoch gelegenen Feldern angebaut. In Dingboche finden Sie allerdings nicht die Hotels und die sonstige touristische Infrastruktur, wie sie in Pheriche vorhanden ist, sondern es handelt sich um ein typischeres Sommerdorf in einer großartigen Landschaft. Ein richtiges Hotel und zwei Privathäuser bieten im Ort Unterkunft. Auch im einige Stunden weiter oben im Tal gelegenen Chhukung gibt es zwei Hotels.

18. TAG: VON DINGBOCHE NACH TENGPOCHE

Von Dingboche führt der Weg hinunter ins Khola-Tal, dann auf einer Holzbrücke über den Fluß und wieder bergauf, bis man auf den oberen Pfad trifft. Folgt man diesem bergab, hat man die Gelegenheit, einen Abstecher zu unternehmen und den oberen Teil von Pangboche sowie den *Gompa* des Dorfes zu besichtigen, bevor man weiter nach Tengpoche wandert, um dort zu übernachten. Während der Aufstieg in den Bergen langsam vonstatten gehen muß, können Sie bergab so schnell wandern, wie Sie möchten.

19. TAG: VON TENGPOCHE NACH NAMCHE BAZAAR

Die Wanderung führt zurück nach Phunki Thangkha und von dort den Bergkamm hinauf in Richtung Namche Bazaar. Die direkte Route nach Namche Bazaar verläuft an der Seite des Bergkamms und meidet dadurch zahlreiche Aufstiege, es ist jedoch ein langer Weg durch zahlreiche Seitentäler. Sie können aber auch über Khumjung wandern und dort dem Hotel Everest View oder den Sherpa-Dörfern einen Besuch abstatten, bevor Sie den steilen Abstieg nach Namche Bazaar in Angriff nehmen. Dabei müssen jedoch weitere 200 m bergauf in Kauf genommen werden. In Namche Bazaar bietet sich die letzte Gelegenheit, (meist) unechten tibetischen Schmuck von dem Dutzend tibetischer Händler zu erstehen, die ihre Ware neben jedem Zeltplatz und an den seltsamsten Stellen am Weg ausbreiten.

20. TAG: VON NAMCHE BAZAAR NACH LUKLA

Von Namche Bazaar ist der steile Abstieg zurück zum Dudh Kosi in Jorsale recht ermüdend für die Knie, aber das wärmere Klima bietet die Möglichkeit, endlich die Daunenjacken und Wollpullover wegzupacken. Wer von Lukla nach Kathmandu zurückfliegen möchte, muß am Abend vor dem Flugtag seinen Flug bestätigen. Bei einer fehlenden Bestätigung wird nämlich die Platzreservierung annulliert. Der Weg von Jorsale nach Lukla verläuft bergauf bis nach Chablung und biegt dann oberhalb des Dorfes Chaunrikharka nach Lukla ab.

An einigen *Bhattis* vorbei geht es auf dem breiten Weg nach Lukla stetig bergauf. Nach dem letzten steilen Stück gelangt man zu einer Reihe von Häusern und *Bhattis* in einer neuen Siedlung weit vom Flugplatz entfernt. Wenn man sich dem Flugplatz nähert, nimmt die Zahl der Privathäuser und Hotels rasch zu.

Gelegen hoch über dem Fluß auf einem Felsvorsprung in 2.800 m Höhe, ist Lukla ein weiteres klassisches Beispiel dafür, wie schwierig die Feststellung der exakten Höhenlage eines Ortes ist. Die Start- und Landebahn liegt an einem Hang und weist von ihrem Anfang bis zu ihrem Ende ca. 60 m Höhenunterschied auf.

In Lukla steht Ihnen eine gute Zahl von Hotels für Übernachtungen zur Verfügung. Im anspruchsvolleren Sherpa Cooperative Hotel auf halber Höhe der Startbahn werden Zimmer für 10 US $

pro Tag angeboten. Der im tibetischen Stil gehaltene Speiseraum des Hotels bildet das Zentrum des sozialen Lebens in Lukla und ist zudem die Quelle aller Gerüchte über mögliche Flüge. Im Hotel Sagarmatha unweit des Gebäudes für die Abfertigung der Flugpassagiere, dem neuesten und elegantesten sowie teuersten Hotel in Lukla, zahlt man 25 US $ für eine Übernachtung. In der Buddha Lodge beim Flugplatz werden ebenfalls Zimmer vermietet. Hier fließt sogar heißes Wasser aus den Duschen, und die Küche erledigt relativ gut und schnell kurzfristige Bestellungen. In den meisten anderen Hotels wird Unterkunft im Schlafsaal und eine weniger umfangreiche (aber auch billigere) Speisekarte geboten.

Das Büro von RNAC wird abends eine Stunde lang geöffnet, im allgemeinen zwischen 17.00 und 18.00 Uhr, gelegentlich jedoch auch zwischen 18.00 und 19.00 Uhr. Die genauen Öffnungszeiten kann man einem Schild entnehmen. Flüge können nur in dieser Zeit bestätigt werden. Wer am Abend vor dem Flug nicht anwesend ist, wird wahrscheinlich seinen Platz verlieren. Eine per Funk übermittelte Nachricht, die dem RNAC-Personal mitteilt, wieviele Flüge für den kommenden Tag geplant sind, erreicht das Büro im allgemeinen erst nach Ende der Öffnungszeit. Das führt zu einer Atmosphäre der Mystik und der Verwicklung bei der Abwicklung der Flugbürokratie. Tatsächlich erstellt die Gesellschaft den Flugplan jeden Tag erst gegen 19.00 Uhr, wenn bekannt ist, wo jede Maschine die Nacht über verbleibt. Die Abfertigung am eigentlichen Flugtag beginnt früh und kann chaotisch werden. Falls Ihr Wirt oder Ihre Trekking-Agentur Ihnen anbietet, Ihnen dabei behilflich zu sein, sollten Sie davon Gebrauch machen. In Lukla kann man nämlich nicht viel mehr unternehmen, als auf ein Flugzeug zu warten und darüber zu diskutieren, wann es wohl kommt.

21. TAG: VON LUKLA NACH KATHMANDU

Die Trekking-Tour nach Dhankuta ist vor allem deshalb schön, weil man auf ihr die Massenansammlungen in Lukla vermeidet und einige Landstriche kennenlernt, die mit jenen auf dem ersten Teil der Wanderung nicht viel gemein haben.

Der Flug von Lukla nach Kathmandu dauert 35 Minuten und bedeutet eine plötzliche Rückkehr in den Lärm, das Durcheinander und die Hetze einer großen Stadt.

WANDERUNG NACH GOKYO

Eine Wanderung nach Gokyo bietet eine Alternative zu der üblichen Trekking-Tour zum Basislager des Everest. Von Gokyo ist ein größerer Teil des Everest sichtbar, wenn auch aus einer etwas größeren Entfernung als vom Kala Pattar oberhalb von Gorak Shep. Das Bergpanorama ist hier eindrucksvoller. So handelt es sich beim Ngozumpa-Gletscher um den größten Gletscher im nepalischen Himalaja. Von einem Bergkamm oberhalb von Gokyo sind vier über 8.000 m hohe Gipfel gleichzeitig zu sehen (Cho Oyu, Everest, Lhotse und Makalu). Der Blick auf den phantastischen eisbedeckten Bergkamm zwischen dem Cho Oyu (8.201 m) und dem Gyachung Kang (7.952 m) gehört sicher zu den dramatischsten Panoramen in Khumbu. Es bieten sich zudem zahlreiche Auswahlmöglichkeiten für zusätzliche Abstecher sowie Hochgebirgswanderungen an, darunter z. B. die Überquerung eines 5.400 m hohen Passes, der in die Region Khumbu führt.

1. TAG: NAMCHE BAZAAR
Um die Wanderung nach Gokyo unternehmen zu können, müssen Sie sich zunächst akklimatisieren. Man gelangt nämlich leicht zu schnell in eine zu große Höhe und setzt sich damit der Gefahr aus, von der Höhenkrankheit betroffen zu werden. Nur nach einem mindestens dreitägigen Aufenthalt in der Gegend von Namche und Khumjung kann man die Trekking-Tour gefahrlos beginnen.

2. TAG: NAMCHE BAZAAR
Lassen Sie keine Eile walten. Die Ärzte der Himalayan Rescue Association versichern, daß eine Akklimatisierung erforderlich ist, bevor man sich auf den Weg nach Gokyo macht. Dabei gibt es viel zu unternehmen. Wandern Sie z. B. nach Thami, besuchen Sie Khumjung oder essen Sie Apfelkuchen in Namche. Das Wandern hilft Ihnen allerdings besser, sich zu akklimatisieren, als der Apfelkuchen.

3. TAG: VON NAMCHE BAZAAR NACH PHORTSE THANGKHA
Nach dem Aufstieg nach Khumjung führt der Weg im Westen des Dorfes das breite Tal hinunter bis zum Dudh Kosi. Der Pfad nach Gokyo biegt nach Norden ab und zieht sich oberhalb der häufiger genutzten Route nach Tengpoche und bis zum Basislager des Everest entlang.

Am Anfang der Wanderung haben Sie die Wahl zwischen mehreren Wegen: zwischen dem Yak-Pfad, der sanft ansteigt, aber einen langen Umweg um den Bergkamm nimmt, und zwischen dem steilen, treppenartigen Pfad aus

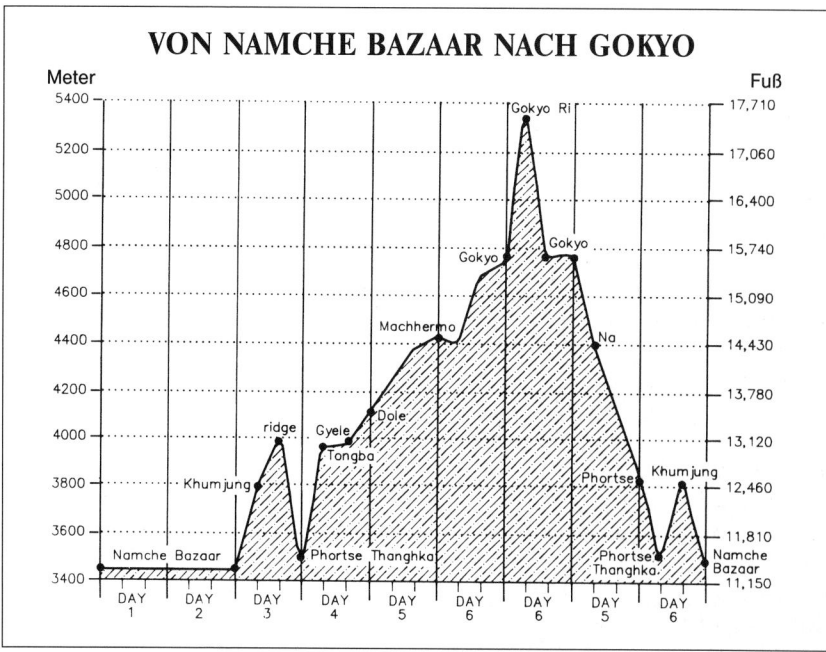

VON NAMCHE BAZAAR NACH GOKYO

Felsbrocken, eingebettet in eine schmale Spalte eines großen Felsens. Die Sherpa behaupten, daß der steilere Weg besser sei - zum Training. Beide Pfade treffen sich bald und führen zu einem großen *Chorten* auf dem höchsten Punkt eines Bergkamms in 3.973 m Höhe. Der Bergkamm beginnt auf dem Khumbila (5.761 m), der nach dem Glauben der Einheimischen der Wohnsitz des Gottes der Region Khumbu sein soll. Der Name Khumbila (offiziell Khumbu Yul Lha) bedeutet „Gott der Region Khumbu". Auf Thankas und anderen Klostergemälden wird er mit einem weißen Gesicht auf einem Schimmel reitend dargestellt. Der Numbur,

der Berg, der sich über Junbesi und der Region Solu erhebt, soll der Sitz des beschützenden Gottes jenes Gebietes sein und trägt in der Sprache der Sherpa den Namen Shorong Yul Lha („Gott der Region Solu").

Vom Bergkamm aus wandert man steil bergauf und bergab den sandigen Hang hinunter bis zum Dudh Kosi. In Phortse Thangkha befindet sich auf 3.500 m Höhe am Fluß ein ausgezeichneter Campingplatz, und zwar kurz vor der Brücke, die Zugang zu Phortse gewährt, einem isolierten Dorf aus 60 Häusern. Es ist möglich, von Khumjung aus an einem einzigen Tag weiter als bis hier zu wandern (z. B. bis nach Tongba oder

235

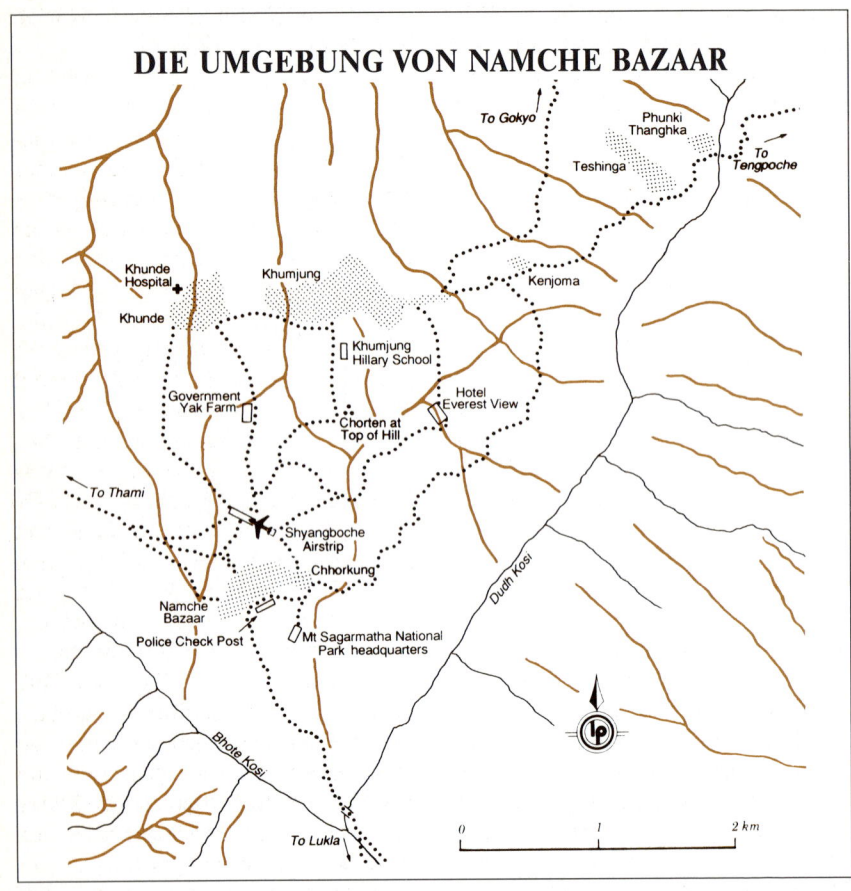

DIE UMGEBUNG VON NAMCHE BAZAAR

To Gokyo

Phunki
Thanghka

Teshinga

To
Tengpoche

Khunde
Hospital

Khumjung

Kenjoma

Khunde

Khumjung
Hillary School

Government
Yak Farm

Hotel
Everest View

Chorten at
Top of Hill

To Thami

Shyangboche
Airstrip

Chhorkung

Dudh Kosi

Namche
Bazaar

Mt Sagarmatha National
Park headquarters

Police Check Post

Bhote Kosi

To Lukla

0   1   2 km

Gyele), man gewinnt damit jedoch nicht viel. Außerdem kann aufgrund des steilen Anstiegs ein solches Unternehmen gefährlich sein.

4. TAG: VON PHORTSE THANGHKA NACH DOLE

Sie sollten diesen ebenfalls nicht sehr anstrengenden Tag für Ihre bessere Akklimatisierung nutzen. Der Pfad führt steil aus dem Tal durch Rhododendronwald hinauf, bis dieser mit zunehmender Höhe duftendem Wacholder und großen Nadelbäumen Platz macht. Im Frühling, wenn auf dieser Höhe von Ende April bis Anfang Mai der Rhododendron blüht, ist dieser Teil der Wanderung besonders schön. Der Pfad führt an zahlreichen *Kharkas* (Sommersiedlungen, die von Sherpa bewohnt werden, wenn sie die Yaks auf den Hochweiden grasen lassen) vorbei. Einige der Dörfer in diesem Tal sind bis zum Dezember von Hirten bewohnt.   -

Leicht wird als Yak viel zu vieles zusammengefaßt, denn eigentlich trägt nur das vollblütige, langhaarige männliche Tier zu Recht diesen Namen. Das weibliche Tier heißt Nak. Ein weibliches Tier einer Kreuzung aus Kuh und Yak wird als Drum bezeichnet. Es wird wegen der Milch geschätzt, die reich an dem von den Sherpa zur Käse- und Butterherstellung genutzten Butterfett ist. Die männliche, unfruchtbare Kreuzung heißt Dzopchuk und ist (relativ) sanftmütig und wird sowohl als Lasttier als auch zum Pflügen eingesetzt. Bei den meisten „Yaks", die man in Khumbu am Wegesrand sieht, handelt es sich in Wirklichkeit um Dzopchuks. Es existieren noch zahlreiche andere Namen für Kreuzungen aus Rind und Nak sowie deren zweite Generation, aber Yak, Nak, Dzum und Dzopchuk sind in dieser Lektion über die Verwandtschaftsgrade der Yaks verwirrend genug.

Die Wanderroute verläuft nun durch die Siedlungen Tongba (3.950 m) und Gyele (3.690 m) bis nach Dole, in dem es zwei Hotels gibt. Der Blick auf den Khumbila und den Tawachee (6.542 m) ist während des ganzen Tages großartig. Hinter Dole besteht darüber hinaus noch die Möglichkeit, auf einen Bergkamm zu steigen, von dem sich ein noch weiterer Blick zu beiden Seiten über das Tal hin bietet.

5. TAG: VON DOLE NACH MACHHERMO

Von Dole aus geht es bergauf nach Lhabarma auf 4.220 m Höhe und Luza auf 4.360 m Höhe. Der Pfad ist an den meisten Stellen steil und führt an Wacholderbüschen vorbei. An allen einigermaßen ebenen Stellen, an denen es die kleinste Spur von Wasser gibt, finden Sie *Kharkas*. Im Winter ist in einigen dieser Dörfer keine Wasserquelle in der Nähe vorhanden. Luza dagegen ist am Ufer eines großen Baches gelegen und wird somit das ganze Jahr über mit Wasser versorgt. Alle *Kharkas* auf dieser Seite des Tales befinden sich im Besitz von Einwohnern aus Khumjung. Viele Familien sind Eigentümer von Häusern in mehreren Siedlungen und wandern mit ihren Herden von Ort zu Ort, wenn die Wiesen überweidet sind und der Schnee schmilzt. Der Pfad zieht sich die Talwand hinauf hoch über den Fluß über sandige Vorsprünge bis nach Machhermo auf 4.410 m Höhe. In Machhermo sollen übrigens 1974 drei Yaks von einem Yeti getötet und überdies ein Sherpa angegriffen worden sein. Das ist die glaubwürdigste Geschichte von einem Yeti, so daß man Vorsicht walten lassen sollte. Übernachten kann man in Machhermo in zwei Hotels.

6. TAG: VON MACHHERMO NACH GOKYO

Hinter Machhermo geht es zu einem Bergkamm hoch, von dem aus man einen phantastischen Blick hinunter ins Tal bis nach Kantega und auf den Cho

Oyu (8.153 m) hat. Wenn man den Berg-kamm hinter sich gelassen hat, verbrei-tert sich der Pfad auf 4.390 m Höhe, führt durch Pangka (ein Hotel) und fällt dann zum Flußufer ab, um zur Endmo-räne des Ngozumpa-Gletschers wieder anzusteigen.

Es ist ein steiler Aufstieg auf die Morä-ne am Fluß entlang bis zum ersten klei-nen See auf 4.650 m Höhe, an dem eine Familie grüner Braminy-Enten behei-matet ist. Der Weg verläuft hinter dem See fast eben und folgt dem Tal vorbei an einem zweiten See auf 4.690 m Hö-he, um schließlich auf 4.750 m Höhe einen steinigen Pfad nach Gokyo zu erreichen. Gokyo ist eine Ansammlung von *Kharkas* mit sieben Häusern und mit Mauern umgebenen Weiden am Ufer eines großen Sees. Die Lage erin-nert an einen verlassenen Sommer-ferienort. Unterkunft bieten hier drei Hotels.

7. TAG: GOKYO

Der Blick auf die Umgebung von Go-kyo ist großartig. Am schönsten ist die Sicht, wenn man den Gokyo Ri, einen kleinen Berggipfel oberhalb des Sees, erklimmt. Er wird gelegentlich auch als Kala Pattar bezeichnet. Der Aufstieg nimmt ca. zwei Stunden in Anspruch. Hat man das Ziel erreicht, bietet sich ein Panoramablick auf den Cho Oyu, den Gyachung Kang, den Everest, den Lhotse, den Makalu, den Cholatse und den Tawachee.

Wer mehr Zeit und Kraft zur Verfügung hat, kann auch das Tal hoch zu einem anderen See wandern, der auf den Kar-ten als Ngozumpa eingetragen ist, oder noch weiter bis zu einem fünften See. In dieser Region bieten zahlreiche nied-rigere Bergspitzen einen schönen Blick auf die umliegenden Gipfel und sogar bis hin zum Nangpa La, dem Paß an der alten Handelsroute nach Tibet.

8. TAG: VON GOKYO NACH PHORTSE

Sie können von Gokyo an einem einzi-gen, langen Tag nach Phortse hinabwan-dern oder aber unterwegs eine Nacht in Thare oder Konar verbringen, um den Tag weniger anstrengend werden zu las-sen. Dabei ist es schöner, der östlichen Talseite zu folgen und nicht auf der Sei-te zu gehen, die man für den Hinweg genommen hat, um den Khumbila aus einem anderen Blickwinkel zu sehen und sich an dem etwas wärmeren Wet-ter zu erfreuen, da die Sonne nachmit-tags länger auf diese Seite des Tales scheint.

Wenn man von Gokyo den Abstieg be-ginnt, führt die Route am zweiten See vorbei. Etwa auf halbem Weg zwischen dem ersten und dem zweiten See zweigt ein Pfad über die Moräne nach Osten ab. Dies ist die Route zum 5.420 m hoch gelegenen Cho La (Chhu-gyuma-Paß) in die Everest-Region. Der Paß ist nicht schwierig, aber steil und er-fordert eine Gletscherüberquerung auf der Ostseite. Wenn Sie diesen Weg neh-men wollen, sollten Sie von Gokyo nach Pheriche wegen der großen Höhe drei Tage einplanen. Eine Eisaxt, Steig-eisen und ein Seil sind hier allerdings häufig notwendig, um das Eis am Fuß des Gletschers auf der anderen Seite des Passes zu überwinden. Bei idealen Bedingungen sollten dabei jedoch keine technischen Probleme auftreten. Neben dem Weg über das Eis gibt es zudem eine Art Pfad in den Felsen. Der Aufstieg von der Westseite zum Paß variiert im Schwierigkeitsgrad je nach der Schneemenge. Es kann sich um eine harte Kletterei auf einem Hang aus Geröll handeln bis zu einem technisch sehr schwierigen Aufstieg über Eis. Am günstigsten ist es, wenn der Schnee weich genug ist, um Stufen in den Hang zu treten. Der Paß ist für Yaks nicht passierbar und im allgemeinen auch schwerbeladenen Trägern nicht zuzumuten. Die Träger und die Tiere können jedoch den Weg um den Berg über Phortse nehmen, um dann drei Tage später in Lobuje oder Pheriche wieder zu Ihnen zu stoßen. Wer eine Überquerung dieses Passes plant, sollte eine Nacht in Chhugyuma und die folgende Nacht in Dzongla auf der anderen Seite des Passes verbringen.

Der Hauptpfad führt weiter bergauf nach Pangka und dann hoch nach Na (4.400 m), der einzigen das ganze Jahr über bewohnten Siedlung im Tal. Von Na aus ist es ein einfacher Abstieg an der Ostseite des Tales des Dudh Kosi entlang, wobei es einige Male bergauf und bergab geht, wenn Erdrutsche und Bäche Seitentäler gegraben haben. Dann gelangt man zum oberen Ende von Phortse. In den Kartoffelfeldern dieses großen Dorfes befindet sich auch ein Zeltplatz. Unterkunft bieten Hotels in Na und Phortse sowie in Thare - etwa auf halbem Weg zwischen den anderen beiden Orten.

9. TAG: VON PHORTSE NACH NAMCHE BAZAAR

Von Phortse geht es hinunter zu einer Brücke und zum ursprünglichen Weg, den man von Khumjung aus genommen hat. Nun sind Namche Bazaar und sogar Jorsale bis zum Abend unschwer zu erreichen.

Eine Alternativroute zieht sich von Phortse einen steilen, schmalen und ungeschützten Pfad zum oberen Teil von Pangboche hinauf, wo man auf den Weg in die Everest-Region trifft. Ein weiterer Pfad führt von Phortse steil zum Imja Khola hinunter und dann durch den Wald hinauf nach Tengpoche.

WANDERUNG NACH THAMI

Thami liegt nicht weit vom Anfang eines Tales westlich von Namche Bazaar in 3.800 m Höhe. Das Dorf ist der Ausgangspunkt für die Überquerung des Tesi Lapcha, eines 5.755 m hohen Passes zum Tal von Rolwaling. Nur erfahrene, gut ausgerüstete und gut informierte Gruppen sollten versuchen, den Tesi Lapcha zu überqueren, da häufige Felsstürze in der Nähe des Passes eine ernste Gefahr darstellen.

Der Weg nach Thami beginnt oberhalb von Namche Bazaar und führt westlich einer großen Ansammlung von Gebetsfahnen und Mani-Steinen vorbei. Die Mani-Steine auf dem ganzen Weg nach Thami gehören zu den wohl kompliziertesten und schönsten ihrer Art in ganz Nepal. Die Wanderung zieht sich auf einem breiten, fast ebenen Pfad über Gonglha und Drama um den Berg herum, bevor man das große Dorf Thomde erreicht. Kurz vor Thomde führt eine Abzweigung zum Kloster in Mende. Hier studieren einige Europäer und Amerikaner unter der Anleitung eines Englisch sprechenden Lamas. In Thomde sind noch die Überreste eines Dammes und des Büros für ein Wasserkraftwerk zu sehen, die 1985 durch eine Flut zerstört wurden. Das Kraftwerk wird nun weiter oberhalb des Flußlaufes neu gebaut und soll eines Tages mit der Kraft des Bhote Kosi genug Strom erzeugen, um alle Häuser in Khumbu mit Elektrizität zu versorgen.

Bevor man hinunter zum Fluß gelangt, den man auf einer stabilen Holzbrücke überquert, wandert man ein kurzes Stück bergauf. Dann geht es steil bergauf neben einem Bach nach Thami. Der Ort ist rund drei Stunden von Namche Bazaar entfernt. Thami ist in einem großen Tal gelegen und bietet einen schönen Blick auf die schneebedeckten Gipfel des Teng Kangpoche (6.500 m) und des Kwangde (6.187 m) im Süden.

Im Norden des Dorfes wurde ein Polizeiposten eingerichtet, der dafür sorgt, daß Trekker nicht auf der gesperrten Handelsroute zwischen Nepal und Tibet weiter nach Norden wandern. Bis zum Nangpa La, dem 5.741 m hohen Paß, über den Yaks Waren zwischen den beiden Ländern transportieren, sind es zwei Tage. Die Sherpa nutzen den Paß in erster Linie für den Handel mit Yaks und Wolle.

Etwa 150 m oberhalb von Thami ist der *Gompa* des Ortes zu sehen, ein malerisches Kloster inmitten von zahlreichen Wohnstätten der Lamas und Lay. Es drängt sich an einen Berghang mit Blick über das Tal. Hier werden im Frühling die Feierlichkeiten aus Anlaß des Mani Rimdu begangen, das jedes Jahr in der Mitte des Monats März stattfindet. Während des Mani Rimdu eröffnen zahlreiche Sherpa vorübergehend Hotels in der Nähe des *Gompa* und bieten Besuchern dann *Momos* (mit Fleisch gefüllte Pfannkuchen), *Thukpa* (Nudeln) und endlose Mengen an Tee, *Chang* und *Rakshi* an.

Es ist möglich, innerhalb eines Tages nach Thami und wieder zurück nach Namche Bazaar zu wandern, aber es lohnt sich, eine Nacht in Thami zu verbringen, um am klaren Morgen die Gipfel sehen zu können. Dieser Abstecher eignet sich gut zur Akklimatisierung vor einem weiteren Aufstieg. Übernachten kann man in Thami in einem Hotel, wie auch in Thammu.

AUSWEICHROUTE NACH LAMIDANDA

Gelegentlich wird die Menschenmenge in Lukla einfach zu groß, um noch bewältigt werden zu können. Stellen Sie sich vor, daß manchmal 350 Personen auf ein Flugzeug warten, das nur 15 Personen Platz bietet. Dann machen sich viele Wanderer, die eine großartige Trekking-Tour absolviert haben, durch den Kampf um die Plätze in Lukla selbst unglücklich. Es ist ein Gefühl der Hilflosigkeit, das in solchen Situationen vorherrscht, wenn weder Einfluß noch Geld dazu führen können, daß ein Flugzeug kommt. Man befindet sich jedoch in einem unterentwickelten Land. Wer erwartet, daß die Dinge planmäßig verlaufen (oder gelegentlich überhaupt geschehen), sollte sich besser in die Berge der Schweiz begeben.

Wenn Menschen in Lukla außer sich geraten, geschehen unglaubliche Vorfälle. Ich habe selbst gesehen, wie einmal ein Stationsleiter von RNAC von einem eine Eisaxt schwingenden wutentbrannten Touristen gejagt wurde. Außerdem habe ich miterleben müssen, wie ein Pöbel vor dem Büro der Fluggesellschaft grölte. Zweimal mußte ich Zeuge sein, wie Flugzeuge voller Polizisten ankamen, die die Situation wieder unter Kontrolle bekommen sollten. Und ich habe unzählige Klagen von Leuten gehört, die am nächsten Tag am Arbeitsplatz hätten erscheinen müssen, es aber nicht schafften. Wenn die Lage derart aussieht – im allgemeinen Ende Oktober und Anfang November sowie gelegentlich auch zu anderen, unvorhersehbaren Zeiten –, ist die einzige Möglichkeit zu verhindern, daß man die Fassung verliert, dafür zu sorgen, daß der eigene Name auf der Passagierliste steht. Beauftragen Sie einen Ihrer Sherpa (oder noch besser den Herbergsinhaber oder den Vertreter Ihrer Trekking-Organisation in Lukla), dafür zu sorgen, daß kein anderer Name vor Ihren gesetzt wird. Dann sollten Sie einen oder zwei Behälter mit *Chang* einsetzen, um Konkurrenten auszuschalten.

Jetzt können Sie warten. Es kann sich um einen Tag handeln (ich habe erlebt, wie an einem einzigen Tag 14 Flüge stattfanden) oder um zwei Wochen. Eine Alternative ist es, nach Jiri zu wandern, das man bei normalem Tempo in sechs Tagen erreicht, und von dort mit einem Bus nach Kathmandu zu fahren. Wer 10 bis 12 Stunden pro Tag wandert (man kann in Nepal durch eine längere Wanderzeit, aber nicht durch die Steigerung des Tempos Zeit gewinnen), erreicht Jiri in vier Tagen, vielleicht sogar in drei Tagen. Sie können sich auch auf den Weg zum zwei lange (oder drei angenehme) Tage entfernten Flugplatz in Phaphlu begeben. Dabei handelt es sich um eine schöne Route, die jedoch nicht unbedingt Ihre Rückkehr nach Kathmandu beschleunigt, da auf dieser Strecke nur ein bis zwei Maschinen pro Woche verkehren und die meisten Plätze von den Staatsbediensteten benutzt werden, die im nahegelegenen Salleri stationiert sind.

Von Phaphlu ist man in sechs Tagen im südlicheren Janakpur. Auch die in diesem Buch beschriebene Wanderung nach Dhankuta ist eine Ausweichroute zu Lukla. Eine weitere Möglichkeit wäre es, nach Lamidanda, einem Flugplatz fünf Tage weiter südlich, zu wandern. Am wichtigsten ist es, nicht sich selbst und alle anderen damit unglücklich zu machen, zu kämpfen und das Schicksal zu beklagen. Statt dessen sollten Sie etwas Positives unternehmen. Sie können immer noch für einige Tage zurück nach Namche Bazaar wandern und darauf hoffen, daß sich die Lage verbessert, oder den Bergkamm hinter Lukla erklimmen, wo wunderschöne Hochweiden liegen und man einen guten Blick auf den Kariolung hat.

Die Ausweichroute Lamidanda kann in beiden Richtungen benutzt werden. Nach einem Flug nach Lamidanda ist es möglich, in die Region Khumbu zu wandern. Auch wenn ich diese Route als Fünftage-Tour bezeichnet habe, kann sie, wenn die Träger damit einverstanden sind, in vier Tagen ebenfalls zurückgelegt werden. In der Gegenrichtung benötigt man wegen des langen Aufstiegs nach Aiselukharka am Beginn allerdings in jedem Fall fünf Tage.

1. TAG: VON LUKLA NACH BUPSA

Ein Pfad zweigt von Ende der Start- und Landebahn in Lukla ab und führt hinunter zum Hauptweg nach Kathmandu. Die Wanderung bergab setzt sich auf dem Hauptweg nach Surkhe fort, von wo es dann hoch nach Puiyan, über den Paß und wiederum bergab nach Bupsa geht (vgl. Beschreibung des 7. und 8. Tages der Wanderung zum Everest).

2. TAG: VON BUPSA NACH WOBSA KHANI

Der Weg führt nun steil hinab nach Khari Khola (2.070 m). Wer nicht von Kathmandu aus bereits gewandert ist, sieht hier zum ersten Mal die ausgedehnten Terrassen in den mittleren Gebirgen von Nepal. Mittwochs wird in Khari Khola ein Basar abgehalten, auf dem Sie Ihren Proviant aufstocken können, denn von hier bis zum nächsten Basar in Aiselukharka ist nur noch *Dhal Bhaat* erhältlich. Auf einem Pfad, der von Khari Khola oberhalb des Hauptweges nach Kathmandu verläuft, geht es ca. 20 Minuten hinter dem Dorf in südliche Richtung weiter. Man wandert über einen Bergkamm und dann hoch oberhalb des Dorfes Jubing nach Süden. Die Route führt durch Buschwald und vorbei an einigen wenigen Feldern bis nach Jube auf 2.100 m Höhe und von da an durch Rhododendron- und Eichenwald. Schließlich zieht sich der Pfad bergab bis zum Thana Khola, den man überquert, und steil hoch aus dem Seitental. Hier sind einige wenige Häuser und Hirtenhütten zu sehen, aber den überwiegenden Teil des Weges wandert man (für nepalische Verhältnisse) ohne große Höhenunterschiede durch Wald. Das Rai-Dorf Wobsa Khani ist ca. 2 Stunden hinter dem Thana Khola auf einer Höhe von 1.800 m gelegen. Unterhalb von Wobsa liegt Tamba Khani (Kupfermine), wo das Hüttenwerk und die Bauten des Bergwerks zu sehen sind, die dem Ort seinen Namen gaben.

3. TAG: VON WOBSA KHANI NACH LOKHIM

Von Wobsa Khani bringen Träger Orangen und Reis zum Markt in Namche Bazaar. Mit Ausnahme dieser Träger nutzen nur wenige Einheimische oder Trekker den Weg, was der Grund dafür ist, warum es keine Hotels und nur wenige *Bhattis* entlang dieser Route gibt. Von Wobsa Khani aus verläuft der Weg relativ eben, während das Tal breiter wird, und fällt dann ein wenig nach Waku hin ab, einem Dorf der Chhetri auf 1.500 m Höhe. Der Pfad verläuft noch ein Stück weiter durch den Wald bergab nach Suntale auf 1.100 m und dann steil hinab zum Hinku Khola, den man auf einer alten Hängebrücke in 980 m Höhe überquert. Das ist der gleiche Fluß (auch Inuku genannt), den man am 3. Tag der Wanderung nach Dhankuta überquert hat.

Nach einem steilen Aufstieg über eine Reihe von Stufen, die in den Fels geschlagen wurden, erreicht man einen Bergkamm auf 1.200 m Höhe und wandert dann wiederum ein wenig bergab zu dem von Rai und Chhetri bewohnten Dorf Khorde. Der Weg führt nun durch eine Landschaft mit zahlreichen Bäumen bis zum Hongu Khola in 900 m Höhe, über den eine provisorische Holzbrücke führt. Hier sind noch die beeindruckenden Überreste einer Auslegerbrücke zu sehen. Es scheint, als sei die Brücke vor Jahren zusammengebrochen. Von diesem Punkt aus wird den Hongu hinauf ein wenig Handel getrieben. Menschen aus so weit entfernten Dörfern wie Bung kommen an den Markttagen den gesamten Weg bis nach Aiselukharka ins Tal hinunter. Vorbei an den Hirtenhütten von Utha zieht sich der Weg steil bis zu einem Bergkamm auf 1.590 m hinauf. Möglicherweise müssen Sie in Utha zelten, da es noch einmal 1 1/2 Stunden von hier bis nach Lokhim sind, einem riesigen Dorf der Rai mit schönen Bambusständen in einem großen Seitental auf 1.800 m Höhe. Da man hier im Gebiet der Rai wandert, trifft man häufiger auf *Dhami* (Schamanen), die auf den abgelegenen Pfaden wandern, oder man hört zumindest das Echo ihrer Trommeln in der Ferne.

4. TAG: VON LOKHIM NACH ILIM

Lokhim ist ein relativ großes Dorf. Vom einen bis zum anderen Ende der Ansiedlung benötigt man zu Fuß etwa 45 Minuten. Vom östlichen Rand des Dorfes zieht sich der Pfad hoch durch Chuwa zum Paß in Deorali (2.400 m). Diesen Teil der Wanderung deckt die Schneider-Karte „Dudh Kosi" ab. Der Weg führt um das Tal des Dudu Khola, bevor es nach Deorali steil bergauf geht. Am Paß kommt man zu einem Tee-

Laden, dem ersten hinter Khari Khola. Wenn man den Paß hinter sich gelassen hat, wandert man durch Harise, ein Sherpa-Dorf auf 2.300 m Höhe, und dann eine steile Steintreppe hinab nach Aiselukharka, einem größeren Ort, der sich entlang eines Bergkammes auf 2.100 m Höhe erstreckt. In Aiselukharka befinden sich Geschäfte und mehrere Behörden. Samstags wird hier ein großer Basar abgehalten. Hinter Aiselukharka führt die Route über einen breiten Weg den Bergkamm hinab bis nach Ilim auf 1.450 m Höhe.

5. TAG: VON ILIM NACH LAMIDANDA

Nun geht es steil bergab durch eine tropische Landschaft bis zum Ra Khola in 800 m Höhe. Ein Stück flußaufwärts führt eine Brücke über den Fluß, Sie können jedoch auch hindurchwaten. Hier hält man sich in einer Region mit Reisanbau auf, in der der Pfad einer komplizierten Route durch ein Netzwerk an Deichen und Bewässerungskanälen folgt, um sich dann steil zum Pipal Danda hinaufzuziehen und sich dem Talverlauf auf 1.200–1.400 m Höhe anzupassen. Da der Weg durch die Reisfelder verläuft, bietet sich nur wenig Schatten, so daß es wahrscheinlich heiß wird. Schließlich geht es an einer Schule vorbei und entlang eines Bergkammes zum Flugplatz. Auf der Schneider-Karte finden Sie weder diesen Weg noch Lamidanda verzeichnet. Ein Hotel in der Nähe des Flugplatzes bietet auf 1.200 m Höhe Unterkunft. Von Lamidanda fliegen mehrmals wöchentlich Maschinen nach Kathmandu und Biratnagar.

Die Einheimischen behaupten, daß man von Lamidanda zwei Tage nach Bhojpur und von dort einen Tag bis nach Okhaldunga benötige. Diese Einschätzung ist möglicherweise exakt. Einmal verängstigten die Einwohner des Ortes jedoch eine Wandergruppe, indem sie einstimmig erklärten, man brauche wenigstens 12 Tage bis nach Lukla (wo keiner der Dorfbewohner je gewesen war). In dem Brahmanen-Dorf Lamidanda ist nichts zu unternehmen und zu sehen, wenn man davon absieht, daß man hier auf ein Flugzeug warten kann. Ein buddhistischer Schrein in rund einer Tageswanderung Entfernung bietet Ihnen vielleicht ein wenig Abwechslung, falls Sie hier für eine längere Zeit festsitzen. Da es sich bei Lamidanda um den Flugkontrollpunkt für diese Region handelt und Funkverbindungen bestehen, ist es aber (anders als in Lukla) einfach, sich über den Stand der Flüge zu informieren.

VON BARAHBISE NACH JIRI

Eine Wanderung zum Everest wird ein wenig abwechslungsreicher, wenn man nach Jiri fährt. Die Route von Barahbise nach Shivalaya umgeht die Straße nach Jiri jedoch völlig. Sie führt in einige Gegenden, die Trekker nur selten besuchen. Nur wenige Menschen, selbst unter den Einheimischen, folgen der hier beschriebenen Route, so daß sie Ihnen wahrscheinlich den Weg nicht weisen können. Ein ortskundiger Führer (oder zumindest Grundkenntnisse in Nepali) sind daher für diese Strecke erforderlich. Es gibt nämlich so viele Pfade, die in die verschiedenen Richtungen führen, daß es unmöglich ist, alle Kreuzungen und Alternativen zu beschreiben. Die hier angegebene Route ist nur ein Vorschlag. Sie können Ihre Wanderung, wenn Sie erst einmal unterwegs sind, durchaus noch ändern. Es gibt zwar einige *Bhattis* in dieser Gegend, aber kein einziges zwischen Biguti und Mali, so daß es besser ist, sich Proviant mitzunehmen.

1. TAG: VON KATHMANDU NACH KHARTALI

Barahbise liegt 10 Minuten Fahrt hinter Lamosangu am östlichen Ufer des Bhote Kosi. Gleich südlich von Barahbise bildet der Bhote Kosi (der aus Tibet kommt) zusammen mit anderen Flüssen den wesentlich größeren Sun Kosi. Dieser fließt erst in südliche Richtung und dann nach Osten durch Nepal, um schließlich mit dem Arun in der Nähe von Biratnagar zusammenzutreffen. Barahbise ist ein überfüllter Marktflecken in 820 m Höhe, der in erster Linie von Newar und Chhetri bewohnt wird. Die Trekking-Tour beginnt an einer unscheinbaren Reihe von Steinstufen zwischen zwei Geschäften mit einem Aufstieg, der schließlich mehr als 2.400 m Steigung einschließt. Man kommt dabei an einigen verstreuten Gurung-Dörfern vorbei und später in ein Gebiet, das vorwiegend von Tamang bewohnt wird. Der größte Teil der Route führt durch offenes, landwirtschaftlich genutztes Land, unterbrochen von einigen Pipal-Bäumen, die von *Chautaaras* umgeben sind und an heißen Tagen willkommenen Schatten bieten, da der Weg sich bis nach Parati, einem kleinen Dorf in 1.300 m Höhe, bergauf zieht. Hinter Parati ist die Steigung weniger groß und wechselt sich sogar mit einigen ebenen Strecken ab. Hier wandert man durch eine Region, die in großem Umfang landwirtschaftlich genutzt wird, zu dem großen Tamang-Dorf Khartali in 1.680 m Höhe.

2. TAG: VON KHARTALI NACH THULO TINGSANG

Hinter Khartali verläuft der Weg in östliche Richtung am Bergkamm entlang, hoch oberhalb des Sun Kosi. Nur wenige Einheimische benutzen diesen Pfad, wenn man von den Trägern absieht, die Reis, Holz und Schiefer für die Dächer hinunter nach Barahbise transportieren. Man wandert einen Bergkamm hinauf bis zu einem kleinen *Bhatti* und einem schnellfließenden Bach in 2.290 m Höhe. Hinter dem Bergkamm gelangt man in einen tiefen Rhododendronwald und geht dann mehrmals kürzere Strecken bergauf und bergab durch bewaldete Seitentäler. Unterhalb des Pfades und auf der anderen Seite des Tales stehen Häuser, aber oberhalb des Weges gibt es fast nur Wald. Nachdem man einen Bergkamm umrundet hat, öffnet sich der Blick auf das langgestreckte Sherpa-Dorf Dolanga mit seinen sauberen, weiß gekalkten Häusern, umgeben von Feldern, auf denen Mais, Kartoffeln, Weizen und Gerste angebaut werden. Vom Bergkamm aus führt der Pfad in ein weiteres Seitental (achten Sie auf Brennesseln) und auf einer Brücke, die an einem riesigen Baum befestigt ist, über den Bach. Der Baum weist darauf hin, daß diese Region einmal bewaldet war, bevor das Bevölkerungswachstum dazu geführt hat, daß große Mengen an Holz geschlagen wurden, um Brennmaterial zu gewinnen. Ein kurzes Stück hinter der Brücke bringt Sie der linke Pfad steil bergauf zum Sherpa-Dorf Dolangsa in über 2.380 m Höhe. Ein Hotel gibt es hier nicht, aber wahrscheinlich können Sie in einem der Privathäuser Unterkunft finden. Hoch oberhalb des Dorfes erhebt sich ein *Gompa*.

Hinter Dolangsa zieht sich der Weg durch Rhododendronwald vorbei an einigen *Kharkas*, die während des Sommers beim Weiden der Rinderherden genutzt werden. In der Trekking-Saison sind die Weiden leer, eignen sich jedoch gut als Campingplätze, wenn man mit einem Zelt unterwegs ist. Dann beginnt ein steiler Aufstieg zum Tingsang La, den man auf 3.320 m Höhe überquert und der einen guten Blick in alle Richtungen bietet. An klaren Tagen dominieren der Gauri Shankar (7.145 m) und die Gipfel des Chhoba-Bhamare (6.108 m), einer Felsspitze im Westen, den Horizont, während im Osten der Pigpherago (6.730 m) und der Numbur (6.959 m) zu sehen sind. Ein kurzes Stück unterhalb des Passes liegt Thulo Tingsang, eine große *Kharka* in 3.260 m Höhe. Der Blick von dieser Stelle ist ebenso gut wie vom Paß. Während des Sommers leben viele Menschen bei diesen Hochweiden. Dann werden selbst ein kleiner Laden und ein kleines Hotel eröffnet. Im Winter werden die Dächer der Steinhütten abgetragen und die Haushaltsgegenstände zu den tiefer gelegenen Dauersiedlungen gebracht. Während der Trekking-Saison erhalten Sie hier weder Unterkunft noch Verpflegung.

3. TAG: VON THULO TINGSANG NACH AMATAL

Von Thulo Tingsang (Großes Tingsang) führt der Pfad hinunter durch Nadel- und Rhododendronwald nach Sano Tingsang (Kleines Tingsang), einer weiteren *Kharka* in 3.000 m Höhe. Der kontinuierliche Weg bergab (eine sehr schöne Wanderung, denn die meisten Abstiege sind in Nepal steil und hart) verläuft durch Wald und vorbei an kleinen *Kharkas* bis zu einem Bach in 2.230 m Höhe. Hier steht eine kleine Papierfabrik, bei der Sie sehen können, wie das Papier auf Rahmen in der Sonne getrocknet wird. Einige Minuten weiter unterhalb fließt ein weiterer Bach (2.100 m), den man auf einer überdachten Brücke überquert. Von hier aus gelangt man über einen steilen, unebenen Pfad zum 400 m höher gelegenen Bigu (2.500 m). Bigu ist ein Sherpa-Dorf mit einem großen *Gompa* und einem Nonnenkloster. Dorthin ist es ein anstrengender Abstecher, der einen steilen Abstieg zum Hauptweg zurück einschließt. Der direkte Weg folgt weiter dem Flußtal durch Dörfer der Tamang, Chhetri und Kami (Kaste der Schmiede) mit schiefergepflasterten Höfen nach Amatal in 1.680 m Höhe.

4. TAG: VON AMATAL NACH SAUNEPANI

Es ist eine schöne Wanderung am Sangawa Khola entlang bis zu seinem Zusammenfluß mit dem Tamba Kosi. Man bleibt am Südufer des Flusses und wandert an Kopai und einigen anderen kleinen Dörfern vorbei. Ein großer Teil des Weges verläuft durch Kiefernwald. Die Einheimischen haben die meisten unteren Zweige abgeschlagen, um sie als Brennholz zu verwenden – eine traditionelle Methode, um die völlige Vernichtung des Waldes zu verhindern.

Der Pfad steigt über Bergkämme und Vorsprünge an und ab, um schließlich steil zum Sangawa Khola (1.220 m) hinunterzuführen, den man überquert. Die Wanderung folgt dann dem Nordufer des Flusses gelegentlich bergauf und bergab, im allgemeinen jedoch zieht sich der Weg fast eben vorbei an einigen Nebenflüßchen, von denen zwei schöne tropische Wasserfälle bilden. Der Weg verläuft nicht nur eben, sondern man wandert nachmittags zudem noch durch eine fast menschenleere Gegend, zwei für nepalische Verhältnisse völlig ungewöhnliche Dinge. Schließlich erreicht man bei Sigaati (1.000 m) den Tamba Kosi, der hier Bhote Kosi heißt. Das Dorf besteht nur aus einigen wenigen Häusern und einem kleinen Laden.

5. TAG: VON SAUNEPANI NACH SERUKAPTI

Zunächst folgt man ca. eine Stunde lang dem Westufer des Tamba Kosi in südliche Richtung. In der entgegengesetzten Richtung bringt Sie dieser Weg nach einer Woche in das Rolwaling-Tal. Der Pfad weist keine Steigungen und Senken auf, da er dem Fluß in Richtung Süden nach Biguti (950 m) am Ostufer des Tamba Kosi folgt. Ein kleiner Laden befindet sich am Westufer. Eine wunderschöne alte Ketten-Hängebrücke bringt Sie ans Ostufer. Diese Art Brücken ist heute selten geworden, da sie durch neuere Zement- und Stahlseil-Brücken ersetzt werden. Die schwingende Brücke hoch über dem Fluß bietet so eine aufregende und ungewöhnliche Abwechslung von den neuen Bauten. Etwa fünf Minuten südlich der Brücke, am Westufer, wurde Ghumbu Khola, ein neues Handelszentrum, errichtet. Im Erdgeschoß jedes Hauses befindet sich hier entweder ein Laden oder ein Hotel. Wer nach einer Entschuldigung dafür sucht, die Überquerung der Brücke ein wenig zu verschieben, kann in diesem Dorf seinen Mut mit einem Glas *Rakshi* stärken.

In Biguti geht es in nördliche Richtung über einen kleinen Bach und dann einen Bergkamm hoch nach Nordosten. Man wandert zunächst ein Stück bergauf, dann führt der Weg nach Osten durch die Tamang-Dörfer Jaku (1.460 m) und Yarsa. Anders als der kurze Weg am Tamba Kosi, ein wichtiger Handelsweg, zieht sich dieser Pfad durch Wälder und kleine Dörfer zum Kopf des Tales. Da diese Route nur selten gewählt wird, findet man einige steile und schmale Steigungen vor. Zudem ist der Weg nicht immer erkennbar. Fragen Sie nach dem Pfad nach Serukapti, wenn Sie im Hof eines Hauses an ein totes Ende gelangen. In Sarsepti, einem großen Tamang-Dorf in 1.760 m Höhe, wird der Weg wieder deutlicher. Von hier aus geht es bergauf durch schöne Eichen- und Rhododendronwälder mit unzähligen Farnen und Orchideen. Nach einer weiteren Steigung erreicht man das Sherpa-Dorf Serukapti in 2.300 m Höhe.

6. TAG: VON SERUKAPTI NACH MALI

Von Serukapti zieht sich der Pfad hoch in den Wald. Etwa 15 Minuten hinter dem Dorf kommt man zu einer Kreuzung. Der untere (nach rechts abzweigende) Weg führt nach Jiri und der obere (linke) durch Hanumante Danda und vorbei an Jiri. Da einer der Gründe für die Inkaufnahme all dieser Steigungen es war, die Autostraße nach Jiri zu meiden, macht es keinen Sinn, sie jetzt zu wählen. Statt dessen setzt man die Wanderung das Tal hoch fort bis zu einer großen *Kharka*, einer schönen Hochalm in 2.300 m Höhe, umgeben von großen Bäumen. Der Pfad führt bergauf durch einen Wald von großen, moosbedeckten Kiefern, um schließlich die Spitze des Bergkammes auf 2.900 m Höhe weit oberhalb von Jiri zu erreichen. Hier verlaufen zahlreiche Pfade. Einer von ihnen führt hinunter zu einer Käsefabrik und dann wieder hinauf zum Kamm oberhalb von Mali. Der direkte Weg folgt dem Kamm eine Zeit lang in östliche Richtung und fällt dann langsam ab, um den Bergkamm zu überqueren, zieht sich dann wiederum langsam bergab und vorbei an einigen Schieferminen, bevor man den Patashe Danda erreicht und dann auf einem breiten Pfad (auf dem Bergkamm) nach Mali, einem Sherpa-Dorf in 2.200 m Höhe, gelangt. Hier trifft man auf den Weg, der von Jiri nach Shivalaya und Bhandar führt.

ANNAPURNA-GEBIET

EINFÜHRUNG

Zentral-Nepal wird vom Annapurna Himal und dem Ort Pokhara dominiert. In dieser Region gibt es drei bedeutendere Trekking-Routen: nach Jomsom, zum Annapurna-Schutzgebiet und einen Rundweg um den Annapurna Himal selbst. Pokhara ist zudem ein guter Ausgangspunkt für kurze Wanderungen von ein bis vier Tagen, darunter auch den Royal Trek, den ich in diesem Kapitel ebenfalls beschrieben habe.

INFORMATIONEN
Projekt zur Erhaltung des Annapurna-Gebietes (Annapurna Conservation Area Project): Das ACAP wurde im Jahre 1986 ins Leben gerufen und wird vom King Mahendra Trust for Nature Conservation geleitet. Es zielt darauf ab, die gesamte Annapurna-Gebirgskette zu schützen, also ein Gebiet von mehr als 2.600 km². In einem innovativen Ansatz des Umweltschutzes wurde die Region zu einem Schutzgebiet und nicht zu einem Nationalpark erklärt. In dieser Region lebt eine große Zahl von Menschen, auch wenn üblicherweise in Nationalparks, wenn überhaupt, nur wenige Personen siedeln dürfen. In dem Versuch, Interessenkonflikte zu vermeiden, sieht das ACAP daher die Einbeziehung der Einheimischen und die Schwerpunktsetzung bei der Erziehung zum Umweltschutz vor.

Zu dem Projekt gehört die Schulung der Besitzer von Unterkünften mit dem Schwerpunkt sanitäre Anlagen, Verzicht auf Abholzung der Wälder und Bewahrung der eigenen Kultur. Dazu werden Kochkurse angeboten und die Wirte ermutigt, faire Preise für ihre Leistungen zu nehmen. Das ACAP unterstützt den Gebrauch von Kerosin als Brennstoff zum Kochen anstelle von Holz und schreibt ihn in den Regionen oberhalb von Chhomrong im Annapurna-Schutzgebiet sogar vor. Das ACAP wird durch einen Beitrag von 200 Rs gefördert, der von allen Trekkern, die eine Genehmigung für die Annapurna-Region beantragen, eingezogen wird.

Das ACAP hat auch den Bau von Toiletten im ganzen Gebiet vorangebracht. Benutzen Sie diese. Es wurde zudem für die Sicherstellung der Kerosinversorgung im Annapurna-Schutzgebiet gesorgt.

KARTEN
Vom ACAP wurden Karten mit Höhenlinien und detaillierten Ratschlägen auf der Rückseite erstellt, die in Buchhand-

lungen in Kathmandu für 100 Rs pro Blatt erhältlich ist. Neuere, genaue topographische Karten der Region wie z. B. die Schneider-Karten vom Everest und von Langtang gibt es für diese Gegend jedoch nicht. Bei den Karten der US-Armee ist das Gebiet in den Blättern NH 44–16 (Pokhara) und NH 45–13 (Jongkha Dzong) erfaßt.

Allerdings sind zahlreiche in Nepal hergestellte Karten erhältlich, bei denen es sich teils um Drucke und teils um Blaupausen handelt. Die meisten tragen den Titel „Around Annapurna".

UNTERKUNFT

Pokhara: Alle Wanderungen in die Annapurna-Region beginnen oder enden in Pokhara, der bedeutendsten Stadt in der Mitte Nepals.

Zu den Unterkünften in Pokhara gehören auch die elegante und friedliche Fish Tail Lodge am See, das im westlichen Stil gehaltene New Hotel Crystal, das Hotel Mount Annapurna sowie das Himalayan Hotel, die alle gegenüber vom Flughafen liegen. Bei letzteren haben Sie die Wahl, ein eigenes Zelt aufzuschlagen oder einen Bungalow zu mieten. Das Hotel Tragopan und das Hotel Dragon finden Sie ein kleines Stück südlich des Flughafens. Am See wohnt man in der Base Camp Lodge am besten. Auch in den zahlreichen anderen kleinen Hotels am Ufer des Phewa Tal kann man ausgezeichnete Zimmer mieten. Daneben besteht noch die Möglichkeit, unweit des Sees auf dem staatlichen Zeltplatz in etwa 900 m Höhe zu übernachten.

Bei den Restaurants am See empfehlen sich das Hungry Eye und das Yak & Yuppie.

Unterkunft unterwegs: Zahlreiche Trekker-Hotels bieten in den verschiedenen Teilen der Region ein Dach über dem Kopf. Die meisten sind ganz ordentlich, einige sogar außerordentlich gut. Sie können damit rechnen, auf allen wichtigeren Routen in der Annapurna-Region sowohl ein Zimmer als auch etwas zu essen finden. Während der Hochsaison, d. h. im Oktober und im November, kann es jedoch von Vorteil sein, eine Matte mitzunehmen, falls alles belegt ist und man auf dem Boden schlafen muß. Häufig ist Bettzeug erhältlich, man sollte sich jedoch in den höheren Lagen, beispielsweise auf dem Thorung La und im Annapurna-Schutzgebiet, nicht darauf verlassen.

AN- UND WEITERREISE

Flug: Pokhara liegt 30 Minuten Flugzeit von Kathmandu entfernt. RNAC setzt zudem Flugzeuge für Flüge am frühen Morgen zwischen Pokhara und Manang, Jomsom, Dolpo sowie Jumla ein.

Jomsom liegt im Tal des oberen Kali Gandaki und wird sowohl von Kathmandu als auch von Pokhara aus häufig angeflogen. Fliegen Sie aber nicht nach Jomsom. Wenn Ihre Zeit begrenzt ist, dann wandern Sie am besten das großartige Tal des Kali Gandaki hoch nach Jomsom, machen sich dann auf den Weg nach Muktinath und fliegen von Jomsom zurück nach Pokhara.

Die Flüge nach Jomsom sind notorisch unzuverlässig, da der Wind es nach 10.00 oder 11.00 Uhr morgens unmöglich macht, den Ort mit einem Flugzeug zu erreichen. Andererseits ist Kathmandu im Winter häufig bis 10.00 Uhr in Nebel gehüllt, was zu Verspätungen beim Start führt. Bei der Kombination von ungünstigen Wetterbedingungen in beiden Orten kommt es nicht selten über mehrere Tage zu Flugannullierungen, so daß der Ansturm von Einheimischen und Trekkern, die auf eine Maschine nach Jomsom warten, groß wird. Im allgemeinen werden täglich auf der Route von Pokhara nach Jomsom ein bis zwei Maschinen eingesetzt. Da Nebel in Pokhara kein Problem bildet, sind diese Flüge weit zuverlässiger als jene ab Kathmandu. Wer in Jomsom festsitzt, hat die Möglichkeit, von hier aus die allerdings nicht sehr schöne Strecke nach Pokhara in vier Tagen oder weniger zu Fuß zurückzulegen.

Am oberen Ende des Marsyandi-Tales liegt Manang, von Jomsom aus gesehen gleich auf der anderen Seite des Passes. Wer nach Manang fliegt und versucht, den Thorung La zu überqueren, geht ein großes Risiko ein, sich die Höhenkrankheit zuziehen. Sie sollten Manang daher nur als einen Flugplatz für den Notfall ansehen; es ist kein vernünftiger Ausgangspunkt für eine Wanderung zum Annapurna.

Die Flugpreise betragen:

Kathmandu-Pokhara	61 US $
Kathmandu-Jomsom	83 US $
Pokhara-Jomsom	50 US $
Kathmandu-Manang	88 US $
Pokhara-Manang	50 US $

Bus: Von Kathmandu nach Pokhara und zurück bestehen gute Busverbindungen sowohl tagsüber als auch nachts. Die Fahrpreise belaufen sich auf 56 bis 74 Rs bzw. auf 120 Rs für eine Fahrt mit einem der komfortableren „Touristenbusse". Die Straßenverhältnisse auf den ersten 100 km sind eine Katastrophe, so daß man 8 bis 9 Stunden für die insgesamt 200 km lange Fahrt benötigt. Besondere Touristenbusse verkehren ebenfalls zwischen Kathmandu und Pokhara, darunter auch der berühmte „Swiss-Bus". Sie sind teurer (ca. 200 Rs), dafür aber auch bequemer und lassen die Hoffnung zu, daß man schneller am Ziel ist als mit einem normalen Bus.

In Pokhara beginnt die Wanderung nach Jomsom, und die Annapurna-Umrundung endet hier. Die Stadt ist für ihren See bekannt, den Phewa Tal. Sie finden in diesem Ort zahlreiche preiswerte Hotels und Restaurants. Der mittlere Himalaja von Nepal mit den Annapurnas, dem Machhapuchhare und dem Manaslu bildet ein großartiges Panorama und beherrscht den Horizont. Zwischen Pokhara und Baglung, einem Dorf am Kali Gandaki, wird derzeit eine neue Straße gebaut. Wenn sie fertiggestellt ist, wird sich der Ausgangspunkt für die Wanderung nach Jomsom wahrscheinlich nach Betrawati und vielleicht auch nach Baglung verlagern.

Dumre liegt 135 km von Kathmandu entfernt und ist der Ausgangspunkt für

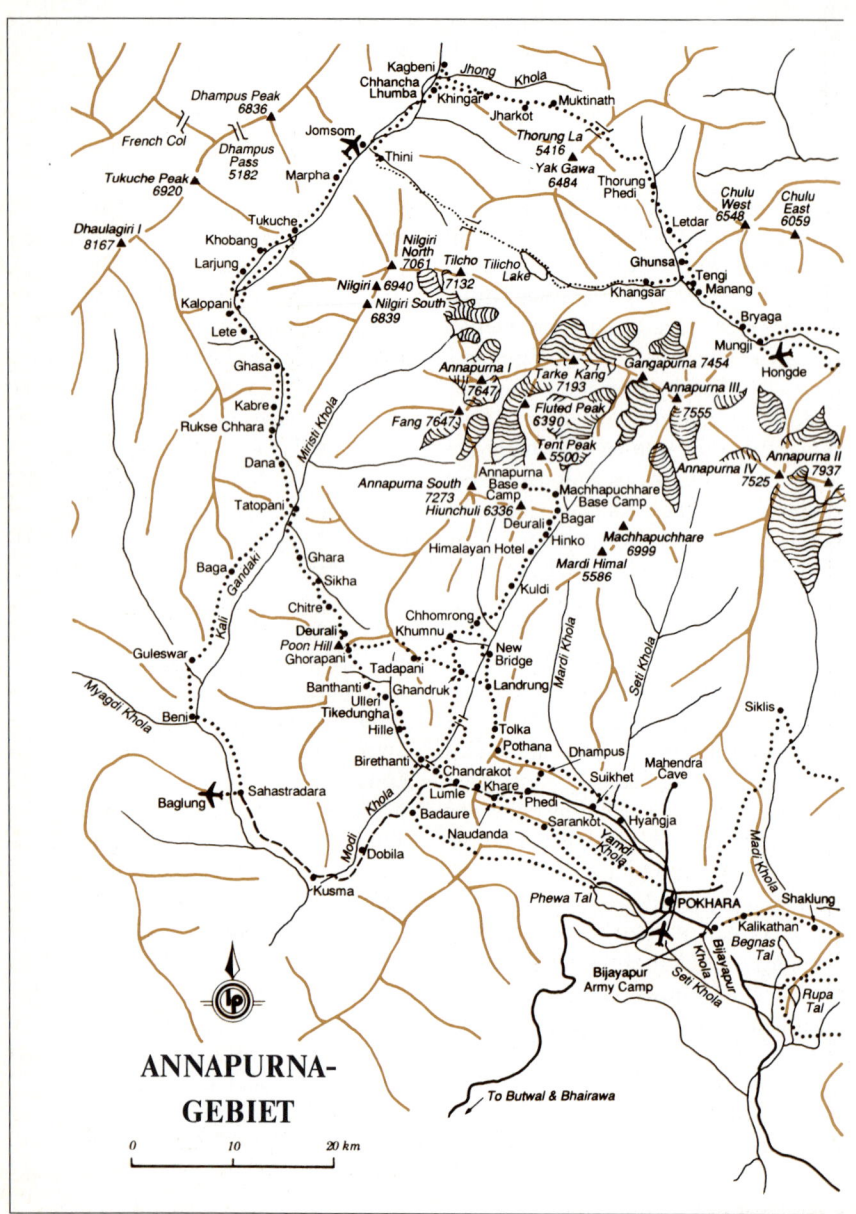

ANNAPURNA-GEBIET

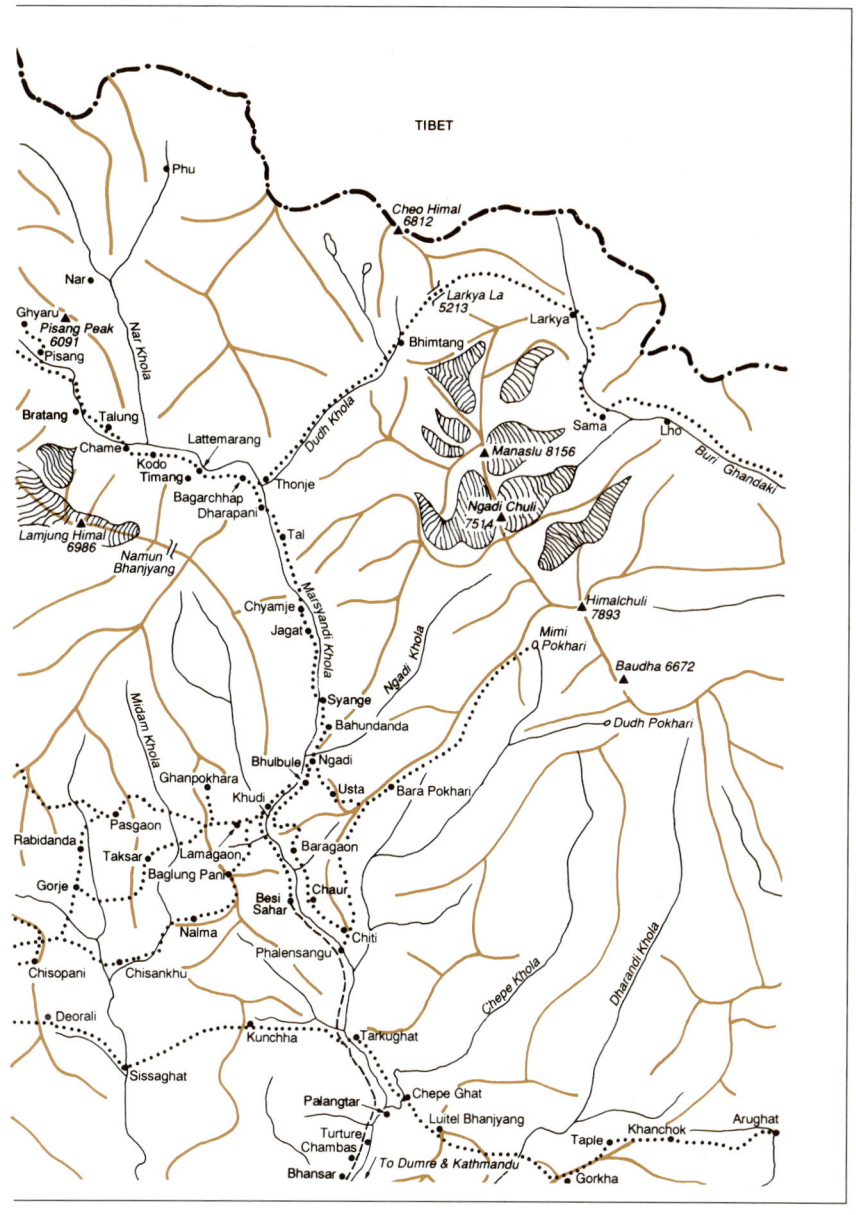

eine Wanderung um den Annapurna. Eine Busverbindung nach Dumre besteht nicht, so daß Sie am besten einen Bus nach Pokhara nehmen und sich dann bei Kilometer 135 absetzen lassen. Gorkha bildet einen alternativen Ausgangspunkt für eine Wanderung um den Annapurna. Die Straße nach Gorkha beginnt in der Nähe von Mugling und ermöglicht den Zugang zu einer Route, die die staubige Straße nach Besi Sahar meidet und im Marsyandi-Tal unweit von Tarkughat wieder auf den anderen Weg trifft. Zwei Busse fahren täglich nach Gorkha, mit denen die siebenstündige Fahrt 35 Rs kostet. Eine Nachtbusverbindung besteht allerdings nicht.

WANDERUNG NACH JOMSOM

Die Trekking-Tour nach Jomsom ist eine klassische Teehaus-Wanderung, auf der man in einigen der besten Trekking-Hotels in Nepal übernachten kann. Es ist möglich, innerhalb von 14 Tagen nach Jomsom und wieder zurück zu wandern. Dabei teilt man den Weg mit ganzen Zügen von Burros und Ponies, die nach Mustang und Zielen in anderen für Touristen nicht zugänglichen Gegenden unterwegs sind. Es handelt sich um eine bedeutende Handelsroute und Strecke für Bergwanderungen, so daß man fast stündlich auf Einrichtungen für Trekker trifft. Viele dieser Häuser sind überraschend gut ausgestattete Hotels, die von Thakali geführt werden, Angehörigen einer ethnischen Gruppe, die in dem Tal zwischen dem Annapurna und dem Dhaulagiri siedelt. Vom Tal des Kali Gandaki können Sie einen Abstecher zum französischen Annapurna-Camp aus dem Jahre 1950 oder zum Lager für den Aufstieg auf den Dhaulagiri unternehmen. Der Blick auf die Berge ist großartig. Da die Route auf die andere Seite der Hauptgebirgskette des Himalaja führt, bieten sich einige ungewöhnliche Perspektiven auf die nördliche Seite.

Der gesamte Wanderweg verläuft unterhalb von 3.000 m, wobei die Wanderung jedoch immer noch anstrengend genug ist, um reizvoll zu sein (vgl. hierzu die Beschreibung der Annapurna-Umrundung). Diese Wanderung ist gut dazu geeignet, große Höhen zu meiden.

BEGINN DER WANDERUNG

Straße von Pokhara nach Baglung: Der Ausgangspunkt für diese Tour wird vom jeweiligen Stand der Bauarbeiten bei der von Chinesen angelegten Straße nach Baglung abhängen. Sie ist jetzt fast bis Kusma fertiggestellt, jedoch noch nicht offiziell eröffnet. Möglicherweise können Sie auf einem kleinen chinesischen Lastwagen mitfahren oder, wenn Sie dieses Buch lesen, bereits öffentliche Verkehrsmittel benutzen. Im Idealfall können Sie vielleicht schon fast bis Birethanti fahren oder müssen nur noch von Lumle bergab bis nach Birethanti wandern. Die Planung sieht vor, die Straße den ganzen Weg bis nach Jomsom, über Lo Mantang und nach Tibet auszubauen, aber die Bewohner von Jomsom haben verkündet, daß sie diese Straße nicht benötigen und daher nicht wollen. Jetzt, da eine Straße existiert, gibt es nur wenig Gründe, die dafür sprechen, die ersten Tage der alten Wanderroute noch zu Fuß zurückzulegen.

MUSTANG

Jomsom ist der Sitz der Verwaltung für die nepalische Region Mustang. Für zu viele Menschen ist Mustang jedoch ein Gebiet von Nepal, das sich wie ein Daumen nach Tibet erstreckt. Dies ist die Region, die von Michel Peissel in dem Buch *Mustang* beschrieben wurde und in der auch Lo Mantang, die von Mauern umgebene Hauptstadt von Mustang, liegt. Dieser Teil des Bezirks gehört jedoch weiterhin zu den Gebieten mit Reisebeschränkungen für Ausländer. Trotz der Versicherungen und des Optimismus in den Broschüren vieler Trekking-Veranstalter gibt es keine Anzeichen dafür, daß das Innenministerium diese Gebiete bald uneingeschränkt für Besucher öffnen wird. Teile des Gebietes sind für Besucher zugänglich, aber die Gegend, die man als das richtige Mustang ansieht, ist eigentlich Lo Mantang und sicherlich für Ausländer nicht so ohne weiteres zu erreichen.

1. TAG: VON POKHARA NACH BIRETHANI

Vom See oder vom Flughafen in Pokhara können Sie entweder mit einem Taxi (für ca. 20 Rs) oder einem Stadtbus (1 Rs) nach Bagar (1.060 m) fahren, dem Straßenende unweit des Shining Hospital am Nordende von Pokhara. Sie haben auch die Möglichkeit, dorthin durch den Basar von Pokhara zu wandern, aber es ist ein langer Weg ausschließlich bergauf auf einer befestigten Straße. Von Bagar bestehen gute Busverbindungen nach Phedi, vielleicht sogar auch schon nach Lumle oder sogar Birethanti.

Die Straße führt an dem tibetischen Lager mit einer Teppichfabrik, einem Kloster und einigen Hotels vorbei und dann weiter nach Hyangja (1.070 m). Am Morgen hat man hier häufig einen guten Blick über das Tal auf den Machhapuchhare. Dann gelangt man bei Suikhet in das breite Tal des Yamdi Khola und weiter zum Fuß des Dhampus sowie hoch nach Naudanda.

Wer nur bis Phedi fährt, kann auf einem breiten Pfad weitergehen, der (für nepalische Verhältnisse) sanft ansteigt und auf einen Bergkamm (1.430 m) führt. Bei Naudanda handelt es sich um ein großes Dorf mit einem Kontrollposten der Polizei, einer Schule und mehreren Unterkünften, deren Qualität von winzigen *Bhattis* bis zu gut ausgebauten Hotels im westlichen Stil reicht.

Am Polizeiposten bestehen die Beamten darauf, die Trekking-Genehmigung zu kontrollieren. Wer von Pokhara eine Tageswanderung ohne solche Genehmigung unternimmt, muß hier möglicherweise umkehren.

Über die Straße: Wenn die Straße geöffnet ist, gelangt man im Zickzack den Bergkamm hinauf, um schließlich in einer Staubwolke den kurvenreichen Weg hinunter ins Tal des Modi Khola zu fahren. Ungefähr bei km 42 unweit der Siedlung Naya Pool können Sie die Straße verlassen und mit der Wanderung beginnen. Nehmen Sie den Pfad hinter dem Bergkamm und folgen Sie dem Fluß bis zu der Hängebrücke. Auf diesem Stück wandert man weder bergauf noch bergab. Am anderen Ende der Brücke liegt Birethanti, eine größere, wohlhabende Ansiedlung an einer kurvenreichen Straße, die mit großen Steinen gepflastert ist. In Birethanti gibt es zahlreiche gut gefüllte Läden, Hotels, Straßencafés, eine Bank, eine Bäckerei und einen Polizeiposten. In diesem Ort beginnt hinter dem ersten Haus ein Pfad, der sich den Modi Khola hinauf bis nach Ghandruk zieht.

Zu Fuß: Wer sich dafür entscheidet, dieses Stück zu Fuß zurückzulegen, sollte einen Tag mehr für die Tour einkalkulieren. Nehmen Sie den Weg bergauf von Naudanda nach Kaski und dann weiter nach Khare, einem großen, weitläufigen Dorf am Kopf des Yamdi Khola-Tales in 1.710 m Höhe. Die Strecke nach Jomsom verläuft von Khare aus über einen schlammigen Pfad durch tiefen Wald über eine Reihe breiter Steinstufen unterhalb eines britischen Entwicklungshilfe-Projektes entlang und bringt

Sie dann nach Lumle. Hier gibt es einige Hotels und selbst eine medizinische Station unter den schiefergedeckten Häusern des Dorfes, das auf 1.585 m Höhe gelegen ist. Der Pfad folgt der mit Steinplatten gepflasterten Straße. Beim Verlassen des Dorfes befindet man sich in einer nur geringfügig niedrigeren Höhe als beim Betreten des Ortes. Falls Sie nun auf einem Weg wandern, der steil bergab führt, sollten Sie nach dem Pfad nach Jomsom fragen, da Sie wahrscheinlich im Begriff sind, nach Dhorpatan, Baglung und Beni zu gelangen, aber nicht an das gewünschte Ziel.

Hinter Lumle verläßt man die Straße und folgt der Seite des Bergkammes. Dann macht der Pfad eine Biegung und führt hinunter nach Chandrakot, das am Ende eines Bergkammes in 1.550 m Höhe gelegen ist. Der Blick auf den Annapurna South und den Machhapuchhare, den „Fischschwanz-Berg", ist von dieser Stelle aus ausgezeichnet, wenn man davon absieht, daß letzterer eher an das Matterhorn erinnert als an einen Fischschwanz. Um den Berg aus dem Blickwinkel mit seinen charakteristischen Umrissen zu sehen, müssen Sie zum Annapurna-Schutzgebiet wandern, das einige Tage weiter nördlich liegt. Dorthin kommt man allerdings nur auf einer anderen Tour. Mehrere Hotels bieten ihre Dienste auf Schildern und Speisekarten in Englisch an. Man kann hier gut zu Mittag essen. Von Chandrakot geht es über einen steilen und staubigen (bei Regen schlammigen) Pfad hinunter zum Modi Khola.

Man wandert an einigen Häusern in der Nähe des Flusses vorbei, den man auf einer Hängebrücke zum 1.065 m hoch gelegenen Birethani überquert.

2. TAG: VON BIRETHANTI NACH TIKEDUNGHA

Die Hotels in Birethanti sind ausgezeichnet. Wenn man hier übernachtet, ist es jedoch ein langer, sich über 1.700 m erstreckender Aufstieg, um am nächsten Tag nach Ghorapani zu gelangen. Angenehmer ist es, diesen Anstieg aufzuteilen, indem man bis nach Hille oder Tikedungha weiterwandert, um dort zu übernachten. Wer von Jomsom kommt und diese Wanderung in Gegenrichtung unternimmt, hat es bequemer, denn dann ist der Weg von Ghorapani nach Birethani einfach, wenn er auch die Knie strapaziert. Dann bildet Birethani auch eine gute Wahl für eine Übernachtung. Auf dem Weg nach Jomsom folgt der Pfad der Hauptstraße von Birethanti und führt dann durch Bambuswald vorbei an einem großen Wasserfall, an dessen Fuß man schwimmen kann. Ein kleiner Teeladen bietet die Möglichkeit, sich nach dem Schwimmen mit kalten Getränken zu versorgen. Der Weg zieht sich weiter am nördlichen Ufer des Bhurungdi Khola entlang bis nach Baajgara. Dabei darf man die große, einladend aussehende Hängebrücke nicht überqueren.

Hinter den Weideflächen, die von den Karawanen mit Ponies genutzt werden, erreicht man Sudami. Dann geht es stetig die Talseite hinauf bis nach Hille in 1.495 m. An dem breiten Steinweg des Dorfes bieten verschiedene Hotels Unterkunft, wie auch in Tikedungha, ca. 15 Minuten (und 30 m) oberhalb des Ortes gelegen. Gleich hinter Tikedungha gibt es zudem zwei große Plätze zum Zelten.

3. TAG: VON TIKEDUNGHA NACH GHORAPANI

Der Weg führt über eine Hängebrücke nicht weit vom Zeltplatz entfernt über einen Bach, dann bergab und über den Bhurungdi Khola, den man auf einer großen Brücke passiert (1.410 m). Von hier aus geht es sehr steil auf einer Steintreppe bergauf. Am Weg von der Brücke bis nach Ulleri sind keine Unterkünfte vorhanden, nur einige wenige *Bhattis*, an denen man ausschließlich Tee erhält. Während der Wanderung bergauf sind die Gipfel des Annapurna South (7.273 m) sichtbar, und auch der Hiunchuli taucht langsam hinter anderen Bergen auf. Der Aufstieg setzt sich steil zu dem großen Magar-Dorf Ulleri (2.070 m) fort. In der Dorfmitte sind einige Hotels zu finden, mehrere weitere oberhalb des Dorfes, wo sich der Pfad sanft hinauf durch Weiden und Felder zieht. Letztere weichen bald tiefem Wald, je näher man nach Banthanti, einer Ansiedlung aus einigen Hotels in einer Lichtung auf 2.250 m Höhe, gelangt.

Hinter Banthanti beginnen großartige Eichen- und Rhododendronwälder. Der Pfad führt an zwei kristallklaren Bächen, einem kleinen Bergkamm und einem weiteren Bach vorbei und schließlich hoch nach Nangathanti, einem

Komplex mit mehreren Hotels auf einer Lichtung in 2.460 m Höhe. Das Wort „Thanti" stammt aus der Sprache der Magar und bedeutet soviel wie „Rasthaus" oder „Pilgerherberge". Hier kann im Winter Schnee liegen oder zu anderen Jahreszeiten rutschiger Schlamm vorhanden sein, so daß auf diesem Abschnitt des Weges alle Arten von kurzen Umwegen notwendig sein können.

Ghorapani ist etwa eine Stunde hinter Nangathanti auf 2.775 m gelegen. Auch hier bieten mehrere Hotels Unterkunft, aber die meisten Wanderer setzen ihren Weg bis zum Paß, d. h. nach Deurali (was „Paß" bedeutet) auf 2.834 m Höhe, fort, das man nach ca. 10 Minuten erreicht und in dem es eine Reihe von Hotels, Geschäften und Zeltplätzen sowie den zu erwartenden Kontrollposten der Polizei gibt.

Eine Karte im Dorf zeigt die Lage von 11 Unterkünften, von denen das Hotel Annapurna und das Hotel Snow View zu den größten gehören. 1990 soll das Super View am besten gewesen sein. Alle Wirte haben ihre Preise einander angeglichen, so daß Sie Ihre Zeit nicht damit vergeuden sollten, die billigste Unterkunft und Verpflegung zu suchen. Es lohnt sich aufgrund des großartigen Panoramas, das der Dhaulagiri I, der Tukuche, der Nilgiri, der Annapurna I, der Annapurna South, der Hiunchuli und der Glacier Dome bieten, am Paß zu übernachten. Eine Wanderung am frühen Morgen auf den Poon Hill (3.193 m) nimmt rund eine Stunde in Anspruch und läßt einen noch besseren, ungestörten Blick auf den hohen Himalaja zu.

Der Name „Ghorapani" bedeutet übrigens „Pferdewasser", und in der Tat ist das Dorf ohne Zweifel ein willkommener Halteplatz für das Tränken der zahlreichen Pferde, Mulis und Ponies, die Lasten zwischen Pokhara und Jomsom transportieren. Die exotischen Pferdekarawanen, deren melodische Glocken über große Entfernungen zu hören sind, und der wundersame Kopfschmuck sowie die Federbüsche der Leitpferde gehen auf Traditionen im alten Tibet zurück. Diese Karawanen, die von tibetischen Männern, deren Rufe bergauf und bergab zu hören sind, geführt werden, geben der Wanderung nach Jomsom einen einzigartigen Charakterzug. Die Ponies hüllen den Weg in Staub und lassen ihn mit ihren winzigen scharfen Hufen zu rutschigem Schlamm werden. Wenn sie auftauchen, springen erschreckte Trekker in die Büsche, aber die farbenprächtigen Bilder, die sie zum Fotografieren bieten, und das harmonische Klingeln der Glocken macht diese Nachteile wett.

Einige Menschen, die von dem ammoniakhaltigen Geruch des Pferdeurins auf der Wanderung fast umgeworfen werden, halten eine andere Übersetzung des Wortes „Ghorapani" für sinnvoller. An einem typischen Tag werden Sie hier auf 200 bis 300 Packtiere treffen, die in langen Zügen ihren Weg nehmen und aus riesigen Mulis sowie winzigen Burros bestehen, die kaum größer als ein großer Hund sind.

4. TAG: VON GHORAPANI NACH TATOPANI

Vom Paß bei Deurali führt der schlammige, steile Pfad bergab durch Rhododendron- und Magnolienwald, der von einigen Hirten-*Ghots*, *Bhattis* und Weiden unterbrochen wird, nach Chitre in 2.390 m Höhe. Das New Annapurna ist hier das wichtigste Hotel. Auf diesem Teil des Wanderweges kommt man zu mehreren Wegkreuzungen. Der richtige Pfad verläuft fast ständig bergab. Das Land öffnet sich dann zu einem Gebiet mit Landwirtschaft auf ausgedehnten Terrassen. An einem Punkt wird ein riesiger Erdrutsch überquert. Hier können Sie sehen, wie die schlammige Muskovit-Erde von den darunterliegenden Felsen geglitten ist.

Der Pfad zieht sich hinunter nach Sikha, einem großen und wohlhabenden Magar-Dorf in 1.980 m Höhe mit zahlreichen Hotels und Geschäften. Die Shanti & Someone's Bar and Grill (der Name des Eigentümers ändert sich ständig) ist unweit des oberen Endes vom Dorf, oberhalb eines Ausbildungslagers der britischen Armee, gelegen. Von Sikha aus steigt der Pfad sanft an und führt über ein weiteres Gebiet mit Erdrutschen nach Ghara in 1.705 m Höhe, um dann die Spitze eines Felsvorsprungs zu erreichen, an dem sich einige *Bhattis* befinden. Dann geht es ca. 500 Meter steil abwärts hinunter zum Ghar Khola, den man auf einer Hängebrücke überquert. Von dort verläuft der Wanderweg dann ein kurzes Stück oberhalb des Kali Gandaki, den man dann auf einer großen Hängebrücke (1.180 m) über-

quert. Eine ältere Version dieser Brücke ist auf dem Umschlag des Buches *Nepal – The Kingdom of the Himalayas* von Toni Hagen abgebildet. Der Gipfel im Hintergrund ist der Nilgiri South (6.389 m). Auf der gegenüberliegenden Seite des Flusses biegt der Pfad in Richtung Norden ab. Kurz darauf gelangt man nach Tatopani.

Tatopani steht im Nepali für „heißes Wasser". Der Name des Dorfes geht auf die heißen Quellen zurück, die am Fluß unterhalb des Dorfes sprudeln. Verschmutzen Sie die Teiche an den Quellen nicht durch den Gebrauch von Seife. Tatopani ist der Inbegriff des Systems von Thakali mit Herbergen. Die große Zahl der Hotels und Garten-Restaurants kann mit der von Thamel in Kathmandu und am Seeufer in Pokhara durchaus konkurrieren. Einige verfügen sogar über mit Gas betriebene Generatoren zum Heizen, für die Beleuchtung und zum Kochen. Es ist interessant zu sehen, wie diese Geräte im täglichen Gebrauch funktionieren. Dies ist ein Fortschritt bei der alternativen Energiegewinnung. Viele Menschen, die nur eine kurze Wanderung unternehmen wollen, kommen von Pokhara aus hierher, um ihre Zeit entspannend beim Baden in den heißen Quellen zu verbringen und sich an der Gastfreundschaft der Bewohner dieses Dorfes zu erfreuen. Besuchen Sie z. B. die Kamala Lodge am nördlichen Ende der Stadt, in der man italienisch und mexikanisch essen kann. Sie befinden sich hier zudem in einem Gebiet, in dem Zitrusfrüchte angebaut werden, so daß Sie gut Ihren Vorrat an Mandarinen aufstocken können.

Das Tal des Kali Gandaki war übrigens für ein amerikanisches Hilfsprojekt, das Resource Conservation and Utilisation Project (RCUP), ausgesucht worden. Von der Mitte der siebziger Jahre bis 1985 wurden hier erhebliche Beträge investiert, um eine integrierte ländliche Entwicklung zu fördern. Das Haupterbe dieses Versuches ist eine Ansammlung von Häusern im westlichen Stil, sowohl von Büros als auch von Wohngebäuden, auf die Sie bei Ihrer Wanderung durch das Tal stoßen werden. Wenn Sie in Tatopani, Kalopani, Ghasa, Marpha und Jharkot etwas sehen, was völlig unpassend erscheint, dann handelt es sich wahrscheinlich um eine Hinterlassenschaft des RCUP.

5. TAG: VON TATOPANI NACH KALOPANI

Tragen Sie sich beim Kontrollposten der Polizei in Tatopani ein und wandern Sie dann zur Schlucht des Kali Gandaki, die als tiefste Schlucht in der Welt gilt. Sie erstreckt sich zwischen den Gipfeln des Annapurna I und des Dhaulagiri (beide über 8.000 m hoch und nur 38 km voneinander entfernt) auf einer Höhe von weniger als 2.200 m. Von Tatopani steigt der Weg sanft an und führt durch einen kleinen Tunnel, der aus dem Gestein geschlagen wurde, bis nach Dana (1.400 m). Dana besteht aus drei voneinander getrennten Siedlungen, deren Häuser reich verzierte Balkone und Fenster aufweisen. Die Hotels in Dana befinden sich in der Nähe vom Postamt am südlichen Ende des Dorfes. Die meisten Einwohner des Ortes sind Magar, daneben leben hier aber auch noch einige wenige Brahmanen und Thakali. Der hohe Gipfel auf der anderen Seite des Tales ist der Annapurna South (7.273 m). Oben am Berghang auf der gegenüberliegenden Seite des Tales sieht man das große Dorf Nerchang.

Von Dana führt ein Pfad über den Kali Gandaki. Nach mehreren Tagen mit harten Kletterei im Bambusdschungel oberhalb des Miristi Khola gelangt man auf diesem Weg zum Basislager der Expedition, die unter der Leitung von Maurice Herzog im Jahre 1950 den Annapurna bestieg. In der Zeit, als erstmals der Gipfel des Annapurna erreicht wurde, war er der höchste von Menschen jemals gemeisterte Berg. Das Basislager ist auch über einen gleichermaßen schwierigen Pfad von Lete aus erreichbar. Das Buch *Annapurna* von Maurice Herzog bildet eine ausgezeichnete Hintergrundlektüre für eine Wanderung den Kali Gandaki hoch. Auf diesem schwierigen Abstecher finden Sie allerdings keine Hotels.

Oberhalb von Dana verläuft der Pfad weiter zu dem Weiler Rukse Chhara in 1.550 m Höhe. Er liegt am Fuß eines hohen Wasserfalls, der sich in einer Reihe von Katarakten in der Nähe des Dorfes ergießt, nachdem er für mehrere Wassermühlen genutzt worden ist. Machen Sie einen Augenblick an einer der hölzernen Wasserräder halt, die die Mahlsteine antreiben. Diese Art von Mühlen finden Sie in ganz Nepal und weisen eine sehr ungewöhnliche Form auf.

Der nächste Abschnitt des Pfades verläuft durch den steilsten und engsten Teil der Schlucht. Der Weg wurde aus dem harten Stein geschlagen. Jahr für Jahr treten hier Erdrutsche auf, so daß die bevorzugte Route von der einen Seite des Flusses zur anderen wechselt, je nachdem, wie schwer die Erdrutsche auf den jeweils anderen Seite waren. Hinter Rukse Chhara folgte der Pfad bei Drucklegung dieses Buches dem Westufer und führte dann hinab zum Fluß, wo das Wasser durch eine steile Felsschlucht schießt, sowie hoch über einen Erdrutsch bis zum rauhen Felsweg in der Nähe von Kabre auf 1.800 m Höhe. Es ist ein großartiger, schmaler und interessanter Weg bergauf, bis es zum Fluß auf 1.935 m Höhe hinuntergeht.

Von 1982 bis 1989 wurde der Pfad am Ostufer bevorzugt, der vielleicht auch wieder instandgesetzt ist, wenn Sie dieses Buch lesen. Man überquert den Fluß unmittelbar hinter Rukse Chhara, um dann bergauf über einen Bergkamm und wieder hinunter zum Ufer zu wandern. Der Pfad auf dieser Seite wurde ebenfalls aus dem Fels gesprengt. Ein kurzes Stück führt hierbei durch einen dreiseitigen Tunnel. Hinter dem steilsten Teil der Schlucht gelangt man hinunter zum Fluß und überquert den Kali Gandaki auf einer Hängebrükke (1.935 m).

Beide Wege enden mit einem kurzen Weg bergauf nach Ghasa, drei Siedlungen auf ca. 2.000 m Höhe. Dies ist das erste Thakali-Dorf auf dieser Wanderung und die südliche Grenze

des lamaistischen Buddhismus im Tal. Das Hotel Eagle's Nest befindet sich am Südende des Dorfes. Ebenfalls gute Übernachtungsmöglichkeiten finden Sie im mittleren Ghasa. Dazu gehören das Kali Gandaki Guest House, das Lekahli Guest House und das Mustang Guest House. Drei schöne *Kanis* sind im oberen Ghasa zu sehen. Hinter der Schule wurde mit einem großen, von den Einheimischen unterstützten Wiederaufforstungsprojekt begonnen. Hier wandelt sich die Vegetation von subtropischen Bäumen und Büschen, darunter Brennesseln und Haschisch, zu gebirgstypischen Pflanzen wie Kiefern und Birken. Möglicherweise bekommen Sie hier auch die grauen Languren, eine Affenart, zu Gesicht.

Der Pfad fällt nun langsam durch Wälder zum Lete Khola ab. Einige *Bhattis* bieten in der Nähe der langen Hängebrücke Verpflegung. Zu dieser Brücke führt der Weg, wie bei zahlreichen anderen derartigen Brücken in Nepal, steil bergab, während es auf der anderen Seite wieder bergauf geht. Ein weiterer Pfad führt zum Fluß hinab und über ein Holzbrett und trifft auf der anderen Seite wieder auf den ersten Weg. Von hier aus setzt man die Wanderung bergauf fort bis Lete, einer weitläufigen Ansiedlung mit drei Häusergruppen in ca. 2.470 m Höhe. Übernachten und essen können Sie im Namaste Fooding & Lodging.

Von Lete ist es ein langer und steiler Anstieg von 20 Minuten Dauer nach Kalopani in 2.560 m Höhe, einer weite-

Riesenrad beim Dasain-Fest

ren Ortschaft, die durch Trekker zu Wohlstand gelangt ist. Dort gibt es inmitten der weiß gekalkten Häuser einen abgeschlossenen Zeltplatz. In dem auf Gäste aus dem Westen eingestellten Kalopani Guest House, aber auch in der Thak Lodge, in der See You Lodge und in dem Annapurna Coffee Shop, können Sie essen und übernachten.

Die Kalopani Lodge im oberen Teil des Dorfes bietet sogar westliche Toiletten und Duschen mit warmem Wasser, das mit Solarenergie erzeugt wurde. Die Lage des Ortes läßt einen Panoramablick auf die Gipfel des Dhaulagiri, der drei Nilgiris, des Fang und des Annapurna I zu.

6. TAG: VON KALOPANI NACH JOMSOM

Hinter Kalopani folgt der Pfad ein kurzes Stück dem Ostufer. Dann wechselt man an der Stelle, an der das Wasser durch eine schmale Enge schießt, auf einer großen Brücke zum Westufer und wandert schließlich hoch über einen bewaldeten Bergkamm an einigen kleinen Unterkünften und *Bhattis* vorbei. Dann geht es hinunter zu einer neuen Hängebrücke, bei der sich der Weg teilt.

Die Westseite: Wenn man über die Hängebrücke geht, kann man am Westufer den Weg nach Sukung nehmen und gelangt bergab durch Kiefern-, Wacholder- und Zypressenwald nach Larjung (2.560 m), einer architektonisch exotischen Stadt mit engen Gassen und Tunneln, die die um geschlossene Höfe gebauten Häuser verbinden. Es ist ein komplexes und malerisches System, das Schutz vor dem Wind in der Schlucht des Kali Gandaki gewährt. Ein wenig hinter Larjung ist Khobang, auch Kanti genannt, gelegen. Dieser Weg ermöglicht auch einen Besuch des *Gompa* gleich oberhalb von Khobang. Auf diesem Stück der Wanderung hat man zudem einen herrlichen Blick auf den Dhaulagiri (8.167 m) und den Nilgiri (7.061 m). Am südlichen Ende von Larjung kommt man zu drei oder vier Hotels. Vom Dach des nördlichsten Hauses können Sie möglicherweise die Überreste des Luftkissenbootes sehen, mit dem Michel Peissel 1972 von Lete nach Marpha fuhr.

Der Pfad zum Eisfeld am Dhaulagiri beginnt unmittelbar südlich von Khobang und zieht sich am Südufer des Ghatte Khola entlang. Herzogs Expedition erkundete diese Route im Jahre 1950, gab jedoch auf, da sie zu gefährlich erschien. 1969 tötete hier eine Lawine 7 Mitglieder einer amerikanischen Dhaulagiri-Expedition. Möglicherweise möchten Sie aber einen Abstecher zu den Weiden in der Nähe des Fußes vom Eisfeld in 4.000 m Höhe unternehmen. Es ist ein langer, langer Aufstieg auf einem sehr steilen, grasbewachsenen Hang, so daß man am besten beim Tal, einem See in ca. 3.100 m Höhe und oberhalb des Dorfes Naurkot gelegen, ein Lager errichtet. Von diesem Lager können Sie eine Tagestour zum Eisfeld unternehmen und abends zum Tal zurückkehren.

Die Ostseite: Der Pfad an der Ostseite verläuft über ein langes, aber einfaches Stück mit Schotter am Flußbett und führt dann auf einer Reihe von provisorischen Brücken kurz vor Tukuche über den Fluß. Hier, am oberen Teil, nennen die Menschen den Fluß Thak Khola. Dies ist gleichzeitig die Bezeichnung für die Thakali, die in dieser Region wohnen.

Das Tal des Kali Gandaki bzw. Thak Khola war jahrhundertelang eine bedeutende Handelsroute. Bis zum Jahre 1959 tauschten Händler Salz von den Seen in Tibet gegen Reis und Gerste aus den mittleren Gebirgen Nepals. Handel wurde auch mit Wolle, Vieh und Butter gegen Zucker, Tee, Gewürze und Fabrikgüter aus Indien getrieben, aber der Handel mit Salz gegen Getreide dominierte. Dieser hat sich jetzt verringert. Das ist nicht nur auf die politischen und wirtschaftlichen Veränderungen in Tibet zurückzuführen, sondern auch auf die Einfuhr von indischem Salz, das in Nepal zu weit niedrigeren Preisen erhältlich ist.

Indisches Salz wird aus dem Meer gewonnen und enthält Jod. Das hilft vielen Menschen in Nepal, die früher wegen des völligen Fehlens von Jod in ihrer Nahrung unter einem Kropf zu leiden hatten. Als indische Entwicklungshilfe wurde daraufhin in einer erfolgreichen Aktion preiswert Jodsalz verkauft, um der Bildung von Kröpfen vorzubeugen, aber das hatte auch zur Folge, daß der Salzhandel mit Tibet unter den künstlich niedrigen Preisen des indischen Salzes litt.

Die Thakali aus dem Tal des Kali Gandaki besaßen früher das Monopol im Salzhandel in der Region. Inzwischen haben sie sich der Landwirtschaft, dem Tourismus und anderen Formen des Handels zur Bestreitung ihres Lebensunterhaltes zugewandt. Es gibt übrigens zahlreiche Mani-Mauern und andere religiöse Bauwerke am Kali Gandaki. Große *Gompas* kann man sich in Tukuche und Khobang ansehen. Tukuche (2.590 m) war einst das bedeutendste Thakali-Dorf. Es wurde nicht von ungefähr so benannt („Tuk" bedeutet „Getreide", und „Che" heißt „flacher Ort"), denn es war der Treffpunkt, zu dem die Händler mit Salz und Wolle aus Tibet und dem oberen Tal des Thak

Khola kamen und mit den Händlern, die Getreide aus dem Süden mitbrachten, ihre Tauschgeschäfte abschlossen. Die Hotels in Tukuche wurden in schönen, alten Thakali-Häusern eingerichtet. Sowohl das Himali und das Usha als auch das Laxmi und das Sunil sind ganz ordentlich. Am nördlichen Ende des Ortes wird am Hotel Yak mit einem Schild geworben, auf dem steht, daß „drinnen ein echtes Yak zu sehen" sei. Es ist einen Blick wert. Der Tourismus hat den wirtschaftlichen Verlust durch den zurückgehenden Handel allerdings nicht ganz ausgleichen können, so daß viele Bewohner des Ortes nach Pokhara, Kathmandu und in das Terai gezogen sind. Bei einem Spaziergang durch die Nebenstraßen des Dorfes, insbesondere jene am Fluß, kann man – anders als in der von Wohlstand zeugenden Hauptstraße – zahlreiche aufgegebene und zerfallende Häuser sehen.

In dieser Gegend ist auch eine drastische Änderung der Vegetation von Kiefern- und Nadelwald zu Pflanzen einer trockenen, wüstenhaften Landschaft zu beobachten. Der Luftstrom zwischen den Gipfeln des Annapurna und des Dhaulagiri führt zu starkem Wind, der häufig durch das Tal fegt. Am frühen Morgen weht er sanft vom Norden her und dreht dann, um am späten Morgen und Nachmittag von Süden kräftig aufzufrischen. Zwischen Tukuche und Jomsom wirbeln diese starken Winde nach 11.00 Uhr Staub und Sand auf.

Bei der Wanderung in Richtung Norden kommt man an einem landwirtschaftlichen Projekt vorbei, das im Jahre 1966 vom Ministerium für Landwirtschaft zur Einführung neuer Produktionstechniken in der Region gegründet wurde. Die treibende Kraft hinter diesem Projekt war immer Passang Khambache Sherpa, der David Snellgrove bei seinen Studien durch Nepal begleitet hat. Hier können Sie möglicherweise frisches Obst, Gemüse und Mandeln erhalten. Auch Apfel-Cidre und Obstkonserven sowie – natürlich – ausgezeichneter Apfel-, Aprikosen- und Pfirsich-Rakshi sind in Marpha und Tukuche erhältlich. Probieren Sie einmal den in Flaschen abgefüllten Brandy aus Tukuche.

Zwischen der Versuchsstation und Marpha liegt das Om's Home, ein sehr sauberes Hotel mit ausgezeichnetem Essen und ebensolchen Unterkünften, die von Zimmern mit Bad bis zu Schlafsälen reichen. Marpha ist hinter einem Bergkamm verborgen, um so ein wenig Schutz vor dem Wind und dem Staub zu erhalten. Es handelt sich um ein großes Thakali-Dorf in 2.665 m Höhe, das die für diese Kultur typische Architektur mit flachen Dächern und engen, gepflasterten Gassen und Passagen aufweist. Wegen des sehr seltenen Niederschlags in dieser Region sind die flachen Dächer durchaus praktisch. Sie dienen auch als Trockenplatz für Getreide und Gemüse.

In Marpha hat das System der Thakali mit Herbergen seine höchste Vollendung erreicht. In den Hotels werden richtige Zimmer, Speisekarten, Zimmerservice und Toiletten im Haus geboten. Es ist ein sauberes und schönes

Dorf mit einem ausgedehnten Kanalsystem unter den mit Steinplatten gepflasterten Straßen. In der Mitte des Ortes gibt es sogar eine Bibliothek. An beiden Enden von Marpha sind eindrucksvolle *Kanis* zu sehen. Der *Gompa* wurde vor kurzem völlig neu eingerichtet und renoviert. Die Dhaulagiri Lodge und die Baba's Lodge weisen kompliziert gearbeitete Fenster, schöne Innenhöfe und gute Toiletten auf. Auf die Bhakti's Lodge wird durch ein Plastikschild hingewiesen, und das Miami verfügt sogar über eine solargeheizte Dusche.

Auf der anderen Seite des Flusses, gegenüber vom Marpha, liegt Chaira, eine tibetische Siedlung mit einer Teppichfabrik. Händler aus Chaira sitzen häufig am Pfad in der Nähe von Marpha und verkaufen dort ihre Erzeugnisse. Legen Sie eine kurze Pause ein, und genießen Sie den Blick in die Umgebung auf die hohen schneebedeckten Gipfel, die braunen und gelben Felsen, die leuchtend grünen Tupfer der bewässerten Felder und die Lehmhäuser mit den flachen Dächern, die hier und da zu sehen sind. Wenn man von der Höhe der Berge absieht, gleicht diese Landschaft sehr Zentral-Afghanistan. Es ist schon fast unheimlich, eine derartige Übereinstimmung der Landschaften bei einer so großen physischen wie kulturellen Entfernung zu finden.

Marpha ist wahrscheinlich die bessere Wahl für eine Übernachtung als Jomsom. Sie können es sich jedoch auch leicht machen und eine Nacht in Tukuche bleiben und dann nach Jomsom wandern. Es ist ein wenig weit, aber nicht unvernünftig, von Marpha in einem Tag den Weg bis nach Muktinath zurückzulegen, allerdings interessanter, einen Stop in Kagbeni einzulegen. Von Marpha aus folgt der Weg der Talseite und verläuft ausnahmslos bergauf bis nach Jomsom.

Jomsom (offiziell Dzongsam – „neue Festung") ist der Sitz der Verwaltung der Region. Die Stadt erstreckt sich zu beiden Seiten des Kali Gandaki auf einer Höhe von 2.713 m und ist ein Handels- und Verwaltungszentrum. Der überwiegende Teil der Einwohner besteht aus Beamten und Kaufleuten, die sich auf die Verteilung von Waren, die mit Flugzeugen und mit Pony-Karawanen in den Ort gebracht werden, spezialisiert haben. Von Jomsom aus ist es ein kurzer Abstecher zum *Gompa* in Thini, das rund eine Stunde von Jomsom entfernt am Ostufer des Kali Gandaki liegt. Jomsom besteht aus drei separaten Teilen. Am Ostufer des Flusses liegt die „Innenstadt". Hier finden Sie Wohngebäude, die Nilgiri Lodge, eine Bank und das Postamt. Am Westufer haben sich Geschäfte, *Bhattis*, das Telegraphenamt und eine Bäckerei angesiedelt. Im Süden, unweit des Flugplatzes, liegen die großen Hotels, Restaurants und ein Büro von RNAC. In der Nähe des Flugplatzes bieten das Lali Guras, das Moonlight und das Alaka Unterkunft. Ein Stück weiter nördlich vom Flugplatz befinden sich eine Kaserne der Armee und der unvermeidliche Kontrollposten der Polizei. Wer aus Manang kommt, muß sich das von dieser Wache auf seiner Trekking-Genehmigung eintragen lassen, da alle Polizisten im Süden diese sehen wollen. Die Stromleitungen, das elektrische Licht und die Soldaten, die man hier am Morgen joggen sieht, fallen in der abgelegenen Gegend ein wenig aus dem Rahmen.

7. TAG: VON JOMSOM NACH MUKTINATH

Hinter Jomsom folgt die Route dem breiten Flußteil, gelegentlich oberhalb des Flußlaufes, aber meistens am felsigen Ufer des Flusses selbst, der unterhalb von senkrecht abfallenden Felsklippen verläuft. Der Weg wechselt schließlich das Flußufer, um auf der östlichen Seite das Tal hoch bis nach Chhancha Lhumba zum Eklai Bhatti („einziges Hotel") auf 2.370 m Höhe zu führen.

Wer nicht sehr in Eile ist, sollte einen Abstecher nach Kagbeni unternehmen. Von Chhancha Lhumba zieht sich der Pfad am Fluß bis nach Kagbeni in 2.810 m Höhe entlang, einer grünen Oase an der Stelle, an der der Jhong Khola und der Kali Gandaki zusammenfließen. Kagbeni erinnert mit seinen eng aneinanderstehenden Lehmbauten, dunklen Gassen, eindrucksvollen *Chorten* und einem großen, ockerfarbenen *Gompa* oberhalb der Ortschaft an eine Stadt im Mittelalter. Die Menschen hier tragen die typische tibetische Kleidung, auch wenn die Kinder es selbst in diesem abgelegenen Dorf gelernt haben, recht hartnäckig um Süßigkeiten zu betteln.

Kagbeni ist das nördlichste Dorf in diesem Tal, das Ausländer besuchen können. Am Kontrollposten der Polizei werden Touristen ohne Sondergenehmigung daran gehindert, weiter nach La Mantang, der von Mauern umgebenen Hauptstadt von Mustang, zu wandern. Die New Annapurna Lodge im Zentrum von Kagbeni bietet die Möglichkeit, preiswert in einem Schlafsaal zu übernachten. Hier gibt es auch Apfelkuchen, Mustang-Kaffee und eine Sonnenterrasse. Ein weiteres beliebtes Hotel ist das Red House.

Der Weg von Kagbeni steigt das Tal des Jhong Khola steil bergauf, bis er unterhalb von Khingar auf den direkten Weg nach Muktinath trifft. Am Weg können Sie Hunderte von kleinen Steinhügeln sehen, die von Pilgern errichtet wurden, um ihre verblichenen Ahnen zu ehren. Die direkte Weg nach Muktinath führt unmittelbar hinter Chhancha Lhumba bergauf zu einem Plateau oberhalb vom Tal des Kali Gandaki und dann in östliche Richtung das Tal des Jhong Khola hoch. Der Wanderweg hinauf nach Khingar zieht sich durch eine trockene, wüstenähnliche Landschaft, die in der gleichen geographischen und klimatischen Zone liegt wie Tibet. Die strahlenden Gelbtöne der nackten Gebirge bilden einen großartigen Kontrast zu dem blauen Himmel, den weißen Gipfeln und den Tupfern von Grün, die jene Stellen markieren, an denen eine Bearbeitung des Bodens möglich ist. Der Blick auf den Dhaulagiri und den Nilgiri ist phantastisch. Die Wanderung von Khingar (3.200 m) nach Jharkot ist sehr schön und führt durch Weiden sowie an Bächen, Pappeln und Obstbäumen vorbei. Häufig sind Schwärme von Kranichen zu sehen. Der Pfad verläuft nun hoch oberhalb des Jhong Khola nach Jharkot, einem eindrucksvollen Dorf in 3.500 m Höhe. Eines der Hotels hier bietet sogar mit Sonnenenergie beheizte Zimmer. Der Ort selbst mit seinem pittoresken *Kani* ist eine Erkundung wert. In der Nähe stehen übrigens einige Pfirsichbäume. Die Einheimischen zermahlen die Pfirsichsamen, um daraus Öl herzustellen. Auf der anderen Seite des Tals sind die Ruinen von Dzong zu erkennen, der alten Hauptstadt dieser Region.

Der erste Ortsteil von Muktinath, den man erreicht, ist Ranipauwa in 3.710 m Höhe, der Standort eines großen Rasthauses für Pilger sowie einer ganzen Gruppe von Hotels, *Bhattis* und Zeltplätzen. Dieses Gebiet wird häufig sowohl von Pilgern als auch von ausländischen Touristen überschwemmt. Die North Pole Lodge ist zum Übernachten ganz gut, aber im Hotel Shree Muktinath soll die Küche die beste in der ganzen Stadt sein.

Die tibetischen Händler sind in ihren Bemühungen, Besucher von ihren Waren zu überzeugen, unerbittlich. Einzigartig für diese Region sind die Saligramme. Diese schwarzen Steine enthalten, wenn sie aufgebrochen werden, fossile Überreste prähistorischer Ammoniten. Sie finden möglicherweise selbst derartige Steine auf dem Weg zwischen Jomsom und Muktinath, können jedoch ein solches Andenken auch zu einem inflationären Preis bei einem der Händler erstehen – und sich den ganzen Weg zurück nach Pokhara ärgern, daß Sie einen Rucksack mit Steinen auf dem Buckel schleppen. Hinduistische Pilger kaufen diese Ammoniten ebenfalls, da sie nach dem Glauben der Hindus den Gott Vishnu repräsentieren. Die Steine wurden vor ca. 130 Millionen Jahren geformt.

Die auffallendsten Pilger, die nach Muktinath kommen, sind die asketischen Sadhus, von denen Sie sicher schon zahlreiche zwischen Pokhara und Muktinath zu Gesicht bekommen haben. Sie sind in verschiedenen Stadien des Nicht-bekleidet-Seins unterwegs und beschmieren sich mit Asche. Häufig tragen sie einen Dreizack bei sich, den *Trisul*. Eine Spende von ein bis zwei Rupien für einen solchen heiligen Mann ist durchaus angebracht. Es sind shaivitische Mystiker auf einer Pilgerwanderung, die häufig irgendwo in der Hitze des südlichen Indiens begonnen hat.

Der Tempel und die religiösen Schreine von Muktinath liegen ca. 90 m oberhalb von Ranipauwa. Hotels gibt es hier nicht, und das Zelten ist in dieser Gegend ebenfalls untersagt. Muktinath ist ein bedeutender Pilgerort sowohl für Hindus als auch für Buddhisten. In einem Hain von Bäumen gelegen kann man sich sowohl einen buddhistischen *Gompa* als auch den im Pagodenstil erbauten Tempel von Jiwala Mayi ansehen, der ein Bild von Vishnu birgt. Um den Tempel zieht sich eine Mauer mit 108 Wasserspeiern in der Form von Kuhköpfen, aus denen heiliges Wasser fließt. Noch heiliger ist das Wasser, das sich aus einem Felsen in einem alten Tempel ein kurzes Stück unterhalb der Pagode ergießt. Im *Gompa* tritt hinter einem zerrissenen Vorhang aus einer kleinen Düse Erdgas aus, das ständig für eine heilige Flamme an der Quelle sorgt, aus der das heilige Wasser stammt. Diese verheißungsvolle Kombination aus Erde, Feuer und Wasser ist der Grund für die religiöse Bedeutung von Muktinath. Es ist häufig möglich, tibetische Frauen mit kunstvoller Haartracht, verziert mit unbezahlbaren Türkisen, an diesen Schreinen beten zu sehen.

Die charmanteste Beschreibung von Muktinath fand ich auf einer Hinweistafel, die vom Tourismusministerium in Jomsom angebracht wurde:

Muktinath ist schön, ruhig und still, großartig und für Pilger mysteriös, verziert mit Göttern und Göttinnen. Auch wenn Sie freundlich darum gebeten werden, diese nicht zu fotografieren.

ANNAPURNA-SCHUTZGEBIET

Die Route zum Annapurna-Schutzgebiet (in nepalischer Sprache Annapurna Deuthali), in dem auch das Basislager für die Besteigung der Annapurna-Südwand liegt, bietet die Möglichkeit zu einer großartigen, kurzen Wanderung. Auch wenn hier einige steile Aufstiege nicht zu vermeiden sind, ist diese Trekking-Tour nicht schwierig, kann jedoch durch Schnee und Lawinen im Winter und am Anfang des Frühlings undurchführbar werden. Es handelt sich um die einzige bedeutende Wanderroute in Nepal, auf der eine größere Lawinengefahr besteht, so daß Sie die Einheimischen fragen müssen, ob der Weg in der Zeit, in der Sie ihn benutzen wollen, sicher ist. Einige Trekker sind hier bereits durch Lawinen getötet worden und andere tagelang steckengeblieben. Die Wanderung führt durch verschiedene Landschaften, die vom Tiefland mit Dörfern und Reisterrassen bis zu Gletschern und einer Region mit großartigen Panoramen reicht, in denen sich Gipfel an Gipfel reiht. Sie haben hier die Möglichkeit, sich innerhalb kurzer Zeit von Bergspitzen des Himalaja umgeben zu sehen, ohne mit den Höhen- und Flugproblemen der Everest-Region konfrontiert zu sein.

Die Strecke von Pokhara zum Basislager des Annapurna und zurück kann in nur zehn oder elf Tagen bewältigt werden, aber Sie sollten sich am besten zwei volle Wochen Zeit nehmen, um das Hochgebirge richtig genießen zu können. Ein Umweg über Ghorapani auf dem Rückweg ermöglicht zudem vom Poon Hill einen schönen Blick auf den Dhaulagiri. Auf der gesamten Strecke gibt es am Wegesrand zahlreiche Teeläden. Gelegentlich liegen sie nur 5 bis 10 Minuten auseinander. Nur selten werden Sie eine ganze Stunde

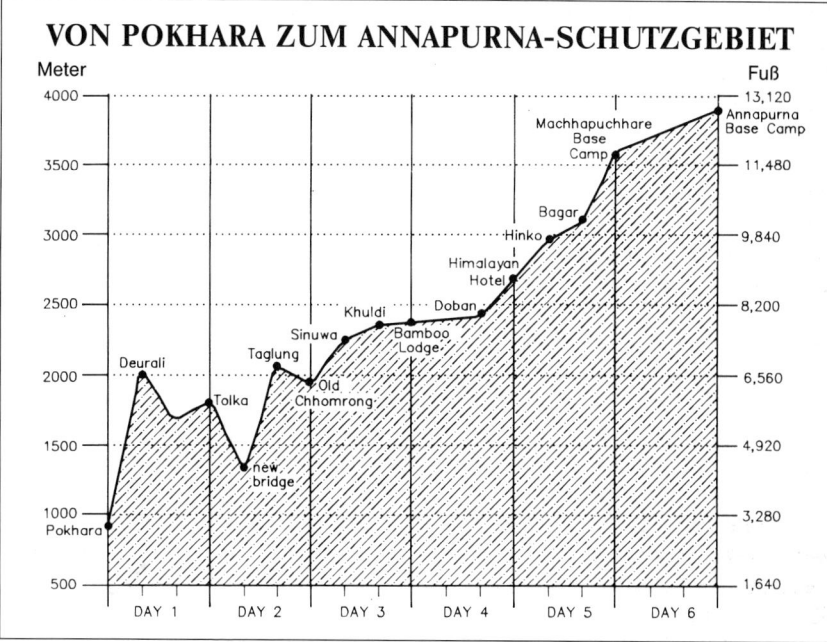

VON POKHARA ZUM ANNAPURNA-SCHUTZGEBIET

Meter / Fuß

Annapurna Base Camp
Machhapuchhare Base Camp
Bagar
Hinko
Himalayan Hotel
Khuldi · Doban
Sinuwa · Bamboo Lodge
Taglung
Deurali
Tolka · Old Chhomrong
new bridge
Pokhara

DAY 1 · DAY 2 · DAY 3 · DAY 4 · DAY 5 · DAY 6

unterwegs sein, ohne Gelegenheit zu haben, sich zu erfrischen.

1. TAG: VON POKHARA NACH TOLKA

Die direkte Route zum Annapurna-Schutzgebiet führt über den Weg von Dhampus nach Chhomrong, auf dem man auch eine „neue Brücke" aus dem Jahre 1985 überquert. Nehmen Sie am besten zunächst ein Taxi, einen Jeep oder einen Bus, um von Pokhara nach Phedi zu gelangen, und folgen Sie dann ein kurzes Stück der Straße, bis Sie an einen Pfad gelangen, der sich auf der rechten Seite steil nach oben zieht. Sie können den Weg nach Dhampus, der den Berg hinunterführt, leicht aus-

machen und sehen, wo er das Tal erreicht.

Auf einer Höhe von 1.080 m beginnt die Wanderung in einem Wald, der derartig abgegrast ist, daß er an einen gepflegten Stadtpark erinnert, und setzt sich dann steil an einigen verstreuten Häusern hinauf zum Bergkamm bis nach Dhampus auf 1.580 m Höhe fort. In Dhampus wird man mit einem großartigen Blick auf die Berge belohnt, der immer besser wird, je weiter man am Bergkamm bergauf wandert. Einige wenige Hotels befinden sich bereits an diesem Ende des Dorfes, aber es handelt sich um einen großen Ort, der sich auf dem Kamm über mehrere Kilometer erstreckt. Sie werden in der nächsten halben Stunde Ihrer Wanderung noch an mehreren anderen Hotels vorbeikommen, so auch an dem anspruchsvolleren Hotel Dhaulagiri View.

Dhampus ist die Hauptstadt der Diebe in Nepal. Sie schneiden häufig die Zelte von Trekkern auf und stehlen so nachts die Wertsachen der Wanderer. Daher empfiehlt es sich nicht, hier allein zu zelten. Trekking-Gruppen bilden wegen der Diebstahlsgefahr mit ihren Zelten einen Kreis, wie dies bei den Wagenburgen in früheren Zeit üblich war, und setzen nachts einen Wächter mit einer Laterne ein. Wenn man in einem Hotel übernachtet, sollte man vorsorglich auf die Zimmergenossen achten und die Tür immer abschließen, wenn man es verläßt – und sei es nur für einen Augenblick. Die Diebe beobachten jeden, um herauszufinden, wer etwas bei sich hat, das einen Diebstahl lohnt, oder wer zu sorglos ist. Sie warten geduldig die ganze Nacht, um zur Tat zu schreiten, wenn sich eine Gelegenheit bietet.

Der Pfad führt weiter bergauf durch Dhampus, vorbei an einem Kontrollposten der Polizei und dann langsam hoch durch den Wald auf einem mit Steinen gepflasterten Weg. Ein kurzes Stück wandert man steil bergauf nach Pothana, einer Gruppe von Hotels, die auf 1.870 m Höhe um eine neue Wasserpumpe herum erbaut wurden. Kurz vor Pothana kommt man zu einer unauffälligen Wegkreuzung. Der Pfad führt in die eine Richtung zum „Australian Camp" und in die andere Richtung zur Straße nach Khare.

Weiter geht man bergauf durch den Wald bis zu einer Lichtung in 2.010 m Höhe, wo sich ein herrlicher Blick auf den Annapurna South und den Hiunchuli bietet. Von hier aus zieht sich der Weg steil bergab durch Waldgebiete mit Farnen und Orchideen, in denen auch zahlreiche Vögel leben, bis zu einem riesigen Seitental des Modi Khola. Auf diesem Stück kommt man in Bichok (auch Bheri Kharka) an mehreren Teehäusern vorbei. Dann geht es weiter hinunter zum Kopf der Schlucht. Nachdem man den Bach auf einer Hängebrücke (1.690 m) überquert hat, führt die Route wieder sanft bergauf aus dem Seitental hinaus. Nachdem Sie das Haupttal des Modi Khola erreicht haben, finden Sie auf der Wanderung hinunter nach Tolka, einer kleinen Ansiedlung in 1.710 m Höhe, zahlreiche Teehäuser und Unterkünfte. In dieser Region jagen die Männer Vögel und Wildziegen mit alten Vorderladern, die aussehen, als wären sie ein Erbe aus dem amerikanischen Revolutionskrieg.

2. TAG: VON TOLKA NACH CHHOMRONG

Von Tolka führt der Pfad zu einem Bach in 1.620 m Höhe hinunter, um sich dann wieder bergauf durch Wald zu einem Teeladen auf dem Bergkamm zu ziehen. Es ist eine leichte Wanderung, vorbei an Feldern, einer Schule und einigen ungewöhnlichen ovalen Häusern, bis es ein wenig bergab zu den mit Steinplatten gepflasterten Straßen von Landrung, einem Gurung-Dorf in 1.550 m Höhe, geht. Es gibt hier zahlreiche Hotels, von denen die besten entweder oberhalb oder unterhalb des Dorfes liegen. Die Hotels im Dorf selbst wurden in alten Häusern eingerichtet, so daß sie klein und ein wenig verfallen sind. Möglicherweise treffen Sie unterwegs auf Menschen, die Geld für Schulen sammeln. Sie zeigen ein Spendenbuch vor, in dem die Spenden von anderen Trekkern verzeichnet sind, und tragen auch Ihre Gabe ein. Diese Menschen haben durchaus Grund, Geld zu sammeln, aber es handelt sich im Prinzip nur um eine weiterentwikkelte Form des Bettelns, dazu ermutigt durch Touristen.

Nun geht es weiter bergab durch gepflasterte Höfe von Landrung zum kleinen Hotel Himalaya unterhalb des Dorfes in 1.480 m Höhe. Der Pfad auf der rechten Seite, gleich hinter dem Hotel, führt zum Schutzgebiet. Möglicherweise weist ein orangefarbenes Schild den Weg.

Der Pfad bergab bringt Sie zum Fluß und dann hinauf nach Ghandruk, schon von weitem hoch oben auf der anderen Seite des Flusses zu sehen. Der schmale Weg zum Schutzgebiet führt nach Norden das Tal des Modi Khola hoch an Reisterrassen entlang und schließlich durch einen Wald zur rustikalen Namaste Lodge. Ein kurzes Stück flußaufwärts gelangt man nach Shiuli, das besser unter dem Namen Naya Pool („Neue Brücke") bekannt ist. Zu beiden Seiten der Hängebrücke findet man einige ganz ordentliche Hotels. Hinter der Brücke setzt man die Wanderung steil nach oben bis nach Samrung

fort und überquert dann in 1.430 m Höhe einen Bach. Hierbei handelt es sich um den unteren Teil des Khumnu Khola, der jedoch an dieser Stelle als Kladi Khola bezeichnet wir.

Ein steiler Aufstieg bringt Sie anschließend nach Jhinu Danda, wo sich auf einem Bergkamm in 1.600 m Höhe zwei Hotels für eine Übernachtung anbieten. Etwa 25 Minuten talaufwärts wurden an einer heißen Quelle zwei zementierte Schwimmbecken angelegt. Wenn Sie dorthin wollen, dann fragen Sie die Herbergsbesitzer nach dem Weg. Weit oben auf dem Bergkamm sind Häuser zu sehen. Sie bilden Ihr nächstes Ziel. Es ist nochmals ein langer, steiler Aufstieg, der einem baumlosen Bergkamm bis zu einigen Teehäusern in Taglung (2.050 m) folgt. Die Pfad trifft nun auf den Weg von Ghandruk nach Chhomrong, der breiter und besser ist.

Ein kurzes Stück von Taglung entfernt kommt man zur abgelegenen Himalayan View Lodge. Hier macht der Weg eine Kurve und führt in den oberen Teil von Chhomrong hinein. Dieses Gurung-Dorf hat sich in zwei voneinander getrennten Teilen entwickelt. Das neue Chhomrong bildet den oberen Teil in einer Höhe von 2.040 m. Hier wurden Ferienhotels, eine Schule und ein Landeplatz für Hubschrauber errichtet. Das alte Chhomrong in 1.950 m Höhe bildet den größten Teil des Dorfes mit Geschäften, Büros und Unterkünften. Die eleganten Hotels in New Chhomrong weisen mit Schieferplatten gepflasterte Höfe, Zimmer und schöne Speiseräume mit malerischen Fenstern auf.

Wenn man der langen Steintreppe in die Dorfmitte folgt, gelangt man unten zu einem Kerosinlager, einem ACAP-Büro und mehreren Geschäften. Hier stößt man auch auf die Captain's Lodge, die beliebteste Unterkunft in Chhomrong, in der der Kapitän eine beeindruckende Persönlichkeit ist. Im Chhomrong Guest House wohnt man ebenfalls in der Nähe des Zentrums. Zu allen Hotels gehören auch Läden, in denen man seine Vorräte für die weitere Wanderung in das Schutzgebiet auffüllen kann. Nach den Regeln für das ACAP ist hinter Chhomrong die Verwendung von Holz zum Verfeuern untersagt. Aus diesem Grund muß von allen Trekkern sowie in den Hotels mit Kerosin gekocht werden. Wer zeltet, kann im Ort Kerosin kaufen sowie einen indischen Kocher und Plastikkanister mieten. Für einen Kocher zahlt man zwischen 10 und 20 Rupien pro Tag, für einen Kanister je nach Größe zwischen 1 und 3 Rupien. Bei Drucklegung dieses Buches kostete das Kerosin pro Liter 13 Rs. Ratschläge über die benötigte Menge kann Ihnen der Leiter des Depots geben. Wer in Hotels übernachtet, verlagert das Kerosinproblem auf den Wirt. Im ACAP-Büro muß man sich auch an- und wieder abmelden sowie die Trekking-Genehmigung prüfen lassen.

Die Häuser und Hotels im alten Chhomrong verfügen dank des Herrn Hayashi, auch unter dem Namen Bijuli Japani bekannt und „elektrischer Japaner" genannt, über elektrisches Licht. Er hat ein kleines Wasserkraftwerk errichtet und die Häuser mit Miniaturglühbirnen ausgestattet. Die Besitzer der Hotels und Unterkünfte in dieser Gegend haben übrigens eine Vereinigung gebildet, um gemeinsam die Preise in allen Unterkünften festzulegen. Daher gibt es für jedes Haus eine gedruckte Liste mit den Preisen für Übernachtungen und Speisen, wobei die Preise ansteigen, je weiter man sich von Chhomrong entfernt. Dies ist für die Einheimischen eine zu begrüßende positive Bewegung, da die Trekker es früher gewohnt waren, zu handeln und im billigsten Hotel zu übernachten. Heute nimmt jeder den gleichen Preis, so daß Sie nach dem Gebotenen und dem Preis wählen können. Für ein *Dhal Bhaat* zahlt man nun einheitlich 20 Rs pro Teller, während ein Tee 2 Rs kostet. Hinter Chhomrong steigen die Preise allerdings erheblich an. Wegen der Vorschrift, zum Kochen nur noch Kerosin zu verwenden, wird die Auswahl bei den Speisen dort auch sehr klein. Chhomrong ist die nördlichste Grenze für Pfannkuchen, Kuchen und Brot. Der Ort ist auch die höchste ständig bewohnte Siedlung im Tal, aber Hirten ziehen im Sommer mit ihren Schafen und Ziegenherden noch zu weiter oben gelegenen Weiden im Schutzgebiet. Von hier bietet sich ein großartiger Blick auf den Annapurna South, der über dem Dorf zu thronen scheint, und auch eine gute Sicht auf den Machhapuchhare (den „Fischschwanz-Berg") auf der anderen Seite des Tales. Letzterer hat seinen Namen von diesem Blickwinkel aus erhalten. Im Jahre 1957 erklommen Wilfred Noyce und David Cox den Machhapuchhare bis 50 m unterhalb des Gipfels. Nach diesem Versuch hat die Regierung von Nepal weitere Besteigungen des Gipfels untersagt, so daß er bis heute nicht bis zum Gipfel bestiegen wurde. Ein niedrigerer Berg im Süden, der Mardi Himal mit einer Höhe von 5.586 m, ist dagegen für Trekker zugänglich.

3. TAG: VON CHHOMRONG ZUR BAMBOO LODGE

Hinter Chhomrong führt der Pfad über eine Steintreppe hinunter zum Chhomrong Khola, den man auf einer schwingenden Hängebrücke überquert, und dann bergauf aus dem Seitental hinaus. Hoch oberhalb des Westufers vom Modi Khola gelangt man durch die winzige Siedlung Tilche, die in einem Wald aus Bambussträuchern, Rhododendron und Eichen gelegen ist. Noch weiter oben auf einer Höhe von ca. 2.250 m kommt man über einen felsigen Pfad, auf dem man auf Brennesseln achten muß, in Sinuwa zu drei Hotels.

Durch Rhododendronwald wandert man weiter bis nach Kuldi. Hier befand sich einst ein britisches Schafzuchtprojekt. Heute werden die Steinhäuser als ACAP-Besucherzentrum und Unterkünfte genutzt. Im Winter ist Schnee von dieser Höhe an nicht selten. Hinter Kuldi wandert man über eine steile Steintreppe hinunter in tiefen Bambus- und Rhododendronwald. Dann ist es nur noch ein kurzes Stück auf einem schlammigen Pfad bis zur Bamboo Lodge (2.190 m), einer Gruppe von 4 Hotels, von denen keines aus Bambus gebaut wurde. Im Frühherbst und im Spätfrühling wimmelt es auf diesem Pfad von Blutegeln.

4. TAG: VON DER BAMBOO LODGE ZUM HIMALAYAN HOTEL

Der Pfad steigt steil durch Bambuswälder und dann durch Rhododendronwald an der Seite der Schlucht an, fällt aber gelegentlich auch ein wenig ab und führt über einen Nebenbach. Man gewinnt jedoch stetig an Höhe. Wenn auf diesem Teil des Weges Schnee liegt, wird er allerdings sehr schwierig, da der Bambus auf dem Weg unter dem Schnee verborgen liegt und einen ausgezeichneten Ausgangspunkt für ein Rutsch den Berg hinunter bietet. Die Einheimischen schlagen diesen dichten Bambus hinter Kuldi ab, um daraus Matten für den Boden und die Dächer sowie zur Herstellung der *Dokos*, der Körbe für Träger, zu fertigen. Etwa eine Stunde hinter Kuldi gelangt man zur einsamen Tip Top Lodge.

In Doban (2.430 m), gut $1^1/_2$ Stunden hinter Kuldi, kann man ebenfalls in einem guten Hotel übernachten. Hinter Doban führt der Weg über mehrere Lawinenfelder zum oberen Doban und dann zur Annapurna Approach Lodge in 2.470 m Höhe. Der Pfad ist schlammig und zieht sich hoch oberhalb des Flusses hin, bildet jedoch für Schwindelanfällige kein Problem, da dichter Bambus den Blick auf den brausenden Fluß und den Wasserfall versperrt. Die Wanderung führt dann über einen Erdrutsch und einen weiteren Lawinenweg bis zum Himalayan Hotel in 2.680 m Höhe. Kurz vor dem Hotel ist das Geröll zu sehen, das eine Lawine hinterlassen hat, von der eine Sherpa-Küchenmannschaft im Frühling 1989 getötet wurde.

5. TAG: VOM HIMALAYAN HOTEL BIS ZUM BASISLAGER DES MACHHAPUCHHARE

Vom Himalayan Hotel benötigt man etwa eine Stunde bis nach Hinko in 2.960 m, wobei es zunächst über einen felsigen Pfad durch Wald und dann einen steilen Kamm hinauf geht. Der Name der Hinko-Höhle leitet sich von dem riesigen, überhängenden Felsen ab, der einen gewissen Schutz gegen Regen und Lawinen bietet. Es gibt hier auch ein lustiges Hotel, das in die Höhle gebaut wurde und etwa 12 bis 13 Personen Unterkunft bieten kann.

Der Pfad überquert kurz hinter Hinko einen Kamm und einen großen Lawinenweg, um dann über große Felsbrocken weiter bergauf zu führen. Etwa eine halbe Stunde hinter Hinko gelangt man nach (einem weiteren) Deurali (3.000 m), in dem zwei Hotels eine Alternative zum überfüllten Hinko bilden. Oberhalb von Deurali wird das Tal breiter und weniger steil. Hier sind auch die „Türen" zum Schutzgebiet zu sehen. Lawinen vom Hiunchuli und vom Annapurna South, weiter oben gelegenen Gipfeln, die von dieser Stelle aus jedoch nicht sichtbar sind, stürzen hier mit erschreckender Geschwindigkeit und Häufigkeit ins Tal.

Wenn man in das eigentliche Schutzgebiet kommt, überquert man auf einem schmalen Pfad, der sich am Felsen hochzieht, wiederum zwei breite Lawinenläufe. Schließlich wandert man wieder bergab zum Modi Khola und folgt dem Fluß bis nach Bagar mit zwei Unterkünften in 3.110 m Höhe. Der eigentliche Weg verläuft an der linken Seite des Tales entlang, aber wenn ihn eine Lawine blockiert hat, kann es notwendig sein, den Ausweichweg zu nehmen. Er führt über den Modi Khola und dann an der Ostseite des Flusses bergauf, um ihn kurz vor Bagar auf einer Brücke aus Brettern wieder zu überqueren. Die Einheimischen wissen, wann man besser über diese Route geht. Der normale Pfad ist wahrscheinlich im Oktober und November sowie Ende des Frühlings begehbar.

Von Bagar wandert man über weitere Lawinenpfade bergauf, überquert eine Moräne und einen Bach und nimmt dann den Weg hoch zu einem zweistöckigen Gebäude. Das ist das Büro eines deutschen Projekts für eine meteorologische Station. Sie finden hier auch ein Hotel. Mehrere weitere Häuser bieten fünf Minuten entfernt im Gebiet des Basislagers vom Machhapuchhare in 3.480 m Höhe Unterkunft. Diese Hotels können geöffnet sein, müssen es jedoch nicht unbedingt. Dies richtet sich danach, ob der Wirt – und der Proviant usw. – das Hotel durch das Lawinengebiet haben erreichen können. Die meisten Quartiere im Schutzgebiet sind im Winter ohnehin geschlossen. Alle werden von Einheimischen aus

Ghandruk oder Chhomrong geführt, so daß man leicht im voraus feststellen kann, ob ein Hotel geöffnet ist. Die Preise sind wiederum höher. Für ein *Dhal Bhaat* zahlt man 35 Rs, während ein Tee 5 Rs und Eier pro Stück 10 Rs kosten. Der Blick, der sich auf die Berge bietet, ist einfach großartig. Man sieht den Hiunchuli, den Annapurna I (8.091 m), den Annapurna III (7.555 m), den Gangapurna (7.454 m) und den Machhapuchhare (6.997 m).

6. TAG: VOM BASISLAGER DES MACHHAPUCHHARE ZUM BASISLAGER DES ANNAPURNA

Nach etwa zwei Stunden erreicht man das Basislager des Annapurna in 3.900 m Höhe. Der Pfad führt an einigen Hirtenhütten ohne Dach entlang einer Moräne zu drei Hotels auf einer Bergkuppe. Sie sind häufig fast unglaublich überfüllt. Das Hotel Paradise ist das anspruchsvollere von ihnen, auch wenn das Mount Annapurna mit „schneller und zivilisierter Bedienung" wirbt. Die Preise für ein *Dhal Bhaat* sind hier nochmals etwas höher – bis zu 45 Rs für einen Teller. Die Gegend ist häufig verschneit. Als ich einmal im August hier war, erreichte der Schnee die Dächer der Hotels.

Der Blick auf die fast senkrechte Südwand des Annapurna, die sich über dem Schutzgebiet im Nordwesten erhebt, ist beeindruckend. Diese Wand wurde im Jahre 1970 von Teilnehmern einer Expedition unter der Führung von Chris Bonington bestiegen, ein Ereignis, das noch immer zu einem der großartigsten Aufstiege auf einen über 8.000 m hohen Berg zählt.

Mehrere Gipfel, die vom Schutzgebiet aus zugänglich sind, stehen auf der Liste der Berge, die bestiegen werden dürfen. Einer von ihnen, der Tent Peak (5.500 m), läßt einen Panoramablick auf das gesamte Schutzgebiet zu. Sein höherer Nachbar, der Fluted Peak (Singu Chuli) mit 6.390 m Höhe, ist eine Herausforderung für Bergsteiger. Der Hiunchuli (6.441 m) im Süden ist ebenfalls für Trekker zugänglich. Alle drei sind eine beachtliche Herausforderung und erfordern die entsprechenden Fähigkeiten sowie die notwendige Ausrüstung und Planung.

Im Schutzgebiet sind nur wenige Vögel beheimatet, aber man kann hier den Ghoral, den Himalaja-Wiesel und den Pika sehen.

VON CHHOMRONG NACH GHORAPANI

Um von Chhomrong nach Ghorapani zu gelangen, folgt man der Route zurück nach Taglung an der Kreuzung der Pfade von Landrung und von New Bridge. Bleiben Sie auf dem breiten Hauptpfad und wandern Sie in westliche Richtung, vorbei an den einen wohlhabenden Eindruck vermittelnden Häusern sowie Kartoffel- und Weizenfeldern von Taglung. Von hier aus geht es langsam hinunter durch den Wald bis zu einem einsamen Teehaus, der Hilcross Lodge auf 2.020 m Höhe. Bei dem Teehaus führt der Pfad steil bergab zurück nach Khumnu (auch Kimrong genannt), einem Dorf oberhalb des Khumnu Khola in 1.720 m Höhe, in dem einige Hotels Unterkunft bieten. In der Nähe der neuen Brücke lädt zudem ein weiterer Teeladen zu einem Besuch ein.

Überqueren Sie den Fluß auf einer neuen Hängebrücke und wandern Sie dann ca. 100 m weiter bis zu der Stelle, an der sich die alte Brücke befand und ein nicht ganz einfach erkennbarer Pfad steil bergauf führt. Der Weg wird deutlicher, wenn er sich durch die Weizenfelder dem Brahmanen-Dorf Melanche in 2.050 m nähert. Oberhalb von Melanche wird die Steigung schwächer. Von dort gelangt man durch Rhododendronwald bis nach Tadapani (2.540 m). Hier trifft der Pfad auf den Hauptweg zwischen Ghorapani und Ghandruk.

VON CHHOMRONG NACH GHANDRUK

Folgen Sie dem oben beschriebenen Weg nach Khumnu und gehen Sie dann über die Hängebrücke. Hinter der Brücke bleiben Sie auf dem Hauptweg, der aus dem Khumnu-Tal hinausführt. Es ist ein steiler Aufstieg bis zu den Teehäusern in Uri, die am Paß in 2.220 m Höhe liegen. Hinter Uri fällt der Weg über riesige Felsbrocken bis zu einem kleinen Bach und dann sanft zum Gewirr der verschiedenen Pfade in Ghandruk auf 1.940 m Höhe ab.

VON GHORAPANI NACH GHANDRUK

Wenn man von Ghorapani nach Ghandruk will, steht ein langer, wenn auch nicht schwieriger Wandertag bevor (wenn kein Schnee liegt). Die Einheimischen benutzen diesen Weg nur selten, er hat jedoch als Trekking-Route zunehmend an Bedeutung gewonnen. In den letzten Jahren hat sich die Region im Übermaß und unkontrolliert entwickelt. Die Dorfbewohner haben große Teile des Rhododendronwaldes abgeholzt, um damit Hotels zu bauen.

Vom Ghorapani-Paß aus, der als Deurali bekannt ist, zieht sich die Wanderung in Richtung Süden über einen schlammigen Pfad durch tiefen Wald. Schließlich gelangt man zu einem grasbewachsenen Hügel, der eine gute Sicht auf den Machhapuchhare (den man vom Ghorapani-Paß nicht sehen kann) sowie einen Panoramablick nach Süden bis hin zur indischen Ebene bietet. Der Blick entspricht in etwa jenem vom Poon Hill. Weiter am Kamm entlang gelangt man bergauf durch Kiefern- und Rhododendronwald bis zum Scheitelpunkt des Kammes und dann hinab zu zwei Herbergen an einem zweiten Paß, der ebenfalls Deurali genannt wird (2.960 m).

Hier trifft man auf einen Weg, der hinunter nach Chitre und Tatopani führt. Der Pfad nach Ghandruk bringt Sie ebenfalls bergab zur Lali Guras Lodge im Rhododendronwald und folgt dann einem trockenen Bachbett. Ein Bergkamm verdeckt die Berge während der steilen, gelegentlich tückischen Wanderung hinunter auf einem schmalen Pfad neben dem Bach, der jedoch später breiter wird. Der Bach bildet einige Becken mit Bademöglichkeiten im klaren Wasser (denken Sie jedoch daran, daß

Ghandruk

Nacktbaden in Nepal nicht erwünscht ist) und ergießt sich schließlich in mehreren Wasserfällen über eine Reihe von Felsen und Holzbrettern, die mitgerissen wurden, als dieses harmlos wirkende Gewässer während des Monsunregens anschwoll.

Der steile Abstieg wird sanfter, wenn man sich Banthanti, einer Gruppe von sechs Hotels im Schatten einer riesigen Felswand, nähert. Die Tische und Bänke vor den Unterkünften erinnern an eine Skihütte, insbesondere bei Schnee. Man darf diese Siedlung aber nicht mit dem Ort Banthanti verwechseln, der zwischen Ulleri und Ghorapani liegt. Folgen Sie nun dem Bach stromabwärts bis zu einer Brücke, an der ein winziger Pfad Sie zu einem Steinbruch bringt. Träger transportieren Schiefer-

platten von hier bis nach Ghandruk und Melanche, mit denen dort die Häuser gedeckt werden. Der Pfad beginnt mit einer steilen Steigung, wobei man den feuchten, hohen Bergwald hinter sich läßt und durch ein Gebiet mit Bambus gelangt und gelegentlich bergauf und bergab wandert, vorbei an der Tranquility Lodge bis zu einem Aussichtspunkt, der einen kleinen Blick auf die Berge zuläßt. Der Pfad fällt dann steil ab durch Waldgebiete nach Tadapani (2.540 m), einer Gruppe von Hotels mit einem großartigen Blick auf die Umgebung. Einem Hotelbesitzer war der jedoch noch nicht gut genug, denn er baute noch einen steinernen Aussichtsturm. Tadapani bedeutet „weites Wasser", was darauf zurückzuführen ist, daß das Dorf sein Wasser von einer Stelle

277

bezieht, die weit unterhalb des Ortes gelegen ist, so daß Träger mehr als eine halbe Stunde benötigen, um eine Ladung hinaufzubringen.

Von Tadapani zweigt ein Weg zur Linken ab und führt hinunter durch Wald und dann vorbei an auf Terrassen angelegten Feldern zum Khumnu Khola. Diese direkte Route zum Annapurna-Schutzgebiet wurde in umgekehrter Richtung im vorhergehenden Abschnitt beschrieben.

Der Weg nach Ghandruk geht von Tadapani steil bergab durch Wald zu einer Lichtung mit zwei Hotels (einem weiteren Ort namens Deurali!). Ein kurzer, steiler Weg bergab zwischen Felsen führt zu einem Bach, den man überquert, und dann weiter hinunter, vorbei an weiteren Bächen und schließlich einem Bergkamm folgend bis nach Ghandruk. Man erreicht das Dorf in der Nähe der ziegelgedeckten Fabrik, in der Kunsthandwerk hergestellt wird. Dann geht man die Steinstufen hinunter in das Labyrinth des eigentlichen Dorfes. Die ersten Hotels, die man sieht, sind das Himalayan Hotel und die Gorkha Lodge. Beide werben schon am Weg und sind nicht zu verfehlen. Es gibt aber auch noch weitere Hotels am südlichen Ende des Dorfes, und zwar dort, wo der Weg nach Landrung beginnt.

Ghandruk, ein sehr großes Dorf in 1.940 m Höhe, ist das zweitgrößte Gurung-Dorf in Nepal (das größte ist Siklis). Es besteht aus einer verwirrenden Ansammlung von eng aneinander stehenden, schiefergedeckten Häusern.

Oberhalb und unterhalb der Ansiedlung sieht man in sauberen Terrassen angelegte Felder. Auf älteren Karten wird das Dorf noch als Ghandrung bezeichnet, aber Ghandruk ist die heute akzeptierte Schreibweise. Der Name stammt aus dem Nepalischen. Früher hieß der Ort Kond. Jedes Gurung-Dorf in Nepal ist von den Ortsansässigen unter dem entsprechenden Gurung-Namen bekannt.

Es ist mehr als leicht, sich in dem Netzwerk der engen Gassen zu verirren, wenn man versucht, durch das Dorf zu wandern. Am oberen und unteren Ortseingang findet man eine Reihe von Schildern, die die zahlreichen Einrichtungen des Dorfes anzeigen. Die größten Hotels befinden sich in der Nähe des oberen Endes, während der Rest der Herbergen am unteren Ende von Ghandruk gelegen ist. Es gibt jedoch keine Hotels zwischen den eigentlichen Wohnhäusern.

Ghandruk besitzt ein ausgedehntes Wasserversorgungssystem mit Tanks, Rohren und Wasserhähnen im ganzen Dorf. Am oberen Ende von Ghandruk in der Nähe des Hotels Himalayan finden Sie eine Kunstgewerbefabrik. Der Blick auf den Annapurna South (Annapurna Dakshin) ist von hier aus einfach hervorragend. Der Machhapuchhare, hier in seinen Umrissen wie ein Fischschwanz, erhebt sich über einem bewaldeten Bergkamm. Das ACAP unterhält ein Besucherzentrum in Ghandruk und bietet häufig Informationen über seine Aktivitäten an.

UM DEN ANNAPURNA

Man benötigt mindestens 18 Tage, um das gesamte Annapurna-Massiv zu umwandern und dabei die an Tibet erinnernde Landschaft am nördlichen Hang des Himalaja und die dramatische Schlucht des Kali Gandaki zu erkunden. Manang wurde im April 1977 für Trekker geöffnet, auch wenn einige Expeditionen und Einzelpersonen die Region bereits in den fünfziger Jahren besuchen konnten.

Die letzten 7 Tage der Wanderung sind für die beliebte Strecke von Pokhara nach Jomsom reserviert. Dafür gilt die Beschreibung der Route nach Muktinath in Gegenrichtung. Man kommt auf der Strecke von Dumre nach Pokhara etwa stündlich an einen Teeladen oder einem Hotel vorbei, wenn man vom Paß zwischen Thorung Phedi und Muktinath absieht.

Am einfachsten und sichersten ist es, den Thorung-Paß (5.416 m) von Osten nach Westen zu überqueren, also wie in der Routenbeschreibung aufgezeigt. Wenn Sie die Trekking-Tour in Gegenrichtung unternehmen wollen, müssen Sie berücksichtigen, daß es an der Westseite des Passes von einer Wiese oberhalb von Muktinath (4.100 m) bis zu einem Platz zwei bis drei Stunden hinter dem Paß auf der Seite von Manang (4.510 m) weder Zeltplätze noch Wasserquellen gibt. Das bedeutet, Sie müssen an einem einzigen Tag 1.300 m bergauf und wenigstens 900 m bergab zurücklegen. Für viele Menschen ist das unmöglich, insbesondere für jene, deren Körper sich noch nicht an die Höhe angepaßt haben. Von Manang nach Muktinath ist der Paß nicht so schwer zu überqueren, auch wenn es sich um einen langen Weg in großer Höhe handelt. Sie sollten dabei einkalkulieren, daß Sie möglicherweise nach Dumre zurückkehren müssen, wenn es aufgrund von Schnee oder der Höhenkrankheit unmöglich oder gefährlich ist, den Thorung La zu überqueren. In einigen Jahren, wenn das Wetter es erlaubt, bleibt der Paß geöffnet, aber sonst ist der Thorung La im allgemeinen zugeschneit und von Mitte Dezember bis Mitte April geschlossen.

Bevor Sie mit ihnen den Weg über den Thorung La in Angriff nehmen, müssen Sie dafür sorgen, daß die Träger dafür richtig bekleidet und ausgerüstet sind. Viele Träger aus dem Tiefland haben sich schon Frostbeulen zugezogen oder sind schneeblind geworden, weil Trekker und ihre Sherpa sich nicht um das entsprechende Schuhwerk, die für diese Höhen notwendige Bekleidung und, am wichtigsten, Schneebrillen bekümmert haben. Die Träger aus den fast tropischen Dörfern wie Dumre haben keine Vorstellung davon, was sie auf einem schneebedeckten Paß erwartet, oder hoffen, daß sie den Paß bei warmem Wetter überqueren können, und machen sich mit einer Trekking-Gruppe nur in Baumwollkleidung auf den Weg. Wer Träger für eine Überquerung des Thorung La anheuert, hat die moralische und gesetzliche Verpflichtung, für ihre Sicherheit und ihr Wohlergehen zu sorgen.

AN- UND WEITERREISE

Nach Dumre: Mit einem Schnellbus benötigt man rund 5 Stunden für die Fahrt von Kathmandu nach Dumre. Die Straße führt über den Chandragiri-Paß aus dem Kathmandu-Tal hinaus und über eine Reihe steiler Serpentinen entlang des alten, von Indern gebauten Tribhuvan Rajpath bergab. Dann setzt der Bus seine Fahrt vorbei an Feldern zum 26 km von Kathmandu entfernten Naubise fort. In Naubise beginnt der Arniko Rajpath, der 1971 mit chinesischer Hilfe erbaut wurde. Der Tribhuvan Rajpath zieht sich von hier aus weiter nach Süden und verläuft kurvenreich bis zur indischen Grenze bei Birganj. Die chinesische Straße führt ostwärts entlang des Mahesh Khola bis zu seinem Zusammenfluß mit dem Trisuli. Dann folgt sie dem Tal des Trisuli bis nach Mugling (2.200 m), wo der Trisuli und der Marsyandi 110 km von Kathmandu entfernt zusammenfließen. Der so gebildete große Fluß, der nach Süden fließt, wird zum Narayani, einem der wichtigsten Nebenflüsse des Ganges. An diesem Teil des Flusses finden die meisten Floßfahrten in Nepal

statt und enden dann im Chitwan-Nationalpark. Eine neue Straße folgt dem Tal des Naryayani von Mugling aus in Richtung Süden und trifft in Narayanghat im Terai auf die von Osten nach Westen verlaufende Hauptstraße.

Hinter Mugling zieht sich die Straße weiterhin am Marsyandi entlang, vorbei an der Straße nach Gorkha und dem riesigen Marsyandi-Kraftwerk, wobei man zur Zeit den Damm vor dem Kraftwerk überquert. Dumre liegt 25 km hinter Mugling in einer Höhe von 440 m. Es handelt sich um ein neues Dorf, das von Newar aus dem nahegelegenen Bandipur nach der Fertigstellung der Straße von Kathmandu nach Pokhara besiedelt wurde. Dumre lebt eigentlich nur davon, daß es Ausgangspunkt für Wanderungen zum einen Tag entfernten Gorkha sowie zum Marsyandi-Tal und nach Manang ist. Es besteht vor allem aus Lagerhäusern, Geschäften und *Bhattis*, die den Trägern dienen, die Lasten in die entlegenen Dörfer transportieren. In Dumre gibt es zudem einige Hotels, darunter das Annapurna und das Dhaulagiri, die sich auf Trekker spezialisiert haben.

Von Dumre nach Besi Sahar (auch Lamjung genannt), dem Verwaltungssitz für die Region Lamjung, wird zur Zeit eine 41 km lange Autostraße gebaut. Bei Drucklegung war die Straße bereits 7 Jahre lang im Bau, schlammig und bei Regen gelegentlich unpassierbar. Auf ihr verkehrt täglich ein Minibus nach Besi Sahar, der bei trockenem Wetter bis zum Ziel 4 bis 5 Stunden benötigt. Eine bessere Wahl ist es, auf einem

Traktor oder einem allradgetriebenen Lastwagen mitzufahren. Für die holperige, staubige Fahrt in einem dieser klapperigen Lastwagen aus alten Armeebeständen bezahlt man 40–50 Rs. Hinzu kommt ein Zuschlag für das Gepäck. Die Transporter fahren von Dumre ab, sobald genügend Fahrgäste und Gepäck vorhanden sind.

1. TAG: VON DUMRE NACH BESI SAHAR

Die Übernachtungssmöglichkeiten an der Straße oberhalb von Dumre sind nur mittelmäßig, denn die meisten Trekker fahren gleich bis Besi Sahar. Dorthin gelangt man zunächst an Reisterrassen vorbei und durch kleine Dörfer, in denen Newar, Brahmanen und Chhetri siedeln, bis nach Bhansar (530 m). Dann folgt man dem Westufer des Marsyandi stromaufwärts durch eine Region, in der sich in Abständen riesige Banyan- und Pipal-Bäume erheben. Ein kurzes Stück vor dem Ort in ca. 500 m Höhe bietet sich ein guter Blick auf den hohen Himalaja, insbesondere auf den Baudha (6.672 m) und auf den Himalchuli (7.893 m). Von Turture (530 m) können Sie Palangtar, den früheren Flughafen von Gorkha, sehen. Gorkha ist die Hauptstadt der mittleren Gebirgsregion in Nepal. Hier befindet sich der alte Palast von König Prithvi Narayan Shah, dem Gründer des modernen Nepal. Der Flughafen von Palangtar

281

wird allerdings nicht mehr angeflogen, da die neue Straße nach Gorkha Flüge überflüssig macht.

Bei Tarkughat (490 m) handelt es sich um einen relativ großen Marktflecken am Ostufer des Marsyandi, den man auf einer großen Hängebrücke überquert. Der Weg nach Manang bleibt auf dem Westufer und führt an der Brücke vorbei über Shurebas und Bhote Odar (550 m) durch eine relativ ebene Landschaft. In letzterem wurde ein Kontrollposten der Polizei eingerichtet. Unterkunft finden Sie hier im Hotel Star. Die Straße verläuft weiter über einen Bergkamm nach Udipu (550 m) und hinunter zum Basar der Thakali in Phalensangu, gelegen unterhalb der Straße in 670 m Höhe.

In Phalensangu verbindet eine Brücke hoch über einer engen, bewaldeten Schlucht beide Seiten. Wenn man den Marsyandi auf dieser Brücke überquert, hat man die Möglichkeit, einen Abstecher zum Bara Pokhari zu unternehmen. Das ist ein hochgelegener See (3.100 m), von dessen Ufer man einen ausgezeichneten Blick auf den Manaslu, den Himalchuli und den Baudha hat. Der Abstecher erfordert einen langen, steilen Aufstieg, es ist jedoch möglich, ihn in nur drei Tagen zu bewältigen, wenn man den Hauptweg in Phalensangu verläßt, um unterhalb von Usta am 2. Tag auf den Weg nach Manang zu treffen.

Die Brücke in Phalensangu bietet auch Zugang zu einer Alternativroute, die die Autostraße umgeht. Von der Ostseite der Brücke in Phalensangu führt ein Pfad bergauf nach Chiti und folgt dann dem Flußtal nach Norden. Die Wanderung führt durch Sal-Wald und Reisterrassen nach Chaur in einer Höhe von 760 m und dann in eine Region, in der Zuckerrohr angebaut wird. Hinter Chaur (auch Simbachaur genannt) bleibt der Weg in der Nähe des Flusses, führt über den Bhachok Khola und bringt Sie dann bergauf durch Baragaon (910 m) und über einen Bergkamm hinunter nach Bhulbule, wo Sie auf die oben beschriebene Route treffen.

Hinter Phalensangu geht es gelegentlich etwas bergauf sowie bergab und über zahlreiche kleine Bäche, bevor man Besi Sahar erreicht, das auf einem Plateau in 820 m Höhe gelegen ist. Hier gelangt man zum ersten der vielen Kontrollposten der Polizei, hat die Möglichkeit, Uhren und Radios reparieren zu lassen, und kann in Geschäften chinesische und japanische Waren kaufen. Es gibt hier auch einige Trekker-Hotels, darunter das Hotel Tukuche Peak, in dem darauf hingewiesen wird, daß es auch das Anheuern von Trägern übernimmt.

Oberhalb und ein Stück westlich von Besi Sahar gelegen ist Gaonsahar (1.370 m), in dem die Ruinen einer alter Festung und eines alten Palastes zu sehen sind. Vom 15. bis zum 18. Jahrhundert bestand in dieser Region eine Gruppe unabhängiger Königreiche, die ständig gegeneinander Krieg führten. Im Jahre 1782 wurde das von diesem Palast aus regierte Fürstentum Lamjung dem Königreich Gorkha angegliedert.

Der Pfad nach Manang wurde nun ausgebessert, begradigt und erweitert, so daß auf ihm mit Pferde- und Muli-Karawanen Waren zu den entlegenen Dörfern transportiert werden können – auch wenn man dies kaum glauben mag, wenn man über den unebenen Weg wandert. Die Mulis laufen auf dem Weg von Besi Sahar nach Manang, wobei sie in Chame stoppen, wenn in den höheren Regionen des Manang-Tales Schnee liegt.

2. TAG: VON BESI SAHAR NACH BAHUNDANDA

Von Besi Sahar geht es durch ein tiefes Flußtal 150 m lang steil bergab und dann genauso steil wieder bergauf. Es ist ein langer Weg mit mehreren Auf- und Abstiegen durch Reisfelder, subtropischen Wald und kleine Weiler nach Khudi (825 m). Das Dorf besteht aus einer Mischung aus stroh- und ziegelgedeckten Wohnhäusern, Hotels und Geschäften, die sich um die Verankerungen einer langen Hängebrücke scharen, die einen Nebenfluß überspannt. Khudi ist das erste Gurung-Dorf, in das man bei dieser Wanderung gelangt. Die meisten Bewohner dieses Flußtales unterhalb von Khudi sind Brahmanen und Chhetri. Allerdings findet man in den Seitentälern und an den Hängen oberhalb des Flusses auch einige wenige Gurung-Dörfer.

Der Pfad führt weiter in Richtung Norden das Tal des Marsyandi hinauf, wobei der Himalchuli und der Ngadi Chuli (auch als Manaslu II, früher als Gipfel 29 bezeichnet) mit 7.879 m Höhe den Horizont dominieren. Der Weg führt dann auf einer Hängebrücke über den Marsyandi nach Bhulbule (830 m). Gleich auf der anderen Seite der Brücke, auf der rechten Seite, finden Sie das an eine spanische Hazienda erinnernde Hotel Arjun. Das zweite bedeutendere Quartier im Ort ist das Hotel Manang. Zudem gibt es hier einige Geschäfte und in der Nähe der Brücke sogar einen Schneider. Von hier aus verläuft der Pfad am Ostufer des Flusses entlang, vorbei an einem majestätischen Wasserfall von 60 m Höhe, der von Bäumen einer tropischen Art namens Pandanus, d. h. Schraubenkiefer, umgeben ist. Der Weg zieht sich dann durch mehrere kleine Dörfer und weite Reisterrassen.

Hinter Bhulbule hat man einen herrlichen Blick auf den Manaslu (8.162 m) und den Ngadi Chuli. Die kleine Siedlung Ngadi wurde früher nur im Winter genutzt, bevor Trekker in diese Region kamen. Heute gibt es hier jedoch mehrere, von Einheimischen aus Manang geführte Hotels. Die Himalayan Lodge bietet „Sauberkeit und eine freundliche Bedienung". Hinter Ngadi überquert man den Ngadi Khola auf einer langen Hängebrücke (880 m).

Es ist faszinierend, die umfangreichen staatlichen Arbeitsbeschaffungsmaßnahmen in Nepal zu sehen. Um diese Brücke zu bauen, mußten Träger Stahlkabel und anderes Material tagelang transportieren. Dabei gibt es Tausende von Brücken im ganzen Land, und dies in unvorstellbar abgelegenen Gebieten, in denen der Bau unglaublich viel Arbeit und Geld gekostet hat. Es ist allzu leicht, nur die unterentwickelten Aspekte Nepals zu sehen und das große Maß an Arbeitskraft und Geld zu ignorieren, durch das in den letzten 30 Jahren ein ausgedehntes Netz an Pfaden und Brücken geschaffen wurde. Gleich hinter der Brücke befindet sich übrigens ein ausgezeichneter Zeltplatz.

Oberhalb des Ngadi Khola liegt das Dorf Usta, in dem der Weg vom Bara Pokhari wieder auf die Route nach Manang trifft. Hinter der Brücke kommt man zu einem Wegekreuz, das durch einen Pipalbaum auf der linken und ein Stein-Dharamsala, ein Rasthaus, auf der rechten Seite markiert wird. Direkt hinter dieser Markierung müssen Sie den Pfad zur Linken nehmen. Der Pfad nach rechts führt den Ngadi Khola hoch und nicht nach Manang. Das Tourismusministerium hat an vielen kleinen Kreuzungen auf dieser Route Schilder aufstellen lassen, von denen sich auch hier eines befinden sollte, das Ihnen den richtigen Weg weist.

Die Wanderung führt nun zunächst langsam bergauf, dann steil durch Buschwald nach Bahundanda, einem schönen Dorf in 1.310 m Höhe auf dem Sattel eines langen Bergkammes. Die Schule hier ist inmitten eines Bambushains gelegen. Zudem finden Sie in diesem Ort noch einige Geschäfte, *Bhattis* und mehrere Hotels. Bahundanda („Berg der Brahmanen") ist die nördlichste Siedlung dieser Bevölkerungsgruppe im Tal des Marsyandi. Wer zelten möchte, sollte es bei der Schule versuchen. Hier wurde ein ausgezeichneter Zeltplatz mit ganz ordentlichen Toiletten gebaut. Man erwartet allerdings zusätzlich zum Entgelt für das Zelten noch eine Spende für die Schule. Natürlich gibt es in Bahundanda auch einen Kontrollposten der Polizei.

3. TAG: VON BAHUNDANDA NACH CHYAMJE

Über einen steilen, rutschigen Pfad vorbei an Reisterrassen, die wie ein Amphitheater angelegt sind, über einen Bach und ein großes Erdrutschgebiet gelangt man nach Khane, hoch oberhalb des Flusses in 1.180 m Höhe gelegen. Bei den Vogelschwärmen in den Reisfeldern handelt es sich um Sittiche mit grau-blauem Kopf. Auf dem Weg durch die verschiedenen Seitentäler wandert man abwechselnd bergauf und bergab, um schließlich hinunter zum Marsyandi (1.190 m) zu gelangen, den man auf einer großen Hängebrücke überquert. In den mit Steinen gepflasterten Straßen von Syange am Westufer des Flusses finden Sie Geschäfte und zwei Hotels, das Sonam und das Karma. Hinter Syange folgt die Wanderroute eine Zeit lang dem Fluß und führt dann relativ weit hoch auf einem ungeschützten Pfad, der in den nahezu senkrechten, mit Rhododendron und Kiefern bewaldeten Fels geschlagen wurde. Hier kann man zudem reichlich Brennesseln und Marihuana ernten.

Aufgrund des steilen Weges sind die Dörfer in diesem Gebiet nur klein und nicht sehr zahlreich. Im Jahre 1950, als Tilman Manang besuchte, gab es diesen Teil des Weges noch gar nicht. Statt dessen verlief die Route über eine Reihe von hölzernen Galerien, die an den Felsen entlang des Flusses befestigt waren. Auf 1.250 m Höhe gelangt man nach Jagat, das wie die meisten Dörfer dieser Region von Menschen tibetischer Abstammung bewohnt wird. Die aus Steinbauten bestehende Ansiedlung mutet fast mittelalterlich. Hier sind die Läden und Hotels klein und auch nicht sehr sauber. Von Jagat aus führt die Wanderung bergauf durch Wald bis nach Chyamje (1.430 m). Dort werden im Tibetan Hotel gebratene Sojabohnen, *Chiuraa* (gestampfter Reis) und Popcorn gleich tonnenweise angeboten. Direkt gegenüber der Hängebrücke, an der Westseite des Flusses in Sattale (1.430 m), besteht die Möglichkeit zu zelten.

4. TAG: VON CHYAMJE NACH BAGARCHHAP

Auf diesem Teilstück ist der Pfad uneben und führt durch Bambushaine. Man wandert bergauf entlang eines steilen Flußufers zu einem einsamen Teeladen. Dann fällt der Pfad kurz ab, bevor sich das Tal plötzlich zu einem großen Plateau öffnet. In dieser phantastischen Landschaft am Fuß eines großen Wasserfalles liegt das Dorf Tal in 1.675 m Höhe. Hier wurden zahlreiche gute Hotels eröffnet, die so angeordnet sind, daß man sich an einen alten amerikanischen Außenposten vom Pony Express erinnert fühlt. Der buddhistische Einfluß ist an dem kleinen, weißen *Chorten* auf einem nahegelegenen Hügel erkennbar. Man befindet sich nun in der Region Manang.

Tal ist das südlichste Dorf von Manang und im Bezirk Gyasumdo gelegen, einem der drei Bezirke von Manang. Gyasumdo war früher in hohem Maße vom Handel mit Tibet abhängig. Seit dem Abbruch der Handelsbeziehungen im Jahre 1959 haben die Viehzucht und der Ackerbau an Bedeutung gewonnen. Heute werden Mais, Gerste, Weizen, Buchweizen und Kartoffeln in Gyasumdo angebaut, einer Region, in der es lange genug warm ist und in der ausreichend Regen fällt, um zwei Ernten pro Jahr einbringen zu können. Die Menschen in Gyasumdo jagten früher Moschuswild. Der Verkauf von Moschus bildete einst eine wichtige Einnahmequelle und einen bedeutenden Handelsfaktor. Auch wenn die Einwohnern des Gebietes vorwiegend Buddhisten sind, schlachten die Bewohner von Manang Tiere und jagen in den nahegelegenen Bergen. Die anderen Buddhisten beachten dagegen das strikte Tabu der Tötung jeglichen Lebens.

Der Pfad führt quer über ein breites, flaches Tal, bei dem es sich in der Vergangenheit um einen See handelte („Tal" bedeutet in Nepali „See"). Man wandert an Mais-, Gersten- und Kartoffelfeldern vorbei und überquert dann einen kleinen Bach auf einer Holzbrücke in der Nähe von zwei Teeläden. Einer kurzen Steigung folgen einige kleine Wegstücke bergauf und bergab hoch oberhalb des Flusses, bis man schließlich auf einem einer Treppe vergleichbaren Weg hinunter zu einigen Teeläden in Orad gelangt. Kurz dahinter überquert man auf einer Hängebrücke den Marsyandi (1.850 m). Gleich hinter der Brücke sprudelt eine winzige, aber verschmutzte heiße Quelle, deren Wasser aus einer Spalte unweit des Weges fließt. Um das heiße Wasser aufzufangen, benötigt man eine Tasse.

Die Pfad steigt von der Brücke zu einem unbemalten *Kani* aus Stein an, der den Dorfeingang von Dharapani, einem Dorf in 1890 m Höhe, markiert. Solche *Chorten* stehen an den Eingängen aller alten Dörfer zwischen Dharapani und Kagbeni an beiden Seiten. Die *Kanis* werden mit zunehmendem tibetischen Einfluß von Dorf zu Dorf komplizierter und malerischer. Wenn Sie durch Dharapani gehen, kommen Sie nach ca. 10 Minuten zu einem Polizeiposten und dann zum großen Hotel Dharapani. Hinter Dharapani führt der Pfad an einer Schule vorbei und zieht sich über einen Felsvorsprung, bevor man hinunter nach Bagarchhap gelangt. Über den Marsyandi spannt sich direkt hinter Dharapani eine lange, überdachte Brücke. Sie führt nach Thonje, einem wichtigen Dorf an der Stelle, an der der Marsyandi und der Dudh Khola zusammenfließen. Es ist jedoch nicht notwendig, auf dem Weg nach Manang durch Thonje zu gehen. Dort wurde aber ein Polizeiposten für die Wanderer eingerichtet, die auf der Route das Tal hoch zum Larkya La unterwegs sind.

Der Pfad verläuft weiter in das ost-westliche Manang-Tal und durch einen Wald mit Blaukiefern, Fichten, Hemlocktannen, Ahornbäumen und Eichen. Bei dem einem Eichelhäher ähnelnden Vogel, den Sie hier sehen können, handelt es sich um einen Nußknacker. Er ernährt sich von den Samen der Blaukiefernzapfen. Bagarchhap auf 2.160 m Höhe ist das erste Dorf auf der Wanderung, das eine typisch tibetische Architektur aufweist: Hier stehen die Steinhäuser nah beieinander, auf deren flachen Dächern das Feuerholz gestapelt ist. Das Dorf liegt in der Übergangszone zwischen dem trockenen Gebiet des oberen Marsyandi und den feuchteren Regionen am unteren Flußtal, so daß hier auch zahlreiche geschwungene Dächer aus Holzschindeln zu sehen sind. Weiter oben in den Tälern des Marsyandi und des Kali Gandaki, wo nur wenig Regen fällt, verschwinden die Schindeldächer. Die Häuser, die dort auch noch enger zusammenstehen, haben ausnahmslos Flachdächer.

Der gepflegte, weiß gekalkte *Diki Gompa* in Bagarchhap enthält zahlreiche tibetisch-buddhistische Gemälde und Statuen. Verpflegung und ein Quartier können Sie im Hotel Pearly Gates erhalten, das „himmlisches Essen und ebensolche Unterkunft" bietet. Ganz in der Nähe ist ein gut sortierter Laden vorhanden. Der Weg verläuft nun in westliche Richtung das Manang-Tal hinauf, wobei die Gipfel des hohen Himalaja im Süden liegen. Gelegentlich ist durch die Bäume ein Schimmer des Himal und des Annapurna II (7.937 m) zu sehen. Im Osten bildet der Manaslu einen großartigen Hintergrund zum Fuß des bewaldeten Tales.

5. TAG: VON BAGARCHHAP NACH CHAME

Ein großer Teil des Manang-Tales ist von bis vor kurzem unberührtem Kiefern- und Tannenwald bedeckt. Der Bau von neuen Häusern und Hotels und der konstante Bedarf an Feuerholz haben jedoch dazu geführt, daß die Menschen viele der schönen Bäume abschlagen. Auf dem Weg nach Manang wird dies sehr deutlich, denn riesige Stapel Feuerholz säumen den Weg. Außerdem wurden große Stämme zu den Wohnhäusern geschleppt.

Der Wanderweg folgt dem Muli-Pfad durch den Wald nach Dhanakyu (auch Syal Khola, „Fluß der Schakale", oder gelegentlich Timang Phedi, „unteres Timang", genannt), einer Siedlung in 2.290 m Höhe mit mehreren Hotels, die von Einwohnern aus Bagarchhap geführt werden. Legen Sie dort mal einen kurzen Halt bei der Gurung-Möbelfabrik und der örtlichen Schnapsbrennerei ein. Über den Berg im Süden des Dorfes führt ein Pfad zum oberen Timang (2.600 m) und dann hoch zum Namun Bhanjyang (5.784 m) auf der Route nach Ghanpokhara im Süden. Dies war der alte Weg nach Manang. Er wird heute, wenn man von einigen Hirten absieht, kaum noch genutzt. Der Namun Bhanjyang gehört zu den schwierigen Pässen, da hier häufig Schnee liegt und 4 Tage lang weder Schutz noch Verpflegung erhältlich ist. Weiter bergauf zieht sich die Wanderung über einen felsigen und rauhen Pfad. Plötzlich wird der Weg aber breiter und eben. In der Nähe eines Wasserfalls können Sie eine schöne Holzbrücke sehen, wie auch ausgesprochen schön bearbeitete Mauern. Nach einer weiteren Steigung erreicht man schließlich Tyanja, auch Lattermarang genannt, gelegen auf 2.360 m Höhe. Hier bieten vier oder fünf kleine, aber recht komfortable Hotels Unterkunft. Auf der anderen Seite des Flusses sprudelt eine winzige heiße Quelle, allerdings ist sie nur schwer zu erreichen.

Hinter Tyanja verläuft die Route in geringer Entfernung vom Fluß durch Ahorn- und Eichenwald zwischen den vom Fluß geschliffenen Felsen abwechselnd bergauf und bergab. Schließlich überquert man einen großen Bach, bevor man in 2.590 m Höhe nach Kodo, auch Kyupar genannt, gelangt, das auf einer Wiese umgeben von riesigen Kiefern und Fichten liegt. Ein Polizeiposten kontrolliert hier den Zugang zum Nar-Phu-Tal im Norden. Das abgelegene Tal, in dem nur 850 Menschen leben, bildet einen der Bezirke von Manang. Seine Traditionen und sein Erbe unterscheiden sich deutlich von denen der anderen Teile der Gegend. Ausländern ist der Zutritt zum gesamten Nar-Phu-Tal allerdings verboten.

Das nächste Dorf auf der Wanderung ist Chame (2.630 m), das Verwaltungszentrum des Bezirks Manang. Hier gibt es Strom und eine Funkstation sowie eine Schule, zahlreiche Läden, eine Gesundheitsstation, ein Postamt, eine Polizeiwache und eine Bank, alle untergebracht in den eng gedrängt stehenden Steingebäuden. Der waffentragende Wächter vor der Bank ist schon eine

Aufnahme wert. In Chame bieten zahlreiche Hotels Unterkunft, aber auch
Quartiere hinter dem Dorf und auf der
anderen Seite des Flusses. Am beliebtesten bei Trekkern ist die Kamala Lodge.
Auf der anderen Seite des Flusses
kommt man zu zwei kleinen heißen
Quellen, bei denen die Becken jedoch
nicht groß genug zum Schwimmen
sind. Den ganzen Tag über können Sie
übrigens den Blick auf den Lamjung
Himal (6.986 m), den Annapurna II
(7.937 m) und den Annapurna IV
(7.525 m) genießen.

6. TAG: VON CHAME NACH PISANG

Hinter Chame führt der Weg zunächst
über ein Nebenflüßchen und dann auf
einer großen Hängebrücke über den
Marsyandi. Man wandert an einigen
Häusern vorbei, läßt die Kesang Lodge
und die Chhiring Lodge an der Nordseite des Flusses hinter sich und kommt
schließlich durch Gerstenfelder nach
Talung (2.775 m). Die große New Tibetan Lodge liegt von der Brücke aus flußabwärts auf dem Weg zu den heißen
Quellen.

Nachdem man durch einen riesigen
Garten mit Apfelbäumen, der von
Steinmauern umgeben ist, gewandert
ist (Äpfel und Pfirsiche sind in dieser
Region im Herbst überall erhältlich),
führt der Weg hinunter zu einer Brücke
in 2.840 m Höhe. Bratang, früher eine
Siedlung der Khampa auf der anderen
Seite der Brücke, ist heute größtenteils
aufgegeben. Die Khampa hatten auf
der Brücke ein Tor errichtet und dort
den Handel durch das Manang-Tal kon-

trolliert. Die Überreste des Tores sind
heute noch zu sehen. In Bratang erinnert ein kleiner, mit einer Inschrift ver-
sehener Stein an den japanischen Bergsteiger, der bei der Überquerung des
Thorung La von einer Lawine getötet
wurde – eine grausige Warnung, erst einige Tage zu warten, bevor man sich
nach einem heftigen Schneesturm auf
den Weg über den Paß begibt.

Nehmen Sie nicht den Weg über die
Brücke in Bratang, sondern bleiben Sie
auf der Nordseite des Flusses und folgen Sie einem neuen Pfad, der aus dem
Fels gesprengt wurde.

Das Tal ist hier steil und eng. Dabei
wandert man durch tiefen Wald. Dort,
wo man auf einer langen Hängebrücke

in 3.040 m Höhe den Fluß überquert, kann man das erste Mal die großartige Paungda Danda-Felswand sehen, die sich mehr als 1.500 m vom Fluß aus nach oben erhebt, wie auch den Annapurna II im Süden und den Pisang Peak im Nordosten. Über einen Bergkamm, der mit Steinhügeln und Gebetsfahnen gekennzeichnet ist, zieht sich der Weg steil bergauf zum oberen Marsyandi-Tal.

Der untere Teil von Pisang – eine Häusergruppe und eine lange Mani-Mauer unweit der Brücke – liegt auf 3.190 m Höhe. In dieser Gegend können Sie sehen, wie das Wasser über Holzkanäle geleitet wird, um die beiden Mühlen des Dorfes anzutreiben. Übernachten kann man in einem der zahlreichen Hotels um die Brücke herum, darunter in der Annapurna Lodge, im Ghalung Gurung und im Hotel Himali. Der Hauptteil von Pisang liegt auf der anderen Seite der Brücke, ca. 100 m weiter bergauf. In diesem Teil des Dorfes gibt es jedoch keine Hotels. Ausgezeichnete Zeltplätze finden Sie im Wald am Südufer des Flusses.

7. TAG: VON PISANG NACH MANANG

Jetzt befindet man sich in der Region Nyesyang, dem oberen Gebiet des Bezirks Manang, in dem in sechs bedeutenderen Dörfern ca. 5.000 Einwohner leben. Nyesyang ist weit trockener als Gyasumdo weiter unten im Tal. Nur während der Monsunzeit fällt hier ein wenig Regen, da die Annapurna-Gebirgskette dafür sorgt, daß sich das Klima hier deutlich vom übrigen Nepal südlich des Himalaja unterscheidet. Die Bewohner der Region bauen Weizen, Gerste, Buchweizen, Kartoffeln und Bohnen an, aber das kalte, fast trockene Klima läßt nur eine einzige Ernte im Jahr zu. Zudem werden Yaks, Ziegen, Rinder und Pferde gehalten. Das Pferd ist ein wichtiges Transportmittel im relativ flachen, oberen Teil des Manang-Tales. Häufig werden sie geritten oder als Lasttiere auf Höhen bis zu 5.416 m zum Transport von Lasten über den Thorung La zwischen Manang und Jomsom eingesetzt.

Viele Menschen in den Nyesyang-Dörfern sprechen fließend Englisch und tragen modische, westliche Kleidung, die sie von ausländischen Teilnehmern an Expeditionen gekauft haben. Das mutet seltsam an, wenn sie die Yak-Herden hüten und ihre Felder in diesen abgelegenen Orten pflügen. Der häufige Kontakt mit Besuchern aus dem Westen machte sie auch zu klugen und eifrigen Geschäftsleuten, so daß die Waren bei Händlern und in den Läden ausnahmslos teuer sind. Man kann hier nur wenig sparen. Wer von Hongkong oder Bangkok nach Kathmandu reist, wird vielleicht eine Gruppe von tibetisch aussehenden Personen mit identischen Jacken oder Jogging-Anzügen zu Gesicht bekommen, die identische Gepäckstücke mit sich führen. Das sind dann Leute aus Manang, die von einer Einkaufsreise zurückkehren.

Ein kurzes Stück hinter Pisang führt der Pfad einen steilen Bergkamm hoch, der sich quer über das Tal erstreckt. Von seiner Spitze aus bietet sich ein ausgezeichneter Blick über das Tal mit dem Tilicho Peak (7.132 m) am Kopf und zurück auf den Pisang Peak, einen der Gipfel, den Trekker besteigen dürfen. Nach einem kurzen Weg bergab gelangt man auf den breiten, bewaldeten Talboden, der überwiegend als Weideland für Schafe, Ziegen, Pferde und Yaks genutzt wird. Auf der anderen Seite des Flusses, hoch oben am gegenüberliegenden Ufer, ist das Dorf Ghyaru gelegen.

Eine alternative Route zieht sich vom oberen Pisang am Nordufer des Flusses entlang über Ghyaru und Ngawal bis nach Mungji, wo sie auf den ersten Weg trifft. Der Pfad ist steil und erfordert ca. 1½ Stunden mehr als die direkte Route am Südufer, entschädigt jedoch mit einem ausgezeichneten Blick auf die Annapurna-Gebirgskette im Süden, so daß sich der Umweg lohnt. Hier beginnt auch die Bergwanderung zum Pisang Peak, zum Chulu East und zum Chulu West, die alle vom Weg aus zu sehen sind. Sie können zudem einen Umweg zum *Gompa* von Ser unternehmen, der auf einem Plateau hoch oberhalb des Flusses an der Nordseite gelegen ist.

Der südliche Pfad meidet alle Steigungen und folgt dem Tal. Er zieht sich am Flugplatz von Manang in Hongde in 3.325 m Höhe vorbei. Der letzte Polizeiposten im Tal befindet sich am Flughafen. In der Nähe von Hongde sind einige *Bhattis* und Hotels eröffnet worden. Außerdem kann man in einigen Souvenirgeschäfte in der Nähe „Echt Tibetisches" (made in India, Hongkong und Kathmandu) kaufen.

Zwischen Hongde und Pokhara besteht eine Linienflugverbindung, und gelegentlich starten auch Maschinen direkt nach Kathmandu. Üblicherweise sind sie von reichen Einwohnern aus Manang auf Geschäftsreisen ausgebucht, so daß außer in Notfällen nur wenig Aussichten bestehen, in ihnen noch einen Platz zu bekommen.

Eine halbe Stunde hinter dem Flughafen gelangt man in das riesige Tal des Sagje Khola, an dessen Kopf sich der Annapurna III und der Annapurna IV erheben. Gleich südlich des Weges in dieser großartigen Umgebung steht die Bergsteigerschule, die von der jugoslawischen Bergsteiger-Vereinigung gegründet wurde und seit 1980 von der Nepal Mountaineering Association in Zusammenarbeit mit der Union of International Alpine Associations (UIAA) geführt wird. Jedes Jahr im August finden hier sechswöchige Kurse für Bergsteiger aus Nepal und den Nachbarländern statt.

Die Wanderung führt in der Nähe von Mungji (3.360 m) wiederum auf einer Holzbrücke über den Marsyandi und dann nach Bryaga (3.475 m). Der größte Teil dieses Dorfes im tibetischen Stil, das ca. 200 Häuser umfaßt, ist hinter einer großen Felsnase verborgen. Die Häuser stehen Dach an Dach nebeneinander, jedes mit einer offenen Veranda versehen, die durch das Dach des Nachbarn gebildet wird. Der *Gompa*, der auf einem hohen Fels gelegen ist, bietet einen schönen Blick über das Dorf. Er gilt als der größte im Bezirk und enthält eine hervorragende Sammlung von Statuen, Thankas (mit religiösen Motiven verzierte tibetische Gemälde) und Manuskripten, die etwa 400 bis 500 Jahre alt sein sollen. Die *Kanis* oberhalb des Pfades markieren den Eingang und den Ausgang von Bryaga und sind besonders beeindruckend.

In den Weiden unterhalb des Dorfes wurde ein guter Zeltplatz angelegt. Bryaga war einer der letzten Orte, die sich dem Geschäft mit Trekking-Touren widmeten. Jahrelang gab es hier keine Hotels, aber heute bestehen hier mehrere Einrichtungen für Bergwanderer, darunter auch das große Hotel New Yak unweit des Weges. Unterkunft bieten auch Hotels im rund eine halbe Stunde entfernten Manang. Seien Sie aber vorsichtig, wenn Sie in das Dorf Bryaga gelangen. Das gilt vor allem nachts. Die Hunde hier sind sehr scharf.

Diese Region ist sehr trocken und wird von unheimlich aussehenden, gelblichen Felsen, die durch Erosion zu großartigen Säulen neben dem Weg geformt wurden, sowie von den Gipfeln des Himalaja auf der anderen Seite des Tales im Süden dominiert. Es ist nur ein kurzes Stück vorbei an Mani-Mauern und über einen Bach, an dem in mehreren Mühlen Weizen und Gerste gemahlen wird, bis zum Plateau des Dorfes Manang in 3.535 m Höhe. Das Hotel Annapurna Himal grenzt an den *Kani* am Eingang zum Dorf. Hier können Sie tibetische Handschuhe, Hüte und Süßigkeiten kaufen. Zudem wird die Möglichkeit geboten, in diesem Haus zu übernachten und zu essen. Die Wände sind mit Bildern aus chinesischen und tibetischen Filmmagazinen dekoriert. Einige andere Hotels liegen noch vor dem Hauptteil von Manang. Am beliebtesten aber ist das Hotel Karma im Zentrum des Dorfes. Auffallend ist übrigens, daß in Manang Strom vorhanden ist und die Dorfbewohner westlich angezogen sind. Heiße Duschen und Videos sind ebenfalls Spezialitäten des Ortes.

In Manang gibt es zudem einen Posten der Himalayan Rescue Association (HRA). Dort ist während der Trekking-Saison ständig ein Arzt im Dienst. Das HRA hat vor kurzem ein neues Gebäude bezogen, in dem täglich Vorträge über die Höhenkrankheit gehalten werden, im allgemeinen um 15.00 Uhr. Die Ärzte sind sowohl beratend als auch behandelnd tätig. Ihre Tätigkeit ist allerdings nicht kostenlos. Lassen Sie sich daher, wenn Sie die Station aufsuchen, zuerst die Preisliste geben, bevor Sie um eine Diagnose bitten. In einigen Läden können Sie auch Ihren Vorrat an medizinischem Bedarf sowie an Proviant, Kleidung und Ausrüstung für die Paßüberquerung aufstocken. Falls Sie oder Ihre Träger keine warmen Socken, Kopfbedeckungen oder Handschuhe bei sich haben, besteht hier die letzte Möglichkeit, so etwas zu kaufen.

8. TAG: MANANG

Sie sollten einen Tag in Manang und in der Umgebung des Dorfes bleiben, um sich an die höhere Lage zu gewöhnen, die Sie bei der Überquerung des Thorung La erreichen. Dabei bestehen zahlreiche Möglichkeiten, um den Tag entweder geruhsam oder mit einer anstrengenden Tagesexkursion zu verbringen. Sie können den Bergkamm im Norden besteigen und haben dort einen ausgezeichneten Blick auf den Annapurna IV, den Annapurna II und den Tarke Kang (früher Glacier Dome) mit 7.193 m Höhe oder können vom Dorf zum Gletschersee am Fuß eines riesigen Eisfeldes hinunterwandern, das sich vom Nordhang des Gangapurna (7.454 m) erstreckt. Von Khangsar, der letzten Siedlung im Tal auf dem Weg zum Tilicho-See, bietet sich ein großartiger Blick auf den „Great Barrier", einen hohen Kamm zwischen dem Roc Noir und dem Nilgiri North, dem Herzog diesen Namen gab. Eine Alternative wäre es, den *Gompa* Bhojo, ein rotes Gebäude am Kamm zwischen Bryaga und Manang, zu besuchen, das aktivste Kloster der Region.

Vor den Ankunft der ersten Trekker in Manang im Jahre 1977 hatte man in dieser Region nur wenige Ausländer gesehen. Die Händler, zu denen Kontakt bestand, waren selbst aus Manang. Deshalb waren die Einheimischen den ersten Ausländern gegenüber abweisend. Damals bestand nur wenig Bedarf an Herbergen und anderen Einrichtungen für Besucher. Im Jahre 1950 kam Maurice Herzog auf der Suche nach Nahrungsmitteln für seine Leute vergeblich nach Manang und mußte halb verhungert zu seinem Lager am Tilicho-See zurückkehren. Seit dem Beginn des

Tourismus wurden jedoch zahlreiche Hotels gebaut. Nun heißen die Einwohner von Manang Touristen herzlicher willkommen – insbesondere jene, die viele Rupien mitbringen. Die einfallsreichen Einheimischen in Manang haben schnell neue Einkommensquellen entdeckt und verkaufen nun Halbedelsteine (angeblich aus Tibet, jedoch wahrscheinlicher aus Bangkok), Lebensmittel, tibetischen Schmuck und andere Waren, die für Touristen von Interesse sind. Eine Alternative zu einer Wanderung wäre daher ein Handel mit diesen fähigen Kaufleuten.

Das Dorf selbst besteht aus einer kompakten Ansammlung von 500 Häusern mit Flachdächern, die durch enge Gassen voneinander getrennt werden. Um den Eingang eines Hauses zu erreichen, muß man über einen steilen Balken mit Stufen hinaufgehen. Die Lage des Dorfes ist phantastisch. Die Gipfel des Annapurna und des Gangapurna sind weniger als 8 km entfernt, wo man sehen kann, wie riesige Eismassen an den Flanken der Gipfel bröckeln und brechen.

Die Route zum Tilicho-See ist für Trekker übrigens gesperrt. In der Region westlich vom Tilicho-See werden Übungen der Armee durchgeführt, so daß es sinnvoll ist, das Verbot zu beachten.

9. TAG: VON MANANG NACH LETDAR

Die weitere Wanderung beginnt mit einem Aufstieg über ca. 2.000 m zum Thorung La. Vom Dorf Manang aus überquert man einen Bach und geht dann hoch nach Tengi, 120 m oberhalb von Manang gelegen, um dann weiter bergauf aus dem Tal des Marsyandi zu gelangen und den Weg nach Nordwesten ins Tal des Jarsang Khola zu nehmen. Der Pfad folgt dem Tal in nördliche Richtung, vorbei an einigen *Goths*, wobei er ständig an Höhe gewinnt. Die hohen Bäume hat man bereits hinter sich gelassen. Hier besteht die Vegetation aus Wacholderbüschen und alpinem Grasland.

Die Wanderung führt in kurzer Entfernung an Ghunsa vorbei, einem Dorf aus einigen flachen Lehmhütten kurz unterhalb des Pfades und in 3.690 m Höhe gelegen. Das Marsyandi Hotel & Lodge am Weg hat sich auf tibetisches Brot und *Chang* spezialisiert. Weiter wandert man durch Weideland, auf dem Pferde und Yaks grasen, sowie durch dünnen Bewuchs mit Wacholder und Rosen. Nachdem man einen großen Bach, der vom Chulu Peak und von Gundang hinunterfließt, überquert hat, kommt man zu einer alten Mani-Mauer auf einer schönen Wiese in 4.000 m Höhe.

Hinter dieser Weide liegt Yak Kharka, in dem Sie ein gutes Hotel finden, das eine Alternative zur Übernachtung in Letdar bildet. Die Bewohner von Manang sammeln an den Hängen oberhalb des Ortes Feuerholz. Eine Stunde weiter, in 4.250 m Höhe, ist ein einziges zweistöckiges Haus gelegen, das rapide zerfällt, denn die Steinmauern stürzen ein, und das Dach aus dem Blech von Keksdosen rostet und wird davonge-

weht. Dies ist Letdar, der vorletzte Ort, an dem Sie vor dem Paß Schutz finden. Ein sehr westlicher junger Einheimischer führt das Jimmy's Home, in dem Sie fast alles – darunter auch Granola, Schokolade und Bier – bekommen können. Weniger beliebt ist das Lathair Guest House.

10. TAG: VON LETDAR NACH THORUNG PHEDI

Von Letdar (manchmal auch Lathar geschrieben) folgt der Weg dem Ostufer des Jarsang Khola weiter bergauf und dann hinunter zum Fluß, den man auf einer Brücke in 4.310 m Höhe überquert. Nach einem kurzen Aufstieg auf einem guten Weg, der mit der Brücke verbunden gebaut wurde, führt die Route auf einem schmalen Pfad über ein hohes, instabiles Geröllfeld und schließlich hinunter nach Thorung Phedi, einer schmutzigen, mit Steinen übersäten Weide in 4.420 m Höhe, die von senkrecht abfallenden Felsen umgeben ist. Dies ist der beste Zeltplatz auf dieser Seite des Passes, auch wenn es noch möglich ist, ca. 10 Minuten weiter oben ebenfalls zu zelten. Ein anderer kleiner, flacher Platz liegt noch einmal eine Stunde weiter oben.

Einheimische Händler reiten auf ihren Pferden innerhalb eines Tages von Manang nach Muktinath, aber der große Höhenunterschied und die Notwendigkeit einer Akklimatisierung sowie die Höhe an sich machen es unbedingt nötig, wenigstens zwei Tage für den Weg zu Fuß einzukalkulieren. Es gibt in Thorung Phedi ein einziges Hotel. Es befindet sich auf dem ersten Felsvorsprung, ca. 10 Minuten oberhalb des Tales, und kann sehr, sehr voll sein, insbesondere wenn Schnee liegt. Das Hotel besteht aus zwei Gebäuden, von denen eines zum Abendessen und eines zum Schlafen dient. Man hat hier aber keine Gelegenheit, gemütlich um ein großes Feuer zusammenzusitzen. In der Hauptsaison muß man von einer gesichtslosen Person hinter einem Schalter einen Essenscoupon kaufen und erhält dann durch einen anderen Schalter eine Tasse Tee (6 Rs) sowie einen Teller *Dhal Bhaat* (45 Rs). Etwa hundert Personen oder noch mehr quetschen sich pro Nacht in dieses Hotel, wenn nicht Schnee den Paß einige Tage lang blockiert hat. An solchen Tagen sind es mehrere hundert gereizte Trekker, die sich in jede Ecke des Hotels drängen.

Die Nächte werden noch dadurch unruhiger, daß viele Trekker gegen 3.00 Uhr morgens aufbrechen. Es ist wirklich nicht notwendig, sich so früh auf den Weg zu machen, sondern eher gefährlich, da es bis zum Sonnenaufgang noch recht kalt ist und dies zu Unterkühlung und Frostbeulen führen kann. Wer vernünftig ist, bricht kurz vor Tagesanbruch auf, d. h. gegen 4.00 oder 5.00 Uhr. Der Hotelbesitzer in Thorung Phedi ist übrigens Eigentümer eines Pferdes, mit dem man über den Paß reiten kann, wenn man sich nicht wohl fühlt. Allerdings wird dafür ein astronomischer Preis verlangt (zuletzt waren es 1.500 Rs). In diesem Tal tauchen gelegentlich blaue Schafe und sogar Schnee-

leoparden auf. Bei den wie Krähen aussehenden Vögeln, die man hier sieht, handelt es sich um Dohlen, während die großen Vögel, die oben am Himmel ihre Kreise ziehen, Lämmergeier sowie Himalaja-Falken, aber keine Adler sind. Achten Sie darauf, daß Sie hier nur abgekochtes oder chemisch behandeltes Wasser trinken. Die sanitären Anlagen in Thorung Phedi und Letdar sind nämlich schrecklich, so daß es nicht verwundert, daß die Giardiasis weit verbreitet ist.

11. TAG: VON THORUNG PHEDI NACH MUKTINATH

Phedi, was soviel bedeutet wie „Fuß des Berges", ist ein in Nepal verbreiteter Name für Siedlungen am Anfang eines langen Aufstiegs. Der Pfad wird sofort hinter Thorung Phedi steil und zieht sich zunächst über Moränen und dann über felsige Bergkämme nach oben bis zum Paß. Die Einheimischen haben diesen Weg Hunderte von Jahren genutzt, um ihre Schaf- und Yak-Herden nach Manang und aus Manang zu bringen. Auch wenn der Weg häufig steil ist, kann man ihn gut erkennen und problemlos bewältigen.

Die einzigen Schwierigkeiten können die Höhe und Schneefall bilden. Wenn Schnee den Paß blockiert, was im allgemeinen im Dezember und im Januar der Fall ist, wird die Überquerung schwierig – häufig sogar unmöglich. Dann wird es notwendig, nach Dumre zurückzuwandern oder zu warten, bis der Schnee fest geworden ist und Einheimische einen Weg markiert haben. Den einzigen Schutz zwischen Thorung Phedi und Muktinath bieten winzige Häuser in 4.100 m Höhe, weit auf der anderen Seite des Passes gelegen. Eine Nacht im Schnee kann, wenn sie nicht gut im voraus geplant wurde, insbesondere für die Träger gefährlich und tödlich werden.

Der Weg zieht sich immer weiter bergauf, wobei man in zahlreiche der von den nicht enden wollenden Moränen gebildeten Täler hinein- und wieder hinauswandert. Der Pfad ist nicht schlecht, solange kein Schnee liegt. Dann führt er möglicherweise auch über Geröllhänge und auf steile Schneehänge hinauf. Man benötigt 4 bis 6 Stunden von Thorung Phedi zum Paß, aber viele falsche Gipfel wollen die Wanderung nicht enden lassen. Der Paß selbst mit seinem traditionellen *Chorten*, den Gebetsfahnen und dem Steinhügel, der von Touristen errichtet wurde, befindet sich auf einer Höhe von 5.415 m. Vom Weg und vom Paß aus bietet sich ein großartiger Blick auf den hohen Himalaja. Man sieht den gesamten Great Divide, die Annapurnas und den Gangapurna im Süden, das karge Tal des Kali Gandaki weit unten im Westen und die Felsengipfel des Thorungtse (6.482 m) im Norden und des Yak Gawa (6.484 m) im Süden, eines Berges mit zahlreichen Gletschern. Trekker, die gut akklimatisiert und technisch gut ausgerüstet waren, sind während der Paßüberquerung bereits bis hoch auf den Yak Gawa gestiegen.

Der Abstieg ist steil und hart für die Knie, denn in weniger als drei Stunden gelangt man mehr als 1.600 m tiefer. Häufig beginnt die Wanderung bergab im Schnee, der schnell einer weiteren Reihe von Moränen Platz macht. Gelegentlich ist die richtige Route nicht gut erkennbar, so daß Sie sich dann am besten daran erinnern, daß Ihr Weg bergab führen muß und Muktinath auf der linken Seite des Tales liegt. Unterwegs hat man einen ausgezeichneten Blick auf den Dhaulagiri (8.167 m), der sich in der Ferne einsam auf der anderen Seite des Tales erhebt. Schließlich weichen die Moränenfelder grasbewachsenen Hängen. Das letzte und sehr schöne Stück der Wanderung nach Muktinath führt durch den oberen Teil des Jhong Khola-Tales.

Auf 4.100 m Höhe bietet ein Hotel am Beginn des Graslandes Unterkunft. Es wird von einem Tibeter aus Jharkot geführt. Hier können Sie auch Getränke, Verpflegung und sogar Andenken erhalten. Man sollte sich auf dieses Hotel allerdings besser nur verlassen, um sich zu erfrischen, nicht aber, um dort zu übernachten. Auf dem Weg in der Gegenrichtung kann man allerdings auch hier eine Nacht verbringen. An einem winzigen Bach in der Nähe besteht zudem die Möglichkeit zu zelten.

Der Weg zieht sich durch Wiesen und fällt schließlich zu einer Schlucht ab, in der der Jhong Khola entspringt. Von hier aus geht es nochmals bergauf aus der Schlucht hinaus bis zum Anfang von Muktinath (3.800 m), nicht weit vom Tempel entfernt. Hier gibt es keine Unterkünfte, aber es sind nur noch 10 Minuten bis nach Ranipauwa, wo man eine große Auswahl an Hotels hat. Am besten wohnt man im Muktinath Guest House, in dem 25 Rs für ein Zimmer mit zwei Betten und einem Bad mit heißem Wasser aus dem Eimer verlangt werden. Das junge Ehepaar, das dieses Hotel führt, serviert zudem gutes Essen (und guten Apfel-Rakshi). In Ranipauwa gibt es auch einen Kontrollposten der Polizei.

12. TAG: VON MUKTINATH NACH POKHARA

Die Route nach Pokhara folgt der bereits beschriebenen Trekking-Tour nach Jomsom, allerdings in Gegenrichtung. Weil Kagbeni und das Eisfeld am Dhaulagiri oberhalb von Larjung einen Besuch wert sind, sollten Sie drei weitere Tage auf dieser Strecke einplanen. Im Tal des Kali Gandaki herrscht allerdings ein starker Wind, der Sand und Staub in Ihr Gesicht wehen kann, so daß ein Tuch und eine Sonnenbrille einen guten Schutz bilden, wenn man hinunter in das Tal wandert.

DER KÖNIGLICHE TREK

Der königliche Trek (Royal Trek) ist eine leichte und kurze Wanderung, die in der Nähe von Pokhara beginnt und einen guten Blick über die Berge bietet. Die Bezeichnung geht auf eine Tour zurück, die Prinz Charles auf dieser Route, umgeben von 90 Gästen und Trägern, unternahm. Auch Stars wie Mick Jagger wurden hier schon gesehen. Die Route ist jedoch nicht sehr beliebt, so daß man nur wenige andere Trekker trifft. Das ist auch darauf zurückzuführen, daß die Übernachtungsmöglichkeiten entlang der Strecke nur mittelmäßig sind.

1. TAG: VON POKHARA NACH KALI-KATHAN

Zunächst sind es ca. 5 km, etwa 20 Minuten Fahrt mit einem Taxi, bis zum Militärlager von Bijayapur, gleich östlich des Bijayapur Khola. Hier beginnt ein breiter Weg durch Reisfelder, der sich dann durch das Dorf Rakhigaun bis zu einem *Chautaara* zieht, einem Rastplatz unter einem großen Pipal-Baum.

Bäume dieser Art, die vor Jahrhunderten gepflanzt wurden, besitzen breite Blätter und Zweige, die sich pilzförmig weit ausstrecken und Wanderern willkommenen Schatten bieten. Ein ähnlicher Baum, ein Banyan-Baum (auch Bodi-Baum), war es, unter dem Buddha nach dem Glauben der Buddhisten vor über 2.000 Jahren in Indien erleuchtet wurde. Sie können einen Banyan-Baum von einem Pipal-Baum (einer verwandten Art) durch die langen Luftwurzeln unterscheiden, die bei Banyan-Bäumen von den Ästen herabhängen und typisch sind. In der Umgebung dieser schattenspendenden Bäume wurden nicht selten Mauern und *Chautaaras* errichtet. Das sind Steinbänke, auf denen Träger bei Pausen während der langen, steilen Steigungen in der Hitze ihre Lasten absetzen können. Einige *Chautaaras* wurden übrigens zu Ehren eines verstorbenen Verwandten erbaut. Der Pfad zieht sich nun sanft über einen Bergkamm hoch durch Dörfer der Brahmanen und der Chhetri nach Kalikathan in 1.370 m Höhe. Die Kinder an diesem Teil des Weges sind besonders hartnäckig, wenn es darum geht, um Geld, Luftballons und Stifte zu betteln. Je nach dem Zeitpunkt des Aufbruchs können Sie vor oder hinter Kalikathan zelten. Beide Zeltpläz befinden sich auf einem Bergkamm mit einem guten Blick auf die umliegenden Berge, darunter auch auf den Mahhapuchhare und den Annapurna.

2. TAG: VON KALIKATHAN NACH SHAKLUNG

Die Wanderung zieht sich weiter entlang eines bewaldeten Kammes über Thulokot nach Mati Thana, wo es einige Teehäuser gibt. Ein kurzer Aufstieg bringt Sie dann nach Naudanda (nicht mit Naudanda westlich von Pokhara zu verwechseln). Folgen Sie weiter dem Bergkamm bis zur Schule in Lipini und nehmen Sie dann den steilen, aber kurzen Weg durch den Wald bis zum Gurung-Dorf Shaklung in 1.730 m Höhe.

3. TAG: VON SHAKLUNG NACH CHISOPANI

Die Skyline des Himalaja ändert sich, wenn man sich der Höhe des Annapurna II, des Manaslu und des Himalchuli nähert. Von Shaklung fällt der Pfad steil ab zur Südseite des Berges bis zu einem großen Baum, einem *Chautaara*, mehreren Teehäusern und einem Kontrollposten der Polizei. Hier kreuzt man einen anderen Weg, der in westliche Richtung ins Begnas-Tal und in östliche Richtung zum Marsyandi Khola verläuft. Der Royal Trek verläuft weiter um die Rückseite des Berges herum hinauf nach Chisopani. Ein kurzes Stück oberhalb von Chisopani befindet sich auf einer hohen Kuppe ein kleiner Tempel. Das ist der Chisopani Danda (Bergkammspitze des Chisopani). Das Lager hier bietet einen großartigen Blick auf die Berge.

4. TAG: VON CHISOPANI NACH POKHARA

Vom Chisopani Danda wandert man über den Bergkamm etwa eine Stunde bergab. Dann geht es weiter über eine steile Steintreppe hinunter zu einem kleinen Tal und einem Bach, der den Rupa Tal speist. Setzen Sie den Weg noch ein kurzes Stück durch die Reisfelder fort, um schließlich weiter bergab auf einem breiten Pfad, den auch viele Einheimische benutzen, zu dem Bergkamm zu gelangen, der den Begnas Tal und den Rupa Tal voneinander trennt. Von hier aus wandert man weiter in das Pokhara-Tal hinab und stößt schließlich im überfüllten, schmutzigen und lauten Begnas Bazaar auf die Straße. Mit einem Taxi oder Bus sind es dann 12 km und 30 Minuten Fahrzeit zurück bis nach Pokhara.

LANGTANG UND HELAMBU

EINFÜHRUNG

Die Region nördlich von Kathmandu bietet eine Vielzahl von Trekking-Möglichkeiten, bei denen die Ausgangspunkte alle ohne Flugzeug erreichbar sind. Die drei wichtigsten Gebiete sind Langtang, Gosainkund und Helambu, die viele Kombinationsmöglichkeiten bieten, so daß man hier Bergwanderungen von 7 bis 16 Tagen Dauer unternehmen kann.

Langtang ist ein enges Tal, das gleich südlich der tibetischen Grenze liegt. Es drängt sich zwischen dem Hauptgebirge des Himalaja im Norden und der etwas niedrigeren Bergkette der schneebedeckten Gipfel im Süden. Der Langtang Lirung (7.246 m) beherrscht das Tal im Norden, während sich der Gang Chhenpo (6.388 m) und der Naya Kangri (5.846 m) im Süden erheben und der Dorje Lakpa (6.975 m) die Ostseite des Tales schützt. Das Gebiet wurde im Jahre 1971 als erstes im Himalaja zum Nationalpark erklärt.

Diese hohe und isolierte Region wird von den Tamang bewohnt, deren religiöse Rituale, Sprache und Kleidung jenen der Tibeter mehr ähneln als den Traditionen ihrer Verwandten im mittleren Gebirge von Nepal. Ein Besuch des Langtang-Tales bietet die Gelegenheit, die Dörfer zu erkunden, kleinere Gipfel zu besteigen und sich auf angenehm niedriger Höhe Gletscher anzusehen. Nach der Legende hat ein Lama das Tal entdeckt, als er einer Yak-Spur gefolgt war. Der Name – *Lang* ist das tibetische Wort für „Yak", und *Teng* (korrekter *Dhang*) bedeutet „folgen" – deutet darauf hin, daß dies zutreffen kann. Yaks leben noch immer in diesem Tal, aber heute teilen sie es sich mit Trekkern, die eine 7 bis 11 Tage dauernde Rundwanderung von Kathmandu aus in diese Region unternehmen. Da zudem gute Möglichkeiten für mäßig schwere Bergbesteigungen bestehen, sollten Sie einige Tage zusätzlich für die Erkundung des ausgedehnten Gletschersystems einplanen.

Sie können die Trekking-Tour variieren, indem Sie an den heiligen Seen von Gosainkund in 4.300 m vorbei zurückwandern oder eine zusätzliche kurze Wanderung von Dhunche nach Gosainkund unternehmen. Tausende von Hindu-Pilgern besuchen die Seen während des Vollmond-Festes im August. Der See gilt auch Buddhisten als heilig.

Helambu ist ein von Sherpa besiedeltes Gebiet, ca. 75 km nördlich von Kathmandu. Man kann einen Besuch dieser

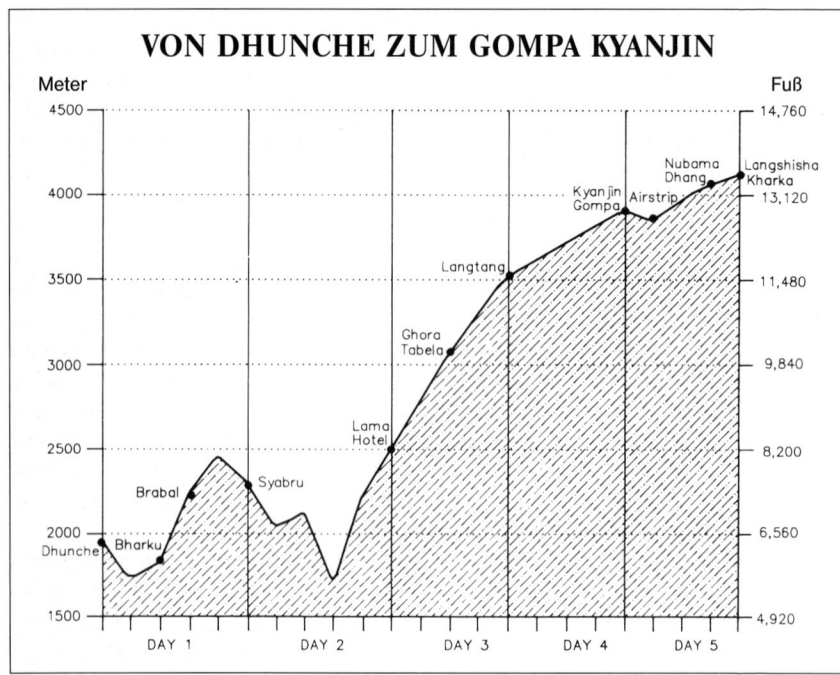

VON DHUNCHE ZUM GOMPA KYANJIN

Region mit einer Wanderung nach Langtang verbinden, sei es über Gosainkund oder über den 5.106 m hohen Ganja La. Im Winter sind beide hochgelegenen Routen von Langtang aus schneebedeckt, gefährlich und schwierig oder sogar unmöglich zu passieren.

Die Trekking-Tour nach Helambu ist beliebt, denn sie ist kurz, verläuft in Höhen unterhalb von 3.500 m und ist auch den ganzen Winter über möglich. Die Wanderung ist einfach zu organisieren, denn die Fahrt von Kathmandu nach Sundarijal, dem Ausgangspunkt, ist unproblematisch und preiswert.

Die Sprache, die Kultur und die Kleidung der Sherpa in Helambu unterscheiden sich erheblich von denen bei den Sherpa in Solu Khumbu. Die gute Erreichbarkeit von Helambu hat zu Besuchen von zahlreichen Touristen geführt, die zum Betteln, zum Verkauf von „echten" Antiquitäten, über der Feuerstelle einer Familie künstlich gealtert, sowie zu Diebstählen ermutigten. Man benötigt acht Tage, um von Kathmandu nach Helambu und zurück zu gelangen, und 12 bis 14 Tage, um Langtang und Helambu auf einer einzigen Wanderung kennenzulernen, ohne auf dem gleichen Weg hin und zurück wandern zu müssen.

KARTEN

Die aufwendigste Karte von Langtang und Helambu ist die Helambu- und Langtang-Karte im Maßstab 1 : 100.000. Bei der Mandala-Karte von Helambu und Langtang im Maßstab 1 : 150.000 handelt es sich um eine zweifarbige Karte, die in Kathmandu gedruckt wurde. Die Region ist zudem auf den Blättern 45–1 (Kathmandu), 45–13 (Jongka Dzong) und 45–2 (Mount Everest) in der Reihe der Karten der US Army dokumentiert. Alle basieren auf den Karten des Survey of India, die Anfang der sechziger Jahre herausgegeben wurden, so daß nur die damals bestehenden Wege verzeichnet sind, aber nicht der heutige Stand. Hüten Sie sich daher vor allem vor den Angaben über das Gebiet zwischen Dhunche und dem Dorf Langtang.

AN- UND WEITERREISE

Flug: Der Flugplatz von Langtang befindet sich ca. eine Stunde hinter dem *Gompa* Kyanjin, wird jedoch nicht regelmäßig angeflogen. Hierher finden nur Charterflüge in unregelmäßigen Abständen statt, und zwar mit einer Pilatus Porter, die sechs Fluggästen Platz bietet. Sie sollten sich aus diesem Grund nicht darauf verlassen, einen Platz für einen Rückflug nach Kathmandu zu bekommen, wenn Sie nicht vorher gebucht haben. Der Flugplatz ist zudem im Dezember, Januar und Februar fast immer schneebedeckt.

Bus: Ausgangspunkt für Wanderungen nach Langtang ist Dhunche, 112 km von Kathmandu entfernt. Die Busse nach Dhunche fahren vom Ghora Khute in der Nähe der Kreuzung ab, an der die Straße von Balaju nach Kathmandu hineinführt, ganz in der Nähe des Hotels Malla. Der erste Bus startet dort um 7.00 Uhr. Die Fahrt kostet 55 Rs und dauert einen ganzen Tag. Sie können aber auch einen Bus nach Trisuli Bazaar nehmen und von dort nach Dhunche wandern. Der Weg ist jedoch steil und hat wenig zu bieten, wenn man von den Anstrengungen absieht, die er erfordert. Es ist daher besser, mit einem Bus den ganzen Weg bis nach Dhunche zu fahren, damit Sie die erste Steigung ganz bequem während der Fahrt zurücklegen können.

Der Bus von Dhunche nach Kathmandu fährt um 7.30 Uhr ab. Wenn Sie damit fahren wollen, sollten Sie einen Tag vorher im Hotel Thakali in Dhunche einen Platz reservieren.

Für eine Wanderung nach Helambu ist das auf einer Höhe von 1.265 m gelegene Dorf Sundarijal der beste Ausgangspunkt. Sie erreichen es über die unbefestigte Straße von Bodhanath aus mit einem Minibus oder sogar mit einem Taxi. Es besteht auch die Möglichkeit, die Trekking-Tour bereits in Bodhanath zu beginnen, von wo aus man in einigen Stunden über eine eben verlaufende Straße Sundarijal erreicht.

Ein weiterer Ausgangspunkt für eine Wanderung nach Helambu ist Panchkal. Dieser Ort (die Siedlung, bei der der Wanderweg auf die Straße trifft, heißt eigentlich Lamidanda) liegt an der Straße zur chinesischen Grenze.

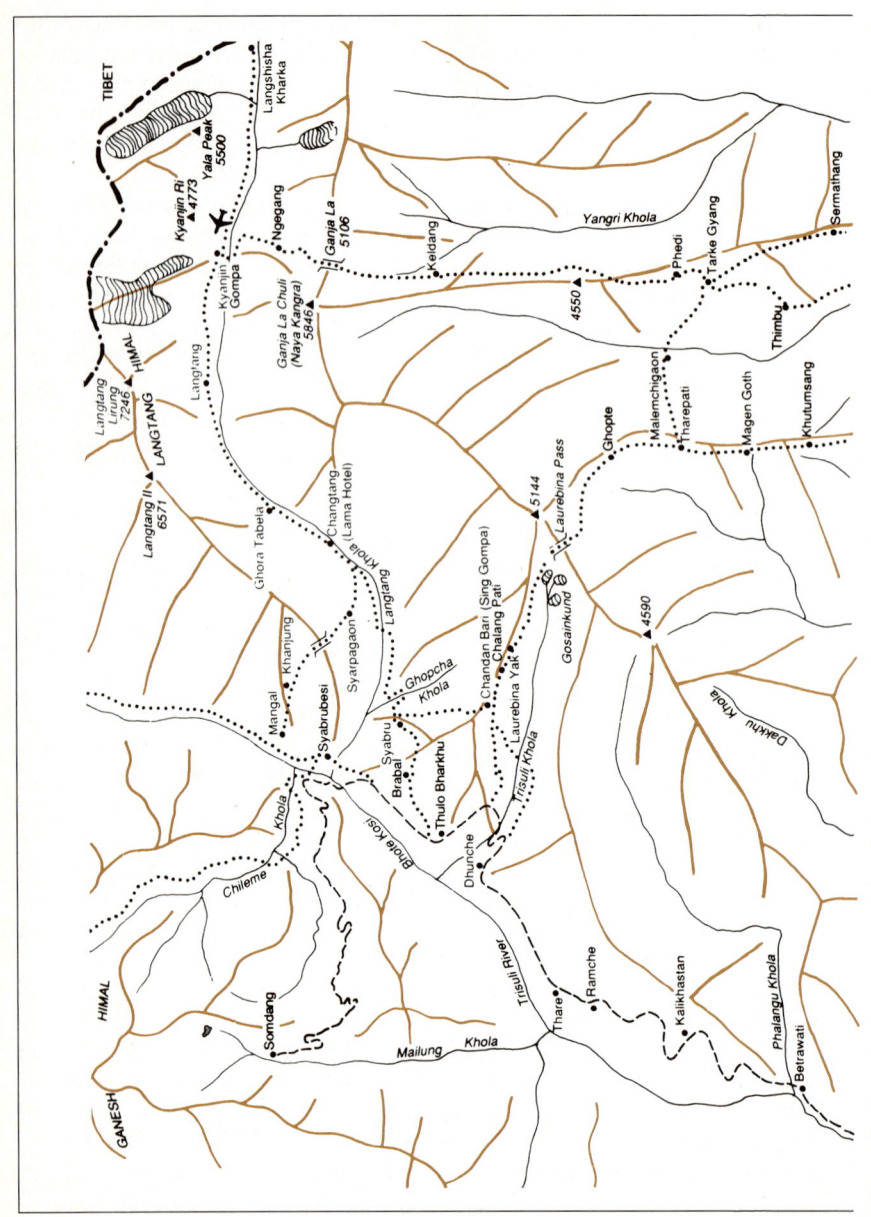

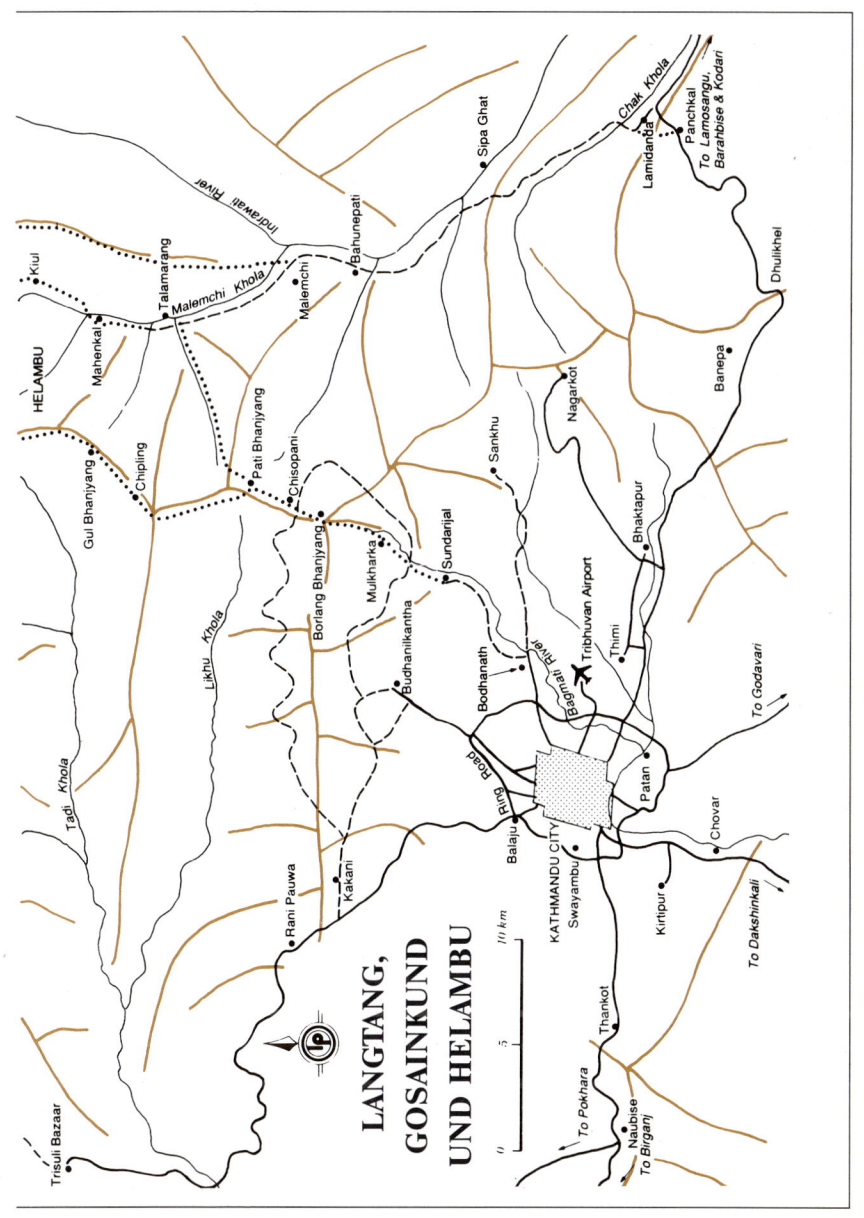

LANGTANG, GOSAINKUND UND HELAMBU

Um dorthin zu gelangen, nehmen Sie am besten einen Bus bis nach Barahbise oder Lamosangu, klopfen kurz hinter dem Militärlager an das Dach des Busses und steigen aus.

Die Straße nach Helambu stößt bei Lamidanda, unweit von Panchkal, auf die Straße zwischen Kathmandu und Kodari. Hier können Sie in einen der klapperigen Busse steigen, die zwischen Barahbise und Kathmandu verkehren.

Eine Wanderung nach Helambu können Sie auch dadurch beenden, daß Sie im Indrawati-Tal einen Jeep, Lastwagen oder Bus an der Straße anhalten. Minibusse sind in Sipa Ghat vorhanden. Zudem kann man weiter oben im Tal über einen Platz in einem Fahrzeug verhandeln.

WANDERUNG NACH LANGTANG

In diesem Abschnitt wird eine fünftägige Wanderung bis zum Kernstück des Langtang-Tales vorgeschlagen. Vom Dorf Langtang oder vom *Gompa* Kyanjin aus bestehen mehrere Möglichkeiten, um zurück nach Kathmandu zu gelangen. Es ist z. B. möglich, in nur drei Tagen von Langtang nach Dhunche zurückzuwandern, da dieser Weg überwiegend bergab führt. Wer Grundkenntnisse im Bergsteigen besitzt, kann auch die hohe Route über den Ganja La nach Helambu wählen. Eine dritte Alternative besteht darin, von Langtang zurück nach Syabru und dann über Gosainkund nach Helambu zu trekken.

1. TAG: VON KATHMANDU ÜBER TRISULI NACH DHUNCHE

Zunächst fährt man etwa 4 Stunden (mit einem Nahverkehrsbus rund 6 Stunden) auf einer asphaltierten Landstraße, die sich über Bergkämme zum Trisuli-Tal zieht. Der Weg führt an Balaju und Nagarjun vorbei hoch zum Kakani-Paß (2.145 m), der einen ausgezeichneten Blick auf den Annapurna II, den Manaslu und den Ganesh Himal ermöglicht. Dann gelangt der Bus die Straße hinunter in das breite Trisuli-Tal. Im allgemeinen wird in Rani Pauwa, dem einzigen großen Dorf auf der Strecke bei km 27, eine Teepause eingelegt. Nach einer langen Fahrt bergab durch Terrassen mit Reisfeldern überquert man bei km 60 den Thadi Khola und fährt dann hinauf auf ein Plateau, vorbei an Feldern mit Senf, Mais und Reis, die auf der leuchtend roten Erde wachsen. 2 km vor Trisuli werden an einem Polizeiposten die Trekking-Genehmigungen kontrolliert und Einzelheiten in ein Buch eingetragen. Die Straße führt dann an einem Militärlager kurz vor Trisuli Bazaar vorbei, das 72 km von Kathmandu entfernt in 548 m Höhe gelegen ist.

Bei Trisuli wurden mit indischer Hilfe ein Staudamm und ein Wasserkraftwerk erbaut. Dominiert wird der Ort von einer großen Brücke. Die meisten Geschäfte liegen vor der Brücke, die meisten Restaurants jedoch auf der gegenüberliegenden Seite, unweit des Wasserkraftwerks. Die Hotels des Ortes sind spartanisch und die Restaurants grauenvoll. Wenn Sie *Dhal Bhaat* mögen, können Sie es in der Ranjit Lodge versuchen. Wer in Trisuli die Nacht verbringen muß, schaut am besten in der Pratisha Lodge in der Nähe des Kraftwerks oder in der Shakyar Lodge unweit vom Anfang der Straße nach Betrawati vorbei. In Betrawati, 8 km weiter, besteht eine größere Auswahl an Hotels.

Derzeit wird von der nepalischen Armee eine Straße nach Betrawati und Dhunche gebaut, ist im oberen Bereich aber noch nicht fertiggestellt. Im Juni 1984 erreichte die unbefestigte Straße Dhunche und setzt sich heute auf einer Gesamtlänge von 105 km bis nach Somdang am Fuß des Ganesh Himal fort, wo Blei und Zink abgebaut werden. Wer mit einem privaten Fahrzeug unterwegs ist, benötigt eine besondere Genehmigung des Oberkommandos der Armee in Kathmandu, bevor die Schranke in Betrawati passiert werden darf. Die Armee erteilt Ausländern und Busfahrern jedoch normalerweise nur die Genehmigung, bis nach Dhunche zu fahren.

Die Straße nach Dhunche beginnt am Kontrollposten der Polizei kurz vor der Brücke und folgt dem Ostufer des Trisuli, vorbei an zwei Brücken mit riesigen Rohren, die das Kraftwerk speisen, und dann langsam hoch nach Betrawati in 620 m Höhe. In Betrawati fließen der Trisuli und der Phalangu Khola am Fuß eines steilen Bergkammes zusammen, der nach Langtang und Gosainkund hin ansteigt. Nach Dhunche sind es nun 42 km über steile Serpentinen auf einer unebenen Straße. An einigen Stellen kommt man am Rand eines Felsens 1.000 m oberhalb des Flusses vorbei. Die Straße wird übrigens immer wieder von Erdrutschen blockiert. Das gilt insbesondere bei Regenfällen, so daß eine Fahrt nach Dhunche zu einem Abenteuer werden kann.

Ein weiterer Polizeiposten befindet sich in Betrawati. Hinter ihm nimmt der Bus den Weg über eine Brücke und über 15 km in Serpentinen hinauf zum Ende des Bergkammes. Dabei gelangt man durch Dörfer von Brahmanen und Chhetri nach Kalikhastan in 1.390 m Höhe. Hier ist der Eingang zum Langtang-Nationalpark. Wiederum werden die Trekking-Genehmigungen von der Polizei kontrolliert. Die Dörfer werden nun weitläufiger. Langsam geht auch die intensive Kultivierung des Tieflandes als Reisanbaugebiet mit zunehmender Höhe in Viehhaltung sowie in geringerem Maß in den Anbau von Weizen, Hirse und Gemüse über. Die Straße erreicht ihren Höhepunkt auf einem Bergkamm in 1.980 m Höhe und zieht sich dann über eine lange Strecke bergauf und bergab durch Eichen- und Rhododendronwald. Unterhalb von km 33 liegt Ramche, und hinter diesem Ort fährt man bei km 37 durch Thare. Schließlich erreicht man Dhunche, das in 1.950 m Höhe gelegene Verwaltungszentrum der Region. Es ist 3 bis 4 Stunden Fahrt von Betrawati entfernt.

Kurz vor Dhunche kommt man an der Verwaltung des Nationalparks vorbei. Hier werden die 250 Rs Eintritt kassiert. In einem kleinen Besucherzentrum kann man sich informieren und auf Anfrage auch eine kleine Broschüre über den Park erhalten. Bewahren Sie die Quittung über die Eintrittsgebühr zusammen mit Ihrer Trekking-Genehmigung sorgfältig auf. Von jetzt an muß sie bei zahlreichen Gelegenheiten vorgezeigt werden. Fahren Sie noch 50 m weiter bis zu einer zweiten Schranke, an der der Fahrer Angaben über das Fahrzeug einträgt, und dann noch einige hundert Meter bis zu einem Kontrollposten der Armee, an dem das erste Mal die gerade erhaltene Quittung über den Eintritt zum Nationalpark vorgezeigt werden muß. Wenn die Formalitäten erledigt sind, gelangen Sie nach Dhunche. Der Bus hält im oberen Dhunche, wo es einige Hotels und einen Zeltplatz gibt. Dhunche ist ein malerisches Dorf mit schmalen, von Steinhäusern gesäumten Straßen. Der Hauptteil von Dhunche liegt unterhalb der Hauptstraße, aber dort gibt es keine Übernachtungsmöglichkeiten, so daß es sich empfiehlt, in der Nähe der Bushaltestelle zu bleiben. Auf einem Gelände oberhalb der Straße wurde übrigens eine große Einrichtung der Armee errichtet.

Das Hotel Thakali und das Hotel Langtang View sind etwas anspruchsvoller, es stehen jedoch auch einige andere, dafür weniger komfortable Quartiere in der Nähe zur Auswahl. Die Verwaltung des Langtang-Nationalparks hat übrigens die Preise für Speisen und Übernachtungen vorgeschrieben. Sie verlangt, daß sie in allen Unterkünften im Park beachtet werden. Sie sollten daher das Hotel nach seinem Aussehen und Service wählen, da der Preis überall gleich ist oder zumindest sein sollte. Dabei werden auf dem Zeltplatz Wucherpreise verlangt. Pro Zelt sind 50 Rs zu zahlen und für die Küchenbenutzung sogar 100 Rs. Hotelzimmer kosten dagegen nur 20 Rs. Wer also mit einem Zelt unterwegs ist, sollte es eine Nacht eingepackt lassen oder noch $1^1/_2$ Stunden bis nach Thulo Bharkhu wandern. Wer dagegen mit einem eigenen Fahrzeug unterwegs ist, kann gleich nach Thulo Bharkhu fahren und dort zelten.

2. TAG: VON DHUNCHE NACH SYABRU

Von der Bushaltestelle in Dhunche zweigt eine Abkürzung neben dem Hotel Thakali ab, die ins Tal hinunter bis zum Hauptteil des Dorfes führt. Sie erspart eine lange Wanderung entlang der Straße, die eine große Kurve beschreibt. Am Ende des Dorfes stößt die Abkürzung wieder auf die Straße. Wenn Sie dieser bergab folgen, vorbei an der staatlichen Landwirtschaftsstation und einem kleinen Posten der Armee, geht an der linken Seite eine Abzweigung ab. Dies ist der direkte (steile) Pfad nach Chandan Bari und zum *Gompa* Sing. Folgen Sie ihm in Richtung Osten das Trisuli-Tal hinauf, wenn Sie direkt nach Gosainkund möchten.

Um nach Langtang zu gelangen, müssen Sie auf der Straße bleiben und dann auf einer neuen Zementbrücke den Trisuli Khola überqueren. Nehmen Sie sich einen Augenblick Zeit, um sich der Kraft des Himalaja-Flusses bewußt zu werden, wenn Sie an den Überresten einen Stahlbrücke vorbeikommen, die einst den Fluß überspannte. Am ersten Wasserfall hinter der Brücke beginnt ein weiterer Weg zum *Gompa* Sing – geradeaus hoch, fast senkrecht, eine Spalte im Fels neben dem Bach.

Der Trisuli Khola fließt von Gosainkund, wo nach der Legende Gott Shiva das Wasser des heiligen Sees mit seinem Dreizack (*Trisul*) befreite. Der Pfad im Norden, der dem Haupttal folgt, war einst eine wichtige Handelsroute nach Tibet. Auch heute wird er noch relativ häufig für diesen Zweck genutzt. Der obere Teil des Flusses heißt Bhote Kosi („Fluß aus Tibet"), wie die meisten Flüsse, die den Himalaja in Richtung Nepal durchqueren. Wenn ein nepalischer Fluß in den Bhote Kosi mündet, erhält dieser den Namen des kleineren Nebenflusses. Deshalb wird der größere Arm des Trisuli Khola oberhalb von Dhunche zum Bhote Kosi.

Der Wanderweg nach Langtang folgt der Straße hoch auf einen Bergkamm in 1.800 m Höhe und führt dann in geringer Entfernung am Tamang-Dorf Thulo Bharkhu (1.860 m) vorbei. An der Straße stehen einige einfache Hotels. Etwa 100 m vom Dorf entfernt überquert man einen kleinen Bach mit einigen wassergetriebenen Mühlen. Verlassen Sie hier die Straße und nehmen Sie den Weg steil nach oben zum Schulgebäude. Dann geht es über eine Steintreppe weiter aufwärts bis zu dem schönen – und gelegentlich eben verlaufenden – Pfad durch Kiefern- und Rhododendronwald nach Dau Danda, einem einsamen Teehaus im Wald in 1.980 m Höhe. Von hier aus wandert man weiter nach Brabal (2.200 m). In der Nähe des Weges steht ein aus Holz gebauter *Bhatti*, aber ein Bergkamm verdeckt den größten Teil des Tamang-Dorfes mit seinen Kartoffel- und Maisfeldern.

Nach einer kurzen Steigung erreicht man die Spitze des Kammes (2.300 m) und schließlich das Langtang-Tal. Im Norden sind die schneebedeckten Gipfel des Himalaja in Tibet zu sehen, im Westen der Ganesh Himal und im Osten, oberhalb des Ganja La, der Naya Kangri (5.846 m). Ein kurzer, steiler Weg führt durch Bambuswald hinunter nach Syabru (2.100 m), einem hübschen Dorf auf einem Bergkamm mit rund 70 Häusern, viele von ihnen mit kompliziert geschnitzten Holzfenstern. Am oberen Ende des Dorfes, das man zuerst erreicht, gibt es zahlreiche Hotels. Man muß gar nicht erst nach einem Hotel fragen, denn eine ganze Gruppe von sehr aggressiven, Englisch sprechenden Frauen empfängt die Trekker bereits am Dorfeingang, um ihnen die Vorzüge ihrer Unterkünfte anzupreisen. Bevor Sie hier übernachten, sollten Sie das Schild am Zeltplatz vor dem Dorf lesen, auf dem „Keine Hunde" steht. Möglichkeiten zum Zelten bestehen vor Syabru und in den Mais- und Gerstenfeldern weit unterhalb des Ortes.

3. TAG: VON SYABRU NACH CHANGTANG (HOTEL LAMA)

Der Weg nach Langtang führt anfangs am Bergkamm die Hauptstraße von Syabru hinunter und dann steil abwärts zum Ghopcha Khola, erst durch Terrassen mit Reisfeldern und danach durch Eichen-, Ahorn-, Erlen- und schließlich Bambuswald. Auf einer Brücke aus Steinen und Zement überquert man den Fluß, und dann geht es bergauf über einen Kamm, auf dem vereinzelte *Bhattis* zu sehen sind. Die Route führt steil auf einem glitschigen Pfad zum Fuß eines riesigen Erdrutsches in 1.550 m Höhe. Auf einem Fels sind Pfeile zu sehen, die an einer Kreuzung den Weg nach Langtang oder zurück zur Straße in Syabrubesi weisen. Gleich hinter dem Erdrutsch bietet die Landslide Lodge Gelegenheit zu einer kurzen Rast vor dem sehr steilen Aufstieg am südlichen Ufer des Langtang Khola.

Den Rest des Tages sowie am folgenden Morgen gelangt man durch ein Waldgebiet, das nur sehr spärlich besiedelt ist, jedoch eine reiche Vogelwelt aufweist. Auch zahlreiche andere Tiere sind hier beheimatet: Marder mit gelben Kehlen, Wildschweine, Languren, rote Pandas sowie der schwarze Himalaja-Bär. Der Pfad zieht sich bergauf zur Bamboo Lodge, einem Hotel in 1.850 m Höhe, das nicht so exotisch ist, wie es der Name erwarten ließe. 10 Minuten weiter entfernt befindet sich ihr Vetter, die New Bamboo Lodge.

In dieser Region haben sich die Einheimischen auf den Verkauf von farbenprächtigen Wollsocken und Gürteln spezialisiert.

Die Steigung setzt sich fort bis zu einer Hängebrücke aus Stahl in 2.000 m Höhe. Hier kommt man an der Süd-(Schatten-)Seite zu einem kleinen *Bhatti* und ihm gegenüber am anderen Ufer in der Sonne zum Hotel Bridge Side.

Nachdem man den Langtang Khola überquert hat, wandert man vom Nordufer aus vorbei an einigen Wasserfällen weiter bergauf. Der Wald ist auf dieser Seite des Flusses spärlicher und trockener. Er besteht vor allem aus buschigen Eichen. Auf der anderen Seite, am schattigen Südufer, sieht man dagegen Feuchtwald mit großen Kiefern. Der Aufstieg ist steil und führt hoch zu einem Erdrutsch und der Langtang View & Lodge in 2.250 m, der Namaste Tibetan Lodge in 2.330 m und der Tibetan Lodge 10 Minuten dahinter. Hier stoßen Sie auf eine Kreuzung, an der ein Weg zu einer höher verlaufenden Route zurück nach Syarpagaon und Syabrubesi führt. Dies war vor dem Bau der Brücke der alte Pfad nach Langtang. Jetzt haben Sie für den heutigen Tag bereits den größten Teil des Weges bergauf hinter sich gebracht und können nun sanft hinunter nach Changtang wandern, einer Siedlung, die häufig als Hotel Lama bezeichnet wird (2.380 m). Hier gibt es wenigstens 5 Hotels, darunter auch das Hotel Lama selbst, und einige Zeltplätze. Die nächste Übernachtungsmöglichkeit bietet sich ca. 1½ Stunden weiter in der Riverside Lodge.

4. TAG: VON CHANGTANG NACH LANGTANG

Der Tag beginnt mit einem leichten Aufstieg, der jedoch bald steiler wird und hoch oberhalb des Langtang Khola verläuft. An einigen Stellen ist er so steil, daß man Bretter an der Talwand angebracht hat. Durch die Bäume sind verführerische Schimmer des Langtang Lirung (7.246 m) zu sehen. Die Siedlung Gumnachok besteht aus der Riverside Lodge am Ufer des Flusses und einer weiteren Riverside Lodge auf einer Lichtung in ca. 15 Minuten Entfernung. Der Pfad führt auf einer Brücke aus Holzbrettern über einen Bach und zieht sich dann durch Weiden bis nach Ghora Tabela in 3.000 m Höhe. Einst eine Siedlung für Tibeter, ist es heute ein Posten der nepalischen Armee und der Verwaltung des Nationalparks, ohne ständig besiedelt zu sein.

Die Herberge der Nationalparkverwaltung ist verpachtet und heißt heute Lovely Lodge. Am Polizeiposten müssen Sie wiederum nachweisen, daß Sie den Eintritt bezahlt haben. Wenn Sie irgendwie an der Station in Dhunche vorbeigekommen sind, ohne dort den Eintritt bezahlt zu haben, werden Sie hier zur Kasse gebeten und müssen möglicherweise noch mit einer Strafe rechnen. Der Pfad steigt langsam an, während das Tal breiter wird. Die Wanderung führt an Weiden für Yaks, der Thangshyab Lodge, Mani-Steinen und verstreuten Tamang-Dörfern vorbei zum Hotel Langtang Gompa. Gleich oberhalb des Hotels können Sie den *Gompa* des Dorfes sehen. Wer die Anla-ge besichtigen möchte, kann im Hotel um Auskunft und Hilfe bitten. Der Pfad zieht sich dann hinab ins Tal über einen Bach und wieder hinauf an mehreren Wassermühlen und Gebetsmühlen vorbei zu der großen Ansiedlung Langtang in 3.500 m Höhe.

Langtang ist der Sitz für die Hauptverwaltung des Nationalparks. Die Bauten der Verwaltung mit den grünen Metalldächern liegen unterhalb des Dorfes. Am besten wohnt man in Langtang in der Village View Lodge am Ortseingang. Die meisten anderen Quartiere sind Zimmer in Privathäusern, in denen mit Yak-Dung geheizt wird und die auch danach riechen. Die Parkverwaltung erlaubt in Langtang und den Gegenden oberhalb des Dorfes höhere Preise für Übernachtungen, so daß hier alles plötzlich teurer wird. Die Häuser im Ort und in der Umgebung weisen tibetische Flachdächer auf und sind von Steinmauern umgeben, die Buchweizen-, Kartoffel-, Weizen-, Rüben- und Gerstenfelder begrenzen. Die Dorfbewohner halten im Ort und auf den Weiden oberhalb von Langtang Yaks und Rinder.

5. TAG: VON LANGTANG ZUM GOMPA KYANJIN

Nachdem man dem Pfad durch das Dorf gefolgt ist, geht es bergauf auf einen Bergkamm mit einem großen, quadratischen *Chorten* und einer langen Reihe von Mani-Mauern. Von hier aus wandert man langsam weiter bergauf, wobei man die beiden kleinen Dörfer Muna und Singdum (letzteres mit einer kleinen Unterkunft) hinter sich läßt. Man setzt den Weg durch Yak-Weiden fort, während das Tal zunehmend breiter wird. Die Wanderung führt nun über eine hölzerne Auslegerbrücke, dann eine Moräne hoch, bis man schließlich den *Gompa* Kyanjin sehen kann. Dann ist es nur noch ein kurzer Weg bergab zu den Hotels, einer Käserei und dem kaum noch genutzten *Gompa*. Die Käserei hat die Schweizer Vereinigung für technische Hilfe im Jahre 1955 gebaut. Heute wird dort ca. 7.000 kg Käse jährlich hergestellt, der ausnahmslos von Trägern zur Molkerei in Kathmandu gebracht wird. Den Aufstieg zum *Gompa* Kyanjin (3.800 m) kann man leicht vor dem Mittagessen zurücklegen, so daß später noch Zeit bleibt, um sich zu akklimatisieren und die Umgebung zu erkunden. Das beste Quartier ist das Hotel Yala Peak. Die Lodge der Verwaltung des Nationalparks mit ihrer Solarheizung ist an einen Einheimischen verpachtet worden und – wahrscheinlich wegen der Preiskontrolle – ziemlich heruntergekommen.

6. TAG: LANGTANG-TAL

Verbringen Sie einen Tag im Tal und wandern Sie die Moräne nördlich vom *Gompa* Kyanjin bis zu einer Höhe von 4.300 m empor. Von hier aus hat man einen großartigen Blick auf den Langtang Lirung und den Fuß eines seiner größten Gletscher.

Es gibt auch zwei gute Aussichtspunkte in dieser Gegend, zu denen sich ein Aufstieg lohnt. Der Gipfel im Norden des *Gompa* Kyanjin ist der Kyanjin Ri

(4.773 m). Man erreicht ihn in ca. 2 Stunden. Wandern Sie aber nicht direkt hinter dem *Gompa* bergauf. Benutzen Sie statt dessen eine Art Pfad, der auf der gegenüberliegenden Seite eines Baches hinter der Nationalpark-Lodge beginnt. Der Blick von oben ist ausgezeichnet. Einen längeren Ausflug können Sie zum Tsergo Ri oder Tsekro (4.984 m) unternehmen. Er ist 4 Stunden vom *Gompa* Kyanjin entfernt. Beide Gipfel sind vom Ort aus zu sehen und mit Gebetsfahnen geschmückt.

Es bieten sich zudem zwei Möglichkeiten für Bergbesteigungen: auf den Yala Peak mit 5.500 m (nicht mit dem Yala Kharka auf dem Tsergo Ri zu verwechseln) und auf den Tsergo Peak mit 5.749 m (der sich vom Tsergo Ri unterscheidet). Für beide Bergbesteigungen benötigt man zwei Tage, wobei auch Gletscher zu überwinden sind. Auf einem Sattel oberhalb des Pfades in der Nähe von Nubama Dhang befindet sich zudem ein Hochlager.

7. TAG: TAGESAUSFLUG NACH LANGSHISHA KHARKA

Sie sollten sich noch ein bis zwei Tage Zeit nehmen, um weiter das Langtang-Tal hinauf bis nach Langshisha Kharka zu wandern, da sich hier ein schöner Blick auf den Langshisha Ri (6.310 m), den Gang Chhenpo (6.387 m), den Urkeinmang (6.151 m) und den Penthang Karpo Ri (6.830 m) bietet. Hinter dem *Gompa* Kyanjin gibt es zwar keine Unterkünfte mehr, aber Sie können einen Tagesausflug dorthin unternehmen und zum Übernachten zum *Gom-*

pa Kyanjin zurückkehren. Wer ein Zelt und Proviant bei sich hat, kann auch in Langshisha Kharka oder auf einer anderen Sommerweide hoch oben im Tal zelten.

RÜCKKEHR NACH KATHMANDU

Der Rückweg nach Kathmandu entspricht dem Hinweg. Vielleicht haben Sie jedoch das Glück, am Flugplatz Langtang oberhalb vom *Gompa* Kyanjin in 3.960 m Höhe einen Platz in einem Flugzeug zu bekommen.

Alternative Routen zum Hinweg führen über den Ganja La oder über Gosainkund, wenn die Bedingungen auf diesen sehr hoch gelegenen Wegen es zulassen.

ÜBER DEN GANJA LA

Bei der Wanderung vom *Gompa* Kyanjin in Langtang nach Tarke Gyang in Helambu muß man den 5.106 m hohen Ganja La überqueren. Dieser Paß ist bei Schnee gefährlich und schwierig, so daß Sie Einheimische nach den Verhältnissen befragen sollten. Für eine sichere Überquerung des Passes sind eine gute Ausrüstung und eine gewisse Bergsteigererfahrung notwendig. Ganz allgemein können Sie davon ausgehen, daß der Paß von April bis November geöffnet ist, auch wenn sich das bei ungewöhnlichen Wetterverhältnissen jederzeit ändern kann. Ein Führer, der den Weg kennt, ein Zelt, Proviant und Brennstoff sind zudem für die Überquerung des Ganja La unverzichtbar.

VON KATHMANDU ZUM GOMPA KYANJIN

In den ersten fünf Tagen können Sie der im vorangegangenen Abschnitt beschriebenen Route folgen. Dann ist ein zusätzlicher Tag im Langtang-Tal zur Akklimatisierung erforderlich, bevor man den Aufstieg beginnt.

7. TAG: VOM GOMPA KYANJIN NACH NGEGANG

Es ist nur eine kurze Wanderung vom *Gompa* Kyanjin nach Ngegang. Dieser Ort eignet sich gut zum Zelten, bevor der eigentliche Aufstieg zum Paß beginnt. Sie sollten an diesem Tag zudem den Höhengewinn minimal halten, um die Akklimatisierung zu erleichtern. Nach der Überquerung des Langtang Khola unterhalb des *Gompa* Kyanjin steigt der Pfad steil auf einem Bergkamm an der Südseite des Tals durch Rhododendron- und Wacholderwald an. Schließlich wird die Steigung sanfter, und man erreicht die Yak-Weiden von Ngegang in ca. 4.000 m Höhe. Hier und auf der anderen Seite des Passes gibt es *Ghots*, die jedoch im Winter nicht durch Dächer geschützt sind, so daß ein Zelt bei dieser Bergwanderung sehr praktisch ist. Während des Monsuns bringen sich die Hirten Bambusmatten mit, die als Dächer für die *Goths* aus Stein dienen. Sie leben übrigens den gesamten Sommer über mit ihren Yak- und Ziegenherden auf den Hochweiden.

8. TAG: VON NGEGANG NACH KELDANG

Der Weg verläuft in südliche Richtung, wobei er Bächen und Moränen folgt, um sich dann – je weiter es zum Paß geht – steil nach oben zu ziehen. Wenn man den Schatten des 5.800 m hohen Gipfels erreicht, ist mehr und mehr Schnee vorhanden. Der Pfad biegt schließlich nach Südwesten ab und führt steil zum Paß in 5.200 m Höhe hinauf. Die letzten 100 m muß man als tückischen Balanceakt auf einem Schneehang oberhalb einiger steiler Felswände bewältigen.

Der Paß selbst wird von Gipfeln flankiert und von einer Gebetsfahne auf einem großen Steinhügel gekrönt. Vom Paß aus bietet sich ein großartiger Blick auf den Langtang Lirung und die schneebedeckten Gipfel von Tibet im Norden. An klaren Tagen kann man zudem zahlreiche Bergketten im Süden sehen. Im Westen des Passes liegt der Naya Kangri, früher Ganja La Chuli genannt (5.846 m). Dies ist einer der Berge, der mit einer Genehmigung der Nepal Mountaineering Association bestiegen werden darf. Ein Basislager in der Region bietet einen guten Startpunkt für den verhältnismäßig einfachen Aufstieg auf diesen Berg.

Der Weg bergab vom Paß hinunter ist steil und gefährlich, da er etwa 1.200 m über einen Hang mit losem Geröll führt, bevor man den mit Schnee bedeckten Hang erreicht. In gewisser Weise ist der Abstieg vom Ganja La, wie dies häufig der Fall ist, tückischer als der Aufstieg, und zwar ganz gleich, in welche Richtung man den Paß überquert. Der Ganja La ist jedoch steiler und schwieriger als manch anderer bedeutender Paß in Nepal. Hinter dem anfangs steilen Stück führt der Weg allmählich zu einem riesigen Becken hinab, das von Gletschern umgeben ist. Durch das Becken gelangt man über einen nicht gut erkennbaren, gelegentlich durch Steinpyramiden gekennzeichneten Pfad zu einem kleinen Bach in 4.400 m Höhe. Wer in Gegenrichtung von Helambu nach Langtang wandert, benötigt einen ganzen Tag, um von Keldang aus diesen Punkt zu erreichen, und sollte zwei Tage für den Weg von Keldang zum Paß einkalkulieren.

Vom Zeltplatz geht es zum steilen Tal des Yangri Khola und schnell hinunter über einen Geröllhang zum Bach. Folgen Sie eine Weile dem Bach durch die Weiden bis zu einigen *Goths* (wiederum ohne Dach) in Keldang auf ca. 4.270 m Höhe.

9. TAG: VON KELDANG NACH DUKPU

Dies ist eine lange und anstrengende Etappe, da der Weg entlang eines Bergkamms häufig bergauf und bergab verläuft. Im Winter gibt es von Keldang bis zum Ende des Kammes unweit von Phedi kein Wasser, so daß Sie sich mit Ihrem Proviant darauf einstellen soll-

ten. Im Oktober und im November ist Wasser im allgemeinen kein Problem, da der Monsun in mehreren kleinen Quellen für einen hohen Grundwasserspiegel sorgt.

Die Route führt in das Tal hinunter, bleibt jedoch oberhalb des Flußlaufes, um schließlich auf den Kamm zu treffen. Am Kamm entlang wandert man bis zu der Sommersiedlung Dukpu in 4.080 m Höhe.

10. TAG: VON DUKPU NACH TARKE GYANG

Von Dukpu geht es zunächst weiter bergab entlang des Bergkammes, dann steigt der Weg jedoch 180 m bis zu einem Paß in 4.020 m Höhe an. Der Paß bietet einen überragenden Blick auf den Himalaja vom Dorje Lakpa im Osten fast bis zum Everest und auf den ersten Teil des Everest-Treks von Lamosangu nach Khumbu. Vom Paß wandert man bergab durch Kiefern- und Rhododendronwald vorbei an winzigen Hirtensiedlungen zu einem Bergkamm hoch oberhalb von Tarke Gyang. Dann fällt der Weg steil hinab zum *Gompa* Gekye in 3.020 m Höhe, um den sich eine kleine Gemeinde gebildet hat, die erste ständig bewohnte Ansiedlung seit dem *Gompa* Kyanjin. Der Weg zieht sich weiter steil hinab nach Tarke Gyang, einem großen Sherpa-Dorf in 2.560 m Höhe.

11.–13. TAG: VON TARKE GYANG NACH KATHMANDU

Um nach Kathmandu zu gelangen, müssen Sie der im folgenden beschriebenen Route der Rundwanderung durch Helambu (Tage 5, 6 und 7) folgen.

RUNDWANDERUNG DURCH HELAMBU

Diese Trekking-Tour dauert sieben Tage. Der günstigste Ausgangspunkt ist dabei aufgrund seiner Nähe zu Kathmandu Sundarijal. Sie können die Wanderung in beide Richtungen unternehmen, da der Weg von Pati Bhanjyang, dem ersten Ort, in dem man übernachtet, in einem Kreis verläuft. Vorgezogen wird allerdings meistens die Wanderung im Uhrzeigersinn, wie ich sie hier auch beschrieben habe. Erklimmen Sie daher zunächst den hohen Kamm im Westen des Helambu-Tals, nehmen Sie dann den Weg über Tarke Gyang und wandern Sie von hier aus den Malemchi Khola hinunter, um wieder nach Pati Bhanjyang hinauf zu gelangen. Es gibt aber auch unzählige Varianten, darunter die direkte Route von Pati Bhanjyang nach Tarke Gyang, dann den Bergkamm hinunter über Sermathang bis nach Panchkal an der Straße von und nach China.

Der Helambu-Trek ist leicht zu organisieren und Sundarijal, der Ausgangspunkt für die Wanderung, schnell und preiswert zu erreichen. Die Trekking-Tour in diesem Gebiet verläuft in niedriger Höhe, so daß Sie kaum richtig warme Kleidung benötigen. Sie werden hier weniger andere Trekker als in der Everest- oder der Annapurna-Region treffen, aber dennoch stehen zahlreiche gute und nicht überfüllte Unterkünfte zur Verfügung.

1. TAG: VON KATHMANDU NACH PATI BHANJYANG

In Sundarijal (1.350 m) wurde ein großes Wasserwerk gebaut. Von hier aus wird ein großer Teil des Trinkwasserbedarfs von Kathmandu durch ein riesiges Rohr in die Stadt geleitet. Die unbefestigte Straße von Bodhanath geht in der Nähe eines kleinen Wasserkraftwerks in einem Pfad über und zieht sich auf Betonstufen an dem Wasserrohr entlang. Hinter dem am Pfad gelegenen Dorf Sundarijal geht es kontinuierlich durch Wald neben dem Rohr bergauf und entlang eines kleinen Baches zu einem mittelalterlich anmutenden Wasserbehälter, einen altertümlichen Damm und dem Wasserwerk. Nachdem man den Damm überquert hat, verläßt man die Anlage und wandert steil hinauf zu einer Straße in 1.550 m Höhe. Gehen Sie über die Straße und weiter bergauf zur Spitze des Shivapuri-Kammes.

Bei der Straße handelt es sich um ein bei Drucklegung noch nicht fertiggestelltes Projekt. Sie soll später einmal von Budhanilkantha nach Chisopani an der Nordseite des Shivapuri-Kammes und noch weiter führen. Auf dem Pfad erreicht man als erstes die weitläufige Tamang-Siedlung Mulkharka in einer Höhe von 1.895 m. Hier gibt es einige kleine Teestuben, in denen man eine Pause einlegen und sich an dem spektakulären Panoramablick auf das Kathmandu-Tal erfreuen oder die Flugzeugen beim Starten und Landen auf dem Flughafen Tribhuvan beobachten kann. Wer sich früh am Morgen auf den Weg macht, trifft dann Hunderte von Menschen, die in die Berge gehen, um Holz zu sammeln, das in Kathmandu als Brennmaterial verwendet wird.

Hinter Mulkharka geht es weiter bergauf, wobei der Weg gelegentlich eben verläuft und sich dann wieder steil in tiefen, verwitterten Felsspalten nach oben zieht. Nachdem man ein Armeelager hinter sich gelassen hat, gelangt man zur Wasserscheide und zum Naturschutzgebiet Shivapuri, einem 112 km^2 großen, von einer Mauer umgebenen Gelände. Hier können Sie noch die Ruinen des Dorfes Chaurabas sehen, wenn Sie den stark von der Erosion angegriffenen Pfad bis zur Spitze des Bergkammes (2.440 m) nehmen. Der größte Teil des Kammes ist mit dichtem Kiefern-, Eichen- und Rhododendronwald bedeckt.

Gleich unterhalb des Kammes, an der Nordseite, liegt das Dorf Borlang Bhanjyang. Wer in einem der Hotels hier oder im 45 Minuten entfernten Chisopani übernachtet, hat am Morgen einen ausgezeichneten Blick auf die umliegenden Berge. Der Sonnenaufgang über dem Himalaja – vom Annapurna bis zum Everest – ist von diesen Orten aus überragend.

Der Weg setzt sich den Bergkamm hinunter durch Eichen- und Rhododendronwald fort bis nach Chisopani in 2.300 m Höhe. Hier befindet sich eine noch nicht ganz fertiggestellte Ferienanlage, wo man sehen kann, wie die Arbeiten an der Straße, die man morgens überquert hat, vorangehen. Die Wanderung führt weiter bergab von Chisopani auf einem guten, gelegentlich ebenen Pfad über Weiden und Felder. Schließlich gelangt man auf einem Weg, der sich durch die Erosion in eine steile Rutschbahn verwandelt hat, bis nach Pati Bhanjyang.

Der Ort liegt auf einem Sattel am unteren Ende des Bergkammes in 1.770 m Höhe und ist von Brahmanen und Chhetri bewohnt. Hier gibt es auch einige Geschäfte und Hotels sowie einen Kontrollposten der Polizei, an dem die Beamten allerdings im allgemeinen nicht an Trekking-Genehmigungen interessiert sind. Ein großes Hotel, die schäbig aussehende Shivapuri Lodge, bietet Unterkunft, während die Pati Lodge als chinesisches Restaurant für sich wirbt. Als ich das letzte Mal hier war, bestand die alte Dame, die die wenig anspruchsvolle Sewa Sadan Lodge führt, in sehr netter Weise darauf, bei ihr im Haus zu übernachten. Ich habe diese Einladung nicht angenommen, so daß ich außer für den mit Kardamon aromatisierten Tee, den sie zubereitete, für nichts bürgen kann.

2. TAG: VON PATI BHANJYANG NACH KHUTUMSANG

Der Pfad verläßt Pati Bhanjyang in nördliche Richtung. Wer die Rundwanderung durch Helambu in Gegenrichtung unternimmt, muß nach rechts abbiegen und dann den Bergkamm hinaufwandern, um schließlich wieder hinunter in das Tal des Malemchi Khola zu gelangen. Langtang, wie auch die Fortsetzung des Rundweges durch Helambu in der von mir geschriebenen Richtung, erreicht man, wenn man nach links geht und den ebenen, relativ langen Weg zum Fuß eines steilen Berges nimmt. Dann folgt ein steiler Aufstieg in Kurven bis nach Chipling in 2.170 m Höhe. Am Ende des Dorfes kommt man zu einigen Teestuben in Hütten, aber sonst hat es sich nicht viel mehr zu bieten. Am oberen Ende des Ortes geht es auf einer Steintreppe 200 m steil

hoch zu einem Paß auf dem Jhogin Danda-Bergkamm in 2.470 m Höhe und dann zur Spitze des Bergkammes. Von hier aus setzt man die Wanderung bergab durch Wald nach Thodang Betini, einer Ortschaft in 2.100 m Höhe, fort. Das letzte Haus am nördlichen Ende des Dorfes ist die Tasi Lodge.

Entlang des Bergkammes führt der Weg hinunter zu einem großen *Chorten*, von dem aus man über das Tamang-Dorf Gul Bhanjyang (2.130 m) blickt. Das ist ein schönes, klassisches Bergdorf mit einer hübschen Hauptstraße. Hier gibt es zwar einige Geschäfte und Unterkünfte, aber die Ansiedlung hat sich noch nicht in einen Trekker-Ort gewandelt. Der Pfad folgt nun dem Bergkamm von Gul Bhanjyang hoch zu einem weiteren Paß in 2.620 m Höhe. Dann wandert man bergab nach Khutumsang (2.470 m), gelegen auf einem Sattel an der Spitze des Bergkammes. Dieses Dorf hat sich völlig auf Trekker eingestellt, denn jedes Haus ist ein Hotel. Ein Büro der Nationalparkverwaltung ist ebenfalls vorhanden. Wenn man die Wanderung in Sundarijal begonnen hat, sind 250 Rs zu bezahlen. Die Quittung muß man, wenn man in der Gegenrichtung unterwegs ist, nochmals vorzeigen.

3. TAG: VON KHUTUMSANG NACH THAREPATI

Die weitere Strecke folgt dem Yurin Danda-Bergkamm in nördliche Richtung bergauf. Unterwegs blickt man auf die Gipfel oberhalb von Langtang und des Gosainkund. Der steile und von der

Erosion gezeichnete Pfad zieht sich oberhalb von Khutumsang steil hinauf durch Tannen- und Rhododendronwald. Hier gibt es keine Dauersiedlungen mehr, allerdings einige wenige Hirtenhütten. In Pambu finden Sie zwei *Bhattis*, und dann zieht sich die Route zu einem großen Steinhügel auf der Spitze des Panghu Danda (3.285 m) hinauf. Dabei wandert man durch ein Weidegebiet, in dem zahlreiche *Goths* den Weg säumen. In der Saison können Sie hier von den Hirten vielleicht Milch oder Quark kaufen.

Vom Paß geht es hinunter nach Magen Goth in 3.150 m Höhe. Hier bietet ein Hotel Unterkunft. Am elegant aussehenden Armeeposten wird wiederum die Eintrittskarte zum Nationalpark kontrolliert. Der Pfad steigt erneut an – zuerst steil und dann sanfter –, unterbrochen durch gelegentliches Auf und Ab, um schließlich Tharepati (3.490 m), das aus einigen *Ghots* und Hotels besteht, zu erreichen. Die Wanderung nach Gosainkund verläuft von diesem Ort aus in nordwestliche Richtung. Auf dem Weg, der direkt hinter Tharepati nach Osten führt, beendet man den Rundweg durch Helambu. Die Landschaft wird nun wieder richtig alpin und weist die für eine derartige Höhe typischen Weiden und Büsche auf.

4. TAG: VON THAREPATI NACH TARKE GYANG

Wandern Sie von der Unterkunft am nördlichen Ende der Siedlung nach Osten. Der Weg führt steil in eine Schlucht hinunter, wobei sich die Vegetation rapide ändert und zu großen Tannen übergeht, dann zu Eichen und Rhododendron, während man die Höhe, die man in den letzten zwei Tagen gewonnen hat, ziemlich schnell wieder verliert. Über einen Bach gelangt man zu dem wohlhabenden Sherpa-Dorf Malemchigaon in 2.530 m Höhe.

Die Sherpa von Helambu unterscheiden sich von ihren Verwandten in Solu Khumbu erheblich. Statt der schwarzen Kleidung im tibetischen Stil und der farbenfrohen Schürzen tragen die Sherpa-Frauen hier Kleider aus bedruckter Baumwolle. Auch bei der Sprache gibt es Unterschiede, und zwar nicht nur in der Grammatik, sondern auch das Sprechtempo der Sherpa von Helambu ist sehr viel schneller als das anderer Sherpa. Die Frauen stehen in dem Ruf, sehr schön zu sein, was auch der Grund dafür ist, daß viele Mädchen der Sherpa aus Helambu einst in den Häusern der Rana-Aristokratie in Kathmandu angestellt waren. Von diesen Familien erhielten sie häufig Land geschenkt, so daß zahlreiche Sherpa in Helambu heute große Felder im Flußtal weit unten besitzen.

Von Malemchigaon führt der Weg weiter hinunter zum Malemchi Khola, den man auf einer Brücke (1.890 m) überquert, um dann gleich auf der anderen Seite mit dem Aufstieg nach Tarke Gyang zu beginnen. Gelegentlich begeben sich die Hotelbesitzer von Tarke Gyang den ganzen Weg zum Fluß hinunter, um die dort ankommenden Trekker von ihrem jeweiligen Haus zu überzeugen. Es ist ein langes Stück bergauf bis zu dem malerischen Dorf in 2.600 m Höhe auf einem Felsvorsprung hoch oberhalb des Flusses.

Tarke Gyang ist das größte Dorf in Helambu und für die meisten Trekker in der Region ein Ziel. Unterkunft bieten ein großes, neues Hotel am südlichen Ende der Ortschaft, daneben aber auch noch zahlreiche andere Hotels. Im Jahre 1949 schrieb Tilman, der *Gompa* von Tarke Gyang mit seiner beachtlichen Zahl an Gebetsfahnen befinde sich in einem traurigen Zustand. Inzwischen wurden neue Gemälde angebracht und eine riesige Gebetsmühle aus Kupfer aufgestellt. Die Steinhäuser von Tarke Gyang stehen eng aneinandergedrängt und werden nur durch enge Gassen voneinander getrennt. Innen sind die Häuser groß, sauber und häufig kompliziert verziert sowie mit schönen Kupferwaren und traditionellen tibetischen Teppichen auf glänzend polierten Holzböden ausgestattet.

Die Menschen von Helambu betreiben im Winter in größerem Umfang Handel mit Indien. Viele Einwohner der Region sind recht gut situiert und Eigentümer von Feldern im Tal des unteren Malemchi Khola. Eine Spezialität der Bewohner von Helambu ist der Verkauf von „Antiquitäten", die im allgemeinen in Kathmandu hergestellt und dann über den Rauchfeuern in den Häusern von Tarke Gyang künstlich älter gemacht werden. Hüten Sie sich vor derartigen Sachen. Es ist ohnehin nicht erlaubt, Gegenstände auszuführen, die über 100 Jahre alt sind, so daß es besser ist, in Kathmandu oder Patan einen guten Kunstgewerbeartikel zu erwerben, als zu versuchen, die Regelungen zu umgehen, indem man eine falsche Antiquität in den Bergen kauft.

5. TAG: VON TARKE GYANG NACH KIUL

Von Tarke Gyang aus führen mehrere Wege zurück nach Kathmandu. Für den Pfad südlich entlang des Bergkammes durch Semathang, dann bei Malemchi zum Fluß hinunter und schließlich die Straße nach Panchkal hinauf benötigt man zwei Tage. Der erste Teil der Wanderung entlang des Bergkammes durch Wälder und Sherpa-Dörfer ist recht schön, der zweite Abschnitt auf der staubigen Straße am Indrawati dagegen langweilig.

Sie können möglicherweise in einem der Jeeps oder Lastwagen mitfahren, die auf diesem Teil der Straße verkehren. Zudem finden Sie zahlreiche Hotels am Weg. Von Sipa Ghat aus besteht auch eine Verbindung mit Minibussen. Die Route mündet in Panchkal in die Straße von und nach China. Von Sipa Ghat aus sind es noch drei Stunden mit einem Bus zurück nach Panchkal.

Es ist aber eher zu empfehlen, noch einen zusätzlichen Tag in den Bergen zu verbringen und dann den Weg nach Sundarijal zu Fuß zurückzulegen. Von dort gelangt man einfach, preiswert und schnell zurück nach Kathmandu.

Die Route nach Sundarijal führt an dem Hotel in Tarke Gyang vorbei und dann an der Westseite des Bergkammes über einen breiten, häufig genutzten Pfad durch Rhododendronwälder weiter bergab. Dabei wandert man an mehreren *Chorten*, Mani-Mauern (bitte links vorbeigehen) und *Kanis* vorbei. Nachdem man die Sherpa-Dörfer Kakani (2.070 m) und Thimbu (1.580 m) hinter sich gelassen hat, erreicht man die Reisanbaugebiete im Tal des Malemchi und des Indrawati und verläßt das Siedlungsgebiet der ethnischen Gruppen des Hochlandes, um in Dörfer der Brahmanen, Chhetri und Newar sowie anderer Tieflandbewohner zu gelangen. Die steile Wanderung bergab setzt sich bis nach Kiul (1.280 m) fort, das sich über Terrassenfeldern oberhalb des Malemchi Khola erstreckt. Jetzt befindet man sich in einem subtropischen Klima auf einer Höhe unterhalb der von Kathmandu, in dem Bananen gedeihen und Affen zu sehen sind.

6. TAG: VON KIUL NACH PATI BHANJYANG

Hinter Kiul folgt der Weg dem Fluß sanft bergab. Nachdem man in 1.190 m Höhe den Malemchi Khola auf einer Hängebrücke überquert hat (nehmen Sie nicht die erste Brücke, sondern die zweite ein Stück weiter flußabwärts), erreicht man nach einer kurzen Wanderung Mahenkal (1.130 m) sowie die Straße, die das Tal hinunter führt und an der auch der Ort Gelthum mit einem beeindruckenden zweistöckigen Schulgebäude und einem Postamt liegt. Wenn Sie nach Talamarang kommen, einem hübschen Dorf am Ufer des Flusses in 940 m Höhe, können Sie eine Abkürzung benutzen und sich einige größere Kurven sparen. Hier gibt es einige kleine Geschäfte, und möglicherweise finden Sie in diesem Ort auch einen Jeep oder Lastwagen, mit dem Sie – wenn Sie nicht mehr wandern mögen – nach Kathmandu zurückfahren können. Wer seine Trekking-Tour fortsetzen will, überquert den Talamarang Khola auf einer großen, eher einen instabilen Eindruck vermittelnden Hängebrücke. Dann verläßt man die Straße und folgt dem Pfad in westliche Richtung flußaufwärts am Südufer. Er beginnt zwischen Reisterrassen und Feldern. Später liegen zahlreiche Steine auf dem Weg, der das Flußtal hochführt. Dieselbe Monsunflut, durch die die Straße in Talamarang zerstört wurde, zerstörte auch diesen Abschnitt des Pfades und spülte viele fruchtbare Felder flußabwärts. Nachdem man dem Fluß ein langes Stück gefolgt ist, beginnt eine steiler Aufstieg zur Spitze des Bergkammes auf einem gut angelegten Weg. Vom unbewohnten Talboden gelangt man bald in eine dicht besiedelte Region und auf den Weg hoch nach Batache sowie nach Thakani, das kurz unterhalb der Spitze liegt (1.890 m). Die Route bleibt nun auf dem Bergkamm und zieht sich durch Weiden und Terrassen, um dann zur Südseite des Kammes zu wechseln. Schließlich wandert man hinunter nach Pati Bhanjyang (1.770 m), dem Endpunkt der Rundwanderung durch Helambu.

7. TAG: VON PATI BHANJYANG NACH KATHMANDU

Zurück nach Sundarijal gelangen Sie auf dem gleichen Weg, wie für den ersten Tag der Wanderung beschrieben.

GOSAINKUND

Eine Wanderung nach Gosainkund kann man in beiden Richtungen mit einer Trekking-Tour durch Helambu oder Langtang verbinden. Es lohnt sich zudem, für die Wanderung etwa 7 bis 8 Tage einzuplanen. Wenn man von den Wintermonaten absieht (Ende Dezember bis Anfang März), bieten auf der gesamten Strecke Hotels Unterkunft. Man muß allerdings wissen, daß die Verwaltung des Nationalparks das Verbot der Verwendung von Feuerholz in Gosainkund durchsetzt. Wer also plant zu zelten, sollte genug Kerosin mitnehmen. Die von mir nun beschriebene Route führt von Dhunche oder Syabru nach Tharepati. Von Tharepati aus können Sie entweder weiter nach Helambu wandern oder nach Kathmandu zurückfahren. Wenn man in Sundarijal oder Helambu beginnen möchte, ist die Wanderung auch in umgekehrter Richtung möglich.

1. TAG: VON SYABRU ODER DHUN- CHE ZUM GOMPA SING

Von Dhunche: Von Dhunche (1.950 m) können Sie der Straße bis zur ersten Kurve folgen. Hier weist ein Schild auf einen ebenen Pfad, der dem Südufer des Trisuli Khola durch Felder und Weiden zu einigen Häusern folgt. Überqueren Sie den Fluß auf einer hölzernen Brücke kurz hinter der Stelle, an

der sich das Tal verengt und steiler wird. Von hier aus folgt der Weg ein kurzes Stück lang der Nordseite des Flusses und zieht sich dann steil hinauf zum Bergkamm. Nach der anfänglichen Steigung verläuft der Pfad etwas ebener. Man wandert durch ein Dorf und dann hoch zu einem Bergkamm. Durch Tannen-und Rhododendronwald zieht sich der Weg etwa eine Stunde lang bis zu einer kleinen Lichtung und dann eine weitere Stunde lang zu einem sehr einfachen Teehaus, wo sich aber ein schöner Blick über das Tal bietet. Weiter geht es den Bergkamm hinauf zu einer Kreuzung. Biegen Sie dort nach rechts ab und wandern Sie weiter bergauf an einem Armeelager vorbei und schließlich durch Buschwald und Eichen zum *Gompa* Sing in der Nähe der Spitze des Bergkammes. Es ist von toten Bäumen umgeben. Wählen Sie nicht den so einladend aussehenden Pfad steil bergab, der zu einem Garten mit Apfelbäumen führt.

Von Syabru: Um von Syabru nach Gosainkund zu gelangen, hat man wenigstens drei verschiedene Möglichkeiten. Zwei führen nicht am *Gompa* Sing vorbei, sondern direkt zu zwei Teestuben in Chalang Pati. Die von mir im folgenden beschriebene Route schlägt einen leichten Bogen und verläuft am *Gompa*

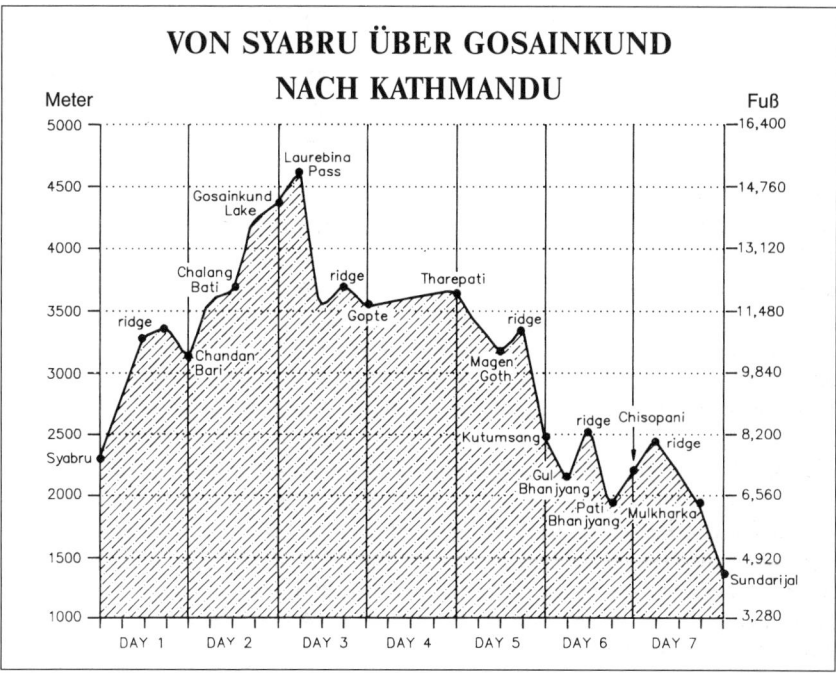

VON SYABRU ÜBER GOSAINKUND NACH KATHMANDU

Sing vorbei. Dieser Weg ist einfacher zu erkennen und bietet die Möglichkeit, die Steigung in mehrere leichter zu bewältigende Abschnitte aufzuteilen. Der direkte Weg von Chalang Pati nach Syabru ist eine gute Wahl, wenn Sie von Gosainkund kommen, da er von oben her gut sichtbar ist. Ein Führer ist dagegen sehr nützlich, wenn nicht sogar notwendig, falls Sie planen, diesen Pfad bergauf zu nehmen, da Sie sonst möglicherweise zahlreichen Yak-Pfaden in eine falsche Richtung folgen.

Wenn man erst einmal den penetranten Hoteliers in Syabru entkommen ist, wandert man am *Gompa*, der Schule und dem Armeeposten vorbei den stei-

len Berg oberhalb des Dorfes in Serpentinen hoch. Es gibt hier mehrere Pfade zu Häusern und Kartoffelfeldern, aber wenn Sie jeweils den steileren, oberen Weg wählen, gelangen Sie schließlich zu zwei schönen Teeläden in der Ortschaft Dursagang (2.550 m). Die Wanderung verläuft von hier etwas weniger steil nach oben, jetzt überwiegend durch Wald, vorbei an einem alten *Chorten* zur Spitze des Bergkammes und zwei schäbigen Teehäusern in 3.000 m Höhe.

Hier kreuzen sich zwei Wege. Rechts geht es hinunter nach Brabal und zur Straße nach Dhunche, während der Pfad nach links die Abkürzung nach

Chalang Pati ist. Der Pfad zum *Gompa* Sing führt zunächst bergauf, dann quer über die Spitze des Bergkammes, um schließlich relativ eben im Wald zu bleiben, wenn man den Kopf des Tales durchquert. Nehmen Sie bei jeder Kreuzung den oberen Pfad und überqueren Sie einen weiteren Bergkamm. Tief unten im Tal kann man Dhunche sehen. Man wandert weiter über den Kopf eines zweiten Tales, um endlich den letzten Bergkamm in 3.260 m Höhe zu erreichen. Der *Gompa* Sing liegt dann ca. 100 m weiter am Pfad auf der linken Seite.

Der *Gompa* Sing gilt als die wichtigste Sehenswürdigkeit in Chandan Bari, einem Ort in 3.250 m Höhe. Hier finden Sie auch mehrere Hotels und eine kleine Käsefabrik. Der *Gompa* ist nicht gut unterhalten. Gegen einen kleinen Betrag schließt ein Wächter Ihnen die Anlage auf. Der Berghang in der Nähe von Chandan Bari ist bar jeder nennenswerten Vegetation und durch das Zusammenspiel von Abholzung, Bränden und Stürmen gekennzeichnet.

2. TAG: VOM GOMPA SING NACH GOSAINKUND

Der Weg zieht sich nun steil den Bergkamm hoch und verläuft an mehreren Punkten auf der Spitze des Kammes, der eine Übergangszone zwischen der Vegetation mit reichem, feuchtem Bergwald und der trockenen Buschvegetation der Südhänge bildet. Die Wanderung führt auf die andere Seite des Kammes, wo man eine Zeit lang im tiefen Wald bleibt, um dann zu einem Sattel bei Chalang Pati (3.380 m) zu gelangen, wo das Hotel Chalang Pati die willkommene Möglichkeit bietet, eine Tasse Tee zu trinken. Wenn Sie sich wieder auf den Weg machen, sehen Sie ein Schild in Nepali. Es besagt, daß Sie nun in das geschützte Gebiet von Gosainkund kommen, in dem das Töten von Tieren, das Verbrennen von Holz und das Weiden von Ziegen verboten sind. Während der Wanderung bergauf bietet sich ein überragender Blick über das Langtang-Tal bis zum Langtang Lirung. Hier sieht man einige wenige Ziegen am Weg, bis man zu den Teehäusern in Laurebina (3.930 m) kommt, das bei den Einheimischen Laurebina Yak genannt wird. Übernachten kann man in einem der drei Hotels. Eines davon wirbt mit einem „erstaunlichen Blick auf die Berge", während Sie Ihr Frühstück „auf der Spitze der Welt" einnehmen. Der Ausblick ist hier tatsächlich großartig, denn man sieht die Annapurnas, den Manaslu (8.156 m), den Ganesh Himal (7.406 m) sowie Gipfel in Tibet ohne Namen und schließlich den Langtang Lirung.

Der Pfad führt nun in eine alpine Landschaft hoch zum Bergkamm und zu einem Paar von kleinen Steinsäulen, auf denen zu lesen ist „Willkommen in Gosainkund". Es bleibt jedoch noch reichlich bergauf zu wandern. Nehmen Sie den Weg hoch bis zum Bergkamm (4.100 m) und dann noch ein Stück weiter, um den Blick auf den ersten der Seen genießen zu können, den Saraswati Kund, der einige hundert Meter unterhalb im Tal gelegen ist. Schließlich verläßt man den Weg und folgt einem Pfad, der hoch oberhalb des Trisuli-Tales verläuft. Dies ist keine Wanderung für Menschen, denen es leicht schwindelig wird. Glücklicherweise verläuft die Route auf der Sonnenseite des Berges, so daß der Schnee hier schnell schmilzt. Ist der Weg von Schnee bedeckt, wird die Wanderung unheimlich und gefährlich. Wenn vor nicht langer Zeit viel Schnee gelegen hat, kann dies den Pfad nach Gosainkund unbegehbar werden lassen. Es sind in tiefem Schnee in dieser Region bereits Menschen ums Leben gekommen, so daß Sie nach Dhunche zurückkehren sollten, falls die Bedingungen nicht günstig sind.

Nachdem man einen Felsvorsprung überquert hat, wird der zweite See der Kette, der Bhairav Kund, sichtbar. Der Pfad steigt sanft, aber kontinuierlich zu einem Bergkamm an und fällt dann ca. 20 m zum Gosainkund, dem dritten und größten See in einer Höhe von 4.380 m, ab. An der Nordwestseite des Gewässers befinden sich zwei kleine Hotels, ein Schrein und mehrere kleinere Steinhütten für Pilger.

Hunderte von Menschen kommen jedes Jahr im August zum Vollmondfest hierher, um zu beten.

Der Gosainkund enthält einen schwarzen Felsen in der Mitte, bei dem es sich um den Kopf des Gottes Shivas handeln soll. Eine Legende berichtet von einem weißen Fels unter der Wasseroberfläche, der, wie es heißt, der Überrest eines alten Shiva-Schreins sei. Der Legende nach hat Shiva selbst diesen Hochgebirgssee geschaffen. Er soll Gletscher mit seinem Dreispitz durchbohrt haben, um an Wasser zu gelangen, mit dem er seinen Durst stillen wollte, nachdem er etwas Giftiges zu sich genommen hatte. Es heißt auch, das Wasser aus diesem See würde durch einen unterirdischen Kanal abfließen und im Becken von Kumbeshwar, unweit des fünfstöckigen Shiva-Tempels im mehr als 60 km entfernten Patan, wieder zutage treten.

3. TAG: VON GOSAINKUND NACH GHOPTE

Der Weg zieht sich an der Nordseite des Gosainkund vorbei und weiter bergauf durch eine zerklüftete Landschaft zum Paß. Der Weg ist rauh und führt über Moränen, ist jedoch aufgrund von Steinhügeln, die als Markierung dienen, gut erkennbar. Man wandert an drei weiteren Seen vorbei und erreicht schließlich den Laurebina-Paß in 4.610 m Höhe. Ein kleiner Hügel oberhalb des Pfades bietet einen guten Blick in beide Richtungen.

Vom Paß geht es entlang eines Baches durch eine alpine Landschaft zu einer Hütte in 4.100 m Höhe. Hier, in Bhera Goth, haben Sie die Wahl. Bei dem oberen Weg handelt es sich um den neuen, höheren und direkten Pfad nach Tharepati. Bei Schneefall ist er sehr gefährlich. Zudem sind auf der gesamten Strecke bis nach Tharepati weder Unterkunft noch Verpflegung erhältlich. Holen Sie von anderen Trekkern oder dem Mann, der in Bhera Goth wohnt, Rat ein, bevor Sie sich für diese Route entscheiden. Der untere, ältere und leichter begehbare Pfad führt in der Mitte des Tales sowie auf einer Holzbrücke über einem Bach hinunter nach Phedi (3.500 m), wo es zwei Hotels gibt. Eines davon ist das Taj Mel.

Auf der anderen Seite des Tales können Sie einen Bergkamm sehen, an dem ein steiler Pfad in einem Winkel von fast 45 Grad emporführt. Diesen Weg müssen Sie nehmen. Die Wanderung setzt sich über den Kopf des Tales auf einem extrem rauhen Pfad über Moränen fort und führt vorbei an zwei *Ghots* mit minimalem Angebot (nur Tee und Pepsi) bis zum Ende des 160 m langen Aufstiegs zum Kamm. Der Aufstieg ist so steil, wie er aussieht, jedoch nicht so ungeschützt (und damit nicht so angsterregend), wie es von der anderen Seite des Tales aus den Eindruck macht. Ich habe einmal diesen Pfad benutzt, als Schnee lag, und folgte dabei den Stufen, die der Koch der Gruppe mit einem Küchenmesser geschaffen hatte. Ein anderer Sherpa ebnete den Weg, indem er das Geröll unter dem Schnee in die Stufen warf, um so für einen Halt auf der harten und rutschigen Oberfläche des Schnees zu sorgen. Als ich auf der Spitze des Bergkammes saß und fotografierte, dachte ich daran, wie ich diesen besonderen Teil des Pfades wohl beschreiben sollte. Würde er im Winter gefährlich oder unpassierbar sein? Meine Überlegungen wurden durch einen barfüßigen Sadhu im Lendenschurz unterbrochen, der nur eine Decke, einen Blechnapf und einen eisernen Dreizack bei sich hatte. Er befand sich auf dem Weg nach Gosainkund, das er einen Tag lang besuchen wollte. Das hieß, er wollte in zwei Tagen zurückkehren. Er nahm den Pfad und wurde bald gefolgt von einem Nepali in Gummistiefeln, der der Übertragung eines Fußballspiels im Radio zuhörte, dem einzigen Gegenstand, den er bei sich hatte. Dieses Bild trug ein wenig zu meiner Ansicht über den Pfad bei. Seien Sie allerdings vorsichtig, gehen Sie langsam und unternehmen Sie die Wanderung nur mit zuverlässigen Begleitern.

Von dem berüchtigten Bergkamm führt der Weg durch Wald, wobei man durch mehrere Schluchten am Kopf des Tales wandert. Weit oben thronen riesige Felsen und bilden die Spitze des Thare Danda. Auf einem der Bergkämme sind einige Gebetsfahnen zu sehen. Gleich hinter diesen liegt die Siedlung Ghopte in 3.260 m Höhe. Hier finden Sie zwei Teeläden und eine Höhle, die ein wenig Schutz bietet. Es ist ein langer und harter Tag. Die Hotels von Tharepati sind auf dem weit entfernten Kamm zu sehen. Bei Nacht erkennt man auch die Lichter von Trisuli Bazaar weit unten und von Kathmandu im Südosten.

4. TAG: VON GHOPTE NACH THAREPATI

Vom Bergkamm in Ghopte führt der Pfad zunächst bergab und dann durch Schluchten und über die Felsbrocken von alten Moränen, um schließlich das auf einem Kamm gelegene Tharepati in 3.590 m Höhe zu erreichen. Dort liegen unterhalb des Bergkammes mehrere Hotels und zwei weitere auf dem

Kamm selbst. Nehmen Sie sich einen Augenblick Zeit, um die Anhöhe im Osten des Kammes zu besteigen, da sich von dort ein schöner Blick auf den Dorje Lakpa, den Xixapangama und andere Gipfel bis hin nach Khumbu bietet. Hier stößt der Pfad auf den Rundweg durch Helambu (vgl. die Beschreibung des 3. Tages der Rundwanderung durch Helambu). Nun können Sie 3 Stunden bergab bis nach Malemchigaon und weiter nach Tarke Gyang wandern oder den direkten Weg den Kamm hinunter über Pati Bhanjyang nach Kathmandu wählen. Der „neue" Pfad von Bhera Goth trifft hier auf den alten Weg. Wer von Sundarijal nach Gosainkund wandert, sollte unbedingt in Tharepati nachfragen, ob die Route auch sicher ist. Die gefährlichen, schneebedeckten Teile dieser hohen Strecke liegen an den Nordwest-Hängen und sind von dieser Stelle aus nicht zu sehen.

Falls Sie direkt nach Kathmandu zurückkehren möchten, sieht die weitere Wanderung wie folgt aus:

5. TAG: VON THAREPATI NACH KHUTUMSANG

6. TAG: VON KHUTUMSANG NACH CHISOPANI

Sie könnten vielleicht die gesamte Strecke von Khutumsang nach Kathmandu in einem Tag zurücklegen, aber der Blick auf den Himalaja von Chisopani aus ist phantastisch genug, um eine Übernachtung in diesem Ort in Erwägung zu ziehen. Hüten Sie sich in Chisopani aber vor Dieben, insbesondere dann, wenn Sie zelten.

7. TAG: VON CHISOPANI NACH KATHMANDU

Nun können Sie der Beschreibung des 1. Tages der Wanderung nach Helambu in umgekehrter Richtung zurück nach Borlang Bhanjyang folgen, von wo aus man über den Shivapuri-Kamm zur Straße in Sundarijal gelangt. Dort können Sie einen Bus zurück nach Kathmandu besteigen.

LANGTANG UND HELAMBU

OST-NEPAL

EINFÜHRUNG

Die meisten Bergwanderungen in Ost-Nepal beginnen in Dharan, einem Dorf am Fuß des Siwalik-Gebirges, und zwar dort, wo das flache Terai endet. Zu den beliebtesten Zielen von Trekking-Touren in diesem Gebiet gehören das Basislager am Makalu, der Everest und die Region in der Nähe des Kanchenjunga. Die Landschaft im Osten Nepals bietet eine unendliche Vielfalt. Hier sind auch die meisten ethnischen Gruppen vertreten und zahlreiche große Dörfer wie Dhankuta und Bhojpur zu sehen, die einen wohlhabenden und sauberen Eindruck vermitteln. Hier gibt es sowohl warme Bezirke, in denen Reis angebaut wird, als auch die kühlere Region Ilam, in der man Tee pflanzt. Durch die dicht besiedelten mittleren Gebirge fließt der mächtige Arun, der sich bis zu einer Höhe von weniger als 400 m in die Berge gegraben hat. Der Himalaja umfaßt hier die großen Bergmassive Kanchenjunga und Makalu. Im allgemeinen ist es teurer als in anderen Gegenden, in dieser Gegend zu wandern, da man selbst wie auch die Ausrüstung erst mit einem Bus oder Flugzeug in den Osten Nepals gelangen müssen. Zudem sind die Touren länger, denn man benötigt allein schon

zwei Wochen, um von Dharan in das Hochgebirge zu gelangen. Ein Flug zu den Flugplätzen in Tumlingtar und Taplejung kann die Zeit verkürzen, steigert jedoch die Kosten. Die Bewohner dieser Region Nepals haben noch nicht viele Ausländer aus dem Westen in ihren Dörfern gesehen. Wer in Ost-Nepal unterwegs ist, sollte daher sehr darauf achten, die Fehler zu vermeiden, die Trekker in den häufig besuchten Gebieten begangen haben. Diese Fehler haben zu Diebstählen sowie dazu geführt, daß man sich in der Wirtschaft zu sehr auf die Launen der Fremden verläßt. Außerdem ist es dort bereits zu Problemen bei der Abfallbeseitigung, zu Umweltverschmutzung, zum Betteln von Kindern und Erwachsenen sowie zu unnötigen Hotelbauten gekommen.

Der Kanchenjunga mit einer Höhe von 8.586 m ist der dritthöchste Berg der Welt. Er erhebt sich an der Grenze zwischen Nepal und Sikkim und weist mehrere Gipfel auf. Man kann ihn von Darjeeling aus sehen, so daß bereits während der britischen Herrschaft in Indien viele Expeditionen die Region erforschten und versuchten, den Berg zu erklimmen. Bestiegen wurde der Kanchenjunga erstmals von einem britischen Team unter Charles Evan im Jahre 1953. Die Teilnehmer begannen ihre Wanderung im Süden Nepals und kletterten dann über die Südwand des Berges bis zum Gipfel.

Einer der großartigsten Berge in der Region ist der Jannu (7.710 m). Die Nepali haben ihn bei der Umbenennungsaktion in den siebziger Jahren in Khumbakarna umgetauft. Der Jannu wurde von frühen Expeditionen auch „mysteriöser Gipfel" oder „Gipfel des Terrors" genannt. Bezwingen konnte ihn erst ein französisches Team im Jahre 1962.

INFORMATIONEN

Ost-Nepal hat bisher bei Besuchern nicht dieselbe Aufmerksamkeit wie die Everest- und die Annapurna-Region erhalten, so daß Informationen über dieses Gebiet nur spärlich vorhanden sind. Das Arun-Tal wird in E. W. Cornins Buch *The Arun* beschrieben. Das ist ein Buch, das sich vor allem mit der Naturgeschichte befaßt.

Viel neue Literatur über die Kanchenjunga-Region gibt es nicht. Das wichtigste Werk ist sicher *Round Kanchenjunga* von Douglas Freshfield aus dem Jahre 1903, von dem eine Neuauflage in Kathmandu erhältlich ist. Ebenfalls lesenswert ist F. S. Smythes Buch *The Kanchenjunga Adventure* aus dem Jahre 1930.

Die britischen Namen der Gipfel in der Umgebung des Kanchenjunga, die den Bergen in der Kolonialzeit verliehen wurden, sind nach der Unabhängigkeit Nepals geändert worden. Der Tent Peak (7.365 m) wurde damals zum Kirant Chili, der Twins (7.350 m) zum Givigela Chula, der White Wave (6.960 m) zum Andesh Chuli, der Wedge Peak (6.750 m) zum Chang Himal und der Pyramid Peak (7.168 m) zum Pathi Bhara. Die meisten Bücher über den Kanchenjunga bezeichnen ihn als Jannu und verwenden auch die anderen englischen Namen, so daß ich diese ebenfalls verwendet habe. Auf den neueren, in Kathmandu gedruckten Karten finden Sie allerdings ausschließlich die nepalischen Bezeichnungen.

KARTEN

Die Blätter NG 45–3 (Kanchenjunga) und NG 45–2 (Mount Everest) des Army Map Service decken das östliche Nepal ab. Das gilt auch für die Mandala-Karten Kanchenjunga und Arun Valley.

UNTERKUNFT

Da Ost-Nepal nicht von Trekkern überlaufen ist, finden Sie hier auch keine große Zahl von Trekking-Hotels, wie dies in Zentral-Nepal der Fall ist. Die Region bietet jedoch eine gute Infrastruktur aus *Bhattis*, deren Eigentümer sich auf die unglaublich große Anzahl von Trägern eingestellt haben, die Waren in diesem Gebiet transportieren. Im allgemeinen sind diese Einrichtungen jedoch primitiv und unhygienisch und bieten nur langweiliges Essen. Wer sich allerdings damit abfinden kann, hat die Möglichkeit, durch große Teile von Ost-Nepal wandern und dabei auf die örtlichen Unterkünfte zurückzugreifen zu können.

AN- UND WEITERREISE

Flug: Der Flughafen Biratnagar wird täglich von Maschinen der RNAC angeflogen und ist der Knotenpunkt für Flüge nach Ost-Nepal. Am frühen Morgen starten Flugzeuge von Biratnagar nach Taplejung, Tumlingtar, Lukla und Lamidanda. Das Flughafengebäude von Biratnagar ist ein schöner, neuer Bau, der von einem südkoreanischen Unternehmen errichtet wurde. Es liegt ein ganzes Stück außerhalb der Stadt und ist am zuverlässigsten mit einer Rikscha zu erreichen.

Anders als die Verbindungen nach und von Lukla sind die Flüge nach Biratnagar kaum Unregelmäßigkeiten unterworfen, da das Wetter nur selten ein Problem darstellt. Es stehen Möglichkeiten für eine Instrumentenlandung und eine befestigte Start- und Landebahn zur Verfügung, so daß hier auch größere Maschinen von RNAC starten und landen können, die der Nachfrage entsprechend genügend Platz bieten. Die Flugzeit von Kathmandu nach Biratnagar beträgt 50 Minuten. Bei klarem Wetter hat man einen ausgezeichneten Überblick über die gesamten Wanderrouten und eine schöne Sicht auf den Himalaja vom Kanchenjunga bis nach Langtang.

Taplejung ist der wichtigste Ausgangspunkt für Wanderungen zum Kanchenjunga. Zur Zeit ist der Ort nur mit einem Flugzeug erreichbar, bald soll jedoch eine Straße fertiggestellt werden und einen zuverlässigen Zugang zu dieser Region bieten. Einmal wöchentlich besteht eine Direktverbindung von Taplejung nach Kathmandu und mehrmals pro Woche eine Verbindung nach Biratnagar. Der Flugplatz befindet sich in Suketar, einem Dorf hoch oben auf einem Berg gelegen, $1^1/_2$ Stunden oberhalb von Taplejung. Die Reservierungen werden jedoch vom Büro im Ort überwacht, nicht vom Flugplatz aus.

Der Flugplatz Tumlingtar ist auf einem Plateau im Arun-Tal gelegen und bietet einen Start- oder Endpunkt für Wanderungen zum Makalu sowie eine Abkürzung auf der Wanderung von Lukla nach Dhankuta. Die Start- und Landebahn hier ist lang und für Flugzeuge vom Typ Avro mit 44 Plätzen geeignet, so daß man häufig noch ein Ticket für einen Flug nach Tumlingtar erhalten kann, wenn die Maschinen zu allen anderen Zielen bereits ausgebucht sind. Aus einem seltsamen Grund ist der Preis für einen Flug von Kathmandu nach Tumlingtar einer der niedrigsten in ganz Nepal.

Bhojpur, auf einem Bergkamm oberhalb vom Westufer des Arun gelegen, kann bei Notfällen auf der Wanderung von Khumbu nach Dhankuta als Ausweg dienen.

Natürlich ist auch der Flugplatz Lukla zu erwähnen. Informationen über Lukla finden Sie im Kapitel über die Everest-Region. Diesen Flugplatz sollten Sie, wenn möglich, meiden.

Flugpreise: Im folgenden finden Sie die derzeitigen Flugpreise für Verbindungen zwischen Kathmandu und Zielen im östlichen Nepal:

Kathmandu – Taplejung   110 US $
Kathmandu – Tumlingtar   44 US $
Kathmandu – Biratnagar   77 US $
Kathmandu – Bhojpur   77 US $
Biratnagar – Taplejung   50 US $
Biratnagar Tumlingtar   33 US $
Biratnagar – Lukla   66 US $

Bus: Nach Biratnagar fahren von Kathmandu drei Nachtbusse. Die 540 km lange Reise dauert 13 Stunden und kostet 150 Rs.

Biratnagar ist die zweitgrößte Stadt Nepals und das industrielle Zentrum des Königreiches. Die größten Fabriken hier verarbeiten Jute zu Teppichen, Taschen und Tauen. Zudem werden in zahlreichen kleineren Fabriken Streichhölzer, Zigaretten, Obstkonserven, Marmelade und weitere Waren hergestellt. Für Trekker eignet sich Biratnagar ausschließlich zum Umsteigen, denn die Hotels hier sind einfach entsetzlich. Wenn möglich, sollten Sie sofort nach Dharan, Dhankuta oder Basantpur weiterfahren.

Dharan ist durch eine gute Straße mit Biratnagar verbunden. Sie führt überwiegend durch Dörfer und Felder. Ursprünglich war dies alles Urwald mit schönem Sandelholz, mit den Jahren ist dieser jedoch durch Kahlschlag erheblich zurückgedrängt worden. Heute erinnert nur noch wenig an die ausgedehnten, malariaverseuchten Dschungel, der einst diese Region bedeckte, auch wenn noch Reste davon im Chitwan-Nationalpark bewahrt worden sind.

Biratnagar ist eine typische Stadt des Terai mit lauten Basaren, die vor allem von Menschen aus der Ebene bewohnt wird. Es bietet nichts von Interesse. Das Chaos der Rikschas und Lastwagen macht es nicht reizvoller, hier als Tourist viel Zeit zu verbringen. Die 45 km von Biratnagar nach Dharan legt man in ca. einer Stunde zurück.

Dharan liegt nördlich von Biratnagar am Fuß des Gebirges. Von hier aus führt eine Straße nach Dhankuta und Basantpur, den Ausgangspunkten für Wanderungen zum Kanchenjunga und zum Tal des Arun. Dharan ist 540 km von Kathmandu entfernt und mit einem Nachtbus für 150 Rs bzw. tagsüber für 120 Rs zu erreichen. Der Nachtbus benötigt ca. 14 Stunden. Sie können Dharan auch von Biratnagar und von Itahari auf der Landstraße erreichen, die von Osten nach Westen führt. Ein großer Teil des Basars der Stadt wurde bei dem Erdbeben von 1988 schwer beschädigt.

Yak

Man kann auch mit einem Nachtbus von Dharan direkt nach Kathmandu zurückkehren. Teurer, aber weniger anstrengend ist es, mit einem Bus nach Biratnagar zu fahren und dann nach Kathmandu zu fliegen.

Dhankuta bildet den Ausgangspunkt für Wanderungen das Arun-Tal hinauf. Wenn möglich, sollten Sie Ihre Wanderung vom 10 km hinter Dhankuta gelegenen Hile aus beginnen. Allerdings besteht keine direkte Busverbindung zwischen Kathmandu und Dhankuta, so daß Sie den Nahverkehrsbus von Dharan aus nehmen müssen. Für die 50 km lange Fahrt müssen Sie 25 bis 30 Rs bezahlen. In Dhankuta kann man in einem guten Hotel übernachten. Mehrere von Tibetern geleitete Hotels finden Sie zudem in Hile.

Eine Fahrt von Dhankuta nach Basantpur dauert etwa 2 Stunden. Dieser Ort ist ein Ausgangspunkt für Wanderungen zum Kanchenjunga. Busverbindungen nach Basantpur bestehen jedoch nur unregelmäßig. Wer Probleme hat, mit einem Bus nach Basantpur zu gelangen, kann ein Auto mieten oder versuchen, mit einem der Lastwagen von Dhankuta oder Dharan dorthin zu gelangen.

Ein weiterer möglicher Startpunkt für Wanderungen zum Kanchenjunga ist Ilam. Auch dorthin gibt es von Kathmandu keine direkte Busverbindung. Nehmen Sie einen Bus von Kathmandu nach Kharkavita und steigen Sie in Charsli aus, gleich östlich von Birtamod. Von dort sind es noch ca. 6 Stunden mit einem Nahverkehrsbus auf der kurvenreichen Straße nach Ilam. Die Straße nach Taplejung führt übrigens durch Ilam. Wenn die fertiggestellt ist, wird sie der beste Weg sein, um in die Kanchenjunga-Region zu gelangen.

Nach einer Trekking-Tour in Ost-Nepal ist eine Alternative zur Rückkehr nach Kathmandu eine Busfahrt von Itahari nach Kharkavita und dann der Grenzübertritt nach Indien, von wo aus man mit einem Taxi nach Siliguri fahren kann. Von Siliguri sind es rund 3 Stunden mit einem Taxi (oder 7 Stunden mit der berühmten Kleinbahn) bis nach Darjeeling, einem schönen indischen Bergort.

VON SOLU KHUMBU NACH DHANKUTA

In diesem Abschnitt wird eine Alternative zu der Wanderung von Jiri zum Basislager des Everest beschrieben. Auch wenn ich die Route hier in der Richtung von Solu Khumbu (der Everest-Region) nach Hile beschrieben habe, können Sie Ihr in umgekehrter Richtung folgen, um in die Everest-Region zu gelangen. Der erste ausländische Besucher des Everest-Camps, Tilman, wählte diesem Weg im Jahre 1950 und beschrieb ihn teilweise in seinem Buch *Nepal Himalaya*.

Wenn man von Jiri zum Everest und dann über die hier beschriebene Route nach Hile wandert, kann dies eine lohnende, 32 Tage dauernde Trekking-Tour werden. Die Wanderung nach Hile vermeidet mögliche Komplikationen bei den Flugverbindungen, die in Lukla auftreten können, und läßt eine Kontinuität entstehen, die man nicht fühlt, wenn man von Lukla nach Kathmandu zurückfliegt.

Auch wenn es möglich ist, die Wanderung als Teehaus-Trek zu unternehmen, ist das nicht einfach. Die ersten sechs Tage von Lukla nach Phedi führen nämlich durch ein Gebiet, in das bisher nur wenige Touristen gelangt sind, so daß es hier kaum Unterkünfte gibt und die Einheimischen nicht daran gewöhnt sind, für Trekker in ihren Häusern zu kochen. Daher ist es am wichtigsten, Proviant für die Übernachtungen in Gaikharka, Bung und Sanam mitzunehmen, da die Einrichtungen in diesen Dörfern schlecht oder gar keine vorhanden sind.

1. TAG: VON LUKLA NACH PUIYAN

Anstatt von Lukla zurückzufliegen, können Sie einen ruhigen Spaziergang über die 550 m lange Start- und Landebahn unternehmen, hinunter bis nach Surkhe wandern und dann wieder hinauf bis nach Puiyan in 2.730 m Höhe.

Wer aus Namche Bazaar kommt, muß nicht nach Lukla wandern. Dann kann man den Weg von Jorsale nach Chaunrikharka und von hier nach Puiyan nehmen.

2. TAG: VON PUIYAN NACH PANGUM

Der Wanderweg folgt nun bis nach Bupsa der gleichen Route wie der von Lamosangu nach Namche Bazaar, wo man in neues Trekking-Gebiet gelangt. Hinter Bupsa geht es zunächst den alten Pfad zu dem großen, weißen Haus an der Spitze von Kharte herauf. Dann klettert man über einen Zaun und wandert in südöstliche Richtung das breite Tal des Khari Khola hinauf. Der Beginn dieses Pfades ist allerdings nicht gut erkennbar. Fragen Sie am besten nach dem Weg nach Pangum (in der Region ausgesprochen „Pankoma"), also „Kun Baarto Pankoma Jaanchha?" Man wandert einige Male bergauf und bergab, gewinnt jedoch allmählich an Höhe. Die Route führt durch ein bewaldetes Tal, vorbei an einsamen Sherpa-Häusern und kleinen Bächen zum Dorf Pangum in ca. 2.850 m Höhe. Hier befinden sich eine weitere Hillary-Schule (von denen es 12 in der Region gibt), ein *Gompa* und eine Papierfabrik.

Das besondere Papier, das dort hergestellt wird, wird in allen Behörden Nepals verwendet und durch Träger in riesigen Ladungen nach Kathmandu gebracht. Wir nennen es Reispapier, aber tatsächlich enthält es keinen Reis. Es wird aus der inneren Rinde des Daphne-Busches gewonnen, der in Nepal den Namen *Lokta* trägt.

3. TAG: VON PANGUM NACH GAIKHARKA

Von Pangum erreicht man nach einem kurzen Aufstieg den 3.173 m hohen

Pangum La (auch Satu La), den Paß, der die Wasserscheide zwischen dem Dudh Kosi und dem Inukhu Khola bildet. Vom Paß hat man einen großartigen Blick – nicht nur auf das Himalaja-Gebiet von Khumbu, sondern auch auf die Gipfel am Kopf des Inukhu- (auch Hinku-)Tales, darunter den Mera Peak, einen der Gipfel, die am einfachsten zu besteigen sind, aber Trekkern als letzte zugänglich gemacht wurden. Der Pfad führt allmählich hinab nach Chatuk, einer kleinen Sherpa-Siedlung, und fällt dann fast senkrecht in einer Reihe kurzer Serpentinen hinab zum Fluß in 1.855 m Höhe. Man überquert eine aufregende Brücke, die hoch über dem Fluß an zwei Stahlkabeln befestigt und von einem Team des Himalayan Trust im Jahre 1971 erbaut wurde. Als ich einmal einen der ehrenamtlichen Mitarbeiter über die phantastische Technik befragte, die man benötigt, um eine Brücke in einer derart abgelegenen Gegend zu konstruieren, antwortete er: „Wir konstruierten sie nicht, wir bauen sie nur."

Hinter der Brücke geht es ein kurzes Stück bergauf entlang eines malerischen Wasserfalles, der sich zu einem Becken gleich oberhalb des Flusses verbreitet. Dies ist ein guter Platz, um nach der Kälte in der Region Khumbu ein Bad zu nehmen. Der Weg steigt dann an der Seite des wilden, spärlich bewohnten Inukhu-Tales hinauf zum Sherpa-Weiler Gaikharka („Kuhweide") in ca. 2.300 m Höhe. Auch wenn die einzigen Dauersiedlungen im Tal jene der Sherpa sind, lassen die benachbarten

Rai dort ihre Rinder weiden. Gurung unterhalten große Schafherden in diesem Gebiet, die sie im Sommer aus dem Süden hierhertreiben.

4. TAG: VON GAIKHARKA NACH BUNG

Die Route steigt weiter an, vorbei an den oben offenen *Goths* von Najidingma auf einer großen Weidefläche in 2.650 m Höhe, um dann weiter durch Wald steil bergauf zum Sipki- (auch Surkie-)Paß in 3.085 m Höhe zu führen. Hinter dem Paß geht es ein kurzes Stück bergab durch Wald. Dann öffnet sich das Tal plötzlich oberhalb von Khiraule (ca. 2.400 m). In der Ferne können Sie den *Gompa* Boksom sehen, der von einem großen Kreis aus Bäumen umgeben ist. Er ist besonders heilig, jedoch verfallen, und wird nicht mehr genutzt. Hier verlaufen zahlreiche Pfade kreuz und quer. Sie werden von den Einwohnern von Bung beim Holzsammeln benutzt, so daß man sich hier leicht verirren kann. Halten Sie sich grob in südliche Richtung und auf den Bergkamm oberhalb vom *Gompa* zu ein wenig in Richtung Osten.

Die Route verläuft jetzt im großen Hongu-Tal, einer der fruchtbarsten Regionen Nepals. Ein großer Teil von dem Reis, der auf dem Markt von Namche Bazaar angeboten wird, stammt aus diesem Gebiet und wird über drei Bergkämme nach Khumbu gebracht. Mit Ausnahme einiger Sherpa, die in höheren Lagen leben, sowie einiger Chhetri und Brahmanen flußabwärts in der

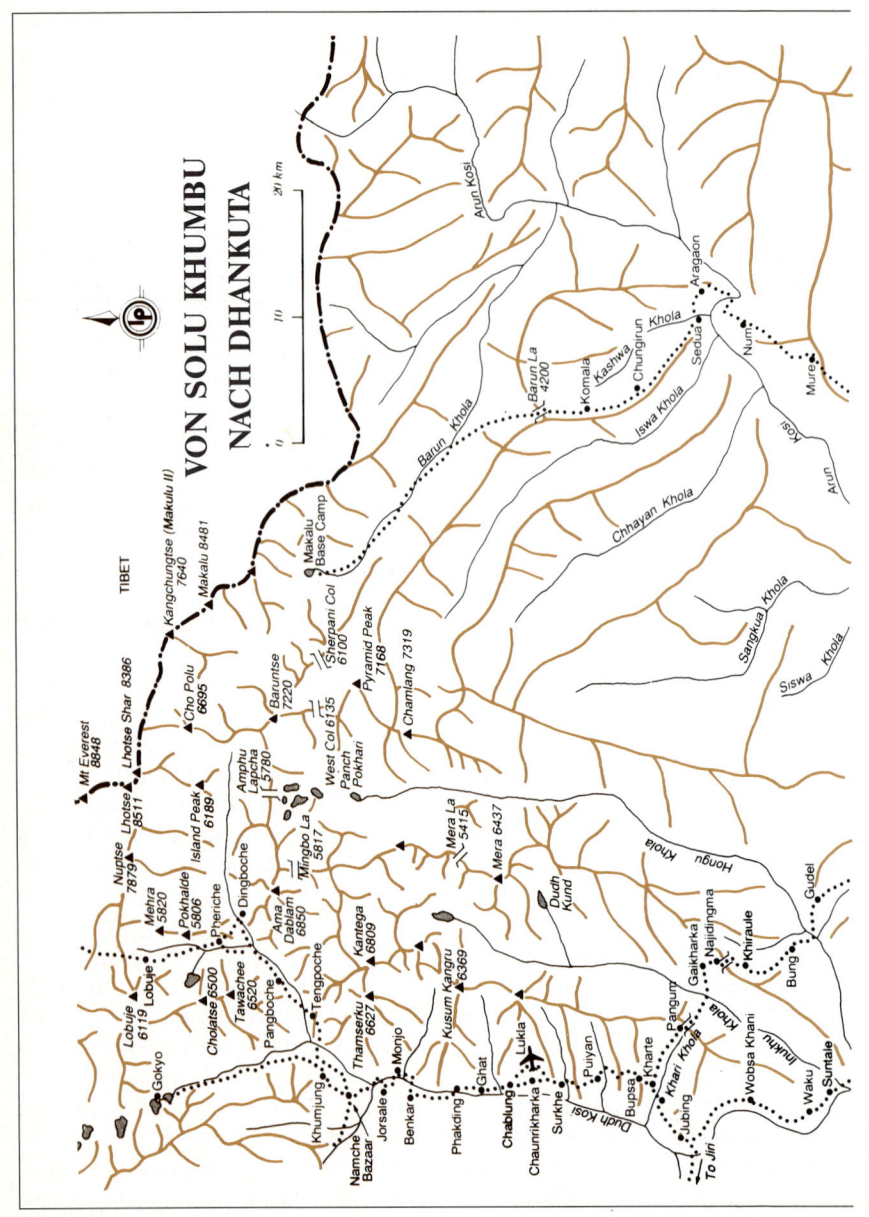

VON SOLU KHUMBU
NACH DHANKUTA

TIBET

Mt Everest 8848
Lhotse Shar 8386
Kangchungtse (Makalu II) 7640
Makalu 8481
Lhotse 8511
Nuptse 7879
Mehra 5820
Pokhalde 5806
Island Peak 6189
Cho Polu 6695
Baruntse 7220
West Col 6135
Panch Pokhari
Amphu Lapcha 5780
Pyramid Peak 7168
Sherpani Col 6100
Makalu Base Camp
Barun Khola
Barun La 4200
Komala
Kashwa
Chungrun Khola
Sedua
Num
Mure
Arun Kosi
Arun
Kosi
Aragaon
Iswa Khola
Chhayan Khola
Chamlang 7319
Sangkua Khola
Siswa Khola
Mingbo La 5817
Dingboche
Ama Dablam 6850
Kangtega 6809
Thamserku 6627
Kusum Kangru 6369
Mera La 5415
Mera 6437
Dudh Kund
Hongu Khola
Gaikharka
Najidingma
Khiraule
Bung
Gudel
Lobuje 6119
Lobuje
Mehra 5820
Gokyo
Cholatse 6500
Tawachee 6520
Pangboche
Tengboche
Khumjung
Namche Bazaar
Jorsale
Benkar
Monjo
Phakding
Ghat
Chabung
Surkhe
Lukla
Chaunrikharka
Puiyan
Dudh Kosi
Bupsa
Kharte
Jubing
Pangum
Khari Khola
Pangum Khola
Inukhu Khola
Wobsa Khani
Waku
Suntale
To Jin
Periche

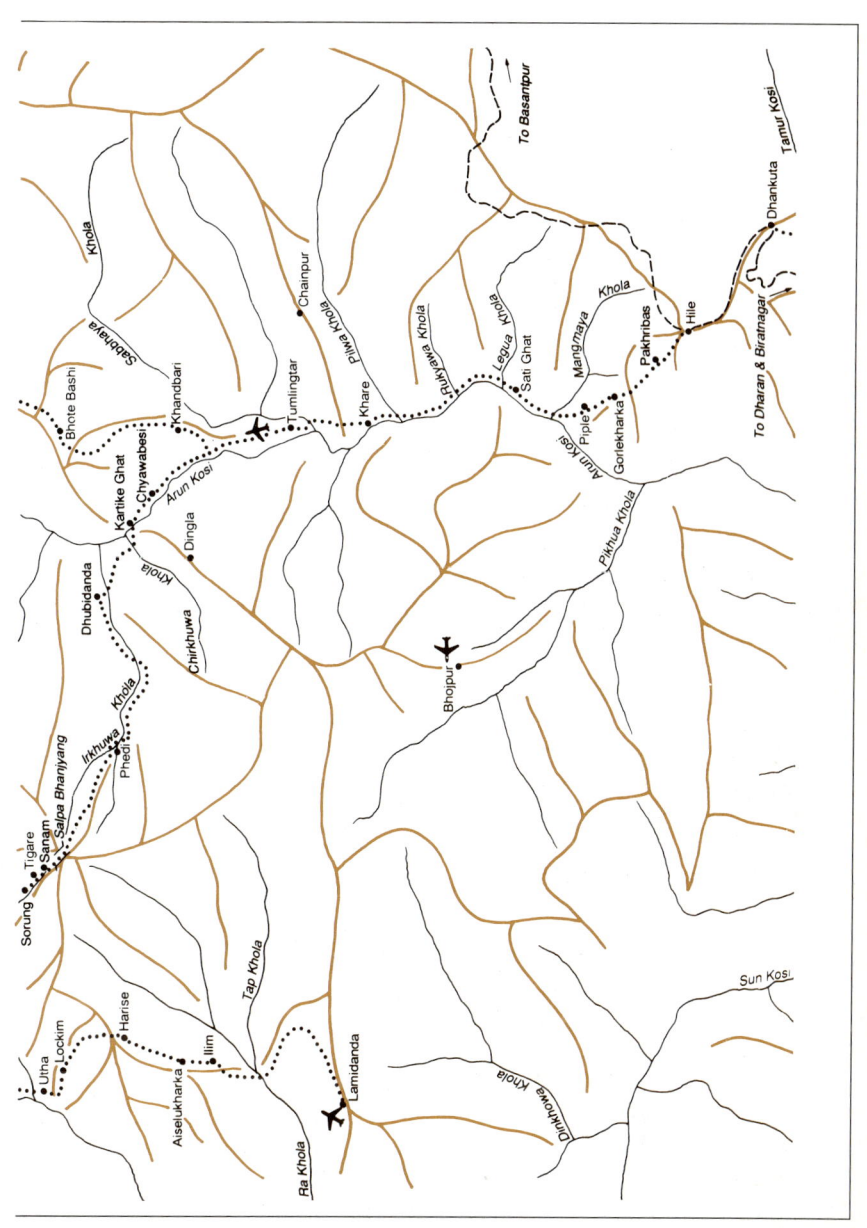

Nähe von Sotang siedeln im Hongu-Tal ausschließlich Rai.

Der Pfad zieht sich auf der Spitze des Bergkammes hinunter zu der großen Siedlung Bung, die sich von ca. 1.900 m bis 1.400 m Höhe über den Hang erstreckt. Der direkte Weg durch das Dorf folgt einer Schlucht bergab. Bald befindet man sich jedoch zwischen Häusern und Feldern im unteren Teil dieser typischen Rai-Siedlung. Hotels gibt hier nicht. Die Einwohner von Bung sind auch ein wenig unglücklich über Trekking-Gruppen, die in ihrem Ort zelten, so daß es am besten ist, weiter bergab zu wandern und in den Feldern unterhalb des Dorfes in der Nähe des Flusses ein Zelt aufzuschlagen. Sie können übrigens fast sicher sein, die Trommeln eines *Dhami*, eines einheimischen Schamanen, im Hongu-Tal hören zu können.

5. TAG: VON BUNG NACH SANAM

Von Bung geht es steil bergab durch Bambuswald zum Hongu Khola, der von einer großen Hängebrücke in 1.316 m Höhe überspannt wird, und gleich hinter dem Fluß genauso steil hinauf nach Gudel, einem weiteren großen Rai-Dorf in ca. 2.000 m Höhe. Es war übrigens dieser lange, nutzlose Ab- und Aufstieg, den H. W. Tilman, der auf diesem Weg in Gegenrichtung wanderte, in seinem Buch *Nepal Himalaya* so poetisch beschrieb.

Hinter Gudel zieht sich der Weg an der Seite des Lidung Khola-Tales, eines Seitentales des Hongu, allmählicher hinauf. Es ist ein langer, ermüdender

Aufstieg durch Wald und die kleinen Sherpa-Siedlungen Sorung (2.470 m) und Tigare nach Sanam (2.850 m). Die Rai-Dörfer in diesem Tal liegen nicht höher als auf 2.400 m. Da die Bewohner der Sherpa-Dörfer von Einnahmequellen leben, die sich von denen der Rai unterscheiden, besteht nur eine geringe Konkurrenz zwischen den beiden ethnischen Gruppen. Sanam ist in erster Linie von der Rinderhaltung abhängig. In dieser kompakten Siedlung, die aus einer einzigen Häuserreihe besteht, bekommt man häufig Milch, Yoghurt und ausgezeichneten Hüttenkäse.

6. TAG: VON SANAM NACH PHEDI

Der Wanderung führt nun durch ein völlig unbewohntes Gebiet. Der Pfad fällt langsam zum Boden der Schlucht ab, die man erklommen hat, überquert den Lidung Khola, der hier nur ein Bach ist, und zieht sich schließlich steil hoch zum Salpa Bhanjyang, einem Paß in 3.349 m Höhe, der die Wasserscheide zwischen dem Hongu und dem Arun bildet. Es ist ein langer Weg bergauf. Die Gesamtentfernung vom Hongu Khola aus beträgt 2.033 m.

In dem tiefen Schierlings- und Tannenwald herrscht ein reiches Tierleben, darunter mit zahlreichen Vögeln. Hier sind der Himalaja-Bär, röhrendes Wild sowie der kleine Panda beheimatet, ein rotfarbener Verwandter seines berühmten Namensvetters. Ein großer *Chorten* markiert den Paß und zeugt vom letzten Einfluß der Sherpa-Kultur in dieser Region. Wasser steht erst eine Stunde hinter dem Paß zur Verfügung, so daß man an diesem Tag recht spät zum Mittagessen kommt.

Es ist möglich, dem Bergkamm in Richtung Süden zu folgen, um eine alternative Route zu der hier beschriebenen zu nehmen. Sie führt durch Bhojpur, einen großen Marktflecken in den Bergen, der für seine ausgezeichneten *Kukhris*, die gebogenen nepalischen Messer, berühmt ist. Von Bhojpur können Sie sowohl nach Kathmandu als auch nach Biratnagar fliegen oder weiter bis zum Arun wandern und diesen in der Nähe von Sati Ghat überqueren, um auf den Pfad zu treffen, der hier für den 10. Tag beschrieben wird.

Der Weg nach Hile führt durch Wald bergab, vorbei an kleinen Hirtenhütten, und folgt einem Vorsprung, der den Irkhuwa Khola und den Sanu Khola voneinander trennt. An diesem Abschnitt des Pfades sind die Folgen des jeden Frühling in der Trockenzeit auftretenden Waldbrandes weithin sichtbar. Die Brände entstehen durch Feuer in den Dörfern, achtlose Raucher, Blitz oder Schäfer, die das Unterholz abbrennen, damit das Gras besser wachsen kann. Die Wanderung zieht sich durch Birken- und Rhododendronwald, bis man zu einem großen Stein gelangt, von dem aus über das Irkhuwa Khola-Tal geblickt werden kann. Dann fällt der Weg fast senkrecht ab durch Bambuswald zum Rai-Dorf Phedi. Auf dem Kamm hat man mehrmals Gelegenheit, vom richtigen Weg abzukommen. Bleiben Sie daher so hoch wie möglich und halten Sie sich in Richtung Osten. Vom Bergkamm führen nach Norden und Süden mehrere Pfade hinunter. Der Weg nach Phedi verläuft am Ostende des Kammes bergab. Am besten zeltet man unterhalb des Dorfes in ca. 1.680 m Höhe am Ufer des Irkhuwa Khola. Aber auch die Sherpa Lodge im Dorf selbst bietet Unterkunft. Hierher ist es eine der längsten Tageswanderungen und der längste Weg bergab auf der gesamten Tour. Und dabei ist der *Rakshi* in Phedi auch noch schrecklich.

7. TAG: VON PHEDI NACH DHUBIDANDA

Jetzt befindet man sich in dem fruchtbaren Tal des Arun, in dem Reisanbau betrieben wird. Die Route folgt dem Irkhuwa Khola, einem Nebenfluß des Arun, den man mehrmals auf Bambusbrücken überquert. Einige von ihnen sind stabil, während andere einen sehr unzuverlässigen Eindruck vermitteln, alle aber kann man als malerisch bezeichnen. Nach dem kontinuierlichen Auf und Ab der vergangenen Woche ist dies ein besonders entspannender Tag. Man verliert fast unmerklich an Höhe, aber am Ende des Tages sind es doch 900 m. Zahlreiche Wasserbecken am Weg bieten die Möglichkeit zu schwimmen, zumal die Wassertemperatur – vor allem verglichen mit den Bächen in höheren Lagen – angenehm ist. Einige wenige Stunden unterhalb von Phedi liegt Dotre Bazaar, in dem man das erste richtige Geschäft seit Lukla zu sehen bekommt. Hier gibt es sogar einen Schneider, der Sie neu einkleiden kann, während Sie warten.

In dieser Region des Arun-Beckens sind die ethnischen Gruppen der Rai, Chhetri und Brahmanen vorherrschend. Vor der Eroberung durch die Gurkha vor ca. 200 Jahren bestand die Bevölkerung der mittleren Bergregion zwischen dem Dudh Kosi und dem Arun fast ausschließlich aus Rai. Nach der Eroberung, als die Rai von der Gurkha-Armee besiegt worden waren, ließen sich hier Hindus in beachtlicher Zahl nieder, insbesondere in den fruchtbareren Gebieten.

Ein guter Zeltplatz befindet sich am Ufer des Irkhuwa Khola unweit des Dorfes Dhubidanda in einer Höhe von 760 m.

8. TAG: VON DHUBIDANDA NACH CHYAWABESI

Der Pfad überquert zum letzten Mal den Irkhuwa Khola – dieses Mal auf einer ausgezeichneten, neuen Brücke, die auf Veranlassung der Verwaltung des Ortes erbaut wurde. Kurz danach zieht sich der Weg über einen Vorsprung, der den Arun vom Irkhuwa Khola trennt. Der Hauptweg in dieser Region führt über das große Dorf Dingla auf der Spitze des Bergkammes noch ein ganzes Stück weiter bergauf. Wer mit einem Führer unterwegs oder in der Lage ist, die Einheimischen zu fragen, kann diesen langen, unnötigen Aufstieg vermeiden und einen Weg durch die Felder und die Hinterhöfe der Häuser eines weiter unterhalb gelegenen Dorfes nehmen. Dieser Weg ist schwierig zu finden, da er durch Felder führt, wobei man möglicherweise einen Umweg

macht und wieder auf den alten Pfad gerät und kleine Bewässerungskanäle und Terrassen mit Reisfeldern überquert.

Vom Bergkamm aus sieht man schließlich im Norden den Arun. Dieser Fluß, der in Tibet entspringt, mündet in Indien in den Ganges.

Der Pfad biegt nun nach Süden ab und führt hinunter zu einem kleinen Nebenfluß des Arun, dem Chirkhuwa Khola, an dem sich ein kleiner Laden und ein Schwimmbecken befinden, auf das eine riesige, laute Bande von Rhesusaffen blickt. Das Dorf mit dem Namen Balawa Besi bietet eine ausgezeichnete Möglichkeit, um zum Mittagessen anzuhalten, auch wenn es hier ungewöhnlich heiß ist.

Ein kurzes Stück hinter dem Ort überquert man den Arun auf einer großen Hängebrücke. Man befindet sich in dieser Gegend nur noch in 300 m Höhe. Früher wurde hier ein Einbaum zum Übersetzen verwendet, aber im Jahre 1984 trat die Brücke an die Stelle der aufregenden Fahrt. Von der Brücke in Kartike Ghat folgt man dem Ostufer des Flusses in Richtung Süden etwa eine Stunde lang bis zum Lager in Chyawabesi in 280 m Höhe. Im Arun-Tal gibt es zahlreiche *Bhattis*, so daß es nicht länger ein Problem ist, etwas Essen zu bekommen, wobei die Qualität der Speisen und die Sauberkeit allerdings sehr gering sind.

Am Arun ist übrigens ein Wasserkraftwerk geplant. Außerdem sollen eine Straße das Arun-Tal hinaufführen und mehrere weitere Dämme und Turbinen am Fluß errichtet werden.

Der Charakter der Wanderung ändert sich hier rapide, so daß die folgenden Tage sich wahrscheinlich erheblich von dem jeweils vergangenen Tag unterscheiden, während Sie in dieser Region wandern.

9. TAG: VON CHYAWABESI NACH KHARE

Der Pfad folgt dem Arun, der in südliche Richtung fließt, wobei man gelegentlich hoch oberhalb des Flusses wandert und dann wieder das sandige Flußbett überquert. Das Klima ist hier selbst im Winter heiß und tropisch. Daher stehen die Häuser, damit sie besser belüftet werden können, in dieser Gegend auf Pfählen. Auch die Menschen sind dunkelhäutiger als jene, die man bisher gesehen hat. Sie werden nun möglicherweise Ihren Tagesablauf ändern und den größten Teil der Wanderung am frühen Morgen zurücklegen, um die Hitze zu meiden. Viele Siedlungen am unteren Ende des Arun-Tales sind übrigens nur während der Pflanz- und Erntezeit von Menschen bewohnt, die eigentlich in höheren Bergregionen beheimatet sind, jedoch im Tal fruchtbares Ackerland besitzen.

Es ist nur ein kurzer Aufstieg auf ein riesiges Plateau, auf dem der Pfad nach Tumlingtar fast völlig eben verläuft. Das ist ein kleines Dorf mit einem Flugplatz, der von RNAC angeflogen wird. Viele der Einwohner von Tumlingtar gehören der Kumal- (Töpfer-)Kaste an und verdienen ihren Lebensunterhalt damit, aus dem roten Lehm der Region Tongefäße zu fertigen. Auf dem Plateau gibt es nur sehr wenig Wasser, so daß man am Morgen ein langes Stück zurücklegen muß, um zum Mittagessen halten zu können. Eine Tasse Tee und einige Orangen oder Bananen dienen an dem großen Geschäft unter dem Banyan-Baum in Tumlingtar als Erfrischung, um die Wanderung unter der heißen Sonne fortsetzen zu können. Die Belohnung folgt sofort, wenn man vom Plateau hinunter gewandert ist und den Sabbhaya Khola überquert hat, einen Nebenfluß des Arun. Hier befindet sich ein ausgezeichneter Platz zum Mittagessen neben einem schönen Schwimmbecken in dem wärmsten und schönsten Bach an der gesamten Wanderroute. Auf der Brücke wird eine Rupie Benutzungsgebühr verlangt. Sie können aber auch durch den Fluß waten oder schwimmen, allerdings ist das Flußbett felsig und rutschig. Das Programm für den Nachmittag ist kurz und beinhaltet einen nur 100 m langen Aufstieg über einen Bergkamm und dann den Abstieg nach Khare, einem tropischen Dorf am Ufer des Arun.

10. TAG: VON KHARE ZUM MANG-MAYA KHOLA

Der Pfad zieht sich weiter in Richtung Süden am Ostufer des Arun entlang. Hier sieht man zahlreiche Träger auf dem Weg nach Dhankuta. Diese Männer tragen Waren von den Lagerhäusern in Dhankuta zu den Basaren von Bhojpur, Dingla und Chainpur. Häufig sind sie mit Hilfe einer kleinen Kerosinlampe, die an ihren *Dokos* (den Bambuskörben, in denen sie ihre Lasten transportieren) befestigt haben, auch nachts unterwegs.

In einer seiner klassischen Beschreibungen zeichnet Tilman auch ein Bild dieser Träger, die mit der Nase an ihrem *Doko* lange Strecken bewältigen. Jeder Träger führt einen Stock in der Form eines T mit sich, den er unter seinen *Doko* klemmt, wann immer (und wo immer) er rasten möchte, was im allgemeinen der Fall ist, wenn er die Mitte des Weges erreicht hat. Dann hält der gesamte Zug an, da jeder Träger wartet, bis der Mann vor ihm seine Rast beendet hat, so daß schließlich eine lange Reihe von Trägern pausiert. Das Bild ist zwar grotesk, jedoch auf diesem Teil des Weges nicht ganz wirklichkeitsfremd. Bei einem kurzen Abstecher in eines der Dörfer der Region wird man häufig so reizvolle Dinge wie Papayas (in Nepali *Mewa*), Erdnüsse (*Badam*) und Ananas (*Bhui Katahar*) entdecken.

Der Wanderweg setzt sich weiter in südliche Richtung fort, wobei man niemals mehr als 100 m über dem Fluß geht, bis man unter einem Kabel hindurchkommt, mit dem der Wasserpegel gemessen wird. Dies ist kurz vor einem kleinen Dorf namens Sati Ghat, wo ein weiterer Einbaum als Fähre über den Fluß pendelt. Ziegen- und Schafherden haben die Vegetation in diesem Teil des Flußtales zu großen Teilen abgeweidet. Diese Tiere sind mehr als die Menschen für die ausgedehnte Waldvernichtung in Nepal verantwortlich, da sie das Gedeihen jedes neues Pflänzchens zu einem Baum verhindern. Nicht weit hinter dem Ort gelangt man

zu einem großen Pipal-Baum sowie zu einem *Chautaara*, von dem aus man über ein riesiges Seitental des Arun blicken kann. Am Fuß des Tales fließt der Mangmaya Khola. Das grasbewachsene Ufer dieses Baches in 200 m Höhe bietet einen idealen Platz zum Zelten.

11. TAG: VOM MANGMAYA KHOLA NACH HILE

Der Pfad zieht sich quer über das breite Tal und führt dann hoch durch heißen, tropischen Wald zu dem schönen Dorf Piple (700 m), in dem es zwei Teeläden mit Blick auf den kleinen Dorfplatz gibt. Im oberen Teil des Ortes haben sich auch einige große Geschäfte angesiedelt. Der Pfad zieht sich danach durch Dörfer, die von Limbu, Verwandten der Rai, bewohnt sind, bis nach Gorlekharka in 1.250 m Höhe. Der Pfad erreicht schließlich den Bergkamm und ermöglicht dort einen herrlichen Blick auf den Makalu (8.463 m) und den Chamlang (7.317 m) in ca. 150 km Entfernung.

Eine Zeit lang wandert man auf einem relativ eben verlaufenden Pfad zum britischen Landwirtschaftsprojekt bei Pakhribas. Diese phantastische Anlage bildet einen echten Kontrast zu den kleinen Gärten, die jedes Haus am Weg umgeben. Bei Pakhribas können Sie lange Reihen mit Gemüse sehen, alle sauber mit Schildern gekennzeichnet. Hier gibt es auch Mauern, Straßen und Bewässerungskanäle, die man mit Steinen und Zement befestigt hat. Die verschiedenen Gebäude sind zudem sorg-

sam mit Hinweisen auf ihre Zweckbe-
stimmung beschriftet.

Hinter der Anlage wandert man auf einen höheren Bergkamm, um nach Hile
und damit zum Anfang der Straße zu
gelangen. Hile ist ein sehr hübscher Ort,
gelegen hoch oben auf einem Berg in
1.850 m Höhe. Die Höhe und der kühle
Wind bieten eine willkommene Erho-
lung von der Hitze im Tal des Arun. Die
Menschen, die in diesem Dorf leben,
sind überwiegend tibetischer Abstammung. Sie sind aus Tibet und anderen
Gegenden von Ost-Nepal, insbesondere aus dem Dorf Walunchung Gola,
hierhergekommen, als während der
Besetzung durch die Chinesen die
Handelsroute von und nach Tibet im
Jahre 1959 unterbrochen wurde. Häufig
wird in diesem Ort echter tibetischer
Schmuck zum Verkauf angeboten. Außerdem sind hier viele chinesische Güter zu Preisen erhältlich, die unter denen in Kathmandu liegen. Das Dorf ist
zudem für sein großes Angebot an *Tongba* berühmt. Donnerstags wird in Hile
ein Wochenmarkt (*Hat*) abgehalten.

12. TAG: VON HILE ÜBER BIRAT-NAGAR NACH KATHMANDU

Die Straße führt über einen Vorsprung
hinab nach Dhankuta (1.220 m). Die
10 km lange Strecke von Hile nach
Dhankuta ist nicht asphaltiert, so daß
hier nur wenige Busse verkehren. Möglicherweise müssen Sie einen Teil des
Weges bis nach Dhankuta zu Fuß zurücklegen, bevor Sie einen Bus besteigen können. Von Dhankuta aus besteht
jedoch eine stündliche Busverbindung

nach Dharan (Fahrzeit ca. 1 1/2 Stunden,
Entfernung 50 km). Daneben gibt es
noch die Möglichkeit, direkt nach Kathmandu zu fahren. Nehmen Sie, was
sich gerade anbietet. Die Busverbindungen in dieser Region sind gut, insbesondere dann, wenn man erst einmal
Dharan erreicht hat.

Die Straße führt nicht durch Dhankuta,
sondern am Ort vorbei. Aber die Stadt,
in der vorwiegend Limbu leben, ist einen Besuch wert. Der Ort ist groß,
schön, mit seinen weiß gekalkten Häusern und den gewundenen, mit Steinen
gepflasterten Straßen relativ sauber
und die größte Ansiedlung auf der gesamten Wanderroute. Hier gibt es eine
Polizeiwache, die von zwei polierten
Kanonen flankiert wird, ein Krankenhaus, ein Kühlhaus, eine Bank, eine
Bäckerei, ein Telegraphenamt und Hunderte von Läden. Die Region ist übrigens für ihre wunderbaren Apfelsinen
(*Suntala*) berühmt.

Von Dhankuta führt die Straße bergab
und bei Mulghat über den Tamur Kosi.
Der Tamur Kosi fließt in westliche Richtung und mündet an der gleichen Stelle
in den Arun, an der auch der Sun Kosi
nach seiner langen Reise durch Nepal
in Richtung Osten mit diesem Fluß zusammenfließt. Gemeinsam bilden sie
den Sapt Kosi (sieben Flüsse), der zum
Ganges fließt und vom Sun Kosi, Bhote
Kosi, Tamba Kosi, Dudh Kosi, Arun Kosi, Likhu Kosi und Tamur Kosi gespeist
wird.

Die Straße biegt dann nach Süden ab
und folgt einem Seitental des Tamur
Kosi, bis man die Churia-Berge er-

reicht, das letzte Gebirge vor der Ebene. In Indien nennt man dieses Gebirge Siwalik-Kette. Bergauf geht es nun bis zu einem Paß in 1.300 m Höhe. Von einigen Stellen auf diesem Bergkamm sind der Kanchenjunga (8.598 m) und sein prominenter Nachbar, der Jannu (7.710 m) an der Ostgrenze von Nepal, zu sehen.

Vom Paß aus bietet sich ein großartiger Blick nach Süden über die Ebene. Nach Wochen in den Bergen ist es ungewohnt, ein Land zu sehen, das flach ist, soweit das Auge reicht. Die Straße führt dann hinunter nach Dharan in 370 m Höhe. Dharan war einst das wichtigste Handelszentrum für die östliche Bergregion und Sitz eines Büros der Briten zur Rekrutierung von Gurhka. Seine Bedeutung hat jedoch nach dem Bau der Straße nach Dhankuta und der Schließung des Rekrutierungsbüros nachgelassen. Auch wenn Dharan bereits in der Ebene liegt, stammen die Einwohner überwiegend aus den Bergregionen.

WANDERUNG ZUM KANCHENJUNGA

Nepal hat die Region um den Kanchenjunga im Jahre 1988 für Trekker freigegeben, aber schon seit der Jahrhundertwende wurde sie von Bergsteigerexpeditionen besucht. Der Kanchenjunga liegt weit von Kathmandu und auch weit von Straßen und Flugplätzen entfernt. Trekken kann man entweder zum Basislager an der Nord- oder an der Südseite. Man benötigt jedoch Glück, Entschlossenheit und viel Zeit, um beide Seiten des Berges kennenzulernen. Die Nordseite ist besonders abgelegen, so daß Sie fast zwei Wochen einkalkulieren sollten, um zum Basislager in Pang Pema zu gelangen.

Der Kanchenjunga liegt an der Grenze zwischen Nepal und Sikkim. Deshalb ist es aus politischen Gründen unmöglich, um den Berg zu wandern. Die beste Möglichkeit ist, von Nepal sowohl die Nord- als auch die Südseite zu errei-chen. Dabei benötigt man aber eine Ausrüstung für die Überquerung eines hohen Passes und wenigstens vier Wochen Zeit. Wenn man den Paß nicht überqueren kann, ist ein langer Umweg erforderlich.

Seit die Region für Ausländer zugänglich ist, konnten nur einige wenige Gruppen erfolgreich entweder den Lapsang La oder den Mirgin La passieren. Grund dafür waren häufig schlechtes Wetter und Schnee, aber noch öfter mangelte es einfach an Zeit. Viele Trekker sind im Tiefland in der Nähe von Taplejung steckengeblieben, weil sie ganz einfach falsch eingeschätzt haben, wieviele Tage man benötigt, um das Hochland zu erreichen. Wem nicht wenigstens vier Wochen zur Verfügung stehen, besser noch fünf, sollte entweder eine Trekking-Tour zum Basislager an der Nord- oder aber zum Basislager an

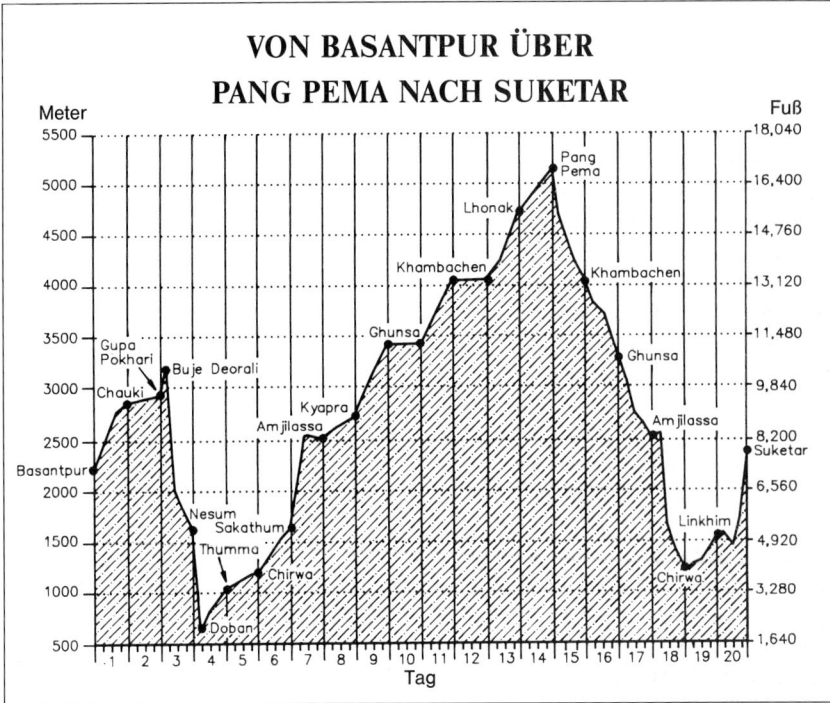

VON BASANTPUR ÜBER
PANG PEMA NACH SUKETAR

der Südseite planen, sich jedoch nicht beide vornehmen.

Falls Sie entweder mit einem Fahrzeug oder mit einem Flugzeug nach Taplejung gelangen können, verkürzt dies die Wanderung um vier Tage, wodurch sie ein wenig vernünftiger wird.

Das Tiefland in dieser Region ist kulturell interessant, bietet jedoch nur selten einen guten Blick auf die Berge. Die beiden Trekking-Touren, die ich im folgenden beschrieben habe, müssen möglicherweise um einige Tage verlängert werden, weil Probleme mit den Trägern oder dem Wetter auftreten oder sich die Notwendigkeit einer Rast ergibt.

Bei Drucklegung dieses Buches wollten die Beamten in der Ausländerbehörde in Kathmandu nur Trekking-Genehmigungen für Gruppen ausstellen, nicht aber für Individualisten, die eine Bergwanderung zum Kanchenjunga auf eigene Faust planten. Zudem wurde ein Betrag von 10 US $ pro Woche gefordert. Die Kanchenjunga-Region ist zwar nach wie vor ein Gebiet mit Aufenthaltsbeschränkungen für Ausländer, aber mit einer Trekking-Genehmigung sind hier Wanderungen möglich. Yamphudin, ein Dorf an der Südseite des Kanchenjunga, steht auf beiden Seiten des vorgedruckten Antragsformulars für Trekking-Genehmigungen. Es ist zunächst bei den Dörfern aufgeführt, die betreten werden dürfen, und auf der anderen Seite als Dorf in einem Gebiet mit Reisebeschränkungen.

Im Tiefland gibt es noch einige Teehäuser, aber im Hochland benötigen Sie ein Zelt und eigenen Proviant. Wer plant, mit Trägern den Lapsang La oder den Mirgin La zu überqueren, muß zudem für Schuhe, Kleidung und Schneebrillen sorgen.

Die Region um den Kanchenjunga ist das Siedlungsgebiet der Limbu. Diese mit den Rai verwandte Volksgruppe dominiert das Gebiet östlich des Arun. Nur wenige ihrer Angehörigen leben in anderen Regionen. Die Limbu tragen einen charakteristischen hohen *Topi*, eine nepalische Kappe, die weit farbenprächtiger ist als die anderer Nepali.

Ein wichtiger Teil der Kultur der Limbu ist das Trinken von *Tongba*. Dazu wird ein Holztopf mit fermentierten Hirsesamen gefüllt, zu denen man kochendes Wasser gibt. Die daraus entstehende, gefährlich hochprozentige Mischung wird durch einen besonderen Bambushalm geschlürft, in dem winzige Filter enthalten sind, so daß die Keime aus dem Getränk ferngehalten werden, während mehr heißes Wasser hinzufügt wird. Das Ganze nimmt leicht den Weg hinunter in den Körper, aber Sie selbst gelangen möglicherweise nach einer längeren *Tongba*-Runde unfreiwillig ebenfalls leicht irgendwo hinunter. Wenn Sie *Tongba* einmal probieren wollen, dann sehen Sie sich nach dieser Spezialität im Norden von Dharan um. Häufig wird das Getränk in großen Plastikkrügen serviert, aber traditionell werden ein besonderer hölzerner *Tongba*-Topf mit Blechringen und Holztassen mit einem Loch für den Halm benutzt.

ZUM BASISLAGER IM NORDEN DES KANCHENJUNGA

1. TAG: VON BIRATNAGAR NACH BASANTPUR

Wer sich für das Flugzeug entscheidet, kann von Kathmandu nach Biratnagar, einer Stadt im Terai, nur 70 m über dem Meeresspiegel gelegen, fliegen. RNAC bietet täglich gegen Mittag eine solche Verbindung an (Flugzeit ca. 50 Minuten), so daß Sie, falls Sie in Biratnagar abgeholt werden, vielleicht noch vor Anbruch der Dunkelheit nach Basantpur, dem Ausgangspunkt der Trekking-Tour, gelangen können. Falls es möglich ist, mit einem Bus zu fahren, sollten Sie den direkten Nachtbus nach Dharan und dann einen Nahverkehrsbus nach Dhankuta oder Hile wählen, um nach Basantpur zu gelangen.

Hinter Dharan zieht sich die Straße steil über das Siwalik-Gebirge nach Dhankuta und weiter nach Hile, einer tibetischen Siedlung in 1.850 m Höhe. Die befestigte Straße endet hier, aber eine ungepflasterte Straße führt noch weiter bis nach Basantpur, einem großen Marktflecken in 2.200 m Höhe auf einem Bergkamm oberhalb des Tanmaya Khola gelegen, von dem aus man auf das gesamte Kanchenjunga-Massiv blicken kann. Hier gibt es zahlreiche Geschäfte und für das Gebiet typische Unterkünfte, aber es handelt sich um eine schmutzige, laute Stadt am Beginn der Straße. Schöner ist es, einen Kilometer auf einem Pfad bergauf zu wandern und auf einer der Weiden hinter dem Dorf zu zelten.

Die Straße soll einmal von hier nach Tumlingtar im Tal des Arun führen, und zwar im Zusammenhang mit dem Wasserkraftwerk am Arun.

2. TAG: VON BASANTPUR NACH CHAUKI

Die Wanderung beginnt mit einem langsamen Aufstieg über einen breiten Pfad durch Rhododendronwald mit viel Moos, der einen ausgezeichneten Blick nach beiden Seiten auf den Arun Kosi und den Tamur Kosi sowie im Norden auf den Makalu bietet. Hier verläuft auch eine bedeutende Handelsroute nach Chainpur und ins Tal des Arun wie auch nach Taplejung und zum Tal des oberen Tamur, so daß Sie in Gesellschaft von zahlreichen Trägern wandern werden. In Tude Deorali biegt der Pfad nach Chainpur ab, so daß die Zahl der Träger ein wenig abnimmt, während man sich Door Pania in 2.780 m Höhe nähert. Dann geht es bergauf zu einem Teeladen in Panch Pokhari. Anschließend senkt sich der Pfad langsam nach Tinjuri Danda und zieht sich durch Phe-

di zu einem guten Campingplatz in Chauki auf einer Höhe von 2.700 m.

3. TAG: VON CHAUKI NACH GUPA POKHARI

Den überwiegenden Teil des Tages wandert man auf dem Bergkamm des Milke Danda entlang durch schöne, grüne Weiden, von denen aus man den Chamlang, den Mera, den Makalu und den Kanchenjunga sehen kann. Nach einigen Strecken bergauf und bergab durch Manglebare, Srimani und Balukop erreicht man in Lamo Pokhari zwei kleine Seen. Zu weiteren Seen in Gupa Pokhari auf einer Höhe von 2.930 m gelangt man bergab an den Bambushütten von Koranghatar vorbei.

In Gupa Pokhari finden Sie mehrere Unterkünfte und zahlreiche Möglichkeiten, um Proviant, Kekse, Bier, Rum und *Chang* zu kaufen. Die Ladenbesitzer sind Tibeter, die gern erzählen, daß ihre Vorfahren vor zwei Generationen hierher gekommen seien. Während der Wanderung sehen Sie fleißige Frauen, die Schals und Teppiche weben. Bei einem großen Teich hinter dem Dorf steht ein buddhistischer Schrein, umgeben von Gebetsfahnen in den umliegenden Bäumen. Das trübe Wasser des Sees ist leider sehr verschmutzt. Wenn Sie es verwenden wollen, dann seien Sie vorsichtig. In dieser Region können übrigens starke Stürme auftreten.

4. TAG: VON GUPA POKHARI NACH NESUM

Die Route verläßt den Milke Danda und zieht sich über einen Bergkamm

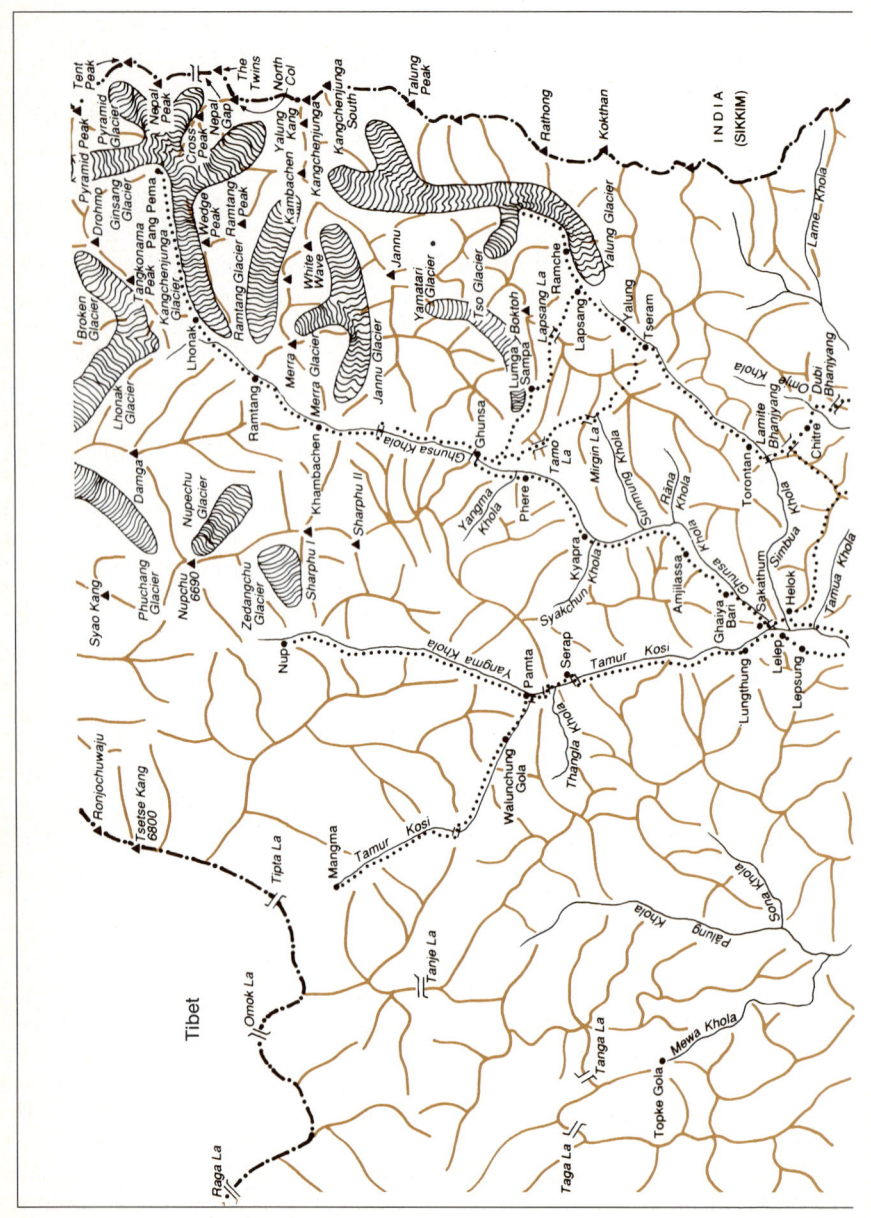

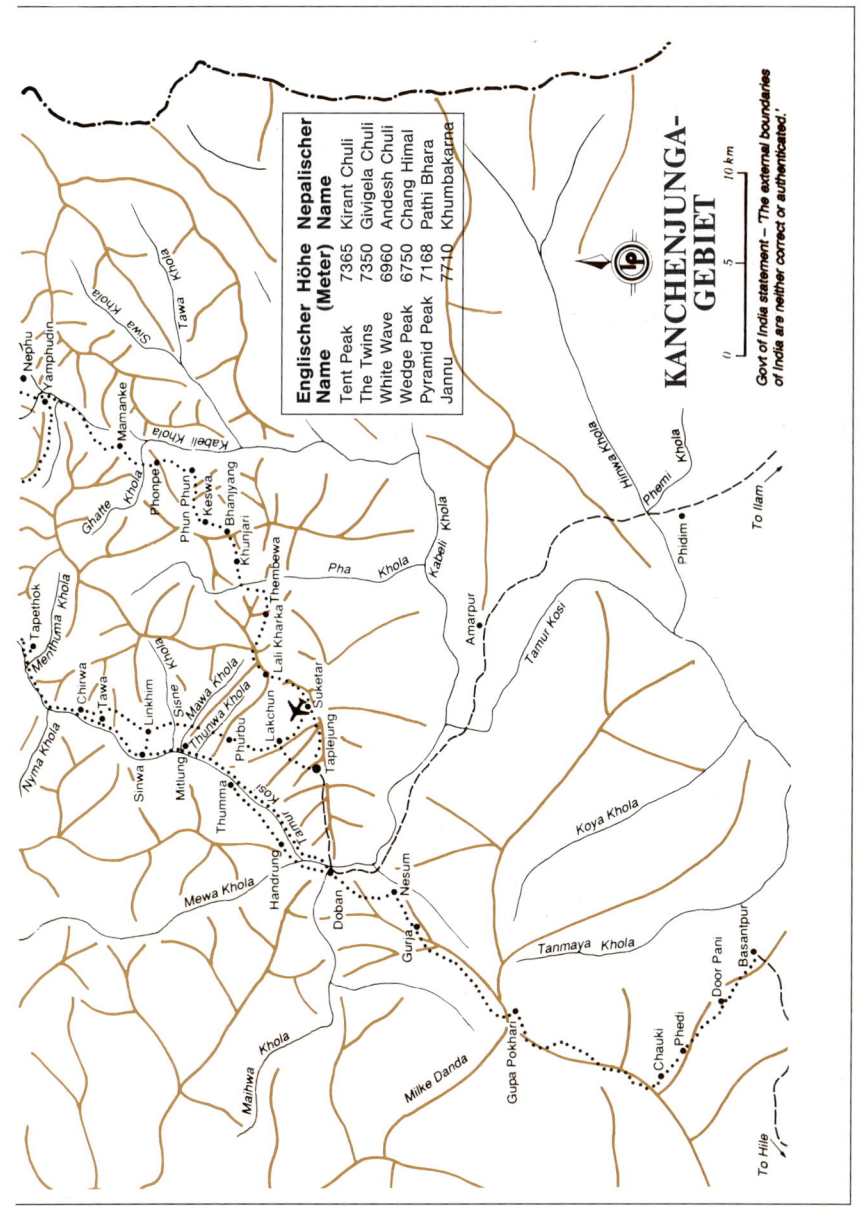

Englischer Name	Höhe (Meter)	Nepalischer Name
Tent Peak	7365	Kirant Chuli
The Twins	7350	Givigela Chuli
White Wave	6960	Andesh Chuli
Wedge Peak	6750	Chang Himal
Pyramid Peak	7168	Pathi Bhara
Jannu	7710	Khumbakarna

KANCHENJUNGA-GEBIET

Govt of India statement – The external boundaries of India are neither correct or authenticated.

oberhalb des Tamur Kosi. Entlang des Bergkammes wandert man bergauf durch Rhododendronwald nach Akhar Deorali in 3.200 m Höhe. Dann geht es gelegentlich auf und ab bis nach Buje Deorali, hinunter zu einem *Kharka*, wiederum bergauf nach Mul Pokhari und weiter an Haselnußsträuchern vorbei und durch Kastanienwald nach Gurja in 2.000 m Höhe. Durch bestelltes Ackerland zieht sich der Weg nun bis nach Chatrapati und schließlich nach Nesum in 1.620 m Höhe. Hier befindet sich ein Hotel. Außerdem gibt es in Gurja zwei *Bhattis*.

5. TAG: VON NESUM NACH THUMMA

Es ist ein langer, im Zickzack verlaufender Weg an vereinzelten Häusern vorbei und durch das Dorf Banjoghjara bis zum Maihwa Khola. Am Polizeiposten können Sie die notwendigen Formalitäten erledigen und gelangen schließlich über eine Hängebrücke nach Doba in 640 m Höhe.

Der Pfad trifft nun auf den Tamur Kosi. Zu beiden Seiten des Flusses führt ein Weg bergauf. Beide Wege sind gleichermaßen schlecht begehbar und von Erdrutschen betroffen, so daß es ziemlich gleich ist, auf welcher Seite des Flusses Sie Ihren Weg fortsetzen. Über den Tamur Kosi wurden zahlreiche Brücken gebaut, die auf unterschiedliche Stadien der technischen Entwicklung hinweisen und gleichermaßen unterschiedliche Stadien der Instandsetzung erkennen lassen. Erkundigen Sie sich bei Einheimischen nach der Situation und suchen Sie Ihre Route danach aus. Wenn Sie Sinwa erreichen, müssen Sie allerdings das Ostufer wählen.

In Doban haben Sie die Möglichkeit, den Tamur Kosi zu überqueren und fast 1.200 m hoch bis nach Taplejung zu wandern. Das ist ein langer Aufstieg. Da das Dorf nicht besonders lebendig ist, lohnt dieser Abstecher nur, wenn Sie versuchen wollen, einen Flug zu bestätigen. Wenn die Straße von Ilam nach Taplejung fertiggestellt ist, wird man bis hierher fahren und dann an dieser Stelle die Trekking-Tour beginnen können.

Die Bevölkerung des Tamur-Tales besteht in erster Linie aus Angehörigen der Volksgruppe der Limbu. Daneben leben einige wenige Chhetri in den unteren Regionen und einige Sherpa in den oberen Regionen. Doban ist ein kleiner, düsterer Marktflecken der Newar mit Geschäften, in denen Sie Seife, Zahnpasta, Kleider, Garn, Sandalen, Bier und Rum erhalten können. In den schäbigen Bambushütten am Basar leben viele Tibeter und bieten *Tongba* sowie gewebte Wollschals und Schürzen an. Charakteristisch für falsch gesetzte Prioritäten bei einigen Entwicklungshilfeprojekten sind hier die Stromleitungen und Steckdosen, ohne daß Strom zur Verfügung steht. Wenn Sie bei Doban über die Hängebrücke gehen und dem Pfad am Ostufer folgen, dann gelangen Sie zu dem in tropischem Wald gelegenen Dorf Thumma. Der Weg verläuft teils oberhalb des Flusses und teils direkt am

Ufer. Thumma liegt an der Westseite des Flusses, etwa 2 Stunden hinter Doban. Der Pfad am Westufer bringt Sie nach Handrung, wo Sie auf einer relativ sicheren Hängebrücke zum Ostufer gehen können.

6. TAG: VON THUMMA NACH CHIRWA

Hinter Thumma bleibt man am Ostufer. Der Pfad schlängelt sich dort am Fluß entlang durch steinige Felder und über Erdrutsche zu dem von Chhetri bewohnten Basarort Mitlung in einer Höhe von 800 m und weiter hinauf über einen Kamm nach Shisne. Im Jahre 1990 überquerten hier die meisten Besucher den Fluß auf einer Bambusbrücke und folgten dem Westufer ca. 45 Minuten, bis sie zurück zum Ostufer wechselten. Dieser Umweg ist möglicherweise nicht mehr notwendig, wenn der Pfad auf der Ostseite in gutem Zustand ist. Die Wanderung führt anschließend an den Dörfern Sinwa, Tawa und Porke vorbei. In Porke befindet sich eine wenig stabile Bambus- und Drahtbrücke, die man glücklicherweise nicht überqueren muß. Das Tal wird nun enger und der Pfad schlechter, wobei man über Erdrutsche und mit Felsbrocken übersäte Flußablagerungen nach Chirwa (1.190 m) wandert, einem schönen Marktort mit einigen wenigen *Bhattis* und Geschäften. Sehen Sie sich einmal das Wasserversorgungssystem des Ortes an. Es besteht aus einem komplizierten Netz aus Bambusrinnen, Rohren und Kanälen.

7. TAG: VON CHIRWA NACH SAKATHUM

Gehen Sie weiter den Tamur hoch über einen großen Felsen und vorbei an dem Chhetri-Dorf Tapethok. Hinter Tapethok führt eine Brücke über den Tamur zu den Sherpa-Siedlungen Lepsung, Lelep und Lungthung. Lelep und die Route den Tamur Kosi hoch nach Walunchung Gola sind als Gebiete mit Aufenthaltsbeschränkungen auf der Rückseite der Trekking-Genehmigungen gesondert aufgeführt.

Es geht nun stärker bergauf und bergab über Erdrutsche, bis man den Tamua Khola auf einer Hängebrücke unterhalb des Dorfes Helok überquert. In der Nähe der Kreuzung, wo der Pfad zum Limbu-Dorf Helok den Hauptweg am Tamur Kosi verläßt, finden Sie einen *Tongba*- und Teeladen. Um Helok zu umgehen, können Sie über einen Vorsprung klettern und hinunter zum Simbua Khola wandern, den man auf einer neuen Hängebrücke überquert. Der Fluß kommt vom Yalung-Gletscher an der Südseite des Kanchenjunga. Wer zum südlichen Basislager wandert, erreicht den Quellfluß.

Ein kurzer Aufstieg über einen weiteren Bergkamm bringt Sie zu dem steilen und engen Tal des Ghunsa Khola. Überqueren Sie den Ghunsa Khola auf einer wackeligen Brücke und zelten Sie dann am Ufer des Flusses in der Nähe des tibetischen Dorfes Sakathum in 1.640 m Höhe. Bei klarem Wetter haben Sie von hier aus den ersten guten Blick aus der Nähe das Tal des Ghunsa Khola hinauf zum Jannu.

8. TAG: VON SAKATHUM NACH AMJILASSA

Die Wanderung geht nun über einen steilen, engen Pfad am Nordufer des Ghunsa Khola entlang weiter. Nach einer starken Steigung von ca. 100 m Länge muß man wieder hinunter zum Fluß. Dann folgt der Weg rund einen Kilometer lang dem Flußbett, um ohne Unterbrechung über Steinstufen bergauf zu einem Wasserfall und der Ansiedlung Ghaiya Bari zu führen. Hier wird die Steigung sanfter. Man wandert nun auf einem belebenden, ungeschützten und manchmal gefährlichen Pfad durch trockenes Land zu einem 2.530 m hohen Bergkamm. Von hier aus setzt man die Weg bergab fort bis zur tibetischen Siedlung Amjilassa in 2.490 m Höhe.

9. TAG: VON AMJILASSA NACH KYAPRA

Nach weiteren 100 m bergab verläuft der Weg ziemlich eben um eine Flußkrümmung in grünem Bambus-, Eichen- und Rhododendronwald. Es bietet sich ein schöner Blick auf den Nango Ma und den Südwestteil des Kanchenjunga-Massivs. Der Pfad führt mehrmals steil bergauf und bergab vorbei an mehreren Wasserfällen und Weiden. Hinter einem großen Wasserfall am Ghunsa Khola beginnt ein steiler Aufstieg zu einem Zeltplatz in Kyapra (2.730 m), das von den tibetischen Einwohnern Chapla oder Gyabla genannt wird.

Nach der Mandala-Karte überquert der Weg den Ghunsa Khola in Kyapra, aber das stimmt nicht. Kyapra liegt am Nordufer des Flusses, wo man bis nach Ghunsa bleibt.

10. TAG: VON KYAPRA NACH GHUNSA

Wandern Sie steil hinunter in ein Seitental und folgen Sie dann dem Fluß durch einen Tannen- und Rhododendronwald. Man benötigt den ganzen Morgen, um an Killa vorbei und weiter zu den Yak-Weiden und Kartoffelfeldern von Phere zu wandern. Beide Orte sind tibetische Dörfer mit schönen *Gompas* und freundlichen Mönchen. Nahrungsmittel, insbesondere Kartoffeln, erhalten Sie in Phere wahrscheinlich leichter als in Ghunsa. Das Tal wird nun breiter, während man durch Felder und Lärchenwald zu einer Brücke über den Ghunsa Khola gelangt.

Gebetsfahnen zieren die Häuser von Ghunsa (3.430 m) auf der Südseite des Flusses. Die Beamten am Kontrollposten der Polizei in Ghunsa nehmen sich selbst sehr ernst. Vergewissern Sie sich, daß Ihre Papiere in Ordnung sind, bevor Sie ihnen einen Besuch abstatten. Hier beginnt auch die höher gelegene Route zum Basislager an der Südseite des Kanchenjunga über den Lapsang La.

11. TAG: AKKLIMATISIERUNGSTAG IN GHUNSA

Nachdem man fast zwei Wochen im Tiefland verbracht hat, führt die Wanderung nun in das Hochgebirge, so daß Sie einige Zeit benötigen, um sich an die Höhe zu gewöhnen. Sie können diesen Tag nutzen, um die Route über den

Lapsang La auszukundschaften, indem Sie zu einem kleinen See am Fuß des Yamatari-Gletscher südlich von Ghunsa wandern. Die Einwohner von Ghunsa bringen ihre Yaks im Sommer über den Mirgin La zum Hochland südlich des Kanchenjunga und im Winter wieder hinunter nach Phere.

12. TAG: VON GHUNSA NACH KHAMBACHEN

Der Pfad zieht sich langsam am Südufer des Ghunsa Khola hinauf und über eine mit Felsbrocken übersäte, früher überflutete Ebene. Dann geht es zurück nach Rambuk Kharka an der Nordseite des Flusses. Auf der gegenüberliegenden Seite beginnt ein kurzer, steiler Aufstieg über einen sehr instabilen Geröllhang. Dann sind es 250 gefährliche Meter über den Hang, wobei sich kaum Halt für die Füße bietet, steil hinab zum Fluß über zahlreiche lose, fußballgroße Felsbrocken. Hinter dem Steilhang wandert man hinunter zu einer einsamen, verschlossenen Hütte in Lakep und wieder ein wenig bergauf nach Khambachen, einer tibetischen Siedlung mit etwa einem Dutzend Häusern in 4.040 m Höhe.

13. TAG: AKKLIMATISIERUNGS-TAG IN KHAMBACHEN

Es ist wiederum notwendig, einen Halt einzulegen und sich zu akklimatisieren. Von Khambachen aus kann man die hohen Gipfel in der Nähe des Kanchenjunga, nämlich den Khabur, den Phole sowie den Nango Ma, und die Spitze des Jannu sehen. Um eine noch bessere Aussicht zu erhalten, können Sie einen Bergkamm oberhalb des Dorfes erklimmen oder eine Tageswanderung zum Basislager am Jannu unternehmen. Möglicherweise treffen Sie unterwegs auf Blauschafe, die im Tal oder an den Hängen weiden.

14. TAG: VON KHAMBACHEN NACH LHONAK

Der Weg zieht sich langsam durch eine offene Landschaft mit steinigen Feldern nach Ramtang in 4.240 m Höhe. Von hier aus wandert man über Moränen nordwestlich des Kanchenjunga-Gletschers bis nach Lhonak (4.790 m). Der Ort liegt unweit eines ausgetrockneten Sees in einer offenen, sandigen Ebene. Das Wasser ist hier heilig. Es gibt in dieser Gegend zwar keine Häuser, aber Sie haben die Möglichkeit, zwischen den großen Felsen zu zelten, um sich vor dem Wind zu schützen. Nach allen Seiten hat man einen großartigen Blick auf die Berge.

15.TAG: VON LHONAK NACH PANG PEMA

Der Hauptgipfel des Kanchenjunga ist von Lhonak aus nicht zu sehen. Um diesen zu Gesicht zu bekommen, müssen Sie zum Basislager in Pang Pema auf 5.140 m Höhe wandern. Dies ist in einem Tagesausflug von Lhonak aus möglich, aber häufig verdecken nach 9.00 Uhr morgens Wolken die Sicht auf den Gipfel, so daß von Pang Pema aus nichts mehr sehen ist. Es lohnt sich wirklich, hier zu zelten und darauf zu hoffen, einen wolkenfreien Blick noch vor Sonnenaufgang oder am frühen Morgen genießen zu können.

Von Lhonak aus zieht sich der Pfad langsam bergauf über die Ebene und wird dann, während er der Moräne folgt, ein wenig steiler. Die Aussicht, die sich bietet, ist phantastisch, aber der Kanchenjunga und der Wedge Peak sind nicht zu sehen, bevor man Pang Pema erreicht. Der großartige Hauptgipfel des Kanchenjunga sowie ein Panorama anderer Berge, die eines der größten Massive der Welt bilden, thronen über der einsamen, oben offenen Hütte in Pang Pema.

16. TAG: VON PANG PEMA NACH KHAMBACHEN

Unternehmen Sie morgens eine Wanderung den Bergkamm hoch nach Pang Pema. Ein Aufstieg von 200 bis 300 m bringt Sie zu einem Aussichtspunkt, von dem aus Sie auf den Kanchenjunga, den Wedge Peak, den Twins, den Pyramid Peak und den Tent Peak blicken können.

Wie üblich, ist der Abstieg schneller, so daß Sie ohne Schwierigkeiten wieder zurück nach Khambachen gelangen.

17. TAG: VON KHAMBACHEN NACH GHUNSA

18. TAG: VON GHUNSA NACH AMJILASSA

19. TAG: VON AMJILASSA NACH CHIRWA

Wandern Sie hinunter nach Helok. Wer zur Südseite des Kanchenjunga möchte, beginnt am besten die Steintreppen in Helok zum Bergkamm hinaufzusteigen. Ein einheimischer Führer kann Ihnen wahrscheinlich auf dieser Route viel Kraft sparen helfen, da diese Pfade hauptsächlich von Holzfällern und Hirten und nur selten von Trekkern genutzt werden.

Auf der Mandala-Karte ist ein Pfad von Helok den Simbua Khola hinauf nach Tseram eingezeichnet. Dieser ist jedoch, wo er überhaupt existiert, nur für Affen geeignet. Es handelt sich um eine mögliche Route, jedoch nicht um einen Weg, sondern um einen steilen, rutschigen Aufstieg durch dichten Bambuswald den Deorali Danda hinauf. Ich haben diesen Strecke einmal hinunter zurückgelegt. Es hat viel Spaß gemacht, sich jedoch nicht um einen vernünftigen Pfad gehandelt. Jeder scheint darin übereinzustimmen, daß es praktischer ist, einen weiteren Tag einzuplanen und dem Holzfällerpfad von Helok nach Yamphudin zu folgen und dann von Süden her zum Lamite Bhanjyang hinaufzuwandern, um schließlich wieder zum Simbua-Tal zu gelangen.

Wer nach Taplejung möchte, sollte seinen eigenen Spuren durch den unteren Teil von Helok folgen und am Tamur Kosi zurück nach Chirwa wandern.

20. TAG: VON CHIRWA NACH LINKHIM

Ohne Umwege geht es am Tamur Kosi flußabwärts nach Taplejung. Sie können den steilen Anstieg von Doban aus vermeiden, wenn Sie dem Hang des Tales folgen. Von Chirwa aus wandert man zuerst bergauf und durch Diwa. Nehmen Sie den Weg über den Erdrutsch und wandern Sie dann weiter steil bergauf, wobei Sie oberhalb von Tawa bleiben. Der Pfad fällt dann in eine große Seitenschlucht ab, um wiederum zum Bergkamm hin anzusteigen, bevor man Linkhim erreicht.

21. TAG: VON LINKHIM NACH SUKETAR

Die Wanderung führt durch mehrere Seitentäler und durch die kleinen Limbu-Dörfer Helate, Pumbur und Phurbu, die auf einem Bergkamm liegen und von denen aus man über ein monströses Erdrutschgebiet blickt. Wenn Sie dieses hinter sich gelassen haben, gelangen Sie zu den Sherpa-Dörfern Bung Kulung und Lakchun, von denen aus man direkt zum Flugplatz gehen kann, ohne erst nach Taplejung zu wandern.

22. TAG: RÜCKFLUG NACH KATHMANDU

ZUM BASISLAGER IM SÜDEN DES KANCHENJUNGA

Es gibt zahlreiche Möglichkeiten, eine Wanderung zum Basislager im Süden des Kanchenjunga zu unternehmen. Der hier beschriebene Weg ist am einfachsten – wenn Sie nach Taplejung fliegen können. Sehen Sie sich die Höhenlinien auf der Karte an. Die Zahl der Steigungen und Gefällstrecken ist unwahrscheinlich groß. Als ich diese Tour zurücklegte, habe ich überschlagen, daß wir in zwei Wochen mehr als 15.000 m bergauf – und bergab – gewandert sind. Sie sollten sich ganz sicher sein, daß Sie eine derartige Anstrengung verkraften können, bevor Sie sich auf den Weg machen. Bei Krankheit, Müdigkeit oder fehlender Lust an einer Fortsetzung der Wanderung unterwegs stehen nämlich keine Ausweichrouten zur Verfügung.

Falls Sie keinen Flug nach Taplejung bekommen, ist zu überlegen, bis zum 2 Tage weiter südlich gelegenen Phidim zu fahren. Die Straße ist bis dorthin fertiggestellt und wird von Ilam aus mit Bussen und Lastwagen befahren. Von Phidim können Sie an Taplejung vorbeiwandern und gelangen über einige Bergkämme zum Kabeli Khola und nach Yamphudin. Achten Sie aber rechtzeitig darauf, ob Phidim auf Ihrer Trekking-Genehmigung genannt ist, wenn Sie diese Alternative planen.

1. TAG: VON TAPLEJUNG NACH THEMBEWA

Ein Flug nach Taplejung dauert von Biratnagar aus eine halbe Stunde und von Kathmandu $1^{1}/_{2}$ Stunden. Um Wolken und Wind zu meiden, hat RNAC die Flüge nach Taplejung in den frühen Morgen gelegt, so daß Sie möglicherweise am Flugtag noch einige Stunden

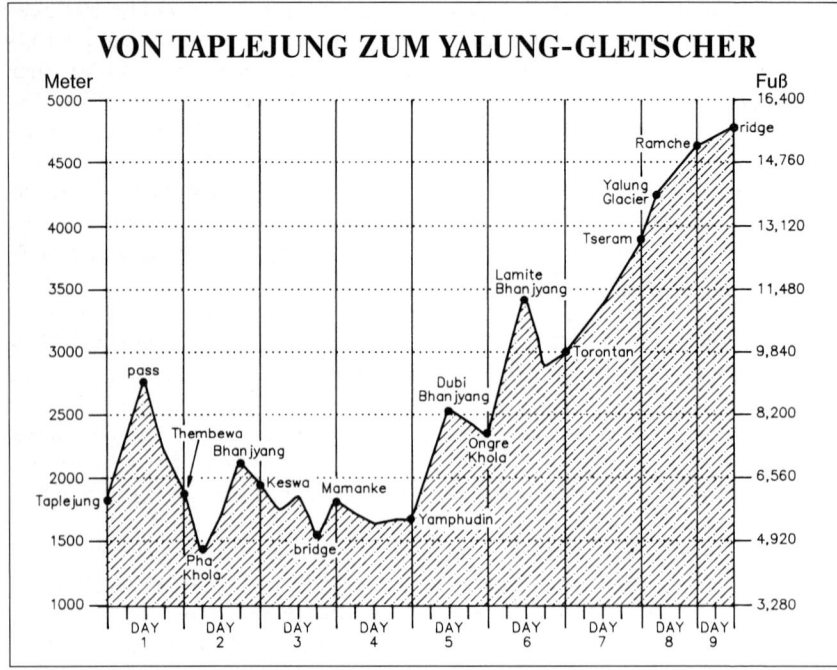

VON TAPLEJUNG ZUM YALUNG-GLETSCHER

wandern können. Der Flugplatz befindet sich auf der Spitze eines Bergkammes bei dem Dorf Suketar, weit oberhalb von Taplejung. Wer nicht einen Rückflug nach Kathmandu bestätigen oder noch seinen Proviant aufstocken muß, kann sich den langen Weg nach Taplejung und den ermüdenden Aufstieg zurück nach Suketar ersparen.

Wenn die Straße in Betrieb genommen ist, werden Sie möglicherweise eine Nacht in einem Hotel in Taplejung verbringen und dann den Trek zum Basislager südlich des Kanchenjunga am Morgen mit einem Aufstieg zum Bergkamm und zum Flugplatz beginnen.

Von Suketar (2.300 m) zieht sich der Pfad langsam auf einem von Rhododendron bedeckten Bergkamm entlang. Man überquert schließlich den Kamm und wandert am Deorali Khola sowie vier weiteren Bächen vorbei zum Paß in 2.570 m Höhe. Der Abstieg führt durch den Wald nach Lali Kharka, zwei Häusern in 2.220 m Höhe, und dann durch Felder zu dem solide gebauten Limbu-Dorf Thembewa (1.880 m).

2. TAG: VON THEMBEWA NACH KESWA

Von Thembewa geht es ein Stück sanft bergab zu einem Bergkamm und dann steil hinunter durch Shimu und

Pokara zu einer Hängebrücke über den Pha Khola in 1.430 m Höhe. Hier gibt es eine gute Möglichkeit zum Schwimmen sowie unweit des Flusses einen Platz zum Zelten. Anschließend wandert man steil hinauf nach Khunjari, einem in 1.700 m Höhe gelegenen Limbu-Dorf. Hinter der Schule können Sie nach links abbiegen und durch Weizenfelder zum Sattel hinaufgehen. Von hier aus zeichnet der Pfad eine lange, geschwungene Linie bis nach Bhanjyang, einer von Gurung bewohnten Siedlung mit mehreren *Bhattis* auf einem Paß (2.120 m). Von Bhanjyang aus kann man den Kanchenjunga und den Kyabru sehen.

Nun ist man im Tal des Kabeli Khola angekommen, aber Sie werden die nächsten beiden Tage damit verbringen, bergauf und bergab durch Schluchten und über Bergkämme zu klettern, nur um schließlich nach Yamphudin am Ende des Tales zu gelangen. Biegen Sie von Bhanjyang aus nach links ab und wandern Sie in nördliche Richtung über die Spitze des Bergkammes und wieder hinab zu dem aus vereinzelten Häusern bestehenden Dorf Keswa (1.960 m).

3. TAG: VON KESWA NACH MAMANKE

Unterhalb von Wasserfällen und über mehrere Bäche sowie Gebiete mit Erdrutschen kommt man nach Phun Phun, das in einigen Karten mit dem lustigen Namen Fun Fun eingezeichnet ist. Überqueren Sie den Sattel mit ei-

nem stattlichen Pipal-Baum, der eine Rast im Schatten ermöglicht, und gehen Sie weiter nach Yangpang. Von hier aus führt der Weg zunächst fast ausschließlich bergauf durch Wald, vorbei an einem riesigen Wasserfall und dann durch eine Reihe von Seitentälern zu zwei Läden auf einem Kamm (1.850 m) sowie wiederum ein wenig hinab nach Phonpe (1.780 m). Steil bergab wandert man nun durch Reisterrassen in eine Seitenschlucht, wobei man einen Bach auf einer großen Hängebrücke (1.540 m) überquert. Von hier aus führt der Weg wiederum bergauf nach Mamanke, einem wohlhabenden Limbu-Dorf mit *Bhattis*, Geschäften und einer großen Schule in 1.810 m Höhe.

4. TAG: VON MAMANKE NACH YAMPHUDIN

Die Wanderung führt hinauf zu einem Bergkamm und dann langsam hinunter zum Tenguwa Khola. Lassen Sie die baufällige Brücke links liegen und überqueren Sie den Bach, indem Sie von Stein zu Stein springen. In Serpentinen zieht sich der Pfad nun steil hoch zu einem weiteren Kamm, der durch einen *Chorten* und Gebetsfahnen markiert ist. Bergab geht es von hier über Geröll und Felsrutschgebiete zu einem weiteren Bach, den man ebenfalls überqueren muß. Dieser Abschnitt des Tales ist steil. Hier verläuft der Weg streckenweise über Felsen, die hoch oberhalb des Flusses liegen, bis man den Kabeli Khola in 1.640 m Höhe erreicht. Zudem sind hier große Flutschäden entstanden, so daß die Wanderung zu

einer Übung im Springen über Felsbrocken, Gestein, Baumwurzeln sowie
Nebenläufe des Baches wird, je weiter
man stromaufwärts wandert. Bleiben
Sie auf der Westseite des Kabeli Khola,
auf der man leicht bergauf bis nach
Yamphudin (1.690 m) gelangt, gelegen
am Zusammenfluß des Omje Khola
und des Kabeli Khola.

Die Einwohner von Yamphudin gehö-
ren verschiedenen Volksgruppen an.
Hier leben Sherpa, Limbu, Rai und Gu-
rung. Zwischen den Mais- und Reisfel-
dern der Gemeinde finden Sie einen
Polizeiposten, eine Schule und einige
Läden mit einem minimalen Angebot.
Der Monsun des Jahres 1989 hat hier
zu Überflutungen geführt, bei denen
Teile des Dorfes und zahlreiche Felder
weggeschwemmt wurden. Ein Ziegen-
pfad bringt Sie von Yamphudin zum
Bergkamm im Osten und weiter nach
Helok und zum Tal des Tamur Kosi.

5. TAG: VON YAMPHUDIN ZUM OMJE KHOLA

Hinter Yamphudin sollten Sie eigenen
Proviant und ein Zelt mitführen. Von
nun an gibt es keine Teestuben oder
Unterkünfte mehr, nicht einmal jene
ortsüblichen, die man entlang des Weges hierher noch gefunden hatte.

Überqueren Sie den Omje Khola auf
einigen Bambusbrettern und folgen Sie
dann ein kurzes Stück dem Kabeli Khola flußaufwärts, wobei Sie die Hängebrücke unbeachtet lassen sollten. Nachdem man hinter einem Bergkamm die
Sicht auf Yamphudin verliert, geht es
über einen kleinen Bach auf einem

Pfad steil bergauf. Im Zickzack durch
Mais- und Gerstenfelder wandert man
so nach Darachuk und weiter an Weiden vorbei hoch bis nach Dubi Bhanjyang, einem Paß in 2.540 m Höhe.
Bergab zieht sich der Weg an Farnen
und großen Bäumen vorbei zum Omje
Khola (2.340 m) und folgt dann dem
Bach ein kurzes Stück. Bald müssen Sie
den Omje Khola auf einer Brücke aus
Balken überqueren und kommen dann
ein Stück weiter bachaufwärts zu einem
Zeltplatz.

Es ist ein wenig frustrierend, den
langen Aufstieg nach Dubi Bhanjyang
hinter sich zu bringen, nur um anschließend wieder an das Ufer des gleichen Baches zu gelangen, an dem
man bereits die letzte Nacht verbracht
hat. Leider gibt es jedoch keinen Pfad,
der dem Bachbett folgt. Zudem bereiten den Nepali die steilen Wege nicht
so viel Mühe wie uns. Es ist ein recht
kurzer Tag, aber der folgende Abschnitt
der Wanderung ist steil und bietet nur
wenige Plätze zum Zelten. Falls Sie
sich mit anderen Trekkern zu einer
kleinen Gruppe zusammengeschlossen
haben, können Sie möglicherweise
bis nach Chitre wandern, hier ist jedenfalls nur Platz genug für wenige Personen.

6. TAG: VOM OMJE KHOLA NACH TORONTAN

Vom Bach aus wandert man steil hinauf
durch Bambuswald zu einem *Kharka* in
Chitre (2.920 m) und weiter hoch zu
einer Schlucht. Nach einem kurzen
Weg bergab ist der Aufstieg zu einer

Lichtung weniger anstrengend. Von dort führt der Weg durch Kiefern- und Rhododendronwald zu einem Teich in Lamite Bhanjyang (3.410 m). Hier herrscht im Frühling Wasserknappheit, aber davon abgesehen ist es ein guter Platz zum zelten. An klaren Tagen kann man von dem Bergkamm aus bis zum Jannu und im Süden bis zur Straße nach Taplejung sehen.

Vom Kamm ist erkennbar, wie der Pfad sich über einen riesigen Hang zieht, der durch einen Erdrutsch entstanden ist. Besser ist es daher, auf dem Bergkamm bis weit hinter dem Gebiet mit dem Erdrutsch zu bleiben und dann einer Reihe von steilen Serpentinen zu folgen, über die man bergab wandert. Hinter dem ersten steilen Gefälle wird der Pfad sanfter, im allgemeinen breit und eben, auch wenn man noch einige vereinzelte starke Gefällstrecken bewältigen muß. Der Weg führt durch feuchten Wald mit zahlreichen Orchideen, über Bäche und einsame Lichtungen, die von Schäfern und Holzfällern genutzt werden.

Schließlich gelangt man kurz oberhalb des Simbua Khola in eine offene Landschaft. Hier schwemmte eine Überflutung im Jahre 1987 große Teile des Pfades weg. Bleiben Sie oberhalb des weißen, schlammigen Flusses und folgen Sie ihm stromaufwärts. Der Weg führt im Wechsel bergauf und bergab zu einer provisorischen Brücke aus Steinen und Holzbalken. In der Nähe des Flusses finden Sie einige Plätze zum zelten, wie auch in der Lichtung hinter Torontan (2.990 m), in dem es einige Höhlen gibt.

7. TAG: VON TORONTAN NACH TSERAM

Die Wanderung beginnt in einem Wald aus mehreren Rhododendronarten und führt dann über Erdrutschgebiete nach Tsento Kang, einem *Goth* in 3.360 m Höhe. Der tiefe Wald, der das Tal bedeckt, wird von Lichtungen, Weiden und Bächen unterbrochen, während man zu einem weiteren *Goth* hinauf nach Watha wandert.

Nach einer Stunde erreicht man von hier aus einen buddhistischen Schrein, der mit Steinpyramiden, Gebetsfahnen und eisernen Dreizacken verziert ist. Der Schrein wurde in einer Höhle errichtet, in der man einen Streifen aus schwarzem Stein sieht, bei dem es sich um das Bild einer Schlange handeln soll. Dieser Schrein bildet die Grenze eines heiligen Teiles vom Tal, in dem das Töten von Tieren verboten ist. Während man den Aufstieg fortsetzt, werden in der Ferne die Gipfel erkennbar. Ein kurzes Stück wandert man auf dem Schotterboden eines Bachbettes, dem dann der Aufstieg nach Tseram folgt, einer großen, ebenen Weide mit einem einzigen Haus in 3.870 m Höhe.

Die Siedlungen in diesem Tal bestehen aus *Goths*, die von Yak- und Kuhhirten aus Ghunsa benutzt werden. Sie überqueren den Mirgin La, um ihre Tiere zu den Sommerweiden zu bringen.

8. TAG: VON TSERAM NACH RAMCHE

Durch Wald geht es nun bergab zu einem weiteren Gebiet mit Erdrutschen. In der Nähe befindet sich die Abzweigung des Pfades zum Mirgin La, der jedoch schwer zu finden ist. Überqueren Sie auf einem losen, felsigen Pfad einen Bach und setzen Sie dann den Weg bergauf zu einigen Mani-Mauern und Steinhäusern in der Nähe der Baumgrenze in 4.040 m Höhe fort. Am Ende des Tales locken die Gipfel des Rathong und des Kabru. Es ist schwer zu glauben, daß sie weniger als 6.700 m hoch sind. Man wandert nun zu der Moräne am Fuß des Yalung-Gletschers. Wenn man sich dem Yalung nähert, öffnet sich das Tal und bietet in 4.260 m Höhe Platz für eine große Weide voller Yaks.

An der Moräne entlang zieht sich der Weg bergauf durch Buschwacholder und einem Bach folgend bis zu einem See in Lapsang (4.430 m). Hier können Sie den Beginn der Route zum Lapsang La sehen, die über die Moränen in ein Tal im Norden führt. Weiter bergauf gelangt man zu einem zweiten See und einer großen Weide in Ramche (4.620 m). Hier stehen zwei gut gebaute Steinhäuser, von denen eines als Hotel dienen soll. Der Besitzer verbringt jedoch derart viel Zeit an anderen Orten, daß es nur selten diesem Anspruch gerecht wird. Der Blick wird von dem großartigen Rathong Peak (6.678 m) dominiert, der sich auf der Grenze zwischen Nepal und Sikkim im Osten erhebt. Auf den Felsen oberhalb von Ramche leben Blauschafe.

9. TAG: TAGESAUSFLUG ZUM YALUNG-GLETSCHER

Nun können Sie einen Tagesausflug zum Yalung-Gletscher unternehmen. Der Weg folgt zuerst ein langes Stück dem Bach an der Moräne entlang und zieht sich dann hoch auf die Moräne selbst. Von einem *Chorten* in 4.800 m Höhe bietet sich ein herrlicher Blick auf die Südwand des Kanchenjunga. Kurz hinter dem *Chorten* ist auch der Jannu zu sehen. Dies ist eine gute Stelle, um umzukehren. Wer die Wanderung fortsetzen will, muß über die rauhe Moräne hinunter bis zum Yalung-Gletscher klettern und sich dann den Weg über den von Felsen übersäten Gletscher zum Kanchenjunga suchen. Auf diesem Weg benötigt man ein bis zwei Tage, um das Basislager zu erreichen.

10. TAG: VON RAMCHE NACH TSERAM

11. TAG: VON TSERAM NACH LAMITE BHANJYANG

12. TAG: VON LAMITE BHANJYANG NACH YAMPHUDIN

13. TAG: VON YAMPHUDIN NACH PHONPE

14. TAG: VON PHONPE NACH KHUNJARI

15. TAG: VON KHUNJARI NACH SUKETAR

Am Flugplatz gibt es eine einzige Teestube, in der zudem ein oder zwei

Zimmer vermietet werden. Davon abgesehen können Sie noch in der Nähe des Flugplatzes zelten und auf klares Wetter für den Morgenflug hoffen. Die Hotels haben sich auf *Tongba* spezialisiert, so daß Sie etwas Angenehmes tun können, falls das Flugzeug nicht kommt.

16. TAG: RÜCKFLUG NACH KATHMANDU

An diesem Tag können Sie nach Biratnagar oder, mit etwas Glück, direkt nach Kathmandu zurückfliegen.

VON DER NORDSEITE ZUR SÜDSEITE

Zwischen Ghunsa und dem Simbua Khola bestehen zwei Verbindungen. Die höhere, über den Paß Lapsang La (5.110 m), ist häufig schneebedeckt und für Trekker wie für Träger schwierig sowie gefährlich. Das ist ein sehr abgelegenes Gebiet, in dem Hilfe weit entfernt und ein Abtransport so gut wie unmöglich ist. Wenn Sie von der Nord- zur Südseite oder umgekehrt wandern wollen, müssen Sie die Entscheidung treffen, ob Sie den Lapsang La oder den niedrigeren und sichereren Mirgin La überqueren oder sich hinunter ins Tal des Tamur Kosi begeben wollen. Jede der beiden höher gelegenen Routen beansprucht drei Tage, wobei auf beiden Seiten des Passes Übernachtungen in einem Hochlager notwendig sind. Der kritischste Faktor bei der Überquerung einer der Pässe ist der Schnee. Die Routen werden nicht regelmäßig genutzt, so daß man sich bei Schnee den Weg selbst bahnen muß, ohne daß dabei eine Steinpyramide oder eine andere Markierung behilflich wäre.

Auf dem Weg über den Mirgin La muß man eigentlich fünf Pässe überqueren: den Tamo La (3.900 m), einen 4.115 m hohen Paß ohne Namen, den Mirgin La (4.663 m), den Sinion La (4.660 m) sowie einen weiteren Paß ohne Namen in 4.724 m Höhe. Dann folgt ein langer, steiler, 1.000 m langer Abstieg zum Simbua Khola. Das Tal dieses Flusses erreicht man schließlich oberhalb von Tseram (3.900 m). Von dort können Sie möglicherweise noch am selben Tag bis Ramche gelangen.

Die Route über den Lapsang La beginnt in Ghunsa und zieht sich über den Fuß des Yamatari-Gletschers zu einem *Goth* in Lumga Sampa. Dann überquert man den Lapsang La und setzt den Weg über die großen Felsbrocken einer Moräne bis zu einem Lager unterhalb des Gletschers fort. Von hier aus geht es weiter hinunter ins Tal, bis man in Lapsang (4.430 m) auf den Pfad am Simbua Khola trifft. Jetzt ist es nur noch ein kurzes Stück das Tal hinauf bis nach Ramche in 4.620 m Höhe.

WEST-NEPAL

EINFÜHRUNG

West-Nepal wird häufig als unerforscht beschrieben, allerdings nur deshalb, weil die Europäer und Nordamerikaner die schlechte Angewohnheit haben, alles, was ihnen selbst unbekannt ist, als in der ganzen Welt unbekannt anzusehen. In West-Nepal leben sowohl zahlreiche Hindus als auch Buddhisten. Zudem ist die gesamte Region von Pfaden in allen Richtungen durchzogen. Es handelt sich um eine vom westlichen Standpunkt aus gesehen abgelegene und unerforschte Region, da sie relativ schwer zugänglich ist und weit von Kathmandu entfernt liegt. Regelmäßige Flugverbindungen nach Jumla und zu mehreren anderen Flugplätzen in West-Nepal relativieren dieses Charakteristikum ein wenig, tragen jedoch erheblich zu den Kosten und logistischen Problemen eines Besuches dieser Gegend des Landes bei.

Ein weiterer Faktor, der Trekker in West-Nepal entmutigt, ist die Tatsache, daß viele der kulturell und landschaftlich exotischen Regionen für Ausländer nur mit Einschränkungen zugänglich sind. Ein großer Teil der Wege im Westen setzt sich zur Nordseite der Himalaja-Gebirgsketten Nampa, Saipal und Kanjiroba fort, die es für Trekker einfach

werden ließen, über die Pfade entlang der Flußtäler nach Tibet zu gelangen – eine Möglichkeit zu wandern, zu der sowohl die Nepali als auch die Chinesen nicht ermutigen wollen. Auch der *Gompa* Shey im Norden des Phoksumdo-Sees ist für Bergwanderer nur unter den Auflagen erreichbar, die im Einführungsteil dieses Buches beschrieben sind. Humla im Nordwesten von Jumla ist ebenfalls ein Gebiet mit Beschränkungen, wie auch das Tal des Mugu Kamali im Norden des Dorfes Mugu.

Die Geschichte und Anthropologie von West-Nepal ist komplex und faszinierend. Die Region wird von Hindus dominiert. Tibeter bilden nur einen kleinen Teil der Bevölkerung, haben jedoch durch den Handel einen merklichen Einfluß auf die Region. Die meisten Häuser sind im tibetischen Stil gebaut, bei denen die Flachdächer mit Erde bedeckt wurden. Sie sind gut an die semiariden Bedingungen des Gebietes hinter dem Dhaulagiri angepaßt. In zahlreichen Orten stehen die Häuser eng aneinander an den Hang gebaut und von gemeinsamen Dächern geschützt. Es gibt nur einige wenige Treppen innerhalb der Wohngebäude. Die Bewohner klettern vielmehr auf einem Brett, in das Stufen geschlagen wurden, außen von einer zur anderen Etage. Dies ist die einzige Region Nepals, in der Hindus in derart offensichtlich im tibetischen Stil gehaltenen Häusern wohnen. Die kulturellen Wurzeln erstrecken sich in Richtung Norden nach Tibet und nach Westen bis Kumaon in Indien. Bis Jumla durch die Armee von Bahadur Shah im Jahre 1788 erobert wurde, war das Gebiet nur in geringem Maße von Kathmandu abhängig. Die Chhetri des westlichen Nepal gliedern sich in drei Gruppen: in Thakuri, Angehörige der Aristokratie, normale Chhetri, wie man sie in ganz Nepal findet, und Matwali-Chhetri („jene, die Alkohol trinken"). Der Status der Matwali-Chhetri ist faszinierend, da viele tibetische Einwanderer sich vor langer Zeit als Chhetri verkleideten. Über zahlreiche Generationen hinweg haben sie ihre eigene Form der Religion entwickelt, die eine einzigartige Kombination aus Hinduismus und Buddhismus darstellt.

KARTEN

West-Nepal ist auf den Karten 44–11 (Jumla), 44–12 (Mustang) und 44–16 (Pokhara) des Army Map Service sowie auf den Mandala-Karten *Jomson to Jumla & Surkhet, Dhaulagiri Himal* und *Api, Nampa & Saipal* verzeichnet.

Es ist schwierig, die Höhen in dieser Region genau anzugeben. Alle erhältlichen Karten basieren auf den alten Karten des Survey of India, denen nur wenige Vermessungen in West-Nepal zugrunde liegen. Die meisten Höhenangaben, die Sie in diesem Kapitel finden, stützen sich auf einen Höhenmesser, wobei als Anhaltspunkte die bekannten Höhen der Flugplätze von Jumla und Dolpo sowie die Karte *Kanjiroba Himal* der Royal Geographical Society aus dem Jahre 1967 zugrunde gelegt wurden.

AN- UND WEITERREISE

Ausgangspunkte: Ein Nachtbus fährt nach Surkhet (umbenannt in Birendranagar), einem Ausgangspunkt für Wanderungen in den Bergen nördlich von Nepalgunj. Die Fahrt für die 600 km lange Strecke kostet 180 Rs (Fahrzeit 15 Stunden). Dann benötigt man ca. 8 bis 9 Tage, um mit Trägern von Surkhet nach Jumla zu wandern, wobei Unterkünfte für Trekker in dieser Region nicht vorhanden sind. Auf diesem Weg bringen auch einheimische Händler aus Jumla die meisten ihrer Waren mit Pferdekarawanen von Surkhet nach Jumla. Als Ausgangspunkt für eine Trekking-Tour im Westen von Nepal kommt auch Sallyan, südlich von Chaurjhari und ca. 4 bis 5 Tage von Dunai entfernt, in Betracht. Direkte Busverbindungen von Kathmandu zu diesem Ort bestehen jedoch nicht. Wenn Sie dorthin wollen, müssen Sie einen Bus nach Tulsipur oder Nepalgunj und dann einen Nahverkehrsbus nach Sallyan nehmen. Wissen muß man auch, daß Träger aus Sallyan und anderen Dörfern der Region es möglicherweise ablehnen, weiter als bis Dunai zu gehen.

Man kann auch von Pokhara nach Dunai wandern, was 13 Tage dauert. Ferner können Sie eine längere Wanderung von Pokhara über Dolpo bis hin nach Jumla unternehmen.

Flug: Einmal wöchentlich fliegt eine Maschine von Kathmandu nach Jumla, wobei es jedoch fast unmöglich ist, einen Platz in ihr zu bekommen. RNAC nimmt für diese Verbindung Reservierungen frühestens 15 Tage vor dem Flug an. Schon in den Nächten vor den frühestmöglichen Reservierungstagen belagern Menschen aus Jumla das Büro der RNAC für Inlandsflüge, um bei der Vergabe der Plätze vorn zu stehen. Der zuverlässigste Weg, um nach Jumla zu gelangen, ist es, über Nepalgunj zu fliegen, oder zu versuchen, einen Platz in der einmal wöchentlich verkehrenden Maschine von Pokhara nach Jumla zu erhalten.

Der Flugplatz von Dolpo befindet sich bei dem Dorf Juphal auf einem Berg, rund 3 Stunden von Dunai entfernt. Der Flugplatz wird sowohl von Linien- als auch von Chartermaschinen angeflogen. Letztere transportieren Nahrungsmittel in die Region. Aufgrund der umfangreichen Nachfrage an Raum für den Personen- und Warenverkehr ist es schwierig, einen Platz für einen Flug nach Dolpo zu bekommen, während Flüge von Dolpo häufig einfach zu buchen sind, da in den Frachtmaschinen auf dem Rückflug Passagiere mitgenommen werden. Direkte Flugverbindungen zwischen Kathmandu und Dolpo gibt es allerdings nicht. Mit Ausnahme einer wöchentlichen Verbindung zwischen Pokhara und Dolpo führen alle Flüge über Nepalgunj.

Chaurjhari liegt 3 Stunden südlich von Dunai am Bheri. Ein guter, neuer Weg, fast ohne Steigung, führt von hier nach Dunai. Chaurjhari ist eine Alternative zu Dolpo, wenn Wind oder Schnee zu Verspätungen bei den Flügen führen.

Nepalgunj liegt im Terai in der Nähe der indischen Grenze. RNAC unterhält von hier aus Verbindungen zu verschiedenen Städten in West-Nepal, darunter zahlreiche Flüge nach Jumla, Dolpo und anderen Orten (teils interessanten, teils langweiligen) in der Region. Die tägliche Flugverbindung nach Nepalgunj ($1^1/_2$ Stunden) ist relativ zuverlässig, da die Maschine am Nachmittag startet, wenn weniger Nachfrage besteht. Für die 16stündige Fahrt im Nachtbus von Kathmandu nach Nepalgunj (540 km) zahlt man 150 Rs. Tagsüber liegt der Preis niedriger (120 Rs), aber dann benötigt der Bus auch mehr Zeit.

Nepalgunj ist kein aufregender Ort, aber da es sich um die größte Stadt der Region handelt, finden Sie hier eine bemerkenswerte Anzahl an Entwicklungshilfeprojekten sowie zwei mittelmäßige Hotels. Das Sneha und das Batika liegen beide an der Hauptstraße, 3 km vom Hauptbasar, 3 km von der indischen Grenze und 10 km vom Flughafen entfernt. Für ein Doppelzimmer zahlt man dort zwischen 300 und 350 Rs. Am Hauptbasar, dem Birendra Chowk, werden auch billigere Zimmer angeboten. So bieten das Shanti Shakya, das Narayani, das Karnali und das

Punam Guest House Unterkunft im einheimischen Stil. Das Essen besteht allerdings überall aus einfachem *Dhal Bhaat.*

Die Flugzeuge nach Jumla und Dolpo starten am frühen Morgen. Es ist schwierig, zu dieser Zeit von Nepalgunj zum Flughafen zu gelangen, so daß Sie am Abend zuvor eine feste Vereinbarung treffen sollten. Fahren kann man in Nepalgunj mit von Pferden gezogenen Tongas, Fahrradrikschas sowie einigen wenigen motorisierten Rikschas. Rechnen Sie mit ca. einer Stunde, um mit einer Tonga oder einer Rikscha zum Flughafen zu gelangen, und mit einer halben Stunde für die Fahrt mit einer motorisierten Riksha.

Hüten Sie sich vor den Gebühren, die bei Flügen nach Jumla und Dolpo für Übergepäck erhoben werden. Ohne Zuschlag dürfen maximal 15 kg mitgenommen werden. Für Übergepäck beträgt der Preis bei Flügen nach Jumla 24 Rs pro kg. Von Geschäftsleuten werden übrigens zahlreiche Frachtmaschinen gechartert, um Reis und andere Waren zu transportieren. Wer also Probleme hat, seine gesamte Ausrüstung selbst im Flugzeug mitzunehmen, kann es vielleicht mit einer dieser Maschinen schicken.

Die Flugpreise betragen für einen einfachen Flug:

Kathmandu – Jumla	127 US $
Kathmandu – Nepalgunj	99 US $
Nepalgunj – Jumla	44 US $
Nepalgunj – Dolpo	77 US $
Pokhara – Dolpo	87 US $
Pokhara – Jumla	99 US $

Die Flugzeit von Nepalgunj nach Jumla beträgt 35 Minuten. Der Flug führt von der Ebene über zahlreiche Gebirge in das weite Tila-Tal. Der Flugplatz von Jumla gehört zu den besten Flugpisten in den abgelegenen Regionen des Landes, denn die Start- und Landebahn ist 900 m lang und leicht anzufliegen. Aus diesem Grund sind die Verbindungen hier weit regelmäßiger als z. B. in Lukla. Nach der Ankunft am Flugplatz müssen Sie sich von der Polizei registrieren lassen. Dort sitzt ein Beamter und schreibt die Namen aller Passagiere auf – sowohl der Nepali als auch der Ausländer.

Jumla Bazaar ist 10 Minuten vom Flughafen entfernt. Hier finden Sie Läden, Apotheken, eine Bank, Armeelager und einen Polizeiposten sowie einige Restaurants an einer mit Steinen gepflasterten Straße. Unterkunft bieten das Hotel Rara neben dem Flugplatz sowie das Himalaya Trekking Hotel im westlichen Teil des Basars, unweit des Polizeipostens. In Jumla gibt es Strom und in einem Haus sogar Satellitenfernsehen. Die Hotels sind einfach, und das Essen besteht aus *Dhal Bhaat* und Kartoffeln. Zahlreiche Waren sind hier knapp oder fehlen völlig. Angeboten werden einige Fertiggerichte in Dosen, Marmelade und andere abgepackten Waren, aber wahrscheinlich werden Sie in Jumla keine Spezialitäten wie Müsli ausfindig machen können.

Jumla, das am Ufer des Tila entstand, gehört zu den höchstgelegenen Reisanbaugebieten der Welt (2.370 m). Im gesamten Tila-Tal sind Reisfelder angelegt worden, auf denen der einzigartige rote Reis gepflanzt wird, der zwar besser schmeckt als weißer Reis, jedoch von den meisten Einheimischen verachtet wird. Deshalb lassen Kaufleute weißen Reis nach Jumla einfliegen und transportieren ihn von hier aus in Karawanen mit Pferden, Eseln, Schafen und Ziegen zu den abgelegeneren Gegenden. Die Ziegenkarawanen in West-Nepal sind faszinierend. Hierbei werden Herden von 100 oder mehr Schafen und Ziegen mit winzigen wollenen Satteltaschen beladen, die 10 kg Reis fassen. Dann treibt man die Tiere durch das Land und läßt sie unterwegs weiden. Hunderte von kg Reis und Zucker werden auf diese Art durch West-Nepal transportiert.

Die Menschen in dieser Region sprechen eine eigene Version der Landessprache. Ein Nepali aus Kathmandu kann sie kaum verstehen, wenn sie sich untereinander unterhalten. Sie verwenden zahlreiche merkwürdige Redewendungen in ihrer Sprache. Ein Träger aus dieser Gegend sagte mir einmal, daß die Wanderung zum nächsten Dorf einfach sei, indem er sie als *sasto* („billig") beschrieb. So bezeichnete er auch einen Weg als kürzer als einen anderen, indem er ihn *ek bhaat* nannte, was übersetzt „ein Reis" oder „eine Mahlzeit" bedeutet- eine charmante Art, um einen halben Tag zu bezeichnen.

Trotz des umfangreichen Reisanbaus herrscht in dieser Region chronischer Nahrungsmittelmangel. Die meisten Flüge von Nepalgunj nach Jumla dienen daher dem Transport von Reis und anderen Grundnahrungsmitteln, so daß es schwierig ist, in Jumla Bazaar genug Proviant für eine Wanderung zu kaufen. Es ist vorzuziehen, den gesamten Proviant aus Kathmandu mitzunehmen – wenn Sie dafür Platz im Flugzeug erhalten.

In Jumla stehen einige wenige Träger zur Verfügung, die jedoch teuer sind und keine Fremdsprache beherrschen, auch Englisch nicht. Zudem sind sie nicht besonders daran interessiert, ihre Häuser zu verlassen. Trotzdem hatte ich einmal in Jumla das Glück, zwei Teams ausgezeichneter Träger anheuern zu können, die anders als die im übrigen Nepal auch gewillt waren, Ladungen an einem Tag über lange Strecken zu transportieren.

Die Einwohner dieser Region sind Thakuri, eine Kaste der Chhetri, die den höchsten sozialen, politischen und rituellen Status innehat. Besucher aus dem Westen, die von den Angehörigen hoher Hindu-Kasten geringgeschätzt werden, sind in den Häusern der Thakuri traditionell nicht willkommen. Aus diesem Grund sind Hotels selten und – soweit überhaupt vorhanden – hauptsächlich für Einheimische bestimmt. Konsequenterweise sollten Sie in der Gegend von Jumla keine Teehaus-Wanderung planen.

VON JUMLA ZUM RARA-SEE

Der Rara-See (2.980 m) bildet den Mittelpunkt des Nationalparks Rara-See und ist bei Bergwanderungen das beliebteste Ziel in West-Nepal. Die Route ist sehr weit „abgelegen" von den üblichen Wegen des Tourismus und zeigt Schimmer von Kulturen und Landschaften, die sich von denen des übrigen Nepal deutlich unterscheiden. Der Rara ist ein klarer Hochgebirgssee, umgeben von Kiefern-, Fichten- und Wacholderbeerwald sowie den schneebedeckten Gipfeln des Himalaja. Im Winter liegt auf den Bergkämmen, die den See umgeben, häufig Schnee. Am See lebt heute niemand mehr, denn die Regierung hat alle Menschen aus Rara und Chapra umgesiedelt, als das Gebiet zum Nationalpark erklärt wurde.

Die Wanderung zum Rara-See ist recht anstrengend und wird leicht kostspielig, da sowohl Proviant als auch Arbeitskraft in dieser Region des Landes rar und sehr teuer sind. Wer sich nach der Einsamkeit der unberührten Natur sehnt und die logistischen Probleme bewältigen kann, trifft mit dieser Tour aber eine gute Wahl.

1. TAG: VON JUMLA NACH DANPHE LAGNA

Für dieses Teilstück stehen zwei Routen zur Auswahl. Nehmen Sie aber bei Schnee den längeren, tiefer gelegeneren Weg.

Die obere Route: Folgen Sie der Hauptstraße von Jumla in Richtung Norden das Flußtal hinauf, vorbei an dem Krankenhaus mit dem roten Dach. Der breite, ebene Pfad führt an den Gebäuden des College zu einer Siedlung, die als Campus bezeichnet wird. Man gewinnt langsam an Höhe und wandert an einer Reihe von sehr westlich aussehenden Häusern vorbei. Das sind die Wohnungen der Lehrer und Verwaltungsangestellten des Karnali Technical Institute, einer Berufsschule in Ghummurti, kurz oberhalb von Jumla. Der Schulkomplex (2.550 m) besteht aus mehr als 40 Gebäuden. Die Bildungseinrichtung wird von der United Mission to Nepal betrieben. Hier werden ca. 150 Einheimische in den Fachrichtungen Landwirtschaft, Maschinenbau und Gesundheitswesen ausgebildet.

Nach einem langen Aufstieg hinter der Schule führt die Wanderung durch Sisnamul (2.830 m) und dann in einen Wald mit hohen Bäumen, der bald in Weiden übergeht. In 2.060 m Höhe gelangt man nach Chere, einer großen Pferde- und Schafweide mit einigen offenen Hirtenhütten. Hinter Chere wird der Weg steiler und zieht sich durch Weiden. Er ist bei schweren Schneefällen jedoch nicht mehr passierbar. Vom Paß (3.600 m) blickt man auf den Patrasi Himal (6.080 m) und den Jagdula Hi-

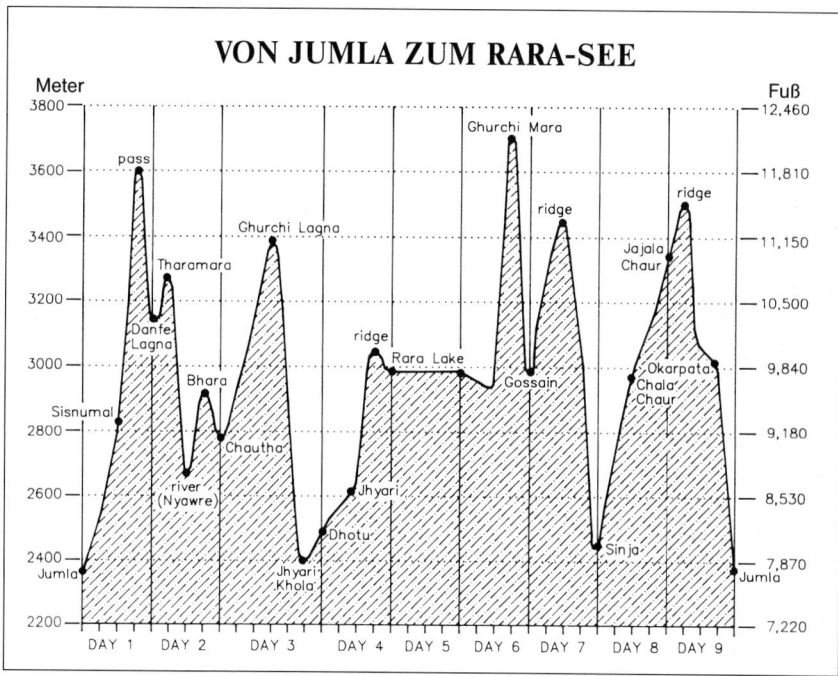

VON JUMLA ZUM RARA-SEE

mal (5.785 m) im Osten. Der Pfad zieht sich nun sanft durch Fichten-, Birken- und Rhododendronwald nach Danphe Lagna (3.130 m). Hier steht auf einer schönen Weide neben einem klaren Bach ein einziges Haus. Es ist im allgemeinen möglich, im nahegelegenen Wald den Danphe- (oder Impeyan-)Fasan zu beobachten, den farbenprächtigen Nationalvogel Nepals.

Die untere Route: Von Jumla folgt der untere Pfad zum Rara-See zunächst dem Nordufer des Tila und verläuft dann nördlich am Chaudhabise entlang. Während man am Fluß entlanggeht, verschwindet das Jumla-Tal lang-

sam hinter einem Bergkamm. Dabei geht es ohne größeres Auf und Ab durch Felder und Kiefernwald. Das erste Dorf auf dieser Strecke ist Uthugaon (2.530 m). Ein guter Zeltplatz befindet sich hier in der Nähe der Schule, vom Dorf aus gesehen auf der anderen Seite des Flusses.

Hinter Uthugaon beginnt der Aufstieg durch das Tal des Ghurseni Khola, erst langsam, dann jedoch steiler. Die Schlucht wird sehr eng und ist von Felswänden begrenzt, die an beiden Seiten fast senkrecht abfallen. Nun bahnt sich der Pfad durch tiefen Kiefern-, Fichten- und Tannenwald den Weg bergauf. Die große Chhetri-Ortschaft Padmora, das

367

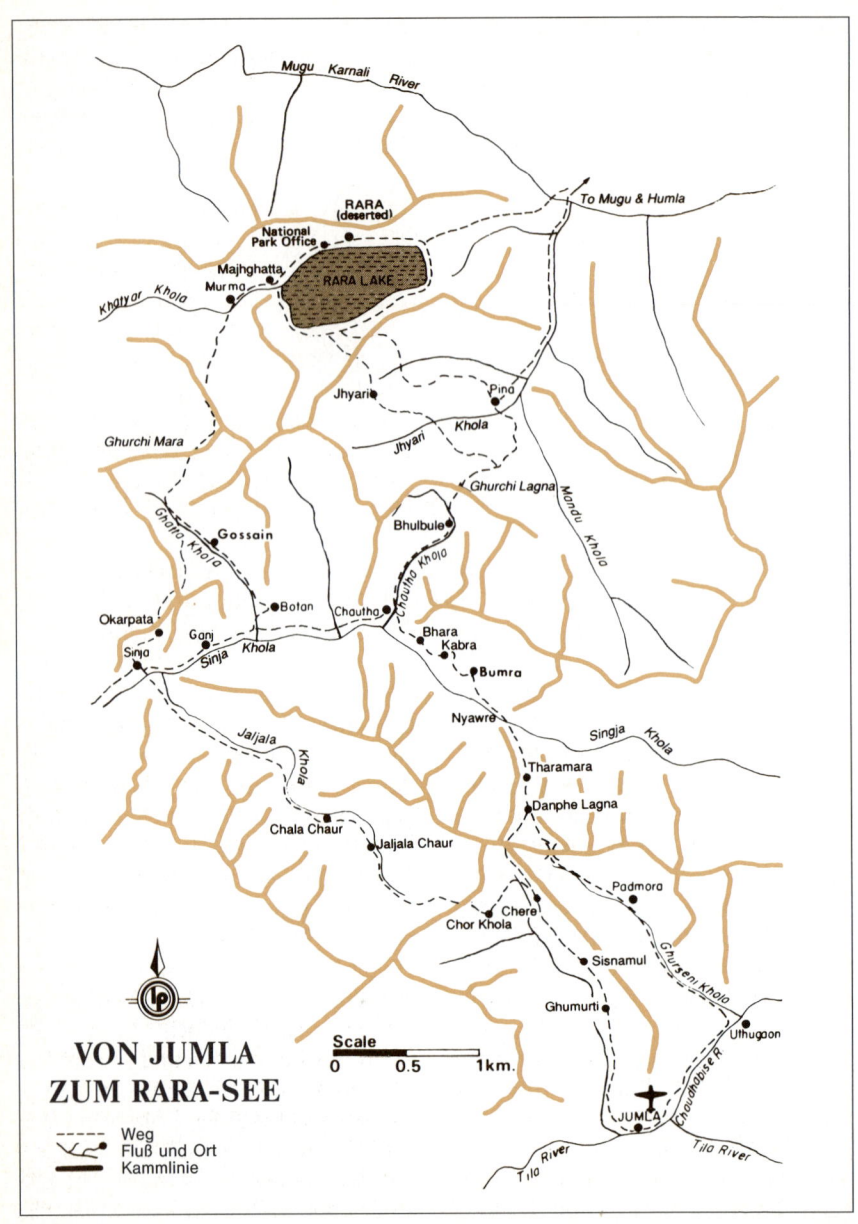

VON JUMLA ZUM RARA-SEE

Scale
0   0.5   1km.

- - - - Weg
Fluß und Ort
Kammlinie

letzte Dorf im Tal, ist in ca. 2.900 m Höhe gelegen. Man setzt von hier aus die Wanderung durch Wald weiter bis zum Paß in 3.400 m Höhe fort. Dann geht es hinunter nach Danphe Lagna auf der gegenüberliegenden Seite. Für diese Route benötigt man einen halben Tag länger als für die obere.

2. TAG: VON DANPHE LAGNA NACH CHAUTHA

Langsam zieht sich der Pfad am Bach entlang zu zwei *Bhattis* in Tharamara (3.280 m). Der Abstieg wird steil und führt durch Tannen-, Birken-, Walnuß- und Bambuswald zu einem einsamen Haus in Hiran Duski (2.840 m). Nach einem kurzen Weg ohne Steigungen oder Gefällstrecken wandert man im Zickzack hinunter zum Sinja Khola, den man auf einer Brücke aus Holzplanken (2.680 m) überquert. Folgen Sie dem Sinja Khola flußabwärts zu einigen Teeläden in Nyawre (2.660 m) und nehmen Sie dann den Weg durch Kartoffel- und Weizenfelder in der Nähe des Flußbettes. Ein neuer, breiter Pfad, der steil den Bergkamm hoch verläuft, ist länger und schwieriger als jener, der dem Fluß folgt.

Man verläßt schließlich das Flußbett und beginnt einen größeren Aufstieg vorbei an Marihuana-Feldern unterhalb von Bumra und über einen Bergkamm in ein Seitental, um schließlich hinunter zu einem Bach zu gelangen, den man in der Nähe einiger wassergetriebener Mühlen überquert. Eine Reihe steiler, gefährlicher Serpentinen bringt Sie nach Kabra – einem haarsträubenden Hotel und einer schmutzigen Gesundheitsstation unter einem überhängenden Felsen. In der Gesundheitsstation hat man sich auf die ayurvedische Medizin spezialisiert. Der Felsen ist die Quelle für Silaji, ein Mineral, das derart erstaunliche Kräfte besitzen soll, daß es von hier nach Jumla getragen, dann nach Nepalgunj geflogen und anschließend nach Indien exportiert wird. Es heißt, der Stein habe enorme medizinische und therapeutische Kräfte. Ich kaufte etwas davon in Kathmandu, denn ich hatte gelesen, daß „es kaum eine heilbare Krankheit gibt, die nicht mit der Hilfe von Silaji unter Kontrolle gebracht oder geheilt werden kann".

Der steile Aufstieg setzt sich noch eine Weile fort, aber dann wird der Weg vor Bhara (auch Bhadgaon genannt) in 2.910 m Höhe ebener. Es handelt sich um ein klassisches Dorf im tibetischen Stil, umgeben von schönen Weizenfeldern. Hinter dieser großen Ortschaft biegt der Pfad in ein großes Tal ab und führt dann hinunter zu einem kleinen Bach, dem Chautha Khola. Gleich auf der anderen Seite des Baches befindet sich die winzige Siedlung Chautha (2.770 m) mit zwei Läden und einer Schule. Das Hotel Bhandari bietet hier ein einfaches Dach über dem Kopf. Wer zeltet, sollte es in den Feldern vor dem Dorf versuchen oder noch eine Stunde weiter das Tal hoch wandern und im Wald am Bach übernachten. Der Pfad, der aus dem Dorf in Richtung Süden hinausführt, folgt dem Sinja Khola bis nach Sinja. Der Weg zum Rara-See führt in Richtung Norden den Chautha Khola hinauf. Nach der Überlieferung der Einheimischen soll der Ort auf halbem Weg zwischen Jumla und dem Rara-See gelegen sein.

3. TAG: VON CHAUTHA NACH DHOTU

Ein felsiger Pfad folgt dem Bach bergauf und überquert ihn an der Stelle, an der das bewaldete Tal enger wird. Etwa eine halbe Stunde hinter Chautha verbreitet sich der Weg, und man gelangt zu einem einsamen Haus und einigen Feldern in Chante Chaur (2.940 m). Der Aufstieg setzt sich fort bis nach Bhulbule (3.130 m), dem Eingang zum Nationalpark Rara-See. Zahlen Sie hier die 250 Rs Eintritt und trinken Sie eine Tasse Tee in einem *Bhatti* fünf Minuten hinter dem Eingang. Oberhalb von Bhulbule kommt man zu einer riesigen Weide ohne Bäume und wandert langsam, aber stetig zu einer Gruppe von *Chorten*, Steinpyramiden und Gebetsfahnen auf den Ghurchi Lagna-Paß hinauf (3.450 m). Vom Paß aus blickt man auf den Mugu Karnali und die schneebedeckten Gipfel im angrenzenden Tibet.

Der Wanderweg folgt der Handelsroute durch das Tal des Mandu Khola nach Mugu. Vom Paß aus geht es langsam hinunter auf einem breiten Pfad zu einer Hütte, dann steil auf einem schlechten Weg durch Fichtenwald, bis der Pfad auf ca. 2.900 m Höhe, 45 Minuten unterhalb des Passes, ebener wird. Hier stößt man auf eine Kreuzung. Möglicherweise ist sie noch immer mit einem Holzschild gekennzeichnet, auf dem in roter Schrift der Hinweis „Rara" steht. Der unauffällige Pfad zur Linken ist eine neue, direkte Route zum Rara-See. Der breite Weg, der geradeaus führt, bringt Sie zu dem Dorf Pina (2.400 m) und weiter bis nach Mugu. Der neue Pfad verläuft zunächst mehr oder weniger eben durch Kiefernwald und dann bergab zum Jhyari Khola in 2.400 m Höhe. Ein weiterer, einfacher Abschnitt der Wanderung zieht sich zu der kleinen Ansiedlung Dhotu, einem Armeelager.

4. TAG: VON DHOTU ZUM RARA-SEE

Überqueren Sie einen Bach und beginnen Sie dann den steilen Aufstieg zu dem Thakuri-Dorf Jhyari in 2.630 m Höhe. Es liegt in einem malerischen Hain aus riesigen Zedern. Weiter geht es bergauf durch Wald zu einer weiten Weide auf einem 3.050 m hohen Bergkamm, der einen großartigen Blick auf den Rara-See bietet. Von hier zum See ist es nur noch ein kurzes Stück. Am Südufer des Sees sind jedoch keine Zeltplätze vorhanden. Der Hauptsitz der Nationalparkverwaltung und ein Zeltplatz liegen an der Nordseite. Man benötigt noch mindestens zwei Stunden für den Weg um den See herum bis zum Zeltplatz. Das Verbot der Verwendung von Feuerholz wird strikt überwacht, so daß Sie Ihre Mahlzeiten auf einem mit Kerosin betriebenen Kocher zubereiten sollten.

5. TAG: AM RARA-SEE

Der Rara-See (3.062 m) ist der größte See in ganz Nepal. Die Uferlinie ist ca. 13 km lang und es wert, einen Tag zu opfern, um sie zu umwandern. Die Region, die 1975 zum Nationalpark erklärt wurde, bietet Abgeschiedenheit und unberührte Natur, wie man sie in keinem anderen Teil Nepals findet. Es gibt hier einige wenige Häuser der Parkwächter und Überreste der heute verlassenen Dörfer Rara und Chapra an der Nordseite des Sees, aber davon abgesehen ist es eine isolierte Region, in der die Blumen, die Vogel- und die übrige Tierwelt gut gedeihen. Zu den Säugetieren, die in diesem Gebiet beheimatet sind, gehören der Himalaja-Bär, der Himalaja-Tahr, der Serow, der Goral, Moschuswild, der rote Panda, Rhesusaffen sowie Languren. In dem 170 m tiefen See leben sowohl Otter als auch Fische. Außerdem ist er ein wichtiger Rastplatz für Zugvögel.

6. TAG: VOM RARA-SEE NACH GOSSAIN

Auch wenn Sie auf dem gleichen Weg nach Jumla zurückgehen können, ist es lohnender, eine andere Route für den Rückweg zu wählen. Von der Brücke am westlichen Ende des Rara-Sees folgt ein Pfad dem Khatyar Khola (dessen oberer Lauf Nisa genannt wird) zu einem kleinen Hotel in der Siedlung Majhghatta, ca. 15 Minuten hinter der Brücke. Von hier aus besteht eine Verbindung nach Murma. Um zurück nach Jumla zu gelangen, können Sie den unteren Weg nehmen, der langsam zum Fluß führt, dann diesen auf einer Brücke aus Holzbrettern überqueren, wie auch einen weiteren Bach, an dem eine altersschwache Mühle steht, die langsam verfällt. Ein kleiner Weg führt geradeaus den Berg hinauf. Er zieht sich zuerst durch ein Gebiet, das mit Kiefern wieder aufgeforstet wurde, dann durch Fichten- und Rhododendronwald.

Der Aufstieg setzt sich weniger steil durch Kiefern- und Birkenwald fort. Später wandert man über Weiden zu einem Bergkamm in 3.660 m Höhe. Während der Pfad sich um den Kopf eines riesigen Tales zum Gipfel des Ghurchi Mara (3.710 m) zieht, kann man auf den nun weit unten gelegenen Rara-See blicken. Bei klarem Wetter hat man zudem von der Spitze des Bergkammes einen ausgezeichneten Blick auf den westlichen Himalaja. Der Pfad führt schließlich hinunter in das Tal des Ghatta Khola und dann nach Gossain, das von den Einheimischen als „der Posten" bezeichnet wird, womit man sich auf den Polizeiposten bezieht. Eine unauffällige Kreuzung erreichen Sie auf 3.000 m Höhe, etwa eine Stunde unterhalb des Passes, kurz bevor der Hauptpfad auf den Ghatta Khola trifft. Bei diesem Weg handelt es sich um eine weitere Route nach Sinja.

7. TAG: VON GOSSAIN NACH SINJA

Nun stehen zwei Möglichkeiten zur Auswahl.

Der lange Weg: Diese Route führt das Tal des Ghatta Khola hinunter und folgt dann flußabwärts dem Sinja Khola bis nach Sinja. Übernachten kann man auf mehreren ausgezeichneten Zeltplätzen am Ghatta Khola, und dies sowohl unter- als auch oberhalb von Gossain. Nachdem Sie an Botan vorbei am Ghatta Khola entlang gewandert sind, erreichen Sie den Sinja Khola. Von hier aus ist es nur noch ein kurzes Stück bergab bis zu einem fruchtbaren Tal auf einem vor kurzem instandgesetzten Pfad durch eine dicht besiedelte Region bis nach Sinja.

Der kurze, steile Weg: Bleiben Sie hoch oben am Hang des baumlosen Ghatta Khola-Tales. Von hier aus sieht der Polizei-„Posten" in Gossain aus wie eine klassische amerikanische Westernranch in einem schönen, grünen Tal in einem Hollywood-Film. Der Pfad führt zu einem Bach hinab und zieht sich dann eine große Schlucht hinauf zu einem Bergkamm in 3.450 m Höhe. Man kann auf diesem Stück bis nach Sinja leicht vom Weg abkommen, so daß es sehr zu empfehlen ist, einen einheimischen Führer anzuheuern, wenn dies möglich ist. Zuerst müssen Sie dem linken Pfad folgen und soweit oben wie möglich auf dem Kamm bleiben, wobei man durch Seitentäler wandert und langsam hinunter zu dem Dorf Okarpata in 3.070 m gelangt. Das ist eine große Ortschaft aus weiß gekalkten Häusern mit flachen Dächern, umgeben von riesigen Feldern, auf denen Weizen und Gerste angebaut werden, sowie umgeben von großen Obstgärten. Der Pfad zieht sich hinunter zu einem Bach und

dann steil einen steinigen Weg den Kamm hinab bis nach Sinja, einem Dorf am Ufer des Sinja Khola (2.440 m), dessen Einwohner den Volksgruppen der Chhetri und der Brahmanen angehören.

Vom 12. bis 14. Jahrhundert wurde das westliche Nepal von Herrschern der Malla-Dynastie regiert. Damals war Sinja die Hauptstadt des Malla-Königreiches. Die Ruinen dieser Stadt sind noch auf der anderen Seite des Flusses zu sehen. Bei dem großen Tempel auf der Spitze eines Vorgebirges handelt es sich um den Bhagwati Than. Er ist Bhagwati gewidmet, einer Gottheit der Gerechtigkeit, die auf einem Tiger reitet. Die großen Bauten auf der anderen Seite des Flusses gegenüber vom Dorf sind Behörden sowie eine Schule.

8. TAG: VON SINJA NACH JALJALA CHAUR

Es ist sehr schwierig, Jumla im Laufe eines einzigen Tages von Sinja aus zu erreichen, so daß es am besten ist, die Wanderung für eine Nacht auf den Hochweiden in der Nähe des Bergkammes zu unterbrechen. Hinter Sinja überquert man den Sinja Khola auf einer hölzernen Auslegerbrücke. Dann beginnt ein langer Weg den Jaljala Khola hinauf. Nachdem man einige kleine Dörfer und den Pfad zum Tempel hinter sich gelassen hat, überquert man den Fluß mehrmals auf einer Reihe von kuriosen Brücken aus Balken. Überwiegend wandert man durch Kiefern-, Birken- und Eichenwald, der jedoch von einigen einsamen Häusern und

Mais- sowie Gerstenfeldern unterbrochen wird. Von Chala Chaur, einer Weide mit einigen Hirtenhütten in 3.270 m Höhe, zieht sich der Pfad steil hinauf nach Jaljala Chaur (3.270 m), einer riesigen Weide, auf der zahlreiche Pferde grasen.

9. TAG: VON JALJALA CHAUR NACH JUMLA

Nun müssen Sie durch den Wald bis zu einer weiteren Weide kurz unterhalb des Bergkammes in 3.510 m Höhe hinaufwandern und dann hinunter zu einigen wenigen Häusern in Chor Khola (3.090 m). Über einen Bach und um den Kopf des Tales herum verläuft der Pfad weiterhin oben, um schließlich über einen zweiten Bergkamm zu führen und in Chere (3.010 m) auf die „hohe Route" zu treffen. Der Weg hinunter entspricht in umgekehrter Richtung der Wanderung am 1. Tag und führt durch Sisnamul, vorbei an der Schule in Ghummurti und dann vom Campus-Dorf nach Jumla Bazaar.

VON JUMLA NACH DOLPO

Dolpo ist der abgelegenste und am wenigsten entwickelte Verwaltungsbezirk des Landes. Auch wenn einige wenige Anthropologen und Geographen die Region erkunden konnten, war sie für Trekker bis zum Jahr 1989 völlig gesperrt. Dann wurde der südliche Teil des Bezirks für organisierte Trekking-Gruppen geöffnet. Seit 1990 ist auch Individual-Trekkern die Region zugänglich, wenn sie im Besitz einer besonderen Trekking-Genehmigung sind, die 10 US $ pro Woche kostet und nach einigen bürokratischen Formalitäten erhältlich ist. Wenn man eine Trekking-Tour nach Dolpo unternehmen will, muß man berücksichtigen, daß es an der Route keine Teehäuser gibt. Ich traf zwar einige Trekker, die hier gewandert waren und Nahrungsmittel in den Dörfern gekauft hatten. Sie mußten allerdings eine harte Zeit hinter sich bringen. Weit besser steht man sich in dieser Region, wenn man eine Wanderung mit voller Ausrüstung plant.

Man erreicht Dolpo von Jumla in 6 Tagen, von Dhorpatan in 10 bis 12 Tagen, von Surkhet in 9 Tagen und von Sallyan in 5 Tagen. Auch von Jomsom könnte man Dolpo in 11 Tagen erreichen, aber das ist auf eigene Faust nicht erlaubt. In Juphal, einen halben Tag vom Verwaltungssitz Dunai entfernt, befindet sich der Flugplatz des Bezirks. Einen weiteren Flugplatz gibt es in Charjhari, 4 Tage von Dunai entfernt.

Peter Matthiessen mit seinem Buch *Auf der Spur des Schnee-Leoparden* und Snellgrove mit seinem Buch *Himalayan Pilgrimage* haben zu der Mystik um den Bezirk und seiner Anziehungskraft beigetragen. Beide Schriftsteller besuchten den *Gompa* Shey im Norden des Phoksumdo-Sees. Wie im Jahre 1990 ist

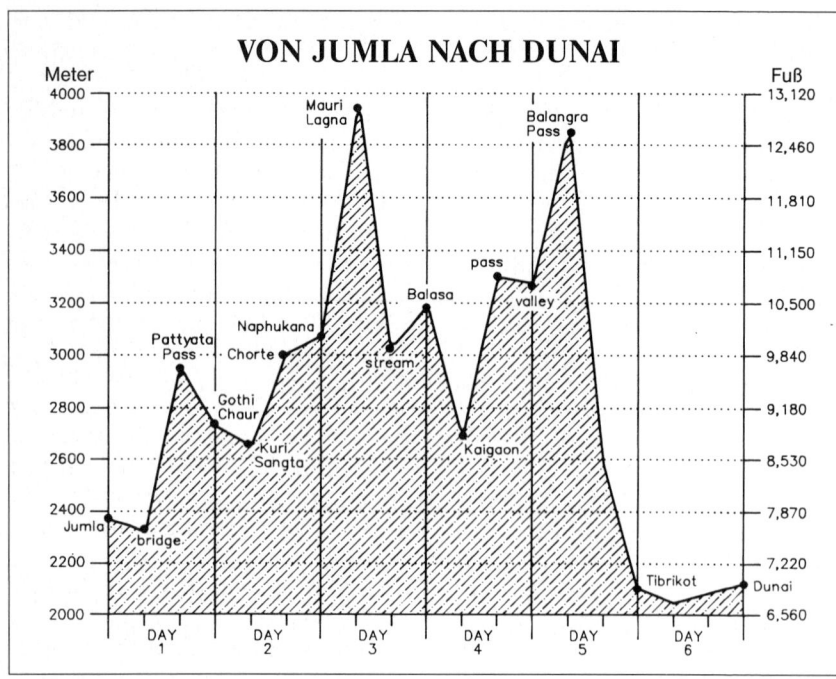

VON JUMLA NACH DUNAI

Shey jedoch noch immer für Trekking-Touren auf eigene Faust gesperrt. Man erzählt, daß dies u. a. auf den Diebstahl von Statuen aus den Klöstern vor einigen Jahren zurückzuführen sei. Es ist zwar möglich, sich Dörfer im tibetischen Stil im „inneren" Dolpo in Tarap und am Phoksumdo-See anzusehen, aber überwiegend steht der südliche Teil des Bezirks unter hinduistischem Einfluß.

In diesem Abschnitt werden die Wanderung von Jumla nach Dunai, Abstecher zum Phoksumdo-See und Tarap sowie eine alternative, höhergelegene Route über den Kagmara La nach Dolpo beschrieben. Sie finden hier zudem kurze

Hinweise für eine Wanderung von Pokhara nach Dolpo. Alle genannten Strecken können zu einer langen Trekking-Tour von 25 bis 30 Tagen Dauer von Pokhara über Dolpo nach Jumla zusammengefaßt werden.

1. TAG: VON JUMLA NACH GOTHI CHAUR

Am besten ist es, nach Jumla zu fliegen und dann den Rest des Tages damit zu verbringen, Träger anzuheuern sowie in letzter Minute noch fehlenden Proviant und Sonstiges zu kaufen. Wer nach Jumla fliegt und noch am selben Tag mit der Wanderung beginnt, muß wahrscheinlich die Rastplätze anders als hier vorgeschlagen wählen, da man einen vollen Tag bis nach Gothi Chaur benötigt.

Von Jumla (2.370 m) führt der Weg am Flughafengebäude vorbei zum östlichen Ende der Start- und Landebahn, zieht sich dann an mehreren wassergetriebenen Mühlen vorbei und schließlich hinab zur Mündung des Tila Khola in den Juwa Nadi in 2.330 m Höhe. Überqueren Sie die beiden Flüsse auf Auslegerbrücken, die den Eindruck erwecken, als würden sie durch riesige Wäscheklammern zusammengehalten. Am oberen Teil des Juwa Nadi wird in großem Umfang Wald abgeholzt. Die Holzfäller werfen dort die Baumstämme ins Wasser. Die Stämme treiben dann den Fluß hinunter zu der Stelle, an der sie aus dem Wasser gezogen und zu Balken zerkleinert werden, die in Jumla und in den benachbarten Orten verwendet werden. Anders als bei den meisten Flüssen in Nepal, die mit Schwemmsand angefüllt sind, ist das Wasser des Tila wie auch das des Juwa klar, da beide nicht von Gletschern gespeist werden.

Der Pfad zieht sich sanft durch ein fruchtbares Tal mit Reisterrassen am Südufer des Tila bis Depal Gaon. Auf dem Weg nach Jharjwala überquert man zahlreiche Bewässerungskanäle, verläßt dann den Tila Khola und wandert einen Bergkamm hoch zu den kleinen Dörfern Bhajkati, Dugri Lagnu und schließlich Dochal Ghara in 2.530 m Höhe. Folgen sie nicht dem steilen Pfad, der hier bergauf führt, sondern dem unteren Weg, der Sie am Ufer eines Baches entlang zu einer Weide in 2.830 m Höhe bringt.

Hinter der Weide geht es hinauf zu einer Steinpyramide am Pattyata-Paß (2.830 m). Von hier aus wandert man hinunter zu einem großartigen alpinen Amphitheater, das von diesem Punkt aus völlig unbewohnt erscheint. Versteckt hinter einem Bergkamm befindet sich in dem isolierten Tal eine staatliche Forschungsstation zur Schafzucht, jedoch kein Dorf. Der Pfad zieht sich hinter den Gebäuden der Forschungsstation in Gothi Chaur hinunter zu einem Bach am Ende des Tales. Hier sind an einer Quelle einige Skulpturen aus dem 13. Jahrhundert zu sehen, die aus der Zeit der Malla-Herrscher stammen.

2. TAG: VON GOTHI CHAUR NACH NAPHUKANA

In Gothi Chaur befindet sich eine weitere Kreuzung. Nehmen Sie dort nicht den Weg, der bergauf aus dem Tal hinausführt, sondern wandern Sie statt dessen flußabwärts durch den Wald zu einer Reihe von Wassermühlen in Kuri Sangta (2.660 m). Ein guter Zeltplatz befindet sich ein Stück hinter der Stelle, an der der Kuri Sangta Khola in den Tila Khola mündet.

Man befindet sich nun wieder im Tal des Tila und wird am nächsten Tag dem Fluß bis zu seiner Quelle folgen. Oberhalb der gegenüberliegenden Seite des Flusses sind die großen Dörfer Gothigaon und Khudigaon sichtbar. Der Pfad überquert den Tila und führt dann vorbei an Mais- und Kartoffelfeldern, die zu diesen Dörfern gehören, sowie

schließlich durch Weizen- und Gerstenfelder wie auch an schönen Weiden voller Pferde und Kühe entlang.

Der Fluß teilt sich in Munigaon, einem
Dorf mit einer komplexen Mischung
von Einwohnern, zu denen Chhetri,
Thakali und Tibeter gehören. An der
Kreuzung in Muni Sangu sind mehrere
Häuser und der Anfang eines Hotel-
baus zu sehen. Halten Sie an und hinter
den Häusern einmal nach den einzigartigen geschnitzten Holzgesichtern Ausschau, die im Tal des Thulo Bheri weit
verbreitet sind. Sie heißen *Dok-Pa* und
sollen Schutz vor dem Bösen bieten.
Am Kontrollposten der Polizei in Muni
Sangu ist die Trekking-Genehmigung
vorzuzeigen.

Die Wanderung folgt an der Stelle, an
der sich das Tal verengt und man in einen Kiefern-, Pappel- und Ahornwald
gelangt, dem linken Weg und damit
dem wichtigsten Quellfluß des Tila
Khola. Man bleibt auf der linken Seite
des Flusses und läßt die verschiedenen
Brücken, zu denen man gelangt, unbeachtet. Ein kurzes Stück hinter Chagri-
kot (2.900 m), das aus einer Gruppe von
Häusern besteht, die auf der gegenüberliegenden Seite des Flusses an den
Hang gebaut wurden, überquert man
schließlich den Fluß und wandert zu
den grauen Steinhäusern von Chotra
hinauf (3.010 m). Die Einwohner von
Chotra sind Khampa, Menschen aus
Ost-Tibet, die sich traditionell zum Buddhismus bekennen. Im Dorf kann man
sich die typisch tibetischen Mani-Mauern sowie einen Kani-Bogen über dem
Pfad ansehen. Trotz ihrer Herkunft ha-

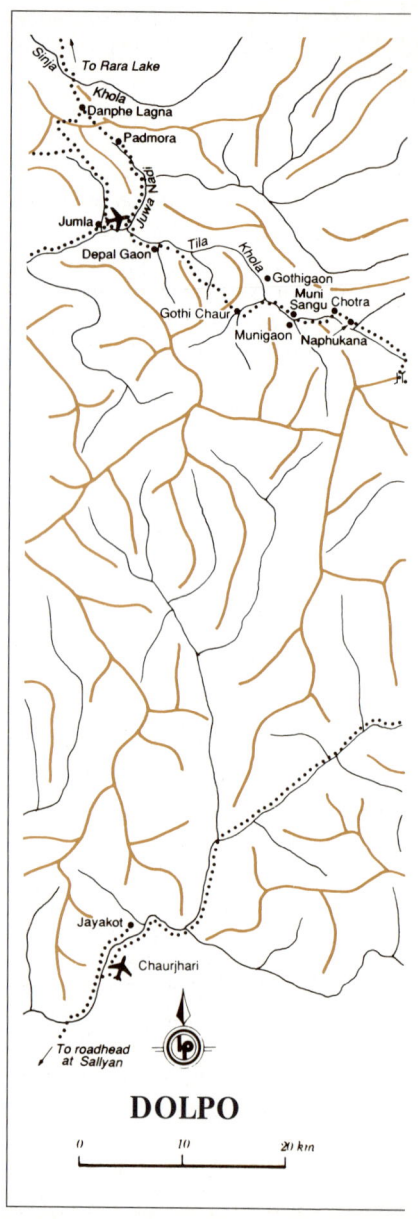

DOLPO

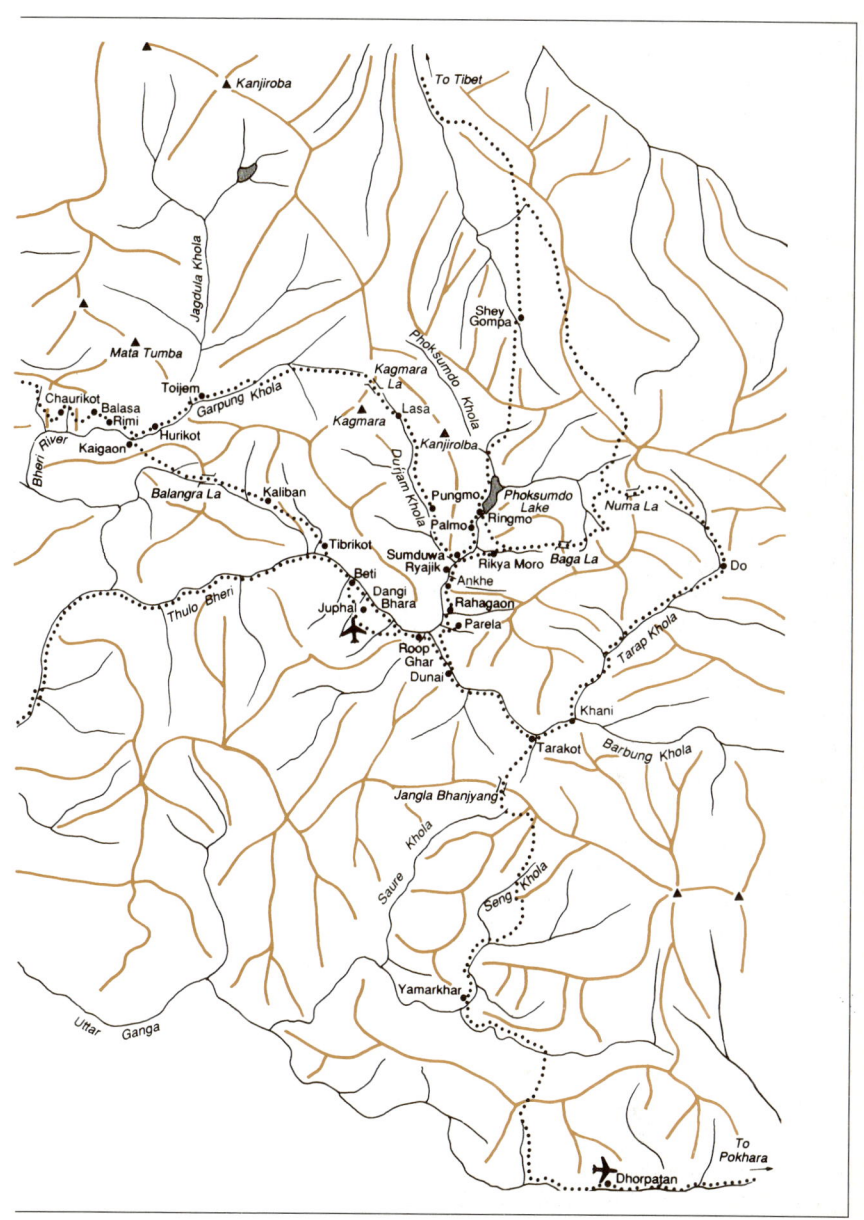

ben die Dorfbewohner vor langer Zeit hinduistische Namen sowie die Kleidung und Traditionen von Hindus angenommen, um sich besser in die vorherrschende nepalische Gesellschaft einzugliedern.

Ein kurzes Stück hinter dem Ort liegt die tibetische Siedlung Naphukana auf 3.080 m Höhe. Der große *Gompa* oberhalb des Dorfes ist der Urgan Sanga Choling, in dem Tulku Tsewang Dorji Lama vor kurzem als Rimpoche, als „wiedergeborener Lama", eingesetzt wurde. Die Dorfbewohner von Naphukana halten große Yak- und Pferdeherden. Unweit des Ortes befindet sich ein Zeltplatz, aber bessere Plätze zum Übernachten finden Sie eine Stunde weiter auf einer Weide in 3.200 m Höhe.

3. TAG: VON NAPHUKANA NACH BALASA

Während man an den steinigen Feldern von Rapati Chaur vorbei durch von Moos bedeckten Wald wandert, wird der Weg steiler. Nachdem man einen Bach, der in den Tila Khola mündet, überquert hat, gelangt man auch über den Tila Khola und beginnt einen anstrengenden Aufstieg durch Birken-, Eichen- und Rhododendronwald zum Mauri Lagna-Paß. Wer im Frühling wandert, geht den letzten Abschnitt des Weges zum Paß durch Weiden, auf denen blaue Lilien, Azaleen sowie Rhododendron blühen. Im Winter ist der Pfad allerdings unter tiefem Schnee verborgen. Vom Paß (3.820 m) blickt man auf die schneebedeckten Gipfel des Gutumba (5.608 m) sowie des Mata Tumba

(5.767 m) im Norden und des Bhalu Himal (5.460 m) im Osten.

Hinter dem Paß geht es ein wenig bergab. Dann folgt ein langer Weg über ein Gebiet, das gefährlich werden kann. Ein tibetischer Träger erzählte mir, daß hier einmal vor einigen Wintern 20 Yaks von einer Lawine den Hang hinuntergerissen worden seien. Am Ende dieser Strecke, die durch eine Steinpyramide gekennzeichnet ist, beginnt ein steiler Aufstieg in einen Kiefern- und Eichenwald, bei dem man an einigen Hirtenhütten vorbeiwandert, bevor man einen Bach in 3.110 m Höhe erreicht. Der Pfad verläuft weiter im Wald und zieht sich nach einigen Auf- und Abstiegen zu einem Bergkamm in 3.140 m Höhe hinauf. Hier biegt der Weg ins Bheri-Tal ein, wobei er hoch an der Seite des Bergkammes bleibt, man allerdings mehrmals durch Seitentäler gelangt. Sie wandern nun auf dem Weg nach Chaurikot (3.060 m) an vereinzelten Häusern sowie Mais- und Kartoffelfeldern vorbei. Es ist allerdings nicht möglich, im Ort zu zelten oder in einem Hotel zu übernachten. Nicht einmal ein Laden ist in diesem großen Khampa-Dorf zu finden, in dem Kinder jedoch bereits darin geübt sind, ihre Frage nach „Pens" zu stellen.

Ich traf in Chaurikot einmal einen 67-jährigen Mann, der behauptete, daß der Großvater seines Großvaters aus Kham in Ost-Tibet hierhergekommen sei. Er trug den ungewöhnlichen Namen Pemba (einen tibetischen Vornamen) Budhathoki (einen rein hinduistischen Nachnamen) und – wie so viele Männer in diesem Teil Nepals – einen Turban im afghanischen Stil.

Anthropologen rechnen diese Menschen den Matwali-Chhetri zu, deren Wurzeln bis nach Kumaon in Indien zurückgehen. Ihre religiösen Bräuche haben nur sehr wenig mit dem Hinduismus zu tun. Ihre Riten werden von Schamanen bestimmt, die als *Dhamis* oder *Jhakris* bezeichnet werden. Ihre wichtigste Gottheit ist Mastha. Schreine für Mastha können Sie sich in Tibrikot und Rahagaon ansehen.

Von Chaurikot fällt der Pfad ab zu einem Bach in 2.940 m Höhe und zieht sich dann wieder hoch zu einem Bergkamm in 3.080 m Höhe. Dies wäre ein ausgezeichneter Zeltplatz, wenn es hier Wasser gäbe, was jedoch nicht der Fall ist. Etwa 30 Minuten hinter dem Bergkamm befindet sich die Siedlung Balasa. Am Weg in den Feldern von Jyakot und Rimi stehen verschiedene mögliche Zeltplätze zur Auswahl. Am Horizont kann man bereits den Gipfel des Kagmara sowie den Balangra La sehen, das nächste Hindernis auf der Route nach Dolpo.

4. TAG: VON BALASA ZUM LAGER IM WALD

Der Pfad führt hinunter zu einem Bach und dann durch einen Wald mit Walnußbäumen hinauf zu einem Bergkamm. Die Walnußbäume werden Ihr stetiger Begleiter für den Rest der Wanderung nach Dolpo sein. Auch wenn die Einheimischen die Nüsse gelegentlich essen, besteht ihr hauptsächlicher Verwendungszweck in der Herstellung von Öl zum Kochen. Der Weg führt nun an dem winzigen Dorf Balasa vorbei und dann durch die Mais- und Kartoffelfelder sowie Apfelgärten von Jyakot. Man wandert hinunter nach Rimi (2.890 m), wo lustige Holzgesichter von den Spitzen der meisten Häuser schauen. Der Weg führt – teils steil – bergab durch Walnußhaine zu den eng beieinanderstehenden Steinhäusern von Majagaon und dann über einen felsigen Weg zum Bheri. Ein Kontrollposten der Polizei und eine große Schule sowie ein Komplex mit Herbergen dominieren hier das Ufer des Bheri in 2.610 m Höhe. Gleich hinter der Brücke liegt das Dorf Kaigaon, in dem es eine tierärztliche Station für Rinder, ein *Bhatti* und den ersten richtigen Laden seit Jumla gibt. Hier können Sie Ihre Vorräte an Keksen und Zigaretten aufstocken. Der Ladenbesitzer erzählte mir einmal eine einzigartige Geschichte über die religiösen Bräuche in Kaigaon, Chaurikot und Hurikot. Die hinduistischen Chhetri in diesen Dörfern hängen dem Lamaismus (dem tibetischen Buddhismus) an, wobei hier Gebetsfahnen die Häuser schmücken. Die Schwierigkeit liegt darin, daß die hinduistischen Feste ebenfalls gefeiert werden, so auch das Dasain, bei dem in jedem Haus ein Tier geopfert wird. Dies alles ist sehr komplex und fremdartig, insbesondere in Verbindung mit der Geschichte von Pemba Budhathoki über das Khampa-Erbe von Chaurikot.

Kaigaon bildet den Ausgangspunkt für eine Überquerung des Kagmara La.

Einzelheiten darüber finden Sie an späterer Stelle in diesem Kapitel.

Von Kaigaon zieht sich die Route durch Weiden und dann durch einen Wald mit Birken und Wildrosen. In der Nähe der Spitze des Bergkammes erreicht man das Maximum eines möglichen Steigungswinkels. Es gibt hier keine Steinstufen, so daß Sie entweder seitlich wie ein Krebs oder auf den Fußspitzen klettern müssen. Der Weg ist so steil, daß die Fersen nicht den Boden berühren können. Der Pfad erreicht seinen höchsten Punkt in 3.230 m und verläuft dann ebener durch einen Wald mit Rhododendron und Eichen, der einem Rudel von schwarzen Languren als Lebensraum dient. In südliche Richtung bringt Sie ein Weg vom Paß nach Jajakot und Chaurjhari. Nach Dolpo müssen Sie in östliche Richtung weiterwandern und langsam an der Seite eines großen Tales zu einigen kleinen Zeltplätzen im Kiefernwald, in dem die Bäume mit Moos bedeckt sind, hinabgehen.

5. TAG: VOM LAGER IM WALD NACH TIBRIKOT

Der Pfad führt einige Male auf und ab, während er sich auf einen Bergkamm zieht. Bald werden die Strecken bergab kürzer und die Steigungen länger. Es folgt ein langer Aufstieg zu einem falschen Gipfel in 3.660 m Höhe. Vor dem richtigen Balangra La (3.760 m), der mit Steinpyramiden und Gebetsfahnen markiert ist, kommt man noch zu einem weiteren falschen Gipfel. Bei klarem Wetter können Sie vom Paß aus den Dhaulagiri Himal im Osten sehen. Möglicherweise bekommen Sie auch Herden von Yaks zu Gesicht, die auf den grünen Hängen oberhalb des Passes weiden. Vom Paß führen zwei Wege hinunter. Der eine verläuft direkt bergab in den Wald, während der neue Weg den Bergkamm zur Linken umrundet. Beide enden bei einer Yak-Farm im Wald auf 3.160 m Höhe. Ein Trekker wies auf die medizinische Versorgung für Tiere auf diesem Trek hin, die in einem scharfen Kontrast zum völligen Fehlen einer Gesundheitsversorgung der Menschen steht. Denken Sie daran, wenn Sie Ihren Erste-Hilfe-Kasten für eine Wanderung in Dolpo zusammenstellen.

Von der Yak-Farm aus zieht sich der Weg zu einem Bergkamm oberhalb des Rimi Khola hoch. Auf diesem Stück finden Sie einige Möglichkeiten, Ihr Zelt aufzuschlagen, sowie in Ghora Khola ein einfaches *Bhatti*. Bleiben Sie auf dem oberen Pfad und vermeiden Sie es, einen der steilen Wege hinab zum Fluß zu nehmen. Hinter Bungtari überquert man einen Bach und wandert hoch nach Kaliban. Von hier aus führt die Wanderung hinunter zu einem Bach in einem großen Seitental und wieder hinauf nach Dagin in 2.930 m Höhe. Nachdem man Para und einige weitere kleine Dörfer hinter sich gelassen hat, erreicht der Weg einen baumlosen und unbewohnten Bergkamm ohne Wasser, um schließlich nach 500 anstrengenden Metern über lose Steine zu einem Bach gleich unterhalb von Tibrikot in 2.100 m Höhe zu gelangen.

6. TAG: VON TIBRIKOT NACH DUNAI

Vom Bach aus wandert man langsam bergauf nach Tibrikot, einem malerischen Dorf auf einem vorgelagerten Berg mit Blick auf das Tal des Thulo Bheri. Das ist ein alter, befestigter Ort. Vom Polizeiposten läßt sich der Fluß nach beiden Seiten hin überblicken. Die Häuser weisen aus Holz hergestellte Fenster auf. Ein großer Schrein im Dorf sowie ein Tempel sind der Göttin Tripura Sundari Devi gewidmet. Vom Schrein aus führt der Pfad hinunter an ausgedehnten Reisterrassen vorbei zu einer neuen, langen Hängebrücke auf 2.050 m Höhe.

Am nächsten Tag werden Sie dem großen, schnell fließenden, dunkelgrauen Thulo Bheri durch einen trockenen Landstrich auf dem neuen Pfad folgen, der sich am Bheri entlang bis nach Chaurjhari zieht. Aufgrund der starken Versandung ist das Wasser des Thulo Bheri nicht zum Trinken geeignet, so daß Ansiedlungen nur an Nebenflüssen zu finden sind. Hinter der winzigen Ortschaft Su Pani zieht sich der Weg über einen niedrigen Bergkamm und fällt dann nach Beti ab, einer Gruppe von Häusern an einem kleinen Bach. Der Pfad zum Flugplatz Dolpo oberhalb von Juphal beginnt in Beti. Wer einen Flug bestätigen möchte, sollte den oberen Weg nehmen und trifft dann in Kala Gaura wieder auf jenen am Fluß. Der untere Pfad verläuft weit unterhalb des Flugplatzes. Durch den Bach, der von Juphal aus bergab fließt, entsteht die Atmosphäre einer grünen Oase, die einen Kontrast zu der Kargheit des Tales bildet. Nach einer Wanderung durch einen eher unbewohnten Landstrich erreicht man einige Teeläden in Kala Gaura, wo auch der Weg vom Flugplatz endet. Weiter geht es ein wenig bergauf über zwei Bergkämme und dann hinunter zu einem breiten Bach, der in den Fluß mündet, und drei kleinen *Bhattis* in Roop Ghar. Dies ist ein ausgezeichneter Ort, um zu zelten, wenn Sie nicht in Dunai übernachten möchten. Von hier aus ist bereits der Anfang des Weges zum Phoksumdo-See hoch oben auf der anderen Seite des Flusses zu sehen.

Hinter Roop Ghar bleibt der Weg eben. Sie wandern an den Büros der Parkverwaltung und der Armee am Zusammenfluß des Phoksumdo Khola und des Thulo Bheri vorbei. Auf der Karte des Ground Survey of India sowie allen davon abgeleiteten Darstellungen wird der Fluß als Suli Gaad bezeichnet, während die meisten Einheimischen ihn unter dem Namen Phoksumdo Khola kennen.

Einige Kurven und Biegungen des Weges lassen einen Blick auf Dunai und einen großen, neuen Krankenhauskomplex auf der anderen Seite des Flusses zu. Man erreicht das Dorf durch ein schönes Tor in der Nähe der alten Gesundheitsstation. Von dort zieht sich die Wanderung dann an einem mit Steinen gepflasterten Weg entlang durch den Basar. In diesem Teil der Ortschaft finden Sie einige Hotels und Geschäfte, die jedoch eher durchreisende Händler anziehen. Die größeren derartigen Einrichtungen sind am östlichen Ende von Dunai zu finden, hinter den Behördengebäuden, dem Polizeiposten und einem Standbild von König Mahendra. Keinerlei Schilder weisen den Weg zum Polizeiposten bzw. fordern dazu auf, ihn zu besuchen. Da es sich jedoch um die Zentrale des Bezirks handelt, ist es gut, einen Beamten zu bitten, die bürokratischen Formalitäten zu erledigen. Bei dieser Gelegenheit können Sie auch die neuesten Informationen über die Gebiete, die vor kurzem für Ausländer geöffnet wurden, einholen.

Am Ostende von Dunai liegen das Hotel Phoksumdo und das schicke neue Blue Sheep Trekkers Inn, das drei Zimmer und ein separates Restaurant bietet. Bei dem großen Komplex auf der anderen Seite des Flusses handelt es sich um das Bezirksgefängnis.

ÜBER DEN KAGMARA LA

Der Weg über den 5.115 m hohen Kagmara La ist nicht schwierig. Möglicherweise werden Sie jedoch Schwierigkeiten bekommen, Träger für die Paßüberquerung zu finden. Da von November bis Anfang Mai Schnee liegt, wird der Weg dann gefährlich oder sogar unpassierbar. Es ist sinnvoll, für die Wanderung von Kaigaon nach Sumduwa vier Tage einzukalkulieren.

1. TAG: VON KAIGAON NACH TOIJEM

Von der Schule in Kaigaon verläuft der Weg weiter am Westufer des Bheri, vorbei an Hurikot, bis zu einem Schild, das den Beginn des Nationalparks Shey Phoksundo verkündet. Der Pfad bleibt weit oberhalb des Flusses, bis man die Stelle erreicht, an der Jagdula Khola und Garpung Khola zusammenfließen, um den Bheri zu bilden. Wandern Sie zum Jagdula Khola hinab und überqueren Sie ihn auf einigen Steinen. Neben dem Armeeposten in Toijem (2.920 m) können Sie zelten.

2. TAG: VON TOIJEM NACH KAGMARA PHEDI

Folgen Sie dem Pfad auf der westlichen Seite des Garpung Khola, bis Sie in einer Höhe von ca. 3.650 m auf die Ostseite des Flusses wechseln können. Die Wanderung setzt sich flußaufwärts fort. Langsam verengt sich das Tal. Hier fließt der Fluß über eine Reihe von Wasserfällen, während der Pfad sich zu einer Moräne in 3.900 m hochzieht. Zwischen den Felsbrocken besteht die Möglichkeit, in ca. 4.000 m Höhe das Zelt aufzuschlagen.

3. TAG: VON KAGMARA PHEDI NACH LASA

Der Weg zum Kagmara La führt am Kagmara-Gletscher entlang. Von hier aus setzt man die Wanderung über ca. 900 m bergab fort an einem Bach, bis man in den Weiden des Dorjam Khola-Tales einen Platz für die Übernachtung findet.

4. TAG: VON LASA NACH SUMDUWA

Der Pfad bleibt hoch oberhalb des Baches, der schließlich zum Dorjam Khola wird. Die Wanderung verläuft nun durch Wald. Auf einer hölzernen Brükke überquert man den Fluß im Schatten des Kanjirolba, um nach Pungmo zu gelangen. Setzen Sie den Weg bis zur Zentrale der Nationalparkverwaltung in Sumduwa fort.

Am folgenden Tag folgt man dem Phoksumdo Khola bis zum Phoksumdo-See.

ZUM PHOKSUMDO-SEE

Der Aufstieg zum Phoksumdo-See ist steil und schwierig. Sollten Sie die geringste Angst vor Höhe haben, ist davon unbedingt abzuraten. Der Pfad ist schmal und an vielen Stellen ungeschützt, und das Vorankommen wird durch die geringe Anzahl an Möglichkeiten zu zelten erschwert. Bei Drucklegung dieses Buches gab es an der gesamten Route kein Hotel oder irgendetwas Vergleichbares. Es besteht jedoch der Plan, einen neuen Pfad anzulegen, der dem Fluß von der Mündung des Thulo Bheri nach Sumduwa folgen soll. Die Arbeiten sollen demnächst beginnen. Einige Einheimische ziehen nun in Betracht, ein Hotel zu eröffnen. Sobald diese Einrichtungen bestehen, wird sich der Charakter der Wanderung deutlich ändern.

Der See liegt im Gebiet des Nationalparks Shey Phoksundo, der 1981 gegründet wurde. Der Nationalpark, dessen offizielle Bezeichnung Phoksundo lautet, müßte nach Angaben von Einheimischen eigentlich Phoksumdo – Phok, *sum* (drei), *do* (Steine) – heißen, womit man sich auf die drei Arme des Sees bezieht. Die Tierwelt in dem Naturschutzgebiet soll ausgesprochen reich sein, wenn auch die seltensten Bewohner, die Schneeleoparden und die Blauschafe, vor allem in den gesperrten Gebieten des Parks in der Nähe von Shey zu finden sind. Der See und der Pfad sind von Mitte November bis Mitte Mai wegen des Schnees nicht zugänglich. Fast alle Einwohner des Dorfes Ringmo ziehen in dieser Zeit in niedriger gelegene Regionen.

Die Regeln für den Nationalpark verbieten den Gebrauch von Holz als Brennmaterial, so daß Sie neben Proviant auch Kerosin mitnehmen müssen. Dies macht eine vorherige Planung erforderlich, da man sich weder in Dunai noch in Jumla darauf verlassen kann, Kerosin zu erhalten. Händler in Dunai überlegen jedoch, ob sie ein Kerosinlager eröffnen sollen, was eine Vereinfachung der logistischen Probleme für die Wanderung bedeuten würde.

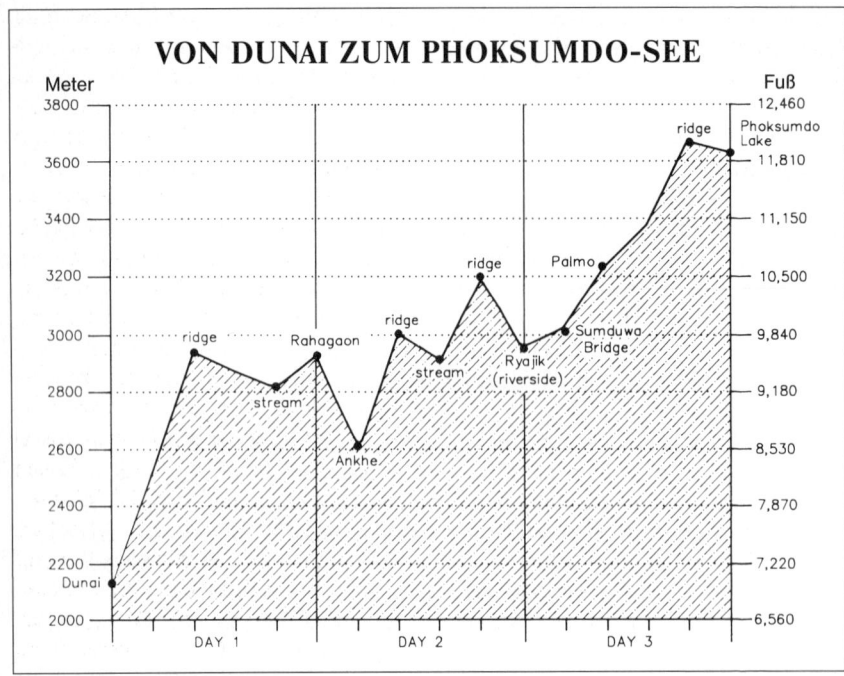

VON DUNAI ZUM PHOKSUMDO-SEE

Meter / Fuß

1. TAG: VON DUNAI NACH RAHAGAON

Vom Standbild Mahendras aus führt der Weg über eine Hängebrücke und biegt dann links ab, wobei man dem Pfad am Krankenhaus entlang folgt. Bald beginnt der Aufstieg am Hang des baumlosen Thulo Bheri-Tales. Der steinige Weg zieht sich zu einem Bergkamm und dann hinunter in das Flußtal des Phoksumdo, um schließlich einen weiteren Kamm auf 2.500 m Höhe zu erreichen. Von hier aus blickt man auf den Kagmara oben im Tal. Nun wandert man langsam bergab, vorbei an einzelnen Häusern und durch Wal-

nußhaine, in ein großes Seitental bis zu einem Bach in 2.810 m Höhe. Hoch oberhalb des Baches liegt das Dorf Parela. Der Pfad unterhalb des Baches führt nach Dhera, einer Wintersiedlung, in der die Menschen aus den höhergelegenen Dörfern ihre Kuh- und Ziegenherden hüten. Die Möglichkeiten zum Zelten sind in dieser Region sehr begrenzt, und das Gebiet ist zudem für Schwärme von Fliegen bekannt – im Frühling schlimmer als im Herbst. In dieser Gegend wird Chuk, eine lotosartige Pflanze, angebaut, die zur Herstellung von Essig und Medizin verwendet wird. Sie wird getrocknet, von Dolpo nach Nepalgunj geflogen und von dort nach Indien exportiert.

Vom Bach aus zieht sich der Pfad hinauf nach Rahagaon, einem Thakuri-Dorf in 2.910 m Höhe. Im Herbst können Sie hier möglicherweise in den Maisfeldern Ihr Zelt aufschlagen. Im Frühling bleiben nur die Flachdächer. In Rahagaon gibt es kein Wasser, so daß Sie Ihren Bedarf aus einem Bach etwa 15 Minuten unterhalb des Ortes holen müssen. Oberhalb des Dorfes befindet sich ein *Gompa*, der dem Gott Mastha gewidmet ist.

2. TAG: VON RAHAGAON NACH RYAJIK

Der Pfad führt durch den unteren Teil von Rahagaon, macht dann eine Biegung und zieht sich hinunter zu der Stelle, an der Wasser geholt wird. Die Route verläuft jetzt hoch oberhalb des Phoksumdo Khola. Die Wanderung setzt sich durch ein Seitental fort und führt wieder bergab durch tiefen, dunklen Wald zu einem großen Bach. Dann folgt eine Steigung zum Eingang Ankhe des Nationalparks Shey Phoksundo. Nachdem man die Eintrittsgebühr von 250 Rs gezahlt hat, wird möglicherweise das Gepäck inspiziert – offensichtlich auf der Suche nach Drogen und gestohlenen Kunstgegenständen. Das ist eine sehr merkwürdige Formalität in einer derart abgelegenen Gegend. Die drei Dörfer am Weg weisen übrigens merkwürdige Verbindungen in ihren Namen auf: Parela (*Parela* bedeutet „Augenwimpern"), Rahagaon (*Raha* bedeutet „Augenbraue") und Ankhe (*Ankha* heißt „Auge").

Es gibt am Parkeingang weder eine Möglichkeit zu zelten noch eine Unterkunft, so daß Sie 45 bis 60 Minuten weitergehen müssen, um am Fluß einen guten Platz zu finden. Klettern Sie zum Bergkamm hoch und stolpern Sie dann einen steinigen Pfad zum Ufer auf 2.650 m Höhe hinunter. In Chepka steht ein einziges Haus. Hier war bis vor kurzem nichts erhältlich, aber der tibetische Besitzer hatte damals vage Pläne, einen Zeltplatz sowie Toiletten einzurichten und einen Laden zu eröffnen sowie möglicherweise einen Anbau seines bereits ausladenden Hauses vorzunehmen. Neben einem riesigen Felsen in einem Walnußhain, ca. 20 Minuten hinter Chepka, können Sie gut zelten. Nach einigen kleinen Strecken bergauf und bergab entlang eines bewaldeten Flußbettes zieht sich der Weg steil hinauf auf 2.900 m Höhe. Hier verläuft ein schmaler, gefährlicher Weg unter einem riesigen Felsen entlang. Weit besser ist es dagegen, den Hauptweg zu nehmen, der auf eine Höhe von 90 m oberhalb des Felsen führt und dann weiter unter einem riesigen Felsüberhang verläuft. Das ständige Auf und Ab beginnt ein wenig anstrengend zu werden, mehrere Bäche am Weg bieten jedoch die Möglichkeit, sich abzukühlen. Der Pfad verläuft nun durch Wald und über einen grasbewachsenen Hang hoch oberhalb des Flusses. In der Nähe einer Stelle, an der ein Bach von Westen her das Tal des Phoksumdo Khola erreicht, biegt das Tal nach rechts ab und wird steiler sowie enger. Man wandert nun steil hinunter durch Wald zu einem Felsen, den man auf einer wackeligen, schwindelerregenden Steintreppe hinabsteigt. Hier können Sie den schnell fließenden Fluß schon fast zwischen Ihren Zehen hindurchschimmern sehen. Nur ein Ausrutscher, und schon ist man auf dem Weg zurück nach Nepalgunj.

Nachdem man den Fluß auf ca. 2.950 m Höhe erreicht hat, wird der Pfad zu einer Ansammlung von losen Steinen und Stöcken, die am Ufer einen Deich bilden. Es ist schwer vorstellbar, daß die Einheimischen mit ihren Kühen und Yaks diesen Weg benutzen, aber dies ist der Fall. Hinauf, hinab und hinauf und hinab setzt man seinen Weg bachaufwärts fort zu einer Brücke in der Nähe des Dorfes Ryajik. Hier befindet sich ein guter Zeltplatz, ein zweiter ca. 5 Minuten weiter.

3. TAG: VON RYAJIK ZUM PHOKSUMDO-SEE

Der Pfad zieht sich auf und ab entlang des Talbodens zum Zusammenfluß des Phoksumdo und des Dorjam. Überqueren Sie ersteren auf einer Holzbrücke. Sie können von hier aus zur Zentrale in Sumduwa hinaufgehen oder den unteren Pfad wählen, der flußaufwärts führt. Es handelt sich um eine wichtige Kreuzung. Die Route zum Kagmara La führt den Dorjam Khola hinauf, während der Pfad nach Do und Tarap dem Ostufer des Phoksumdo Khola und jener zum Phoksumdo-See und zum *Gompa* Shey dem Westufer des Flusses folgen. Der Name des Dorfes spiegelt dies wider. Im Tibetischen bedeutet *sum* „drei" und *Duwa* „Pfad".

Nehmen Sie den Weg auf der Westseite. Auf ihm gelangen Sie durch einen Wald zu einer weiteren Brücke. Bleiben Sie dort am Westufer. Der Pfad am Ostufer bringt Sie nach Rikya Moro und schließlich nach Tarap, jedoch nicht zum See. Der Weg zum Phoksumdo-See zieht sich durch einen Wald aus großen Zedern zu einem schönen Zeltplatz und weiter nach Palmo, einer Wintersiedlung, die von Einwohnern des Dorfes Ringmo (3.230 m) genutzt wird. Die Häuser hier sind fast schon in der sandigen Erde vergraben. Der Weg steigt stetig durch offenes Land bis auf eine Höhe von 3.370 m an. Dann geht es steil hinauf über Serpentinen zu einem Bergkamm in 3.660 m Höhe. Vom Kamm aus bietet sich ein Blick auf den Phoksumdo-See in der Ferne sowie auf einen nahegelegenen, 330 m hohen Wasserfall – den höchsten Nepals. Er ist die Quelle des Flusses, dem Sie einige Tage lang gefolgt sind. Der Weg fällt nun steil hinunter in einen Birkenwald zu den oberen Flußläufen des Phoksumdo Khola und zieht sich dann langsam hinunter nach Ringmo, einer malerischen Ansiedlung mit zahlreichen, aus Lehm geformten *Chorten* und Mani-Mauern.

Gleich unterhalb des Dorfes überquert man eine Brücke und folgt einem Pfad in Richtung Norden zu einer Forststation am Phoksumdo-See. Gehen Sie weiter bis zum Ufer des Gewässers in der Nähe der Stelle, wo der Phoksumdo Khola ihn verläßt. Bis vor kurzem war es möglich, unweit des Sees zu zelten, aber die Parkbeamten planten bereits,

Trekker zu verpflichten, einen anderen Zeltplatz zu nutzen. Der Phoksumdo-See ist 4,8 km lang und 1,8 km breit und soll 650 m tief sein. Ein Pfad an der Westseite des Sees führt zum *Gompa* Shey. Der Weg ist jedoch für Trekking-Touren auf eigene Faust gesperrt. Dann darf man nicht weiter als bis zur ersten Brücke gehen. Der Phoksumdo-See ist für seine aquamarine Färbung bekannt – ein Grün-Blau, das einem besonderen tibetischen Türkis entspricht. Der große, schneebedeckte Gipfel oberhalb des Bergkammes an der Westseite des Sees ist übrigens der Kanchen Ruwa (6.615 m), auch als Kanjirolba bekannt. Ein Pfad führt vom Ufer an Sträuchern mit Wacholderbeeren vorbei zu einem alten *Gompa*, von dem aus man den See überblicken kann. Zu dem Haupttempel, der vor 60 Generationen erbaut

worden sein soll, wurden vier Häuser hinzugefügt, in denen jeweils ein einzelner Raum für ein Gebet zur Verfügung steht. Diese Einrichtung sowie einige der anderen Bauten gehen noch auf die alte, schamanische Bonpo-Religion zurück, die vor dem tibetischen Buddhismus in dieser Region verbreitet war. Die Innenräume der Tempel beherbergen staubige buddhistische Gemälde und Standbilder, aber die Ausstattung spiegelt auch die animistischen Elemente der Bonpo-Religion wider, so daß einige *Gompas* an alte Zaubererhöhlen erinnern. Die Bonpo-Tradition schreibt vor, rechts um Mani-Mauern herumzugehen und das Swastika-Symbol mit den Armen auf der rechten Seite zu verwenden, womit diese Praxis genau im Gegensatz zur buddhistischen Tradition steht.

NACH DO UND TARAP

Vor kurzem war in Nepal eine Diskussion über die Frage im Gange, ob die Route zwischen dem Phoksumdo-See und Tarap geöffnet sei oder nicht. Erkundigen Sie sich am besten bei der Ausländerbehörde in Kathmandu sowie dem Forstbeamten in Phoksumdo nach dem letzten Stand. Die Route führt über zwei hohe Pässe. Wenn man hier eine Trekking-Tour unternehmen will, tut man gut daran, einen Führer anzuheuern. Versuchen Sie aber nicht, die Pässe zu überqueren, wenn viel Schnee liegt.

Im folgenden finden Sie eine skizzenhafte Beschreibung der Wanderung.

Mehrere Trekker konnten in den Jahren 1989 und Anfang 1990 in diesem Gebiet Wanderungen unternehmen, aber bereits im Mai 1990 waren sowohl Tarap als auch der Baga La wieder gesperrt, so daß ich von Ringmo nach Dunai zurückkehren mußte. Im Herbst 1990 war Tarap erneut geöffnet und die besagte Diskussion über den Baga La im Gange.

1. TAG: VOM PHOKSUMDO-SEE NACH BAGA LA PHEDI

Von Ringmo aus folgt man einem Pfad durch Waldgebiete zu einem Bergkamm und setzt dann die Wanderung in östliche Richtung fort. Dabei gibt es zwei mögliche Routen. Eine verläuft hoch oben, und die andere zieht sich hinunter zum Fluß und folgt dem Hauptpfad, der aus Rikya Moro kommt. Der obere Weg ist direkter, jedoch schwierig zu finden, wenn man nicht mit einem kenntnisreichen Führer unterwegs ist. Die Wanderung führt das Tal hinauf zu einem Wasserfall und einem Zeltplatz.

2. TAG: VON BAGA LA PHEDI NACH NUMA LA PHEDI

Nehmen Sie nun den Weg durch die alpine Landschaft hinauf zum Baga La in 5.090 m Höhe und wandern Sie anschließend hinunter zu einem Bach und weiter bis zum Fuß des Numa La. Auf der Strecke zwischen den beiden Pässen ist Vorsicht geboten. Unterwegs gelangt man an eine Kreuzung, von der aus Wege zum *Gompa* Shey sowie zum Baga La abzweigen. Da die nepalische Regierung den *Gompa* Shey für Trekker auf eigene Faust nach wie vor gesperrt hat, ist es dieser Pfad, der dazu veranlaßt, die Route zum Baga La ebenfalls geschlossen zu lassen.

3. TAG: VON NUMA LA PHEDI NACH TOKKYU

Setzen Sie Ihre Wanderung durch das trockene Land bis zum Numa La fort, der durch Mani-Steine in 5.190 m Höhe gekennzeichnet ist. Steil hinunter gelangt man dann zum Tarap Khola und zu Weiden, die die Möglichkeit bieten zu zelten.

4. TAG: VON TOKKYU NACH DO

Im Tal des Tarap gelangen Sie nach Do, der größten Siedlung in Tarap.

5. TAG: VON DO ZUM LAGER AM FLUSS

Der Weg bergab ist zunächst einfach, wird dann jedoch steiler, während das Tal sich erheblich verengt. Mehrmals überquert man den Tarap Khola. In einer großen Höhle in der Nähe des Flusses haben Sie die Möglichkeit, Ihr Zelt aufzuschlagen.

6. TAG: VOM LAGER AM FLUSS ZUM KONTROLLPOSTEN KHANI

Der Pfad bleibt zunächst weiterhin steil, schmal und gefährlich. Das Tal weitet sich jedoch schließlich, so daß die Wanderung einfacher wird. Zelten können Sie in einem Zedernhain in der Nähe der Mündung des Barbung Khola.

7. TAG: VOM KONTROLLPOSTEN KHANI NACH TARAKOT

Nehmen Sie den Weg, der sich hoch oberhalb des Flusses entlangzieht, um am Ende zum Thulo Bheri hin abzufallen, den man überquert, kurz bevor man Tarakot erreicht.

8. TAG: VON TARAKOT NACH DUNAI

Folgen Sie dem Thulo Bheri flußabwärts entlang des Südufers nach Dunai.

VON DUNAI NACH JUPHAL

Die Maschinen nach Dolpo starten immer früh am Morgen, da gegen 10.00 Uhr morgens Hochwinde im Tal des Thulo Bheri einsetzen und spätere Flüge unmöglich machen. Es sind wenigstens drei Stunden von Dunai nach Juphal, so daß die einzige vernünftige Lösung darin besteht, eine Nacht am Flughafen zu verbringen.

Von Dunai folgt man dem Fluß stromabwärts nach Roop Ghar und wandert dann weiter zu den kleinen Hotels in Kala Gaura (2.090 m). Nehmen Sie den Pfad bergauf, der durch Weiden und an einigen Häusern vorbeiführt, und bleiben Sie auf dem oberen Weg. Der untere Pfad führt zu dem großen Dorf Dangi Bhara. Schließlich erreicht man kurz vor dem Flugplatz eine große Schule (2.500 m). Der Flugplatz ist von Stacheldraht umgeben. Hier gibt es keine Möglichkeit zu zelten, aber unterhalb des Flugplatzes – oder auf der Startbahn selbst – können Sie übernachten, wenn das Personal dem zustimmt. Stellen Sie jedoch sicher, daß Sie am Morgen früh genug aufgeweckt werden.

Es empfiehlt sich, die Plätze am Tag vor dem Flug im RNAC-Büro in Juphal bestätigen zu lassen und nicht am Flugplatz. In einem Komplex aus Lehmbauten mit flachen Dächern neben dem Flugplatz finden Sie einige einfache Läden. Im Hotel Parbat können Sie essen und übernachten. Hier können Sie auf dem Dach auch zelten.

Unternehmen Sie einmal einen Spaziergang über die Start- und Landebahn. Das ist einer der ungewöhnlichsten Flugplätze in Nepal. Die 490 m lange Bahn reicht gerade für Landungen von Flugzeugen vom Typ Twin Otter auf dieser Höhe. Um das Ganze noch erschreckender zu gestalten, wurde der Flugplatz auf einem Hang angelegt. In seiner Mitte befindet sich eine Senke, die an eine Achterbahn erinnert. Zudem erhebt sich gleich am Ende der Rollbahn ein riesiger Fels. Die Flugpreise sind hoch, denn für den nur 35minütigen Flug nach Nepalgunj muß man 77 US $ bezahlen. Dabei wird die Gewichtsgrenze für das Gepäck streng eingehalten, und Übergepäck ist teuer. Seit 1990 dürfen ohne Zuschlag nur noch 10 kg Gepäck mitgenommen werden und muß alles, was darüber hinausgeht, am Flughafen zurückgelassen werden. Nach und von Dolpo besteht übrigens ein reger Frachtverkehr. Als Apfelkiste könnten Sie auf dieser Strecke für 1,50 Rs pro Kilo fliegen.

VON POKHARA NACH DUNAI

Die Trekking-Tour von Pokhara nach Dunai ist eine lange, schwierige Wanderung in einer abgelegenen Gegend mit sehr wenigen Einrichtungen am Weg. Sie wird ausführlich von George Schaller in *Stones of Silence* und Peter Matthiessen in *Auf der Spur des Schneeleoparden* beschrieben. Hinter Beni gibt es keine Unterkünfte mehr, so daß es am bequemsten ist, mit Trägern zu wandern, die die Verpflegung transportieren. Dafür müssen Sie dann ca. 12 bis 13 Tage einkalkulieren.

1. TAG: VON POKHARA NACH KUSMA

Fahren Sie, so weit wie möglich – zumindest bis zur Kreuzung in Birethanti, vielleicht aber auch bis nach Kusma oder sogar nach Beni, wenn die Straße fertiggestellt ist. Kusma liegt am Zusammenfluß des Modi Khola und des Kali Gandaki.

2. TAG: VON KUSMA NACH BENI

Wandern Sie nun den Kali Gandaki hinauf bis nach Beni, dem letzten Dorf auf dem Weg nach Dunai.

3. TAG: VON BENI NACH DABANG

4. TAG: VON DABANG ZUM DHARA KHOLA

Zelten können Sie auf 1.830 m Höhe.

5. TAG: VOM DHARA KHOLA ZUM LAGER IM WALD

Hier besteht die Möglichkeit, in 2.900 m Höhe zu zelten.

6. TAG: VOM LAGER IM WALD NACH DHORPATAN

Überqueren Sie den Jalja La in 3.350 m Höhe und nehmen Sie den Weg hinunter nach Dhorpatan (2.300 m). In Dhorpatan befindet sich ein Flugplatz, zu dem jedoch keine Linienflüge unterhalten werden.

7. TAG: VON DHORPATAN ZUM LAGER IM WALD

Überqueren Sie den Paß in 3.080 m Höhe und wandern Sie dann den Weg hinunter, um im Wald zu zelten.

8. TAG: VON LAGER IM WALD NACH YAMARKHAR

Hier geht es bergab zum Ghustung Khola in 2.800 m Höhe und dann weiter nach Yamarkhar in 2.550 m Höhe.

9. TAG: VON YAMARKHAR NACH JAGIR

Wandern Sie weiter den Bergkamm hinauf, um in Jagir zu zelten (3.350 m).

10. TAG: VON JAGIR ZUM SENG KHOLA

Nach der Überquerung des Nautala La in 3.970 m Höhe führt die Wanderung hinunter ins Tal des Seng Khola, in dem man in 3.600 m Höhe sein Zelt aufschlagen kann.

11. TAG: VOM SENG KHOLA ZUM SAURE KHOLA

Eine Felstreppe führt hinauf zum Paß in 4.650 m Höhe.

Von hier aus wandert man hinunter zum Saure Khola. Auf 4.100 m Höhe können Sie zelten.

12. TAG: VOM SAURE KHOLA NACH TARAKOT

Überqueren Sie den Jangla Bhanjyang (4.500 m) und wandern Sie hinab durch Fichten- und Kiefernwald sowie schließlich Reisterrassen nach Tarakot (2.800 m).

13. TAG: VON TARAKOT NACH DUNAI

Auf diesem Teilstück folgt man dem Thulo Bheri bis nach Dunai.

WEITERE ZIELE

EINFÜHRUNG

So malerisch, interessant und kulturell sowie historisch bereichernd die bedeutendsten Wanderrouten auch sind, vielleicht ziehen Sie eine Trekking-Tour in andere Regionen in Erwägung. Auch wenn durch die Trekking-Genehmigungen Beschränkungen auferlegt werden und einige Gebiete für Trekking-Touren auf eigene Faust noch immer gesperrt sind, gibt es doch zahlreiche andere Gegenden in Nepal, die sowohl faszinierend als auch zugänglich sind.

Viele Trekker begehen den Fehler, ihre Route zu ändern, indem sie einen 5.500 bis 6.000 m hohen Paß zu überqueren versuchen. Wenn sie auf den Paß gelangen, stellen sie fest, daß sowohl ihre Ausrüstung als auch die Mitglieder der Gruppe in keiner Weise der Kälte, der Höhe und den technischen Problemen, die sich bei der Überquerung ergeben, gerecht werden. Oft sehen sie sich dann gezwungen, umzukehren und ihr Programm erheblich zu ändern. So erreichen sie schließlich auch das ursprünglich geplante Ziel nicht mehr. Am besten ist es, die Überquerung eines hohen Passes auf dem Rückweg zu planen, wenn man bereits am Ziel angekommen ist, also im allgemeinen bei der Rückkehr nach Kathmandu.

Um die häufig benutzten Pfade zu meiden, müssen Sie nicht erst in eine besonders abgelegene Region wandern. Die bedeutendsten Wanderrouten sind immer die kürzesten Wege zu einem bestimmten Ziel. Wer sich jedoch einige Tage mehr Zeit nimmt, kann einen weniger direkten, häufig parallel verlaufenden Pfad durch Dörfer wählen, deren Einwohner noch wenig Kontakt mit Ausländern hatten.

1984 besuchte ich ein nur eine Tageswanderung von einer Hauptwanderroute entferntes Dorf. Nach Ankunft behaupteten die Einwohner, daß ich der erste Trekker sei, der hier je seinen Fuß hingesetzt habe. Andere Ausländer hatten die Region natürlich bereits bereist, z. B. Ingenieure, Ärzte und Lehrer, aber keiner von ihnen war je zum Wandern hierher gelangt. Es muß Tausende von vergleichbaren Orten in Nepal geben. Dort ist aber ein Führer hilfreich. Es ist zudem fast unverzichtbar, eigenen Proviant und Kochgeschirr mitzunehmen. In Gebieten, in denen weder Trekker noch einheimische Träger zu finden sind, gibt es auch keine *Bhattis*. Es ist zwar möglich, in solchen Regionen etwas zu essen zu bekommen, aber die Zeit und die Mühe, die man aufwenden muß, um Verpflegung und Unterkunft in Privathäusern zu erhalten, können ein Vorankommen fast unmöglich werden lassen.

VON KATHMANDU NACH POKHARA

Bevor 1971 die Straße nach Pokhara fertiggestellt wurde, konnte man den Ort von Kathmandu aus nur mit einem Flugzeug oder zu Fuß erreichen. Für eine Trekking-Tour benötigt man ohne Zeitdruck 9 oder 10 Tage und kann dann die Gegend von Trisuli Bazaar bis ins Begnas-Tal gleich vor Pokhara kennenlernen. Das ist die einfachste Wanderroute in ganz Nepal, die nur wenige Steigungen von nennenswertem Umfang enthält. Wanderungen in westliche Richtung bieten zahlreiche Alternativen. Eine nördliche Route verläuft in der Nähe der Berge unweit des Manaslu (7.945 m), des Himalchuli sowie des Baudha (6.674 m) und ermöglicht einen Abstecher zum Bara Pokhari, einem schönen Hochgebirgssee. Die direktere, südliche Route erlaubt einen Besuch der alten Stadt Gorkha mit dem großen Basar und der Festung. Der Weg hat alle Anziehungspunkte einer Wanderung in niedrigeren Höhen zu bieten und vermeidet extreme Höhenunterschiede, wie sie bei anderen Wanderungen vorkommen. Der Blick auf den Himalaja, der sich unterwegs bietet, ist gut, aber man gelangt nie richtig in das Hochgebirge. Ein großer Teil der interessanten Punkte und der Abgeschiedenheit sind allerdings verlorengegangen, seit die neue Straße nach Gorkha die Handelsgewohnheiten und die Kultur in der Region völlig verändert hat. Die Einheimischen benutzen diesen Weg nun kaum noch, so daß die Möglichkeiten zu essen oder zu übernachten zurückgegangen sind. Einige wenige Besucher des Landes wählen die südliche Route, aber viele Abschnitte der nördlicheren Regionen sind sowohl abgelegen als auch verschont von Trekkern.

GANESH HIMAL

Zwischen Kathmandu und Pokhara liegen drei größere Gruppen von Bergen: der Ganesh Himal, der Manaslu und der Himalchuli sowie der große Annapurna Himal. Sie können auf der Straße, die auch zum Ausgangspunkt der Trekking-Tour nach Langtang führt, bis nach Dhunche fahren und dann entweder noch ein Stück weiter mit einem Fahrzeug zurücklegen (wenn die Armee Sie auf die Straße nach Somtang läßt) oder in Richtung Ganesh Himal wandern.

ROLWALING

Rolwaling ist der Name des Tales in West-Nepal unterhalb des Gauri Shankar (7.145 m), und zwar unmittelbar südlich der tibetischen Grenze. Das ist eine ziemlich isolierte Region mit einer großen kulturellen Vielfalt. Die meisten Wanderungen in dieses Gebiet finden jedoch ihren Endpunkt in der Überquerung des Tesi Lapcha-Passes (5.755 m) nach Khumbu. Es ist allerdings besser, den Tesi Lapcha in umgekehrter Richtung von Khumbu nach Rolwaling zu überqueren und dann das Tal zu besuchen. Dafür gibt es zwei Gründe: Gut ausgerüstete, willige Träger sind in Khumbu eher zu finden als in Rolwaling. Zudem bestehen dort bessere Versorgungsmöglichkeiten, falls Sie an Höhenkrankheit erkranken und auf der Seite von Khumbu den Rückweg antreten müssen. Das ist in den abgelegenen Dörfern Beding oder Na in Rolwaling nicht so einfach. Daneben besteht noch die Möglichkeit, den Tesi Lapcha zu überqueren und bis nach Na zu wandern, um dann auf dem gleichen Weg nach Kathmandu zurückzukehren.

Der Tesi Lapcha ist besonders aufgrund des häufigen Steinschlags an der Westseite gefährlich. Die Route wird durch Eisfall, verursacht durch Gletscherbewegungen, immer schwieriger. Die Träger aus Rolwaling unterhalten ein mafia-artiges System und erlauben keinem fremden Träger, den Paß von Rolwaling aus zu überqueren, so daß die Gruppen gezwungen werden, Träger aus Beding und Na zu akzeptieren. Die einheimischen Träger kehren entweder aus Angst vor den fallenden Steinen ohne Kommentar um oder verlangen astronomische Preise, nachdem man den halben Weg zum Paß zurückgelegt hat. Es gibt übrigens keinerlei Infrastruktur zwischen Na und Thami. Der Tesi Lapcha ist ein echtes Bergsteigerziel!

Im Jahre 1990 waren Rolwaling und der Tesi Lapcha für Ausländer noch gesperrt. Inzwischen scheint es so, daß eher nach unterschiedlichen Interpretationen derselben Regeln als nach neuen Bestimmungen entschieden wird, ob in der Ausländerbehörde eine Trekking-Genehmigung für diese Gegend ausgestellt wird oder nicht.

BASISLAGER DES MAKALU

Sie können eine außergewöhnliche Wanderung in Ost-Nepal entweder von Hile oder von Tumlingtar aus unternehmen, wenn Sie in Richtung Norden dem Arun bis nach Sedua und Num folgen und dann den Barun La (4.110 m) im oberen Tal des Barun Khola überqueren. Von hier aus bietet sich Ihnen ein Blick auf den Makalu aus der Nähe (8.463 m) sowie auf den Chamlang (7.317 m). Die Route ist nicht besonders schwierig, wird jedoch durch die nicht enden wollende Strecke, die man dem Arun folgt, zu einer langen Wanderung. Sie können sich zudem eine noch „wildere" Wanderung zusammenstellen, wenn Sie den Sherpani-Paß und den West-Paß zum oberen Hongu-Becken überqueren. Einige wenige Gruppen haben dies versucht und festgestellt, daß es schwierig ist und gefährlich sein kann. Wenn Sie zum oberen Hongu-Becken und nach Panch Pokhari (Fünf Seen) wandern wollen, ist es besser, die Tour von Lukla aus zu beginnen.

TILICHO-SEE

Ein weiterer Paß südlich des Thorung La bietet die Möglichkeit, von Manang nach Jomsom zu gelangen. Von Manang führt der Weg zunächst nach Khangsar. Hinter dem Ort wird er zu einem Ziegenpfad, der sich über Moränen zum Tilicho-See (4.120 m) und zum Fuß des Tilicho (7.132 m) zieht. Auf der Karte von Herzog wird der See als „großer Eissee" beschrieben. Er ist im allgemeinen zugefroren (außer wenn Sie versuchen, das Eis aufzutauen und darauf zu gehen). Am See haben Sie die Wahl zwischen mehreren Routen, darunter über den Meso Kanto-Paß (5.330 m) und einen weiteren Paß ein Stück weiter im Norden. Der Weg ist schwierig und nicht einfach zu finden. Ein sehr erfahrener Trekker bezeichnete ihn als lediglich eine Ausgeburt der Phantasie. Ihm zufolge gibt es dort überhaupt keinen Pfad.

Der Weg über den Thorung La ist eine gute, sichere Route zwischen Manang und Jomsom. Auf dieser Strecke ist es besser, einen Abstecher zum Tilicho-See von Manang aus zu unternehmen und den Weg zum Tilicho-See nicht mit der gesamten Ausrüstung und Trägern zurückzulegen. Zur Zeit wird die Route aufgrund von Manövern der Armee im Tal östlich von Jomsom zu den Gebieten mit Aufenthaltsbeschränkungen gerechnet. Erkundigen Sie sich daher in Kathmandu und nochmals in Manang, bevor Sie sich auf den Weg begeben. Möglicherweise überqueren Sie sonst den Paß und werden dann eine Stunde vor Jomsom von der Armee gezwungen, den Rückweg nach Manang anzutreten.

JUGAL HIMAL

Im Osten von Kathmandu liegt eine Gebirgskette namens Jugal Himal, zu der der Dorje Lapka (6.966 m), der Madiya (6.257 m) und der Phurbi Chhyachu (6.637 m) gehören. Die Region ist von Süden her leicht zugänglich, auch wenn ein langer Aufstieg notwendig ist. Von Dolaghat an der Straße nach Kodari führt eine Piste für Jeeps zum großen Basar von Chautara (1.410 m). Von hier aus zieht sich ein Pfad hinunter zum Balephi Khola und folgt dann dem Bergkamm zum Bhairav Kund, einem heiligen See in 3.500 m Höhe.

Sie können von hier aus nach Tatopani an der Straße nach Kodari zurückkehren oder einen Bogen um den Kopf des Balephi Khola-Tales nach Panch Pokhari (Fünf Seen) in 3.600 m beschreiben. Von Panch Pokhari bringt Sie ein Pfad nach Tarke Gyang in Helambu oder den Kamm hinunter zurück nach Panchkal an der Straße nach Kodari. Das ist eine abgelegene, nur selten besuchte Region – trotz der Nähe zu Kathmandu. Bei Wanderungen in dieser Gegend muß man allerdings zahlreiche Steigungen auf schmalen Pfaden bewältigen.

MANASLU UND LARKYA LA

Wenn Sie den Larkya La (5.105 m), den Paß zwischen dem Tal des Buri Gandaki und dem Tal des Marsyandi, überqueren, können Sie um den Manaslu (8.162 m) und den Himalchuli (7.893 m) wandern. Dieses Gebiet war zwar lange Zeit gesperrt, ist aber nun ebenfalls zumindest für Gruppen mit einem Begleiter zugänglich. Um vollständig um den Manaslu zu wandern, benötigt man drei Wochen. Der Pfad zum Larkya La ist auf der Ostseite schmal, steil und rutschig. Außerdem sind in der Nähe des Passes weder Verpflegung noch Unterkunft erhältlich. Der Rupina La (4.663 m), ein Paß im Süden, bietet eine Alternative. Das ist allerdings häufig eine schneebedeckte Route, die kaum zu empfehlen ist.

WEITERE ZIELE

BERGSTEIGEN IN NEPAL

EINFÜHRUNG

Auch wenn dieses Buch vom Bergwandern, dem Trekken, handelt, ist eine kurze Behandlung des Bergsteigens in Nepal angebracht. Die ersten Trekker in Nepal waren – natürlich – Bergsteiger, die sich entweder auf dem Weg zu einem Gipfel befanden oder Routen zu unbestiegenen Bergen erkundeten. Erhebliche Aktivitäten von Bergsteigern waren in Nepal in den fünfziger und sechziger Jahren zu verzeichnen, als alle Achttausender bestiegen wurden.

Anfang der siebziger Jahre verlagerte sich der Schwerpunkt zu fast unmöglichen Kunststücken wie den Versuchen, die Südwand des Annapurna und schließlich des Mount Everest zu besteigen. Beide wurden von Expeditionen unter der Leitung von Chris Bonington bezwungen. Die Expeditionen in den sechziger und siebziger Jahren waren häufig gut und gelegentlich schon verschwenderisch ausgestattet, da Regierungen, Stiftungen, Magazine, Zeitungen sowie Film- und Fernsehproduzenten Besteigungen der höheren und exotischeren Gipfel finanziell unterstützten. Bergbesteigungen in Nepal wurden zu einem großen Geschäft, das Bergsteiger heute mit dem angemessenen Maß an Ernsthaftigkeit und Einsatz betreiben. Es ist daher nicht ungewöhnlich, daß Bergsteiger Trekkern den Zugang zu ihren Basislagern verweigern. Die Mitglieder von Expeditionen haben weder die Zeit noch die Energie, um Touristen zu unterhalten. Zudem ist es vorgekommen, daß Trekker teure und wichtige Ausrüstungsgegenstände, die offen im Lager herumlagen, als Andenken mitgenommen haben.

Für das Bergsteigen sind in Nepal drei Zeiträume im Jahr geeignet. Einst war die Vormonsunzeit von April bis Anfang Juni die einzige Saison, in der Expeditionen die bedeutendsten Gipfel bestiegen. In den fünfziger Jahren wurden alle Bergbesteigungen in der „Ruhe vor dem Sturm" nach den Winterwinden und vor dem Monsunschnee durchgeführt. Kalte und hohe Winde zwangen die Schweizer Expedition zum Everest im Herbst 1952 zur Umkehr. 1973 konnte eine Expedition den Everest erstmals im Herbst besteigen. Heute sind der Herbst und die Zeit nach dem Monsun im September und Oktober eine Zeit zahlreicher erfolgreicher Expeditionen.

1979 verkündete das Tourismusministerium für das Bergsteigen auch eine Wintersaison. Es ist in den hohen Lagen zwischen November und Februar zwar bitter kalt, aber jüngste Fortschritte in der Ausrüstungstechnik haben mehreren Teams erlaubt, was vorher unmöglich war – die Besteigung eines Himalaja-Gipfels im Winter. Während der Monsunzeit, d. h. von Juni bis August, ist dies jedoch von der nepalischen Seite aus nicht möglich, auch wenn die Nordwand des Everest im August bezwungen wurde.

Zwei Organisationen überwachen die Bergbesteigungen in Nepal. Dabei ist das Ministerium für Tourismus für die größeren Expeditionen verantwortlich, während die Nepal Mountaineering Association Genehmigungen für Gipfel erteilt, die für Trekking-Gruppen zugänglich sind. Für die meisten Trekker sind nur die Regelungen für die niedrigeren Gipfel von Bedeutung.

TREKKING-GIPFEL

Seit 1978 ist die Nepal Mountaineering Association (NMA) beauftragt, Genehmigungen für die Besteigung von 18 niedrigeren Gipfeln auszustellen. Es ist nicht notwendig, eine lange Antragsprozedur auf sich zu nehmen, einen Verbindungsmann gegen Bezahlung einzuschalten und auszurüsten oder einen riesigen Ansturm auf einen großen Gipfel vorzunehmen, um im Himalaja-Gebirge bergzusteigen. Die 18 „Trekking-Gipfel" bieten ein weites Spektrum an Schwierigkeitsgraden und sind in verschiedenen Gegenden Nepals gelegen.

Hierfür ist nur ein Minimum an Formalitäten erforderlich. Das sind die Zahlung einer Gebühr und die Vorbereitung eines einfachen Antrages. Für Gipfel mit einer Höhe von über 6.100 m ist ein Betrag von 3.000 US $ zu zahlen, während es für niedrigere Berge 200 US $ sind. Die Genehmigungen sind einen Monat lang für eine Gruppe

von bis zu zehn Personen gültig. Zusätzliche 5 US $ sind pro Person zu zahlen, wenn die Gruppe aus mehr als 10 Personen besteht. Auch nach den Bestimmungen für die Besteigung eines niedrigeren Berges ist die Einschaltung einer Verbindungsstelle in Kathmandu (im allgemeinen eine Trekking-Organisation) notwendig. Am einfachsten ist es, eine Trekking-Agentur damit zu beauftragen, eine Bergbesteigung zu organisieren, und nicht zu versuchen, alles auf eigene Faust zu Wege zu bringen. Die Bezeichnung „Trekking-Gipfel" ist eine unglückliche Untertreibung, da die meisten derart eingeordneten Berge eine nicht zu unterschätzende Herausforderung für Bergsteiger darstellen. Es gibt nur wenige Berge, auf die man bis zum Gipfel wandern kann, und einige Berge wie der Kusum Kangru und der Lobuje können sogar technisch anspruchsvoll und gefährlich sein. Wenn Sie an diese „kleinen" Gipfel denken, sollten Sie nicht vergessen, daß einige von ihnen höher sind als jeder Berg in Europa. Bevor Sie sich zur Besteigung eines solchen Berges entschließen, empfiehlt es sich, einige Bücher über Himalaja-Expeditionen nochmals zur Hand zu nehmen. Das Wetter ist nämlich häufig schlecht und kann Sie zwingen, einige Tage im Zelt zu verbringen. Im allgemeinen ist ein gut ausgestattetes Basislager notwendig. Außerdem erfordert der Aufstieg auf einen Gipfel auch noch ein oder mehrere Hochlager, die eingerichtet und ausgerüstet werden müssen. Für die Besteigung der meisten Trekking-Gipfel sind mindestens vier Tage erforderlich. Es können auch bis zu drei Wochen sein.

Bill O. Connors ausgezeichneter und verständlicher Führer *The Trekking Peaks of Nepal* ist in Kathmandu erhältlich. Es enthält Fotografien, Karten, Trekking-Informationen und Beschreibungen von Routen zu 18 Gipfeln. Eine Trekking-Genehmigung erhalten Sie im Büro der NMA in Kamal Pokhari, hinter dem Hotel Yak & Yeti (Tel. 21 15 96). Dort muß man die Gebühr in Devisen entweder bar oder mit Reiseschecks bezahlen. Zudem besteht die Pflicht, einen *Sirdar* anzuheuern, der bei der NMA registriert ist. Falls ein Nepali Sie über das Basislager hinaus begleitet, müssen Sie ihn zudem versichern und ihn mit einer Bergsteigerausrüstung ausstatten. Eine Genehmigung für eine Bergbesteigung ersetzt übrigens keine Trekking-Genehmigung. Eine Ausrüstung für eine Bergbesteigung kann man in Kathmandu kaufen

oder mieten, um so die Kosten für den Transport von Eisenwaren rund um die Welt zu sparen. Gute Bergzelte, Kocher, Schlafsäcke und die meisten anderen notwendigen Dinge für eine Expedition können gemietet werden. Wie bei einer Trekking-Ausrüstung sind möglicherweise jedoch Socken, Kleidung, Schuhe in großen Größen und gefriergetrocknete Lebensmittel nur schwer erhältlich.

Zu den Bergen, die unter die Regelungen für „Trekking-Gipfel" fallen, gehören:

EVEREST-GEBIET
Island Peak (6.189 m), auch Imja Tse genannt. Ein steiler, ungeschützter, 100 m langer Aufstieg über Eis oder Schnee, aber davon abgesehen ist es ein keine besonderen technischen Fähigkeiten erfordernder Aufstieg über Schnee.

Kwangde (6.187 m). Die Nordwand (von Namche aus zu sehen) ist schwierig. Die Besteigung von der Südseite aus (von Lumding Kharka, oberhalb von Ghat) ist dagegen unter technischen Gesichtspunkten moderat (zwei bis drei Wochen).

Kusum Kangru (6.369 m). Dies ist der schwierigste der Trekking-Gipfel.

Lobuje East (6.119 m). Die Spitze des Berges ist ungeschützt und häufig mit altem Schnee bedeckt. Hier müssen ein ungeschützter Messerkamm und einige Gletscherspalten bewältigt werden. Kein einfacher Aufstieg.

BERGSTEIGEN IN NEPAL

Mehra Peak (5.820 m), auch Khongma Tse genannt. Ein Aufstieg über Felsen und Eis, der weder vom Tal des Imja noch von Lobuje aus schwierig ist.

Mera Peak (6.476 m). Leichter Aufstieg über Schnee vom Mera La aus. Gelegentliche Gletscherspalten machen die Route jedoch komplizierter. Auf dem gesamten Anmarsch von Lukla aus sind keine Lebensmittel erhältlich. Man benötigt zwei Wochen.

Pokhaide (5.806 m). Ein kurzer Aufstieg über Schnee vom Kongma La oberhalb von Lobuje aus.

ROLWALING
Pharchamo (6.187 m). Ein steiler Aufstieg über Schnee auf einer Route, auf der Lawinengefahr besteht. Der Gipfel liegt direkt oberhalb vom Tesi Lapcha.

Ramdung (5.925 m). Die Besteigung des Berges erfordert einen langen Anmarsch durch das Tal von Rolwaling. Rolwaling ist aber nur für Gruppen mit Begleiter zugänglich. Auf eigene Faust müssen Sie also den Berg von der Südseite aus angehen.

MANANG
Chulu East (6.584 m). Der Aufstieg beginnt nach einem langen Anmarsch von Manang. Um den Gipfel zu erreichen, sind zwei Hochlager erforderlich.

Chulu West (6.419 m). Auch an diesem Berg müssen wenigstens zwei Hochlager eingerichtet werden. Die Route

führt um den Gusang, um den Chulu West vom Norden her besteigen zu können.

Pisang Peak (6.091 m). Ein langer, harter Weg durch den Schnee oberhalb vom Dorf Pisang. Auf der Spitze liegt weicher Schnee.

LANGTANG
Ganga La Chuli (5.846 m), auch Naya Kangri genannt. Aufstieg über Schnee und Felsen von einem Basislager im Norden oder Süden des Ganja La aus.

ANNAPURNA-GEBIET
Fluted Peak (6.501 m), auch Singu Chuli genannt. Der Gipfel ist vom Annapurna-Schutzgebiet aus zu erreichen. Der Name leitet sich von den steilen Eishängen ab, die die Besteigung erschweren.

Hiunchuli (6.331 m). Schnee, Eis und Felsen. Nicht einfach.

Mardi Himal (5.555 m). Fünf Tage braucht man den Mardi Khola hinauf, um sich dem Gipfel zu nähern, bei dem es sich um einen Ausläufer des Machhapuchhare handelt.

Tent Peak (5.000 m), auch Tharpu Chuli genannt. Gletscher und Gletscherspalten. Die meisten entscheiden sich für den einfacheren „Rakshi Peak" im Süden.

GANESH HIMAL
Paldor Peak (5.928 m). Die Wanderung von Trisuli Bazaar zum Basislager nimmt 10 Tage in Anspruch.

BERGSTEIGEREXPEDITIONEN

Nach den Bestimmungen für Bergbesteigungen muß man sich für die höchsten Gipfel mindestens sechs Monate im voraus beim Tourismusminsterium anmelden, einen Verbindungsmann in Nepal benennen, je nach Höhe des Gipfels zwischen 1.000 und 5.000 US $ bezahlen sowie eine Zustimmung des nationalen Bergsteigerclubs des Landes, in dem die Expedition organisiert wird, vorlegen. Es gibt 87 Gipfel, die für ausländische Expeditionen zugänglich sind, und 17 Gipfel für gemeinsame nepalisch-ausländische Besteigungen. Einige Gipfel wie der Everest sind bereits viele Jahre im voraus „ausgebucht", während andere mehrere Jahre lang unberührt bleiben.

Weitere Informationen sind üblicherweise bei den Bergsteigerclubs in Ihrem Heimatland erhältlich. Selbst die billigste verantwortungsbewußte Besteigung kostet unter derartigen Bedingungen mindestens 20.000 US $, wenn man auch das Gehalt für den Mittelsmann, die Versicherung, die Ausrüstung, die Gebühr für die Besteigung, die Kosten für die Versicherung der Sherpa, die Ausrüstung für die Sherpa und andere notwendige Ausgaben berücksichtigt.

Wer in Nepal preiswert bergsteigen will, sollte deshalb weit eher einen der Trekking-Gipfel ins Auge fassen.

BESTEIGUNGEN DES EVEREST

Bergsteigen und Trekking in Nepal sind in großem Maße von den Fortschritten und den Anreizen geprägt worden, die von den verschiedenen Everest-Expeditionen ausgingen. Ein großer Teil der Anziehungskraft Nepals in der Vergangenheit basierte auf der Entdeckung, daß der höchste Berg der Welt in den Grenzen des verbotenen und isolierten Königreiches lag. Auch wenn er vom Ground Survey of India im Jahre 1856 nach Sir George Everest benannt wurde, dem pensionierten General des Vermessungswesens von Indien, hatte der Gipfel schon vorher zahlreiche Namen erhalten. Die Nepali nennen ihn Sagarmatha, die Sherpa Chomolungma, und die Chinesen kennen ihn heute unter dem Namen Qomolangma Feng.

Die Liste der versuchten und gelungenen Everest-Besteigungen ist ein Kapitel der klassischen Bergsteigergeschichte. Bis 1989 ist er 274 mal bezwungen worden, darunter auch von Personen, die den Aufstieg zweimal oder öfter unternahmen. Im folgenden Abschnitt sind alle Everest-Expeditionen bis 1982 einzeln aufgeführt. Von 1983 an erlaubten sowohl Nepal als auch China mehrere Expeditionen gleichzeitig, was zu Verkehrsstaus, Schlangen bei der Benutzung der Routen und Verwirrung, Zank, überfüllte Basislager und der unvermeidbaren Verschandelung des Berges führte. Von 1983 an habe ich nur noch die besonders spektakulären oder interessanten Expeditionen aufgeführt. Eine komplette Liste aller Expeditionen sowie eine erstaunliche Menge an Statistiken über Besteigungen des Berges finden Sie in der letzten Ausgabe des Buches *Everest* von Walt Unsworth (London, Oxford University Press, 1989).

1921 – Britische Expedition

Bei der ersten Expedition handelte es sich um ein Unternehmen zur Erkundung des Berges. Sie wurde von Darjeeling aus über Tibet unter der Leitung von Oberst C. K. Howard Bury durchgeführt. Dabei wurde die Everest-Region mehrere Monate lang kartographiert und erkundet. Die Expedition gründete auch die erste Bergsteigerschule für Sherpa an den Hängen, die zum Nordgrat führen. Auch wenn es sich nicht um einen Versuch handelte, den Gipfel zu besteigen, erreichte die Expedition den Nordgrat in einer Höhe von 7.000 m.

1921 – Britische Erkundungsexpedition

Ein Team aus Vermessungstechnikern und Bergsteigern nahm mit einer tragbaren Dunkelkammer den Weg über Tibet. Sie erkundeten, fotografierten und vermaßen den Berg. Auf dieser Expedition gab George Leigh Mallory der Western CWM den Namen und erklärte, der Everest sei wahrscheinlich von Nepal aus nicht zu besteigen.

1922 – Britische Expedition

Der erste Versuch, den Berg zu besteigen, wurde unter der Leitung von Brigadegeneral C. G. Bruce unternommen. Die Expedition ging wie bei allen Versuchen bis 1950 den Berg von der Nordwand nach einem langen Anmarsch durch die Ebene von Tibet an. Der höchste erreichte Punkt lag bei 8.320 m. Bei dieser Expedition tötete eine Lawine unterhalb des Nordgrates 7 Sherpa.

1924 – Britische Expedition

Wiederum Bruce führte diesmal eine Gruppe von britischen Herren in ihren Tweed-Anzügen zum Everest. Sie hatten keine Steigeisen bei sich und führten eine heftige Debatte darüber, ob der Gebrauch von Sauerstoff „sportlich" sei. Bei dieser Expedition stiegen Mallory und Andrew Irvine hoch auf den Berg hinauf und kamen nie zurück. Oberst E. F. Norton erreichte ohne Sauerstoff eine Höhe von 8.565 m.

1933 – Britische Expedition

Diese Expedition erreichte unter der Leitung von Hugh Ruttledge eine Höhe von 8.570 m, also nur 275 m unter dem Gipfel. Frank Smythes Buch *Camp Six* ist ein ausgezeichneter Erlebnisbericht dieser Expedition.

1934 – Alleinaufstieg

Maurice Wilson flog in einem kleinen Flugzeug allein von Großbritannien nach Indien und durchquerte dann Tibet, um einen Alleingang auf den Everest zu wagen. Während er im allgemeinen als Spinner bezeichnet wurde, konnte er doch weit vordringen, bis er sich überforderte und an den Hängen unterhalb des Nordgrates erfror.

1935 – Britische Expedition

Als Eric Shipton eine kleine Expedition bis zum Nordgrat führte, sollte ein Sherpa dabei gewesen sein, der später zu Berühmtheit gelangte. Tensing Norgay begleitete diese Expedition als Träger.

1936 – Britische Expedition

Eine weitere britische Expedition unter Ruttledge erreichte einen Punkt nur kurz unterhalb des Nordgrates.

1938 – Britische Expedition

Hier trat ein weiterer, berühmter Name, der mit dem Everest in Verbindung gebracht wird, erstmals in Erscheinung, als Tilman eine kleine Expedition leitete, bei der Eric Shipton eine Höhe von fast 8.300 m erreichte.

1947 – Alleinaufstieg

Earl Denman, ein Kanadier, der sich als tibetischer Mönch verkleidete, versuchte allein einen Aufstieg. Er gab jedoch unterhalb des Nordgrates auf und kehrte sofort nach Darjeeling zurück.

1950 – Britisch-amerikanische Expedition

Nach dem Krieg war Tibet für Ausländer gesperrt worden, aber Nepal begann seine Grenzen zu öffnen. Deshalb unternahm Tilman eine rastlose Wanderung durch ganz Nepal, darunter auch von Dharan nach Namche Bazaar. Es sollte sich um die erste Expedition handeln, die die Everest-Region besuchte. Sie bestieg den Kala Pattar und wanderte bis zum Fuß des Khumbu-Eisfalles.

1951 – Alleinaufstieg von Nepal aus

K. Becker-Larson, ein Däne, folgte derselben Route wie Tilman, nahm dann den Weg nach Tibet und erreichte den Nordgrat, bevor er umkehrte.

1951 – Britische Erkundungsexpedition

Eric Shipton leitete eine weitere Erkundungsexpedition und erreichte den Western CWM an der Spitze des Khumbu-Eisfalles. Er bewies, daß ein Aufstieg vom Süden her möglich ist.

1952 – Schweizer Expedition

Unter der Führung von Dr. Wyss-Dunant wurde ein Versuch unternommen, den Gipfel zu erklimmen, bei dem Raymond Lambert und Tensing Norgay eine Höhe von fast 8.600 m erreichten.

1952 – Schweizer Expedition

Um die Briten zu schlagen, versuchten die Schweizer es im Herbst 1952 nochmals, aber die Kälte und der starke Wind trieben sie zurück, nachdem sie bis zu einem Punkt kurz oberhalb des Südpasses vorgedrungen waren.

1953 – Britischer Erfolg
Eine riesige britische Expedition unter der Leitung von John Hunt konnte es ermöglichen, daß Edmund Hillary und Tensing Norgay den Gipfel am 29. Mai 1953 erreichten.

1956 – Schweizer Expedition
Albert Eggler leitete eine Expedition, bei der vier Bergsteiger den Gipfel bestiegen und bei der zudem das erste Mal der Lhotse bezwungen wurde.

1960 – Indische Expedition
Die erste indische Expedition erreichte eine Höhe von 8.625 m, wurde dort jedoch durch schlechtes Wetter zur Umkehr gezwungen.

1960 – Chinesische Expedition
Diese Expedition unternahm den ersten Aufstieg vom Norden aus. Der Erfolg wurde zunächst nicht geglaubt, da drei Mitglieder den Gipfel in der Nacht erreichten. Heute ist er jedoch anerkannt.

1962 – Indische Expedition
Die zweite indische Expedition blieb ebenfalls erfolglos, auch wenn man sich dem Ziel bis auf 8.700 m näherte.

1962 – Ein unerlaubter Versuch
Woodrow Wilson Sayre und drei weitere Personen erhielten zwar die Genehmigung, den Gyachung Kang zu besteigen, überquerten dann aber die Grenze nach Tibet und versuchten die Bestei-

gung des Everest. Sie erreichten einen Punkt oberhalb des Nordpasses, bevor sie umkehrten.

1963 – Amerikanische Expedition
Die amerikanische Everest-Expedition unter Norman Dyhrenfurth konnte die Besteigung des Gipfels durch 6 Personen melden, von denen zwei ihn über den bis dahin noch nicht betretenen Westgrat erreichten.

1965 – Indische Expedition
Oberst M. S. Kohli leitete ein indisches Team, von dem 9 Mitglieder den Gipfel des Everest bestiegen.

1966 bis 1968
Nepal war für Bergsteiger geschlossen.

1969 – Japanische Expedition
Die Japaner unternahmen eine Erkundungsexpedition, um eine neue Route an der Südwestwand des Everest zu finden.

1970 – Japanische Expedition
Von einem 38köpfigen japanischen Team konnten vier Teilnehmer den Gipfel besteigen. Bei dieser Expedition kam es zu dem berühmten „Ski-Abstieg". 6 Sherpa wurden im Khumbu-Eisfall getötet.

1971 – Internationale Expedition
Norman Dyhrenfurth leitete eine ehrgeizige Expedition mit Bergsteigern aus 13 Nationen, die die Südwestwand und den Westgrat angingen, sich jedoch in einer Höhe von 8.488 m von der Wand her zurückzuziehen mußten.

1971 – Argentinische Expedition
Ein gescheiterter Versuch unter der Führung von H. C. Tolosa.

1972 – Europäische Expedition
K. M. Herligkoffer führte ein Team an, das den Aufstieg über die Südwestwand versuchte und eine Höhe von 8.300 m erreichte.

1972 – Britische Südwestwand-Expedition
Chris Bonington leitete einen Versuch, die Südwestwand zu besteigen.

1973 – Italienische Expedition
Bei der größten Everest-Expedition, die je unternommen wurde, konnten 8 Teilnehmer den Gipfel erklimmen.

1973 – Japanische Expedition
Zwei Mitglieder eines Teams unter der Führung von M. Yuasa erreichten den Gipfel bei der ersten erfolgreichen Besteigung des Everest im Herbst. Der Aufstieg erfolgte über die traditionelle Südpaß-Route, nachdem das Team an der Südwestwand nicht weiter gelangen konnte.

1974 – Spanische Expedition
Die von einem spanischen Batteriehersteller finanzierte Besteigung endete ohne Erfolg.

1974 – Französische Expedition
Diese Expedition zum Westgrat endete in einer Katastrophe, als eine Lawine den Führer des Teams und fünf Sherpa tötete.

1975 – Japanische Expedition
Die japanische Frauen-Expedition zeigte Erfolg, als Frau Junko Tabei und Sherpa Ang Tsering den Gipfel erreichten.

1975 – Chinesische Expedition
Einige Tage nach dem japanischen Erfolg konnte ein chinesisches Team 9 Personen auf dem Gipfel melden, darunter eine Frau. Das große Vermessungsstativ steht noch immer.

1975 – Britische Expedition über die Südwestwand
Bonington leitete eine von der Barclay's Bank finanzierte Expedition, bei der Dougal Haston und Doug Scott die schwierige Südwestwand des Everest bezwangen.

1976 – Expedition mit Teilnehmern aus der britischen und nepalischen Armee
Zwei britische Mitglieder einer gemeinsamen Expedition der britischen und nepalischen Armee erreichten den Gipfel im Frühling.

1976 – Amerikanische Expedition
Von der amerikanischen Bicentennial Everest Expedition unter Phil Trimble konnten zwei Mitglieder den Gipfel im Herbst erklimmen.

1977 – Neuseeländische Expedition
Schlechtes Wetter und starker Schnee stoppten diese Expedition im Frühjahr.

1977 – Südkoreanische Expedition
Diese Expedition, bei der zwei Bergsteiger den Gipfel errichten, ist zum frühe-

sten Zeitpunkt unter den im Herbst durchgeführten Aufstiegen unternommen worden.

1978 – Österreichische Expedition

In drei getrennten Teams erreichten 9 Bergsteiger den Gipfel des Everest. Reinhold Messner und Peter Habeler unternahmen den ersten Aufstieg auf den Berg ohne Sauerstoff.

1978 – Deutsch-französische Expedition

Unter der Führung von Dr. Herligkoffer und Pierre Mazeaud konnten 16 Mitglieder der riesigen Expedition den Gipfel über den Südpaß erreichen und gestalteten eine Live-Sendung im Radio vom „Dach der Welt".

1979 – Jugoslawische Expedition

Fünf Bergsteiger bezwangen den Gipfel über eine neue Route – den Westgrat vom Lho La hinauf. Dabei fiel beim Abstieg Ang Phu Sherpa hin und verlor das Leben.

1979 – Schwäbische Expedition

Aus einer weiteren internationalen Gruppe konnten 13 Personen unter der Führung von Gerhard Schmatz den Gipfel erreichen. Bei einer Übernachtung während des Abstieges starben Frau Schmatz und Ray Genet.

1980 – Polnische Expedition

Bei dieser Expedition sollte der Everest nach einem langen Kampf erstmals im Winter über den Südpaß bezwungen werden. Zwei Personen erreichten den Gipfel.

1980 – Polnische Expedition

Eine weitere polnische Expedition fand im Frühjahr statt, an der zahlreiche Mitglieder der vorangegangenen Winterexpedition teilnahmen. Dabei wurde eine neue Route über die Südsäule ausgemacht, die rechts von der britischen Südwestwand-Route verläuft. Zwei Bergsteiger erreichten den Gipfel.

1980 – Baskische Expedition

Zum ersten Mal erlaubte Nepal zwei Teams gleichzeitig den Aufstieg. Zwei Mitglieder der Expeditionen erreichten den Gipfel auf der traditionellen Route über den Südostgrat.

1980 – Japanische Expedition von Norden aus

Nach mehr als 40 Jahren der Sperrung wurde Tibet wieder für Bergsteiger geöffnet. Eine große und teure Expedition erreichte den Gipfel auf zwei verschiedenen Routen von Tibet aus. Einer der Bergsteiger konnte den Weg über den Nordostgrat nehmen, zwei weitere erklommen den Berg über den Nordgrat.

1980 – Alleinaufstieg von Reinhold Messner

Am 20. August unternahm Reinhold Messner seinen zweiten Aufstieg ohne Hilfe von Sauerstoff, diesmal von der tibetischen Seite aus – und allein.

1980 – Nepalisch-italienische Expedition

Eine riesige Expedition aus Mitgliedern der Nepal Mountaineering Association und des Club Alpino Italiano versuchte die Besteigung nach dem Monsun und wurde aufgrund des Wetters und logistischer Probleme unterhalb des Gipfels zur Umkehr gezwungen.

1981 – Japanische Expedition

Eine Winterexpedition wurde von dem Bergsteiger Naomi Uermura angeführt, der bereits 1979 den Gipfel erreicht hatte, endete jedoch nach dem Erreichen des Südpasses ohne Erfolg.

1981 – Britische Expedition

Gleichzeitig mit den Japanern unternahm ein britisches Team unter der Führung von Allan Rouse den Versuch, den Everest über den Westgrat zu besteigen, was jedoch ebenfalls mißlang.

1981 – Japanische Expedition

Die Meiji-Universität unterstützte finanziell den Versuch, unter der Leitung von Sinichi Nakajimi den Everest im Frühjahr über den Westgrat zu besteigen.

1981 – Amerikanische Expedition

Richard Blum unternahm als erster den Versuch eines Aufstiegs über die Kangshung-Wand in Tibet.

1981 – Amerikanische Expedition

Drei Amerikaner und zwei Sherpa erreichten während der American Medical Research-Expedition den Gipfel über den Südostgrat.

1982 – Kanadische Expedition

Zwei Kanadier und vier Sherpa erklommen den Gipfel im Rahmen einer riesigen Expedition, zu der auch eine Live-Fernsehübertragung von dem Berg gehörte. Drei Sherpa und ein Kanadier wurden im Khumbu-Eisfall getötet.

1982 – Britische Expedition

Während des Versuches, die Nordostwand von Tibet aus zu bewältigen, verloren Joe Tasker und Peter Boardman ihr Leben.

1982 – Sowjetische Expedition

Elf Bergsteiger erreichten den Gipfel über die Südwestwand.

1982 – Französische Expedition

Eine französische Armee-Expedition unter der Führung von J. C. Marnier blieb erfolglos.

1982 – Spanische Expedition

Der Versuch eines Aufstiegs von Nepal aus unter der Leitung von L. Belvis scheiterte.

1982 – Amerikanische Expedition

Lou Whittaker führte eine Expedition an, die versuchte, die Nordwand von Tibet aus zu besteigen.

1982 – Niederländische Expedition

Ein Versuch von Tibet aus.

1982 – Französische Expedition

Ein erfolgloser Versuch, den Aufstieg von Nepal aus im Winter zu schaffen.

1982 – Japanische Expedition

Yasuo Kato bestieg den Everest im Winter allein (es war das dritte Mal, daß er den Gipfel erreichte) und starb beim Abstieg.

1982 – Belgische Expedition

Eine Expedition im Winter nahm den Weg über den Westgrat, wobei ein Mitglied auf die tibetische Seite stürzte und schließlich zurück nach Kathmandu mit einem Bus fuhr.

1983

Von 1983 an werden hier nur noch besonders wichtige oder ungewöhnliche Expeditionen aufgeführt.

Drei Japaner erreichten den Gipfel im Herbst über den Südpaß.

Sechs Amerikaner konnten den ersten Aufstieg über die schwierige Kangshung-Wand von Tibet aus am selben Tag realisieren, an dem die Japaner den Berg von Nepal aus bestiegen.

Sechs Japaner erreichten den Gipfel über den Südostgrat. Auf dem Rückweg starben zwei Japaner und ein Sherpa.

Gerard Lenser führte eine Expedition an, bei der sechs Amerikaner und zwei Sherpa den Gipfel über den Südpaß erklommen.

Drei Japaner und ein Sherpa bestiegen den Everest im Winter von Nepal aus über den Südpaß.

1984

In diesem Jahr zählte man 14 Expeditionen, fünf von Tibet und die übrigen von Nepal aus.

Die erste indische Frau und vier weitere Bergsteiger erreichten den Gipfel über den Südpaß.

Fünf Bulgaren gelangten über den Westgrat auf den Everest, vier unternahmen eine Traverse und kehrten über den Südostgrat zurück.

Greg Mortimer und Tim McCartney-Snape waren die ersten Australier, die den Everest bestiegen.

1985

Von 14 Expeditionen auf den Everest waren nur drei von Erfolg gekrönt.

17 Bergsteiger – ein Rekord – aus Norwegen erreichten den Gipfel über den Südpaß.

1986

Von 13 Expeditionen wurden 2 erfolgreich abgeschlossen.

1987

Wiederum gab es 15 Versuche, den Everest zu besteigen, bei denen nur eine südkoreanische Expedition erfolgreich war.

1988

Mehr als 250 Bergsteiger nahmen an einer chinesisch-nepalisch-japanischen Expedition teil, die den Berg gleichzeitig in beiden Richtungen überquerte. Die Teams trafen sich auf dem Gipfel und strahlten von dort eine Live-Fernsehsendung aus.

Drei Mitglieder einer australischen Bicentennial Expedition erreichten den Gipfel über den Südpaß.

Im Herbst trafen sich drei französische, ein amerikanisches, ein koreanisches, ein spanisches, ein tschechisches und ein neuseeländisches Team am Basislager. Zuspätkommende mußten für den Gebrauch der festen Seile am Eisfall zahlen. Vier französische Bergsteiger erreichten den Gipfel, von wo Jean-Marc Boivin mit einem Drachenflieger den Absprung wagte und 12 Minuten später beim Lager II landete.

Insgesamt 31 Bergsteiger konnten den Gipfel in diesem Jahr bezwingen. 9 Personen starben.

LITERATUR-VERZEICHNIS

REISEBERICHTE

Dambmann, Lange, Rohde:
*Mit Edmund Hillary
durch den Himalaya*
München: Heyne, 1989
(Taschenbuch Band 19/11)

Gruber, Ulrich:
Nepal
München: Prestel, 1991

Harrer, Heinrich:
*Die Götter sollen siegen –
Wiedersehen mit Nepal*
Berlin: Ullstein, 1968

Matthiessen, Peter:
*Auf der Spur des Schnee-Leoparden –
Die Reise in ein vergessenes Land*
München: Knaur, 1985
(Taschenbuch Band 1210)

Nairz, Wolfgang:
*Nepal –
Durchwandern und Erleben*
Innsbruck: Steiger, 1984

Nakano, Toru:
Trekkingtouren in Nepal
Rosenheim: Rosenheimer, 1991

Somerville-Large, Peter:
Zum Dach der Welt –
*Auf dem Rücken der Yaks durch
Nepal und Tibet*
Düsseldorf, Wien: Econ, 1988

Uchida, Ryohei:
Everest-Treck
München: J. Berg, 1991

Warth, Dietlinde:
*Der lange Abschied –
2000 km zu Fuß durch Nepal*
Rosenheim: Rosenheimer

BILDBÄNDE

Amin/Tetley/Willets:
Reise durch Nepal
Hannover: Landbuch, 1989

Hagen, Toni:
*Nepal –
Königreich am Himalaya*
Bern: Kümmerly + Frey, 1980

Patterson, David:
*Berge des Himmels –
Eine fotografische Reise
durch Nepal*
München: RV

Summers, Diane/Valli, Eric:
Bilder aus Nepal
Hannover: KaJo, 1991

LITERATUR-VERZEICHNIS

SPRACHFÜHRER
Kauderwelsch-Sprechführer:
Nepali für
Globetrotter
Bielefeld: Rump

LANDKARTEN, STADTPLÄNE
1 : 1.500.000 und 500.000
Nelles Map Nepal
München: Nelles

1 : 100.000
Helambu, Langtang
München: Nelles

1 : 50.000
Dudh Kosi
München: Nelles

1 : 50.000
Kathmandu Valley
München: Nelles

1 : 50.000
Khumbu Himal
München: Nelles

1 : 50.000
Langthang Himal Ost
München: Deutscher Alpenverein

1 : 50.000
Langthang Himal West
München: Deutscher Alpenverein

1 : 50.000
Lapchi Kang
München: Nelles

1 : 50.000
Rowaling Himal
München: Nelles

1 : 50.000
Shorong Hinku
München: Nelles

1 : 50.000
Tamba Kosi
München: Nelles

1 : 25.000
Mount Everest
München:
Deutscher Alpenverein

1 : 10.000
Stadtplan Kathmandu
München: Nelles

1 : 7.500
Stadtplan Patan
München: Nelles

REGISTER

REGISTER